烟水气与帝王州

南京人文史 下

薛冰 著

九州出版社
JIUZHOUPRESS

目录

第十章 宋、元沧桑变

第一节
427 龙兴之地

宋仁宗龙兴昇国
宋高宗驻跸建康
元文宗继统集庆

第二节
438 龙盘虎踞

龙盘虎踞新诠释
宋、辽、金三国演义
宋、金大战黄天荡

第三节
450 沧桑巨变

气候寒冷的重要影响
王安石围垦玄武湖
秦淮河大幅收窄
江心洲渚渐成陆

第四节
462 围垦江、湖

围湖垦江成风潮
江南围垦与经济开发
建康永丰圩利弊

第十一章 江东文运

第一节
477 《景定建康志》

方志编纂新体例
《金陵图》与《建康图》
建康府城空间探究

第二节
491 王安石·马光祖

王安石与南京
马亮·张咏·叶梦得
马光祖三任建康府

第三节
503　文脉绵延

府学、书院与贡院
王安石的朋友圈
指点六朝形胜地

第十二章　大明基业

第一节
523　洪武开国

"得国正者，唯汉与明"
定都与建宫
都城规模甲天下

第二节
534　官民之劫

"民本"的表相与政权本质
废除中书省
胡惟庸、蓝玉两大案
法外滥杀与文字狱

第三节
552　靖难风云

朱允炆激成变乱
方孝孺故事的流变
朱家与徐家的瓜葛

第四节
565　永乐时代

巩固政权的有效策略
永乐年间的文官内阁
笼络文士编《大典》
朱棣身世之谜
永乐迁都与徙富民

第五节
580　下西洋及其他

郑和外交下西洋
建文帝出亡渐成故事
逊国与回归的神话
"寻找建文帝"的误传

第十三章 留都南京

第一节
601 正德南巡故事
　　南巡轶话
　　旷日持久的南巡重负
　　北曲与南曲

第二节
609 利玛窦
　　利玛窦三度访南京
　　利玛窦笔下的南京城
　　东西文化碰撞交流

第三节
626 末世弘光
　　内忧外患下的王朝崩溃
　　明末复社风潮
　　拥立成祸患
　　弘光党争
　　外战外行
　　诚意伯勋贵干政

第十四章 应天经济

第一节
661 明代的纸币与铸币
　　纸币前史
　　大明通行宝钞
　　明代铸币

第二节
671 "城南十八坊"
　　明初匠户大迁移
　　上元、江宁坊厢变化
　　匠户管理制度变革
　　街巷取代坊里

第三节
680 商市与铺行
　　明初商市
　　铺行兴起
　　街廊与商廊

第四节
693 "十六楼"

阅江楼有记无楼
十六楼本是迎宾馆
《南都繁会景物图卷》

第十五章 明人文事

第一节
707 文心雅游

南都王气
心学、佛学与史学
《雅游编》与多景图
流风余韵
看花诗与名园记

第二节
733 十竹斋

兴盛的南京出版业
十竹斋绘印书画谱
《十竹斋笺谱》登峰造极
渡海越洋传花笺

第三节
750 长板桥·桃花扇

长板桥烟花胜景
秦淮名妓应运而生
四美人与十二钗
秦淮八艳是与非

第十六章 江南风流

第一节
771 承平两百年

建置变化与城市建设
河湖湮塞水患频发
承前启后的街巷网络

第二节
783　芥子园

　　芥子园精刊书画谱
　　李渔的昆曲创作与巡演
　　《闲情偶寄》集大成

第三节
798　云锦·红楼

　　云锦技艺与织造产业
　　《红楼梦》中看云锦
　　《红楼梦》正是南京故事
　　红楼人物与南京方言
　　袁枚与曹雪芹

第四节
815　儒林外史

　　沈琼枝映出众生相
　　袁枚与吴敬梓
　　科举制度面面观
　　科举服务产业
　　"性情之外本无诗"

第五节
833　桨声灯影

　　秦淮景致与名物
　　灯船鼓吹
　　画舫河房相辉映
　　灯彩、灯市与灯会

第十七章　「凤凰涅槃」

第一节
855　经世学派与《海国图志》

　　因缘际会
　　《南京条约》与《海国图志》

861 第二节 "小天堂"

　　太平天国席卷中国南方
　　《建天京于金陵论》
　　"小天堂"
　　张继庚和同志们
　　天京事变

882 第三节 中兴与更新

　　浴火重生
　　洋务运动的实验场
　　下关开埠
　　杨仁山
　　新文化与新风尚
　　临时大总统

第十章

宋、元沧桑变

第一节
龙兴之地

宋仁宗龙兴昇国

宋灭南唐，没有再像隋、唐那样贬抑金陵的行政地位，始终以其为东南重镇。因为江南已成为全国举足轻重的经济支柱，北宋定都东京开封府（今开封），以唐代的东都洛阳为西京，放弃西安，明显向东南偏移，即有经济方面的考量。金陵作为江南地区最重要的中心城市之一，统治者只能设法控制利用它，而不可能再轻忽它。金陵都城以至宫城都没有遭到破坏。

李焘《续资治通鉴长编》卷十六，记开宝八年（975年）十二月收到江南捷报，"凡得州十九，军三，县一百有八，户六十五万五千六十有五。群臣皆称贺"，宋太祖赵匡胤流着眼泪说："宇县分割，民受其祸，思布声教以抚养之。攻城之际，必有横罹锋刃者，此实可哀也。"当即下诏出米十万石，赈济城中饥民，以安抚人心。宋人史籍中多称誉曹彬军纪严明，攻破金陵城不妄杀一人，而将无法掩饰的烧杀之恶，尽推给吴越兵。如马令《南唐书·后主书》中记凤台山上昇元阁（亦称瓦官阁）被焚："士大夫暨豪民富商之家美女、少妇避难于其上，迨数百人，越兵举火焚之，哭声动天，一旦而烬。"南唐亡国后仅三年，吴越亦亡，自无人来辨其真伪。

宋廷迅即采取多项举措，稳定江南时局。如实际参与政务管理工作的南唐文武官吏，仍按原职任用。战事直接波及的地区，免征税役两年，没有经历战事的地区，也免征税役一年。令各州清理旧政，赋役繁重的给予免除。宋军俘掠的人口，年龄七岁以上的，由官府给绢五匹为其赎身，让其还家，不满七岁的一律放还。出家人被强征当兵的，给度牒听其自便。并下诏不得侵犯李煜父、祖的陵寝。

《景定建康志》卷四十《田赋志序》中说：

> 天启我宋，划伪除苛，拯民涂炭，蠲无艺之征，损折变之例，严者弛之，重者轻之，而民力纾矣。剖符授节，选用廉平，安富恤贫，损上益下，而仁泽溥矣。今之建康，号为乐国，勤无旷土，富无负租，本根所由固也。

宋代建康"号为乐国"未免夸张，但至少统治者懂得，经济稳，民心安，是国家的根本。其注文中举例说，咸平元年（998年）转运使陈靖奏：

> 江南伪命日，于夏税、正税之外，有沿征钱物，曰：盐博绸绢、加耗丝绵、户口盐钱、耗脚、斗面、盐博斛斗、酤酒曲钱、率分纸笔钱、村生望户钱、甲料丝、盐博绵、公用钱米、铺衬芦葭、米面脚钱等，凡十四件。悉与诸路不同，乃煜父子僭窃江淮，縻费爵禄，寻纳朝廷之琛赆，又失淮海之土田，物力不充，征敛欺暴。

皇帝有诏"悉除之"。实则这些杂税不少沿自唐代，且宋代亦以"沿纳"为名，照例征收，至此方有诏免除。又祥符八年（1015年）"知昇州薛映言：'官有牛税，民出租，牛死而税不得蠲。'上览奏，矍然曰：'此岂朝廷所知耶。'遂诏诸州条上悉蠲之。"

开宝八年（975年）底改江宁府为昇州，即行政等级较高的节度州，辖上元、江宁、句容、溧水、溧阳五县。因为后主李煜当政时，南唐已经成为北宋的属国，宫殿仪制规格都被相应降低，卸除了鸱尾和栏槛等显示尊严华贵的表面饰物，昇州即以南唐旧宫为治所。

宋代的行政建置，是实行路、州（府、军、监）、县三级政区制。宋太宗至道三年（997年）分全国为十五路，另被辽国所占的燕云十六州分属燕山府路和云中府路。路以下设州，其中较重要的地区设府，军、监则略低于州。江宁府改昇州，相当于一种降格。州、府以下设县。昇州初属江南路。宋仁宗天禧四年（1020年）分江南路为江南东路、江南西路。江南东路包括今江苏、安徽的江南部分及江西的东北部，民间习称为"江东"。此前作为地理概念的江东，与此时作为行政建置的江东，内涵并不完全相同。

宋代为了防止晚唐五代藩镇割据之弊，削弱州、镇节度使的实权，加强皇帝对地方政府的直接控制，由朝廷派遣文职京官管理州务，称"权知某军、州（府）事"，简称知州（府）。但实际处理州（府）行政事务的官员是通判，知州通常是知会、监督，时人视之为监州。所以宋代的知州、知府，与明、清的知州、知府不是一个概念。

州、府之上的路，则不设最高行政长官，掌管经济的是转运使，掌管司法的是提点刑狱，掌管军事的是经略安抚使，三者称为监司，即监督州、府的官员，往往兼任本路最重要州、府的知州、知府。如首任昇州知州即由江南诸州水陆转运使杨克逊兼任，这说明昇州在江南诸州中经济地位最为重要。

大中祥符四年（1011）八月，命知昇州张咏兼江南东路安抚使，兼提举兵甲巡检捉贼公事。这是知州兼安抚使即在政务之外兼管军务的开始。

宋真宗天禧二年（1018年）二月改昇州为江宁府，作为江南东路的首府，并置建康军节度，以九岁的六皇子、寿春郡王赵受益（即赵祯）行江宁府尹，充建康军节度使、管内观察处置等使，加太保，进封昇王。江宁府作为昇王封地，遂称昇国。按宋代唯东京开封府设置府尹，其地位在尚书之下、侍郎之上，且非常设，其下另有权知府。江宁设府尹也是因为赵受益的特殊身份。同年九月册封赵受益为皇太子，赐名祯。乾兴元年（1022年）赵祯即位，史称宋仁宗，在位四十一年，几占北宋历史四分之一。尽管赵祯实际并未出居江宁，江宁府仍以"龙兴之地"，与西京（今洛阳）、北京（今大名）、南京（今商丘）并列，为有宋一代等级最高的府。

天圣九年（1031年）有诏："江宁府知府自今并与三司判官、转运副史一等上差遣。"即与三司判官、转运副史同一等级。不过从《景定建康志》卷十三《国朝建隆以来为年表》看，北宋历任江宁知府多高于这一职级，有各部侍郎、尚书，有光禄卿、给事中，有天章阁待制、龙图阁待制，直到同平章事、参知政事，已经是宰相的身份，而且任职者的地位存在着越来越高的趋势。其中如马亮、张咏、丁谓、王钦若、包拯、王安石、吕惠卿等，都是当朝重臣。许多人会哼两句"包龙图打坐在开封府"，其实包龙图也曾"打坐在江宁府"。

另一明显的特点，是江宁知府更替十分频繁。自开宝八年（975年）南唐亡，到靖康二年（1127年）北宋亡，一百五十二年间，实际到任的知府超过一百位，还有几位未曾到任即调职。一年间数易知府是常事，最短的孙坦在任仅七天。但也有多次任职的，张咏、王琪、元积中再任，王安石、马光祖三任，最多的马亮四任，前后约七年。

庆历八年（1048年）正月江宁府治失火，知府李宥处置不当。《景定建康志》卷十三载："先是，营兵谋欲为乱。正月，江宁府治火，宥惧有变，阖门不救。一府尽焚。上怒甚。"《续资治通鉴长编》卷一百六十二载：

> 既而火，知府事、右谏议大夫、集贤殿学士李宥惧有变，阖门不救，延烧几尽，唯存一便厅，乃旧玉烛殿也。寻责宥为秘书监直，令致仕。宥奏火事云："不意祸起萧墙，变生回禄。"会新有卫士之变，朝廷恶其言，故责特重。

江宁营兵谋乱的具体情况未见记载，而知府李宥担心有人趁火势生变乱，竟不救火，以至南唐旧宫延烧几尽，只有一座便厅玉烛殿幸存。不过李宥因此弄到被降级并强令退休，实在是运气不好。因为当年闰正月，东京崇政殿亲从官颜秀等四人谋逆，"杀军校，劫兵仗，登自延和殿屋，入至禁中，焚宫帘，斫伤内人臂，其三人为宿卫兵所诛"，剩下一人次日被捕，尽管皇帝一再吩咐留活口，仍被当场杀死。李宥奏章中的那一句"祸起萧墙"，仿佛成了预言，所以皇帝会"怒甚"。

谏官认为金陵是宋仁宗的始封之地，应选有才干的人继任知府，重修府第，选中了张奎。《宋史·张奎传》记载："奎简材料工，一循旧制，不逾时复完。"张奎由吏部郎中提升为右谏议大夫，出任江宁知府，选择建材、计算工时，依照原先规制，很快完成了复建工作。在当时朝廷关注、皇帝关心的情势下，这次重建一定不会草率。

皇祐三年（1051年）有诏："江宁府带提辖本路兵甲盗贼公事，兼屯禁兵。"知江宁府有了更高的军事指挥权。

嘉祐二年（1057年）十月，"审官院言：'勘会江宁府等，是京府及安抚使都钤辖，分领州镇。其差通判，欲今后并以知州资序人差充，任满无公私过犯，候到院与升半年名次。'从之。"（《景定建康志》卷十三），各州、府通判职务低于知州、知府，但知江宁府常由京官及江南东路安抚使兼任，所以其通判从具有知州资格的候选人中选派。皇帝同意了这个建议。江宁府的地位高于其他州、府成为制度。

嘉祐四年（1059年），翰林学士胡宿奏："陛下建国于昇，犹次列国，非所以重始封之地，宜进昇为大国，无得封。"宋仁宗允准，以昇为大国，不再封于他人。同年有诏在江宁府设置江南东路兵马钤辖，总领江南东路的军旅、屯戍，肃清治境，由知江宁府兼任。仁宗当政四十年间，江宁府的地位不断提升。

据《景定建康志》记载，还有个故事，可以说明江宁府在北宋时期的地位。景德元年（1004年），辽国萧太后和辽圣宗率二十万大军打到黄河边，开封府已处危境，王钦若密请宋真宗迁都金陵，被寇准阻止，力主宋真宗御驾亲征抗敌。宋真宗已率军进发到开封与澶州之间的韦城，仍有人请迁都金陵以避敌军锋芒。寇准说，四方危急，陛下只可进尺，不可退寸，若回辇数步，则万众瓦解。迁都之议虽未成，但金陵成为迁都首选是明确的。

宋高宗驻跸建康

南宋立国之初，就高度重视南京的战略地位。

靖康二年（1127年）五月，康王赵构在南京（今商丘）称帝，改元建炎，史称宋高宗。宰相李纲等倡议以江宁为东都，命守臣修葺城池，治宫室，积粮秣，以备临幸，并请置沿江帅府，以便朝廷控扼。

然而此时江宁并不安宁。狱卒周德等趁乱反叛，抓住了知府宇文粹中，杀官立威，婴城自守。幸有勤王兵途经江宁，围城进逼，周德受招安。李纲亲至江宁，与权知府事李弥远平息了叛乱。响应周德叛乱的溧阳县卒，被知县杨邦乂镇压。杨邦乂以平叛之功升任江宁府通判。

同年五月，朝廷命翁彦国知江宁府事，兼江南东路安抚使、马步军都总管，充经制使，政务、军务统于一身。徐松《宋会要辑稿·方域二》载："高宗建炎元年五月二日，诏江宁府修建景灵宫，诸帝共作一殿，诸后共作一殿。"景灵宫是宋代供奉历朝帝、后画像之地，宋真宗大中祥符五年（1012年）始建于东京（今开封），神宗元丰、徽宗崇宁年间两度扩建，如今沦于敌手。在江宁府重建，似有定都江宁之意。但朝廷只给盐钞十万贯为经费，翁彦国表示不够用。李纲也说，崇宁、大观年间，赐臣僚一座第宅，动辄百万，今翁彦国修城、治宫室，又新经兵火之余，十万贯实在太少。有旨拨两浙、淮南盐钱四十万贯，合共五十万贯，且令其"因陋就简，不事华侈"。七月翁彦国退休。八月赵明诚知江宁府，仍兼江南东路经制使。

建炎三年（1129年）二月初二，宋高宗赵构因金兵逼近，从扬州一路奔逃到杭州。当此之际，江宁城中御营统制官王亦谋叛，赵明诚得到消息却未做防备，事发时竟弃城逃走，虽叛变被平定，赵明诚也被朝廷革职。李清照那一首《夏日绝句》："生当作人杰，死亦为鬼雄。至今思项羽，不肯过江东。"很可能是受此事刺激有感而发。"神仙眷侣"的形象被冷酷的现实无情撕裂。

《宋会要辑稿·方域二》载，建炎三年（1129年）三月一日有诏，安排移驻江宁府：

> 昨金人逼近，暂至钱塘，每念中原，未尝敢忘。今据探报，贼马归回，已离扬州。钱塘非可久留，便当移跸江宁府，经理中原之事，可于四月上旬择日进发。应江宁府合预排办并沿路一行程顿等事，有司疾速施行，务要前期趁办，应副诸军外，余事尽从简使，不得骚扰。

然而三月五日，苗傅、刘正彦发动兵变，包围行宫，胁迫宋高宗传位于三岁的皇子、魏国公赵旉，改元明受，隆祐太后垂帘听政，尊高宗为睿圣仁孝皇帝，居显宁寺，改称睿圣宫，大赦天下。赦书到江宁，人心惶惶，知府吕颐浩得到在两浙漕务任职的儿子密报，当即倡义举兵，又联络张浚、刘光世、韩世忠等将领同兴勤王之师，驻军吴江的张俊随张浚首先抵达临安（今杭州），韩世忠攻破临安北关。吕颐浩上表："请睿圣复辟，亲总万机，乃幸金陵，以图旧疆。不然，恐天下之必乱。"至三月底，苗傅、刘正彦迫于大势已去，同意高宗复位。

三月二十八日，高宗有诏：

> 国家历运中微，干戈未弭，因时巡省，盖顺权宜。以江宁府王气龙盘，地形绣错，据大江之险，兹惟用武之邦，当六路之冲，实有丰财之便，将移前跸，暂驻大邦，外以控制于多方，内以经营乎中国。

四月初一，高宗还行宫，恢复建炎年号。吕颐浩以平乱功升任右仆射、中书侍郎，张浚升任知枢密院事，张俊升领节度使，不久改任御前右军都统制，刘光世升太尉、御营副使。苗傅、刘正彦出逃，先后被韩世忠捕获，送往建康处死。韩世忠加授检校少保，武胜、昭庆军节度使。国家危难之际，能够挺身而出的这一批将领，后来都成为坚持抗金的中坚力量。韩世忠、张俊、刘光世与岳飞并称"中兴四将"。

五月八日，高宗车驾抵达江宁府，驻跸于饮虹桥南（今新桥）保宁禅寺（北宋名神霄宫），诏改江宁府为建康府："建康之地，古称名都，既前代创业之方，又仁祖兴王之国。……盖天人之允属，况形胜之具存。"建康一名，象征着东晋在江南的中兴，又是宋仁宗龙兴之地，退能立足于江南，进图中原之恢复，无疑正是赵构的理想。建康府统辖五县不变，为江南东路首府，以江南东路的军事、行政长官制置使、安抚使、兵马都督等兼任知府。高宗同时诏令改府治（即南唐旧宫）为行宫，六月底迁入行宫。行宫前的桥也改称天津桥，桥南御道称天津街。建康府治暂移保宁禅寺。

七月，因金兵南侵，东京留守杜充弃城逃往建康。部下岳飞劝阻无果，只得随行南下。高宗却认为杜充守护开封一年有功，升迁其为尚书右仆射同平章事，即右相，兼任江淮宣抚使、知建康府事。这一年间建康知府六易其人，至十月又换成了陈邦光。

高宗在江宁只坚持了四个月，因军情变化，闰八月下旬仍回临安（今杭州）。

十一月金兵进攻乌江（今和县），已至长江北岸，杜充拒不救援。岳飞敲开他寝阁的门进谏，说："若金陵失守，公能复安枕于此乎？"杜充充耳不闻。金兵于建康西南马家渡渡江。杜充派陈淬、岳飞等十七员将领兵二万抗敌，大将王瓘未战先逃。金兵进至板桥，众将皆溃散，只有陈淬父子力战殉国。杜充得知兵败，竟掠劫建康库藏、率亲兵三千北渡长江投奔金人。建康府无兵防守，知府陈邦光和户部尚书李棁皆降。建康府通判杨邦乂坚不投降，大骂金兵统帅完颜宗弼（女真名兀术），被完颜宗弼剖腹取心。金兵一路东进，攻占临安、明州，宋高宗逃到海上。金兵退走后，宋高宗得知杨邦乂为国捐躯事迹，赐谥忠襄，诏命造墓、建祠、立碑，以志纪念。南京雨花台现存杨忠襄公墓、"宋忠臣庐陵杨忠襄公剖心处"碑及与文天祥同祀的二忠祠。

建炎四年（1130年）四月，金兵回军江北之际，屠杀百姓，抢掠财物，纵火焚烧建康府，行宫也遭破坏。绍兴元年（1131年）十一月叶梦得任建康知府，时有诏命官府出资募僧道收瘗尸骨，"梦得出美谷二百斛，钱三百万，募近城五寺二十人，于城四隅高原隙地各为穴，以待藏瘗。阅十九日，得全体四千六百八十有七，断折残毁不可计者又七八万"（《景定建康志》卷十四），可见兵祸之惨酷。

绍兴二年（1132年）高宗命江南东路安抚使李光将旧建康府治修为行宫，行宫位置在天津桥（今内桥）北，皇城城垣据原南唐宫城城基增筑，"周四里二百六十五步，高二丈五尺，下阔一丈五尺"。进宫门中轴线依次为朝殿、寝殿、复古殿、罗木堂，中轴线两侧有御膳所、进食殿、直笔阁、内东宫、孝思殿、资善堂、南位、天章阁、学士院、内侍省、皇城司及教场、射殿、园苑等。行宫修得再好，皇帝不来，形同虚设。

绍兴三年（1133年）将原转运司衙改建为建康府府治，位置在行宫东南，今中华路以东王府园小区一带。据《景定建康志》卷二十四载："凡留守、知府事、制置使、安抚使、宣抚使、兵马都督，皆治于此。"府门之内，自南至北依次为仪门、戒石亭、设厅、清心堂、忠实不欺之堂、静得堂。"忠实不欺之堂"即府治正堂，堂名系御笔。其东为玉麟堂、锦绣堂。其西有西厅、安抚司金厅。府廨东北有镇青堂，其上钟山楼，也就是后来编纂《景定建康志》的地方。仪门东、西设制置司金厅与府都金厅。

绍兴六年（1136年）宋军在淮南、河南都有进展，主战派力主以建康府为行都，乘胜恢复中原。右宰相张浚奏请高宗秋冬临幸建康：

东南形势莫重于建康，实为中兴根本。且使人主居此，则北望中原，常怀愤惕，不敢自暇自逸。而临安僻居一隅，内则易生安肆，外则不足以召远近，系中原之心。

绍兴七年（1137年）元旦高宗下诏命建康府置御前军器局，年造装甲五千、箭百万支。次日遗使赴建康督修行宫。七日又有诏："建康府营缮行宫，务从省约，不得华侈。"在岳飞等护卫下，高宗驾临建康府行宫。四月诏于建康府建太庙，似乎有久驻建康之意，但几个月后就决定回临安（今杭州）。

《宋会要辑稿·方域二》载绍兴八年（1138年）正月十一日事：

上谓辅臣曰："将来幸浙西，建康诸宫屋宇及百官厅舍，皆令有司照管，他时复幸，免更营造，以伤民力。"臣赵鼎等奏曰："已令建康府拘收。"且言："若虏人遂以大河之南归我，当且驻跸建康。"上曰："群臣上殿，多论建康都事。蒲赞谓当择险要之地，勾龙如渊谓当修德而不在险。以二人之论校之，如渊为胜矣。"

高宗以"修德而不在险"轻飘飘地抹杀了建康的地理优势。十四日诏复幸浙西，正式定都临安府。南宋初年的定都之争至此尘埃落定。金陵的龙盘虎踞终不敌杭州的山外青山。

绍兴三十一年（1161年）十一月金主完颜亮率军南侵，建康都统制王权不战而退，弃守庐州（今合肥），朝廷尚以为他是诱敌深入之计。及至王权率军南渡，金主完颜亮将于采石渡江，举朝震惊。幸得中书舍人虞允文激励将士，出敌不意，血战得胜。宋军使用了装有火药、硫黄、石灰的霹雳炮，杀伤力很强。这是火药发明后的又一种新武器。金兵本以为宋军无备，隔岸见宋水军严整，多有退意。完颜亮强令诸将三日内渡江，激成变乱被杀，全军北撤。

采石之战，被史家视为使南宋续命百年的一战。

在此情势下，宋高宗第三次驻跸建康，绍兴三十二年（1162年）正月抵达，但二月即回临安（今杭州）。此后南宋诸帝再未至建康。

元文宗继统集庆

咸淳七年（1271年）十一月，忽必烈公布《建国号诏》，取《易经》"大哉乾元"之意，建国号"元"，史称元世祖，沿用至元年号，次年建都于大都（今北京）。

宋咸淳十年、元至元十一年（1274年），元世祖派中书左丞相伯颜率军南征，当面嘱咐："以曹彬不嗜杀人，故一举而定江南。汝其善体朕心，取法彬事，毋使吾赤子横罹锋刃。"无论这是不是出于后人对忽必烈的美化，但其"行汉法"，确实较此前蒙古政权对中原地区实行的掠夺性统治有所进步。

宋德祐元年（1275年）二月，宋宰相贾似道兵溃芜湖丁家洲，元军进逼建康，驻扎雨花台。宋沿江制置使、建康知府赵溍弃城逃往京口，守城宋军投降。

元军统帅伯颜率部进入建康，奉诏以行中书省驻建康，在建康府治玉麟堂设建康宣抚司，仍设建康知府和江南东路安抚使，招降宋境州、县。行中书省是元代地方行政建置的最高等级。

至元十三年（1276年），伯颜攻占临安，俘虏六岁的宋恭帝和谢太后等，率军北还。宋军也已退至福建、广东一线，江南局势相对稳定。元王朝设江东宣慰司于建康府治，管辖江东诸路。同年，在建康设提刑按察司，主管廉政、司法事宜。

至元十四年（1277年），改建康府总管府为建康路总管府，隶属于宣慰司，下辖在城录事司及上元、江宁、句容、溧水四县。至元二十八年（1291年）溧阳县复归建康路。原建康府治被江东道宣慰司占用，建康路治所设于原宋都钱库。

建康府城及衙署多被利用，只有南宋行宫遭到破坏。《至正金陵新志》卷十二"南唐旧子城"条载:"至元十五年,拆其材、瓦付北,以地属财赋提举司,民佃为圃。其宫殿、府寺、台榭遗址犹存。阙门今为军总铺警火之所。"行宫建筑被拆除,建材被运往北方,宫地租给百姓开垦种植,以收赋税,只留下一座阙门作为瞭望火警的高台。初创于南唐的宫城区域,至此遂被开发蚕食,渐化为新的居民区。

至元十六年(1279年)南宋灭亡。

至元二十二年(1285年)江淮等处行枢密院开府建康,提调江淮等处出征军马。次年行御史台经几度迁移,移治建康路,后短暂移扬州,至元二十九年(1292年)行御史台还治建康。

元代除京畿设御史台外,只有江南、陕西设行御史台,为正二品(大德十一年[1307年]升从一品)衙署。江南诸道行御史台公署设在原宋建康府治,统辖江浙、江西、湖广三行省,及江东、江西湖东、浙东海右、浙西、岭北湖南、江南湖北、岭南广西、海北广东、海北海南、福建闽海等十道肃政廉访司,几占全国二十二道之半,可见其地位之重要。大德元年(1297年),行御史台加称江南诸道行御史台。

泰定元年(1324年),元武宗次子图帖睦尔晋封怀王,次年出居建康。致和元年(1328年)图帖睦尔继位,史称元文宗,改元天历。南京又一次成为龙兴之地。图帖睦尔登基前在南京的住所,即今建邺路北大香炉一带。魏源《元史新编》中引《书画谱》说图帖睦尔善画:

文宗在潜邸时,召画师房大年,俾图京师万岁山。大年以未至其地辞。文宗遂取笔布画位置,顷刻立就,命大年按稿图上。大年得稿敬藏之,意匠经营,虽积学专工,有所未及,始知文宗之多才多艺也。

这是发生在南京的故事。图帖睦尔离南京北上登基途中有诗《自集庆路入正大统途中偶吟》,显示出良好的汉文化修养:

穿了毡衫便著鞭,一钩残月柳梢边。

二三点露滴如雨,六七个星犹在天。

犬吠竹篱人过语,鸡鸣茅店客惊眠。

须臾捧出扶桑日,七十二峰都在前。

元文宗前后两次在位近四年,因权臣燕帖木儿擅政,遂用心于文事,首建奎章阁,召集儒臣为顾问,撰修《经世大典》数百卷,为后人研究元代历史留下了可贵的资料。

文宗登基当年,就在钟山麓太平兴国寺后建大崇禧万寿寺。天历二年

（1329年）又在原住所建大龙翔集庆寺。两座寺庙都建得十分华丽壮观，如同宫殿。同年改建康路为集庆路。元代分路为上、下两等，集庆路为上路。集庆路所属江南诸道行御史台，治所亦设在集庆路。今大香炉即因龙翔寺前旧有大香炉而得名。

至正十六年（1356年）三月，朱元璋率红巾军攻占集庆路。江南诸道行御史台移治绍兴。元代虽尚未灭亡，但在南京的统治就此结束。

朱元璋取"上应天命"之意，改集庆路为应天府，同年七月置江南行中书省于应天府。南京再一次成为龙兴之地。

第二节
龙盘虎踞

龙盘虎踞新诠释

终南宋一朝，士人不断重弹半壁江山的"龙盘虎踞"旧调，强调六朝故都地理位置的优越性，希望朝廷定都建康，恢复中原，"金陵王气"之类的说法，又被大大张扬。周应合《景定建康志》中，专门绘制了一张《龙盘虎踞图》，并在卷十七《山川志序》中细作说明：

> 自孙权之国江东，以至我朝之建行阙，帝王都邑实印斯言。尝以山川形势验之，钟山来自建邺之东北而向乎西南，大江来自建邺之西南而朝于东北。由钟山而左，自摄山、临沂、雉亭、衡阳诸山以达于东，又东为白山、大城、云穴、武冈诸山以达于东南，又东南为土山、张山、青龙、石硊、天印、彭城、雁门、竹堂诸山以达于南，又南为聚宝山、戚家山、梓橦山、紫岩、夏侯、天阙诸山以达于西南，又西南绵亘至三山而止于大江，此亮所谓龙盘之势也。自钟山而右，近之为覆舟山，为鸡笼山，皆在宫城之后，又北为直渎山、大壮观山、四望山以达于西北，又西北为幕府、卢龙、马鞍诸山以达于西，是为石头城，亦止于江，此亮所谓虎踞之形也。

这一说法，源出于宋高宗《建炎诏幸建康府》："江宁府王气龙盘，地形绣错，据大江之险，兹惟用武之邦，当六路之冲，实有丰财之便。"（《景定建康志》卷三）王气龙盘的不再是钟山，而是整个江宁府，且强调了其"据大江之险"的江防重镇地位，在军事、交通、经济等方面的重要性。所以周应合将"钟山龙盘，石头虎踞"重行诠释，把南京周边诸山全都罗列进来，作为"建邺之城郭"，护持覆舟山以南、聚宝山以北的"建邺之堂奥"，以符合宋高宗"外以控制于多方，内以经营乎中国"

的期望,"洗前日六朝之陋,肇吾宋万世之基"(《进建康志表》)。

在卷五"辨金陵"中又辨析楚威王、秦始皇埋金宝以镇厌金陵王气是自欺欺人,"埋金宝于其地,是益其气也,安得为知乎",是适得其反的做法,楚王、秦皇为什么要干这种不智之事呢?所以他另提新解释:"地有王气,楚、秦所忌,故将凿山以泄其气也。役其人以凿山,则人未必从,于是借埋金之说以致凿山之人","人皆有求金于山之心,则皆不爱其凿山之力,求不获则凿不已,不待驱而从也"。然而,"熊商、嬴政将以愚黔首,适自愚耳。山融川结,天地之气为之,岂区区智术所能变之哉",王气所在,哪是术士们的小花招所能改变的呢。

自六朝到南唐,前后已有七朝在金陵建都,都没有能够王霸天下,再拿"金陵王气"给帝王打气,确实有些底气不足,所以他发挥宋高宗"修德而不在险"的说法,提出"圣贤以理御气",王气须善为驾御,才有益于国政:"惟修德足以永天命,惟施仁足以固人心,惟行帝王之道足以消奸雄之变。"不是"金陵王气"不管用,而是此前那些王朝没有"修德""施仁"啊。

周应合的这种说法,正符合南宋时期的救国思潮。建康府既是南宋王朝的留都,当时的主战派希望皇帝能从杭州前来建康,以显示"恢复中原"的决心。陆游《登赏心亭》之二以未能恳请迁都建康为生平大憾:

黯黯江云瓜步雨,萧萧木叶石城秋。

孤臣老抱忧时意,欲请迁都涕已流。

杨万里在《重修贡院记》中也曾对金陵人杰地灵大加鼓吹:

金陵,六朝之故国也,有孙仲谋、宋武之遗烈,故其俗毅且美,有王茂弘、谢安石之余风,故其士清以迈。有钟山、石城之形胜,故其地为古今之雄盛,有长江、秦淮之天险,故其势扼南北之要冲。

诗人们借六朝史事、"金陵王气",比喻眼前时事,抒发胸中块垒,为南宋王朝打气,如"当日卧龙商略处,秦淮王气真何许"(程珌),鼓吹"钟山龙盘,石头虎踞"的优势至今未衰。如"石虎蹲江蟠王气,玉麟涌地镇神皋"(范成大),夸说虎踞龙盘的金陵形势,还在护卫着南宋的疆土。叶梦得也曾以此为鉴,作诗勉励其子叶模:

千年石头城,突兀真虎踞。

苍茫劫火余,尚复留故处……

面对"直把杭州作汴州"的南宋小朝廷,诗人们诚可谓用心良苦。

宋、辽、金三国演义

宋王朝不得不放弃中原,退居江南,其原因并不在于"修德"与"施仁"与否,而是在立国之初,就面临着如何处理与北方少数民族政权关系的难题。这个问题处理不好,无论金陵王气有何等威力,势必连江南也保不住。

唐、宋之交的历史时期,无论是称为五代,还是称为五代十国,都不能完全反映当时的政治军事局势,因为忽略了一个实力强盛的第三方,即北方的辽国。建立辽国的契丹人,与汉、唐时期来自西域的游牧民族不同,崛起于东亚。契丹太祖耶律阿保机出生于今内蒙古自治区赤峰一带,后梁开平元年(907年)成为契丹可汗,即开始实行汉化政策,后梁贞明二年(916年)称帝,国号契丹,年号神册,史称契丹太祖,建西楼城为皇都(后称上京临潢府)。契丹天显十一年(后唐清泰三年,936年),河东节度使石敬瑭以割让燕云十六州为条件,请契丹太宗耶律德光发兵攻灭后唐,被其册封为晋帝,自称儿皇帝。石敬瑭死后两国冲突,会同十年(后晋开运四年[947年])正月契丹军攻占后晋首都汴州(今开封),据有中原大半,二月改国号为辽,年号大同,已有一统中国的意图。

契丹虽是游牧民族,太祖耶律阿保机已创造契丹文字,保存民族文化,又吸收渤海国、中原各国、西夏以至西域诸国文化,促进社会经济发展。尤其是得到经济较为发达的燕云十六州后,不但取得了重要的产粮区,而且掌握了农业耕作、金属冶炼等技术,辽国由此成为一个农牧结合、经济稳固、文武昌盛的帝国,也是有史以来第一个在长城内、外确立巩固政权的游牧民族国家。为适应这一变化,辽王朝开创南、北两院分别治理汉民族和契丹民族的制度。金庸《天龙八部》中的"南院大王",并非杜撰。

辽国强盛时期的疆域,东至日本海,西至阿尔泰山,北至额尔古纳河、外兴安岭一带,南至河北中部的白沟河。辽与江南诸国多有联系,与西夏长期保持友好关系,影响远及西域地区,被西亚、东欧多国视为中国的代表。俄语中的"中国"发音"Китай",就是"契丹"。

后周显德五年(958年)尽取南唐江北之地,李璟除帝号、奉正朔,第二年周世宗率军北伐,接连攻下益津关、瓦桥关、淤口关三关,收复了燕云十六州中位于三关以南的莫州(今任丘)和瀛州(今河间),兵锋直指幽州（今北京），因周世宗病重而班师。此后辽国又攻取了易州（今易县）。按燕云十六州，又称幽云十六州、幽蓟十六州，指以幽州和云州（今大同）为中心的十六个州，相当于今北京、天津全境及河北北部、山西北部地区，包括长城雁门关、居庸关和瓦桥关等中原北部的重要屏障。易守难攻的燕山地区成为辽国的腹地，这一线以南，华北平原一马平川，只能任由辽军铁骑冲击扫荡，就是首都东京开封府也无险可守。从秦始皇开始，中原国家不惜代价修筑长城，是因为北方游牧民族的骑兵行动迅速，以步兵为主的中原国家难以抵挡。同样的情况，在欧洲也可以看到，2世纪，罗马人先后修筑哈德良长城和安敦尼长城，以抵御不列颠北方的皮克特人。有了长城，骑兵的行动大大受限，必须从关隘出入，侵入时易被守军掌握准确军情，而一旦隘口被守军重行封锁，入侵军力很可能被围歼。所以长城对北方游牧民族有一种心理上的压抑。而失去长城防线，让中原国家更有强烈的危机感。同时北方牧区尽入敌手，宋王朝因缺马而难以发展骑兵。王安石执政时曾试图在黄河下游养马，未能成功。

继后周而起的宋王朝，尽管很快统一了江南，燕云十六州却成了历朝君主的难解心结，宋、辽两国争战不断。宋太宗太平兴国四年（979年）亲征，雍熙三年（986年）派曹彬、潘美率大军北征，虽有小胜，终以败北结束。尤其是雍熙三年之战，宋军精锐尽失。《杨家将》故事的主角杨业，即败死于朔州狼牙邨。此后宋军不得不转为战略防御。高丽、党项、女真、铁骊等先后归附辽国，据《辽史·营卫志》记载，辽的属国曾多达五十九国。

景德元年（1004年）九月，辽圣宗和承天萧太后率二十万大军攻宋，两军各有胜负，而辽军已进逼并围困了澶州（今濮阳）。当时黄河在澶州穿城而过，澶州一失，开封即无险可守。宋真宗畏战欲迁都，同平章事寇准力主抗战，并坚请宋真宗御驾亲征。十一月，宋真宗车驾抵达澶州，宋军士气大振，又从城上用伏弩射死了巡城的辽领军大将萧挞凛。萧挞凛是承天萧太后的堂兄弟，故萧太后为之痛哭不已，"辍朝五日"，对辽军的士气是很大的打击。辽同意与宋和谈，双方按宋提出的以财帛换和平原则订立和约，约定宋每年赠辽岁币银十万两、绢二十万匹，双方成为兄弟之邦，宋真宗年长为兄。辽放弃瀛（今河间）、莫（今任丘）二州，两国以白沟河为界，各守疆界，互不骚扰。史称澶渊之盟。宋、辽之间和平相处达一百二十年之久，百姓生活安宁，双方在边境地带设立榷场，交流贸易，促进经济繁荣，加强民族融合。这对双方无疑都是一种明智的选择，对中华民族思想文化的发展都有正面影响。

　　这个办法不是宋真宗的发明。安史之乱平定后，唐王朝强化政府财政收入，国内发生动乱，就花钱雇用北方少数民族军队进行镇压。北方少数民族入侵，则用金钱达成和解。对于宋王朝来说，岁币虽然是经济负担，但相比军费开支则大为减少，所以并未增加财政压力。问题在于，澶渊之盟后的宋与辽，成为平等相交的"兄弟之邦"，辽称宋君为皇帝，宋也要称辽君为皇帝，这是统一的中原王朝统治者从来没有接受过的，是远比经济负担更难忍受的屈辱。

　　无独有偶，宋仁宗宝元元年（1038年），党项族酋长李元昊称帝，国号夏，年号天授礼法延祚，定都兴州（今宁夏东南），史称西夏。宋不承认西夏立国称帝，当即禁绝与西夏互市，双方互有攻伐，但在三川口、好水川、定川三次大战中，宋军都吃了败仗。辽兴宗趁此机会，宣称李元昊是其女婿，西夏已向辽称臣，指责宋对西夏用兵等事，向宋索要后周收复的瓦桥关关南十县，并以大军压境作为威胁。宋与西夏对阵已经捉襟见肘，只能求和。双方使节反复折冲，在庆历二年（辽重熙十一年，1042年）底达成协议，宋增岁币金、帛二十万给辽，辽不再索要关南十县，且令西夏臣服于宋。史称庆历增币、重熙增币。经辽劝谕，庆历四年（1044年）西夏与宋订立和约，西夏虽对宋称臣，但宋放弃了甘肃的领土，且须每年赐岁币绢十三万匹、银五万两、茶两万斤。宋与西域的交通线，在河西走廊一带被西夏控制，过往商品都得任由西夏征税。

　　元丰四年（1081年），宋神宗在熙宁变法受阻、元丰改制艰难之际，却看到了一个收复失地的机会：西夏皇室发生政变。宋派大军五路攻西夏，然而日久无功，至十一月以粮草不足退兵，被西夏军追杀，溃不成军。元丰五年（1082年）正月，宋神宗决定在边境筑永乐城（今米脂西北）长久屯军，不料西夏出动三十余万大军围城，九月永乐城失守，宋军将校伤亡二百余人，民夫工匠损失二十多万。神宗得报恸哭不已。元丰六年（1083年）闰六月，西夏纳贡请和，宋神宗的军事冒险到此终结，但此后西夏仍不断骚扰宋西北边境。元丰八年（1085年）三十八岁的宋神宗去世，临终之际留下遗言："能复全燕之境者胙本邦，疏王爵。"能够恢复燕云十六州的人，即使异姓也可封王。

与宋仁宗在位长达四十一年相似，辽道宗耶律洪基在位长达四十五年，而且登基之年已二十四岁，不像十三岁登基的宋仁宗到十年之后才得亲政。辽道宗在内政上因轻信权奸耶律重元、耶律乙辛而屡致内乱，但在辽、宋关系上坚持友好相处，且以宋仁宗为楷模。曾出使辽国的苏辙在《栾城集》卷四十二《北使还，论北边事劄子五道》中评述耶律洪基"在位既久，颇知利害，与朝廷和好年深，蕃、汉人户休养生息，人人安居，不乐战斗"，"北朝皇帝好佛法，能自讲其书。每夏季辄会诸京僧徒及其群臣，执经亲讲"。又说辽国大臣，"其臣僚年高晓事"，"皆言及和好，咨嗟叹息，以为自古所未有"。辽、汉人民相处也各有节度，"契丹之人每冬月多避寒于燕地，牧放住坐，亦止在天荒地上，不敢侵犯税土。兼赋役颇轻，汉人亦易以供应"，"若其朝廷郡县，盖亦粗有法度。上下维持，未有离析之势也"。晁说之《嵩山文集·朔问下》记载耶律洪基对维持辽、宋友好"与有力焉"，说他"为人仁柔，讳言兵，不喜刑杀，慕仁宗之德而学之"。耶律洪基的汉文化修养颇高，佛学之外，所作汉诗有"气象磅礴，意境深远"之评，著有《清宁集》（已佚）。

　　辽贵族日趋汉化，对中原物资的需求剧增，苦于经济压榨的民众不断抗争，尤其是因搜刮金沙，激起松花江流域女真民族（今称满族）反叛。叶隆礼《契丹国志》卷十载："女真服属大辽二百余年，世袭节度使，兄弟相传，周而复始。"辽天庆三年（1113年）完颜阿骨打统一女真各部落，辽天庆五年（1115年）正月称帝，国号金，年号收国，史称金太祖。辽天祚帝耶律延禧贻误战机，金兵势如破竹，九月攻占辽黄龙府（今长春）。辽天祚帝率大军亲征，在松花江畔被打得大败。天庆六年（1116年）五月辽东京（今辽阳）失守，辽东地区尽入金人之手。天庆八年（1118年）辽、金遣使议和，次年三月，辽册封金太祖为东怀国皇帝，但被金太祖拒绝。

　　这其中的重要变数，就是北宋介入了辽、金之争。

　　宋徽宗赵佶得知辽、金战事，政和七年（1117年）七月即命山东登州（今蓬莱）马务以马匹交易为名，渡海至辽东半岛侦察双方情势，决定联金攻辽，趁机收回燕云十六州。重和元年（1118年）双方使节通过海道频繁往来，宣和二年（1120年）正月宋、金正式签订"海上盟约"：双方各按商定的路线攻辽，金攻取辽上京临潢府（今巴林左旗）和中京大定府（今宁城），宋攻取辽南京析津府（即燕州，今北京）和西京大同府(即云州,今大同)。灭辽之后,金允诺由宋收回燕云十六州,宋将原赠辽的岁币转输给金,双方均不得单独与辽议和。四月,金太祖率军攻辽上京,仅半天时间即破城,辽天祚帝逃往中京。

此时宋军精锐正在西北与西夏作战,奉命转征东北,又因江南方腊起义,攻占杭州,东南多地响应,宋徽宗命太尉童贯领军先平方腊以除后顾之忧,未能及时北伐。

宣和四年(1122年)正月,金攻占辽中京,辽天祚帝逃往西京。辽留守南京(今北京)大臣耶律大石拥立耶律淳为天锡帝,史称北辽,请求与金和议被拒。四月,金攻占辽西京(今大同),辽天祚帝继续西逃,金太祖一路追击,西路州县多被金人控制。

辽五京之中,金已得四京。宋以举国之财力,命童贯领军急攻辽南京(今北京)。辽以免除岁币为条件与宋议和,然而童贯眼中只有异姓封王之荣耀,断然拒绝。辽军虽在金兵攻击下节节败退,却轻而易举地打败了二十万宋军精锐。六月辽天锡帝死,妻萧太后称制,再派使节请和于宋,愿向宋称臣,以唇亡齿寒为说辞,仍被童贯拒绝。宋军再攻南京(今北京),一度攻入城内,旋即被辽军击溃,只得退保雄州(今雄县)。童贯只好请求金兵代攻南京(今北京)。宋军的不堪一击,在金人面前暴露无遗。

十二月,金太祖率军攻下南京(今北京)。以宋军违约,双方几经交涉,宋须赠金岁币银二十万两、绢三十万匹,并须每年交纳燕京(今北京)租税一百万贯,金将燕云十六州中太行山以南的蓟、景、涿、顺、檀、易和燕京交还给宋。金军退走时将燕京城中人口、财物掳掠一空。宋得到一座空城,改称燕山府。然而大同府仍被金人据为己有。只有童贯如愿以偿,得封广阳郡王,是宋代异姓王之第一人。

宣和七年(1125年)二月,辽天祚帝被金俘获,辽亡。辽宗室耶律大石得维吾尔人之助称帝,年号延庆,建都于巴尔喀什湖以南的虎思斡鲁朵(今属吉尔吉斯斯坦),史称西辽德宗。西辽绵延近百年,一度在中亚称霸。

同年十二月,金国即以张觉叛金投宋事件为借口,指责宋违背盟约,发兵攻宋。金兵两路南侵,东路入燕山府(今北京),随即在燕地豪强的支持下南进,西路围太原府,破信德府(今邢台)。

辽国作为与宋和平相处百余年的盟国,本可以成为宋的北方屏障。

然而宋王朝始终不愿接受与别国平等相处的原则，只要一有机会，就试图打破这种平衡，再加上收复燕云十六州这个执念，又任用童贯这样只图私利不问国运的佞臣，遂至不得不面对更为强劲的敌国。大难临头之际，宋徽宗全无御敌之策，匆忙禅位于钦宗，改元靖康，由钦宗出面与金议和，以割让太原、中山、河间三镇，送康王赵构、太宰张邦昌作人质及增加岁币等为条件，且与金伯、侄相称，求为兄弟已不可得。金得到割让三镇的诏书，放回康王赵构，暂时退回黄河以北。

徽宗时的权臣蔡京、蔡攸父子和童贯、王黼皆被处置。朝中主战派在金退兵后便主张毁约，钦宗毕竟也不甘心，遂写信策反降金的辽将耶律余睹，结果策反信被金使萧仲恭交给了金太宗。靖康元年（1126年）八月，金以宋不守信履约为由，再次发兵，长驱直入，九月破太原，闰十一月破东京，次年掳宋徽宗、钦宗及六宫皇族北去。北宋紧随辽灭亡，正应了唇亡齿寒的古训。

宋、金大战黄天荡

溃灭到来得如此之快，是北宋王朝君臣无论如何也想象不到的。了解了这一背景，就不难理解南宋皇室的畏战与逃避了。

也正因为顶层的溃败是如此快速，国家的实力并没有消耗殆尽，军队成建制得以保存的不在少数。宋高宗登基后，当即成为一个凝聚各种力量的中心。尤其是坚持抗敌的军事将领，如名将张浚，如岳飞、韩世忠、张俊、刘光世"中兴四将"，相继汇集于江南。在沿江重镇中，建康府由于宋帝行宫的存在，地位更显突出。"虎踞龙盘"之类的传说，南北分立对峙的历史，无形中又为南宋朝野增添了信心。

建炎四年（1130年）二月，横扫江南的完颜宗弼因宋高宗避入海中，又被江南军民用各种方式打击，在劫掠大量财物之后决定北归。金兵打算沿南运河至镇江渡长江进入北运河，浙西制置使韩世忠得到消息，率领八千水军先赴镇江，驻军焦山寺，在金山、焦山之间阻击渡江金兵。自北岸扬子县（今仪征）向南至镇江的长江段，古称扬子江，所以此战史称扬子江大战。韩世忠水军多艨艟大舰，舰身高大，稳定性好，攻击力强，金兵多轻舟，少大舰，因受重挫，无法渡江，遂分为两路，一路以骑兵为主，运送部分财物从陆上向建康进发，一路是水军主力护送载运财物的船队，溯江西行，另觅渡江之处。韩世忠率军追击，两军边战边行。完颜宗弼无计可施，愿将所掠财物送给韩世忠以求放其渡江，韩世忠断然拒绝。金兵船队始终被压迫在南岸，最后慌不择路，误入黄天荡。

黄天荡早已消失，其具体位置众说纷纭。胡三省《资治通鉴注》卷二百六十记唐乾宁三年（896年）杨行密与钱镠之战，提到皇天荡："淮南兵与镇海兵战于皇天荡"，下有胡注："大江过昇州界，浸以深广，自老鹳嘴渡白沙，横阔三十余里，俗呼为皇天荡。"应该就是当年的黄天荡了。

白沙洲，《中国古今地名大辞典》介绍："在江苏仪征县南滨江。地多白沙。"时属扬子县（今仪征市），白沙也是仪征的古称。老鹳嘴，见《景定建康志》之《沿江大阃所部图下》，大致在今栖霞山北江洲上。从《沿江大阃所部图下》可以看出，当年这一段长江南、北岸皆多江洲，南岸尤甚。江洲之间有夹江，或可通航，或已淤塞不可行船。金兵十万水军误入黄天荡，东端退路被韩世忠水军阻断，西行出路则已淤塞，被困四十八日，如瓮中之鳖。完颜宗弼悬重赏求出路，得乡人指引淤塞的老鹳河故道，一夜之间疏浚河道三十里，得以逃出黄天荡，已至建康境内，反居韩世忠军上游，顺利撤往建康城。

由陆路前往建康的金兵，一路受到岳飞率军打击。《景定建康志》卷十七载：

建炎四年，岳飞败金人于清水亭。兀述复趋建康，飞设伏于牛头山待之。飞又以骑三百、步卒二千人，自牛头山驰至南门新城为营，遂大破兀述之众。所获负而登舟者，尽以戈殪于水，物委于岸者山积。

兀述即完颜宗弼。这里写到的实是三场战事。《景定建康志》卷二十二载："清水亭，去府城三十里。考证：建炎四年四月二十五日，岳飞败虏于此。"清水亭位于江宁县境内，秣陵东二十里。岳飞一军此前转战于建康、溧阳、宜兴、常州等地，此时从镇江尾随袭击敌军。宋高宗有诏命岳飞收复建康，岳飞遂在清水亭阻击"兀述之众"，不过完颜宗弼并不在其中。据岳珂《经进鄂王行实编年》记载，"金人大败，僵尸十五余里"。五月初，继续前往建康的金兵途经牛头山（即牛首山），岳飞在牛首山设伏以待，趁黑夜命百人穿黑衣潜入金兵营帐中骚扰，金兵惊起，自相攻击。这是一场成功的夜袭。五月初十，金兵抵达建康白鹭洲西南，驻军牛首山的岳飞命骑兵三百、步兵两千，抢先占据建康城南高寨，迎击金兵，大获全胜。背负着掠来财物企图登船逃走的金兵，都被宋军以长矛刺落水中，丢弃的财物在岸边堆积如山。金兵退走，岳飞乘胜收复建康，入城安抚百姓。这是岳飞一生中的重要战绩，南京牛首山上至今保存着岳飞抗金故垒的遗迹。

完颜宗弼打算在建康渡江，适有移喇古（今作伊喇古）自天长率军来援。韩世忠水军艨艟巨舰雄踞江中，阻止两岸金兵会合。宋军充分发挥战舰高大的优势，预先制作了用铁链联结的大铁钩，挑选健壮水兵，居高临下，挥舞铁钩钩住金兵战船一舷，便可将敌船拉翻。完颜宗弼得善于水战的汉人指点，艨艟战舰行动全靠风帆，遂选择无风天气出战。宋军大船行动迟缓，金水军轻舟充分发挥行动便利的优势，以火箭射烧宋军船帆，帆火引燃船舰，宋军败逃数十里，巨舰尽失。金兵虽得以顺利渡江北归，但对南宋军事力量再不敢小觑。与此同时，北方沦陷于金国统治的民众，自发组织义军，以各种方式奋起反抗，有效地牵制了金兵的大规模南侵，迫使金国退居黄河以北，定都燕京（今北京），在黄淮之间扶植傀儡政权齐国。

南宋自绍兴七年（1137年）即酝酿与金议和，次年和约因金国政变而废，绍兴十一年（1141年）金以杀岳飞为条件，与宋订立和约。宋向金称臣，受金册封，两国以淮水、秦岭为界，宋岁贡银、绢二十五万两、匹，金归还宋徽宗灵柩及高宗母韦太后。名为和约，实际上就是一份投降书。宋高宗君臣不惜丧权辱国，以图小朝廷苟延。

绍兴十九年（1149年），金平章政事完颜亮篡权，将都城从上京会宁府（今哈尔滨）迁往中京大兴府（今北京），并谋划南侵灭宋。绍兴三十一年（1161年）七月，完颜亮迁都南京开封府，率四路大军侵宋，宋军虽几年前已得到情报，但设置的军事防线依然不堪一击。金兵迅速推进到扬州、瓜州、和州（今和县）一线，即将渡江。宋军急忙加强建康、镇江防御，命同知枢密院事叶义问出督江淮军事，至建康督军，中书舍人虞允文为督视江淮军马府参谋军事，调李显忠为建康都统制、主淮西军事。为激励士气，宋高宗也宣布将驻跸建康。

其时李显忠尚在池州，叶义问不通军务。危急关头，虞允文奉命到采石犒军。采石与和州一江之隔，宋军人心惶惶，士气低落。虞允文虽一介书生，但深明大义，胸有谋略，一边晓之以理，动之以情，凝聚军心，一边根据军力、地情，巧为调配，以一万八千人迎战十五万金兵，奋力血战，居然迫使金兵退回江北，史称采石大捷。强逼金兵渡江的完颜亮激成兵变被杀，继立的金世宗遣使议和，南宋王朝得以转危为安。虞允文回师时在建康江岸幕府山下泊舟三日，至今尚存三宿岩名胜。

在此情势下，隆兴二年（1164年）订立的宋、金和约，金国作了一定的退让，如两国关系由君臣改称叔侄，文书均称国书，宋岁币银、绢各减五万两、匹，不再称"贡"等。两国在较为平等的关系中，和平相处了四十余年。

宋宁宗庆元年间，深受宠信、官至太傅的韩侂胄，欲"立盖世功名以自固"，重提北伐中原，提拔、起用了不少主战派的人物，其中包括辛弃疾、陆游和叶适。据宋李心传《建炎以来朝野杂记》乙集卷十八记载，嘉泰四年（1204年）正月辛弃疾在宋宁宗召见时说："夷狄必乱必亡，愿付之元老大臣，务为仓猝可以应变之计。"没有人深究过辛弃疾这样说的依据是什么，因为此后金国确实灭亡了，有研究者且将这视为辛弃疾的"精准预言"。韩侂胄闻言大喜，鼓动宋宁宗极力备战。为激励主战派，岳飞被追封为鄂王、追赠太师，而秦桧的王爵被褫夺，改谥缪丑。开禧二年（1206年）叶适任江东安抚使、知建康府事，兼沿江制置使，力主安定两淮以固大江之防。四月宋军收复泗州（今泗县一带）、虹县（时属泗州），五月正式下诏伐金。然而金国早得到情报，加强防守以备战，各路北伐宋军几乎全部败绩溃退。十月，金兵大举反攻，直抵长江北岸，南宋只能再度求和。嘉定元年（1208年）三月，和议达成，金、宋由叔侄之国改为伯、侄之国，增加岁币为银三十万两、绢三十万匹，另以三百万贯犒劳金兵。更为耻辱的是，将主战派韩侂胄的首级送往金营，以赎取被金兵侵占的淮南土地。

南宋的可悲，是完全不了解北方的军情，在最有利的北伐时机到来前夕，盲动以致失败。

正是在这几年间，金国的后方出现了重大的变局。

建立金国的女真与契丹不同，不是游牧民族，而是定居的狩猎民族，目标明确在于侵吞中原地区，所以对于蒙古草原不予过问。其中也有气候严寒造成漠北生活艰难的因素，这将在下一节详说。以往服从于辽国统治的蒙古草原，因此出现了群雄割据的局面，蒙古民族开始崛起。部落首领铁木真以配合金国平叛得到封赏，势力渐强。开禧二年统一蒙古各部落的铁木真建立大蒙古国，称成吉思汗，史称元太祖。

成吉思汗立国，即开始发动大规模对外战争，采取先弱后强的策略，首先连年攻掠经济富庶的西夏，迫使西夏在嘉定二年（1209年）献女求和，年年纳贡，并允诺附蒙攻金。嘉定四年（1211年）成吉思汗亲率大军攻金，突破居庸关，直逼金中都（今北京）城下。据《蒙古秘史》记载，金卫绍王"命王京丞相以公主及金银、缎匹、财物等令人尽量运载，由中都送往成吉思汗处，表示投降，成吉思汗接受了和议，把攻取各地的军队撤退"。嘉定六年（1213年）七月，成吉思汗以金国阻止蒙古与宋通好为由，"再度出征金国，责问他为什么阻止通好于宋的使臣"。成吉思汗率军攻占涿州、易州，又攻破居庸关。八月，金卫绍王被杀，金宣宗继位。蒙古军包围中都，大肆劫掠，又分兵洗劫河东、河北、山东九十余州。《建炎以来朝野杂记》载："两河、山东数千里，人民杀戮几尽，金帛、子女、牛羊马皆席卷而去，屋庐尽毁，城郭丘墟矣。"嘉定七年（1214年）金宣宗由中都（今北京）迁避南京（今开封）。次年中都失陷，金国疆土大半已被蒙古占领。此后成吉思汗率军征西辽、花剌子模，直至东欧，又灭西夏国。金国得到喘息机会，稍有恢复，对南宋转而交好，并公开表示再不南侵。但南宋君臣并不接受辽、金之变的教训，一心想着洗雪"二圣蒙尘"的耻辱。绍定二年（1229年）元太宗窝阔台发兵伐金，西路军向宋借道自汉中沿汉水攻打南京（今开封）。绍定六年（1233年），宋理宗应蒙古之约，派两万宋军与蒙军合围金哀宗于蔡州（今汝南）。次年蔡州城破，金亡。南宋王朝再一次直接面对更加强盛的敌国，在不断败退中苟延残喘，直至灭亡。

此后，"龙盘虎踞"再未能成为政治象征，至多只是一个文学意象了。

第三节

沧桑巨变

气候寒冷的重要影响

两宋三百余年间，辽、金、元相继不断南侵，在社会、经济因素之外，其时北半球的气候寒冷，也是一个不容忽略的因素。历史上，每当寒冷期替代温暖期，就会出现大规模的战乱以至改朝换代。一方面，北方水草缺乏，导致游牧民族向南方迁徙。与之相类似的，是4世纪前后的一次寒冷期，导致中原地区沦入"五胡十六国"的大混战局面，而成就了在南京建都的六朝繁华。另一方面，由干旱引起的粮食减产和饥荒，往往激发农民起义和动乱。9世纪中叶后的一百年，是一个气候较为寒冷的时期，相应的是唐末历时二十余年的农民起义，如大中六年（852年）衡州邓裴起义，九年（855年）浙东军乱，十一年（857年）容管军乱，十二年（858年）岭南、湖南、江西、宣州军乱，十三年（859年）十二月浙江裘甫起义。咸通三年（862年）徐州军乱，九年（868年）庞勋兵变，十一年（870年）魏博军乱。乾符二年（875年）王仙芝、黄巢起义，延续十年，虽被镇压，而藩镇割据之势已不可挽回，形成五代十国的大分裂局面。

竺可桢在《中国近五千年来气候变迁的初步研究》中指出，11世纪中叶至12世纪末，中国处于历史上的气候极寒期。早在11世纪初，华北已不知有梅树。苏轼咏杏花诗有句"关中幸无梅，赖汝充鼎和"。王安石嘲笑北方人误认梅为杏，其咏红梅诗有"北人初未识，浑作杏花看"之句。虽然古代缺乏科学、系统的气候记载，但各种文献史籍中保存有不少气象学和物候学资料。如《辽史·道宗本纪》载，大康九年（1083年）四月，"大雪，平地丈余，马死者十六七"。元祐四年（1089年）十月，苏辙出使辽国，回来后所作《北使还，论北边事劄子五道》中说："契丹之人每冬月多避寒于燕地。"即南迁度冬。《文献通考》记载，福建泉州大观四年（1110年）十二月二十日大雪，是泉州最早的降雪记录。有专家研究，那一年福州的荔枝全部被冻死。竺可桢文中写道：

  12世纪初期，中国气候加剧转寒。这时，金人由东北侵入华北代替了辽人，占据淮河和秦岭以北地方，以现在的北京为国都。宋朝（南宋）国都迁杭州。公元1111年第一次记载江苏、浙江之间拥有2250平方公里面积的太湖，不但全部结冰，且冰的坚实足可通车。寒冷的天气把太湖洞庭山出了名的柑橘全部冻死。在国都杭州降雪不仅比平常频繁，而且延至暮春。根据南宋时代的历史记载，从公元1131年到1260年，杭州春季降雪，每十年降雪平均最迟日期是四月九日，比12世纪以前十年最晚春雪的日期差不多推迟一个月。公元1153年至1155年，金朝派遣使臣到杭州时，靠近苏州的运河，冬天常常结冰，船夫不得不经常备铁锤破冰开路。

  此后淳熙五年（1178年）还有福州荔枝全部被冻死的记录。

  类似证据，如果细细爬梳，肯定还可以找到许多。前述宣和七年（1125年）金灭辽、靖康二年（1127年）金灭宋，正处于气候极寒时期，其影响显而易见。不过这些不是本书的任务。本书有意探究的是，在这一气候极寒时期，南京的湖泊、河流，以至长江南京段水道，发生了怎样的变化。

王安石围垦玄武湖

  熙宁九年（1076年）十月，王安石第二次罢相，仍回江宁任知府。十一月前知府叶均赴东京，王安石接任。一年后，王安石上奏疏：

  臣蒙恩特判江宁军府，于去年十一月十一日到任，管当职事。当时集官吏军民，宣布圣化，启迪皇风，终成一载。所幸四郊无垒，天下同文。然臣切见金陵山广地窄，人烟繁茂，为富者田连阡陌，为贫者无置锥之地。其北关外有湖二百余顷，古迹号为玄武之名，前代以为游玩之地，今则空贮波涛，守之无用。臣欲于内权开丁字河源，泄去余水，决沥微波，使贫困饥人，尽得螺蚌鱼虾之饶，此目下之利。水退之后，济贫民，假以官牛、官种，又明年之计也。贫民得以春耕夏种，谷登之日，欲乞明敕所司，无以侵渔聚敛，只随其田土色高低，岁收水面钱，以供公使库之用,无令豪强大作侵占。车驾巡狩,复为湖面,则公私两便矣。伏望明降隆章,绥怀贫腐。

这就是颇惹争议的《湖田疏》,载于《景定建康志》卷十八"玄武湖"条注文中。此前张敦颐《六朝事迹编类·形势门》中"真武湖"一条,已说到废湖为田事:"本朝天禧四年改曰放生池。其后废湖为田,中开十字河,立四斗门,以泄湖水。跨河为桥,以通往来。今城北十三里有古池,俗呼为后湖。"

天禧四年(1020年)前半个世纪,郑文宝《南唐近事》卷一中这样描写玄武湖:

金陵城北有湖,周回十数里,幕府、鸡笼二山环其西,钟阜、蒋山诸峰耸其左,名园胜境,掩映如画,六朝旧迹,多出其间,每岁菱藕罟网之利不下数十千。《建康实录》所谓玄武湖是也。

半个世纪后,宋神宗同意了王安石《湖田疏》提出的办法,废湖为田,建康府因此得到二百余顷湖田,分给贫民耕种,解决了一时的"贫腐"问题,也增加了地方财政收入。此后玄武湖景观,有诗为证。南宋黄度诗:

玄武湖中春草生,依稀想见竹篱城。
后来万堞如云起,方恨图王事不成。

万骑连山噪虎熊,千艘激浪泣鱼龙。
变迁陵谷有如此,应笑铜驼无定踪。

曾极有诗:
当日湖光澈镜心,龙旗凤吹此登临。
而今铁马回旋地,斜照黄尘一尺深。
都是干涸玄武湖的写照。

玄武湖中的十字河,杨万里是见过的,他的《夏日杂兴》有句:
独龙冈顶青千摺,十字河头碧一痕。
九郡报来都雨足,插秧收麦喜村村。

独龙冈时葬梁代高僧宝志,后朱元璋迁走宝志墓,建造明孝陵。

需要说明的是,周应合定上疏时间为熙宁八年(1075年),是弄错了。此后各书转述,皆以讹传讹。王安石第一次知江宁府,是治平四年(1067年)闰三月任命,同年九月即拜相,十月到东京。第一次罢相再知江宁府时间是熙宁七年，这在《观文殿学士知江宁府谢上表》中说得很清楚："臣已于六月十五日到任讫。"第二次罢相是熙宁九年十月，十一月十一日到江宁接任，与《湖田疏》所述正相符合。而且王安石前两次任职江宁，都是"知江宁府事"，只有第三次，据《宋史·王安石传》载，是"罢为镇南军节度使、同平章事、判江宁府"，也就是王安石所说的"特判江宁军府"。所以上《湖田疏》的时间，应该是熙宁十年（1077年）。

王安石的历史功过另作别论。值得探究的是，在没有现代排灌设施的情况下，人们如何排出大量湖水、实现围湖造田？

实际上，南京当时正处于一个枯水时期。《宋史·河渠志六》记载，早在天禧元年（1017年），时任昇州知州的丁谓就向皇帝上疏，报告玄武湖淤塞严重，并有化湖为田的情况：

知昇州丁谓言："城北有后湖，往时岁旱水竭，给为民田，凡七十六顷，出租钱数百万，荫溉之利遂废。今欲改田除租，迹旧制，复制岸畔，疏为塘陂以蓄水，使负郭无旱岁，广植蒲芡，养鱼鳖，纵贫民渔采。"

此前官府已将湖田七十六顷租给百姓耕种，年收入租钱数百万。丁谓认为这样做"荫溉之利遂废"，水利灌溉系统被破坏，是因小失大，所以主张疏浚玄武湖蓄水救旱，贫民亦可得水产之利。

进入11世纪，全国降水量有较大幅度的减少，曾多次出现历时长久的干旱。据复旦大学中国历史地理研究所满志敏"中国历史地理信息系统（CHGIS）"中提供的数据，北宋熙宁年间连续出现大面积的旱灾，而以熙宁七年最为严重。熙宁四年（1071年），旱十一处，大旱五处。熙宁五年（1072年），旱四处，大旱一处。熙宁六年（1073年），旱十六处，大旱三处。熙宁七年（1074年），旱一处，大旱三十二处。熙宁八年（1075年），旱二十七处，大旱八处。熙宁九年（1076年），旱二十六处。作为比照的是，北宋立国之初的建隆元年（960年），旱一处；百年之前的开宝七年（974年），旱六处，大旱一处；百年之后的淳熙元年（1174年），旱九处；南宋灭亡的德祐二年（1276年），旱一处。

在这样连续干旱的情况下，玄武湖的淤塞情况必然更为严重，水面也会随之缩小，围湖造田遂成为可能。其做法，一是在湖边沿岸筑堤坝，阻隔周边入湖之水；二是在湖中开十字河，使堤坝内的水都汇入河中，湖田便可以耕种。十字河口各设斗门，可以控制、调节水位，保证湖田的灌溉与排涝。

玄武湖退田还湖后，湖中十字河即不可见。从其功能分析，其中北、南流向的一条，是将河水引入杨吴城壕，保证城壕水源，其南端须连接原潮沟（今进香河一线）。东、西流向的一条，其东端须承接紫金山来水，西端很可能就是现在从中央路大树根水闸入城的河道，由此沿今金川河流域曲折入江，是玄武湖的泄水通道。现存的金川河和进香河水道可为佐证。十字河两河相交，可以相互调节水量。河中水位也会随降雨量大小而变化，雨水多水位高时，近河的土地会被淹没一部分。

王安石建议围湖造田，是他依据当时现实情况做出的决策，此后的形势变化非其所可预知。13世纪至14世纪中叶，中国又进入一个温暖期。南宋后期，气候已开始回暖，江南降水丰富，因失去了玄武湖的调节作用，南京城里遂常遭洪涝之害。到元代终于不得不疏浚以恢复玄武湖。这要算元代对南京城市发展最大的贡献，但湖面已大为缩小，约为六朝时期的三分之一。

与此成为对照的，是苏轼对于西湖的治理。元祐四年（1089年），也就是王安石将玄武湖围湖造田后的十二年，苏轼任杭州知州，同样面临了西湖的枯水淤塞，葑田已占西湖之半。他在次年上书朝廷，列举西湖不可废的五条理由，其中最能打动皇帝的一条，是西湖为江南运河水源，西湖涸则运河不畅，这是影响国家漕运的大事，所以宋哲宗批准疏浚西湖，采用以工代赈的方法募民浚河开湖。《宋史·河渠志六》载：

知杭州苏轼浚茆山、盐桥二河，分受江潮及西湖水，造堰闸，以时启闭。……湖水多葑，自唐及钱氏后废而不理，至是葑积二十五万余丈，而水无几。运河失湖水之利，取给于江潮，潮水淤河，泛溢阛阓，三年一浚，为市井大患，故六井亦几废。轼既浚二河，复以余力全六井，民获其利。

六井保障了全城人的饮水质量。《宋史·河渠志七》载："轼既开湖，因积葑草为堤，相去数里，横跨南、北两山，夹道植柳。林希榜曰'苏公堤'。行人便之，因为轼立祠堤上。"他用挖出的淤泥和葑草筑起了湖心苏堤，并修造六桥，给西湖增添了一道妩媚的风景线。所以杭州人会将此堤命名为苏堤，在苏堤南端建起苏轼纪念馆。相较而言，玄武湖被围湖造田，不仅对城市自然生态环境造成长远影响，而且令所有历史景观损失殆尽。不同的施政思路，就是这样影响着自然和人文生态。

秦淮河大幅收窄

玄武湖的淤塞，不是一个孤立的现象。同一时期，建康城内的秦淮河下游河道，同样大幅收窄。

据唐许嵩《建康实录》卷七记载，东晋咸康二年（336年）冬十月重造秦淮河朱雀浮航，"长九十步，广六丈，冬、夏随水高下"。浮桥长度相当于河面宽度。晋代一尺合今二十四点五厘米，一步六尺，九十步约合今一百三十二米。这是"冬十月"枯水季节，春、夏水涨之际，肯定会宽于此。这一文献记载也被现代考古所证实。2010年春，南京市博物馆考古部在颜料坊地块考古中，发现秦淮河一处古码头驳岸遗址，六朝时期两岸码头之间相距约一百米，南唐时期单侧收窄约五米。到宋代河道急剧收窄，仅剩四五十米。《景定建康志》卷十六记载，南宋乾道五年（1169年）建康府留守史正志重修镇淮桥和饮虹桥，两桥的长度是"镇淮长十有六丈……饮虹长十有三丈"。宋代十六丈约合五十米，十三丈约合四十米。

《宋史·河渠志》记载：

乾道五年，建康守臣张孝祥言："秦淮之水流入府城，别为两派：正河自镇淮新桥直注大江；其为青溪，自天津桥出栅寨门，亦入于江。缘栅寨门地近为有力者所得，遂筑断青溪水口，创为花圃，每水流暴至，则泛滥浸荡，城内居民尤被其苦。若访古而求使青溪直达大江，则建康永无水患矣。"既而汪澈奏，于西园依异时河道开浚，使水通栅寨门入。从之。

南宋乾道五年（1169年）距北宋灭亡才四十三年。镇淮新桥即重修的镇淮桥，天津桥即今内桥。张孝祥所说青溪今称秦淮中支，西行过内桥出栅寨门入江。这个"有力者"敢于筑断栅寨门出水口，也证明水流量相当小，其花圃中会留有水道，平时足以泄水，逢春夏多雨"水流暴至"才会泛滥成灾。皇帝同意开浚栅寨门河道以解决水患。

此前张孝祥还向皇帝提出过一个建议，认为秦淮河发生水患的原因，一是南宋初年为加强军事防御，将上水门和下水门砌窄。二是"居民填筑河岸，添造屋宇"。南唐建金陵城，城市内部固然能得到较高的安全保障，但城墙也成为一种硬性的空间限制，影响居民区扩张。所以在北宋秦淮河水位降低时，两岸河床便迅速被占用。三是秦淮河水入上水门之前，有一支分流为东面和南面城壕，现"一半淤塞为水田"，在水位较低时被居民围河造田了。他打算拆除河岸建房，毁田还河，恢复旧时的水道。而汪澈认为，只须清除河道淤积，保证水流通畅，就可以解决问题。这是代价最小的处置措施。

汪澈在乾道元年（1165年）任建康知府，是张孝祥的后任。张孝祥是豪放派词人，在南宋词坛有重要地位，他关心民间疾苦，但对于处理水患，显然不及汪澈妥善，所以宋孝宗两次都接受了汪澈的建议。

得以保留下来的"夹河居民之屋"，也就成了最初的"河房"。在空出的河床上建房，一方面要解决斜坡上的地基平整问题，一方面也要防备河中水位再次升高遭淹，所以多在河床上垒砌地基，以与岸边地面取平，或在坡地上树立木桩为支柱，建房其上，有类于湘西的吊脚楼。这就形成了南京秦淮河房的两种主要建筑形式。因为功能需要而产生的河房，以后成了秦淮河沿岸建筑的特色。河房前面街，后临水，有下达河面的阶梯，以便取水用水，也便于与河上的航船互动，上下通达，正是秦淮画舫繁华的重要因素。此后更有沿河人家，再向水面上修建凭水河厅、水亭、露台。"明末五秀才"之首吴应箕《留都见闻录》说：

南京河房夹秦淮河而居，绿窗朱户，两岸交辉，而倚楼窥帘者亦自相辉映。夏月淮水盈漫，画船箫鼓之游，至于达夜，实天下之丽观也。冬间水落河干，则一望河亭，惟有木橛猬列耳，令人意尽。

可证其桩基都是插入河中的。清人朱淮《秦淮竹枝词》中有两首描写沿河景象：

沿河林立尽排桩，倒影参差间短长。
难把画楼更仆数，翼分左右似回廊。

东关荡漾至西关，曲径周围逐节湾。
十里河房千百户，隔墙人唱两三般。

如此得寸进尺，秦淮河终于失去了当年的壮阔气势。

因此也就可以解释，东晋王献之的《桃叶歌》中，为什么会渲染桃叶渡的"风波了无常，没命江南渡"。水面宽阔的秦淮河，相对于习称大江的长江，时常被人称为"小江"。"渡江不用楫""渡江不待橹"的意思，是说江上风急，无须用（或无从用）楫、橹，巧用帆樯借助风力便可渡过。六朝时长江入海口离南京不远，台风海啸，海水沿长江倒灌，常使秦淮河泛滥成灾。就连东吴的皇宫，也还不能完全避免水灾的威胁，桃叶渡出现波涛风浪，翻船溺人，并不奇怪。

明清时期的文人墨客，见不到"没命江南渡"的无常风波，对桃叶的精魂也就难以理解了，甚或误以为桃叶渡不在秦淮河畔。

江心洲渚渐成陆

宋代枯水期对南京的另一个重要影响，是长江岸线的西移。李白诗中"二水中分白鹭洲"的景象，自此消失。

从史籍中可以看到，近岸的江心洲渚，在六朝时已有开发利用，如东吴即在烈洲实行军垦，在蔡洲设置客馆。《景定建康志》卷十九载：

按《晋史》：王敦在石头，欲禁私伐蔡洲荻，以问群下。时王师新败，士气震惧，莫敢异议。温峤独曰："中原有菽，庶人采之。百姓不足，君孰与足？若禁人樵伐，未知其可。"

温峤引《诗经·小宛》为百姓辩护。

《景定建康志》又引《南史》："宋武帝微时，贫陋过甚，自往新洲伐荻。"刘裕早年贫困，曾上幕府山对面的新洲伐荻，可以自用，也可以出售。又载："概洲，在城东北七十五里，周回三十八里。《南徐州记》云：'石垒山北江中有洲，今百姓于洲上概种，所收倍于平陆。'"《南徐州记》是刘宋山谦之的著作，六朝时人已认识到洲土肥沃，宜于种植。《六朝事迹编类》说到，梁武帝曾将长命洲作为放生地，并专门安排十户人家住在洲上，负责饲养放生的禽畜。《景定建康志》卷十九又载鄱阳浦："在石城西，上通秦淮，下入马昂洲，九里达于江乘。梁鄱阳王尝于此置屯田，因以为名。"江心洲能用于屯田，可见开发程度。隋、唐时期，秦淮河中下游居民已经相当密集，近岸洲渚的垦殖开发，肯定更甚于前，而洲上居民、建筑及各种设施都会达到一定数量。《金陵咏怀》一节中曾写到白鹭洲上的繁华景象。南唐末年，白鹭洲成为南唐驻军、兵家必争之地。《景定建康志》卷十三载，开宝七年（974年）十二月，曹彬"又败江南军五千余人于白鹭洲，生擒一百三十人。金陵始下令戒严"。开宝八年（975年）二月，"曹彬等败其众数千人于白鹭洲，拔昇州关城，江南军千余人溺死。守障者遁入城"。《续资治通鉴长编》卷十六亦记载此战："曹彬等败江南兵万余众于白鹭洲，斩首五千余级，擒百余人，获战舰五十艘。"

北宋后期与南宋前期，大规模围垦沿江淤积滩涂、洲渚为田，南京地区的沙田、圩田多达数十万亩。这将在下节中详述。江岸与洲渚之间的交通，因此较前代更为频繁，初时须靠舟船往来，待到严重枯水之际，在江岸与洲渚间修筑方便交通的堤坝就很容易。这种堤坝又加剧了泥沙淤塞，就此永远阻断了洲渚间夹江的上游来水。

南宋诗人陆游《入蜀记》中对石头津夹江的记述，可以作为佐证。他在乾道六年（1170）从浙江赴四川上任，七月五日乘船到南京：

过龙湾，浪涌如山。望石头山不甚高，然峭立江中，缭绕如垣墙。凡舟皆由此下至建康，故江左有变，必先固守石头，真控扼要地也。自新河入龙光门。

过龙湾（今下关）转南行，在石头城下进入夹江，才能到龙光门（今水西门）入城，所以控制石头山下的夹江口，也就守住了建康。他离开时，九日即"移舟泊赏心亭下"，仍由龙光门出城。"十日早，出建康城，至石头，得便风，张帆而行。然港浅而狭，行亦甚缓。"入蜀系溯江而上，出水西门当从夹江南口入江为便捷，但其时已必须向北绕行，在石头山下出夹江北口，可见夹江南段已不能通行。北行本是顺水，然而尽管顺风鼓帆，但"港浅而狭，行亦甚缓"，可见北段淤塞也相当严重。这与《景定建康志》卷十七中所说"今大江远石头，玄武湖涸为平田，青溪九曲仅存其一"正相吻合。南宋诗人曾极有《龙洞》一诗：

江流远引背烟岚，平陆何年重举帆。

断岸插天危欲坠，六朝龙去祗空岩。

说的就是石头山西岭下的江流变化。

六朝时期，除了常被提到的蔡洲和白鹭洲，尚有长命洲、烈洲、张公洲、加子洲等江心洲渚。到南宋时，金陵城西南一带的江心沙洲已多达二十个，《景定建康志》卷十九标出了各洲位置、周长及开发情况。"县西三里"的白鹭洲以南有：

张公洲："在城西南五里，周回三里。"

蔡洲："在城西南十二里，周回五十五里。"

加子洲："在城西南十三里，周回一十二里。"

董云洲："在城西南一十五里，西有小江名沣江，故一名沣江场。其上有田五百顷。"

杨林洲："在城西南二十五里，周回一十一里。"

丁翁洲："在城西南二十五里，周回一十五里。昔有隐士晦其名，惟称丁翁，居洲上，故为名。"

木瓜洲："在城西南二十八里，周回二十里。"

落星洲："在城西南三十里，周回一十里。上有小阜高数丈。旧《图经》云：星陨所化也。"

鸡距洲："在城西南三十五里，周回三十里。"

乌沙洲："在城西南三十五里，周回二十里。"

簰枪洲："在城西南三十五里，周回一十七里。南唐保大中治宫室，取材于上江，成巨筏至此，时会潮退，为浮沙所沫，涨成洲渚。国朝景德三年，南岸溃，出大枋木二十余条。"

迷子洲："在城西南四十里，周回三十里。（王荆公《次韵叶致远》诗云：'迷子山前涨一洲，木人图志失编收。'）"

乌江洲："在城西南六十里，周回一十五里，接乌江县西界。"

烈洲："在城西南七十里，吴旧津所也。内有小河，可泊船。商客多停此以避烈风，故以为名。"

鳗鲡洲："在城西南七十里，周回三十五里，西对和州乌江县，以水多鳗鲡，因为名。"

浮洲："在城西南八十里，周回二十五里。"

鱼袋洲："在城西南八十里，周回五里，形如佩鱼，因以为名。"

龙潭洲："在城西南九十五里，周回一十五里。"

合兴洲："在城西南九十五里，周回一十二里。"

文中明确说到簰枪洲、迷子洲等涨出时期，与秦淮河水道收窄恰在同时，可见北宋时期的极寒气候，也导致了长江水域的重要变化。这里说到沙洲形态会有改变，但那一时期的大趋势，是沙洲由少变多、由小变大。如北宋《太平寰宇记》卷九十记"蔡洲在县西十二里，周回五十里"，此时周长已是五十五里；比蔡洲更大的烈洲"周回六十里"，也是那一带最大的江心洲。

《景定建康志》卷五《江宁县之图》中，白鹭洲与杨林洲、迷子洲已连成一长条。《至正金陵新志》中说："蔡洲，今名蔡家沙，一名蔡家洲，在城西南十二里，周回五十五里，隔岸。"蔡洲在元末与新林浦已成"隔岸"之势。明万历年间顾起元《客座赘语》中考据城内外诸水，说到"宋时，今水西、旱西二门外，似未有土地如今日广远，石城下即临江"，这

"今日广远"的土地，应即是原与城一水之隔的蔡洲、白鹭洲、张公洲等汇聚而成，其间洼地，形成了莫愁湖、南湖等一系列湖泊。清人赵启宏《长干竹枝》：

大长干接小长干，却被城垣隔瓦官。
近日江流西去远，鹭飞何处认沙滩。

江流西去，原近岸夹江遂成为外秦淮河道，其水源一自东水关外城壕绕城而来，一是内秦淮河出西水关后汇入，一是秦淮中支在涵洞口汇入，北行至三汊河入江。

明代中期，人们仍可以在水西门上观赏白鹭洲景象。《正德江宁县志》卷六记载了几个当时的赏景胜处："赏心亭，在下水门城上，俯瞰秦淮，为金陵绝景处"，"白鹭亭，西接赏心亭，下瞰白鹭洲。柱间有东坡留题"。苏东坡留题中有"却讶此洲名白鹭"之句。后任希夷诗有"凄凉白鹭洲头月，曾照前朝玉树秋"之句。下水门即今水西门南侧西水关，由此可见水西门正当白鹭洲之东。此外又有二水亭："二水亭在下水门城上，下临秦淮，西面大江，与赏心亭相对。亭名取李白《凤凰台》诗。乾道五年（1169年）留守史正志重建撰记。"陆游乾道六年《入蜀记》中叙龙光门（今水西门）上三亭位置最明确："城上旧有赏心亭、白鹭亭，在门右，近又创二水亭在门左，诚为壮观。然赏心为二亭所蔽，颇失往日登望之胜。"白鹭洲的大体位置，应在今莫愁湖以南一带。

这样的江岸变化，并非只此一处。前文说到完颜兀术被困黄天荡事，就是因为老鹳河淤塞。其时乡民中尚有人能指出老鹳河故道，相信其淤塞时间只在数十年间。倘若是新近淤塞，知道的人会比较多。倘若淤塞过久，就难有人知道，也不是一夜之间可以疏浚的了。

莫愁湖的形成，亦可作为江岸西移时段的旁证。莫愁湖确是因莫愁女的传说而得名，因早就有了"莫愁在何处？莫愁石城西"的名句，石城门（今汉西门）外新形成的湖泊，顺理成章地被叫成了莫愁湖。莫愁湖之名首见于文献记载，已是明代中期，《正德江宁县志》卷二载："莫愁湖在县西，京城三山门外。莫愁，卢氏妓，时湖属其家，因名。今种芰荷，每风动，香闻数里。"湖的得名自应在入志之前，湖的形成更应在得名之前，可见亦当在元、明之际。

至于朱元璋与徐达在湖畔茶舍下棋，并为徐达建胜棋楼的传说，可以肯定是徐氏后人为霸占莫愁湖编造出来的。

晚明吴应箕以为明初金陵尚无茶舍，在《留都见闻录》中说：

金陵栅口有五柳居，柳在水中罩笼轩槛。垂条可爱。万历戊午年，一僧赁开茶舍，惠泉松茗，宜壶锡铛，时以为极汤社之盛。然饮此者日不能数，客要皆胜士也。南中茶舍始此。

但生活在万历年间的顾起元另有说法，《客座赘语》卷四有《徐十郎茶肆》一条："徐常待铉无子，其弟锴有后，居金陵摄山前开茶肆，号徐十郎。……人第知金陵近日始有茶坊，不知宋时已有之矣。"徐铉、徐锴兄弟由南唐入宋，后人开茶肆或亦有之，但南京的茶坊兴盛，当是在万历年间。

第四节
围垦江、湖

围湖垦江成风潮

王安石奏请围玄武湖造田，本是明确的历史事实。然而近年以来，不断有人试图否定，或猜测玄武湖并未被围垦，或质疑《景定建康志》所载王安石《湖田疏》是伪造。其误区就是不了解当时的历史背景，以围垦玄武湖为过失。实则北宋自熙宁年间开始，围湖造田、圩江造田成为一种风潮，而江南地区围湖造田的规模之大，远过于玄武湖者不胜枚举。大面积圩田（也称围田）与沙田的出现，大大增加了粮食产量和税收，对于北宋后期以至南宋前期的经济，起到了重要的支撑作用。

先看南京的情况。《景定建康志》卷四十"田数"载："乾道旧志：通管田七百七十七万二千八百六十三亩。景定辛酉，五县具到挨究实数，见管田实计四百三十四万一千六百四十三亩三角二十六步。"其中上元县有山田四十一万五千九百余亩，圩田二十万三千九百余亩，沙田二十一万二千余亩，营田二千八百余亩。江宁县有山田二十六万二千一百余亩，圩田一十八万七千三百余亩，沙田四万四千三百余亩等。溧水县有圩田二十九万一千一百余亩，沙田一千三百余亩，营田三千四百余亩，营地一百余亩。溧阳县有田九十五万五千七百余亩，地八十万一千四百余亩，圩田三万一千七百余亩。句容县有田七十四万三百余亩，地二十六万一千余亩，沙田一千一百余亩，营田五千八百余亩，营地一千八百余亩等。由此可见，圩田、沙田主要在临长江的上元、江宁二县。溧水县不临江，所以多圩田而少沙田，特别是在丹阳湖与固城湖之间围垦永丰圩（今属高淳）得田近千顷。南宋景定年间，上元、江宁县的围田各在二十万亩上下，玄武湖二百余顷折合二万余亩，只占其中很小比例。

"乾道旧志"即《乾道建康志》，系史正志乾道五年（1169年）编纂，至景定辛酉（1261年）将近百年。后文又说：

> 乾道间未有沙田、营田，而旧志所载五县田数已有七百七十七万二千八百余亩，今五县具到田数，并沙田、圩田计之，止有四百三十四万一千六百余亩。

总数比百年前减少了三百余万亩。但是山田和旱地的变化不会太大，所以作者猜测，"意者田有坍塌，或有拨隶"，可能有一部分水田特别是圩田坍毁了，或者拨给别县或别部门管辖了，确实有部分圩田是被军队借屯垦之名占为营田了。但圩田减少的重要原因，是两宋之交已经意识到围湖造田的不利影响，开始退田还湖，南宋时期更是三令五申以禁止围湖造田，同时随着气候转暖，雨量增加，水位抬高，一些圩田无法再耕种。

这里涉及的田地概念，山田即今梯田，南京地处丘陵地带，多梯田不必细说。《景定建康志》卷四十一中，只说到了营田和沙地：

> 绍兴初，以闲田立官庄，以畸田募耕垦，此营田所由始也。初以军耕，后以民耕，初以稻入，后以𨫼入，初以饲马，后以饷军。初则优其课，蠲其征，而民乐趋之。后则民畏之，畏欲避之，而籍不能改矣。

募民垦耕荒田，初时赋役优惠，交粮即可，此后赋税提高，且须交银，农民因户籍已定无法逃避。

宋、元之际马端临《文献通考》卷七中说，屯田、营田"实同名异"："屯田因兵屯得名，则固以兵耕。营田募民耕之，而分里筑室，以居其人，略如晁错田塞之制，故以营名，其实用民而非兵也。"营田、营地指募民屯垦之田地，就像汉代晁错的办法，所产粮食主要供应军需，有水田也有旱地，但建康地区的营田中，水田远多于旱地。沙地是"沙碛之地，民垦而业之，或以种谷，或以长芦，而县乃收其租焉"。沙田、沙地主要是江畔泥沙淤积而成，高处可以种粮谷，低处只能长芦苇。

元王祯《农书》中的诠释，最为详尽。《农书》卷三载：

> 复有围田及圩田之制，凡边江近湖，地多闲旷，霖雨涨潦，不时淹没，或浅浸弥漫，所以不任耕种。后因故将征进之暇，屯戍于此，所统兵众，分工起土，江淮之上，连属相望，遂广其利。亦有各处富有之家，度视地形，筑土作堤，环而不断，内地率有千顷，旱则通水，涝则泄去，故名曰围田。又有据水筑为堤岸，复叠外护，或高至数丈，或曲直不等，

长至弥望，每遇霖潦，以捍水势，故名曰圩田。内有沟渎，以通灌溉，其田亦或不下千顷。此又水田之善者。

《农书》卷十一中说，围田和圩田，"虽有水旱，皆可救御，凡一熟之余，不唯本境足食，又可赡及邻郡，实近古之上法，将来之永利。富国富民，无越于此。"

《文献通考》卷六也说：

江东水乡堤河两涯，田其中，谓之圩。农家云："圩者围也，内以围田，外以围水。"盖河高而田在水下，沿堤通斗门，每门疏港以溉田，故有丰年而无水患。

同见于《农书》卷十一的，还有规模较小的圩田称为柜田："筑土护田，似围而小，四面俱置窦穴。如此形制，顺置田段，便于耕耘。若遇水荒，田制既小，坚筑高峻，外水难入，内水则车之易涸。"又有架田，即今天在里下河地区尚可见的垛田："架田，架犹筏也。亦名葑田。……窃谓架田附葑泥而种，既无旱暵之灾，复有速收之效，得置田之活法，水乡无地者宜效之。"

又释沙田：

南方江、淮间沙淤之田也。或滨大江，或峙中洲，四围芦苇骈密，以护堤岸。其地常润泽，可保丰熟，普为塍埂，可种稻秫，间为聚落，可艺桑麻。或中贯潮沟，旱则频溉，或傍绕大港，涝则泄水，所以无水旱之忧，故胜他田也。旧所谓坍江之田，废复不常，故亩无常数，税无定额，正谓此也。

也就是《景定建康志》中所说的"田有坍毁"。建康沿江因沙洲连接而成的沙田，则不会有坍毁之虞。而且沙洲上的土地更肥沃，如《景定建康志》卷十九说到的概洲："石垒山北江中有洲，今百姓于洲上概种，所收倍于平陆。"

江南围垦与经济开发

围湖造田并不是王安石的发明。即以南京而言，春秋时期吴国就在固城湖西筑成周长四十里的相国圩。早期的圩田形式比较简单，就是筑堤挡水，到五代时已经有了成熟的技术，形成堤坝、门闸、河渠等配套设施。庆历三年（1043年）范仲淹应宋仁宗要求上呈的《答手诏条陈十事》，提出十项改革主张，第六项"厚农桑"中强调农田水利建设，就说到当时圩田的规模之大："江南旧有圩田，每一圩方数十里，如大城，中有河渠，外有门闸，旱则开闸引江水之利，涝则闭闸拒江水之害，旱涝不及，为农美利。"

到了北宋中期，气候寒冷干旱，江湖河塘水位较低，普遍发生淤塞。《文献通考》卷六载宋神宗熙宁元年（1068年）中书上奏："诸州县古迹陂、塘，异时皆畜水溉田，民利数倍。近岁多所湮废。"有诏："诸路监司访寻州县可兴复水利，如能设法劝诱兴修塘、堰、圩、堤，功利有实，当议旌宠。"鼓励民间兴修水利。熙宁六年（1073年）有诏："创水硙、碾碓，有妨灌溉民田者，以违制论，不以赦原。"同年，"沈括言：'浙西诸州水患，久不疏障堤防，川渎皆湮废之。乞下司农贷官钱募民兴役。'从之"。这些都说明因水面湮废、水道受阻而出现问题。所以朝廷注重水利，熙宁七年（1074年）王安石再任知江宁府时，"赐江宁府常平米五万石修水利"。

然而河湖湮塞情况日甚一日。元祐五年（1090年）苏轼在《杭州乞度牒开西湖状》中说：

熙宁中，臣通判本州，则湖之葑合盖十二三耳。至今才十六七年之间，遂堙塞其半。父老皆言十年以来，水浅葑合，如云翳空，倏忽便满。更二十年，无西湖矣。

"水浅葑合"，显然更便于围垦。《宋史·河渠志六》载，大观二年（1108年）八月诏："常、润岁旱河浅，留滞运船，监司督责浚治。"又记宣和年间，"淮南连岁旱，漕运不通，扬州尤甚"。作为宋王朝生命线的大运河都因干旱而不能维持通航。

《宋史·河渠志六》载录政和四年（1114年）二月工部言：

前太平州判官卢宗原请开修自江州至真州古来河道堙塞者凡七处，以成运河，入浙西一百五十里，可避一千六百里大江风涛之患。又可就土兴筑自古江水浸没膏腴田，自三百顷至万顷者凡九所，计四万二千余顷，其三百顷以下者又过之。乞依宗原任太平州判官日已兴政和圩田例，召人户自备财力兴修。

宋徽宗有诏，命"沈鳞等相度措置"。太平州即今当涂，位于江州（今九江）与真州（今仪征）之间，一项运河工程，可得圩田八万亩以上。

《文献通考》卷六记载乾道九年（1173年）事：

诏户部侍郎叶衡覈实宁国府、太平州圩岸。五月，衡言："宁国府惠民、化成旧圩四十余里，新增筑九里余。太平州黄州镇福定圩周回四十余里，延福等五十四圩周回一百五十余里，包围诸圩在内。芜湖县圩岸大小不等，周回总约二百九十余里。通当涂圩岸共约四百八十余里，并皆高阔壮实，濒水一岸种植榆柳，足捍风涛，询之农民，实为永利。"于是诏奖谕。

又载："知宁国府汪澈言：'他圩无大害，惟童圩最为民害，只决此圩，水势且顺。'从之。"这位汪澈治水有术，他在建康知府任上也较好地处理了水患。由此可见长江下游圩田规模之一斑。

江、淮地区长时期大面积干旱之际，正逢辽、金、元不断南侵，压迫宋王朝的生存空间，中原土地大片丧失，江南经济区的地位越来越显得重要，其粮食生产和税收就更是事关国家存亡。促进江南经济区的发展，势在必行，肥沃的圩田最易丰产受益，朝中大臣和地方官员以至军队、豪强皆倾力于此，也就是顺理成章的事。而因中原战乱逃往江南的平民百姓，正好充当这种围垦开发的劳动力。

经济中心区的盛衰关乎国家兴亡，是有深刻历史教训的。

早在战国年间的典型事例，是郑国渠。据《史记·河渠书》记载，这起初是韩国的一个阴谋。韩国派水工郑国说服秦国修建大型水利工程，以消耗其国力，免得侵犯韩国。工程进行中，秦国醒悟，欲杀郑国，郑国辩称"然渠成亦秦之利也"。果然渠成之后，"关中为沃野，无凶年。秦以富强，卒并诸侯，因命为郑国渠"。同为秦蜀郡太守李冰父子修建的都江堰，使四川从此成为"天府之国"，与关中一样为秦一统天下提供了物质条件。秦末楚、汉相争，项羽失策固多，而封刘邦为汉王，将关中与巴蜀富庶之地拱手相让，使萧何能源源不断地为刘邦提供军需物资，无疑是最重要原因之一。三国时期，蜀国能凭这一州之地与魏、吴抗衡，晋有蜀而灭吴。南北朝时，北周有汉中、据益州而统一中原，隋代北周而一统天下。宋太祖先灭后蜀，遂取南唐。这些都说明了经济中心区的重要性。历代王朝有鉴于此，一是争夺经济中心区，一是在所统治区域建设新的经济中心区。

长江流域的大规模开发虽然稍晚，但一经开始，便显示出巨大潜力，所得回报很快就超越黄河流域。因此自六朝以来，江南经济不断增强，中国经济重心从中原向江南转移，在南北朝时拉开序幕，至唐代已成不可逆转之势。欧阳修《新唐书》卷五十三载："唐都长安，而关中号称沃野,然其土地狭,所出不足以给京师、备水旱,故常转漕东南之粟。"到安史之乱后的晚唐,江南地区已成为举国依赖的经济中心区。

正是为了联系江南的经济中心与中原的政治中心,才会有大运河的修建与不断完善。

经济中心区对于王朝命运的影响,是一个有趣的命题,但不是本书的任务,在此只粗略提及。

宋代面对北方少数民族的南侵,中原国土大片丢失,对江南经济特别是粮食供应的依赖更强。在当时的生产条件下,粮食单产没有迅速提高的可能,那么提高粮食总产的途径,便只有扩大种植面积。所以从北宋中期起,朝廷有明确政策奖励围田,围田、圩田建设风起云涌。

利用干旱水浅时机,将沼泽、湿地围垦成圩田,倘能处理好蓄水与泄洪的关系,无疑可以增加粮食产量,提高税收,增强国家经济实力。然而,一旦任由军将、官员依仗权势,割江、围湖以为田,甚至趁机霸占民间良田,作为政绩工程的圩田固然可得丰产,而导致周边良田旱涝失收,往往得不偿失。北宋末年,民间以及朝中有识之士已不断呼吁复湖、复陂,朝廷也曾多次诏令禁止围田、退田还湖。《宋史·河渠志六》载宣和三年(1121年)二月诏:

越之鉴湖,明之广德湖,自措置为田,下流堙塞。有妨灌溉,致失常赋,又多为权势所占。两州被害,民以流徙。宜令陈亨伯究实,如租税过重,即裁为中制。应妨下流灌溉者,并驰以予民。

绍兴的鉴湖曾是古代江南最大的水利工程之一,"八百里鉴湖"溉田近万顷,在北宋后期被围垦成田,后仅存零星散布于低洼处的小湖泊。宁波四明山麓的广德湖"广袤数万顷",在政和年间被围垦,永远消失,此后周边地区水旱灾害不断。这是浙东的情况。时当北宋朝不保夕之际,宋徽宗的诏书并没有发生实效。

同书又记载靖康元年(1126年)三月丁卯臣僚所言:

东南濒江海,水易泄而多旱,历代皆有陂、湖蓄水。祥符、庆历间,民始盗陂、湖为田,后复田为湖。近年以来,复废为田,雨则涝,旱则涸。民久承佃,所收租税,无计可脱。悉归御前,而漕司之常赋有亏,民之失业无算。可乞尽括东南废湖为田者,复以为湖,度几凋瘵之民,稍复故业。

宋钦宗有诏"相度利害闻奏",要求衡量废湖复田的利弊。

到了南宋，朝廷的重点转向兴修水利，明确鼓励退田还湖。马端临《文献通考》卷六对此有较详细的记载：

绍兴五年春二月，宝文阁待制李光言："明、越之境皆有陂、湖，大抵湖高于田，田又高于江、海，旱则放湖水溉田，涝则决田水入海，故不为灾。本朝庆历、嘉祐间，始有盗湖为田者，三司使切责漕臣甚严。政和以来，创为应奉，始废湖为田，自是两州之民，岁被水旱之患。壬子岁，尝取会余姚、上虞两邑利害，自废湖以来，每县所得租课不过数千斛，而所失民田常赋动以万计，遂先罢两邑湖田。其会稽之鉴湖、鄞之广德湖、萧山之湘湖等处尚多，望诏漕臣访问，应明、越湖田尽行废罢，其江东、西圩田，苏、秀围田，并遍下诸路监司守令条上。"诏诸路漕臣躬亲相度，以闻于朝。

隆兴元年，知绍兴府吴芾乞浚会稽、山阴、诸暨县旧湖，以复水利，及筑萧山县海塘，以限咸潮。从之。又开掘鉴湖。乾道二年，诏漕臣王炎相视开掘浙西势家新围田，谓草荡、荷荡、菱荡及陂湖、溪港岸际筑塍畦围裹耕种者，所至令守、倅、县令同共措置。五年，知明州张津奏，乞开东钱湖潴水灌田。从之。七年，四川宣抚使王炎奏开兴元府山河堰，溉南郑、褒城田九十三万三千亩有奇。诏奖谕。淳熙二年，淮东总领钱良臣奏，修复镇江府练湖凡七十二源，灌田百余万亩。从之。三年，监察御史傅淇奏："近臣僚奏陈围田堙塞水道之害，陛下复令监司守臣禁止围裹，此乃拔本塞源之要术。然豪右之家，未有无所凭依而肆意筑围者。闻浙西诸县江湖草荡，计亩纳钱，利其所入，给据付之。望条约诸县，毋得给据与官民户及寺观。"上曰："此乃侵占之田，今绝其源，后去毋复此患。可令漕司、常平司察之。"宁宗嘉定七年，令临安府复西湖旧界，至自嘉泰以后续租地段，侵占湖面处尽行开拓，仍尽蠲岁增租钱。

凡此种种，可见早先围湖造田的规模之大，如今退田还湖的落实之难。

清鄂尔泰、张廷玉等撰《授时通考》，载有南宋淳熙年间"卫泾禁围田奏"，文中说：

三十年间，昔之曰江曰湖曰草荡者，今皆田也。夫围田者，无非形势之家，其语言力气，足以凌驾官府，而在位者，重举事而乐因循，上下相蒙，恬不知怪。而围田之害深矣。

历史上南方在沼泽低洼地修筑圩田固有成功的经验，也有滥肆"围湖造田"的深刻教训。

建康永丰圩利弊

建康的永丰圩，也是一个典型案例。永丰圩始成于政和五年（1115年），皇帝先后将其赐给蔡京、韩世忠、秦桧，又拨属建康府行宫。《文献通考》卷六载："绍兴二十三年，诏以永丰圩赐秦桧。桧死，圩复归有司。乾道元年，诏令淮西总领所拨付建康，中收到子粒令项桩管，非诏旨毋得擅用。"

朝中大臣说，秦桧得到永丰圩后，竭尽江东漕运之力修筑堤岸，使湖区潴水容积大减，以至水患遍及宣州（今宣城）、池州、太平州（今当涂）和建康府。据淮西总领所申报，永丰圩圩田七百三十顷，共计租粮二十一万一千余秤。然而当年所收不过一半，次年仅收十五分之一。就算每年收满足额，也不过二万余石米。而上述四州连年水患，所损失的租额何止十倍？"乞下江东转运司相度，本圩如害民者广，乞依浙西例开掘，及免租户积欠。"建议江东转运司调查，如果永丰圩确实弊大于利，请按浙西的办法破圩还湖，以免租户积欠过多。宋孝宗同意了。江东转运司上奏：

永丰圩自政和五年围湖成田，今五十余载，横截水势，每遇泛涨，冲决民圩，为害非细。虽营田千顷，自开修至今，可耕者止四百顷，而损害数州民田，失税数倍，欲将永丰圩废掘潴水。其在侧民圩不碍水道者如旧。

宋孝宗也同意了。

然而乾道元年（1165年）新任江东转运使的韩元吉反对，他说，此圩当初是因百姓所请而建，只是先后赐给蔡京、韩世忠、秦桧，又拨属建康府行宫，现归淮西总领所，"五十年间，皆权臣、大将之家，又在御府，其管庄多武夫健卒，侵欺小民，甚者剽掠舟船，囊橐盗贼，乡民病之，非圩田能病民也。"因为圩田的管理者欺压百姓过甚，所以百姓怨及圩田，其实问题并不在圩田上。结果此事不了了之。

韩元吉有长诗《永丰行》，申述其此举是为民请命：

丹阳湖中好风色，晴日波光漾南北。

湖岸人家榆柳行，风飐低昂似迎客。

系船并岸聊一呼，老农指是官田圩。
长衫紫领数百辈，见我罗拜长嗟吁。
政和回头五十载，官长筑圩宛然在。
东西相望五百圩，有利由来得无害。
官圩民圩奚所拘，此地无田但有湖。
围湖作田事应尔，底用彻地还龟鱼。
民圩不坚自招水，水潦何常镇如此。
官圩六十里如城，削平为湖定何理。
请看今来禾上场，七百顷地云堆黄。
县官籴米三万斛，度僧给牒能商量。
我闻此语汗生面，千闻岂如目一见。
吾君神圣坐九重，轻易献言谁复辩。
却忆吴中初夏时，畚锸去决湖田围。
鸡惊上篱犬上屋，水至不得携妻儿。
无田赴水均一死，善政养民那得尔。
寄言父老且深耕，为汝驰书报天子。

前文中所说"依浙西例开掘"，是绍兴二十三年（1154年）的事情。《文献通考》卷六记载：

谏议大夫史才言："浙西民田最广，而平时无甚害者，太湖之利也。近年濒湖之地，多为军下侵据，累土增高，长堤弥望，名曰坝田。旱则据之以溉，而民田不沾其利。水则远近泛滥，不得入湖，而民田尽没。望诏有司究治，尽复太湖旧迹，使军民各安，田畴均利。"从之。

宋高宗同意。然而有文献记载，宋淳熙三年（1176年）太湖周边的圩田仍多达一千五百处。

绍熙年间任江东转运副使的杨万里作《圩丁词十解》，前有小序，写到他在溧水县所见圩田情况：

江东水乡，堤河两涯而田其中，谓之圩。农家云："圩者，围也。内以围田，外以围水。"盖河高而田反在水下，沿堤通斗门，每门疏港以溉田，故有丰年而无水患。余自溧水县南一舍所，登蒲塘河小舟至孔镇，水行十二里，备见水之曲折，上自池阳，下至当涂，圩河皆通大江。而蒲塘河之下十里所，有湖曰石臼，广八十里，河入湖，湖入江。乡有圩长，岁晏水落则集圩丁，日具土石，捷蕾以修圩。

可见圩田规模之大。词则"拟刘梦得竹枝、柳枝之声,以授圩丁之修圩者,歌之以相其劳",开始的几句说圩田两岸种杨柳为防护:"圩田元是一平湖,凭仗儿郎筑作圩。万雉长城倩谁守,两堤杨柳当防夫。何代何人作此圩,石顽土腻铁难如。年年二月桃花水,如律流归石臼湖。"他又有《圩田》诗二首,形象地描绘出当时的圩田景象:

周遭圩岸缭金城,一眼圩田翠不分。

行到秋苗初熟处,翠茸锦上织黄云。

古来圩岸护堤防,岸岸行行种绿杨。

岁久树根无寸土,绿杨走入水中央。

马端临在这里写了一段按语:

圩田、湖田,多起于政和以来,其在浙间者隶应奉局,其在江东者蔡京、秦桧相继得之。大概今之田,昔之湖,徒知湖中之水可涸以垦田,而不知湖外之田将胥而为水也。主其事者皆近倖、权臣,是以委邻为壑,利己困民,皆不复问。《涑水记闻》言:"王介甫欲兴水利,有献言欲涸梁山泊可得良田万顷者,介甫然其说,复以为恐无贮水之地,刘贡甫言,在其旁别穿一梁山泊则可以贮之矣。介甫笑而止。当时以为戏谈。"今观建康之永丰圩、明、越之湖田,大率即涸梁山泊之策也。

也就是说,到马端临完成《文献通考》的元大德十一年(1307年),永丰圩仍加剧着周边府县的水灾。

《涑水记闻》是司马光的著作。关于涸梁山泊的这一段话,后被多书转引,但皆非原文,包括《文献通考》,且意旨也从"刘贡父好滑稽"变成了"王安石好水利"。

《涑水记闻》中原文如下:

集贤校理刘贡父好滑稽,尝造介甫,值一客在座,献策曰:"梁山泊决而涸之,可得良田万余顷,但未择得便利之地贮其水耳。"介甫倾首沉思,曰:"然,安得处所贮许多水乎。"贡父抗声曰:"此甚不难。"介甫欣然,以谓有策,遽问之。贡父曰:"别穿一梁山泊,则足以贮此水矣。"介甫大笑,遂止。

刘贡父即《资治通鉴》的协修刘攽,司马光与他朝夕相处,此事当是听其亲述。他作《涑水记闻》的目的也很明确,是采集史料,以备将来编《通鉴后纪》之用。此寥寥数语,生动地显示出刘攽与王安石的性格特征,所以司马光会记录下来。

司马光与王安石固为政敌,但属和而不同的君子之争,政务上各持己见,不涉人身攻击,他对王安石的最终评价,是"介甫无他,但执拗耳"。不过,说王安石好水利,也不是冤枉他,其变法的一项重要内容,就是水利。熙宁二年(1069年)十一月颁布的《农田利害条约》(亦称《农田水利约束》),大力鼓励官民就扩大耕地面积、改进耕作技术、兴修农田水利提出建议,由州、县斟酌实施。行之有效者予以奖励,阻挠实施者予以惩罚。工程费用原则上由受益者分担,民间力量不足可向官府借贷。州、县官吏在水利工程上有大功绩者,予以奖励和提拔。这末后一条可谓立竿见影,于是举国皆言水利,一时成为风潮。据《文献通考》卷六载:"兴修水利田:起熙宁三年至九年,府界及诸路凡一万七百九十三处,为田三十六万一千一百七十八顷有奇。"

当时的水利工程,在北方盛行的是决河淤田。早在西汉时期,农民就认识到河水挟带淤泥的肥田价值,黄河及其支流决堤淹没土地,影响当年的收成,但此后几年的产量会有大幅提高,可说是洪水的一种补偿。班固《汉书》卷二十九引录当时的民谣:

田于何所?池阳、谷口。郑国在前,白渠起后。
举锸为云,决渠为雨。泾水一石,其泥数斗。
且溉且粪,长我禾黍。衣食京师,亿万之口。

历代水利专家对于"泥淤灌田,益其肥美"多有论述。明代潘季驯在《河防一览》卷四中提到,黄河决堤的一个原因,是有农民为了淤灌农田擅自挖掘堤岸。熙宁年间实施的决河淤田,因为官员的急功近利,时有冲毁农民田舍的事情发生,被引为反对变法新政的证据。

南方盛行的就是围湖造田,所以田地的增加主要在南方。建康府除永丰圩外,还有新丰圩,亦见于《文献通考》卷六载绍兴元年(1131年)事:"诏建康新丰圩租米,岁以三万石为额。圩四至相去皆五六十里,有田九百五十余顷。近岁垦田不及三分之一,至是,始立额。"同样是围了很大的面积,实际耕种不到三分之一,而且长期没有收税定额。

回过头来看玄武湖。《至正金陵新志》卷三记载,元大德五年(1301年),"七月一日,大风,江潮泛涨,损禾溺人"。每当长江水位高,秦淮河水下泄不畅,南京便会发生内涝,所以"十一月,申奉省礼行下钟山乡,开后湖河道"。当时玄武湖田隶属钟山乡,这是见于史籍的初次因城中水患而重开玄武湖。此外也在疏浚城中水道，如同书记载至元四年（1338年）："浚台治后潮沟故道，东接青溪，西通栅寨门，至清凉寺下，会秦淮河。"这是白下路、建邺路南侧的秦淮中支。至元五年（1339年）"秋九月，大雨"，"上元县挑浚龙光河，自算子桥经石头城下，至马鞍山，八里有余，用夫一千六百名"。龙光河即今外秦淮河，原为长江的夹江，此时因南端已被阻断，主要靠从龙光门（今水西门）出城的秦淮河提供水源，所以被叫成龙光河。算子桥地址不明，以马鞍山、石头城逆推八里，或即水西门附近之桥。到至正三年（1343年）四月，"都水庸司以本路言，开浚后湖河道，令壕寨官相视，上至钟山乡珍珠桥，下接金陵龙湾大江，通一十七里"。这一记载较为明确，是南北向的水道，珍珠桥当系珍珠河上桥，在玄武湖南，从玄武湖经金川河，北入龙湾大江（今下关），全长十七里。玄武湖直至此时才重现于南京。

玄武湖的退田还湖，是顺应新环境条件的势所必行。

第十一章

江东文运

第一节
《景定建康志》

方志编纂新体例

南京自六朝时期奠定史学传统，历代佳作不胜枚举，成为后人循序渐进的重要阶梯。亦如研究六朝史不能不读许嵩《建康实录》，研究南唐史不能不读马令和陆游两种《南唐书》，研究宋、元时期的南京，不能不读周应合《景定建康志》，以及作为其续补的张铉《至正金陵新志》。

《景定建康志》不但是现存时代最早的南京官修地方志，而且开创了纪传体志书这样一种全新的编纂体例。

梁启超认为中国"最古之史，实为方志"，将图经、政记、人物传、风土记、古迹、谱牒、文征等都作为方志的构成要素，"自宋以后，荟萃以上各体成为方志。方志之著述，最初者为府志，继则分析下达为县志，综括上达为省志"（《清代学者整理旧学之总成绩——方志学》）。

早期方志形式是地记，即梁启超所说政记，如前文提到的《越绝书》和《吴越春秋》，反映一方风土人物，内容多较简略。南朝宋、齐间学者陆澄编纂《地理书》，开中国方志学丛书之先河。"竟陵八友"之一的任昉，增补《地理书》成二百五十二卷的《地记》，保存了自汉至齐七百年间的方志著述，包括《山海经》等全国性总志，各州、郡、县、都邑等区域志，山川图记、地名、寺观、冢墓、异物等专志，以至外域传奇，广涉地理、历史、政治、经济、文化、风物及外交等多方面。《四库全书总目》子部杂家类《钝吟杂录》按语中，将《地记》誉为"丛书之祖"。隋、唐以迄北宋，多采取图经形式，即以图为主，以经为辅，文字作为地图的说明，亦称图记、图志，重点在地理方面，以疆域沿革、山川形势、土地物产为主，社会人文方面多欠缺。陆游曾有《图经》草草常堪恨"(《戏咏山阴风物》)的感慨。唐建中元年(780年)曾规定各州郡每三年(后改五年)报送一次图经给朝廷,朝廷则汇编为全国性的图经,如唐宪宗元和年间的《元和郡县图志》。北宋也有类似的政策,虽未必尽能落实,但在宋真宗祥符年间,也编纂过一千五百余卷的《祥符州县图经》。编纂图经的目的,是让中央政府能够对所统辖区域的地理状况有一个直观了解,在做出政治、经济、军事等重大决策时有所依据。各州郡必须定期报送图经,也显示了中央政府的权威,所以其体例虽有缺陷,仍能推行五六百年。

宋代是从图经向方志过渡的时期,方志中文字成为主体,而地图转成附属,有些方志甚至没有附图。《景定建康志》全面、系统、客观地记载了自越城创建至南宋景定一千七百余年间南京地区地理、历史、社会、经济、人物、艺文等多方面的史料,完备和严谨非其他文献所可比拟。与内容的丰富相应,编纂体例也随之完善,人们常说地方志是在宋代定型的,这个"型"大体上可以认定为《景定建康志》在体裁、结构、章法等方面的开拓创新。所以此书一经问世,便得到高度评价,被视为方志典范。

张铉在《至正金陵新志·修志本末》中写道:"《景定志》五十卷,用史例编纂,事类粲然,今志用为准式","修《景定志》者,用《春秋》《史记》法,述世、年二表,经以帝代,纬以时、地、人事,开卷瞭然,与《建康实录》相为表里,实为良史"。《修志文移》中也说:"窃观《景定建康志》者,地理有图,人物有传,溪山之胜靡不载,风土之宜罔或遗,可以知群贤出处之机,可以见六朝兴亡之迹,爰稽故实,殊广见闻。"《至正金陵新志》参照《景定建康志》体例,"因旧志之已成,增本朝之新创",在方志续修方面做了有益尝试,亦成为一代名志。

《景定建康志》系南宋景定年间知建康军府马光祖主修、周应合主纂。方志编纂主体的这一改变也值得注意。隋、唐以降,图经都由朝廷统一编纂。北宋覆亡,南宋继立,中央集权明显削弱,图经编纂工作难以为继。编纂主体遂变成了地方政府。地方官员主持编修方志,不同于既往的遵旨向朝廷报送图经,其基点转为有利于地方治理和居民教化。如《景定建康志》中,治理方面,《官守志》分述各衙署官员更替、职责运作,《田赋志》详列田数、赋税等,《疆域志》详录镇市、街巷、坊里、乡社、铺驿、道路等。教化方面,《儒学志》《文籍志》以重教育,《风土志》以淳风气,《古今人表》为正学、孝悌、忠勋、直臣以至贞女列传,树立仿效的榜样,同时也就可以记录下官员的政绩。实际承担编纂工作的多为本地饱学之士,有利于搜集文献、寻访故实。《景定建康志·修志本末》中提出"纂修既欲其备,搜访不厌其详",鼓励各界人士提供文献资料,并在府门设置专柜,"诸吏民父老中有能记忆旧闻关于图志者,并许具述,实封投柜。柜置府门,三日一开,类呈其条具最多而事迹皆实者,当行犒赏"。所以,与图经的旨在表现全国共性不同,方志更重在呈现地方特性,弘扬本地历史文化,提高知名度,提升凝聚力。

马光祖在南宋后期三任知建康府,前后达十二年之久,政绩显著,对城市建设和文化发展多有贡献,后有专文介绍。周应合出身江西武宁书香门第,生卒年不详,他原名弥垢,淳祐十年(1250年)中进士,廷见时宋理宗赐名"应合"。按杜甫《伤春》诗有句:"蓬莱足云气,应合总从龙。"不知道理宗是不是取意于此。周应合任江陵府教授时曾编纂《江陵志》,"粲然有伦",后以承直郎充江南东路安抚使司干办公事,兼任建康明道书院山长,属马光祖幕僚,景定二年(1261年)受马光祖之聘主持修志工作,在《乾道建康志》《庆元建康志》基础上,于四个月间完成这一巨著。宋度宗时他被征为御史,因弹劾贾似道遭贬,遂辞官归乡,德祐元年(1275年)贾似道被诛,周应合复起为直贤院学士,未赴任去世。

马光祖在《景定建康志序》中开宗明义,表示了对既往方志"徒辨其山林、川泽、都鄙之名物"的不满,明确提出:

天时,验于岁月灾祥之书,地利,明于形势险要之设,人文,著于衣冠礼乐、风俗之臧否。忠孝节义,表人才也,版籍登耗,考民力也,甲兵坚瑕,讨军实也,政教修废,察吏治也,古今是非得失之迹,垂劝鉴也。夫如是,然后有补于世。

地方志应该包括这些内容,发挥经世致用的功能。

周应合《景定志本末》中,详述全书凡例、纲目:

先修留都宫城录冠于书首,而建康地图、年表次之,十志(一曰疆域,二曰山川,三曰城阙,四曰官守,五曰儒学,六曰文籍,七曰武卫,八曰田赋,九曰风土,十曰祠祀)又次之,十传(一曰正学,二曰孝悌,三曰节义,四曰忠勋,五曰直臣,六曰治行,七曰耆旧,八曰隐德,九曰儒雅,十曰贞女)又次之,传之后为拾遗,图之后为地名辨。表之纬为四：曰时（年世、甲子），曰地（疆土分合、都邑更改），曰人（牧守更代、官制应革），曰事（著成败得失之迹以寓劝诫）。志之中各著事迹、各为考证，而古今记咏各附于所为作之下。

全书以留都录四卷冠首，记载建康行宫建置及两宋相关诏令、皇家文献等，重点仍在建康府。其中留都录、地理图及地名辨、年表、官守志、儒学志、文籍志、武卫志、田赋志、古今人表传等，都是前志所无的新创体例，只疆域志、山川志、城阙志、风土志、祠祀志等沿袭旧例。旧志内容仅占全书十分之一，实现了马光祖、周应合提出的要求："前志之阙者补之，舛者正之，庆元以后未书者续之"。留都录及图、表、志、传各部分之前都有序言，相当于后世的概述，使人览之即知其大略。需要说明的是，《景定建康志》虽然在景定二年（1261年）八月进呈皇帝，但马光祖继任期间仍有增补，现可以从中看到咸淳五年（1269年）的记事。这也是中国雕版印刷的优点，可以随时补雕新书版，印成书页，增订于原书之后。

《景定建康志》刊行之后，书版一千七百二十八版藏于建康府治紬书斋中。《景定建康志·建置志二》载：

紬书斋，在府治东北钟山楼下。绍兴初叶公梦得尝于府治建书阁，榜曰紬书，后毁于火，阁不复建。景定二年，马公光祖命周应合修纂《建康图志》，乃置书局于钟山楼下，聚书数万卷以备讨证，故取叶公书阁之旧名以名此斋。

惜书版至元代已被烧毁。

乾隆年间纪昀《四库全书总目》卷六十八评价《景定建康志》"援据该洽，条理详明，凡所考辨，具见典核"，又说：

明嘉靖、万历间，是书尚有刊本在南京国子监，见黄佐《南雍志》中，然所存版止七百五十九面，则亦已缺佚不全，其后流传几绝。朱彝尊《曝书亭集》有是书跋，称周在浚尝语以曾睹是书缺本，访之三十年未得，后从曹寅处借归录之，始复传于世云。

朱彝尊此举使《景定建康志》重新引起世人的关注。开创乾嘉之学的钱大昕《跋景定建康志》中肯定《景定建康志》的"义例之善"，指出："此书之不入艺文志，文献无征，史臣不得辞其责也。"所以会有嘉庆年间的重刊。

清嘉庆六年（1801年）两江总督费淳《重刻景定建康志序》中说：

国朝朱氏彝尊跋此书云："访之三十年，始从曹通政子清借录之。"故世间传本绝少。迨开四库馆，而马氏裕以家藏本录入史部。余以嘉庆四年奉命节制两江，暇日检署中藏书，有康熙间敕赐宋板《景定建康志》，纸墨精好，重加装订，常置案头翻阅。适阳湖孙观察星衍侨居金陵，谒余道故，授观此本。观察以为宜广流传，乃集都人士之好古者醵金校刊。余与幕中诸友亦助赀以成其事。

孙星衍在费淳的支持下集资重刊此书。孙星衍是名学者兼藏书家，他虽是阳湖（今武进）人，后迁居南京，曾主持钟山书院。嘉庆六年（1801年）仿宋版是此书重刊本中时代最早、流传较广的版本。

朱彝尊《曝书亭集》中所载书跋，原文如下：

岁在戊午春，予留白下，亡友周雪客语予曾睹是书缺本。访之三十年，未得也。今年秋八月，遇曹通政子清真州使院，则插架存焉。亟借归录之。康熙丁亥十一月，竹垞七十九翁彝尊书。

戊午当康熙十七年（1678年），丁亥当康熙四十六年（1707年）。康熙四十三年（1704年）曹寅以江宁织造兼两淮巡盐御使，与内兄苏州织造李煦一年一轮值，盐漕察院设扬州，下属淮南盐引批验所设仪征，即真州（今仪征）使院，淮北盐引批验所设淮安。淮南盐运、销量四五倍于淮北，所以每逢盐运旺季，巡盐御使都要亲至真州使院巡视。朱彝尊就是此际在曹寅的书架上看到了《景定建康志》，借回转录。这一年，朱彝尊已是七十九岁高龄，依然读书不倦。

《金陵图》与《建康图》

研究六朝南京史事，最感困扰的是缺乏准确的空间定位。古代史籍记载的重点是历史事件与人物，其间虽会提及事件发生的地点，但很少说明其空间位置和相关环境。早期地志主要反映山川地理、殿宇古迹，且多已散佚。如《丹阳记》经历代辑佚，可知其内容并无系统的街巷坊里记载。且所记多只给出一个大致的方位，又未见地图，其当年作为地标使用的节点，除了山体变化较小，多早已消失，所以也难成为参照。韦力在《觅圣记·自序》中写到，他立意寻访孔子圣迹：

关于孔子遗迹，历史文献中以《圣迹图》流传最广，我原本想按图索"迹"，然而在落实寻访地点时，发现图中所载事迹有一半以上找不到痕迹，故只能另觅他法。我开始从《论语》《孔子家语》《史记》等重要著述中寻找重要事件发生地,虽然有些重要事迹难以落实到具体地点,但大致上可以勾勒出与之相关的地点。

可见古人重视的只是孔子事迹的教化意义,而非史实真相。由孔子事迹的记载情况,可以推想其余。

历史人物活动,历史事件进展,并非天马行空,都发生在实际的空间中,不能不受到空间状态的影响和限制,甚至会因此改变发展轨迹。不了解空间因素,往往难以重现历史真相。严肃的历史学家解决这一问题的办法,一是搜寻爬梳各种文献,找到尽可能多的参照点;一是从既有的空间状况,依照发展规律,逆推之前的情形。唐许嵩《建康实录》、南宋张敦颐《六朝事迹编类》,都做了这样的工作。然而,由于对文献掌握与理解的差异,由于作者所不了解的自然与人为变迁,很容易发生混淆不清之处。诚如杨万里所感慨:

除却钟山与石城,六朝遗迹问难真。

里名只道新名好,不道新名误后人。

这两种办法都免不了引发争议。严格地说,有些问题只有通过现代考古才算最终得到解决,如越城、台城和石头城位置的考古发现,使今人对于六朝建康城大格局有了更多共识。

同时,史籍记载历史事件和人物,着眼点多集中于皇室、官署以及学府、寺庙,关涉市民的极少。然而市民是城市的基础,一个城市可以没有皇帝,但不能没有市民。市民的缺位是许多历史文献的通病,而且已经发展到不以为病的程度。所以晋人对长干里的描写,唐人对市民生活的歌咏,就显得特别珍贵。

《景定建康志》的出现,改变了这一状况。全书五十卷,不但汇编了大量前朝文献史料,而且全面、系统地采辑宋代的城市实况,尤其对于市民生活区,街坊格局,道路桥梁,市场分布,风俗物产等,均有据实描述,且绘出方位明确的地理图,图、文相应,尤为难得。今人对南唐金陵城的了解能够较为准确,也是得益于《景定建康志》,因为宋代江宁府城沿用了南唐金陵城,城市结构、交通网络、衙署分布等都没有太大的改变。

《景定建康志》卷五《建康图》,前有《地理图序》,说明宋刊本有图十五幅,作为总领的两幅:《龙盘虎踞形势图》《历代城郭互见图》。建康府图五幅:《建康府境方括图》、《金陵建闑所部图》(上、下)、《府城图》、《府治图》。之所以收入两幅"建阃所部"图，是因为建康知府多兼任江东安抚使、沿江水军制置使，沿江军务亦在其职掌之内。建康府属县图五幅：《上元县图》《江宁县图》《句容县图》《溧水县图》《溧阳县图》。儒学图三幅：《府学图》《明道书院图》《青溪先贤堂图》。至嘉庆重刊时，原图仅存七幅，而补绘至十九幅。所幸研究城市布局最重要的《府城图》，据专家考证尚是宋人所绘，这也是今人可以看到的时代最早的南京城市示意图。

除此之外，在《景定建康志·文籍志一》所载石刻中，尚有《金陵图》《建康图》各一种。《至正金陵新志·古迹志》载"金陵建康图"一条亦有记载：

洪遵《跋杨备览古诗》曰："暇日料简故府，得《金陵图》，六朝数百载间，粲然在目，又以今日宫阙、都邑、江山为《建康图》，并刻石以献。上称善，有旨令参订古今，微识其下。客有以前诗示遵，亟锓之木。异日六飞移跸，学士、大夫承顾问，是将有取。"图旧在玉麟堂，今好事家有大本。

"有大本"，说明《金陵图》至少有大、小两种版本形态，而足以作为石碑底本的"大本"，幅面一定相当大。

杨备，字修之，生活于宋仁宗时期，庆历年间以尚书虞部员外郎分司南京，有《金陵览古百题诗》，《景定建康志》中引录其诗颇多。洪遵所跋及付之刊刻的，当即此书。洪遵是绍兴十二年（1142年）博学宏词科状元，乾道七年（1171年）六月以端明殿学士、右中大夫知建康府事，至乾道九年（1173年）十二月离任。由此可知，《金陵图》系前人所绘，《建康图》则是洪遵根据南宋初年实况所绘，两碑都是洪遵所刻，景定年间尚存。如《景定建康志》卷十九"钟浦"条："考之《金陵图》，其地有钟浦桥。"

《金陵图》与《建康图》的刻石，受到了宋高宗的赞许，"有旨令参订古今，微识其下"，也就是补充文字说明，完善成传统的"图经"形式。不过，宋高宗命洪遵"参订古今"加以说明的，应当是新绘刻的《建康图》，因为产生于前代的《金陵图》已有说明，时被称为《金陵图经》。在此前十余年，著于绍兴三十年（1160年）的《六朝事迹编类》中，已明确引用过《金陵图经》，其卷十二"蒋帝庙"条中说："《金陵图经》云：汉末子文为秣陵尉，逐盗钟山，伤额而死。"需要说明的是，《六朝事迹编类》中引用《图经》多达数十条，而有"古《图经》"和"今《图经》"之区分。如卷二"真武湖"条中有"今《图经》云"的说法，卷三"金城"条中有"又按古《图经》"的说法。"古《图经》"多简称"古经""旧经"，故简称"《图经》"者应即为"今《图经》"，卷六"铸剑坑"条："《图经》云：在溧阳县南八十里，石屋山之西。旧经云：昔吴王使欧冶子铸剑于此。"可以作为确证。

古《图经》下限已到北宋大中祥符元年（1008年）后，见卷十"太虚观"条："旧经云：东晋时有李盘白遇仙，于此修道，白日上升。山顶有金仙亭，唐开元五年建，大中祥符元年九月奉敕改今额。"

今《图经》记事下限亦在北宋，见卷五"绛岩湖"条："《图经》云：在句容县西南三十里，源出绛岩山，周回二十里，溉田一百顷。旧收岁课钱二百二十贯，咸平三年正月奉敕除放。"因同卷所述各湖均不及赋税情况，故可相信此非《六朝事迹编类》体例，当是转引《图经》原文。据此可知，"旧经"系指宋真宗大中祥符三年（1010年）修定《祥符州县图经》中的《江宁图经》，亦称《祥符江宁图经》。而"今《图经》"或属《元丰九域志》的江宁部分，或是宋徽宗大观元年（1107年）创置九域图志局，命所在州郡编纂图经时所成，晚于前者近百年。洪遵所据以刻碑的，应即这一种《金陵图经》的图。

《景定建康志》卷五"地理图序"一条中也说道：

皇朝令郡国图经三岁一来上，即成周所谓天下土地之图也。龙盘虎踞，帝王之宅，襟江带湖，形胜之区，自吴以来英主经营四方，莫不以此为根本。我宋中兴是为留都，地至重矣，由职方土地之图，以入于建邦土地之图，讵容阙典。

宋高宗对《金陵图》《建康图》的赞许，对当时各地官员一定会产生影响，可见《平江图》等类似城市平面图的出现，并不是一个偶然。《平江图》碑刻于南宋绍定二年（1229年），晚于《金陵图》与《建康图》两种碑刻半个世纪。其所呈现的制图方法，是当时世界上最准确、最精密的制图法。《景定建康志》中引证《图经》之处亦多，少数标明《祥符图经》、旧《图经》，多数单称《图经》之处，其文字均与《六朝事迹编类》大同小异，也即转引《金陵图经》。

这些地图承载的直观信息，对于理解文字记载大有裨益。文字难以表达清楚的内容，在图中往往可以一目了然。图文相配合的必要性，史志多有论及。《至正金陵新志·修志本末》中也说：

> 古之学者，左图右书，况郡国舆地之书，非图何以审订。至顺初元，郡士咸光纂修续志，屏却旧例，并去其图，览者病焉。今志一依旧例，以山川、城邑、官署、古迹次第为图，冠于卷首，而考其沿革大要，各附图左，以便观览。

清《嘉庆新修江宁府志》中也强调：

> 自古考地者贵有图。盖地之四至八到，言之可明，而其衺正、曲直、广狭、长短之形，非图不能明也。

建康府城空间探究

《景定建康志·建康图》所载《府城之图》，是南京现存时代最早的城市布局图。绘制者已经有较明确的图例意识，如河道以平行双线内填水波纹表示，道路以平行双线内填垂直细线表示，城墙以平行双线内填平行细线加齿边表示，城门、城楼绘成形象图案，衙署及里坊、桥梁等地名用细长方框表示。同时代的《平江图》也显示出这一特征，想来这是当时方志地理学者的共识，并成为图书雕版中的一种定式。

比《府城之图》更为直观且可以互为参证的，是《宋院本金陵图》。宋代画院画师所绘《金陵图》如今已无踪迹可寻，能看到的是清人摹本。南京德基美术馆所藏《冯宁仿杨大章宋院本金陵图》，纸本设色，纵三十五厘米，横一千零五十厘米，是此类长卷中，唯一回到所描绘城市的一件。《南都繁会图》不在南京，《清明上河图》也不在开封。所以能在南京观赏揣摩《金陵图》，是一种特别的缘分。

南唐所建、延续宋、元的金陵城实景，文献记载不多，图画资料绝少。《金陵图》十米长卷，且是形象生动的彩画，山川城阙，市井风物，历历在目，绘有人物五百余，动物近百头，商铺宅院四十几处，舟船车舆二十多驾，可说是宋代南京的"清明上河图"。

《府城之图》中城市轮廓分明，标注清晰，对理解文字表述中的江宁府城都市状况大有裨益。最外一圈是四面环护的城壕，城墙大致呈方形而东西略长，西北角明显向西突出，将石头山余脉峨嵋岭等冈阜包在城内，成为长江边的一个重要军事据点。府城西北部相对空旷，其中主要是驻军，如策胜右军、游奕军、破敌军、破敌军校场、马军司、游击新军、遴铎军、总效军等，附近的桥也叫武卫桥。这一突出部分向南延伸，成为西门的屏障。对于南唐而言，面临长江的西垣，在北方敌国来犯时首当其冲，而且由西门东进，可以直达皇宫，其防卫至关重要。

西门与东门之间的干道，相当于今建邺路、白下路一线，将城市分为大体相当的南、北两部。这条东西干道南侧标出了景定桥（今鸽子桥）、鼎新桥、武卫桥、崇道桥（今仓巷桥）等桥名，桥下的河流即今秦淮中支。

东西干道北部居中，以圆拱形河道环护行宫（即原南唐皇宫），在图中成为一个显明的地标。行宫南门当天津桥（今内桥）。天津桥南的御街过镇淮桥直抵南门（今中华门）。东西干道以北的南北干道，自行宫西侧景定桥处北行，约略相当于今木料市、大香炉、明瓦廊、糖坊桥一线，在总效营处西折转北至北门（今珠江路北门桥南）。因南唐皇宫不开北门，都城北门的位置也就不必设在皇宫的正北，以便利民间交通。东西干道和南北干道相交，就这样将城市分成了四片，时称四厢，即左南（即东南）、右南（即西南）、左北（即东北）、右北（即西北）。景定桥西侧太平桥（今笪桥）向南，即今评事街，当时也已形成南北干道，过今升州路，直抵鹭洲坊。龙光门至东门之间形成另一条东西干道，西段相当于今升州路，至御街后稍南折转东，过武定桥至上水门，在今建康路偏南一线。

图中将龙西门（即龙光门、今水西门）与栅寨门画为一体，与下水门（今西水关）距离较大。今日所见明城墙实况，是水西门与西水关相邻、距涵洞口较远。两者明显不同。这不是画家的疏忽，《宋院本金陵图》上，同样是龙光门与栅寨门比肩而立，见不到下水门。龙光门内侧有阶梯向北下城，直达栅寨门，阶梯下口有木门可启闭。栅寨门上有城楼，城下券门甚宽，足容大船出入。可证这是南唐和宋代的实况。

《宋院本金陵图》中可以看到南门和龙光门有外瓮城。据《府城之图》图例，东、北、西门与南门相同，也都有外瓮城。瓮城城门与主城门的朝向并不一致，南门外瓮城门朝南，龙光门外瓮城门朝西，而北门外瓮城门开向西侧，东门外瓮城门开向南侧。按《东京梦华录》记东京（今开封）城门，有"瓮城三层，屈曲开门"的说法，其目的是以防敌军长驱直入。建康城的北门和东门正是这"屈曲开门"的形式。

栅寨门之名，很容易让人望文生义，以为是木栅立寨，阻隔河道。其实栅寨门因地位重要，除与龙光门相依，本身规格也很高。《府城之图》在三座水门中，只有栅寨门画出城门图式，可见其规格高于上水门和下水门。《宋院本金陵图》中栅寨门体量竟大于龙光门，上有同样城楼。

《景定建康志》中"门阙"条栅寨门下有长篇注文，述其设置：

栅寨门岁久弗葺，景定元年，马公光祖创硬楼七间，每间阔六丈，入深一丈三尺，通阔四十二丈，其下前壁闪门子六扇。两屋山武台各一座。屋下车轴、车颊一座，绞棒一十二条，车窗麻索四条。圈门一座，高一丈五尺，横阔一丈四尺，入深三丈四尺，前后城面包砌四丈二尺，其下石脚石面，并铁水窗二扇，前后填石、栏草、桩木。两边雁翅各高六尺五寸，长三丈。南、北两慢道各长五丈五尺，前近壕岸木栅一路，护险墙一路，长四丈五尺，兜帮前后旧城身长一十五丈。

"硬楼七间"是建于城门上方的城楼，今称谯楼、敌楼。硬楼前壁六扇闪门都包裹铁皮，两边山墙外各有武台一座，以加强防御能力。屋内的车轴、车颊、绞棒、麻索，都是"车窗"设施，以操控"铁水窗二扇"的升降。平时铁水窗升起，可以通行船只，有敌情时放下，即可将"圈门"栅住，而不影响河水流出。栅寨门别称"铁窗棖"即由此而来。所谓"圈门"，即今拱券门，进深三丈四尺，铁水窗的位置当在其中部。《宋院本金陵图》中，栅寨门是今人熟悉的拱券门，而龙光门和南门的所有门洞，包括瓮城门、隔墙门和主墙门，都是时代较早的过梁式木构门洞。《清明上河图》中的城楼也是过梁门。《府城之图》中将南门、东门、北门外瓮城门都画成拱券门，不知道是不是在南宋修整城墙之际做了改造。"石脚石面"是以石为基，因城砖不耐水浸。铁水窗前后尚配合有填石、栏草、桩木，近城壕岸又有木栅和护险墙，形成一个多层次的立体防卫系统。

图中秦淮中支在崇道桥（今仓巷桥）附近转向西南，转折的原因是冶山南麓的阻隔。今建邺路、莫愁路交口西南的范家塘，当是原秦淮中支改道后的遗迹。过范家塘西南出北湾子，差不多就是宋代栅寨门的位置了。栅寨门的北移，很可能是在明初建都城时，将秦淮中支西段取直，由今涵洞口出城。

在《府城之图》中，可以清楚看到衙署、仓库、学宫、贡院、书院等重要设施以及坛庙、寺观，亭台楼馆、养济院的位置。最难得的是将里坊、街市方位也一一标示，对于准确理解相关文字记载大有帮助。如南唐"滨秦淮开国子监"，从图中可以看到其位置就在镇淮桥东北角，当今军师巷与信府河南口。又如近龙光门处有广济仓、大军仓，其南有广济坊，位于斗门桥之西，今仓巷得名或即源于此。再如南唐伏龟楼，《景定建康志·城阙志二》载："在府城上东南隅。景定元年，马大使光祖增创硬楼八十八间。"从图中看，伏龟楼就是凸出于城墙外侧的墩台，通称马面，下不开通道，其功能是观察敌情与从侧面打击攻城的敌人。马光祖增设的八十八间硬楼，位于沿楼顶周边，以保护守城兵士。

《景定建康志·疆域志二》载城内四厢三十六坊，其方位介绍都很简略。如："东市坊，在鱼市东。凤台坊，在鱼市南。西市坊，在鱼市西。鹭洲坊，在鱼市北。"而鱼市位置未见介绍。《府城之图》中，此四坊围合成一个小四方形，位于饮虹桥（今新桥）东北角，饮虹桥即属凤台坊。四坊之间的空白处便是鱼市了。东市坊东有长春坊，凤台坊南有宽征坊，鹭洲坊西有钦化坊、清化坊、佳丽坊，西市坊西有朝宗坊，形成一个密集的坊里组合。总计西南厢多达二十一坊。东南厢共十二坊，但建康府、制司金厅、帅司金厅、亲兵教场、太庙场、府学、都作院、养济院及多所仓库都设在这一片区。西南厢几乎不见衙署。天津桥以北分布着大量衙署，东北厢民居只有四坊，西北厢完全是军事区，没有民坊。《府城之图》中标出四厢共三十七坊，这里遗漏了东南厢的宾兴坊。

《至正金陵新志·疆域志》中说到已转化为街、巷的里坊，仍然沿用旧坊名，所以宋、元方志列出的里坊，其实多已是街巷。同书又举酒坊为例，说明宋代之坊，包括了居民里坊、街巷和手工业作坊三种内涵。

《宋院本金陵图》中，南门与龙光门之间的繁华市井，即上述西南厢，今门西地区，是延续千年未曾间断的商品集散地，与历代文献记载完全吻合，而以形象生动的实景呈现。

《至正金陵新志·疆域志》中说：

《南唐书》有金陵市。至今有清化市、罗帛市。而自昔言市者，则以东市、西市、凤台、鹭洲四坊之达为市，盖即鱼市。今银行、花行、鸡行、镇淮桥、新桥、笪桥，皆市也。

金陵市近今三山街口。鱼市在新桥（旧称饮虹新桥）西北，银行街即今银作坊，在新桥东南，新桥东北即北接金陵市的铜作坊，所以新桥会成为秦淮河西五华里最重要的桥梁。花行街即银作坊南的层楼巷，"鸡行街，今在西南隅"，即新桥西南一带。商市同时又是手工业作坊集中地，银行是金银器作坊，花行除售卖鲜花，也制作装饰用花。名为鱼市，不一定就只卖鱼，名为鸡市，不一定就是鸡市场。

《景定建康志·疆域志二》介绍，银行街有东南佳丽楼，花行街的层楼横跨街东、西，鱼市南的南楼跨宽征坊，都是过街楼。另太平桥西南有和熙楼，大木头街（或即今大板巷）南有嘉会楼。这些楼台直延续到元代，萨都剌有《层楼即事》诗：

　　浴罢焚香扫阁眠，过墙新竹翠娟娟。
　　半空云气层楼暗，四月江东欲雨天。

《金陵图》中所画，正是这一带。其构图严谨，疏密有致，建筑、器物造型准确，人物神态生动，画面色彩清雅，为文献记载提供了切实生动的图像诠释。从商铺中可以看出数十个行业，有饭馆、面店、酒坊、茶棚、粮铺、油行、染坊、当铺，还有学堂、书舍、街头杂耍等。其门里门外，都有相应的行业用具和人员操作，如饭馆里的灶台，酒坊里的蒸馏炉，画得都很细腻逼真。当时酿酒业相当发达，《景定建康志·城阙志四》中记载，隶属于建康府的有公使酒库，隶属于户部提领酒库所的有凤台酒库、镇淮酒库、嘉会酒库、丰裕酒库、龙湾酒库、防江酒库、东酒库、北酒库，酒库中设有酿酒作坊。认真研究画面内容，有助于认识宋代金陵城乡建筑、市肆商铺、交通工具、工匠技艺、农业劳作、服饰鞋帽、饮食娱乐、风物民俗，其意义远不止于地域文化史和美术史，对经济史、建筑史、交通史、风俗史研究都会有所裨益。

《景定建康志·疆域志二》的"街巷"条记载街巷八条：古御街、朱雀街、焚衣街、孔子巷、乌衣巷、运巷皆为六朝古巷，国子监巷系南唐国子监所在，近南门，主簿巷是南宋上元主簿程颢所居，近东门。孔子巷、国子监巷、主簿巷都得名于儒学教育。其实见于各卷记载的街、巷还有不少，如嘉会酒库、淮士典库所在的大木头街（或即今大板巷），需馆所在的小木头街（今铁作坊），层楼所在的花行街（今层楼巷、百花巷），东南佳丽楼、惠民局所在的银行街（今银作坊），抵当库所在的鸡行街（新桥西南），惠军典库所在的十三丈街（今绒庄街），中军所在的保宁寺街（今长乐街），左军所在的北门里大街，禁军第十一指挥所在的清化市南下街，旧佳丽楼所在的曹家巷，丰裕楼所在的南门外西街，有年楼所在的榷货务巷，醋库所在的镟子巷等。这些多与商市、实务相关的街巷名，应是当时新出现的，故不为崇古的文人所重视，其实正代表着一种新风尚。

街、巷在通行功能之外，更多地作为居住、商贸和社会交往空间。这也成为南京的一种习惯。直到晚清、民国年间，作为交通干道的新式道路，仍被市民称为"马路"。从南京的地名中，可以清楚地看出，凡名为某某"街"的，多是旧式道路，而新式道路一律名为某某"路"，即"马路"的略语。南京人口语中，至今仍将出门逛商场买东西说成"上街"，而不说"上路"。

第二节
王安石·马光祖

王安石与南京

提起南京的宋代名士、名宦，最为人所熟知的，无疑是王安石。

王安石号称三任江宁知府，其实前两任都为时甚短。据蔡上翔《王荆公年谱考略》，治平四年（1067年）正月宋英宗驾崩，神宗继位，就打算重用王安石，闰三月十九日以尚书工部郎中、知制诰王安石知江宁军府，只是为了给他一个资历。同年九月王安石任翰林学士，前往东京，熙宁二年（1069年）二月任参知政事、十二月任同中书门下平章事，成为朝廷最高政务官员，相当于宰相。熙宁七年（1074年）四月，因变法受阻，王安石罢相，仍以顾问身份暂留京都，六月十五日以观文殿大学士、特进吏部尚书的身份知江宁府事，次年二月复任同中书门下平章事，三月一日到东京。

熙宁九年（1076年）十月王安石再被罢相，据《宋史·王安石传》载，是"罢为镇南军节度使、同平章事、判江宁府"，在"食邑六千六百户、食实封二千户"外"加食邑一千户、食实封四百户"，十一月十一日到任。宋代二品以上官员任知府事，才可称"判"。王安石二任江宁府时的诏命称"特授行吏部尚书、观文殿大学士、知江宁军府事"，吏部尚书是正三品。这次的节度使常作为宰相卸任后的荣誉职务，加上同平章事，等于保留宰相待遇，所以称"判江宁府"。王安石曾多次上表"辞免使相判江宁府"，认为"若任州藩之寄，仍兼将相之崇，是为择地以自营"，要求皇帝"追还涣号，俯徇愚衷，许守本官，退守先垄"，即辞去虚衔，并未请辞江宁府职务。此举不无以退为进的试探意义，或者皇帝收回这些虚衔，或者给他以相应实权。神宗此时已决意放弃王安石，熙宁十年

（1077年）六月"以使相为集禧观使"，十月四日元积中继任知江宁府事，此后王安石完全退休。神宗仍依旧规，不用其才而恩典不断，元丰元年（1078年）正月为"尚书左仆射、舒国公、集禧观使"，又拜观文殿大学士，元丰三年（1080年）九月"特进改封荆国公"，"加食邑四百户，食实封一百户"，所以后人称王荆公。元祐元年（1086年）王安石去世，谥号"文"，世称王文公，葬于半山园。

在"熙宁新法"这样的全局性重大变革映照下，王安石在江宁府的施政被人忽略，也就不足为奇，所以史籍中几乎不见记载。而且王安石也没有以江宁府作为新法试验地的打算，现在能看到的只有熙宁十年（1077年）十一月上《湖田疏》，致玄武湖被围湖造田。由此反映出的重民生而轻风水，正符合王安石"天变不足畏"的一贯思想。简而言之，玄武湖被围垦，在宋代是微不足道的小事，与王安石一生作为中影响全国的事迹相比也不值一提，所以《宋史》和《王安石传》等都无记载，《湖田疏》亦不见于王安石文集。但玄武湖的消失对于金陵城则不是小事，所以《景定建康志》不能不记载。

王安石在南京留下的痕迹，至今为人所称道的，还是那些情采并茂的诗词。

王安石被时人嘲为迂阔，他也引同样有迂阔之名的孟子为同调。在推行变法遭到非议之际，曾作七绝《孟子》：

沉魄浮魂不可招，遗编一读想风标。

何妨举世嫌迂阔，故有斯人慰寂寥。

也正是在他初次拜相的熙宁四年（1071年），《孟子》一书首次被列入科举考试科目。虽然唐代韩愈已将孟子列为先秦儒家中唯一继承孔子道统的人物，后世仍认为王安石对孟子地位的提升有重要作用。孟子与孔子并列，确是始于宋代。元丰六年（1083年）追封孟子为邹国公，次年配享孔庙。朱熹将《孟子》与《论语》《大学》《中庸》合称四书，地位在五经之上。元至顺元年（1330年）加封孟子为亚圣公，孟子遂成为仅次于孔子的亚圣。

王安石自己更看重的，或是熙宁、元丰间所作长篇论文《洪范传》（《王荆公年谱考略》"录于熙之末、丰之首"），文中以水、火、木、金、土五行为生成万物的基本元素，五行"往来乎天地之间而不穷"，"五行之为物，其时其位，其材其气，其性其形，其事其情，其色其声，其臭其味，皆各有耦，推而散之，无所不通"，事物皆有对立面，"耦之中又有耦焉，而万物之变遂至于无穷"。他明确指出"天有是变，必由我有是罪以致之"的说法使人"蔽而惑"，正确的态度是"不曰天之有某变，必以我为某事而至也，亦以天下之正理，考吾之失而已矣"，不认同"天人感应"之说。

《宋史·王安石传》载：熙宁"七年春，天下久旱，饥民流离，帝忧形于色，对朝嗟叹，欲尽罢法度之不善者。安石曰：'水、旱常数，尧、汤所不免，此不足招圣虑，但当修人事以应之。'"。这是直白的说法。但王安石终因此罢相。在《进洪范表》中，他说：

伏惟皇帝陛下，德义之高，术智之明，足以黜天下之蒐琐，而兴其豪杰，以图尧、禹大平之治。而朝廷未化，海内未服，纲纪宪令，尚或纷如，意者殆当考箕子之所述，以深发独智，趋时应物故也。

他此时重理旧文，从理论上做深入阐述，仍希望皇帝能接受其思想，坚持新法，可以视为捍卫自己政治遗产的最后拼搏。

然而当时的政局，使其彻底失望，遂潜心于撰著《字说》二十四卷（一说二十卷），元丰三年（1080年）进呈神宗，对此书寄予厚望。《王荆公年谱考略》卷首载黄庭坚《书王荆公骑驴图》：

荆公晚年删定《字说》，出入百家，语简而意深，常自谓平生精力尽于此书。好学者从之请问，口讲手画，终席或至千余言。金华俞紫琳清老，尝冠秃巾，衣扫塔服，抱《字说》追逐荆公之驴，往来法云、定林，过八功德水，逍遥游亭之上。龙眠李伯时曰："此胜事，不可以无传也。"

遂作《王荆公骑驴图》。

《景定建康志·城阙志二》载，李伯时此画是画在钟山定林庵昭文斋墙上的："昭文斋，在钟山定林庵，王安石尝读书于此。米芾榜曰昭文，李伯时画安石像于壁。"陆游《入蜀记》中也提及此事：

塔后又有定林庵。旧闻先君言，李伯时画文公像于庵之昭文斋壁，著帽束带，神采如生。文公没，斋常扃闭，遇重客至，寺僧开户，客忽见像，皆惊耸，觉生气逼人，写照之妙如此。今庵经火，尺椽无复存者。

王安石有《昭文斋》诗："我自山中客，何缘有此名。当缘琴不鼓，人不见亏成。"这里的"昭文"二字，实有两重含意。宋代制度，宰相最多三人，分掌藏书的昭文馆、修史的史馆、校史的集贤院，即首相为昭文馆大学士，次相为监修国史，末相为集贤院大学士。王安石熙宁八年

（1075年）曾任昭文相，但此时已是"山中客"，不应再"有此名"。所以诗人转到第二重含意，即《庄子·齐物论》中的昭文鼓琴故事，故有亏、成之论。庄子说：

> 是非之彰也，道之所以亏也。道之所以亏，爱之所以成。果且有成与亏乎哉？果且无成与亏乎哉？有成与亏，故昭氏之鼓琴也。无成与亏，故昭氏之不鼓琴也。

同样，如果不出仕、不变法，则他人也就看不到自己的亏与成。短短二十字，令人回味深远，不知道这算不算王安石的反思。

宋代官员的衔职，常常冠以某殿、阁"大学士"，看得人眼花缭乱。简单地说，上述三馆学士外，观文殿、资政殿、端明殿、保和殿等诸殿大学士，多为退休、罢任宰相的荣衔。其次翰林学士，相当于皇帝的私人秘书，升任宰相的比例几近一半。龙图阁、天章阁、宝文阁、宝章阁等诸阁学士，则为较低一级官员的荣衔，直接关系到官员的福利待遇。

《景定建康志·拾遗》亦引录黄庭坚上文，后有注，引《韵语阳秋》：

> 京师学士院有燕侍郎《山水图》，荆公有一绝云："六幅生绡四五峰，暮云楼阁有无中。去年今日长干里，遥望钟山与此同。"后张天觉有诗云："相君开卷忆江东，仿佛钟山与此同。今日还为一居士，翛然身在画图中。"

王安石看到燕侍郎所绘山水，想起年前在长干里遥望钟山的景象。张天觉作此诗，当在王安石隐居撰《字说》，被人画进《骑驴图》之际。

只是这部《字说》早已佚失，除了宋人著作中被引为笑谈的若干条，再无流传。

马亮·张咏·叶梦得

两宋时期，任昇州知州、江宁知府、建康知府的名士甚多，对南京人文历史做出实际贡献的亦不在少数。现就《景定建康志·建康表九、十》所载略举数人。

景德元年（1004年）尚书兵部员外郎、直史馆马亮知昇州事，"亮务求人瘼，轻扬之风，忿鹜成俗，失意相雠，乘风纵火，申命伺察，动无隐漏，大奸恶少，仍绝震惊"。了解民间疾苦，处理斗殴、纵火等恶性事件，惩治首恶，安定人心。又"子城东北即伪朝德昌宫故地，后庭铅粉往往在焉，公撰日庀役，依神致祷，掘坎袤丈，得汞二百余斤，鬻之，获缗百万,以备供帐,绰然有余",从南唐德昌宫旧址后妃脂粉残遗中提炼出汞二百多斤,卖钱解决了政府的财政困难。古时化妆品含汞量之高令人惊讶。马亮复于大中祥符八年(1015年)、天禧五年(1021年)、天圣五年(1027年)前后共四次任职昇州(江宁),累计约七年。当其三任之际,"鹿辇屡及,隼旆如归,耄耋多存,邑居相庆",江宁的老人还记得他,都为他的复任庆幸。林逋《寄上金陵马右丞》诗中有句:"金陵土著多蒙赖,分野三回见福星。"马亮出身合肥世家,历仕太宗、真宗、仁宗三朝,处理地方政务卓有成效,与宰辅辛仲甫、吕蒙正、吕夷简、王珪等皆为姻亲,晚年以太子少保致仕。

景德四年(1007年)接替马亮的张咏,也深得民心。

张咏对昇州情有独钟。景德四年,张咏仕蜀任满,因声誉卓著,宋真宗想给他一个好职位,"将委以青社或真定,使自择,辞不就。又问金陵,欣然请行"。青社(即青州,今属潍坊)和真定(今正定)当时都是大州、府,在张咏眼中都难比金陵。

张咏也给昇州百姓留下了好印象。大中祥符三年(1010年)张咏任满,州民极力挽留,皇帝同意了,还给以种种奖励:"即授工部尚书,令再任,仍赐诏褒奖。给昇州公用钱岁千贯,旧制五百贯,时咏知州,故优之。"第二年八月又以"张咏兼江南东路安抚使,兼提举兵甲巡检捉贼公事。知州兼安抚使始此"。

张咏任职期间,正值宋真宗封禅泰山之后,"士大夫争奏符瑞、献赞颂"。"入内供奉官郑志诚自茅山使还,言:'昇州见黄雀飞蔽日,往往从空而坠,又闻空中若水声。'上曰:'是何异常,而州不以言也。'因出书示王旦曰:'此皆民劳之兆,若守臣知人疾苦,防于未然,则可免祸。今张咏在彼,吾无虑矣。'"张咏没有利用这种异常编造符瑞,安然处之,皇帝对他是放心的。又"城中多火,咏廉得不逞之人潜肆燔爇者,斩之,由是遂绝。"彻底解决了自马亮任中即有发生的纵火问题。

另一个故事说:

殿直范延贵押兵过金陵,咏问曰:"沿途来曾见好官员否?"延贵以萍乡邑宰张希颜对。咏曰:"何以言之?"延贵曰:"自入县境,桥道完,田野辟,市无赌博,更鼓分明,以是知其必善政也。"咏大笑曰:"希颜固善矣,天使亦好官员也。"即日同荐于朝。

由此可见张咏的官员品鉴标准。

张咏是西昆派的诗人，也是宋初少数得到皇帝和百姓双方赞赏的名臣之一。他此前知益州时，有一项重要的贡献，即整顿民间行用的纸币私交子，确立交子制度，也就是世界上最早的纸币制度。有的记载中把他当成交子的发明人或发行交子的主持人。

南宋绍兴元年（1131年）十一月，资政殿学士、左中大夫叶梦得知建康府事、兼江南东路安抚大使，至次年闰四月，虽仅半年时间，做了几件大事。一是按朝廷要求收瘗战乱后暴露尸骨，"得全体四千六百八十有七，断折残毁不可计者又七八万"。二是叶梦得上奏，说京东刘豫占领区百姓缺粮，两浙商人贩粮往售收息数倍，但遭沿途官军捕捉，"朝廷方议收复，必将与天下为一家"，沦陷区的百姓"日夜不忘本朝，而我因其饥寒遂困之，是弃之也，毋乃重失其心乎？"，有旨禁止捕捉贩粮商人。三是安抚、瓦解刘豫部属，争取寿春（今寿县）、濠州（今凤阳）守将归顺，击败刘豫来犯之军，又收复光州（今潢川），并招诱流民，鼓励耕种。四是叶梦得于大兵之后，"营理学校，延集诸生，得军赋余缗六百万以授学官，使刊六经"。

绍兴八年（1138年）六月，叶梦得再知建康府事、兼江南东路制置大使、行宫留守，"以公府赢到羡钱二百万缗，售经史诸书，建紬书阁以藏之，而著其籍于有司"。以赋税盈余二百万缗购买经史诸书，建紬书阁以收藏，并安排专人管理。第二年冬又于旧址修复建康府学，是府学传承中的一个重要节点。

按宋代立国以来，即崇尚文治，《景定建康志·儒学志一》宣称："我宋龙兴，聚奎发祥，真儒辈出，正学大明。"雍熙年间在冶山建文宣王庙，天圣七年（1029年）迁至浮桥东北，并建江宁府学。景祐元年（1034年）陈执中知江宁府，次年离任，其间迁江宁府学至今夫子庙所在地。这个选址也值得一说。自南唐建金陵城，今建康路、升州路一线成为东西主干道，与南北主干道相交于三山街口，江宁府学正位于三山街口东南，离两条交通主干道都很近，又紧邻秦淮河，往来交通十分方便。这是宋代对南京影响深远的建设项目，对今门东地区开发也是一个有力的促进。

《景定建康志》卷二十八收录叶梦得作《府学记》，文中记载他初任建康时所见：

建康领江左八州之地，于东南为大都会，异时文献甲于他方。旧有学在州之巽隅,更罹兵火,城郭鞠为丘墟,独学宫岿然仅存,颓垣败壁,毁压相藉,生徒奔散,博士倚席不讲。

时因战乱,而其任期短促,不及修葺。绍兴八年(1138年)再任,"辑宁荒残,流亡稍复,民益安业",在处理好民生事务后,决定修复府学:

因旧址尽彻而新之,起己未孟冬,讫庚申仲春,凡五月,为屋百二十有五间,南向以面秦淮,增斥讲肆,列置斋庐,高明爽垲,固有加于前,不侈不陋,下及庖圂,罔不毕具。既又作小学于大门之东,复命有司谡典礼簿,正祭器,作新冕黼,皆中程式。

从绍兴九年(1139年)初冬到绍兴十年(1140年)仲春,用了五个月的时间。他并且查核学府所有地产、酒坊、房产,以其收入作为办学经费。同时奏请朝廷添设建康府学教授,由一人增至二人。

叶梦得出身书香世家,母亲是"苏门四学士"之一晁补之的妹妹,他精研《春秋》,擅诗善文,更是著名词人,对两宋之交词风有重要影响。

绍熙三年(1192年),知建康府余端礼曾经扩建建康府贡院,杨万里为之作《重修贡院记》。余端礼的一首《劝农石头城赋诗》,既不怀古,也不说禅,描绘的是令人感到亲切的世俗生活景象:

去年出郊春欲半,钟阜林峦青未遍。
今年此日蛰初惊,动地春光满石城。
柳如鬈金梅碾玉,川原高下麦苗绿。
一声布谷已催人,吴侬莫问春迟速。
苍颜老守政无奇,只要我民不苦饥。
奉诏偕行两赤令,职在劝耕无扰之。
鲐背庞眉数十叟,听取吾言醉此酒。
但遣儿郎力南亩,不患三钱无米斗。
米斗三钱大江东,从今更祝八方同。
同见三登太平日,老守不愿万户封。

只求民不苦饥,不愿侯封万户,比起某些为了个人政绩而不惜扰民、祸民的官员,境界高远得多。

马光祖三任建康府

宝祐三年(1255年)八月,马光祖知建康府,《宋史·马光祖传》

记载，他一到任，就以新官上任各方送的常例钱、备堂公用器皿钱等二十万缗犒赏军民，又"减租税，养鳏寡孤疾无告之人。招兵置砦，给钱助诸军婚嫁"。暂停、减免税收数以万计。"兴学校，礼贤才。辟召僚属，皆极一时之选。"宝祐六年（1258年）二月马光祖移知江陵府（今荆州），"去而建康之民思之不已。帝闻，命以资政殿学士、沿江制置大使、江东安抚使再知建康，士女相庆"。开庆元年（1259年）三月马光祖再任知建康府，仍依前例，以例册钱二十万贯普犒军民，施政"益思宽养民力，兴废起坏，知无不为"。又在府治东设置礼尚库，凡是收到的礼物，都不入私囊，而是收藏于此，派专人管理，用以作为官场交往的谢礼，库名取礼尚往来之意。

景定二年（1261年）十月马光祖赴临安（今杭州）任职，景定五年（1264年）三月三任知建康府，《景定建康志·建康表十》载："始光祖之去也，人思之，时喧传其再至。命下，民情大悦，争迎拜于南徐道上。父老相与视其年貌，咸泣，光祖亦泣。"百姓纷纷到镇江至南京的路边迎候，地方官员如此深得民心，殊属不易。咸淳五年（1269年）三月马光祖拜相赴临安（今杭州），其主官建康前后长达十二年。时间之长，城市建设、民生福利、文化事业贡献之多，无出其右。《宋史·马光祖传》称其"三至建康，终始一纪，威惠并行，百废无不修举"，"练兵丰财"，"论曰：马光祖治建康，逮今遗爱犹在民心，可谓能臣已"，是难得的朝廷与民间都高度赞许的官员。

北宋江宁府城基本延续南唐格局，城市结构、交通网路、军政衙署分布等，没有太大变化。两宋之交，因中原战乱逃往江南的平民，除充当农业劳动力，也有部分进入城市。南宋朝廷南迁，更加剧了中原居民的南渡趋势。南京作为江南重镇，富庶之地，直接遭遇战争的时间短暂，因而人口增长迅速，手工业与商业都有一定程度的发展，城乡经济渐趋繁荣。但是，金兵败走时所遭严重破坏，一时难复旧观。直到南宋末季，马光祖任建康知府期间，城市面貌才得到较大的提升。

马光祖任职建康府，首先处理的事务，一是兵防，一是安民。

宝祐四年（1256年）初任，他即"创招御前游击军三千余人，游击水军二千人。创游击军寨屋三千余间于武定桥东。增赏格教阅诸军"，"措置军器库"并严格管理制度。同时采取措施稳定军心："始立则例，支给钱、绢、酒、米，以助诸军之婚嫁者。"作为配合的措施，民间"女年十四以上，及寡妇之无依者，皆为择姻议嫁"。又"增给诸军芦、米"，成为常例，"委官下作院，分项任责，修造军器"，并拨款、派员到江西、镇江、太平州、池州等地造战船。他亲自到龙湾（今下关）检阅水军，犒赏较平时加倍，"又立赏格，招募水艺精强之人"。他将建康境内十一个关隘分为上、中、下三节，每旬分别集中训练，奖励优胜。开庆元年（1259年），新建游击新军寨屋三千余间于西门内，前后共招新军一万二千四百余人，又招募"土豪、壮士材力出众之人，为义士军良家子"，并设置安乐房，负责医疗新军疾患。当年九月元军进袭黄州（今黄冈），马光祖即调度军队加强沿江防务，亲自率军巡视直至黄州，同时创造火攻器具，增造军器、军衣及战舰七百余艘，以加强上游防卫，多次溯江巡察御敌。

景定五年（1264年）三任，马光祖建立骑兵宁江军，招兵、买军马各一千二百余，又买先锋马四百五十八匹，创先锋马寨，建寨屋千余间。又继续造船、修船千余只，建造船寨屋五百间。同时整顿军务，罢黜赘员正、副将二十员，将每年省下的俸钱三万余贯、米一千三百余石、绢百余匹、绵一百七十两用以增加宁江军的军饷，以激励将士。与此同时加强建康城防。景定元年（1260年）兴工疏浚城壕四千七百六十五丈有奇，修筑同样长度的羊马墙，创建栅寨门瓮城等。

安民劝农方面，马光祖也采取了多项措施，任期内多次减、免租税，暂停征收既往积欠，蠲除上元、江宁两县"欺隐税额"即逃税，以宽民力。开仓出谷、募捐金钱赈济贫民。宝祐五年（1257年）冬大雪，他"捐己钱三十万赈军民"。咸淳三年（1267年）夏季大雨，他派遣官吏带着钱、粮分头救济灾民。又免除酒坊等手工业的额外赋税，发放短期无息贷款，"给借百姓钱、本营运，两月后还本，不取息"，鼓励工商业发展。当时民间流通的主要是纸币关子和会子，但是朝廷征收赋税的规定是一半交纳纸币、一半交纳铜钱。百姓以纸币换铜钱要付高价，深以为苦。马光祖同意百姓全部交纳纸币，由建康府代为筹集现钱，以减轻民间负担。

兴办多项社会福利事业。一是"措置居养院，以处无告之民"。建康府居养院始于绍兴七年（1137年）宋高宗诏命所建养济院，年久管理不善，马光祖修葺房舍，"备其器用，优其衣食，广其收养"。又改嘉定年间所设慈幼庄为及幼局，建立规范的收养制度，凡民间遗弃小儿，无人收养时由官方雇乳母喂养，有人收养则由官方按月支付抚养费，直到七岁为止。先在北门里高阳楼侧创建安乐庐，收治旅途中患病军民，以免传染或扰民，后在府治南安乐坊建安乐南庐，方便病人就近求医。咸淳三年（1267年）三月军民病疫，马光祖派官员监督医生，每日造访病家，给以钱、粮，到六月疫情平息，救活军民二千余人。此外又设置义冢四所，四周起造围墙，交由僧人管理，使无力置葬地的贫民能够入土为安。

咸淳元年（1265年）创平籴仓。《景定建康志·城阙志四》载，马光祖说自己三任知建康府：

昇人爱余，余亦爱昇人，公帑所储，毫分不敢妄费。思欲为此邦建一久远利益事，无如平籴，呈拨米价钱，差人籴足十万石，并令创仓廒盛贮。续踏逐到旧稻子仓基址，鼎新创造屋四十六间，廒一十二座。

并且规划具体管理办法，第一条就是制定标准衡器：

照文思院斛，造一石斛、五斗斛各一十只，斗及连柄升各二十只，当官较制雕记，并造三色筹一千五百根发下，遇收支毕，拘收本仓，不许移用。

以防管理人员舞弊。这一办法三年后又推行到市场上，"依文思院斛旧式铸铜斛"作为标准器，并造木斛一百只供商家使用，将不合标准的旧斛当街烧掉。又规定在秋冬粮价较低时收进粮食，春夏青黄不接、粮价较高时，以低于市价二成的平价售粮，遇特殊情况可再"斟酌痛减"。为保证库存不减，另拨十万贯设置当铺，营收利息补给平籴仓，称"咸淳助籴库"。三年后又增设助籴西库。

有此基础，建康府遂有余力进行各项城市建设。宝祐五年（1257年）重建饮虹、镇淮两桥。后将府城内、外诸桥都重新整修坚固，重建长干桥，书写桥名匾。因坊、巷旧匾多缺失，行路的人很不方便，马光祖或搜旧名，或益美称，自写书匾三十三处，做了规范地名与设置地名牌的工作。又以砖铺砌御街，自天津桥（今内桥）达于南门。景定三年（1262年）姚希得继任知建康府时，又铺砌了天津桥南东西向道路锦绣坊街。因为邻近行宫，这应该是当时规格最高的两条道路。马光祖后又修行宫养种园，"为堂四，为亭三，为台一，门闾神宇暨守视庖湢之所无不具备"。咸淳元年（1265年）建造了四郭门接官亭，各有官吏居舍及祠宇，东亭名迎晖，西亭名致爽，南亭名来薰，北亭名拱极。

在城西南隅繁华闹市区内，马光祖建造了几座高楼，以为观览之所。一是东南佳丽楼。《景定建康志·城阙志二》："在银行街，旧为赏心楼楼基，楼久废。景定元年，马大使光祖建，规模宏壮，增倍旧楼，改立今名。"

注文引李衢《记略》：

饷台故有赏心楼，适据一郡之中，壤地褊小，屋老弗支。公命撤而新之，培高辟广，度材鸠工，因作杰阁三层，而名之曰东南佳丽。经始于仲秋，落成于孟冬，不三月而大备。巨栋横空，重檐插云，于市廛阛阓之中，而睹此突兀杰特之胜，过其下者，皆翘首企足，窈窈焉如隔弱水而望蓬莱，登其上者，皆洞心骇目，飘飘焉欲餐沆瀣而拍洪崖。

从《建康府图》中可以看出，东南佳丽楼南有层楼："层楼，在府城右南厢，中界花行街，楼跨街东西。《乐府》有'独自上层楼'之句，即此是也。"鱼市之南有南楼："南楼，在府城右南厢，中界宽征坊。与旧佳丽楼相对。"皆是过街楼。此外北门内尚有高阳楼。

蔚为名胜的白鹭洲景观区也焕然一新。《景定建康志·城阙志三》："赏心亭，在下水门之城上，下临秦淮，尽观览之胜。丁晋公谓建（旧志）。景定元年亭毁，马公光祖重建。"其后《考证》中说了个动人的故事：

景定庚申四月二十一日，龙王庙灾，风盛焰炽，其东正接大军广济诸仓，积贮之所也，而风焰向之。马公光祖至仓所，叩头祈天，风反而西，仓廪得全。旧赏心亭在龙王庙西，正当风及之处，不免煨烬。公曰："仓毁则食难足，亭毁易建也。"亟命工度材，重建斯亭，选幕属朱幼学董其事，不日而成，视旧观雄伟过之，为金陵第一胜概。

赏心亭西旧有白鹭亭，取李白"二水中分白鹭洲"诗意，建亭城上，下瞰白鹭洲。其前城下临水旧有张咏所建折柳亭，取古人折柳送行之意，是送客饯别之处。赏心亭东，下水门内有横江馆，取黄庭坚"出门一笑大江横"诗意，这几处也都在此时重建。马光祖又在月亭旧址改建通江馆，与横江馆都是接待四方宾客的馆舍。加上乾道年间史正志重建于赏心亭南的二水亭，折柳亭东叶清臣所建风亭，风亭附近马亮所建的佳丽亭，秦淮河入江口这一组人文景观区，引古往今来无数诗人留下华章。

此外，马光祖还重建、新建了新亭、东冶亭、短椽亭、瑞麦亭、雨花台、清凉山不受暑亭、乌衣园、仪宾馆、誓清馆等新旧景观。其最引为自豪的，是开庆元年（1259年）八月建先贤祠于"青溪最胜处"。《景定建康志·儒学志四》周应合《青溪先贤堂记》，记载了建设经过：宝祐五年（1257年）马光祖初任知建康府，"政通俗阜，教民靡不勤，彰往劝来"，就有建祠打算，由前任学谕冯去非选定可入祠者，并各为赞词。冯去非是朱熹门人冯椅的长子，也是有名的理学家与教育家，在白鹿洞书院讲学多年。因马光祖调任，祠未建成，到他再任才得遂此愿。"凡生于斯、仕于斯、居且游于斯而道、德、功可祠于斯者，自我朝上溯汉、周，列位四十有一"，符合标准进入先贤堂的四十一人，除了帝王将相、烈士忠臣，更有诸多文人学者，如严光、王羲之、雷次宗、刘瓛、陶弘景、颜真卿、李白、孟郊、程颢、郑侠、朱熹、张栻等。冯去非所列原为四十二人，尚有庆元年间以承议郎主管江东转运司文字、作《金陵百咏》的马之纯，是马光祖的祖父。马光祖因已建马公祠而未再列入。

此后马光祖继续营建青溪园，疏浚青溪，增堂、馆、亭、榭三十余所。《景定建康志·城阙志三》：

青溪诸亭，东自百花洲而入，临水小亭曰"放船入门"，有四望亭，曰"天开图画"，环以四亭，曰"玲珑池"，曰"玻璃顷"，曰"金碧堆"，曰"锦绣段"。其东有桥曰"镜中"，由此而东为青溪庄，与清如堂相望。南自万柳堤而入，为小亭三。……桥之南，旧万柳亭改曰"溪光山色"，自桥而北，亭临水曰"撑绿"，其径前曰"添竹"，后曰"香远"。尚友堂之西曰"香世界"。先贤祠之东曰"花神仙"。清如堂之南、绿波桥之西，曰"众芳"，曰"爱青"，其东曰"割青"。青溪阁之南、清风关之北，有桥曰"望花随柳"，其中曰"心乐"，其前曰"一川烟月"。惟"割青"为旧，余皆马公光祖所作也。

"割青"之名，出自王安石"割我钟山一半青"诗意。这可以说是青溪园最盛时期。

咸淳元年（1265年），马光祖又在青溪之上建静庵，造屋三小间，后垒石假山，山巅建亭名"最高"。山后跨飞梁于池上，"后建堂三所，其前曰'简暇'，其中曰'观心'，其后曰'近民'，以其后临通衢也。青溪之胜聚于此"。

马光祖的多方面成就，是他的宋代同僚难以相比的。应该肯定他是一个热心地方文化、关心民间疾苦的好官员。因为任职的时间长，他有机会施展自己的抱负。也因为《景定建康志》的详细记录，后人能够得知他的政绩。这无疑是当时各郡、县官员争相编修地方志的重要动力。

南宋灭亡时建康府未遭战乱，马光祖时代的城市格局直延续到元代。

第三节

文脉绵延

府学、书院与贡院

宋代崇尚文治，振兴教育，一再投入大量财力"兴学"，地处富庶江南而社会环境相对安定的南京，在人才培育、文人聚合方面，能够提供更多有利条件。自六朝发端的金陵文脉，在宋代同样没有因为失去都城地位而中断。

正是在宋代，南京完善了府、县两级官学体制。前文说到叶梦得重建建康府学，此后历有修建。《景定建康志·儒学志一》记载，淳熙四年（1177年）刘珙重修，庆元二年（1196年）张杓建御书阁收藏宋高宗手书九经及《先圣文宣王赞》等刻石拓本，阁下为议道堂，储藏典籍，增加廪生名额，文风大振。淳祐初年别之杰增修学舍，淳祐六年（1246年）赵以夫将教堂更名明德堂，增造两廊，以安置从祀诸人，淳祐十年（1250年）吴渊列祠先贤，增学廪，创义庄。宝祐年间马光祖兴学校，举孝廉，建先贤祠祭祀周、汉以来名贤。景定四年（1263年）姚希得将本学殿堂、斋舍、学门、棂星门、仓屋等处并两教官廨舍修葺一新。

从《景定建康志》所载《府学之图》中可以看到建康府学"前庙后学"的格局，中轴线上依次是半璧池、棂星门、仪门（一说戟门）、大成殿，属孔庙建筑，此后是府学建筑明德堂、御书阁，阁下议道堂，其两侧是直舍。大成殿前东、西两廊各有从祀所，东廊祀周敦颐、程颢、程颐、朱熹等四位理学家，西廊祀范纯仁、吕蒙正、郑侠、杨邦乂、周必大、张栻、黄勉、吴柔胜、真德秀等九人，明德堂前东廊祀颜真卿、李光、傅珪、马光祖、包拯、张咏等六人，西廊祀赵鼎、张浚、吕颐浩、陈康伯、黄度、刘珙、丘密等七人。所祀二十六人中，除了四位理学家和颜真卿，都是曾任职南京"政教德泽有不可忘者"的宋代官员。从祀所外侧是府学生斋舍，东面守中、进德、说礼三斋，西边常德、育材、兴贤三斋，偏北有由义斋。两教官廨舍在兴贤斋西，其北是射圃。学仓在府学西北角。马光祖所建先贤祠在府学之东，所祀人物与府学相同的只有十二人。

2020年南京考古工作者在江南贡院明远楼东、北侧发现宋代贡院遗址，大致可以看出是建筑群的东北角。以当年贡院二三百间房舍的规模，其向西延展肯定越过了明远楼。因发掘面积过小，尚难以完整呈现旧时的方位格局。

府学的经费来自学田和学产，天圣七年（1029年）始建府学，朝廷拨给学田十顷，以后续有增拨，到景定年间共有田地九千三百多亩，坊场三所，年收入米三千八百余石、菽麦四百石、钱四万一千余贯，另有柴薪丝麻等。淳祐十年（1250年）吴渊知建康府时又创设义庄，"用钱五十万贯，回买到制司后湖田七千二百七十八亩三角二十八步，岁收四千三百余石，市斗米、麦相半，发下本学，置簿桩管"，对遭到意外的官员后代和在学生员，"给米八石、麦七石，米每石折钱三十六贯，麦每石折钱二十五贯"。从这些记载中，也可以了解到当时田价、米价、麦价。

南宋时期重建了句容、溧水、溧阳县学，景定年间相继兴办上元县学、江宁县学，完善了建康官学系统。官办与民间书院也随之兴盛，任教者不乏著名学者。其中规模最大、规格最高、规程最严的是淳祐元年（1241年）吴渊重建的明道书院。

明道先生程颢嘉祐四年（1059年）任上元县主簿、代理知县，"均田塞堤，及民之政为多。脯龙折竿，教民之意亦备"。淳熙三年（1176年）刘琪在学宫中设明道先生祠，特别请时在新安婺源的朱熹作《明道先生祠记》。嘉定八年（1215年）主簿危和改筑新祠，真德秀捐金三十万、粟二千斛相助。《景定建康志·儒学志二》载：

淳祐己酉二月，天大雷电，书阁忽灾。退庵吴公因更创之，阁视旧益伟。下为春风堂，聘名儒以为长，招志士以共学，广斋序增廪稍，仿白鹿洞规以程讲课，士趋之众。圣天子闻而嘉之，亲洒"明道书院"四大字赐为额，与四书院等。

即与宋代著名的白鹿洞、岳麓、应天府（睢阳）、嵩阳四书院地位相当。明道书院位于府城东门西北，今白下路、五福巷一带，内有明道先生祠、御书阁、春风堂、主敬堂、燕居堂，山长、堂长等职事人员办公处所及生徒居所。为保障办学经费,"帅府累政拨到田产四千九百八亩三角三十步","岁入米一千二百六十九石有奇,稻三千六百六十二斤,菽麦一百一十余石,折租钱一百一十贯七百文。又有白地房廊钱"。此外"本府每月拨下赡士支遣钱五千贯十七界官会,并芦柴四十束"。"十七界官会",是宋代朝廷定期兑换的纸币。

开庆元年(1259年)马光祖嘱书院山长整理程颢著作,刻印以授诸生。咸淳四年(1268年),马光祖又创南轩书院于古长干,"因山为祠堂,曰'主一楼',曰'极高明斋',曰'求仁''任道''明理''潜心',为屋共九十二间"。

明道书院中还有一个为程颢立后的故事。景定元年(1260年),明道书院山长周应合欲寻找程颢后人,送入书院培养,以传续文脉。时程颢后代已泯灭难考,只得将其弟程颐五世孙程偃孙过继程颢名下,报送户部备案,得皇帝颁旨,将十七岁的程偃孙从池州迁往建康,任明道书院掌祠。程偃孙幼年丧父,贫困失学,与寡母相依为命,母亲曾氏也随同来到建康,"馆之官宇,月给有差",建康府安排他们住在书院中,每月拨发专项钱粮。程偃孙次年三月病死,八月安葬清凉寺后山,时称程孙墓。周应合未必不懂得文脉传续重在师承而非血缘,且程氏已五世无学人,他追求的实际是象征意义,是一种仪式感。这一传统迄今未废,且成为某些机构的牟利手段。

此事尚未结束。《景定建康志·儒学志二》记载,"曾母无依,先贤弗嗣,委为可念。景定三年,据学官申,遂再行下池州访问,别无本宗嫡派可以昭穆",最后选中明道书院掌仪程必贵兄长程子材的儿子程庆老,"年方十岁,生质厚重,家世诗书,可为明道之后",立为程偃孙之子,改名幼学,继任掌祠,随叔父程必贵读书。曾氏成了程幼学的祖母,也一同奉养。

书院为程幼学过继所付一次性礼币费用有:"祖母曾氏,送五百贯十七界为衣被之用。掌祠程幼学,送五百贯十七界置衣服。生父程子材,送一千贯,土绢四匹。"

程氏祖孙日常支出是:

建康府月支三百贯十七界,米两石,一半付程掌仪取支,为曾母日逐供给之用,一半桩之书堂,为曾母衣服等用。明道书堂每日行供,折钱月支四十五贯十七界,米七斗五升,拨过程掌仪家,为幼学日食之用。

程掌仪必责任教异之责,书院月馈束脩五十贯十七界,米五斗。

这是一个"继绝世"的特例。《南京通史·隋唐五代宋元卷》中以此作为"书院生徒的日常教养廪给"事例,实属误会。

南宋时期南京有两座贡院。一座是建康府贡院,乾道四年(1168年)知建康府史正志以侍郎蔡宽夫宅址重建,"在青溪之南、秦淮之北",从《建康府图》上看位于府学东北、上水门西,即今江南贡院位置。《景定建康志·儒学志五》载陈天麟《重修贡院记》:"建业多士,异材辈出,曩有魁群儒、首异科而为名公卿者,项背相望也。故其后子弟益自勉,应三岁之诏者,常数千百人。"三年一度参加科举考试的经常达数千人,因贡院在建炎初年被金兵焚毁后一直没有重建,只好借用寺庙作为考场。贡院旧址"为闾阎营舍者四十年矣",史正志捐金作为搬迁费用,让占用者迁居,重建贡院,"为屋百有十楹","面秦淮,接青溪,抱方山,气象雄秀"。

宋佚名《南窗纪谈》有记蔡宽夫建宅事:

蔡宽夫侍郎在金陵凿地为池,既去土,寻丈之下便得一灶,甚大,相连如设数釜者,灶间有灰,又有朱漆匕箸,其旁皆甓甃,初不甚损,莫测其故也。后见诸郡兵火之后,瓦砾堆积不能尽去,因葺以为基址者甚多。金陵盖故都,自昔兵乱多矣,瓦砾之积不知几何,则寻丈之下安知非昔日平地也。

这种连设几个锅的大排灶,显然是供多人饮食所用,或许就是先前贡院的遗迹。

绍熙三年(1192年),知建康府余端礼以贡院湫隘简陋,与建康府"地大才杰"的地位不相称,决定扩建。杨万里《重修贡院记》说:

乃彻厥旧,乃图斯新,意匠是断,画堵是度,栋宷崇崇,柱楩奕奕,率视旧贯,盖四之一。考官有舍,揖士有堂,爰廊四庑,爰拱二披,可案可几,可研可席。

房舍"二百一十有二楹",旧贡院只有新贡院的四分之一。地面全部铺砖,晴天没有灰尘,雨天没有泥淖。嘉定十六年(1223年),余端礼之子余嵘知建康府,因贡院房屋倾圮再行修建。咸淳三年(1267年)知府马光祖重建贡院,冯梦得作《重修建康府贡院》,述其"亲即其所,爰究爰度,悉命撤而新之,鸠工聚材,筑基崇址,宏壮爽垲,视昔径庭","为屋共二百九十四间",成为南宋一朝规格最高、规模最大的贡院。

贡院虽大，分配给建康府的荐举名额并不多。南宋初每三年一科只有十名，与唐代昇州每年贡三人相较只多了一人。绍兴二十六年（1156年）增加一名，端平元年（1234年）又特增二名，共计仅十三名，与参加考试的"数千百人"相比，诚为百里挑一。所以建康府举人参加礼部进士试的成绩甚好，几乎每一科都有人中进士，多时一科达五六人。

另一座是转运司贡院，嘉定九年（1216年）转运副使真德秀始建于青溪之西。李道传作《初建贡院记》，说明其设置之因："士与为吏者亲嫌，则偕已仕而锁其厅者，试于转运司。"《宋史·选举志一》载："士有亲戚仕本州，或为发解官，及侍亲远宦，距本州二千里，令转运司类试，以十率之，取三人，于是诸路始有别头试。"三年一度科举，考生若是本地官员或考官亲属，为避徇私之嫌，在转运司参加考试。"江东地大人众，材隽间出，数十年间，由转运司之试擢高科登贵仕者，数数有之。"但转运司贡院始终未建，都是借寺庙为考场。所以真德秀在府城东南隅择地建造，坐北面南，"其崇五尺，背负钟山，前直长干，清溪环流，秦淮旁注，宽闲爽垲，不僻不嚣，于校文论士为宜"。《府城之图》中贡院偏北近东门处所标示的"锁试院"，当即转运司贡院。转运司贡院建成当年考试首名举人陈埙，次年应礼部试为进士第一。

南宋府学、贡院都在今夫子庙地区，使夫子庙成为南京文教史上的新地标。后几经毁、建，明、清两代更发展为江南的科举文化中心，人文荟萃之地，盛极一时的"天下文枢"。

王安石的朋友圈

科举制度在宋代逐渐完善。北宋初如同南唐，主要以诗、赋取进士，王安石变法时一度摒除诗、赋，改以策、论，但未能持久。南宋定型的进士三场考试，是头场经义，次场诗、赋，三场子史论和时务策。所以宋代的官员、学士，都能写一手好诗文。

南朝文脉，经过唐人的弘扬光大，对于宋、元文人就有着更强的魅惑力。尤其南宋，"六飞渡江，王气聚于东南，而金陵首当其会"（冯梦得《重修建康府贡院记》），各地文人骚客纷至沓来，络绎不绝。《客座赘语》卷八引编纂《集庆路续志》的戚光之言：

金陵山川浑深，土壤平厚，在宋建炎中，绝城境为墟，来居者多汴、洛力能远迁钜族仕家。视东晋至此，又为一变。岁时礼节饮食，市井负街讴歌，尚传京城故事。人物敦重质直，罕翾巧浮伪。庶民尚气能劳，力田、远贾。旧称陪都大镇，今清要之官，内外通选，人品伦鉴，居东南先。士重廉耻，不就荣进，气习大率有近中原。地当淮、浙之冲，谈者谓有浙之华而不浇，淮之淳而雅，于斯得之矣。

南京有浙江的繁华而人情不浇薄，有淮阴的淳朴而更为典雅，对于南京的文气士风，评价甚高。

无论府学还是青溪先贤祠中所祀人物，多非土著，而是如马光祖所说，包括了"生于斯、仕于斯、居且游于斯"者。外来者与原住民之间的文化差异，碰撞融合，成为促进创新的重要动力。如果说文化传承是纵向流动，那么文化碰撞融合则是横向流动。文化固然是积淀的结果，但更是流动和创新的结果。海纳百川，厚德载物。相对于封闭、单一的文化形态，开放、包容的文化形态更能促进文化的丰富与强盛。

宋、元在南京留下诗文的一时俊彦，可以排列出长长的名单：林逋、张先、梅尧臣、王安石、苏轼、秦观、贺铸、张耒、周邦彦、叶梦得、朱敦儒、李清照、陆游、范成大、杨万里、张孝祥、辛弃疾、姜夔、刘克庄、白朴、文天祥、汪元量、张炎、张可久、萨都剌、王冕……其中不乏久居金陵以至终老于此者。

王安石无疑可以作为一个典型。他是江西临川（今抚州）人，早年在金陵求学，三任知江宁府，晚年退居半山园，后舍宅为半山寺，去世后葬钟山。《景定建康志·祠祀志三》述半山寺："在城东七里，距钟山亦七里，王荆公安石故宅也。"并作考证：

其地名白塘，旧以地卑积水为患。自荆公卜居，乃凿渠决水以通城河。元丰七年，安石病笃，神庙遣国医诊视，既愈，乃请以宅为寺，因赐额"报宁禅寺"。寺后有谢公墩。其西有土山曰培塿，乃安石决渠积土之地。

王安石一生中，与南京相关的诗作达三百余首，饱含着对这座城市的欢喜眷念之情。如《初到金陵》：

江湖归不及花时，空绕扶疏绿玉枝。
夜直去年看蓓蕾，昼眠今日对纷披。

《金陵即事》三首之一：
水际柴门一半开，小桥分路入青苔。
背人照影无穷柳，隔屋吹香并是梅。

《忆金陵》三首之一：

覆舟山下龙光寺，玄武湖畔五龙堂。

想见旧时游历处，烟云渺渺水茫茫。

钟山更是他晚年的身心所寄，步履时至，佳作迭出。《游钟山》：

终日看山不厌山，买山终待老山间。

山花落尽山长在，山水空流山自闲。

《北山》：

北山输绿涨横陂，直堑回塘滟滟时。

细数落花因坐久，缓寻芳草得归迟。

《钟山晚步》：

小雨轻风落楝花，细红如雪点平沙。

槿篱竹屋江村路，时见宜城卖酒家。

《钟山即事》：

涧水无声绕竹流，竹西花草弄春柔。

茅檐相对坐终日，一鸟不鸣山更幽。

诗中或咏景、或抒情、或纪游、或怀古，率性自然、直写胸臆，绝不费心去翻检故典，落前人窠臼。顾起元说王安石"所题绝句关金陵山水者，往往多远情幽景"，完全看不出当朝宰辅的影子。

同时，他在江宁与欧阳修、曾巩、梅尧臣、司马光、刘敞、李公麟、苏轼、米芾等交游唱和，形成了一个高层次的"朋友圈"。前文说过米芾为昭文斋题匾、王安石作诗自解的故事。嘉祐四年（1059年），三十九岁的王安石在江宁任提点江东刑狱，作《明妃曲》二首，引得一时俊彦相和，后世争讼不休，亦为中国文学史添一佳话。

前人咏王昭君诗，多以昭君远嫁入胡为悲，抒同情悯惜之意，王安石别出心裁。其诗第一首：

明妃初出汉宫时，泪湿春风鬓脚垂。

低徊顾影无颜色，尚得君王不自持。

归来却怪丹青手，入眼平生几曾有。

意态由来画不成，当时枉杀毛延寿。

一去心知更不归，可怜着尽汉宫衣。

寄声欲问塞南事，只有年年鸿雁飞。

家人万里传消息，好在毡城莫相忆。

君不见咫尺长门闭阿娇，人生失意无南北。

其二：
明妃初嫁与胡儿，毡车百辆皆胡姬。
含情欲语独无处，传与琵琶心自知。
黄金捍拨春风手，弹看飞鸿劝胡酒。
汉宫侍女暗垂泪，沙上行人却回首。
汉恩自浅胡恩深，人生乐在相知心。
可怜青冢已芜没，尚有哀弦留至今。

这两首诗被誉为咏王昭君诗之白眉，历来论者着眼不一，大旨在"当时枉杀毛延寿""汉恩自浅胡恩深"的全翻旧案。当时学者、诗人的和作，则各有所见。如欧阳修《明妃曲和王介甫作》：

胡人以鞍马为家，射猎为俗。
泉甘草美无常处，鸟惊兽骇争驰逐。
谁将汉女嫁胡儿，风沙无情貌如玉。
身行不遇中国人，马上自作思归曲。
推手为琵却手琶，胡人共听亦咨嗟。
玉颜流落死天涯，琵琶却传来汉家。
汉宫争按新声谱，遗恨已深声更苦。
纤纤女手生洞房，学得琵琶不下堂。
不识黄云出塞路，岂知此声能断肠。

《再和明妃曲》：
汉宫有佳人，天子初未识。
一朝随汉使，远嫁单于国。
绝色天下无，一失难再得。
虽能杀画工，于事竟何益。
耳目所及尚如此，万里安能制夷狄。
汉计诚已拙，女色难自夸。
明妃去时泪，洒向枝上花。
狂风日暮起，飘泊落谁家。
红颜胜人多薄命，莫怨东风当自嗟。

欧阳修时任翰林学士权知开封府，他将和亲政策视为汉王朝"计拙"的表现，不无借古拟今之意。时值北宋每年交付辽国百万岁币，诗中讽咏帝王应明察秋毫，要能以强硬手段"制夷狄"。梅尧臣《和介甫明妃曲》亦以"明妃命薄汉计拙"开篇。时任开封府推官的司马光有一首《和王介甫明妃曲》：

胡雏上马唱胡歌，锦车已驾折橐驼。
明妃挥泪辞汉主，汉主伤心知奈何。
宫门铜环双兽面，回首何时复来见。
自嗟不若往巫山，布袖蒿簪嫁乡县。
万里寒沙草木稀，居延塞外使人归。
旧来相识更无物，只有云边秋雁飞。
愁坐泠泠调四弦，曲终掩面向胡天。
侍儿不解汉家语，指下哀声犹可传。
传遍胡人到中土，万一佗年流乐府。
妾身生死知不归，妾意终期寤人主。
目前美丑良易知，咫尺掖庭犹可欺。
君不见白头萧太傅，被谗仰药更无疑。

强调的是汉元帝在"咫尺掖庭"尚且被人所欺，不仅不知昭君的美丑，而且听信宦官诬告逼死了自己的恩师萧望之。关于这一组唱和诗的评价不难查考，有趣的是，《红楼梦》大观园中的薛宝钗，也曾借此赞扬林妹妹的诗：

做诗不论何题，只要善翻古人之意。若要随人脚踪走去，纵使字句精工，已落第二义，究竟算不得好诗。即如前人所咏昭君之诗甚多，有悲挽昭君的，有怨恨延寿的，又有讥汉帝不能使画工图貌贤臣而画美人的，纷纷不一。后来王荆公复有"意态由来画不成，当时枉杀毛延寿"，永叔有"耳目所及尚如此，万里安能制夷狄"，二诗俱能各出己见，不与人同。今日林妹妹这五首诗，亦可谓命意新奇、别开生面了。（《红楼梦》第六十四回）

王安石的命意，可能还是该落在"人生失意无南北""人生乐在相知心"上。嘉祐三年（1058年）王安石作《上仁宗皇帝言事书》，《王荆公年谱考略》转录此文后，有存是楼（蔡上翔堂号）评语"秦、汉而下，未有及此者"，这当是梁启超誉其为"秦、汉以后第一大文"的来由。这份万言书实际上就是日后王安石熙宁变法的理论纲领，然而朝廷当时正困于立储之争，此文完全没有得到朝廷的回应，王安石依旧留在江东提点刑狱。所以这两首《明妃曲》中,流露出王安石的牢骚心态,是很自然的。

元丰三年(1080年),王安石罢相退居江宁之际,与旧时政敌苏轼尽释前嫌、惺惺相惜,也是值得注意的故事。苏轼对金陵同样情有独钟,三次到访,各处游览,并代夫人向清凉寺供奉佛像。《景定建康志·拾遗》载:

> 元丰中,王荆公在金陵,东坡自黄北迁,日与公游,尽论古昔文字。公叹息谓人曰:"不知更几百年,方有如此人物。"东坡渡江至仪真,《和游蒋山》诗寄金陵守王胜之(益胜)。公亟取读,至"峰多巧障日,江远欲浮天",乃抚几曰:"老夫平生作诗,无此二句。"又在蒋山时,以近制示东坡,坡云:"积李兮缟夜,崇桃兮炫昼。自屈、宋没世,旷千余年,无复《离骚》句法,乃今见之。"荆公曰:"非子瞻见谀,自负亦如此,然未尝为俗子道也。"

诚可谓知音难得。苏轼曾与知江宁府王胜之同游钟山,作《同王胜之游蒋山》诗:

> 到郡席不暖,居民空惘然。
> 好山无十里,遗恨恐他年。
> 欲款南朝寺,同登北郭船。
> 朱门收画戟,绀宇出青莲。
> 夹路苍髯古,迎人翠麓偏。
> 龙腰蟠故国,鸟爪寄层巅。
> 竹杪飞华屋,松根泫细泉。
> 峰多巧障日,江远欲浮天。
> 略彴横秋水,浮图插暮烟。
> 归来踏人影,云细月娟娟。

王安石有《和子瞻同王胜之游蒋山并序》:子瞻同王胜之游蒋山有诗,余爱其"峰多巧障日,江远欲浮天"之句,因次其韵。

> 金陵限南北,形势岂其然。
> 楚役六千里,陈亡三百年。
> 江山空幕府,风月自艤船。
> 主送悲凉岸,妃埋想故莲。
> 台倾凤久去,城踞虎争偏。

司马壖庙域，独龙层塔巅。
森疏五愿木，寒浅一人泉。
棁杖穷诸岭，篮舆罢半天。
朱门园渌水，碧瓦第青烟。
墨客真能赋，留诗野竹娟。

苏轼离金陵至真州（今仪征）又有两信致王安石。其一说："某游门下久矣，然未尝得如此行，朝夕闻所未闻，慰幸之极。已别经宿，怅仰不可言。"其二说到他曾打算买田金陵："某始欲买田金陵，庶几得陪杖履，老于钟山之下。既已不遂，今仪真一住又已二十日，日以求田为事，然成否未可知也。若幸而成，扁舟往来，见公不难矣。"印证了他《次荆公韵四绝》之三所咏：

骑驴渺渺入荒陂，想见先生未病时。
劝我试求三亩宅，从公已觉十年迟。

苏轼所赞两句，出自王安石《寄蔡氏女子》两首之一：

建业东郭，望城西堘。
千嶂承宇，百泉绕霤。
青遥遥兮绷属，绿宛宛兮横逗。
积李兮缟夜，崇桃兮炫昼。
兰馥兮众植，竹娟兮常茂。
柳蔫绵兮含姿，松偃蹇兮献秀。
鸟跂兮下上，鱼跳兮左右。
顾我兮适我，有斑兮伏兽。
感时物兮念汝，迟汝归兮携幼。

蔡氏女子，是王安石嫁给蔡卞的二女儿。

宋人李璧在《王荆文公诗注》中对身为苏门四学士之一的晁补之编《续楚辞》不收此篇大为不满："予谓公诗文每至极佳处，即绝人跻攀，如《巫山高》亦可方驾太白。此天才之不可及也，彼规规于摹仿者，岂足以语此哉。"

两人分手不到一年，元丰八年（1085年）四月王安石病逝于金陵。时任中书舍人的苏轼奉旨拟《王安石赠太傅敕》，评价甚高，以"网罗六艺之遗文，断以己意，糠秕百家之陈迹，作新斯人"为其学术定评。

南京与王安石有关的宋人遗迹，还有郑侠的一拂清忠祠。

郑侠是福建人，治平二年（1065年）科举不利，适其父到江宁任监税，遂随同前来，寄住清凉寺读书。时王安石正居丧江宁，读郑侠诗颇为叹赏。治平三年（1066年）郑侠中举后，携文求教，得到王安石的赞许，"期以高第"，次年郑侠果然得中进士甲科，"荆公得榜，喜甚"。郑侠任光州司法参军，王安石任知江宁府，两人交往愈深。郑侠光州任满回京，王安石很希望他能参与变法工作，打算委以重任，但郑侠反对变法中的过激措施，结果被派任京城安上门监门。熙宁七年（1074年）大旱，难民流离失所，郑侠画成《流民图》，用急密文书的形式越级上呈宋神宗，以证明百姓受变法之害，导致王安石被罢相，郑侠也被调任离京。宋哲宗登基，郑侠得任泉州州学教授，几年后复遭贬谪。宋徽宗继位，郑侠得复原官，不久又被蔡京罢免，可谓终身不遇。郑侠还乡之际，身无长物，只有一柄拂尘，自号一拂居士，终年布衣粗食，常说自己无功于国，无德于民，如果再锦衣美食，就跟强盗没什么区别了。后人敬慕他清廉耿介，直言无忌，于嘉定十四年（1221年）在清凉山麓建一拂祠以为纪念。南宋诗人王潜斋有诗咏清凉山：

五马南浮一化龙，山川万古势增雄。
谁知佛祖安禅地，曾是君王避暑宫。
古磴松篁秋意足，空江烟水夜潮通。
介翁祠宇依然在，尽有廉顽立懦风。

介翁即耿介的郑侠。历来不乏编选南京诗词的人，只是这诗却未见入选过。

指点六朝形胜地

两宋时期，金陵怀古仍是一个引人瞩目的文学现象，但北宋诗人之作，已不像唐人那样直追史事，呈现的主要是一种情怀。如王安石《金陵怀古》：

六代豪华空处所，金陵王气黯然收。
烟浓草远望不尽，物换星移度几秋。
至竟江山谁是主，却因歌舞破除休。
我来不见当时事，上尽重城更上楼。

只有一、七两句是自作，余六句依次集唐人刘禹锡、郑谷、王勃、杜牧、李山甫、李商隐诗，分拆看让人联想到唐人的怀古之情，而全诗意境则是诗人当下的所见与遐想。这是王安石唯一的七律集句。集句诗这一体裁，在宋初尚属偶见的游戏之作，王安石所作集句诗数量既多，质量亦高，对其成为一种严肃的诗体有重大影响。

更多的作品，则是现实生活、佳丽山川的抒写。一向隐居西湖、"梅妻鹤子"的林逋，在《送大方师归金陵》中写道：

渺渺江天白鸟飞，石城秋色送僧归。

长干古寺径行了，为到清凉看翠微。

又有《翠微亭》诗：

亭在江干寺，清凉更翠微。秋阶响松子，雨壁上苔衣。

绝境长难得，浮生不拟归。旅怀何计是，西崦又斜晖。

因为爱上翠微亭这"绝美之境"，林逋竟不打算回西湖了。清凉山翠微亭始建于南唐，淳祐九年（1249年）建康总领陈绮重建为二十四楹的四面亭，遂成登临观景的最佳处。陈绮的朋友、资政殿学士吴渊作文记其事，称"翠微之景，实甲于天下"，登亭畅览，但见：

夫其南为方山，则秦皇之所以凿而为渎，以厌东南天子气者也。其北为环滁，则欧阳公之所以与客邀游，作亭其上，而名为醉翁者也。其西为三山，则元晖之所登以望京邑、太白之所眺以怀长安者也。其东为钟阜、为鸡笼，则雷次宗、周颙、阮孝绪、韦渠牟辈之所以隐居求志，遁世无闷者也。

小小一亭，凝聚起数代文脉。山下的长江"自西亘北，银涛雪澜，汹涌湍疾，烟帆风席，杳霭灭没，朝宗于海，昼夜不息。与夫遥岑远岫，危峰断岭，如列画图，如植屏障"，再加上清凉山中的云霭出入，烟霞明灭，朝暮四时，千变万化，自然与人文景观两相辉映，成就了翠微亭的"甲天下"。

孔子四十七代孙孔武仲也有《清凉寺》诗：

白寺荒湾略舣舟，携筇来作上方游。

何年巧匠开山骨，自古精兵聚石头。

故垒无人空向久，高堂问话凛生秋。

云庵快望穷千里，一借澄江洗客忧。

作者乘船途经金陵，停靠石头津，得以游历清凉寺。石为山之骨，"何年巧匠开山骨"，绘出清凉山西麓鬼脸城景致。"澄江"用了南朝谢朓的典故，虽江岸西移，登山仍可见滚滚江流，令人骋怀千里。

曾任溧水知县的词人周邦彦，往来金陵，作品亦多。其《满庭芳·夏日溧水无想山作》：

风老莺雏，雨肥梅子，午阴嘉树清圆。地卑山近，衣润费炉烟。人静乌鸢自乐，小桥外、新绿溅溅。凭栏久，黄芦苦竹，拟泛九江船。

年年。如社燕，飘流瀚海，来寄修椽。且莫思身外，长近尊前。憔悴江南倦客，不堪听、急管繁弦。歌筵畔，先安簟枕，容我醉时眠。

所写全然是江南五月风光和诗人感怀。七绝《凤凰台》同样是触景生情之作：

危台飘尽碧梧花，胜地凄凉属梵家。
凤入紫云招不得，木鱼堂殿下饥鸦。

相较而言，南宋诗人对于金陵怀古的激情更高，以李清照"至今思项羽，不肯过江东"肇端，辛弃疾、陆游、范成大、杨万里、张孝祥等佳作迭出。但是他们所吟咏的主旨，已不是六朝兴衰的反思，而是借古讽今，"三国之英雄虽远，六朝之形势犹存"，以"六代豪华""圣代规模""六代英雄""六朝奇伟"，为半壁江山的南宋朝廷打气，甚至希望朝廷能像六朝一样定都南京。待至文天祥"满地芦花和我老，旧家燕子傍谁飞"一联出，终于梦断。如李纲《金陵怀古》四首之四，将六朝陵灭归之于"人谋"：

六代当年恨最长，兵戈陵灭故城荒。
非关霸气多消歇，自是人谋未允臧。
王谢风流今寂寞，江山形胜亦凄凉。
我来正值兴戎马，慨念东南更惨伤。

陆游《登赏心亭》，旨在请宋廷迁都建康：

蜀栈秦关岁月遒，今年乘兴却东游。
全家稳下黄牛峡，半醉来寻白鹭洲。
黯黯江云瓜步雨，萧萧木叶石城秋。
孤臣老抱忧时意，欲请迁都涕已流。

范成大《望金陵行阙》，盛赞宋帝行宫：

圣代规模跨六朝，行宫台殿压金鳌。
三山落日青鸾近，双阙清风紫凤高。
石虎蹲江蹯王气，玉麟涌地镇神皋。
太平不用千寻锁，静听西城打夜涛。

辛弃疾《念奴娇·登建康赏心亭呈史留守致道》《水龙吟·登建康赏心亭》脍炙人口，为不能北上抗金、收复中原而感慨。张栻《新亭》：

风景自今古，斯亭今是非。
绝怜江水去，还有故山围。
得失同千虑，成亏共一机。
所思惟谢傅，不但胜淮淝。

任希夷《钟山》也强调国运在于"人雄"：

城如虎踞来擒虎，山号盘龙属卧龙。
天险不能回运去，地灵元自要人雄。

袁太初《金陵怀古》，借东晋史事以讽南宋，一再错失北伐时机，使诗人"胸中十万兵"无用武之地：

晋委东都帝秣陵，岂无机会可争衡。
诸公坐视敌来往，一水反为国重轻。
北伐上章空有语，中流击楫竟何成。
登临不是多伤感，老却胸中十万兵。

而吴陵《金陵怀古》则转用反讽：

烟云莽莽对穷秋，六代雄豪见古丘。
万里长波东赴海，千年闲客独登楼。
山川冥漠天难问，运数推移地莫留。
终信东南多王气，浙中今是帝王州。

有"直把杭州作汴州"的南宋君王在，谁还能怀疑"东南王气"的存在呢。

南宋诗人中，与南京有着特别因缘的是中奉大夫、直龙图阁学士杨万里，他于绍熙元年（1190年）十二月二十六日到任江东转运司副使，绍熙三年（1192年）八月改差。杨万里是在南京慷慨就义的杨邦乂的侄孙，也是坚定的主战派。他的名作《寒食前一日行部过牛首山》七首其四，经常为南京或热爱南京的人们所引用：

出了长干过了桥，纸钱风里树萧骚。
若无六代英雄骨，牛首诸山肯尔高。

相信他在写下这些诗句时，一定会想到被金兵剖心的杨邦乂。然而，自隆兴二年（1164年）宋、金和约之后，两国之间和平相处已近三十年，杨万里亦反对轻易用兵，主张"民富而后邦宁"的"兴国之计"。

绍熙二年（1191年）清明，杨万里为叔祖扫墓，有诗《三月三日上忠襄坟，因之行散，得十绝句》，以口语俗词入诗，从不同角度生发，有如一卷宋代金陵游春图。

其一：
暖轿行春底见春，遮栏春色不教亲。
急呼青伞小凉轿，又被春光著莫人。

其二：
草藉轮蹄翠织成，花围巷陌锦帏屏。
早来指点游人处，今在游人行处行。

其三：
淮山脚下大江横，御柳梢头绛阙明。
览尽山川更城郭，雨花台上太奇生。

其四：
天公也自喜良辰，上巳风光忽斩新。
点检一春好天色，更无两日似今晨。

其五：
游人不是上坟回，便是清湍禊事来。
最苦相逢无处避，天禧寺及雨花台。

其六：
女唱儿歌去踏青，阿婆笑语伴渠行。
只亏郎罢优轻杀，榈子双担挈酒瓶。

其七：
粉捏孩儿活逼真，象生果子更时新。
输赢一掷浑闲事，空手入城羞杀人。

其八：
长干桥外即乌衣，今著屠沽卖菜儿。
晋殿吴宫犹碧草，王亭谢馆尽黄鹂。

其九：
除却钟山与石城，六朝遗迹问难真。
里名只道新名好，不道新名误后人。

其十：
切忌寻春预作谋，教君行乐定成愁。

老夫乘兴翩然出，不遣风知雨觉休。

清明踏青，是江南风俗，杨万里名之"行散"，是借用晋人服五石散须行走发散的旧典，或亦不无发散胸间郁积之意。

同时诗人周必大评其诗"状物姿态，写人情意，则铺叙纤悉，曲尽其妙，笔端有口，句中有眼"。类似风俗画面，杨万里笔下尚多。如《过秦淮》：

晓过新桥启轿窗，要看春水弄春光。

东风作意惊诗眼，搅乱垂杨两岸黄。

新桥正是秦淮河上最重要的桥梁之一。《过笪桥》：

轻风欲动没人知，早被垂杨报酒旗。

行至笪桥中半处，钟山飞入轿窗来。

笪桥在今评事街北口，同样是当年繁华之地，轿行桥弓，顿脱市廛，东边钟山遂入望中。《与次公、幼舆二子登伏龟楼》：

周遭故国是山围，对景方知此句奇。

偶上伏龟楼上望，一环碧玉缺城西。

他说刘禹锡《石头城》"山围故国周遭在"一句，须面对实景，方知其妙，建康城周围青山环绕如碧玉，只城西凤台山与石头山之间有一个缺口。

杨万里不会淡忘收复中原的大计。《新亭送客》诗道：

六朝岂是乏勋贤，为底京师不晏然。

柏壁置人添一笑，楚囚对泣后千年。

钟山唤客长南望，江水留人懒北还。

强管兴亡谈不尽，枉教吟杀夕阳蝉。

六朝不是没有贤才，最终溃灭是因为耽于江南安乐"懒北还"，而这又正是南宋王朝的写照。《陪留守余处恭、总领钱进思、提刑傅景仁游清凉寺，即古石头城》诗三首之二：

万里长江天上来，石头却欲打江回。

青山外面周如削，紫府中间划洞开。

苏峻战场今草树，仲谋庙貌古尘埃。

多情白鹭洲前水，月落潮生声自哀。

石头山险峻如削，屹立江畔，有如中流砥柱，在历史的洪流中，石头城也发挥着同样的作用。诗里的紫府指清凉寺，仲谋庙即吴大帝庙。

他与周应合一样,反思历史教训,明白单凭天险不足以保障和平。

元人的金陵怀古之作,尽管也会咏及虎踞龙盘,但已纯属故事,不再如宋人的话外有音。如晚年寓居建康路的白朴有《沁园春》词咏凤凰台:

我望山形,虎踞龙盘,壮哉建康。忆黄旗紫盖,中兴东晋,雕阑玉砌,下逮南唐。步步金莲,朝朝琼树,宫殿吴时花草香。今何日,尚寺留萧姓,人做梅妆。

长江。不管兴亡。漫流尽英雄泪万行。问乌衣旧宅,谁家作主,白头老子,今日还乡。吊古愁浓,题诗人去,寂寞高楼无凤凰。斜阳外,正渔舟唱晚,一片鸣榔。

词前有短序:

保宁佛殿即凤凰台,太白留题在焉,宋高宗南渡尝驻跸。寺中有石刻御书王荆公赠僧诗云:"纷纷扰扰十年间,世事何常不强颜。亦欲心如秋水静,应须身似岭云闲。"意者当时南北扰攘,国家荡析,磨盾鞍马间,有经营之志,百未一遂,此诗若有深契于心者以自况。予暇日来游,因演太白、荆公诗意,亦犹稼轩《水龙吟》用李延年、淳于髡语也。

在《沁园春·金陵凤凰台眺望》里,白朴又"摩挲石刻",敷演王安石诗意:"问谁能心比,秋来水静,渐教身似,岭上云间。"他于此诗确是"深契于心"。

萨都剌的《满江红·金陵怀古》《念奴娇·登石头城次东坡韵》,一咏再咏,"空怅望,山川形胜,已非畴昔","指点六朝形胜地,惟有青山如壁","到如今,只有蒋山青,秦淮碧","伤心千古,秦淮一片明月"。在他的心目中,金陵全然已是"眼空无物"的"陈迹"。

南宋金陵怀古之作中的一个新现象,是出了几位多产诗人,如作《金陵百咏》七律一百首的马之纯,《金陵百咏》七绝一百首的曾极,《金陵杂兴》七绝二百首的苏泂。此类作品诗意既淡薄,史识亦泛泛,并不能以多胜少,而屡为后世所仿效,如清人王友亮《金陵杂咏》、陈文述《秣陵集》、汤濂《金陵百咏》等,皆未见出色。

第十二章

大明基业

第一节
洪武开国

"得国正者，唯汉与明"

　　元王朝建立了横跨欧亚的庞大帝国，治国理念却仍受游牧时期狩猎心态的影响，即以猎物补充牧养牲畜的不足，皇族将战争掠得的土地与人民都视为猎物，依被征服的先后分国民为蒙古人、色目人、汉人、南人四个阶层，以各种手段榨取底层民众价值以供奢侈享用。其行政的残苛，甚至不顾及被征服者的基本生存，激起了汉人尤其是居于社会底层的南人激烈反抗。帝国完全依赖强大的武力维系野蛮统治。

　　在政治腐败与经济崩溃日甚一日的背景下，至正四年（1344年）黄河决堤南行、夺淮入海，成为全国性大动乱爆发的导火线。洪灾不仅造成黄、淮流域大量难民流离失所，而且直接影响到大运河的漕运，使江南的物资尤其是粮食难以运往大都（今北京）和华北地区，朝廷和民间同样面临着缺粮的威胁。元王朝因此处于两难境地，招募民工治河不难办到，然而大量民众的有组织聚集最为朝廷所顾忌，且工程结束后即成大批失业者，如何遣散更是难题。倘不治理黄河，挣扎在死亡线上的难民揭竿而起同样迫在眉睫。以贩运私盐为生的方国珍已在浙东聚众造反，劫夺朝廷海运漕粮，几次受招降而复叛。都漕运使贾鲁一再上奏治河之策，指出"役不大兴，害不能已"。在治理水患上的拖延使得元王朝更加丧失民心。至正十一年（1351年）四月，丞相脱脱终于做出决断，任命贾鲁为工部尚书、充总治河防使，征募民工十五万，派遣监工军士二万，重开黄河故道。

　　治河民工果然成为反元大军。因为工程艰巨且生活条件恶劣，引起民工强烈不满，刘福通即自称宋将刘光世后裔，伪称白莲教祖师韩山童是宋徽宗八世孙，以"弥勒降生""明王出世""极乐世界降临"为号召招募信徒，筹划反元。官府发现后捕杀了韩山童，刘福通仓促起事，河工加入者数以万计，以红巾裹头为记，史称红巾军、红军。至正十五年（1355年）刘福通拥立韩山童之子韩林儿为帝，又号小明王，国号大宋，年号龙凤，被徐寿辉、彭莹玉、明玉珍、郭子兴等各路义军奉为盟主，军势日盛，一度迁都宋旧京汴梁（今开封），席卷中原。其主力三路北伐，中路攻入上都（今锡林郭勒盟上都镇），西路进据川、陕，东路直抵高丽边境，后遭元军反击而失利。然而元王朝因争权爆发内乱，自相残杀达十年之久，江淮之间尤其是长江以南，义军已成燎原之势。元军在局部战场即能取胜，完全平息叛乱已无可能。

至正十二年（1352年）闰三月朱元璋投奔濠州（今凤阳）红巾军郭子兴部下，以才干出众，很快受到信用，成为心腹，郭子兴且将养女马氏嫁给朱元璋。至正十五年春郭子兴病死，朱元璋成为这支军队的实际统帅。在韩林儿率红巾军主力北伐之际，朱元璋却做了一个明智选择，率军南渡长江，既可避免与元军主力正面冲突以保存实力，又能得到受元代压迫最深的南人倾力支持，更可以控制江南的物资。无论韩林儿与元王朝孰胜孰负，都无法摆脱对江南粮食的依赖。

《明太祖实录》卷三中对此有生动的描写，朱元璋率军攻占采石，诸将因为和县物资匮乏，见粮食、牲畜都想运回江北。朱元璋看到诸将缺乏进取之心，对徐达等人说："今举军渡江，幸而克捷，当乘胜径取太平，若听诸军取财物以归，再举必难。江东非我有，大事去矣。"遂下令将系船的缆绳都砍断，将船推进江中，任其顺流而下。"诸军大惊问故，上曰：'成大事者，不觊小利。此去太平甚近，舍此不取将奚为？'"

攻取太平县的一个重要收获，是"耆儒李习、陶安等率父老出城迎上"，受到城中知识分子的欢迎。朱元璋与陶安等讨论时事，陶安分析义军首领互相争斗，"其志皆在子女玉帛，取快一时，非有拨乱救民安天下之心"，只有"顺天应人"的朱元璋能取天下，并支持其攻取金陵为根据地："金陵古帝王之都，龙蟠虎踞，限以长江之险，若取而有之，据其形胜，出兵以临四方，则何向不克。"两人一拍即合，朱元璋对陶安礼遇甚厚，凡事多与之商议。

此前一年投奔朱元璋的李善长，是他的第一位儒士顾问，也是最早以"治国平天下"之远大目标开导朱元璋的人，理所当然地成为他的亲信,被委以重任。《明史·李善长传》载,朱元璋问他四方战乱,何时能平定?李善长回答,秦末刘邦以布衣起义,"豁达大度,知人善任,不嗜杀人",五年取得天下。朱元璋家乡与刘邦故里相距不远,"山川王气"无异,效法刘邦,定得天下。前人皆依赖"金陵王气",朱元璋自带"王气",可谓更胜一筹。

有趣的是,元末孔齐《至正直记》卷四载:"钟山王气,昔时在二十余里之内。自丁亥以后,气如紫烟,远接淮西,亦异事也。"丁亥当至正七年(1347年),正是朱元璋托钵淮西之时。这一条若被当时人看见,直是为朱元璋登基造舆论。

《明太祖实录》卷四记载,至正十六年(1356年)三月,朱元璋攻占集庆路(今南京),"凡得军民五十余万"。朱元璋入城,召集全城官吏百姓,宣传他率众至此,意在为民除乱,让官民各安本业,不要心怀疑惧。"为民除乱",无疑是当时最得人心的口号,"于是城中军民皆喜悦,更相庆慰"。朱元璋"得儒士夏煜、孙炎、杨宪等十余人,皆录用之"。元王朝虽尚未灭亡,但在南京的统治就此终结。

朱元璋改集庆路为应天府,已有"上应天命"之意,但此时势力尚弱,仍奉红巾韩宋龙凤年号。同年七月,韩宋在应天府设江南等处行中书省,朱元璋为行省平章,不久升任行省左丞相、都元帅。诸将奉朱元璋为吴国公。朱元璋自行委派所辖各府、州、县官员,又设江南行枢密院及天兴建康翼统军大元帅府,组成强有力的参谋集团和军事指挥系统。同时设置提刑按察使司,负责司法、监察,设置营田司,负责农垦和水利工程,实际上已成独立的政权系统。这一政权系统确立的另一层意义,是朱元璋与老战友们之间的亲密关系开始发生变化,他们岗位明确,各司其职,但已都是朱元璋的下属。

至正十七年(1357年)七月,胡大海打下徽州,邓愈向朱元璋推荐当地隐士朱升。朱元璋接受了朱升"高筑墙、广积粮、缓称王"的策略,作为此后十年间的战略指南。这一年朱元璋三十岁,像当年的孙权一样,具有明显的年龄优势,他也像孙权一样不急于谋求帝王的虚名。至正二十年(1360年)三月,《明太祖实录》卷八载:"征青田刘基、龙泉章溢、丽水叶琛、金华宋濂至建康。"朱元璋高兴赐座,问"四海纷争,何时而定?"章溢答:"天道无常,惟德是辅。惟不嗜杀人者能一之。"章溢此言,可谓正中朱元璋下怀,他确实一再以"兵以戢乱,非为乱也"

告诫领军诸将不得滥杀无辜。

治军最严的当数徐达。朱元璋取金陵后命徐达领兵攻取镇江，"戒之曰：'吾自起兵，未尝妄杀。今汝等将兵往，当体吾心，戒戢士卒，城下之日，毋焚掠杀戮。有犯令者，处以军法，纵之者罚无赦。'"。徐达破镇江，"号令晏然，民不知有兵"。军纪严明的好处是被围攻的城市更容易放弃困守而投降，金陵周边十余处州、县很快都被收复，而看到和平生活希望的民众表示拥戴，又成为"天命所归"的象征。不久，章溢、叶琛都被委任营田司金事，七月，宋濂任江南等处儒学提举。

其时各路义军纷纷称王称帝，徐寿辉早在至正十一年（1351年）称帝，张士诚在至正十四年（1354年）称诚王，后改吴王，陈友谅在至正二十年（1360年）杀徐寿辉后称帝，明玉珍在至正二十二年（1362年）称帝，朱元璋一直谦称吴国公。但他属下的军、政机构日渐完备，职能划分明确，在开疆拓土的同时，招纳儒士，兴修水利，实施军垦，储备粮食，发展经济，并自铸大中通宝铜钱。至正二十三年（1363年）春小明王韩林儿遭吴王张士诚围攻，投靠朱元璋，已成主从颠倒之势。同年八月，陈友谅在鄱阳湖决战中败死，张士诚败局已定。朱元璋遂于至正二十四年（1364年）正月初一称吴王，仍奉龙凤年号，史称西吴，以区别于张士诚之吴。

至正二十六年（1366年）五月朱元璋攻伐张士诚，发布檄文《平周榜》，说元末民生哀苦：

致使愚民，误中妖术，不解偈言之妄诞，误信弥勒之真有，冀其治世，以苏其苦，聚为烧香之党，根据汝、颍，蔓延河、洛。妖言既行，凶谋遂逞，焚荡城郭，死戮士夫，荼毒生灵，无端万状。

红巾军信奉的明教，以"弥勒降生，明王出世"为号召，朱元璋"灼见妖言不能成事，又度胡运难与立功"，所以兴兵救民。出身于红巾军的朱元璋，此时明确与红巾军、明教切割，为此后宣扬"得国之正"埋下伏笔。十二月，朱元璋暗杀小明王韩林儿。至正二十七年（1367年）改年号为吴元年，开科取士，修筑宫城。时浙东方国珍兵败投降，朱元璋无后顾之忧，遂以"驱逐胡虏，恢复中华，立纲陈纪，救济斯民"为号召，派徐达率二十五万大军北伐中原。

至正二十八年（1368年）正月，在应天府苦心经营十二年的朱元璋，正式称帝，国号明，改元洪武。七月，元惠帝退出大都（今北京），逃往大漠。明王朝成为全国统一政权，八月以应天府为南京。这是南京有史以来第一次成为全国统一政权的首都。

《明太祖实录》卷五十三记载，朱元璋在元顺帝死、明军破应昌（今属赤峰市）后，于洪武三年（1370年）六月二十日，颁《平定沙漠诏》，说元顺帝"荒淫昏弱，纪纲大败，由是豪杰并起，海内瓜分，虽元兵四出，无救于乱，此天意也"，"倡乱之徒首祸天下，谋夺土疆，欲为王、伯，观其所行，不合于礼，故皆灭亡，亦天意也"。他让官员讨论元亡明兴的根本原因，最后总结说："朕取天下于群雄之手，不在元氏之手。今获其遗胤，朔漠清宁，非天之降福，何以致此？"

失天下与得天下都属"天意如此"，并不新鲜。值得注意的是，朱元璋明确宣示"朕取天下于群雄之手，不在元氏之手"，甚至说自己"乐生于有元之世"。明王朝的天下，并非取元而代之，是从起义军手中夺得的，以示"得国之正"。

同年七月宋濂等修成《元史》，《本纪·顺帝七》记至正十五年（1355年）六月事："是月，大明皇帝起兵，自和州渡江，取太平路。自红巾妖寇倡乱之后，南、北郡县多陷没，故大明从而取之。"刚取得郭子兴军领导权的朱元璋就同"妖寇"红巾军划清了界限，其率军南下而非北上，疆土皆取自于反元义军。洪武七年（1374年），宋濂在《大明日历·序》中盛赞朱元璋超迈历代帝王者有六事，其一、二是：

挺生于南服，而致一统华夷之盛，自天开地辟以来，惟皇上为然，其功高万古，一也。元季绎骚，奋起于民间以图自全，初无黄屋左纛之念，继悯生民涂炭，始取土地群雄之手而安辑之。较之于古，如汉高帝，其得国之正，二也。

以南方人而一统天下，前所未有，是其一。其他朝代的开国君主，无论是武力推翻前朝还是受禅于前朝，都是取代具有制度合法性的政权来建立新朝，只有刘邦和朱元璋取国土、人民于并无政权合法性的群雄之手，得国为正，是其二。现代学者孟森在《明史讲义》中将其概括为八个字："得国正者，唯汉与明。"这或可成为明都南京的一种优越感。

孟森对此的解释，是刘邦与朱元璋都以平民起事，没有权势可凭依，全靠个人文治武功得天下。其实朱元璋的本意，并非宣扬自己的平民出身，也与民族主义的"华夷之辨"无涉。他申明"得国之正"，即政权的合法性，自是为了政权的稳固。朱元璋能从元末群雄中脱颖而出，一方面是他出身于社会底层,深谙民众疾苦,一方面是接受知识分子建议,旗帜鲜明地以安享太平为号召,这无疑是一个富有魅惑力的目标,最容易得到饱经战乱之苦的人民支持,也有利于整合、统一社会意识。

每一次社会大动荡后建立的新王朝,都会面临政权合法性问题。在大动荡中改变命运的人,或看到大动荡可以改变命运的人,希望更多地为自己争取利益,是难以避免的事情。开国功臣们对新政权的认可,往往属于对包括自己在内的权力集团的认可,并不完全等同于对帝王个人的认可。做了皇帝的朱元璋,当然不希望再有人兴风作浪,取而代之,所以强调他与刘邦都是在群雄纷起、前朝失国之后,戡定群雄而重开太平。如今新朝建立,天下安定,臣民应该都像他当年那样,无论如何艰难困苦,也"乐生于有明之世"。

定都与建宫

明代是中国历史上第一个建都于长江以南的统一王朝,也是自北宋灭亡到辛亥革命近八百年间,唯一由汉人建立的统一王朝。明代确立的中央集权与若干制度,对此后中国政治有着深远的影响。这些都吸引人们对明代史事格外关注。

自洪武元年(1368年)起,应天府(今南京)作为明王朝首都五十三年。永乐十九年(1421年)迁都北平府(今北京),改应天府为留都、南都,仍是东南地区的政治、军事、经济、文化中心。作为明王朝的尾声,清顺治元年(1644年)五月,南明弘光政权又在南京建都,仅维持一年。

应天府初辖上元、江宁、句容、溧水、溧阳五县。洪武九年(1376年)在长江北岸置江浦县,隶应天府,南京行政建置正式跨越长江,是一个重要的变化。洪武二十二年(1389年)又将六合县从扬州府划归应天府。弘治四年(1491年)析溧水县西南置高淳县,应天府共领八县。上元、江宁两县是京都的附郭县,即没有独立县城、县治与京都同在一城。京都所治的县时称赤县,也是全国等级最高的县。与京都相邻的县则称为畿县。

以应天府为首府的京畿地区(永乐迁都后称南直隶、南畿),下辖应天、凤阳、淮安、扬州、苏州、松江、常州、镇江、庐州、安庆、太平、池州、徽州、宁国等十四府及徐州、滁州、和州、广德州等四州,大致包括今江苏、安徽、上海全域及山东、河南、浙江、江西、湖北等省的一小部分。

朱元璋称帝前的吴国公府和吴王府，都是利用元御史台旧署，位于今内桥东南王府园小区一带。《明史·太祖本纪》载，至正二十六年（1366年）开始营建都城与宫城。

明初皇宫选址一反常例，跳出五百年金陵古城，安排在新城东隅，是引人探究的话题。传说新址是刘基选定。《明太祖实录》卷二十一载，至正二十六年八月，"上乃命刘基等卜地，定作新宫于钟山之阳，在旧城东白下门之外二里许"。然而《明太祖实录》卷九十九《刘基传》中完全没有提及此事。刘基的《诚意伯文集》中，也未见有关城市设计的篇章。或许刘基与其他人一起参与了"卜地"之事，但并无特殊功绩。此外，因填燕雀湖之地沉陷导致皇宫"前昂中洼"的问题，在朱元璋生前已经暴露。若说宫城系刘基选址，其"卜地"之术未免拙劣。万历末年刊朱国桢《涌幢小品》，卷四"宫殿"条已改换说法：

太祖集诸地师数万人，卜筑大内。填燕雀湖为之，虽决于刘基，实上内断，基不敢尽言也。二十五年后知其误，乃为文祭光禄寺灶神云："朕经营天下数十年，事事按古有绪，惟宫城前昂中洼，形势不称。本欲迁都，今朕年老，精力已倦，又天下新定，不欲劳民。且废兴有数，只得听天。惟愿鉴朕此心，福其子孙云云。"

卜地者是否真达数万人，姑且不论，填燕雀湖实为明太祖自己的主意。这或许正是事情的真相。建造皇宫这样的重大国事，以刘基当时的身份，自可参与讨论、提出建议，但做最后决断者肯定不是他。"废兴有数，只得听天"足以维护皇帝的"睿智"，不过，刘基明知有"不敢尽言"之处，为什么又要提这个建议呢？所以极力营造刘基"神机妙算"的《故诚意伯刘公行状》《诚意伯刘公神道碑铭》等文章，都绝口不提"卜地"建皇宫这样的绝大功劳。清初《明史·刘基传》中亦无此记载。

即依孤证不立原则，"刘基卜地"之说也不足采信。

回观当时的城市实际，南唐建金陵城，已依中原规范，将皇宫安排在都城中心偏北。但元初毁除南宋行宫后，原宫城区已遭蚕食，不足以容纳新的皇宫区。城南居民区和繁华商业区则是城市的经济依托。金陵城近郊，西临长江，外秦淮河以西多为沼泽湿地。南对雨花台，南北距离短浅。北郊受限于鸡笼山、玄武湖，同样空间逼仄。鼓楼以北、玄武湖以西空间虽可用，但西、北濒临长江，倘有敌军来攻，皇宫便首当其冲。故而可供选择的只剩东郊原野，紫金山天然屏障，青溪、秦淮可用为城壕，同时与西南老城区、西北军事区交通联络都方便，也符合朱元璋开创新基业的心理。权衡利弊，朱元璋不惜摒弃"正统"与"风水"观念，打破常规，将皇宫安排在都城东边一隅。

随着北伐大军收复中原，明王朝疆域不断扩大，朱元璋对建都江南也发生过犹豫。刘辰《国初事迹》载，因六朝政权皆为时不久，朱元璋有意迁都，曾亲至宋旧都汴梁（今开封）考察，以军事家的眼光看出其无险可守，是"四面受敌之地"。亦有人建言迁都长安，他说："漕运艰难，算了吧。"几经权衡，终以"平定之初，民未休息，供给力役，悉资江南"，定南京为首都。物资、经济条件的优越，压倒了意识形态上的顾虑，说明朱元璋是一个讲求实际的人。洪武元年（1368年）八月明确以金陵为南京，大梁为北京，次年九月又以其家乡凤阳为中都，时称"国初三都"。《国初事迹》载：

> 太祖谓李善长曰："濠州是吾乡里，兵革之后，人民稀少，田土荒芜。天下无田耕种村民尽多，于富处起取数十万散与濠州乡村居住，给与耕牛谷种，使之开垦荒田，永为己业。数年之后，岂不富庶。"

重视家乡建设，同样显示其农民本色。

此后几年，都城建设重点一度转向凤阳。洪武八年（1375年），中都停建以后，南京城几乎每年都有重大的建设工程。除了没有居于都城中心位置这点以外，明代皇宫严格遵循传统礼制规范，由内层的宫城和外层的皇城组成。皇城的位置，大致在今龙蟠路以东、青溪路以西、大光路以北、佛心桥以南，东西宽约二公里，南北长约二点五公里，周长约九公里。在淮青桥汇入秦淮河的青溪，原是金陵城东面的护壕，此时成为皇城西侧护龙河。

皇宫之外，太庙、大祀殿都加以改建，后者用于合祀天地。新国子监于洪武十四年（1381年）建成，东到小营，南至珍珠桥，西抵进香河，北迄鸡笼山麓，面积很大。其生源主要由各州、县每年选送贡生，外加一些高官子弟、少数民族土司子弟，以至日本、高丽、暹罗等国的留学生。洪武、永乐年间，监生一度多达八九千人。洪武十五年（1382年）五月太学建成，又在城中修建鼓楼和钟楼。同年九月"葬孝慈皇后于孝陵"。洪武十七年（1384年）在冶山南麓建朝天宫，作为演习宫廷礼仪场所。鸡笼山上，元代至正元年（1341年）建造的司天台，洪武十八年（1385年）扩建为观象台，即国家天文台，早于英国格林尼治天文台二百九十年。鸡笼山南麓建有表彰明代开国功臣、历代帝王名臣及供祀道教神仙的十庙。

明初南京的宫室制度，在中国宫殿建筑史上，具有极为重要的意义。因为《明史·舆服志·宫室制度》中明确记载，永乐年间修建北京皇宫，"凡宫殿门阙规制，悉如南京，壮丽过之"。延续明、清两代五六百年的北京故宫，就是以南京明故宫为蓝本的。

都城规模甲天下

明初南京城新格局，必须包含金陵城和新建皇宫区。所以兴建新宫同时开始改造金陵城垣，一是将其西、南城墙增高、加固。因外秦淮河水道缩窄，旧城与城壕间距离过大，所以其西南角和东南角都向外伸张，使聚宝门显得由内凹陷。一是保留金陵城东墙南段，从原东门附近折转向东延伸，将新建皇宫区围合在内。因受自七桥瓮西来由东水关入城的秦淮河水限制，皇宫南边城垣只能临河而建，以秦淮河为护壕，未能与金陵城南垣取平。

金陵城东墙北段和北墙被拆除，城砖用于新建城垣。新城垣环绕皇宫，至太平门沿玄武湖西岸向北，直逼长江边，再西行至外秦淮河东岸，南下与金陵城西墙相接，将覆舟山、鸡笼山、卢龙山、四望山、马鞍山、清凉山等众多丘陵都包容进城内，作为城内的军事区。南京城垣"高坚甲于海内"，周长超过三十五公里，在显示王朝威仪的同时，也是重要防御设施。城内面积超过四十平方公里，成为当时"世界第一大城"。

都城四面开十三座城门，是根据城内三个功能区的需要以及交通干线布局而设置，并没有什么神秘之处。

皇宫区依传统礼制规范而建，环护皇城的都城城垣也近于规整的长方形。都城正阳门（今光华门）正对皇城洪武门，在皇宫南北中轴线南延线上。朝阳门（今中山门）因受城外月牙湖影响，在皇宫东西中轴线东端稍偏北。因皇城后宰门北正当钟山余脉富贵山，太平门西移至钟山与玄武湖之间，以便交通。

城北军事区东邻玄武湖，城垣至玄武湖北端开神策门，西行至金川河出城处开金川门。金川门迤西，为将卢龙山（今狮子山）包入城内，形成一个突出的尖顶。朱元璋十分看重此山的战略意义，所以在山的东、西两侧开钟阜门和仪凤门。自仪凤门向南，作为都城西垣护壕的外秦淮河，是南京重要的运输水道，所以沿河开定淮门和清凉门。这一军事驻防区内，主要建置军卫营房和贮藏仓库，开辟教场用于军事训练。都城内驻军常在二十万人以上，按明初驻军屯垦政策，和平时期皆在都城内、外从事农业耕作。直到明代，中国城市和乡村之间仍然没有太大差别，城墙只是军事防御设施，并非城、乡区域的分隔。中国古代始终坚持以农为本，农民身份从来都不低于城市居民，而乡居生活往往为文人雅士、退任官员所钦慕。

原金陵城区是居民商业区，因为城中主干道格局与城门紧密相关，所以石城门、三山门和聚宝门位置都不能轻易改变。城市空间结构的时间性，在这一区域呈现得最为鲜明。金陵城东门被拆，为维持城区原有交通格局，在其附近新开朝南的通济门。

皇宫东西中轴线自西安门向西延展，过土街（今大行宫以西）、新街口，经双石鼓、螺丝转弯（原罗寺转弯）、石鼓路（原虎贲巷、石桥、牌楼大街），即可达石城门，成为明都城的一条新东西轴线，将皇宫区与老城区有机地联系起来。可见在择定皇宫新址时也考虑到了全城的统一格局。

金陵城内原有的两条东西干道，出通济门过大中桥后向东延伸至洪武门，也成为皇宫物资运输的通道。大中桥成为重要的交通枢纽。大中桥名始于明代，得名之由见《万历上元县志》卷四："大中桥，旧名白下桥，一名长春桥。青溪此处旧有大桥、中桥，故撮名曰大中桥，乃南唐东门外桥。"青溪大桥即淮青桥，青溪中桥即四象桥。长春桥，一名上春桥，《至正金陵新志》卷四载："或曰白下之名，不宜举子，改名上春。"东门是距贡院最近的城门，旧时举子最怕的是"下第"，何况还是"白下"。

都城的南北干道，此时从北门桥向北延伸，经唱经楼西街、黄泥冈到鼓楼，由此分途，一条直北至神策门，一条向西北至仪凤门。

都城修建过程中，处于老城周边的古城墙与城堡多被利用，加筑改建，成为新城垣的一部分。被包入都城之内的城墙和大小堡垒则都被拆除，以使全城成为统一区域。这有利于南京城市发展，但六朝以来的城垒遗迹，如石头城、东府城、白下城、南唐北城墙等，此后再无从寻觅。

洪武二十三年（1390年）四月，为进一步加强南京城防，动工建造外郭城垣，自都城北面长江边的外金川门起始，沿江岸向东北修筑，将幕府山等江防重地都包入外郭，到燕子矶附近开观音门。由此转折向东南，在紫金山东麓开麒麟门，再转折向西南，将玄武湖、紫金山全部包入，沿城东南冈垄直抵南端夹冈门，折向西北，直抵长江边，将南郊雨花台一带制高点也包入外郭。外郭西面没有合围，自栅栏门到外金川门之间，利用长江为天然屏障。而在长江北岸，早在洪武四年（1371年）已建造了浦子卫，即今浦口城，作为南京城的卫城。

外郭周长约六十公里，主要利用黄土冈垄，筑土为垣，故俗称"土城头"。南京现在还有土城头路的地名，即利用了原外郭遗存。在险隘处则用砖砌筑郭墙，并建造城门，砖砌部分约二十公里。外郭城门，各书记载自十五门到十九门说法不一，门名也不统一。民间普遍认为十八门，有南京城门"里十三、外十八"的俗语。也有人以为明初都城外郭，并未全部建成，就因迁都北京而中止。晚清陈作霖《金陵通纪》中说，明初"都城既建，环以外郭，西北据山带江，东南则阻山控野……仅立标识，而未及起筑，即迁于北。至今冈阜络绎，俗呼为土城头者以此"。

朱元璋虽然建造了一座空前庞大的都城，但并没有把城市建设局限在城墙之内。外郭与都城之间，虽主要仍为军寨、农田、村落，但洪武、永乐年间确有多项重大的建设项目，如钟山南麓明孝陵、玄武湖中皇册库、定淮门外龙江宝船厂与龙江船厂、聚宝门外大报恩寺等。

明初南京城大幅度跨越式发展形成的格局，不但满足了当时建都的功能需要，而且为此后六百年的城市建设提供了发展空间。从这个意义上说，朱元璋在南京的都城建设上，同样显示了雄才大略。

第二节

官民之劫

"民本"的表相与政权本质

建立一个稳固的国家政权,其艰难程度,远超过建造一座都城。

许多明史研究者都注意到朱元璋重视让百姓休养生息,主张"阜民之财,息民之力",采取鼓励垦荒、兴修水利、实行屯田、减免赋税、抑制豪强、赈济贫民等切实惠农的举措促进生产,甚至誉之为"民本"思想,认为是农民出身决定了他对农民命运的关心。实则从陈胜王开始,当了皇帝的农民,就不再是农民。《明太祖实录》卷十九记至正二十六年(1366年)春正月事:

上谓中书省臣曰:"为国之道,以足食为本。大乱未平,民多转徙,失其本业。而军国之费,所资不少,皆出于民。若使之不得尽力田亩,则国家资用何所赖焉?今春时和,宜令有司劝民农事,勿夺其时。一岁之中,观其收获多寡,立为劝惩。若年谷丰登,衣食给足,则国富而民安。此为治之先务,立国之根本。卿等其行之。"

又《皇明典故纪闻》卷一记载,吴元年(1367年)朱元璋让人带世子去参观农家:

圜丘初成,太祖出观,时世子从行,因命左右导之,遍历农家,观其居处饮食器用。还,谓之曰:"汝知农之劳乎,夫农勤四体,务五谷,身不离畎亩,手不释耒耜,终岁勤动,不得休息,其所居不过茅茨草榻,所服不过练裳布衣,所饮食不过菜羹粝饭,而国家经费皆其所出。故令汝知之,凡一居处服用之间,必念农之劳,取之有制,用之有节,使之不苦于饥寒,方尽为上之道。"

这样的故事广为传播,而说者有意无意忽略了"国家经费皆其所出"

的题旨。朱元璋劝农、惠农的目的很明确，就是"立国之根本"，巩固政权。

朱元璋对《孟子》的态度，更鲜明地体现出他的君民观。他下令将《孟子》中"民为重，社稷次之，君为轻"一类触犯王权绝对权威的内容，如"天视自我民视，天听自我民听""君有大过则谏，反复之而不听，则易位""桀、纣之失天下也，失其民也。失其民者，失其心也""闻诛一夫纣矣，未闻弑君也""君之视臣如草芥，则臣视君如寇仇"等八十五条全部删除，"课试不以命题，科举不以取士"。听其言，观其行，涂脂抹粉是没有意义的。

《明太祖实录》卷二十九载，洪武元年（1368年）朱元璋登基之初，即认识到守成之难：

上谓侍臣曰："朕念创业之艰难，日不暇食，夜不安寝。"侍臣对曰："陛下日览万几，未免有劳圣虑。"上曰："汝曹不知创业之初，其功实难，守成之后，其事尤难。朕安敢怀宴安而忘艰难哉。"

又告诫众臣，你们封官晋爵，地位尊崇，须同心辅国，才能安享禄位："朕尝思古之君臣，居安不忘警戒，盈满常惧骄纵，兢兢业业，日慎一日，故能始终相保，不失富贵。"并举"韩信、彭越自不能保全其功"为例，说明"承平之后，旧臣多有获罪者，究其所以，盖其事主之心日骄，富贵之志日淫，以致于败"。同书卷五十八载，洪武三年（1370年）十一月，徐达、李文忠北伐得胜班师回朝，明太祖大封功臣。后设功臣宴：

宴罢，因曰："创业之际，朕与卿等劳心苦力，艰难多矣。今天下已定，朕日理万几，不敢斯须自逸，诚思天下大业，以艰难得之，必当以艰难守之。卿等今皆安享爵位，优游富贵，不可忘艰难之时。人之常情，每谨于忧患而忽于宴安，然不知忧患之来，常始于宴安也。……今自与卿等宴饮极欢，恐久而忘其艰难，故相戒勉也。"

太祖一再告诫官员清廉自守，不忘艰难，同样是为了"天下大业"。让人民休养生息，尽快恢复、发展社会经济，以求"国富而民安"，这样的事情，但凡希望长久维系政权的统治集团都会做。

所以，观察与研究一个政权的本质，关键要看它实行什么样的社会制度，建立何种国家机构以保证制度的实施，采取怎样的举措争取民众认同、吸引民众跟从。

明初政府机构，大体沿袭元代，以中书省为最高行政机构，大都督府统领军队，御史台为监察机关。左、右丞相和辅臣组成中书省，下辖六部。《明太祖实录》卷三十四记洪武元年（1368年）八月事，太祖与李善长等"议建六部，以分理庶务，至是乃定，置吏、户、礼、兵、刑、工六部之官"，并在奉天殿召见六部官员，说：

今以卿等分任六部，国家之事，总之者中书，分理者六部，至为要职，凡诸政务，须竭心为朕经理，或有乖谬，则贻患于天下，不可不慎。

"为朕经理"，说得很清楚，国家是皇帝的，中书省和六部是对皇帝负责的大小管家。

地方政府为行中书省。明初分全国为十二省，洪武十五年（1382年）平定云南后增为十三省。看明人小说，常有"两京十三省"的说法。行中书省掌管地方行政、军事和司法，隶属于中书省，所以丞相成为"一人之下，万人之上"的政府最高首脑，执掌中央大权。按唐、宋以来形成的惯例，皇帝的诏命须经过中书省下达，以限制皇权滥用。

《明太祖实录》卷三十九载，洪武二年（1369年）二月：

上手敕谕中书省臣曰："中书，法度之本，百司之所禀承。凡朝廷命令、政教，皆由斯出。事有不然，当直言改正，苟阿意曲从，言既出矣，追悔何及。"

要求中书省随时纠正朝廷的失误，表示了充分的信任。

变化出现在洪武三年（1370年）底。《明太祖实录》卷五十九载，这年十二月，儒士严礼等上书论治国之道，太祖退朝后，在西阁看到了严礼的上书，让侍臣谈谈元代得天下与失天下的原因。众臣议论一番，太祖说："汝等所言，皆未得其要。夫元氏之有天下，固由世祖之雄武，而其亡也，由委任权臣、上下蒙蔽故也。"严礼提出政务必须通过中书省才可上达皇帝，引起了太祖的警觉，认为"人君不能躬览庶政，故大臣得以专权自恣"，意味着皇帝大权旁落。他在此前曾多次强调过要保持言路畅通，且已有些反感左丞相李善长的骄气，此时更将"上下蒙蔽"上升到元代亡国教训的高度。

虽然政府系统的改变非朝夕可成，但权臣的任免是皇帝说了算。洪武四年（1371年）正月初二，距严礼上书仅隔十六天，太祖就让左丞相李善长退休。此事在《明太祖实录》中以一语带过："中书左丞相、太师、韩国公李善长乞致仕，从之。"谈迁《国榷》卷四载有太祖诏书，说：

中书左丞相李善长，事朕十八年，寅至戌归，勤劳多矣，汉之何、参无以尚也。其年既高，驱驰侍立，朕心不忍，业许致仕。今以中书左丞汪广洋为中书右丞相，参知政事胡惟庸为中书左丞，总理军国重事焉。

李善长是最早投奔朱元璋的儒士，忠心耿耿追随十八年。朱元璋封赏功臣，封公者六人，第一个就是李善长，"封韩国公，参军国事，食禄四千石"，是文臣之中最高的，且特别说明"左丞相李善长虽无汗马之劳，然事朕最久，供给军食未尝缺乏"，与汉初萧何、曹参不相上下。"其年既高"是个幌子，这一年李善长才五十八岁，致仕之后，明太祖又一再委其重任，如督建凤阳中都宫殿、迁徙江南富民十四万至凤阳屯垦等。李善长六十七岁时，还受命掌理都察院事。回想宋代宰相请求退休，常常是上书数次以至十余次，皇帝一再挽留后才会同意。如今李善长一说即准，所以研究者都认为其要求退休出于太祖授意，以此作为削弱中书省权威、强化君权的信号。

废除中书省

明太祖认为，确保朱氏王朝万世一统的最大威胁，就是开国功臣。这些人既能够辅佐他登上金銮殿，也就有能力拥立别人。"高坚甲于天下"的城池，固可以御敌于国门之外，却不能摒除肘腋的隐患。即便在早期与群雄争战之际，不能不给将领临机决断之权，生性多疑的朱元璋也采取了种种防范措施。《国初事迹》载："太祖尝曰：'与我取城子的总兵官，妻、子俱要在京住，不许搬取出外。'"还补充，"将官正妻留于京城居住，听于外处娶妾"。其实就是将其妻、子扣为人质。《国初事迹》又载，朱元璋对留京将官家属暗中密切监视，发现华高、胡大海的妻子受女尼引诱敬奉金天教法，大约是藏传佛教，"太祖怒，将二家妇及僧投于河"。

同见于《国初事迹》所载：

太祖于国初以所克城池，专用义子作心腹，与将官同守。如得镇江用周舍，得宣州用道舍，得徽州用王驸马，得严州用保儿，得婺州用马儿，得处州用柴舍、真童，得衢州用金刚奴、也先，得广信用周舍，即沐英也。

朱元璋收养了二十多个义子，朱文正、李文忠、沐英等是其中佼佼者，让他们随军监视领军将官，同时也命文武官员监视义子的行为，有什么情况随时上报，以这种互相监视牵制为手段，强化控制。

在新朝建立之初，朱元璋就已在盘算解除将领军权，只是因为边境尚有战事不能即时实行。宋初赵匡胤"杯酒释兵权"，成为千古佳话，朱元璋在称吴王的第二年，就赞扬赵普建议宋太祖收缴诸将兵权是一大功绩。在批准李善长退休的诏令中也说到，"天下已定，有功尽封。大将收戈解甲于武备之库，息马家庭，从善乐游，功名两全，古何过哉"，希望功臣们仿效李善长，交权退休安享富贵。

朱元璋称吴王时，依元代官制，以右为尚，李善长任右相国、徐达任左相国，又以常遇春、俞通海等为平章政事，其下尚有左、右丞和参知政事，这些人组成了中书省的领导机构。朱元璋称帝后，改成以左为尚，李善长为左丞相，徐达为右丞相，领导中书省。此时常遇春、俞通海已死，徐达常年领兵出征，虽有丞相之名，实无暇处理政务。李善长一退休，"总理军国重事"的实际上就是右丞相汪广洋和中书左丞胡惟庸。

汪广洋是朱元璋取太平（今当涂）时所得儒士，屡被委以军、政要务，廉明持重，忠勤自守，为人宽和。然而他竟成了明代初年典型的悲剧人物。洪武六年（1373年）正月汪广洋被贬为广东行省参政，《明史·汪广洋传》说因为他"无所建白"，未免含糊其词。《明太祖实录》卷七十八说他"巽柔怠政"，懦怯柔弱而怠于政事。

汪广洋的"巽柔"，事出有因。《明太祖实录》卷一百二十八，记洪武十二年（1379年）十二月"汪广洋坐事贬海南，死于道"，并历数其生平三大过恶，即与朱文正、杨宪、胡惟庸共事，对其不法行为纵容包庇。

头一个是至正二十四年（1364年）汪广洋任江西参政，"文正为恶，既不匡正，及朕咨询，又曲为之讳"。

朱文正是朱元璋亲侄，父亲早死，随母亲依附朱元璋，当时朱元璋尚无儿子，将朱文正视为亲子。朱文正勇猛善战，攻取集庆（今南京）屡立战功。朱元璋问他想当什么官，他回答："爵赏不先众人，而急私亲，无以服众。且叔父既成大业，侄何忧不富贵。"朱元璋格外器重他，"爱逾己子"，委任枢密院同佥，与徐达、常遇春比肩。至正二十一年（1361年）朱元璋改枢密院为大都督府，以朱文正为左都督。《国初事迹》载，南昌初定，情势复杂，朱元璋认为"非骨肉老成莫能治之"，派朱文正前往镇守。其时劲敌陈友谅已定都江州（今九江），南昌近在咫尺，遂成双方必争之地。被誉为"老成"的朱文正，这时也就二十六七岁。至正二十三年（1363年）陈友谅趁朱元璋与张士诚大战之机，率水、陆大军六十万围攻南昌，朱文正仅凭两万兵力拼死固守八十五天，为朱元璋赢得了战略时机。朱元璋率二十万大军来援，在鄱阳湖与陈友谅军决战，朱文正又截断陈友谅粮道，陈友谅败死，朱文正趁势平定江西。此可谓不世之功。然而"功盖天下者不赏"，朱元璋班师回应天，重赏常遇春、廖永忠等将士金帛，朱文正则无封赏。第二年朱元璋称吴王，以未满十岁的长子朱标为世子。朱文正失望之际，未免流露怨意，被按察使李饮冰奏告，朱元璋遣使责骂。《明太祖实录》卷十六记至正二十五年（1365年）正月事，说有人揭发朱文正"所用床榻僭以龙凤为饰"，甚至"谋叛降张士诚"。朱元璋亲至南昌，"舣舟城下"召见朱文正，将他带回建康。"群臣交章劾之，请寘于法"。

相比之下，江西参政汪广洋的"曲为之讳"自然令朱元璋恼怒。实则汪广洋很可能说的是实话，但对急于处置朱文正的朱元璋而言，汪广洋的实话未免不识时务。平心而论，朱文正若真有异心，据南昌城固守，"舣舟城下"的朱元璋未必能奈何他。朱元璋最终没有杀朱文正，将他软禁在桐城，但朱文正很快就死了，朱元璋也就不再追究汪广洋。洪武元年（1368年）：

徐达平山东，开省治，欲得廉明持重者往安辑之，以广洋可任，乃命陶安为江西参政，调广洋山东行省。至即抚纳新附，民庶安之。冬十二月召入为中书参政，明年复出为陕西参政。

同样是因为陕西初定，需能员安抚。洪武三年（1370年）丞相李善长生病，明太祖"以中书无官，召广洋为左丞"。这些都说明汪广洋确是处理政务的能员。

汪广洋的第二个罪状是"前与杨宪同在中书，宪谋不轨，尔知之不言"。

汪广洋到中书省上任，职位高于在他之前调来的中书右丞杨宪。杨宪无视汪广洋，"每事多专决不让，威福恣行。广洋畏之，常容默依违，不与较"。这倒是杨宪的一贯作风。刘辰《国初事迹》载：

高见贤奏掾史张有道卖选，太祖命杨宪鞫之。有道招受同乡徐君瑞买求枢密院掾史银十两，《律》该杖一百，太祖命分尸示众。宪奏曰："臣职专执法，不该死而诛之，是臣坏法也。"太祖从宪言，依《律》。

他连皇帝都敢顶撞。据说杨宪认为汪广洋是自己晋升丞相的障碍，嗾使侍御史刘炳等诬告他"奉母不如礼，以为不孝"。太祖信以为真，命汪广洋回故乡高邮反省。杨宪担心汪广洋复职，又让刘炳等上奏将汪广洋发配海南。太祖怀疑杨宪排斥异己、任用私人，查究处死，汪广洋得以复职。这一经历到了秋后算账之际，却成了他包庇杨宪的罪行。

第三个罪状是对胡惟庸违法知情不报。

洪武三年（1370年）十一月十一日封赏功臣，共六公、二十八侯。至月底又封两伯爵，即汪广洋封忠勤伯，食禄三百六十石，刘基封诚意伯，食禄二百四十石。李善长去职，汪广洋任中书右丞相，大约因仕途接连无辜受挫，又有李善长前车之鉴，他无所适从，不求有功，但求无过。在明初百废俱兴之际，皇帝当然不能满意他的无所作为，将他贬去广东。此后因为没有合适人选，相位空置长达半年，时任中书左丞的胡惟庸专擅中书省事，成了不是丞相的丞相。直到七月，太祖终于任命胡惟庸为右丞相，也是大明王朝最后一位丞相。

此时明太祖已着手改革政府机构以强化君权，第一步是在洪武九年（1376年）六月废除行中书省，以三个新机构作为地方管理机构，即承宣布政使司负责地方行政及财政事务，提刑按察使司负责监察和司法，都指挥使司负责军事防务，合称三司，瓦解了原来从中书省到行中书省的体系。太祖在《承宣布政使诰》中对这一官称作了明确诠释：

所以"承"者，朕命也；"宣"者，代言之也；"布"者，张陈之也；所以"政"者，军民休戚，国之利病；所以"使"者，必去民之恶而导民之善，使知有畏从。

至关重要的一点，就是明确布政使对皇帝负责，而非对中书省负责。同年九月，太祖诏定朝廷官员品秩，中书省左、右丞相为正一品，左、右丞为正二品，但撤销了中书省平章政事、参知政事两级官职，压缩了中书省机构。

此时中书省只有右丞相胡惟庸，大权独揽，《明太祖实录》卷一百二十九载，清算胡惟庸时，说他：

专肆威福，生杀黜陟有不奏而行者。内外诸司封事入奏，惟庸先取视之，有病已者辄匿不闻。私擅奏差胡懋为巡检，营其家事。由是四方奔竞之徒趋其门下，及诸武臣诖误者多附之，遗金帛名马玩好不可胜数。

当时太祖已有所察觉，洪武十年（1377年）五月命太师、韩国公李善长和曹国公李文忠共议国事，实际上是替代中书省职能。六月，太祖面谕中书省臣："清明之朝，耳目外通，昏暗之世，聪明内蔽。外通则下无壅遏，内蔽则上如聋瞽。国家治否，实关于此。"皇帝常常担心下情不能上达，不能及时得知为政得失，所以广开言路以求直言，"其令天下臣民凡言事者，实封直达朕前"，中书省不得从中阻隔。这已经是对胡惟庸的明确警示。七月增设通政使司，太祖诠释其职能："壅蔽于言者祸乱之萌，专恣于事者权奸之渐。故必有喉舌之司，以通上下之情，以达天下之政。……政犹水也，欲其长通无壅遏之患。"可谓紧锣密鼓。在广东任职年余的汪广洋，先被召还南京任左御史大夫，九月复任中书右丞相。同时胡惟庸升任中书左丞相，汪广洋从胡惟庸的上司变成了下级。太祖的用意，显然是希望汪广洋对胡惟庸有所牵制。

此时中书省和丞相实已如同虚设。汪广洋看清了这一点，所以只是"浮沉守位而已"。胡惟庸却因升迁而得意忘形，我行我素。

洪武十一年（1378年）三月，太祖以总结元代亡国教训为由，命六部、三司事务直接报送皇帝，不必经过中书省，也就是取消了中书省和丞相的大部分职能。

洪武十二年（1379年），明太祖与胡惟庸的冲突公开化。据《明史·胡惟庸传》记载，先是胡惟庸的儿子在闹市中驰马，不慎落马，被过路的大车碾死，胡惟庸命人杀车夫以泄愤，太祖得知，"命偿其死"，杀人要抵命。胡惟庸请求以金帛补偿车夫家，太祖不答应。这事还没了结，又出了工作失误。占城国使者九月来京进贡，中书省竟没有及时报告皇帝，被出宫的宦官发现。朱元璋当即召见使者，并追究中书省责任，"丞相胡惟庸、汪广洋皆叩头谢罪"，然而二人却试图诿过给礼部，礼部又推给中书省。太祖更加愤怒，把中书省和礼部官员都抓起来，一定要追究到底是谁的责任。这是九月二十五日的事。

此时太祖已决意清算胡惟庸，希望汪广洋能站出来指证胡惟庸。《明太祖实录》卷一百二十八载：

御史中丞涂节言，前诚意伯刘基遇毒死，广洋宜知状。上问广洋，广洋对以"无是事"。上颇闻基方病时，丞相胡惟庸挟医往候，因饮以毒药，乃责广洋欺罔，不能效忠为国，坐视废兴。遂贬居海南。

"宜知状"本就出于猜测，汪广洋回答"无是事"，不是说自己不知道，而直说没有这回事，很可能就是实情。但太祖愿意相信传闻，对汪广洋大失所望。于是汪广洋就有了第三个过恶:"与胡惟庸同在相位,惟庸所为不法,广洋知而不言。"十二月,汪广洋已经在流放的路上,太祖余怒未息,"舟次太平,复遣使敕之",大加斥责,命其反省。汪广洋惶惧自杀于太平(今当涂)。太平是他当年追随朱元璋的起点,也成了他人生的终点。

胡惟庸、蓝玉两大案

汪广洋虽死,仍然给了明太祖一个惩治胡惟庸的契机。《国初事迹》载:

> 汪广洋罢相后被贬,太祖遣近侍人就舟中赐死。汪广洋妾从死。太祖访得此妇系没官陈知县之女,太祖曰:"凡没官妇人女子,止配功臣为奴,不曾与文官。"因勒法司取勘出胡惟庸等并六部官擅自分给,皆处以重罪。

被没收入官的罪臣家女眷,只可以分配给功臣家为奴,文官没有资格得到,中书省和六部擅自分配就是重罪。《明太祖实录》卷一百二十九载,洪武十三年(1380年)正月初二,"御史中丞涂节告左丞相胡惟庸与御史大夫陈宁等谋反及前毒杀诚意伯刘基事",涂节在这一情势下告发胡惟庸与陈宁等谋反,是何种居心,今人已不得而知。太祖即命廷臣审录,并亲自参加讯问,到正月初六,"惟庸辞穷,不能隐,遂吐实",时仅四天,就审结了这一惊天大案。于是廷臣纷纷要求杀叛贼。《大明律·刑律》第一条,就是"谋反大逆":

> 凡谋反(谓谋危社稷)及大逆(谓谋毁宗庙、山陵及宫阙),但共谋者,不分首从,皆凌迟处死。祖父、父、子、孙、兄、弟及同居之人,不分异姓及伯叔父、兄弟之子,不限籍之同异,年十六以上,不论笃疾、废疾,皆斩。其十五以下,及母女、妻妾、姊妹、若子之妻妾,给付功臣之家为奴。财产入官。

甚至"知情故纵、隐藏者",也要杀头。"于是赐胡惟庸、陈宁死,又言涂节本为惟庸谋主,见事不成,始上变告,不诛无以戒人臣之奸究者,乃并诛节,余党皆连坐",杀了约一万五千人。涂节被杀,固属自取其祸,但也看出太祖灭口之彻底。曾被太祖称为开国文臣之首的宋濂,已退休在家,也因其孙宋慎牵入胡惟庸案而被判死刑,经马皇后力劝才得免一死,以七十二岁高龄流放四川茂州,死在路途中。

奇怪的是，作为首恶的胡惟庸和陈宁都没有依律"凌迟处死"，而是赐死，这个破绽不免让人怀疑，当时并非以谋反结案。可以作为佐证的，是几天后布告天下的《废丞相、大夫、罢中书诏》中说"丞相汪广洋、御史大夫陈宁昼夜淫昏，酣歌肆乐，各不率职，坐视废兴，以致胡惟庸私构群小，贪缘为奸，或枉法以惠罪，或挠政以诬贤，因是发露，人各伏诛"，也没有提到谋反。

朱元璋一再强调刘基被胡惟庸毒死，吴晗认为幕后指使者就是朱元璋。朱元璋比胡惟庸更有杀刘基的必要。刘基编造的"天命"神话，有助于塑造朱元璋的神化形象，诱发平民百姓的崇敬与迷信，对他建立与巩固政权颇有裨益。别人不知其真假，朱元璋自己是清楚的，所以他不能不防备刘基们再为别人编造类似神话，成为大明皇权的威胁。况且叛元投明的刘基，也不是一个忠君的好榜样。朱元璋称帝之后，对元代旧臣的疏远是明显的。

"胡惟庸等既伏诛"的第二天，太祖就宣布废除中书省与丞相。《明太祖实录》卷一百二十九载，太祖对文武百官说："朕自临御以来十有三年矣，中间图任大臣，期于辅弼，以臻至治，故立中书省以总天下之文治，都督府以统天下之兵政，御史台以振朝廷之纪纲。"制度设计固好，不料被"操不轨之心"的奸臣钻了空子，"蠹害政治，谋危社稷，譬堤防之将决，烈火之将然，有滔天燎原之势"，幸而"赖神发其奸，皆就殄灭"。所以他决定撤销中书省，以六部各司其事，另置五军都督府以分领军卫，"如此则权不专于一司，事不留于壅蔽，卿等以为何如？"这一番话诚为深思熟虑，将此前制度之失解释为被奸臣所坏，又顺理成章地推出了新政体。行政上六部尚书各司其职，直接对皇帝负责，使皇权独断成为制度。军事上左、右、中、前、后五军都督府各有辖地，而京师诸卫所也分别由五军都督府各管一部，同样直接对皇帝负责。铨选军官、颁发军令之权在兵部，统率、指挥士兵之权在都督。平时将属五府，兵归卫所，战时皇帝下诏，兵部发令，五府出将，卫所出兵，任何一个部门都无法单独调动军队。

对于"一人之下，万人之上"的丞相一职，太祖更是深恶痛绝，《皇明祖训》首章第二款，明确规定永不许设丞相，提议设丞相就是死罪：

自古三公论道，六卿分职，并不曾设立丞相。自秦始置丞相，不旋踵而亡。汉、唐、宋因之，虽有贤相，然其间所用者多有小人，专权乱政。今我朝罢丞相，设五府、六部、都察院、通政司、大理寺等衙门，分理天下庶务，彼此颉颃，不敢相压，事皆朝廷总之，所以稳当。以后子孙做皇帝时，并不许立丞相。臣下敢有奏请设立者，文武群臣即时劾奏，将犯人凌迟，全家处死。

宫城西华门内的丞相府，就此废圮。何良俊《四友斋丛说》卷七记其所见：

入西华门，即访丞相府。府在西华门内北向，规模甚宏壮。太祖诛胡惟庸、汪广洋后，府遂废。今所存者，惟危垣倾栋、断烟荒草而已。

政体改革虽然完成，太祖对大权旁落的恐惧并没能消除。《明史·胡惟庸传》载：

惟庸既死，其反状犹未尽露，至十八年，李存义为人首告，免死，安置崇明。十九年十月，林贤狱成，惟庸通倭事始著。二十一年，蓝玉征沙漠，获封绩，善长不以奏，至二十三年五月，事发，捕绩下吏，讯得其状，逆谋益大著。会善长家奴卢仲谦首善长与惟庸往来状，而陆仲亨家奴封帖木亦首仲亨及唐胜宗、费聚、赵庸三侯与惟庸共谋不轨。帝发怒，肃清逆党，词所连及坐诛者三万余人。乃为《昭示奸党录》，布告天下。株连蔓引，迄数年未靖云。

杀胡惟庸时，对其谋反、叛国的指控，并没有多少实证。这一大案的坐实，是在此后十余年间渐次完成的。实际上，明太祖就是以此为借口，一步步实施他清洗开国功臣的既定方针。

李存义是李善长的弟弟、胡惟庸的姻亲，他的儿子娶了胡惟庸的女儿。李存义职位不高，攀扯李存义显然是为了扳倒李善长。洪武十八年（1385年）李善长年过七旬，尽管早已退休，但作为唯一尚存于世的前丞相，仍然令太祖不放心。《明太祖实录》卷一百二十九记载："惟庸令存义阴说善长同起，善长惊悸曰：'尔言何为者！若尔，九族皆灭。'存义惧而去，往告惟庸。"胡惟庸让李存义以利相诱，事成后封李善长为淮西王，李善长"本文吏，计深巧，虽佯惊不许，然心颇以为然"，便默许了。

惟庸喜，因过善长。善长延入，惟庸西面坐，善长东面坐，屏左右，款语良久，人不得闻，但遥见颔首而已。惟庸欣然就辞出，使指挥林贤下海，招倭军约期来会，又遣元臣封绩致书，称臣于元，请兵为外应。

故事绘声绘色，十分精彩，尤其对李善长心理的细腻描写，超越同时代的中国小说家。然而其言既已"人不得闻"，其心人又何从得知？实难以自圆其说。所以此时不但李善长没有受牵连，李存义都幸免一死。

林贤通倭一案，《明太祖实录》和《明史》都语焉不详，只有御制的《大诰三编》中《指挥林贤胡党》一节，才说了一个完整的故事：明州卫指挥使林贤出海防倭，遇到日本使者归廷用（一作圭庭用）入贡方物。林贤移文上报，朱元璋命礼送至京，进贡事毕，厚赏令归，仍命林贤送出东海。不期林贤在京随驾之时，已与胡惟庸交结，听其计策，将归廷用船只当作倭寇船只打了，朝廷赏赐分了。胡惟庸佯奏林贤过失，朱元璋将林贤贬去日本。居三年，惟庸暗中派人往日本召回林贤，并借日本国王兵，假作进贡来朝，意在作乱。然而日本精兵四百余人到中国时，胡惟庸已案发被杀。日本精兵被发往云南充守御。"十九年冬十月二十五日将贤于京师大中桥及男子出幼者皆诛之，妻妾婢之。"（据《二十五史补编》本潘柽章《国史考异》卷二第十三节）此时距归廷用进贡已十年，距胡惟庸诛死也已六年。

封绩案之成更晚于此。《明太祖实录》卷二百零二载洪武二十三年（1394年）五月初六事，监察御史劾奏李善长罪状，胡惟庸谋乱之际，密遣元旧臣封绩勾结元军以为外援，胡惟庸被杀，封绩不敢回来，后蓝玉败元兵于捕鱼儿海，抓住封绩，李善长隐匿不报。这时有人告发，将封绩下狱，审讯出谋反事实及李善长的私信。刑官要求逮问李善长，朱元璋有诏不过问。于是有监察御史劾奏，说李善长出身小吏，并无战功，皇上厚待他，"锡之公爵，位极人臣，禄及子孙，恩覃骨肉"，而李善长并不知恩图报，参与胡惟庸叛乱，现在又有里通外国的证据，"大逆不道，罪状甚明"。朱元璋仍表示不处理。

然而时隔两日，五月初八，"监察御史复请按问太师李善长罪并其从子佑、伸。上不得已，下佑、伸狱"，抓了李善长两个侄子。这时李家家奴卢仲谦等也告发李善长与胡惟庸通同谋反："惟庸欲谋反，善长阴遣家奴耿子忠等四十人从惟庸，惟庸皆厚与金帛，以古剑谢善长，且言此回回国所献者，又以玉酒壶、玉刻龙盏、蟠桃玉杯奉善长。"凭这些小玩意儿就能收买当朝重臣，确是家奴见识。无独有偶，吉安侯陆亨家奴封帖木等，也告发陆亨及延安侯、平凉侯、南雄侯等，皆是胡惟庸、李善长一党。可见被收买的实是这些家奴。

朱元璋命廷臣审讯，"具得其实。群臣奏善长等当诛，上又不许"。御史将李善长开国功劳彻底抹杀，太祖则一再宽谅，以示对李善长仁至义尽。到五月二十一日,"善长益危惧,上诏慰谕之,复召诣奉天门,与语开创艰难之际,为之流涕"。又把李善长带到右顺门,向群臣表示要宽宥李佑等以安慰李善长。群臣纷纷反对,李善长无地自容,回到家中即自经。"上命以礼葬之,厚恤其家。"

李善长的自经,和此前汪广洋的自缢,早已被人看破是美化明太祖的说法。《国史考异》卷二第十一节中明说:"凡《实录》所书自缢、赐死,皆史臣粉饰之语。"谈迁《国榷》卷九中列举李善长开国之功:"从起义早,足馈饷,定章程,一制度,厥伐不细。卒以嫌死,天下莫能明也。"同月"颁逆党二十人姓名于天下",即韩国公李善长、豫章侯胡美、延安侯唐胜宗、吉安侯陆仲亨、临江侯陈德、平凉侯费聚、营阳侯杨璟、永嘉侯朱亮祖、汝南侯梅思祖、河南侯陆聚、宣德侯金朝兴、宜春侯黄彬、淮安侯华忠、六安侯王志、济宁侯(死后追封滕国公)顾时、都督金事毛骧、於显、陈方亮、耿忠、於琥。国初所封公侯,至此已被清除近半。

封绩案中被牵扯进来的蓝玉,尽管屡建奇功,也逃不过同样的命运。《明太祖实录》卷二百二十五载,洪武二十六年(1393年)二月初九,"凉国公蓝玉谋反伏诛"。而不到两个月前,蓝玉才被任命为太子太傅。《国榷》卷十载:

玉时奏事,上不之从。退曰:疑我矣。将收集其旧部将及诸士卒家奴,伏甲为变,锦衣卫指挥蒋瓛以闻,廷鞫。……鹤庆侯临淮张翼、普定侯定远陈桓、景川侯凤阳曹震、南雄侯赵庸、舳舻侯朱寿、会宁侯张温、沈阳侯察罕、东莞伯何荣、都督金事黄铭、萧用、马俊、尚书詹徽、侍郎傅友文等,凡诸功臣、文武大吏以至偏裨将卒,坐党论死者可二万人。知名之士,若南海孙蕡、长洲王行,皆在诛中。

太祖在蓝玉被杀四天后颁布的《逆臣录》中宣布,涉案者包括一个公爵、十三个侯爵和两个伯爵。

清代史学家赵翼《二十二史札记》卷三十二论胡、蓝党案,评说明太祖"藉诸功臣以取天下,及天下既定,即尽举取天下之人而尽杀之,其残忍实千古所未有,盖雄猜好杀,本其天性"。至今仍热衷于歌颂朱皇帝的人,不妨也读一读这些文字。

吴晗1934年发表长文《胡惟庸党案考》,引证广博,论定朱元璋"深虑身后子懦孙弱,生怕和他自己并肩起事的一般功臣宿将不受制驭,因示意廷臣,有主张地施行一系列的大屠杀"。尽管明太祖在洪武二十六年(1393年)八月有诏"赦胡、蓝余党"(《国榷》卷十),幸存的公、侯仍陆续被清除,洪武二十七年(1394年)底颍国公傅友胜被赐死,次年一月定远侯王弼被赐死,二月宋国公冯国胜被赐死。另一个重要因素是明初连年用兵,而"兵荒天灾,国库奇绌","除不断用徙富民的政策以夺其田产以益军实外,又不断地寻出事来择肥而噬,屡兴大狱的目的只是措财筹款",如前述仅李善长一家就抄出六万金。而洪武十八年(1385年)三月兴起的吏部侍郎郭桓案,《明史·刑法志》记载:"帝疑北平二司官吏李彧、赵全德等与桓为奸利,自六部左、右侍郎下皆死,赃七百万,词连直省诸官吏,系死者数万人。"此后层层加码,赃粮总额高达二千四百余万石。株连所及,江、浙富庶人家"或死或徙,无一存者"。有些研究者注意到这一点,以为朱元璋痛恨与打击富贵阶层,是"为民众谋取利益",实在是误解。

法外滥杀与文字狱

明太祖在洪武七年(1374年)二月颁布《大明律》六百零六条,明确宣称治乱世须用重典,"于是有挑筋、剁指、刖足、断手、刑腴、钩肠、去势,以止大恣。府、州、卫所右廨左庙名曰皮场,吏受赇至六十金者,引入场中,枭首剥皮。更代之官,设皮坐之","其他徙边、实都、垦田、筑城自赎罪者不可胜计"(何乔远《名山藏》卷四十七)。其旨在以这些律令为官、民提供行为准则,明确违法的惩罚手段,以达巩固政权之目的。但重典并未能根绝犯罪,即不论所谓谋反逆案,连贪赃枉法都禁而不止。《国初事迹》载:"太祖于国初编《律》,颁行各衙门遵守。岂忆犯法者多,太祖曰:'本欲除贪赃官吏,奈何朝杀而夕犯,今后犯赃者不分轻重皆诛之。'"终洪武之世,《大明律》不断修订,后期才对枉法轻重分别定罪,直到洪武三十年(1397年)五月重新颁布,成为定法。

《大明律》这一文献,并不足以体现明初法制实况。朱元璋杀人之随意、杀人手段之惨酷,常常超出于律法之外。刘辰《国初事迹》载:

太祖早晚于西楼上决事,皇后潜听之。如闻上怒,候上回宫,询问:"今日处何事?怒何人?"不以轻重,直言谏曰:"上位已有五子,正好积德,不可纵怒杀人,致死活人性命,乃子孙之福,国祚亦久。"太祖从后言,决事一从《律》。

按朱元璋第五子朱橚生于至正二十一年（1361年），第六子朱桢生于至正二十四年（1364年），未来的马皇后劝谏，当发生在这三年之间。然而《国初事迹》所载朱元璋"法外用刑"、一"怒"杀人不胜枚举，且不乏朱桢出生后之事。如熊氏女故事，朱元璋挑选宫女，打听到熊宣使的妹妹年少，要收进宫。员外郎张来硕进谏："熊氏已经许配给参议杨希圣，取进宫不合礼法。"朱元璋说："你太放肆了！"令壮士用刀敲碎他的牙齿。后杨希圣与参议李饮冰弄权违法，丞相李善长报告，朱元璋将二人脸上刺字，还不解气，又命割李饮冰乳，致其当场死亡，削去杨希圣的鼻子，安置在淮安。此后，杨希圣之兄杨宪任江西参政，临行时朱元璋说："你弟弟犯法，我已处分他，仍让熊氏嫁他。"杨宪叩头说："臣弟犯法，罪该万死，怎还敢娶妻。"朱元璋下令："把熊氏送他那里去。"

又如：

都督朱文正守江西，以各府山寨头目或降或叛，发解到京。太祖以此等人持两端之心，尽投于水。

沈缙自杭州赴京，奏市民子弟不务生理，美丽衣服，出入公门，结交官吏，说事过钱，坏法害民。太祖曰："浙江等处及直隶府、州市民，着他见丁出钱买马，往北方当驿夫。"

太祖于国初令各府织造，月办段匹，打造铁甲，按月起解。过期不解，官府处死。

太祖命乐人张良才说平话。良才因做场，擅写"省委教坊司"招子贴市门柱上。有近侍入言，太祖曰："贱人小辈，不宜宠用。"命小先锋张焕缚投于水，尽发乐人为穿甲匠，月支米五斗。

金事陈养吾作诗曰："城南有嫠妇，夜夜哭征夫。"太祖知之，以为伤时，取到湖广，投之于水。

可见朱元璋所杀，不仅有贪官污吏，也有平民百姓，工匠乐人，凡不如意，即付一杀。而被杀人家从此列入另册："太祖曰：'极刑之家，五服内子弟不无怨恨，不许用为官吏，违者处以重罪。'"

《国初事迹》著者刘辰至正十八年（1358年）投奔朱元璋，任职典签，建文年间任监察御史，永乐元年（1403年）参与纂修《明太祖实录》，此书所载为其亲见亲闻之事，较为可信，与《明太祖实录》相关记载亦能吻合，向为研究者所重视。

明太祖《御制大诰》中列举的酷刑、残杀案例，凌迟、枭示、灭族者数以千计，杀头以下有一万多案。他用《御制大诰》的形式补充《大明律》，以榜文的形式公布典型案例，它们都被作为《大明律》的附录，皇帝的一己之见成为明初的司法依据。太祖曾采取多种举措向民间推广《御制大诰》，意在使其家喻户晓。《国榷》卷九载，洪武二十四年（1391年）十一月，"赏民间诵《大诰》子弟十九万三千四百余人"，一次就表彰了数以十万计的《御制大诰》宣传者。

朱元璋生长于动乱时期的社会底层，所受教养使其对知识分子有一种近乎本能的戒备。虽然在打天下的过程中，他懂得要借助知识分子的力量，但对他们始终缺少信任。《国初事迹》载："太祖于国初所克城池，令将官守之，勿令儒者在左右论议古今。止设一吏管办文书，有差失罪独坐吏。"儒者"论议古今"，有激发领军将官自立为王的可能，所以只有他身边可以聚集一批文士。"罪独坐吏"，使其不敢妄发议论。立国之后，"太祖谓李善长曰：'湖广、江西、直隶府、州、县六房，有主文老先生、书手，积年把持官府，蠹政害民。尔行文书，尽起赴京，发云南五开卫充军。'"这些人加入义军多年，被朱元璋一句话便全部清除。

明太祖在清洗功臣宿将的同时，也没有放过文人学士。汪广洋、胡惟庸、李善长等位极人臣，却成为叛国逆案的首恶，宋濂退休多年仍被牵入逆案。至于不愿与新政权合作的前朝官吏与江南文人，更遭到残酷屠杀。《御制大诰续编》中有"断指诽谤"一条，说到有十三个人剁掉自己的拇指以拒绝朝廷的征召，太祖的办法是："尔去指不为朕用，是异其教，而非朕所化之民，尔宜枭令，籍没其家，以绝狂夫愚妇信效之风。"不服教化，是自绝于朝廷，就只有死路一条。《御制大诰三编》中也有类似的例子，太祖明令："寰中士夫，不为君用，是自外其教者，诛其身而没其家，不为之过。"不愿为皇帝所用，杀头抄家都不算过分。何乔远《名山藏》卷四十七载："人心懔凛，吏畏民驯。其时征辟之士，有司督趣，如捕罪囚。仕于朝者，多诈死佯狂，求解职事。"征召人才如同捕捉罪犯，当官的诈死装疯以求解职。

与新朝合作担任官吏者，也未必能受优待，往往罹入文字狱之网罗。

朱元璋因文化不高，出身贫寒，尤其忌惮文人讥讪，以至疑神疑鬼。他早年当过和尚，"光""秃"之类成为忌讳，连"僧""生"也不许说。红巾军曾被视为寇贼，"则"字更成大忌。吴晗《朱元璋传》有《文字狱》一节，列举文字狱的著名例子：

如浙江府学教授林元亮替海门卫作谢增俸表，有"作则垂宪"一句话，北平府学训导赵伯宁为都司作贺万寿表，有"垂子孙而作则"一句话，福州府学训导林伯璟为按察使撰贺冬表的"仪则天下"，桂林府学训导蒋质为布政使、按察使作正旦贺表的"建中作则"，澧州学正孟清为本府作贺冬表的"圣德作则"，他把所有的"则"都念成"贼"。常州府学训导蒋镇为本府作正旦贺表，有"睿性生知"，"生"字被读作"僧"。怀庆府学训导吕睿为本府作谢赐马表："遥瞻帝扉"，"帝扉"被读作"帝非"。祥符县学教谕贾翥为本县作正旦贺表的"取法象魏"，"取法"读作"去发"。亳州训导林云为本府作谢东宫赐宴笺"式君父以班爵禄"，"式君父"硬被念成"失君父"，说是咒诅。尉氏县教谕许元为本府作万寿贺表："体乾法坤，藻饰太平。"更严重了，"法坤"是"发髡"，"藻饰太平"是"早失太平"。德安府学训导吴宪为本府作贺立太孙表："永绍亿年，天下有道，望拜青门。""有道"变成"有盗"，"青门"当然是和尚庙了。都一概处死。甚至陈州学训导周冕为本州作贺万寿表的"寿域千秋"，念不出花样来的也是被杀。

"吓得礼部官魂不附体，求皇帝降一道表式，使臣民有所遵守。"《明太祖实录》卷二百四十六载，洪武二十九年（1390年）七月"颁表笺文式于天下"：

先是天下诸司所进表笺，多务奇巧，词体骈俪，上甚厌之，乃命翰林院学士刘三吾、右春坊右赞善王俊华撰庆贺、谢恩表笺成式，颁于天下诸司，令凡遇庆贺、谢恩，则如式录进。

以皇帝颁行的官样文章上呈皇帝，天下太平。

因诗文罹祸者更多。前述陈养吾作征妇诗被杀，孙蒉因曾为蓝玉题画被处死。明初并称"吴中四杰"的名诗人，高启为苏州知府魏观撰《上梁文》被腰斩，杨基被谪罚做苦工至死，张羽流放岭南，半途召还，投龙江自尽，徐贲因犒劳过境军队不及时被处死，没有一个得善终。又如《翦胜野闻》所载：

太祖尝下诏免江南诸郡秋税，复税之。右正言周衡进曰："陛下有诏已蠲秋税,天下幸甚。今复征之,是示天下以不信也。"上曰:"然。"未几,衡告归省假。衡,无锡人,去金陵甚近,与上刻六日后复朝参。衡七日失期,上怒曰:"朕不信于天下,汝不信于天子矣。"遂命弃市。

明显挟嫌报复。

《明太祖实录》卷七十九载洪武六年(1373年)二月有诏:

"教坊司及天下乐人,毋得以古先圣帝明王忠臣义士为优戏,违者罪之。"先是,胡元之俗,往往以先圣贤衣冠为伶人。笑侮之,饰以侑燕乐,甚为渎慢,故命禁之。

以此维护帝王尊严。甚至民间俗语、游戏也能招致大祸临头。《蒭胜野闻》中有个故事,朱元璋微服出巡,听到一个老太婆在背后叫他老头儿,大怒,到了徐达家,在房间里转来转去,气得说不出话来。当时徐达不在家,徐夫人大惊,一再叩拜,问:"是不是徐达犯了过错?"朱元璋才说:"不是。你不要担心。"即传召五城兵马司率众军至,说:"张士诚窃踞江东,苏州人至今称为张王。我贵为天子,这里的居民居然叫我老头儿!"下令将那一带居民全部抄家。又一故事讲朱元璋上元观灯,见灯笼上有画谜,画一妇怀抱西瓜。朱元璋猜出是以同音喻"淮西",隐指祖籍淮西的马娘娘,"明日,令军士大僇居民,空其室"。画灯者逞小聪明,不料竟被屠尽全家。

当朝天子的此类行径,与鲁迅笔下的阿Q公如出一辙。正因为从皇帝到贱民皆同此心,所以阿Q能成为国民性的典型。

第三节

靖难风云

朱允炆激成变乱

洪武三十一年（1398年）闰五月，七十一岁的朱元璋去世，他一同举义的战友，此时几无幸存。连他苦心培养的接班人太子朱标也已先他而去。朱标长子亦早夭，继承帝业的是朱标次子、二十一岁的朱允炆。

皇太孙朱允炆与他的父亲不一样。史载朱标曾明确反对朱元璋的滥杀。徐祯卿《翦胜野闻》载，马皇后去世：

帝惨不乐，愈肆诛虐。太子谏曰："陛下诛夷过滥，恐伤天和。"帝默然。明日，以棘杖委于地，命太子持而进。太子难之。帝曰："汝弗能执欤？使我运琢以遗汝，岂不美哉？今所诛者，皆天下之刑余也，除之以安汝，福莫大焉。"太子顿首曰："上有尧舜之君，下有尧舜之臣。"帝愈怒，即以所坐榻射之。

"上有尧舜之君，下有尧舜之臣"，这句话反过来，便是下有奸邪之臣，上有奸邪之君。难怪朱元璋气得用座椅砸他。

朱允炆则直接参与了朱元璋的大清洗。《国榷》卷十载朱允炆奉命与吏部尚书詹徽审理蓝玉案，蓝玉不服，詹徽责骂："快说实话！不要乱株连人。"蓝玉大叫："詹徽就是同党！"朱允炆说："还有这回事啊！"当即将詹徽拿下。

此前一年四月太子朱标病死，八月立朱允炆为皇太孙，朱元璋急于培养这个年轻的孙子，让他去主持逆案首犯蓝玉的审讯。洪武二十六年（1393年）朱允炆十七岁，被这样一个毛孩子审问，身为开国重臣而生性桀骜的蓝玉自然"不服"。况且蓝玉是常遇春妻弟，常遇春是太子朱标岳父，论辈分他还算朱允炆的舅公。因蓝玉一句激愤之语即拿下吏部尚书詹徽，可见皇太孙建功之心。《剑桥中国明代史》第三章中说詹徽曾是李善长案的主审："主审此案的官员是詹徽；此人原是李善长的宿敌，他很快做了刑部尚书兼左都御史。"然而当此人自危之际，绝不会有人为詹徽申辩，其终作为逆党被处死。朱元璋自是乐意看到接班人能以铁血手段控驭臣下。

王鏊《王文恪公笔记》中说此与懿文太子朱标之死有关：詹徽生性残忍，曾受命与懿文太子一同审讯重囚。太子多想从宽处罚，詹徽坚持不肯，争到皇帝那里。朱元璋认为詹徽做得对。朱标说，治天下应存仁厚之心。朱元璋变脸大怒："等你有天下再说！"太子惶恐，自投金水河中，虽被救出因此得病，对朱允炆说："我是被詹徽害死的。不要忘了为我报仇。"后朱允炆与詹徽一起审案，问他死囚当用何刑。詹徽说："断其手足。"朱允炆遂叱骂詹徽："你罪该死，快用这刑法！"

朱标父子两人对于亲族诸王的态度也不同。《明史·朱标传》载，太子朱标为人友爱。秦、周诸王每有过失，都尽力保护，让他们返回封国。有人告晋王谋反，太子为其求情，泪流满面，朱元璋终被感动。朱元璋收养朱文正、李文忠及沐英等为义子，马皇后视如己出。皇帝因事责罚他们，朱标都告诉马皇后来宽解。太子是天性仁慈。

《明史·黄子澄传》中说，朱允炆被立为皇太孙，坐在皇宫东角门对黄子澄说："诸王拥重兵，多不守法，怎么办？"黄子澄说："诸王的护卫兵仅足自守。倘若有变，皇上派大军征伐，谁都抵挡不住。汉代'七国之乱'，七国并非不强，还是都败灭了。大小强弱之势不同，更重要的是以顺讨逆啊。"朱允炆认为他说得很对。

朱元璋屡兴大狱，功臣宿将扫荡以尽，只能将辅佐嗣君的希望，寄托于分封各地的藩王。他的二十六个儿子，除皇太子外，各节制一方，并有自己统属的军队数千至数万人不等。不过，朱元璋能信任他的亲儿子，朱允炆却不能相信他的亲叔父。

崇祯年间尹守衡《皇明史窃》卷三《革除记》记载，朱元璋分封诸王镇守北方边境，对朱允炆说："我把边防交给诸王，可保你国防无忧。"朱允炆说："虏不靖，诸王御之。诸王不靖，孰御之？"朱元璋默然，许久才说："你看如何是好？"朱允炆胸有成竹："以德怀之，以礼制之。如不顺服就削减其封地，再不行就换人，实在不行就举兵讨伐。"朱元璋说："是啊！没有更好的办法了。"认为他的对策无懈可击。朱允炆登基前即视叔父们为威胁，未雨绸缪，即此而言，他不愧为朱元璋的继承者。这也说明，在这场宫廷斗争中，朱允炆并非野史所描绘的纯属无辜。

朱元璋最初不大喜欢这个孙子，他生下来脑袋就不端正，少了些帝王气象，《皇明史窃》卷三《革除记》载："君生顶颅颇偏，太祖拊之曰'半边月儿'，意不怿。"遗憾之情溢于言表。后其兄朱雄英早夭，朱允炆成了皇太孙，"而读书甚聪颖，太祖始稍异之"。最终奠定朱允炆接班人地位的，是他的"性至孝"：

年十四，太子有疽在背，君尽昼夜抚摩，亲呒吸，太子痛而号，即建文君不欲生。太祖闻状流涕曰："有孙如此，朕何忧矣。"年十六，太子薨。水浆不入口五日，太祖抚之曰："毁不灭性，礼也。而诚孝，而不念朕乎。"君始为啜粥糜。

按照成例，帝王守孝可以月代年，即守孝三月就可以。据说朱允炆却不肯通融，"三年之内，语不扬声，笑不露齿。断荤茹素，不御内。友爱诸弟，与同寝食"，深得主张"以孝治天下"的朱元璋欢心。

朱允炆的御诸王策，显然出于当时的东宫伴读黄子澄。不过，出谋划策是一回事，落到实处又是一回事——以朱元璋的能力，实行这对策自无困难，朱允炆却是舞不动这柄双刃剑的。

朱允炆登基，改元建文，尽管诸王并无谋反迹象，仍按既定方针，当即着手清除诸王。《明史·黄子澄传》载，朱允炆命黄子澄兼翰林学士，与齐泰同参国政，说："先生还记得东角门的话吗？"黄子澄说："不敢忘。"遂与齐泰商量削藩。齐泰欲先削燕王朱棣，黄子澄说："不对，周、刘、湘、代、岷诸王，在先帝时多有违法，削之有名。周王是燕王同母弟，先削周王，剪除燕王手足。"

与筹划御诸王策一样，在削藩的具体部署上，黄子澄又一次表现出他的迂阔。他反对齐泰擒贼先擒王、制住燕王朱棣以震慑诸王的策略，主张扫清诸王以孤立燕王、最后再消灭燕王，实质上是打草惊蛇的方针。《明史·恭闵帝本纪》载，洪武三十一年（1398年）"八月，周王橚有罪，废为庶人，徙云南"。建文元年（1399年）"夏四月，湘王柏自焚死。齐王榑、代王桂有罪，废为庶人"，"六月，岷王楩有罪，废为庶人，徙漳州"，"秋七月癸酉，燕王棣举兵反"。黄子澄完全没有意识到，取得那些小胜的代价，是错失了消灭最强悍也最危险对手的时机。

建文元年五月，在南京举行太祖逝世周年纪念活动，燕王朱棣为迷惑建文君臣，决意做"舍不得儿子打不得狼"的一搏，派他的三个儿子前来南京参加，以示自己并无异心。眼看大战迫在眉睫，齐泰主张将燕王三子扣作人质，黄子澄竟愚蠢到把他们放回去，以为可以迷惑燕王。燕王见儿子们到家，大喜过望，不久就毫无顾忌地打出了当年西汉"七国之乱"的旗号——"清君侧"，指齐泰、黄子澄为奸臣。

奢谈"汉平七国乱"的黄子澄忽略了一个决定战争胜负的重要因素，就是他手下并没有周亚夫那样的名将，只有年过六旬的耿炳文、郭英和徒有虚名的李景隆。当年能征惯战的名将，已被朱元璋清洗殆尽。耿炳文初战失利，黄子澄力荐李景隆挂帅。李景隆的父亲是曹国公李文忠，但他继承了曹国公的爵位，并不等于继承了父亲的文武全才，更不消说父亲的实战经验。置将如此，宜其一败涂地。建文帝此时仍不忘扮演"天性纯孝"的角色，一面开除朱棣的"族籍"，废其为庶人，布告天下，一面又叮嘱诸将："不要让我落个杀害叔父的恶名！"燕王因此数次临危脱身。

建文朝另一位名臣，因后来被"诛十族"赢得流芳百世的方孝孺，正在南京城里热心地鼓动皇帝复古，"勇行《周官》法度"，按照他考证出来的周代制度改革官僚体制，连皇宫大殿和城门名称也必改用周时旧名，被识者讥为王莽一流。其实方孝孺真没有王莽的野心和权谋，充其量不过是个读死书不知机变的迂夫子。高岱《鸿猷录》卷八《长驱金陵》中对方孝孺的评价：

惟方孝孺，委身殉国，终始一致，固无容议。然其初误以景隆为文武全才，致偾国事，及河北已失，大事已去，犹循循欲行周礼，改官职，易诸殿廷名，迂亦甚矣。岂非忠有余而才不足乎。

如果说被时人嘲为迂阔的王安石变法尚属历史正剧，方孝孺的迂腐变法只能是一场闹剧。

对于建文朝四年政事，后世有过许多美好的描述。平心而论，除了削藩是其一以贯之的基本国策，在连年征战且战败的情况下，所谓强国富民的政事变革，其实无从实施。

战争初期，战事主要在北方进行，燕王在兵力上处于劣势，临战也没有讨到便宜。然而君臣对垒，你攻我杀，朝廷的尊严已成儿戏。朱棣何等聪明，他从"四方人心，多所观望"的局势中，很快悟到，决定这场战争胜负的关键并不在于歼灭对方有生力量，而是看谁能控制紫禁城，坐上金銮殿，于是毅然挥师南下。《鸿猷录》卷八《长驱金陵》中，对此做了精当的分析：

> 成祖之靖难，与太祖创业，其施为次第，固自不同。太祖与群英并起，角力而臣之，一夫未服，不可强而帝也。当时不患元祚不亡，而未知鹿死谁手，故先芟刈群雄，削平海内，而后以混一之势，北逐元君，如摧枯拉朽然。盖所急在四方，而不在元都也。成祖以太祖之嫡子，不得已而兴靖难之师，四方人心，多所观望，惟视金陵成败为向背耳。若复攻城略地，广土众民，必待四方之服，而后徐议根本之计，则稽延岁月，师老时变，非所谓批虚扼吭之兵也。盖其所急在京师，而不在四方。故城有所不攻，地有所不取，长驱入京师，以先图根本。根本既定，四方岂有不服者哉。此二祖用兵所以有先后之不同也。

建文四年（1402 年）六月，燕军打到南京金川门下，守城的谷王朱橞和曹国公李景隆开城门迎接，燕军轻而易举地进入京都。燕王朱棣当即派兵去护卫被软禁在京的周王和齐王，周王是他一母同胞的弟弟，更是指斥建文帝迫害诸王的证人。明永乐年间佚名撰《奉天靖难记》卷四中说：

> 诸王及文武群臣、父老人等皆来朝。允炆欲出迎，左右悉散，惟内使数人而已，乃叹曰："何面目复相见耶？"遂阖宫自焚。上见宫中烟起，急遣中使往救，至已死矣。出其尸于火中，上叹曰："小子无知，乃至此乎。"

这部《奉天靖难记》后成为《明太宗实录》卷一至卷九的母本。建文帝自焚身死之说源出于此。

方孝孺故事的流变

朱元璋引以为傲的"得国之正"，在他死后四年即面临危机。燕王朱棣进入南京，改建文四年为洪武三十五年，取消了建文年号，也就是否定建文政权的合法性。史家称这四年为"革除"时期。朱棣登基称帝，被当时朝野指为篡位，同样面临着"得国不正"的难题。不过，朱允炆已经出局，无论他是已死还是在逃。值得讨论的只是朱棣。

朱棣与朱元璋遇到的政权合法性问题并不相同。当群雄并起之际，各人的机会是均等的，朱元璋并没有优于他人的资格，所谓"一夫未服，不可强而帝也"。他终于从强敌环伺之中脱颖而出，拼的是实力。朱棣遇到的只是一个舆论问题，只要进了南京城，坐上金銮殿，就没有能与他抗衡的力量。

在朱元璋的二十六个儿子中，燕王朱棣排行第四，但太子朱标、秦王朱樉、晋王朱棡已先后去世，朱棣成为最年长的一位，也是实力最强、实战经验最丰富的一位。朱元璋在世时即对他寄予厚望，所以他被封在昔为元大都的北平。

《国榷》卷十载，洪武三十一年（1398年）四月下旬，老病衰弱的朱元璋两次有诏旨给朱棣，前诏指导他边防策略，希望他能成为北方防虏战线的统筹指挥者。四月二十九日又有诏旨，如果不是朱棣伪造，则有明显的托孤之意：

周天下治矣，周公犹告成王曰："诘尔戎兵。"海内今虽无事，天象示戒，可不防乎。朕诸子汝独才智，秦、晋已薨，系汝为长，攘外安内，非汝其谁？已命杨文、郭英兼总诸军，听尔节制，尔其统率诸王，相机度势，防边义民，以答天心，以副吾意。

"诘尔戎兵"即整治军备，语出《尚书·立政》，是周公对周成王的期待："其克诘尔戎兵，以陟禹之迹，方行天下，至于海表，罔有不服，以觐文王之耿光，以扬武王之大烈。"军力要能遍及大禹足迹所至，直到海外，无人敢不臣服，以显示文王的光辉，张扬武王的功业。再加上"攘外安内，非汝其谁"，实将国家安危寄托于朱棣一身。

当时在朱棣眼中能成为舆论领袖的，一个是方孝孺，一个是徐辉祖。

建文朝臣中，方孝孺的故事流传最广。不过这故事的完成，历时长达百余年。永乐年间《奉天靖难记》卷四记方孝孺被执之际："上指烟焰处谓方孝孺曰：'今日使幼君自焚者，皆汝辈所为也，汝死有余辜。'"此书是支持靖难一派的，这里的"上"即朱棣。朱棣登基之后，"执奸恶齐泰、黄子澄、方孝孺等至阙下，上数其罪，咸伏其辜，磔戮于市"。

正德以降，关于靖难、革除以及建文帝逃亡的著作开始多起来。正德年间黄佐《革除遗事》卷一载，建文亡后，朱棣因姚广孝的推荐，打算召用方孝孺：

孝孺不屈，系狱。遣人谕旨，终不从。寻诏天下，广孝举代草者，曰："必须方孝孺。"召出，自狱斩缞而见，命草诏，曰："有死而已。"遂就戮。临绝，为《绝命词》曰："天降乱离兮孰知其由，奸臣得计兮谋国用猷。忠臣发愤兮血泪交流，以此殉君兮抑又何求。呜呼哀哉兮庶不我尤。"

时年四十六，宗族坐死者八百四十七人。

此书是倾向于建文一派的，姚广孝是朱棣宠信的谋士。嘉靖年间黄佐任南京国子监祭酒，所撰《南雍志》为现存最早的南京国子监志，向为学界所重视。

同在正德年间，祝允明《野记》载：

文皇既即位，问广孝谁可草诏。广孝以方对，遂召之。数往返，方竟不行。乃强持之入，方披斩衰行哭，既至，令视草，大号，詈不从，强使搦管，掷去，语益厉，曰："不过夷我九族耳。"上怒云："吾夷汝十族。"左右问何一族，上曰："朋友亦族也。"于是尽其九族之命，而大搜天下为方友者杀之。

"诛十族"一说似即始于此书。

不过，万历年间朱孟震《河上楮谈》有"枝山志怪"一条，说祝枝山好集异闻，来谈者或待以酒食，或赠以书法，世人欲得其书法，多编了故事去哄他，"先生不知其伪，辄录之，今所撰志怪盖数百卷，中可信者，十不能一。《野记》所书，大率类是矣"。

明佚名《建文皇帝遗迹》中，这一段记事演化为故事。朱棣曾问姚广孝："我要诏告天下，必须文章冠世的人起草诏书。"姚广孝推荐方孝孺。靖难军入南京，朱棣派使者聘召，方孝孺闭门大骂。朱棣没计较，派人带着太子宾客的任命书去请他。方孝孺把任命书扔在地上，依然大骂。朱棣命人用轿子把他抬来。方孝孺穿了一身孝服，朱棣大怒，说："你穿孝服，不顾九族吗？"方孝孺答："杀我十族也没用。"哭骂不已，临刑面不改色，作绝命辞。"文皇怒不已，必欲诛十族，后将其朋友代为一族诛之"。

此后流传方孝孺故事，多本于此。按此文作者及时代不详，但朱当㴐《国朝典故》中已收录此文，书前有嘉靖二十二年（1543年）自序，成书当在嘉靖年间。

明末谈迁《国榷》卷十二载：

孝孺衰经终日夜哭。上数召之，不至。镇抚伍云絷以入。上曰："吾日效周公辅成王，何如？"对曰："成王安在？"曰："渠自焚死。"曰："有成王之子在。"上少之，曰："有成王之弟在。"上语塞，曰："先生休矣。"促草诏。孝孺掷笔哭骂不已。上曰："吾能赤人九族。"对曰："即死安能加族我乎。行见后之叛偶今日也。"下狱，逮其宗戚相踵示之。哭骂如故。上怒，命抉其吻，剔其舌。孝孺犹噀血犯御座。磔之，至死乃已。年四十六。所著《逊志斋集》传，余书佚。僇宗咸八百七十三人，远戍不可胜计。孝孺死，叔克家子孝复，戍宁夏庆远卫，洪熙初赦还。

谈迁是自认严谨的史学家，在叙述靖难史事时将朱棣称为"燕庶人"，明显倾向于建文帝，但也记述了方孝孺堂兄弟方孝复充军的史实，所以他只说杀了多少人，不说"诛十族"。

谈迁增添了朱棣与方孝孺"成王安在"这一组对话，让朱棣不能自圆其说。因朱棣一再宣称他起兵入京是为了辅佐幼主，谈迁意在揭穿他的谎言。平心而论，朱允炆即死，尚有两个儿子，封为太子的朱文奎时方七岁，下落不明，两岁的次子朱文圭尚在南京。朱棣如果真心仿效周公，做一个有实无名的皇帝，完全可以立幼主而专权，不但全无障碍，而且会流芳百世。但朱棣将朱文圭贬为建庶人，囚禁在凤阳，直到天顺元年（1457年）才将其释放，五十七岁的朱文圭形同白痴，不久就死了。如此人生惨剧，很少有人注意。

清乾隆年间定稿的《明史·方孝孺传》大体沿袭《国榷》说法，加强了姚广孝推荐一事："先是，成祖发北平，姚广孝以孝孺为托，曰：'城下之日，彼必不降，幸勿杀之。杀孝孺，天下读书种子绝矣。'成祖颔之。"但朱棣终被激怒，杀了方孝孺。从这些记载中，我们可以清晰地看到顾颉刚所说"层累地造成的中国古史"的情况，越是往后的记载，具体细节反而越多。

当时情势之下，是不是方孝孺起草即位诏书，对于朱棣并不重要，他不起草，有杨士奇起草。即令无人起草，也不能改变朱棣登基称帝的现实。换个角度说，方孝孺草诏，同样不能改变朱棣篡位的历史。所以草诏与否，只对于方孝孺才有意义。方孝孺拒绝草诏，朱棣仍然在诸王和群臣的一再劝进之下，顺利登上皇位。

方孝孺的精神至今仍被赞誉，是颇骇怪的事情。他的所谓气节，说白了就是忠于旧皇帝、忠于皇室旧秩序。在皇室内争中充当这样的角色，只能说是愚忠，在现代社会能有什么积极意义？

朱家与徐家的瓜葛

徐辉祖是徐达的长子，徐达的长女嫁给了朱棣，所以徐辉祖又是朱棣的内弟。但他发现朱棣有异常动向，当即报告建文帝，并曾率军大败朱棣于山东。直到朱棣挥军渡江、破城之后，徐辉祖还领军拼死抵抗。朱棣登基，自不能不清算徐辉祖。张岱《石匮书》卷三十九记载，朱棣派密使约徐辉祖为内应，徐辉祖拒绝。靖难军进了金川门，他仍率军巷战。建文帝失踪，群臣纷纷劝朱棣登基之际，徐辉祖独守在家祠中。朱棣召见他，他一言不发，劝导他，他毫无反应。遂被下狱论死，法司要他招供，供状上写的全是徐家在明代开国时的功勋，以及朱元璋当年赐给徐家"丹书铁券"子孙免死等内容。朱棣几次想杀他，终究因其是开国元勋和国舅作罢，只是将徐辉祖列名奸臣榜，削去魏国公爵位，软禁在家中。五年后徐辉祖去世。

朱棣一再委婉劝诱，只要徐辉祖表态拥戴他做皇帝，即可既往不咎。徐辉祖若肯做与新朝合作的带头羊，无疑对建文遗臣有很好的示范作用。然而徐辉祖即被"下狱论死"，坚不合作，遂成为建文集团残余势力的一面旗帜，或者说精神领袖。明代史学家王世贞这样评说徐辉祖：

当文皇之起兵，而徐公其妃弟也，毋论成败之犹匪，而公矢节故主，即革命之际，小一移志，为曹公所为，业以元舅居上公、备心膂，畴能易之。公舍而恬然趣死，一何决也，于建文为纯臣，于中山王为令子矣。（《弇州续稿卷六十九》）

徐辉祖倘能像曹国公李景隆那样逢迎朱棣，或者有个低头服罪的态度，以他国舅的身份，自然会成为心腹重臣，而他宁为建文忠臣而就死。

徐家与朱家在明代初年的微妙关系，是一个昭示人心的绝妙话题。

徐达被朱元璋誉为明王朝的"开国第一功臣"。《翦胜野闻》记载，朱元璋修建新皇宫，许诺把自己的旧王府赐给徐达，徐达不敢接受。朱元璋还不放心，将徐达灌醉扶入旧王府以作试探，显然是担心从那座旧王府中，再生出一个新皇帝。徐达酒醒后"惊拜殿下"，经受住了考验。朱元璋遂在旧王府北原关公庙基址，为徐达修建府邸，以示自己像刘备待关羽那样，视徐达为手足兄弟。故南京民间相传徐达是"关公转世"。朱元璋还亲自撰写两副对联赐给徐达，一副是："始余起兵于濠上，先崇捧日之心；逮兹定鼎于江南，遂作擎天之柱。"另一副是："破虏平蛮，功贯古今人第一；出将入相，才兼文武世无双。"并且在徐府门前街道东西各建一座牌坊以以表彰，俗称"大功坊"，即今瞻园路。

徐达最后还是死于朱元璋的猜忌之下。《翦胜野闻》记载，徐达病疽甚重，朱元璋几次探视，召集太医治疗，终于有好转。朱元璋忽然派使者赐膳，徐达流着眼泪吃了，密令医工逃走，很快去世。家人报丧，朱元璋蓬头赤足挑着纸钱，一路哭到徐府，命把医生都杀了。徐达的夫人大哭出拜，朱元璋安慰她："你不要担心，有我在！"亲自为徐达处理后事。南京民间相传徐达害搭背，太祖赐烧鹅，疽发而死，即源出于此。

徐家没有像其他开国功臣家族那样遭到清算。朱元璋追封徐达为中山王，赐谥武宁，赐葬钟山之侧，亲自撰写神道碑文，允其配享太庙，可谓哀荣备至。三年后，徐辉祖于洪武二十一年（1388年）继承魏国公爵位。

没有了徐达的徐家，仍然是一棵大树，盘根错节，政通人和时不起眼，一旦政局动荡，便显示出举足轻重的影响。在靖难之役这相当于改朝换代的大动荡中，徐家必然成为对垒双方争取的重点对象。说不上是幸还是不幸，徐家在这场大动荡中分裂成了两派。

徐达的大女儿坚决支持丈夫。这位"幼贞静，好读书"、有"女秀才"之称的女性，甚至直接参与了战斗。朱棣率靖难军攻袭大宁，李景隆大军乘机围攻北平。当时领军守城的是朱棣长子朱高炽，实际决策人正是其母徐夫人。城中兵力不足，徐夫人亲自上阵，激励将士，并动员城中百姓的妻子都穿上盔甲，登城防守。北平城得以保全。

南京城里，朱允炆加封徐辉祖为太子太傅，他是坚定的建文忠臣。其四弟徐增寿则希望能在变动中得到更高权位。《国榷》卷十二载："军薄都城，左都督徐增寿谋为应。大理寺丞邹瑾、监察御史魏冕知焉，与同官十八人殴增寿殿前。呼闻大内，上拘增寿禁中。"及至城破，"上恨徐增寿，手剑诛于左顺门"。《野记》卷二所记更故事化，说徐增寿官至左都督，建文帝疑朱棣有反意，向他咨询。他打包票说，燕王是先帝的亲骨肉，富贵已极，怎么会造反呢。朱棣起兵南下，徐增寿又多次提供情报给朱棣。穷途末路的建文帝怨怒难平，竟亲手杀了徐增寿。朱棣进城，先追封徐增寿为武阳侯，不久又进封定国公，让他十五岁的儿子袭爵，分明是"千金买马骨"的做派，给建文朝旧臣树立一个榜样。

朱棣意识到南京城里建文集团势力不可小觑。据说当时投靠朱棣的大臣只有二十几个，弃官逃走的却有四百多人。朱棣打出的旗号既是"清君侧"，清洗政敌的规模就不宜过大，据《国榷》卷十二记载，朱棣进南京后所开列的奸臣名单，不过二十五人，后又增加二十四人，最后一个是徐辉祖，"奸臣之有罪者，予不敢赦，无罪者，予不敢杀"。

《明史·陈瑛传》中记朱棣对陈瑛欲追杀诸臣的回答:"朕诛奸臣,不过齐、黄数辈,后二十九人中如张紞、王钝、郑赐、黄福、尹昌隆,皆宥而用之。况汝所言,有不与此数者,勿问。"后陈瑛查阅方孝孺等狱中供词,又增加了黄观、王叔英等家,"给配其妻女,疏族、外亲莫不连染","于是诸忠臣无遗种矣"。列入奸臣名单的人并未全杀,当然更不会杀徐辉祖。

建文年间任命和提拔的官员,朱棣明令"仍依见职不动",都保留原有职位,对于他们在建文朝的献策,一律烧毁。《奉天靖难记》卷四载:

上得群臣所上允炆谋策,即命焚之。有请上观者,上曰:"一时之言,不必观。"复有言:"允炆所用之人,悉宜屏斥。"上曰:"此皆我皇考数十年作养人材,岂二三载所造就?"言者又曰:"虽仍其官,不宜置之要地。"上曰:"治天下者必资贤才,天之生才以为世用,凡有才能者,随器任使,共理天工,乌得而弃之。"

朱棣不同意摒斥建文朝臣,解释说:"今天朝中的人才,都是太祖几十年培养出来的,岂是建文二三年间所能造就。"《罪惟录·列传》卷之二则认为这话是徐皇后说的。《国榷》卷十二也有类似记载,建文四年(1402年)八月,朱棣搜得建文时奏章千余道,让翰林侍读学士解缙等查看,有触犯朱棣的都烧掉。然后问众臣:"你们都有份吧?"修撰李贯抢着说:"我真没有。"朱棣说:"你说没有,你的忠心呢?我并不恨忠于建文的人,只恨引他违背祖法的人。做建文之臣,忠于建文,做我之臣,忠于我。不必掩饰。"这李贯自以为得计,结果适得其反。"桀犬吠尧,各为其主。"忠君是大原则,对建文帝不忠的人,朱棣并不欣赏。不查处旧臣忠于建文帝的言行,无疑是一种明智的决策,新皇帝越是表现出"用人不疑"的姿态,那些留在朝中的建文旧臣,就越是会死心塌地为他效命。事实证明,朱棣成功地消解了大多数旧臣中的敌对情绪。

朱棣一直没有放弃与徐家重修旧好的努力。没过多久,就由仁孝皇后出面,将徐府东边的一片湖泊湿地,大略相当于今天的白鹭洲公园,赐给了娘家,名义上是缅怀父亲的功业,实则希望能与娘家兄弟缓和关系。徐家没有拒绝,但一直让那片地荒着,直荒到一百年后的嘉靖年间,才开始修造园林。

永乐五年(1407年)夏徐辉祖去世,朱棣七月就让徐辉祖长子徐钦继承魏国公爵位,并且补发这几年扣掉的爵禄。徐家同样毫无感恩戴德之意,大约以为这是徐家应得的,朱棣剥夺不当,理当退还。徐钦明确表示他的不合作立场,一点台阶都不给皇帝。张岱《石匮书》卷三十九记载,朱棣说,徐辉祖与齐泰等同罪,宜处死,念中山王开国功勋,免了死罪。现在徐辉祖病死,中山王不可无后。徐钦袭封魏国公,当即表示,要为父亲守墓。朱棣大怒,将他谪居中都凤阳。由徐钦的决绝可以想见,在永乐五年(1407年),南京城里坚持不与朱棣合作的,肯定不止一个徐家。

同年七月,仁孝皇后去世。朱棣再次向徐家求亲,以图缓和关系,仍然没得到回应。嘉靖年间郑晓《今言》卷二载:

谢夫人生四子、四女。女长即仁孝皇后,次代王、安王妃。又次未聘。永乐丁亥,仁孝皇后崩,长陵谕谢夫人:"朕欲得夫人季女,继中宫。"夫人曰:"妾女不堪上配圣躬。"长陵曰:"夫人女不归朕,更择何等婿耶?"季女竟不敢受人聘,从佛氏为尼于南京聚宝门外,所谓王姑庵者是也。

谢夫人拒绝朱棣求亲的理由,是很说不过去的。她的大女儿就是朱棣原配夫人,二女儿和三女儿也都是朱家的媳妇,代王妃和安王妃。朱棣继娶小姨为皇后,简直就是顺理成章,也是别人家求之不得的事情。徐家却不假思索地拒绝了。

黄宗羲编《明文海》卷四百一十三,收录黄佐《徐妙锦传》一文,记其生平最详:

徐氏妙锦者,先世凤阳人,父中山武宁王达,开国元勋,母夫人贾氏。妙锦凤承姆训,性复端静,虽生长王公家,然执礼柔嘉,且寡言笑。长姊适燕王,后正位中宫,是为仁孝文皇后,次姊代王妃,洪武末诸藩不靖,代王被逮。妙锦乃蒸香告天,矢不适人,斋戒洁清,若事佛然,实无佛可事。自是亲藩来求婚,皆谢绝之。有妹及笄,亦归安王为王妃矣。家人或劝之,妙锦坚志如故。仁孝文皇后崩时,妙锦年已二十有八,文庙闻妙锦贤且美,欲聘为皇后,命内使暨六尚女官往谕旨。妙锦称病辞匿不出。家人复来劝之曰:"此朝命也,可终避耶?"女官随即直抵病榻,妙锦拥被呻吟,内使遥列房栊外,与女官皆叩首请。不得已,乃徐徐引起,自以手指面曰:"吾所以不嫁者,岂有他哉,正以貌陋且有麻痕,非妇容也。"女官皆罗跪,仰视良久乃进言曰:"尊貌明莹如玉,安得有麻?特谦辞尔。"妙锦即谬指数处曰:"此皆斑斑作点,岂非麻乎。"

女官即出，内使亦随去复命。妙锦即削发为尼，旦夕望虚空礼佛，未尝一日懈。文庙闻之，竟虚中宫，不复册立。

徐妙锦以面有麻斑婉拒。朱棣竟让皇后的位置一直空着，摆出一副虚位以待的姿态。

据说宣德初年徐妙锦还应皇太后召去过北京，"宫城见之，莫不悚然，私相语曰：'此辞皇后不为者也。'"。徐妙锦后回南京，到正统五年（1440年）六十一岁去世，"葬钟山先茔之次"，即徐达墓园内。

"辞皇后不为"，可谓空前绝后。在中国历史上，只有禅让皇帝之位的男人，没有辞让皇后之位的女人。将皇位拱手让人的男人，虽然很难说出于心甘情愿，可是那个准备好"接受"皇位的人，需要这个"让"的形式，倘不经此一"让"，就难免落下个"篡"或"夺"的名目。旧皇帝便不得不一本正经地去扮演"让"的角色。皇后的"立"与"废"，概由皇帝说了算，并非自己想当就可以当得成，也并非自己不想当就能够躲得过。一旦被皇帝看中或皇室选中，岂容你一介女子行使"否决权"，所以皇后不存在"辞"的问题。难怪宫中之人惊诧莫名。

黄佐说，这些情况是听徐达六世孙徐天赐所言，又在陈琏《琴轩集》中看到《中山武宁王第三女徐氏圹铭》，即徐妙锦墓志，两者基本吻合。陈琏是洪武年间举人，历仕洪武、建文、永乐、洪熙、宣德、正统六朝，官至礼部左侍郎后退休，是亲历那个时代的人。

关于谢夫人的生平，各家说法不一。有人说她洪武年间即已去世，有人说她不是徐妙锦的生母，有人说拒婚是徐妙锦自己的主张。徐妙锦的排行亦有三女、四女之异。王姑庵的所在，《今言》说在聚宝门外，万历年间南京人周晖《金陵琐事》卷一有"更择何等婿"一条，说徐妙锦出家地："凤台门外有王姑庵是也。庵后有一种奇竹，最堪为杖。"道光年间南京人金鳌撰《金陵待徵录》则说："皇姑庵在雨花山后，祀徐妙锦，不肯为燕王后者也。嘉庆中北城徐氏重修。"凤台门是南京城外郭南面门，聚宝门是南京都城南门，想来原址早已不能确指，所以徐氏后人重修时选在了位于两门之间的雨花台。周晖说王姑庵后有奇竹可做杖。这个女人本当是丈夫的贤内助，却成了皇室斗争的牺牲品，只能化身竹杖一显身手了。

第四节
永乐时代

巩固政权的有效策略

《国榷》卷十二载,明成祖《告即位诏》中指斥朱允炆听信奸佞,建文年间政令有违祖训,"少主以幼冲之资,嗣守大业,秉心不顺,崇信奸回,改更成宪,戕害诸王",宣称自己起兵"情非得已":"朕为高皇嫡子,祖有明训,朝无正臣,内有奸恶,王得兴兵讨之。朕遵奉条章,举兵以清君侧之恶,盖出于不得已。"

他所说"祖有明训",见于《皇明祖训》第七章:

凡朝廷新天子正位,诸王遣使奉表称贺,谨守边藩,三年不朝。许令王府官、掌兵官各一员入朝。如朝廷循守祖宗成规,委任正臣,内无奸恶,三年之后,亲王仍依次来朝。如朝无正臣,内有奸恶,则亲王训兵待命,天子密诏诸王,统领镇兵讨平之。既平之后,收兵于营,王朝天子而还。

据此,亲王"清君侧",须有"天子密诏",朱棣在这里只能含糊其词。对于平乱之后,收兵于营,亲王朝拜天子后仍回封地的祖训,朱棣又巧言以辩,将违制与复制作为重点:

朕于是驻师畿甸,索其奸回,庶几周公辅成王之谊。而乃不究朕怀,阖宫自焚,自绝于宗社,天地所不庇,鬼神所不容。事不可止,朕乃整师入京,秋毫无犯。诸王、大臣谓朕太祖之嫡,顺天应人,天位不可以久虚,神器不可以无主,上章劝进。朕拒之再三而不获,乃俯徇舆情,于六月十七日即皇帝位。所有合行庶政,并宜兼举。仍以洪武三十五年为纪,其改明年为永乐元年。建文以来,祖宗成法有更改者,仍复旧制。

"顺天应人",确是建文朝大臣茹瑺所说。《建文皇帝遗迹》载:

太宗文皇帝师入南京,继统皇极。兵部尚书茹瑺入殿,首贺即位。文帝呼谓之曰:"瑺,吾今日得罪于天地祖宗,奈何?"瑺叩首曰:"殿下应天顺人,何谓之得罪乎!"文帝大悦,进封忠诚伯。

四个字,换到了一个伯爵的封赏。被民间高度神化的刘伯温,也不过封了诚意伯。《奉天靖难记》描写朱棣登基称帝,"诸王暨文武群臣上表称贺。是日,京师人民欢声动地"。这位佚名史家居然懂得记录人民的反应,作另一个角度的证明。人民如果真有欢呼,很可能是因为战争终于可以停止。

通过这样的宣传,营造出全社会都欢迎新朝的假象,使有意反抗的人感到自己势单力孤,也就消减了发生反抗的可能。而这种对"大势所趋"的屈从长久持续,就会变成麻木,与新朝的合作便成了社会公认的美德。

恢复明太祖旧制,成为永乐年间施政的一个基点。建文年间的新政全部取消,方孝孺苦心孤诣改换的殿宇名全部恢复原名。不过仅靠这些,仍不足以支撑朱棣夺权的合法性。营造政权合法性的有效方法,首先是设计一个有魅惑力的远景目标,如民众幸福和社会繁荣,同时树立一个真实或假想的外敌作为威胁。民众若不服从政权专制,共御外敌,就成为危及美好目标的罪人,理当全国共诛之。

"永乐"这个年号,就是朱棣设计的美好愿景符号,他在《告即位诏》中诠释:"明年癸未,可改元永乐。呜呼!鼎新革命,再造国家,厥隆懋化,以跻斯世、斯民于仁寿之域,岂不同符永乐也哉。"(佚名《建文皇帝遗迹》)新皇帝要让全体人民都能进入"仁寿之域"的永乐新时代。

然而以永乐为年号,前已有五代张遇贤、北宋方腊,两人都是反政府的"逆贼",故颇为后人非议。不知道是谁出了这个主意。

单靠意识形态宣传显然不够,必须有组织上的保障。明成祖登基即大封功臣,曹国公李景隆"特进光禄大夫、左柱国、太子太师",朱能、丘福封公爵,王宁、顾成等十四人封侯爵,王佐、陈旭等十四人封伯爵,获得爵位的无一例外都是武官。中下级武官和守城文员也各有升赏。这些世袭的新军事贵族,成为朱棣个人威权和王朝统治的基本力量。

外敌的威胁确实存在,就是逃进蒙古草原的元代残余势力,以及后起的鞑靼和瓦剌部落。洪武年间设计的"九王御边",安排辽、宁、燕、谷、代、晋、秦、庆、肃等九亲王驻防北方边境,此时最重要的三位,秦王、晋王已死,燕王做了皇帝,当年局面不复存在,边防冲突又明显增加。

从北宋中期开始，辽、金进据中原北部，长城内外的蒙人、满人和汉人之间，自由交通与贸易的状况已经持续三百年。明初因与残元对峙，以长城为界强行分隔。朱元璋制定的边疆政策，立足于朝贡贸易制度，周边邻国必须成为明王朝的属国并朝贡，才能获得双边贸易机会。北方少数民族不能习惯也不愿接受，当明王朝边防弱化时，便屡屡铁骑南下，掠取需要的物资。

从永乐元年（1403年）开始，成祖就不断提醒北方各州将领，谨守边防。钦天监接连几次对星象的解释，都在强化北军入侵的威胁。有史家认为成祖对此反应过激，实则他正需要利用这样的信息以统一朝野人心。当年二月，成祖亲自写信给鞑靼可汗及左、右丞相，表达"往来通好，同为一家，使边城万里烽堠无警"（《皇明大政纪》卷七）的愿望，并送织金文绮为礼。因未得到回应，七月他再次写信，强调元、明之兴，都是天命所在，"顺天者昌，逆天者亡"，希望可汗"知天命废、兴之故，遣使往来，讲好修睦"，派使者携文绮、彩币前往，意欲招抚鞑靼，依然无果。此后几年，北疆防务一直是成祖关注的重点。

永乐七年（1409年）春，永乐王朝在南京的统治已充分巩固，成祖第一次巡狩北平。时值鞑靼部落内讧，成祖以为有机可乘，再行招抚，结果竟是使臣被杀，遂决定以北伐解决鞑靼问题。然而出师不利，淇国公丘福率十万大军，误中对方诱敌深入之计，在胪朐河全军覆灭。成祖自责用人失误，并决意御驾亲征。次年二月，成祖率三十万大军北伐，摧毁了鞑靼可汗营帐，直追击到大兴安岭，历时半年，以大获全胜收兵，才回南京。

不料彼伏此起，西部的瓦剌趁势东侵，成祖不得不再次亲征瓦剌。此时他的想法，已经与太祖"九王御边"的防御策略不同，意在积极进取，将长城以外的广阔疆土也纳入明王朝版图，形成一个像元王朝那样的庞大帝国。然而元的统一，经历了辽、金、元与两宋二百余年的长期搏战，以永乐一朝抑或朱棣一生，显然难以达到这一目标。尽管他在永乐十九年（1421年）把首都迁到了北京，但最终未能实现这一宏愿。永乐二十二年（1424年），明成祖朱棣死在第五次远征归来的途中。

永乐年间的文官内阁

明成祖能够集中精力于北征,甚至长达两年不在南京,是因为他在登基之后,即以视为亲信的文官作为参预机务的侍从顾问,并陆续设置完善内廷各机构,让自己能摆脱烦琐的日常政务处理。

建文四年(1402年)七月,出城迎降的文官胡广、杨荣、杨士奇、胡俨、金幼孜、黄淮、解缙等被安插在翰林院,成为最早的侍从班底。七人中品级最高的胡广是从六品,解缙最低是从九品,当即都提升到六、七品。十一月破格提拔解缙为翰林院侍读学士,连升八级至从五品,另六人都升为正六品。七人中胡俨四十一岁,余皆三十几岁,正当年富力强,得成祖如此恩宠,自然倾心效忠。《明太宗实录》卷三十四载,永乐二年(1404年)九月:

上御右顺门,召翰林学士解缙,侍读黄淮、胡广、胡俨,侍讲杨荣、杨士奇、金幼孜,谕之曰:"朕即位以来,尔七人朝夕相与共事,鲜离左右。朕嘉尔等恭慎不懈,故在宫中亦屡言之。然恒情保初易,保终难,朕故常存于心,尔等亦宜谨终于始,庶几君臣保全之美。"缙等叩首言:"陛下不以臣等浅陋,过垂信任,敢不勉励图报。"上喜,皆赐五品公服。又曰:"皇后数言欲召见尔七人命妇,其令即赴柔仪殿见。"是日,缙等之妻入见。

他们充当明成祖的侍从,朝夕共事,不离左右,皇帝的嘉赏之情溢于言表,常常在皇后面前说起,以至皇后要见见这几位忠臣的夫人。在赏赐他们五品官公服的同时,皇帝也提醒他们要能善始善终。同书卷三十七载当年十二月底立春节:

上御奉天殿,文武群臣行贺礼,赐宴。赐六部尚书、侍郎金织文绮衣各一袭。特赐翰林学士解缙,侍读黄淮、胡广,侍讲杨荣、杨士奇、金幼孜衣与尚书同。缙等入谢,上曰:"朕于卿等非偏厚。代言之司,机密所寓,况卿六人旦夕在朕左右,勤劳勋益,不在尚书下,故于赐赉必求称其事功,何拘品级。"

此时胡俨已升任国子监祭酒,所以只说六人。翰林院官员共有十来个人,此六人身份不同,这里说到了他们的工作,"代言之司,机密所寓",代皇帝起草文书,自然会了解到许多内幕机密,也就是《明史》中所说的"参预机务"。当时六部尚书是正二品官员。解缙等人此时尚是正五品，但他们以皇帝侍从的身份，虽没有裁决国家政务的权力，却能够对政务提出意见，比执行政务的六部长官更容易影响皇帝的决策。他们不仅参与纂修《太祖实录》的工作，而且参与了册立太子这样的根本大计。《国榷》卷十三载永乐二年四月立世子朱高炽为皇太子事，靖难之役中，朱棣次子朱高煦屡立大功，很受喜爱。朱棣登基后，密召丘福、王宁、解缙等商议立储。丘福、王宁都是武将出身，重视战功："二殿下功高于世子。立子以长，平世之道也。"立子以长是常规，特殊时期可以改变。解缙明确反对："以臣所见，异是。世子忠敬仁孝，天下莫不闻，异时守成令主也。且夫夺长为乱道。"侍郎金忠、庶子黄淮、主事尹昌隆也支持解缙。朱棣最终接受了解缙的主张。此事后被丘福泄露给朱高煦，成为朱高煦中伤解缙致其被贬黜出京的动因。朱棣最终停止对建文遗臣的迫害，也是出于胡广的谏言。《明史·胡广传》说他"颇能持大体。奔母丧还朝，帝问百姓安否，对曰：'安。但郡县穷治建文时奸党，株及外亲，为民厉。'帝纳其言"。成祖离开京师时，太子监国，每次都以杨士奇、黄淮为太子辅臣，而杨荣、金幼孜则作为他的随从。

郑晓《今言》卷一中，诠释内阁议事机构与六部执行机构的分工："入内阁为辅臣预机务，特避丞相名耳"，"凡入内阁，云直文渊阁。即官至三殿、二阁、二坊大学士，无入内阁旨，不得预机务也。虽编修、赞善等官，有入内阁旨，亦得预机务矣"。

这一做法并不违背祖训，洪武年间废除中书省和丞相，即有翰林参预机务的先例，而且"翰林长官品级与尚书同"。由此发展形成延续后世的内阁制度，杨荣、杨士奇、黄淮、金幼孜和后起的杨溥等，是最早的内阁大学士。尤其"三杨"，历经永乐、洪熙、宣德、正统四朝，被视为内阁制度的奠基者，对当时政权稳定和社会发展都发挥了重要作用。

后世有史家因朱棣夺位所杀主要是文官，认为他试图以武官政府取代文官政府，实是误会。他只是以自己信用的文官取代建文朝不合作的文官。文官对于朱棣的反抗，止于建文遗臣。朱棣登基，意味着夺位之争结束，对文官或文人而言，现政权是否合法，已不是他们需要考虑的。前车之鉴就在眼前，他们清楚地看到合作可以得到什么，不合作会是什么结果。当一个人认为其他人都会合作时，趋利避害的本能，会让他也选择合作。永乐年间的六部尚书，吏部尚书蹇义是文官制度的主要设计者，户部尚书夏元吉是理财能手，工部尚书宋礼承担了北京都城的营造工作和迁都事务，礼部尚书吕珍、刑部尚书吴中、兵部尚书金忠等亦是能员，他们也都在永乐一朝长期稳定地任职，有几位并延续到洪熙、宣德年间，保证了政府行政的连续性。

笼络文士编《大典》

在信用上层文官的同时，明成祖采取了种种安抚文人的积极措施。

首先，永乐元年即开科举取士，给文人以进身之道。当年八月各省举行乡试，中式举人次年二月参加全国会试，取录进士四百七十二人，与洪武十八年（1385年）取录名额相同，远高于其他年份。这肯定不是巧合，而是成祖有意为之。

明初科举考试始于洪武三年（1370年），连考三年后因取录进士能学以致用者少遂停考，到洪武十七年（1384年）才恢复乡试，次年会试，此后成为稳定的科举制度。会试三年一科，及格者参加皇帝亲自主持的廷试（亦称殿试），中选者为进士，发榜后即可任官。所以洪武十八年可以视为其正式发端之年，相同的取录人数无疑会让人想起洪武年间的盛事。同时取录的进士中，南方人占了绝对优势，一甲三名和二甲九十三名全为南方人，三甲三百七十六名中也只有三十九名北方人，与洪武年间注意取录北方士人截然不同，招抚南方文士的用心不言而喻。

朱元璋称吴王时已将兴学校与举农桑并举为治国之急务，创办国子学，作为培养选拔后备干部的基地。立国之初即设官学，置教官，制定学官制度。洪武十四年（1381年）夏择地鸡笼山南麓另建规模宏大的新国子学，次年易名国子监。监生毕业后参加科举考试有一定的录取名额，中试概率更高。为满足政府人才需求，国子监不断扩招，永乐年间监生最多时几近万人。作为国家最高学府，国子监发挥了培育人才、储备人才的重要作用。永乐迁都北京，新建国子监称"北监"，南京国子监仍保留，称"南监"，教学之外，并出版多种书籍，因校勘严谨、刻印精良，出版史上称"南监本"，以《二十一史》《十三经注疏》等最为著名。

监生经四年系统学习，尚须进行实习，时称"监生历事"，到各衙门熟悉业务，或奉命巡行州郡、稽查百司案牍、督修水利、丈田定税等，也有部分监生直接分配到中央六部或地方政府任职。张廷玉《明史》卷八十八载，洪武二十七年（1394年），明太祖命工部对陂、塘、湖、堰进行必要修缮，派监生和专家去各省监督工程。据第二年冬天的报告，各地共完成治水工程四万余项。

部分监生还参与了一项空前绝后的宏大工程,《永乐大典》的编纂。

明太祖曾有意编撰一部适宜帝王阅读的书,但未能实行。明成祖不惜代价编纂《永乐大典》,以示继承父亲遗愿,也有助于笼络天下士人。《明太宗实录》卷二十一载,永乐元年七月,成祖命翰林侍读学士解缙等编纂大型类书,要求采撷"凡书契以来经、史、子、集百家之书,至于天文、地志、阴阳、医卜、僧道、技艺之言","毋厌浩繁",分类编排,统之以韵,便于检索。解缙召集学者一百四十余人,仿照《韵府群玉》和《回溪史韵》二书体例,历时一年半,编成《文献大成》。但成祖认为远未完备,当即决定重修,命太子少师姚广孝、刑部侍郎刘季篪和解缙同任监修,翰林学士王景、侍读学士王达,国子监祭酒胡俨、太子洗马杨溥等二十八人为总裁,挑选中外官员及四方学者充任纂修,在利用文渊阁大量皇家藏书的同时,又派人分赴各地搜集、购买图书。因为采选的书籍数量庞大,参与的朝臣文士、宿学老儒以至高僧名医前后达三千余人,另有一批书画家绘制插图,还有专人以朱笔勾画边栏、界行。不少国子监监生参与了编纂、抄写工作。有人形容其时盛况,"天下文艺之英,济济乎咸集于京师"。

纂修人员享受朝廷提供的优裕生活条件,集中居住在离文渊阁不远的崇礼坊等地,由光禄寺早晚供给酒肴、茗果,发给膏火费,官员可以免除早朝。据粗略统计,《永乐大典》采择和保存的古代经、史、子、集、释藏、道经、戏剧、平话、工技、农艺等各类典籍有七八千种之多,是前代《艺文类聚》《太平御览》《册府元龟》等官修大型类书征引古籍数量的五六倍。此后清代编纂的大型丛书《四库全书》收书不过三千多种。

《永乐大典》依《洪武正韵》韵目,"用韵以统字,用字以系事",将所辑图书整部、整篇或整段分别编入,而且一字不易,"直取原文,未尝擅改片语",不像清代编《四库全书》时"改易违碍字句"以铲除异端。永乐五年(1407年)全书定稿,次年冬才清抄完成,成祖赐名《永乐大典》,并亲撰序文说:"朕嗣承鸿基,勔思缵述,尚惟有大混一之时,必有一统之制作,所以齐政治而同风俗,序百王之传,总历代之典……包括宇宙之广大,统会古今之异同。"以此显示自己的文治和武功一样伟大。《永乐大典》成书后收藏于南京文渊阁东阁。然而成祖忙于出征,很少有读书的机会,这部巨著只能束之高阁。他曾有刊印此书的打算,也因工程浩大而作罢。

《永乐大典》保存了十四世纪以前中国诸子百家、历史地理、文学艺术、哲学宗教等百科文献，是中国历史上规模最大的一部类书，共计二万二千八百七十七卷、目录六十卷，分装成一万一千零九十五册，全书约三亿七千万字，尚有大量白描插图，山川、名物、人物、城郭等形态逼真，十分精致。此前《艺文类聚》仅一百卷、一百余万字，《太平御览》《册府元龟》也都只有一千卷。它比法国狄德罗编纂的《百科全书》和英国的《不列颠百科全书》都要早三百多年。《不列颠百科全书》称《永乐大典》为"世界有史以来最大的百科全书"，堪称世界文化遗产之大珍。当然，从思想史而言，狄德罗、卢梭、伏尔泰、孟德斯鸠、霍尔巴赫、爱尔维修等编纂《百科全书》的目的是启蒙，宣传理性主义、人道主义、唯物主义，批判封建秩序和宗教唯心主义，启迪人民抛弃迷信、成见、愚昧无知，建设自由、平等的合理社会。而《永乐大典》尤其是《四库全书》的编纂目的，正是为了巩固皇权专制和进行文化钳制。

《永乐大典》编纂用书多宋、元佳刻，原存南京文渊阁，明正统六年（1441年）编辑《文渊阁书目》时，已只剩十之三四，到清代只有十之一二还在流传。乾隆年间编纂《四库全书》，从《永乐大典》中辑出经、史、子、集四部书共三百八十八种、近五千卷，许多失传的重要典籍都通过这次辑佚恢复了原貌。嘉庆年间徐松又辑出《宋会要》五百卷，另《宋中兴礼书》《续中兴礼书》等都是超过一百卷的大书。不幸的是，《永乐大典》几经劫难，在第二次鸦片战争中毁损过半。以后文廷式、缪荃孙、董康、赵万里等学者仍从中辑录出数百种重要佚著，可见其在保存史籍上的重要意义。现存《永乐大典》仅四百余册，约八百卷，散存于世界各国数十家图书馆。

《永乐大典》的编纂与北征瓦剌、六下西洋，以及削藩王、设内阁等功业，不仅使中国先进的文化、科技传扬天下，也让明成祖成为中国历史上最有作为的帝王之一。

朱棣身世之谜

永乐年间的南京城市建设，后世影响最大的，是大报恩寺琉璃塔。永乐十年（1412年）明成祖开始在聚宝门外宋代天禧寺址营建大报恩寺，历时十九年，至宣德六年（1431年）才全部完工。大报恩寺建筑群壮丽辉煌，颇有皇家气势，殿阁三十余座，僧院、经房约二百间，廊房百余间，"宫殿椮郁，万栋栉历，周围九里十三步"，民间有"骑马关山门"的传说。大雄宝殿和四天王殿的下墙、石坛及栏杆都以汉白玉石砌筑，雕镂工致，寺院内且种有许多奇花异草，是中国有史以来规模最大、规格最高的寺院。

大报恩寺琉璃塔建于天禧寺塔地宫之上，民国年间张惠衣《金陵大报恩寺塔志》中搜集了相当丰富的介绍资料，此书版本常见，兹不赘言。明末张岱《陶庵梦忆》中感慨报恩寺塔为"中国之大古董，永乐之大窑器"，"报恩塔成于永乐初年，非成祖开国之精神，开国之物力，开国之功令，其胆智才略足以吞吐此塔者，不能成焉！""永乐时，海外夷蛮重译至者百有余国，见报恩塔必顶礼赞叹而去，谓四大部洲所无也"。17世纪中叶的荷兰使者约翰·尼霍夫被它折服，认为它可与世界七大奇迹并列。18、19世纪的西方报刊上，曾登载过大量报恩寺塔图画。安徒生童话《天国花园》中也曾写到这座中国瓷塔。

明成祖不惜民力财力，征集工匠军役十万人，花费白银二百四十八万五千余两，兴造大报恩寺，是为了报生身父母明太祖与马皇后的大恩。他在永乐二十二年（1424年）二月所撰《御制大报恩寺碑》文中说，他继承父母开创的基业，大恩未报，所以建造大报恩寺，为父母祈福，以表达孝诚之心：

朕皇考太祖圣神文武钦明启运俊德成功统天大孝高皇帝，皇妣孝慈昭宪至仁文德承天顺圣高皇后，开创国家，协心致理，德合天地，功在生民，至盛极大，无以复加也。朕以菲德，统承大宝，负荷不易，夙夜惟勤，惕惕兢兢，只循成宪。重惟大恩罔极，未由报称，且圣志惓惓，惟欲斯世斯民，暨一切有情，咸得其所，继述之重，其在朕躬。

他的"孝诚"不仅于建造大报恩寺。何良俊《四友斋丛说》记明成祖虔信"异僧"尚师哈立麻，永乐四年（1406年）迎至南京，厚加封赏，"赐仪仗与群王同"，"领天下释教"，次年春二月初五"命于灵谷寺启建法坛以荐皇考、皇妣"，其时京城内外出现种种祥瑞：

群臣上表称贺，学士胡广等献《圣孝瑞应歌颂》。自是上潜心释典，作为佛曲，使宫中歌舞之。永乐十七年御制佛曲成，并刊佛经以传，九月十二日钦颁佛经至大报恩寺。当日夜，本寺塔现舍利光如宝珠。十三日现五色毫光，庆云奉日，千佛观音菩萨罗汉妙相毕集。

明成祖一再声明，他的生母是马皇后，这个嫡出身份对他十分重要，因为《皇明祖训》第七章中，对帝位传承次序有明确规定：

凡朝廷无皇子，必兄终弟及，须立嫡母所生者。庶母所生，虽长不得立。若奸臣弃嫡立庶，庶者必当守分勿动，遣信报嫡之当立者，务以嫡临君位，朝廷即斩奸臣。

庶母所生之子不得继承皇位，倘若朱棣不是马皇后所生，他的继位就有违祖训，拥戴他的人都是奸臣。后世各种传说中强调朱棣生母是达妃、瓮妃、碽妃以至元顺帝妃，目的就是从根本上否定他继位的合法性。

现存所有明代前期的文献，如《天潢玉牒》《燕王令旨》《明太祖实录》《明太宗实录》，以及《明史·成祖本纪》中，均称朱棣为马皇后所生。自靖难之役发生，朱棣在所有相关文告、相关场合中，都会强调自己"高皇帝嫡子"的身份。《明史·恭闵帝本纪》载建文元年（1399年）七月发兵讨伐燕王之际，"祭告天地宗庙社稷，削燕属籍"，开除燕王的族籍，诏旨中说：

去年周庶人橚僭为不轨，辞连燕、齐、湘三王。朕以亲亲故，止正橚罪。今年齐王榑谋逆，又与棣、柏同谋，柏伏罪自焚死，榑已废为庶人。朕以棣于亲最近，未忍穷治其事。今乃称兵构乱，图危宗社，获罪天地祖宗，义不容赦，是用简发大兵，往致厥罚。

"以棣于亲最近"，和朱棣挂在嘴边的"臣与懿文皇太子同父母至亲也"，显然是一个意思，即朱棣与太子朱标为同母所生。靖难战祸已起，建文君臣并没有否认朱棣的嫡出身份。直到万历年间沈德符《野获编》卷二十四记明成祖建报恩寺塔事仍说："当时为报太祖孝慈后周极大恩，因以为名。"

明末清初各书所载朱棣为碽妃所生的说法，皆源自天启三年（1623年）沈若霖《南京太常寺志》。此书早佚，民国年间学者已无从得见。

朱希祖1933年因讨论傅斯年《明成祖生母纪疑》，作《明成祖生母记疑辩》，对马皇后无子女、周王非燕王同母弟、碽妃为元顺帝皇后等说法，做了翔实的辨析。其述碽妃一说来龙去脉：

碽妃之说，本于南京奉先殿之配位，若《明诗综》所载沈玄华之《南都奉先殿纪事诗》，若张岱之《陶庵梦忆·钟山》条，皆得之于目睹，而天启三年之《南京太常寺志》则首记之于书。若谈迁《国榷》及《枣林杂俎》，若朱彝尊之《静志居诗话》，若《康熙字典》之"碽"字条，若李清之《三垣笔记》，若朱彝尊之《南京太常寺志跋》，若徐乾学之《读礼通考》，若《字汇补》之"碽"字条，若朝鲜韩致奫之《海东绎史》之"明太祖碽妃"条（以上皆傅君所未引者），皆本之《太常寺志》。《志》之所本，亦出于南京奉先殿之配位。然此配位之次序与所生之皇子，与明代官私典籍记载，完全不同，而碽妃之来历，更无根据，此殆出于阉人之传闻，私自变更配位。此辈不学无术，但凭流传之野闻，不顾事实之真相。

混乱源自宦官的私自变更。又辨析《南京太常寺志》：

考《南京太常寺志》有二，一为嘉靖时汪宗元撰，凡十三卷，一为天启时沈若霖撰，凡四十卷。汪志余亦未见，其记载奉先殿之配位，恐尚未有碽妃，否则此志流传，嘉靖、万历时人必先有记载碽妃之事者。然今世所见明人笔记转引此志者，大都在明末清初，其为沈志作始可知。余旧藏明钞本《太常寺考》二十卷，不著撰人名氏，曾为北京大学录一副本，藏之图书馆。观明钞本字体，盖为万历时写本，不言太祖妃嫔配位有碽妃也。太常职掌全国祀典，当时既不记载此事，则作始于沈志，又无疑也。

此文后又附注说明，他在中山大学图书馆看到万历二十年萧彦撰《太常纪》二十二卷，卷四"孝陵"条：

太祖高皇帝、后，葬南京钟山，尊号为孝陵，四十妃嫔皆祔。永乐时设孝陵卫并神宫监，嘉靖中，封其山为神烈。岁正旦、清明、中元、冬至及帝后悫忌及圣旦，勋戚大臣一人奉祀事。国有大事，遣大臣祭告。祀礼隶南京，祭则太常掌之。

太常寺虽掌管祭祀之事，沈若霖《南京太常寺志》所记载的妃嫔配位，不但与此前文献不合，与晚明人亲见亦不合。

崇祯年间成书的何乔远《名山藏·典谟记六》对此持谨慎态度：

成祖文皇帝御讳棣，太祖第四子也。注：臣于南京见《太常志》云，帝为碽妃所诞生，而《玉牒》则为高后第四子。《玉牒》出当日史臣所纂，既无可疑，南太常职掌相沿，又未知其据。臣谨备载之，俟后人博考。

张岱《陶庵梦忆》卷一"钟山"条记其崇祯十五年（1642年）所见：

壬午七月，朱兆宣簿太常，中元祭期，岱观之。飨殿深穆，暖阁去殿三尺，黄龙幔幔之。列二交椅，褥以黄锦孔雀翎，织正面龙，甚华重。席地以毡，走其上必去鸟轻趾。稍咳，内侍辄叱曰："莫惊驾。"近阁下一座，稍前为碽妃，是成祖生母。成祖生，孝慈皇后妊为己子，事甚秘。再下东、西列四十六席，或坐或否。祭品极简陋。朱红木篚、木壶、木酒樽甚粗朴。篚中肉止三片，粉一铗，黍数粒，冬瓜汤一瓯而已。暖阁上一几，陈铜炉一、小箸瓶二、杯棬二。下一大几，陈太牢一、少牢一而已。他祭或不同，岱所见如是。

李清《三垣笔记》载弘光元年（1645年）事：

予阅《南太常寺志》，载懿文皇太子及秦、晋二王均李妃生，成祖则碽妃生，讶之。时钱宗伯谦益有博物称，亦不能决。后以弘光元旦谒孝陵，予语谦益曰："此事与《实录》《玉牒》左，何征？但本志所载东侧列妃嫔二十余，而西侧止碽妃，然否？曷不启寝殿验之？"及入视，果然，乃知李、碽之言有以也。惟周王不载所出。

此前嘉靖四十五年（1566年）郑晓《今言》卷二载："太祖陵不知祔葬几妃，今陵祭旁列四十六案，或坐或否，大抵皆妃嫔也。"是祔葬妃嫔共四十六席，张岱所见在四十六席之外多出了一个碽妃，而李清、钱谦益所见则变成了二十余席，且位次排列也与前不同。

谈迁《枣林杂俎·义集·彤管》有"孝慈高皇后无子"一条，在引录《南京太常寺志》所列各妃及所生皇子后，指出此书所载与王世贞《同姓诸王表》全然不符，且"以诸书与太常寺之《志》较之多不合，楚、鲁、代、郢、齐、谷、唐、伊、潭九王同母，亦奇"。其实还有更奇的，楚王朱桢与齐王朱榑同生于至正二十四年（1364年），一在三月，一在十一月，居然可以同母？韩王朱松和沈王朱模同生于洪武十三年（1380年），一在五月，一在八月，居然也是同母。而朱元璋二十六个儿子中，赵王朱杞与皇子朱楠早夭姑不论，周王朱橚、蜀王朱椿、庆王朱㮵、岷王朱楩居然不见记载。

说李淑妃生太子及秦、晋二王，吴晗是信以为真的。他在《明成祖生母考》中据揣测推断马皇后无子后，轻率论定："高后既已考定无子，则《南京太常寺志》所记淑妃李氏生懿文皇太子、秦愍王、晋恭王，碽妃生成祖事当属可信。"李淑妃是李杰之女，史无异议。然而太子朱标生于至正十五年（1355年），李杰生于至顺二年（1331年），至正十六年（1356年）投奔朱元璋，时年二十六岁，其女怎么可能是朱标的生母？同样，晋王朱棡生于至正十八年（1358年），秦、晋二王也都不可能是李淑妃所生。

《南京太常寺志》既然有这么多无法解释的破绽，朱棣为来历不明的碽妃所生一说，还有多少可信？

张岱虽出身仕宦门第，自己并无功名、官职，仅凭与在太常寺任仪仗侍从的朱兆宣相识，就可以进入明孝陵旁观祭祀活动，孝陵管理的混乱可见一斑。朱希祖认为管理孝陵的太监擅自改变妃嫔配位，以满足游观者的猎奇心理，是有道理的。

不少研究者相信，明初所有官方文献都被朱棣做了篡改，那为什么就不怀疑，两百年之后才出现的《南京太常寺志》可能是以讹传讹甚或是伪造的呢？事实上，正是随着"建文帝出亡"的故事越编越玄，朱棣生母之谜也甚嚣尘上。

时值晚清，大报恩寺中又出现了一座碽妃殿。陈作霖《养和轩随笔》记："予幼时游城南大报恩寺，见正门内，大殿封闭不开。问诸父老，云：此成祖生母碽妃殿也。妃本高丽人，生燕王，高后养为己子，遂赐死，有铁裙之刑，故永乐年间建寺塔以报母恩。"嫡子的身份如此重要，朱棣既已为此修改所有文献记录，在《御制大报恩寺碑》文中又明确宣称是报明太祖与马皇后之恩，为什么要留下一个所谓的"碽妃殿"授人以柄？更无法解释的还有两点：其一，大报恩寺建成时间是宣德六年，朱棣早已去世，如何能在寺中设"碽妃殿"？其二，报恩寺殿宇在嘉靖年间被烧毁，周晖《金陵琐事》卷三记："嘉靖丙寅年二月十六日，异常风雨，雷火焚之，不两三时而尽，独僧房无恙。"天启年间《憨山年谱》记载更为详细：

四十五年丙寅，予年二十一，自禅期出。是年二月十八日午时，大雨如倾盆，忽大雷自塔而下，火发于塔殿，不移时大殿焚，至申酉时，则各殿、画廊一百四十余间悉为煨烬。

大报恩寺住持等十八人被逮入刑部，幸而免死。《康熙江宁府志》卷三十一载："嘉靖间，大殿毁，惟塔存。国朝康熙三年，居士沈豹募建大殿，规制宏丽，黄国琦有记。"即便康熙年间重建时真出现了一座"碽妃殿"，又与朱棣何干？

永乐迁都与徙富民

明成祖将首都从南京迁往北京，是在永乐十九年（1421年），但此前已和心腹大臣谋划十余年。永乐元年即改北平为北京，设北京留守行后军都督府、北京行部及国子监，使北京具有部分中央政府职能，并改北平府为顺天府。朱元璋改集庆路为应天府，以示"上应天命"，朱棣改北平为顺天府，以合"顺天应人"。永乐四年（1406年）开始修建北京行宫，名义上是为皇帝巡狩做准备，负责北京建设与管理的是太子朱高炽。永乐七年（1409年）春，确信南京政局已无须顾虑，成祖以处理北方边防事宜为名，登基后第一次巡狩北京，在北京设置行在六部和都察院，即临时中央机构，使这个副首都名副其实。同时，他开始在北京为自己营建陵墓长陵，等于非正式地表达迁都的决心。

鉴于北宋以来蒙古等民族对中原的威胁，从扰边侵掠到分土灭国，明太祖、明成祖都把北疆防御视为首要军务。成祖登基之初，即着手笼络东北女真部落，先后设立了一百多个卫所，又在西北哈密设立卫所，以集中力量应对不承认明王朝的鞑靼势力。在谋求与鞑靼"相与和好"的努力再次失败、明军北伐一度失利之后，永乐八年（1410年）二月成祖亲率六师北征并获胜。然而解决北疆问题，远非一场胜战所能奏效。永乐十二年（1414年）三月成祖率五十万大军再次北征，八月获胜后仍居北京（有记载说是因为中风），直到十四年（1416年）九月才回南京。不到半年，他又重返北京。尽管南京仍维持着太子监国的局面，实际上的国家政治中心已经偏向于北京。

迁都北京，并非某些人所想象的，皇帝一声号令即可实现。首先面临的难题，是北京地区经济匮乏，无从供应王朝生存所需的物资，从江南转运物资的代价又太大。几次北征的物资补给，已经对朝野形成了很大压力。洪武初年选择首都时所面临的经济状况，到永乐初年并没有多少改善。

从永乐元年开始，成祖就仿效太祖当年迁富民充实凤阳的办法，从直隶（南京）的苏州等十郡及浙江等九省迁徙富民充实北京，永乐二年迁山西九府民一万户充实北京，按明代两京十三省计，全国三分之二地区都有富民迁往北京。此外又将判杖、流刑的罪犯派往北京开垦闲田，并减免赋税，以促进农业生产发展。增设天津、通州、北京各卫仓储，又专在北京实行"纳米中盐"法，即贩运粮食到北京的商人，在粮价之外，可以得到一定的营销食盐定额，以鼓励粮商贩运粮食北上。官方转运，初时称"海、陆兼运"，一是沿袭元代以来的海运模式，二是由淮河逆入沙河，经陈州入黄河，转运北京。海运风险大，陆运耗费高，所以永乐九年（1411年）至十三年（1415年）间，兴工疏浚贯通漕河、会通河等水道数百里，建造船闸数十座，使江南漕船可以经大运河直达通州。贯通南北的大运河干线，虽在元代基本完成，但真正发挥作用实始于永乐时代。永乐十四年十一月，成祖召集群臣商议营建北京城事宜，迁都决策公开，虽然有一些大臣以各种理由反对，但内阁和六部重臣都表示了支持。永乐十九年（1421年）正月，成祖正式将朝廷百官迁往北京，南京持续五十三年的首都地位至此告终。尽管在洪熙元年（1425年）有过还都南京的打算，但明仁宗朱高炽只做了十个月的皇帝就猝死宫中。继位的明宣宗朱瞻基多年随同成祖北征，更理解定都北京的意义，也适应了北方的生活，遂不再做南迁的打算。

第五节
下西洋及其他

郑和外交下西洋

郑和下西洋,是永乐年间影响后世最为深远的事件,如今有一个全国性、若干地方性的研究会在作学术研究,南京龙江宝船厂遗址兴建了遗址公园和博物馆,2005年,国家邮政局发行了"郑和下西洋六百周年"纪念邮票。相关文献整理、研究著作和郑和传记不断出版,近年尤甚,不胜枚举。

郑和下西洋的意义,史家所见各有不同,大旨在"巡游南洋,示威海外,为中国超前轶后之奇举"(孙中山《建国方略》)。其目的,《剑桥中国明代史》归纳现当代学人观点说:

今天不清楚的是,永乐帝为什么要进行这些花费巨大的海上远航。它们被组织起来或许不是像某些人所说的那样是为了寻找被废黜的、或许逃亡在外的建文帝;皇帝似乎更像要寻找盟邦,或许是要探查备征服的新土地,虽然这些远航不具有军事目的。他进行这些远航实际上有很多理由:寻宝——郑和的船只叫"宝船";显示他的权力和财富;了解帖木儿的和其他西亚蒙古人的计划;扩大朝贡制度;满足他的虚荣心和他对荣誉的渴求;以及使用他的宦官队伍。不管怎样,这些活动反映了这位喜动不喜静的皇帝对帝国的世界秩序所持的看法和它应用于南洋的对外关系的看法。

这其中的大部分原因,实出于后世史家与学者的分析与揣测。《明史·郑和传》中讲得很简单:

成祖疑惠帝亡海外,欲踪迹之,且欲耀兵异域,示中国富强。永乐三年六月命和及其侪王景弘等通使西洋,将士卒二万七千八百余人,多贵金币。造大舶，修四十四丈、广十八丈者六十二，自苏州刘家港泛海至福建，复自福建五虎门扬帆，首达占城，以次遍历诸番国，宣天子诏，因给赐其君长，不服则以武慑之。五年九月，和等还，诸国使者随和朝见。

首次出航目的就是两条：寻找建文帝和示中国富强。前者十分复杂，待以专文细说。"耀兵异域"则是事实，郑和七下西洋，前三次都发生了战争。第一次是旧港（即三佛齐国），"其酋陈祖义，剽掠商旅，和使使招谕，祖义诈降，而潜谋邀劫。和大败其众，擒祖义，献俘，戮于都市"。明成祖"大悦"，郑和等各有赏赐。第二次是锡兰，"国王亚烈苦柰儿诱和至国中，索金币，发兵劫和舟"，郑和趁其国内空虚，"出不意攻破其城，生擒亚烈苦柰儿及其妻子官属"，九年（1411年）六月"献俘于朝，帝赦不诛，释归国。是时，交趾已破灭，郡县其地，诸邦益震詟，来者日多"。交趾即今越南北部。第三次是苏门答剌，"其前伪王子苏干剌者，方谋弑主自立，怒和赐不及己，率兵邀击官军。和力战，追擒之喃渤利，并俘其妻子，以十三年七月还朝，帝大喜，赉诸将士有差"。

《明史》的说法也是清代人所归纳。时代最切近的记录，见于《明太宗实录》，其卷四十三记永乐三年（1405年）六月十二日事："遣中官郑和等赍敕往谕西洋诸国，并赐诸国王金织文绮彩绢各有差。"

只有这样简简单单一句话，仿佛是一桩例行公事。不但宣德年间主持实录纂修的大学士杨士奇等没有阐述其深远影响，就连明成祖也未对其伟大意义发表重要指示。

准确地说，在永乐三年六月，这就是一桩例行公事。

为了解其背景，需要简单回顾明初的对外政策。

明代立国，太祖曾派使臣昭告各国，先后到访安南、高丽、日本等三十六国，与多国建立朝贡外交关系。但从洪武四年（1371年）开始，太祖已明确宣示不主动向海外用兵。《明太祖实录》卷六十八载，当年九月：

上御奉天门谕省府台臣曰："海外蛮夷之国，有为患于中国者，不可不讨，不为中国患者，不可辄自兴兵。古人有言：地广非久安之计，民劳乃易乱之源。如隋炀帝妄兴师旅，征讨琉球，杀害夷人，焚其宫室，俘虏男女数千人，得其地不足以供给，得其民不足以使令，徒慕虚名，自弊中土。载诸史册，为后世讥。朕以诸蛮夷小国，阻山越海，僻在一隅，彼不为中国患者，朕决不伐之。惟西北胡戎，世为中国患，不可不谨备之耳。卿等当记所言，知朕此意。"

对于海外诸国的交往，采取放任自流态度，只要"不为中国患"，朝贡与否由其自决。

洪武六年（1373年）肇始、二十八年（1395年）修订颁布的《皇明祖训》，首章第四款重申此意，且将为患中国者"不可不讨"的原则也取消了：

四方诸夷，皆限山隔海，僻在一隅，得其地不足以供给，得其民不足以使令。若其自不揣量，来扰我边，则彼为不祥。彼既不为中国患，而我兴兵轻伐，亦不祥也。吾恐后世子孙，倚中国富强，贪一时战功，无故兴兵，致伤人命，切记不可。但胡戎与西北边境，互相密迩，累世战争，必选将练兵，时谨备之。今将不征诸夷国名，开列于后。

计有朝鲜国、日本国、大琉球国、小琉球国、安南国、真腊国、暹罗国、占城国、苏门答剌、西洋国、爪哇国、湓亨国、白花国、三佛齐国、浡泥国等十五国，实即完全放弃对外交往，实行闭关锁国政策。

不征朝鲜的原因，《国初事迹》有说明，因朝鲜国王李旦进表：

前恭愍王金印，请朝鲜印及封王诰命，太祖不从。及为进笺，有犯主字样。太祖罪其使者，供称姓郑名某撰文。太祖将所贡金鞍等方物发还李旦，追要原撰笺文姓郑者。旦惧，以郑某送至京，太祖罪之，发云南安置。仍令守辽东都司禁革，不许高丽人通界，亦不许客商贸易，永远绝之。

外交文书有"犯主字样"，即犯了朱元璋的忌讳。他将文字狱推行到邻国，连朝贡和贸易都因此被禁止。

不征日本的原因，在注文中做了说明："虽朝实诈，暗通奸臣胡惟庸，谋为不轨，故绝之。"胡惟庸的罪状中确有私通日本一条，日本人认为很是荒唐。更现实的当是日本拒不配合解决倭寇问题，明王朝又无力解决，遂与日本绝交。

大琉球国后注文说该国"朝贡不时，王子及陪臣之子，皆入太学读书，礼待甚厚"，却也被列入。占城国后注文说："自占城以下诸国来朝贡时，内带行商，多行谲诈，故沮之。自洪武八年沮至洪武十二年，方乃得止。"可见明太祖的朝贡外交，是不包括贸易内容的，因南洋诸国借朝贡以行贸易，所以阻其前来，连阻五年，方才让各国绝望不来。其闭关锁国政策十分坚定。洪武末年，连接办海外朝贡事务的市舶司都被废除。

建文朝四年，在对外政策上谨遵祖训。朱棣登基之后，永乐元年即遣使臣昭告各国，派太监马彬出使爪哇、苏门答剌、西洋琐里，李兴出使暹罗，尹庆出使满剌加、柯枝等国。但此举与洪武初年的昭告各国已有明显不同。

《明通鉴》卷十四载，永乐元年十月：

上之即位也，遣使诏谕外蕃诸国，日本预焉。日本王源道义遣使表贡方物，到宁波，礼官李至刚奏："故事：番使入中国不得私携兵器鬻民，宜敕所司核其舶，诸违禁者悉籍送京师。"上曰："外夷修贡，履险蹈危，所费实多。有所赍以助资斧，亦人情，岂可概拘以禁令。至其兵器，亦准时直市之，毋阻向化。"

日本在洪武年间多次要求朝贡均被拒绝，是太祖明令不许朝贡的国家，成祖不但接受其朝贡，而且允许顺带贸易，不但允许普通商品交易，连违禁的兵器也可以按市价销售。"毋阻向化"，欢迎各国归化天朝，其政策取向十分清楚。十天后，日本使者来到南京，"上优礼之，遣官护送还国，并赍道义冠服、龟纽金章及锦绮纱罗细软之物"，同时决定向日本商人重开宁波、泉州和广州三市舶司。同卷又载永乐二年（1404年）四月琉球山南国使者事："山南使臣私赍白金诣处州市磁器，礼部尚书李至刚请论其罪，上曰：'远方之人，知求利而已，安知中国禁令。'悉赏之。"对外国使者违犯中国经济禁令亦不过问。

成祖的对外政策，不仅体现于具体事务处理，而且有明确的理论表述。《明太宗实录》卷二十四载，永乐元年十月：

上谓礼部臣曰："帝王居中，抚驭万国，当如天地之大，无不覆载。远人来归者，悉抚绥之，俾各遂所欲。近西洋回回哈只等，在暹罗闻朝使至，即随来朝，远夷知尊中国，亦可嘉也。今遣之归，尔礼部给文为验，经过官司毋阻。自今诸番国人愿入中国者，听。"

稍后：

西洋剌泥国回回哈只、马哈没、奇剌泥等来朝贡方物，因附载胡椒与民互市，有司请征其税。上曰："商税者，国家以抑逐末之民，岂以为利！今夷人慕义远来，乃欲侵其利，所得几何，而亏辱大体万万矣。"不听。

国家征商税的目的不是取利，而是压低商业利润，以防过多的人弃农经商。在对外交往上，更应该只算政治账，不算经济账。这一政策受到东南亚各国的积极响应，因为他们看到与中国交往的巨大商业利益。

《明史·外国传·朝鲜》记载，永乐元年，朝鲜国王李芳远即两次遣使朝贡，"帝嘉其能慕中国礼，赐金印、诰命、冕服、九章、圭玉、珮玉，妃珠翠七翟冠、霞帔、金坠，及经籍、彩币表里。自后贡献，岁辄四五至焉"。《明太宗实录》卷七十五载，永乐六年（1408年）正月初一，李芳远命十五岁的世子李禔为进表使赴南京贺岁，"贡马、金银器及方物"，受到隆重欢迎，初七"赐朝鲜王世子李禔织金绮罗、文绮、纱罗衣五袭，赐其陪臣兼从钞币表里有差"，李禔在南京住了近一个月，游览了朝天宫、灵谷寺、天禧寺等京师名胜，廿七日"李禔辞归。上亲制诗赐之，并赐白金、锦绮、书籍、笔墨、鞍马，遣中官黄俨送至其国，而赐国王朝服、白金千两、绒锦、绮罗百三十四"。

郑和首次下西洋，就发生在这样的背景下。倘若不是郑和发挥其才能，取得了前所未有的外交成果，那么也就相当于此前马彬、李兴等出使活动的继续。待其首航归来，情况就大不一样了。《明太宗实录》卷七十一载，永乐五年（1407年）九月初二：

太监郑和使西洋诸国还，械至海贼陈祖义等。……苏门答剌、古里、满剌加、小葛兰、阿鲁等国王遣使，比者牙满黑的等来朝贡方物，赐其使钞币、铜钱有差，仍命礼部赐其王锦绮、纱罗、鞍马等物。

第二天，"占城国王遣使臣济媚等陛辞，赐文绮、袭衣及钞有差"。九月初五，"命都指挥汪浩改造海运船二百四十九艘，备使西洋诸国"。九月初八，"新建龙江天妃庙成，遣太常寺少卿朱焯祭告。时太监郑和使古里、满剌加诸番国还，言神多感应，故有是命"。天妃庙的建造仅用六天时间，可见高度重视与紧迫。同一天，"旧港头目施进卿遣婿丘彦诚朝贡，设旧港宣慰使司，命进卿为宣慰使，赐印诰、冠带、文绮、纱罗"。如此紧锣密鼓，就是为了郑和第二次远航。五天之后，郑和率船队再下西洋，主要是送各国使节回国，并正式册封古里国王。

由此接二连三，成就了郑和统领史无前例的远洋船队，七下西洋，远航十余万里，到访三十余国的壮举。这只是永乐时代对外交往的一部分，《剑桥中国明代史》第四章中说，永乐至宣德初年，"明朝廷派了六十二个使团至东南亚各国，并接待了九十五个回访的使团，这还不算派至安南和从安南派来的使团","这些使团建立了与大部分重要国家——从菲律宾至印度洋、波斯湾和非洲东岸——的联系"。

对于下西洋的目的，郑和等于宣德六年立于福建长乐的《天妃之神灵应记》碑中有过说明：

皇明混一海宇，超三代而轶汉唐，际天极地，罔不臣妾。其西域之西，迤北之北，固远矣，而程途可计。若海外诸番，实为遐壤，皆捧琛执贽，重译来朝。皇上嘉其忠诚，命和等统率官校旗军数万人，乘巨舶百余艘，赍币往赍之，所以宣德化而柔远人也。自永乐三年，奉使西洋，迄今七次，所历番国，由占城国、爪哇国、三佛齐国、暹罗国，直逾南天竺锡兰山国、古里国、柯枝国，抵于西域忽鲁谟斯国、阿丹国、木骨都束国，大小凡三十余国，涉沧溟十万余里。

同为下西洋的当事人，费信《星槎胜览》中也只说郑和奉命"往诸番国开读赏赐""赍捧诏敕赏赐国王、王妃"等语，所开读的敕谕表达了朱棣"天下共主"的野心。这与他在北疆的连年远征如出一辙。费信并有诗道：

圣运承天统，雍熙亿万春。

元戎持使节，颁诏抚夷民。

莫谓江山异，同霑雨露新。

即所谓"宣德化而柔远人"。马欢《瀛涯胜览》中，同样没有提到寻找建文帝一事。

建文帝出亡渐成故事

与硕妃传说在天启年间异军突起不同，关于建文帝出亡的传说，从朱棣夺位后即已发端，草蛇灰线，愈传愈盛。

《国榷》卷十二载，建文四年（1402年）七月：

（朱棣）召前北平按察使陈瑛为都察院左副都御史。瑛性残刻，怨革朝甚深，暨入朝，曰："不以叛逆处彼，则我辈何名。"举朝大吏俱不答。瑛遂决意泄忿。一日哄传建文帝尚在，与诸遗臣图复。瑛密奏方孝孺、黄子澄诸家门生故吏，结党可虑，宜下令捕之。

建文年间陈瑛任北平按察使，因收受朱棣钱财，被人告发有异谋，建文帝将他逮往京师，贬谪广西，所以他对建文一朝深怀私怨。朱棣视他为心腹，登基后即委以司法重任。陈瑛明白朱棣的心病，只有将建文诸臣指为叛逆，新朝才具有合法性，故而"恣意罗织"，"蔓延十族"，如此逢君之恶，故《明史》将其列入《奸臣传》。其时关于建文帝尚在世、图谋复辟的"哄传"，很可能是陈瑛们为迫害政敌而造的谣言。

永乐十四年（1416 年）七月，蜀王朱椿第三子崇宁王朱悦燿因罪逃避到谷王府。谷王朱橞自以为开金川门迎驾，对成祖夺位有大功，而得到的封赏不能让他满意，原已在暗中筹划谋反，趁机用朱悦燿冒充朱允炆，对外扬言以招兵买马："建文君尚在，金川之役，我出之，今居我所，将伸大义，发有日。"结果被蜀王朱椿举报，成祖当即下旨命送朱悦燿归蜀，召朱橞回南京。次年正月朱橞被废为庶人，监禁至死。朱橞试图打建文帝旗号为自己的反叛提供合法性，是相信建文帝仍有一定社会影响力和号召力。然而，自朱棣为建文帝举行葬礼，朱允炆的社会身份即已死亡，无论他是否尚在人世。

黄佐《革除遗事》卷一记洪熙年间事：

仁庙尝谓群臣曰："若孝孺辈，皆忠臣也。"诏奸臣党与从宽典。方氏遗族因立祠堂以祀孝孺。后知县郭绅从而新之。成化初，郡人谢铎蒐辑其遗文，梓行于世。

朱棣刚死，继位的明仁宗就有诏从宽处理建文旧臣，方氏遗族已开始活动。可见"诛十族"并非事实。

弘治、正德年间重臣王鏊《王文恪公笔记》中，有"建文"一条：

太宗师至城下，文阖宫自燔死。然或传实自火逃出，或传蜀府兵来赴难，窃载以去。然莫察其实，故遣胡濙巡行天下，以访张仙为名，实为文也。终是莫知所之。后至正统间，有御史出巡，忽一僧当道立，从者呵之，终不避。问之，乃献诗云云。询之，乃文也。御史奏之朝，诏廷臣询，亦不察虚实，后卒于中云。其诗曰："流落江南四十秋，归来白发已盈头。乾坤有恨家何在，江汉无情水自流。长乐宫中云气散，朝元阁上雨声愁。新蒲细草年年绿，野老吞声哭未休。"

王鏊于成化十一年（1475）中探花，授翰林编修，距永乐夺位不过七十年，然其所记已全属传言，皆"莫察其实"。只有这一首诗，不断被后继者转录，且根据需要稍作改动，如改"流落江南"为"牢落西南"。王鏊去世于嘉靖三年（1524 年），此书当成于正德年间。在记载建文出亡诸书中，时代似为最早。

黄瑜从景泰末年到弘治八年（1495 年）间撰《双槐岁钞》，卷二"咏初月"条：

> 父老相传，懿文皇太子生皇孙建文，顶颅颇偏，高庙抚之曰"半边月儿"，知必不终。及读书，甚聪颖，肚夕，懿文与之侍侧，上命咏初月。懿文诗曰："昨夜严陵失钓钩，何人推上碧云头。虽然未得团圆相，也有清光照九州。"皇孙诗曰："谁将玉指甲，掐作天上痕。影落江湖里，蛟龙不敢吞。"上览之默然，盖知懿文必早世，而皇孙将免难也。乃授钥匣，戒以临难乃启。比得披剃之具与杨应能度牒，出走，无知者。正统庚申春，思恩土官知州岑瑛奏送还京。

此说朱允炆化名杨应能为僧，独身出走，没有人知道。但《双槐岁钞》著作虽早，刊印则在嘉靖二十八年（1549年），此前曾经其孙黄佐增补，黄佐《革除遗事》中完整记载了建文帝出亡及回归事。所以此条是否完全出于弘治年间尚不无疑问。朱允炆这一首新月诗，钱谦益《列朝诗集小传·乾集》中指出："考杨维桢《东维子诗集》，此诗为维桢作，则诸书皆傅会也。"

嘉靖初年间进士梁亿《遵闻录》载：

> 太宗皇帝入靖内难，建文君披剃南遁，隐于云南之某寺，至成化某年，时年已八十余矣。一日至布政司，自言某为某人，且曰："久在外思归。"盍为无计度，布、按三司遂谋于沐国公，载以槛车而致诸北京，其过某处，尝有诗云："流落天涯八十秋，萧萧白发已盈头……"

朱允炆二十二岁即位，年"八十余"不可能"流落天涯八十秋"。

嘉靖三十六年（1557年）高岱撰《鸿猷录》卷八《长驱金陵》载："相传谓：'太祖顾命时，以小箧封识甚固，密授建文君曰：他日危难，发之。及是发视，则披剃具及缁衣，并僧杨应能度牒也。建文君乃出走为僧。后至天顺中，年八十余，乃自言于广西守臣，送之入京。'"此说与《双槐岁钞》略同，当是建文出亡故事的最初形态，朱允炆一个人改装逃走，化名杨应能。

同样成书于嘉靖年间的《建文皇帝遗迹》，说法就繁复多了：

> 初，太祖临崩，治命密敕一封柜，召太孙曰："此柜不可妄启。汝若遇难时，速启视之，即无害也。"至是，靖难师将逼，启视其柜，见一刀、一度牒，上有敕曰："汝欲生，可将此牒投往它处为僧，后宫某处有密地可通。汝其不然，将刃自尽。"于是少帝竟削发以逃，天下之人实皆不知其生也。

高岱的"相传谓"至此已被落实。后文又说到建文帝宣德元年（1426年）回归，自诉"吾今年余七十，来无所望，只欲还家，死于自土上耳"。经太监和众臣辨认，明宣宗有诏"厚养于诸王馆中。未几，一夕暴卒，众皆疑其遇毒也。后命以公礼葬于郊外"。姑不论宣德元年朱允炆才五十岁出头，是一个明显的破绽，其所求已仅限于作为自然人的"叶落归根"，完全丧失了政治意义。

隆庆元年（1567年）成书的郑晓《吾学编》中有《建文逊国记》：

或曰帝发火宫中，即削发为僧入蜀，或曰去蜀未几入滇南，常往来广西、贵州诸寺中。天顺中出自滇南，呼寺僧曰："我建文皇帝也。"寺僧大惧，白官府，迎至藩堂，南面跣足坐地，自称朱允炆，曰："胡濙名访张邋遢，实为我。"众闻之悚然，闻于朝。乘传之京师，有司皆以王礼见，比至入居大内，以寿终，葬西山，不封不树。

朱允炆现身的时间，至此已经有了正统、宣德、天顺三种说法。

《吾学编》中又有《建文逊国臣记》，卷一载："弘治中，天台人缪恭学古行高，晚年走京师，上六事，其一绍绝属，请封建庶人后为王，奉祀懿文太子。"通政司官员见奏大惊，骂缪恭找死。明孝宗没有深究。嘉靖二年（1523年）进士叶良佩《叶海峰文集·七先生传》中有缪恭小传，说"弘治初诏求直言，先生以布衣上书言六事，一曰保神器，二曰崇正学，三曰绍绝属"，"其曰绍绝属者，谓懿文太子功在社稷，宜择贤宗室封国，以继其祀"。姑不论永乐年间已为懿文太子立嗣继祀，择宗室子弟继懿文太子祀与封朱允炆后代为王，完全不是一个概念。《建文逊国臣记》混淆言之，有明显的倾向性。

此书卷一又载：

嘉靖十四年，给事中云南杨僎请表扬建文诸忠臣，下礼部议。议未上，今皇帝因召对礼官，问曰："昨给事中言建文诸臣事，云何？"夏言对曰："诸臣误君乱国，先朝诛殛，岂宜褒录。"今皇帝色变曰："言官得无诮朕？"言对曰："言官本书生，初入仕，闻人言建文诸臣死事时甚烈，以故辄为陈说耳。"今皇帝色霁，明日上议，亦不罪僎。

夏言时为武英殿大学士、礼部尚书，虽然表彰建文忠臣的提议被他否定，但此事已可在朝廷公开讨论，"建文诸臣死事时甚烈"已成为正面形象，故而明世宗会担心处置不当被御史批评，可见舆情之一斑。

万历年间，建文逃亡的流言再次引发宫中讨论。《明神宗实录》卷三十记万历二年（1574年）十月，神宗询问建文帝下落，张居正说："国史不载此事。"却又将"先朝故老相传言"讲给皇帝听。君臣二人对于建文出亡都已信以为真。

《明神宗实录》卷一百五十九，记万历十三年（1585年）三月"释革除年坐忠臣方孝孺等谪戍者，浙江七百一十三人，江西三百七十一人，福建二百四十四人，四川四十一人，广东三十四人"。当年受牵连被流放者的后人，都被释放回乡。时隔一百八十年，获释的已是建文"忠臣"的第五代或第六代后裔了吧，先祖的忠烈留给他们的记忆唯有屈辱和痛苦，当下的皇恩浩荡一定会令他们感激涕零。

《明神宗实录》卷二百八十九，记万历二十三年（1595年）九月"礼科给事中杨天民请改正革除年号"。建文朝被革除和景泰帝被作为明英宗的附录，是明代纂修史书时无法回避的问题。因为永乐之后历代明帝都是朱棣后裔，所以万历十六年（1588年）只解决了附录问题。杨天民引经据典，并指出："夫元史可修，奈何失其于当代？胜国之君可谥，奈何削其号于本朝？景泰之位号可改，奈何靳其名于建文？一时死事之臣可褒，奈何遗弃其君而令湮没于百世？"建文朝的忠臣得到表彰，他们效忠的皇帝却不被认可，诚令人无可奈何。"奏上，诏以建文事迹附太祖高皇帝之末，而存其年号"。

逊国与回归的神话

在此背景下，建文帝传说向两个方向发展。有人说朱允炆是有意让出天下，可比古代周泰伯和吴季札。如顾起元《客座赘语》卷一"壬午"一条中说：

> 余尝谓建文于靖难师起，手诏军中："毋使万世之下，朕有杀叔父名。"及靖难师至，潜身远遁，又毋使万世之下成祖有放逐名，真可谓"三以天下让"矣。是以成祖即大位之后，人言纷纭，不复诏天下大索者，或亦有以动其心也。

朱允炆的退让感动了叔叔，所以朱棣没有大张旗鼓追捕朱允炆。这说法符合传统礼教，让叔侄俩都能维持一种美好形象，但是不符合大众猎奇心理，所以影响甚微。

建文帝率诸臣流亡与晚年回归的传说，就丰富得多了。《明史》卷一百四十三王艮等传，记程济、河西佣、补锅匠等人后说：

其后数十年，松阳王诏游治平寺，于转轮藏上得书一卷，载建文亡臣二十余人事迹，楮墨断烂，可识者仅九人，梁田玉、梁良玉、梁良用、梁中节，皆定海人，同族，同仕于朝，田玉官郎中，京师破，去为僧。良玉官中书舍人，变姓名走海南，鬻书以老。良用为舟师，死于水。中节好老子太元经，为道士。何申、宋和、郭节皆不知何许人，同官中书，申使蜀，至峡口，闻变呕血，疽发背死。和及节挟卜筮书，走异域，客死。何洲，海州人，不知何官，亦去为卜者，客死。郭良，官、籍俱无可考，与梁中节相约弃官为道士。余十余人并失其姓名。缙云郑僖纪其事为《忠贤奇秘录》，传于世。及万历时，江南又有《致身录》，云得之茅山道士中。建文时侍书吴江史仲彬所述，纪帝出亡后事甚具，仲彬、程济、叶希贤、牛景先皆从亡之臣。又有廖平、金、焦诸姓名，而雪庵和尚、补锅匠等具有姓名官爵。一时士大夫皆信之，给事中欧阳律调上其书于朝，欲为请谥立祠。然考仲彬实未尝为侍书。《录》盖晚出，附会不足信。

就是这样来历不明的一卷书，此后被演绎成枝蔓繁复的建文出亡故事。其实《忠贤奇秘录》中只说诸臣逃亡，与建文帝逃亡毫无关系。将两者嫁接起来的是《致身录》。作为一朝正史的《明史》，明知晚出的《致身录》"附会不足信"，仍不得不记此一笔，可见其当时影响之大。

《忠贤奇秘录》，初见于郑晓《吾学编》所载《建文逊国臣记》卷六，"某部郎中梁田玉"一条，述王诏发现此书经过，与《明史》所载略同，"诏怜其忠，又得之异，各赞数语，题曰《忠贤奇秘录》"。《建文逊国臣记》卷五"国子博士黄彦清"一条中说：

靖难兵入京之夕，郎、御史、给、舍四十余人相与缒城遁去，诘朝御史以闻，文皇不问。已而深山穷谷中往往有佣贩自活、禅寂自居如所谓雪庵和尚者，其志盖可悲云。

这当是逃亡诸臣的真实状况，成祖认为这些逃亡者不值得过问。卷六记"中书舍人何申"事迹后多所感慨，有道：

靖难时死者无虑千人，宋、张、林、黄诸君子百方搜考，仅得百余人。此二十余人幸而不死，又得好义者密录其姓名，藏之萧寺秘处，历百余年而王诏始见之，缙云郑僖为识其事，竟以纸字磨灭故，仅得九人，其十一人不可考矣。

既明确说"历百余年"，则萧寺藏书故事即便不假，王诏得见此书也不会早于正德年间。

《建文逊国臣记》卷五"翰林编修程济"一条载：

建文君急召济入问计，济曰："天数已定，唯可出走免难耳。"立召僧为建文君落发，济从之出，每遇险，几不能脱，济以术脱去。相从数十年，后随建文君至南京，人尚识济。至京，莫知所终。

程济是第一个被明确随建文帝出亡的人。《吾学编》成书已是隆庆元年（1567年）。

喜听奇谈怪论的祝允明，在《野记》卷二记下了建文帝现身的三种说法。其一与《建文皇帝遗迹》略同，但辨认的老宦被确指为吴诚，吃桃子变成了吃肉片：

内竖往视，咸不识。庶人曰："固也，此曹安得及侍我。"为问吴诚在无。众以白上，上命诚往，诚见庶人亦迟疑。庶人曰："不相见迨四十年，亦应难辨矣。吾语若一事，昔在某年月日，吾御某殿，汝侍膳，吾以箸挟以啇肉赐汝，汝两手皆有执持，不可接，吾掷之地，汝伏地以口噎取食之，汝宁忘之邪。"诚闻大恸，返命言信也。

其二说：

或曰庶人削发乘马自朝阳门出，行至河南居某寺。寺僧亦不之知。一日有盗劫寺，俄而一文官一武弁同来捕，围其寺且将屠之。僧徒杂扰，庶人大书黄布悬出曰："圣旨令官军散。"二官执而问之，庶人道其实，遂闻于朝。朝命某二官往迎取驿赴阙下，置之禁中。时正统间事，与前闻异辞。

三是说建文帝隐藏在"沐黔公府，后沐为奏还"。三说各异，但都是建文帝一人逃亡。

万历四十七年（1619年）始出版的《致身录》，托名史仲彬（亦作史彬）所作，崇祯年间又出现了托名程济所作的《从亡随笔》。两书记载亦有不相吻合之处，主要是《从亡随笔》删去了朱元璋未卜先知的神话，强化了程济机敏处事的成分，将真赝莫辨的建文帝出亡认定为事实，再与本不相干的诸臣逃亡相嫁接，敷演成一个破绽百出的故事。又如《致身录》载从亡者有浙江按察使王良，但《革除遗事》中明载王良抱印自焚，成祖得知后说："死自其分。印乃吾父皇所制，不宜毁。若毁，特可罪尔。"《从亡随笔》就删掉了王良的名字。

晚明至清初，这两本书流播甚广，文人学士多有信以为真者。陆人龙《型世言》第八回《失智终成智，盟忠自得忠》即敷演程济与建文帝出亡故事。陆人龙之兄陆云龙是李清的学生，作回末批语："靖难中一千死节、行遁诸君子，真忠臣也。然业为君臣，听他流离道路，每一念及，能无怃然乎！则程编修之间关卫主，固一忠之尤耳。"又如张岱《石匮书·建文本纪》、谈迁《国榷》卷十二都大量引录两书内容。清顺治年间谷应泰《明史纪事本末》中有《建文逊国》一卷，可谓集大成者，绘声绘色，种种细节写得如同亲见。

不肯轻信此类"小说家言"的史家颇多。潘柽章《国史考异》卷四中于此事有考证：

> 逊国诸书，真赝杂出，盖作俑者，王诏之《奇秘录》，而效尤者，史彬之《致身录》也。二书皆浅陋不经，而《致身录》以缘饰从亡事，尤为流俗所歆美。崇祯中南京科臣欧阳调律上其书于朝，钱学士谦益乃据吴文定所撰彬墓表作《致身录考》。

钱谦益依据史仲彬墓表所载生平事迹，判定史仲彬从未任过翰林院侍书，并从十个方面分析其不可能随建文帝逃亡。弘光年间有大臣提议将逊国诸臣配享建文帝庙，礼部初列名单中有《致身录》所载诸人，经李清举证辩驳，"夫为是书者尚赝，而书中所列之姓名其赝可知"，史仲彬等被剔除。

《国榷》卷十二虽谓"《致身录》与程济《从亡随笔》并传，是以知建文帝实不没也"，但其后辑录历代史家评述，也保留了几条反对意见，如王世贞分析正统年间冒名朱允炆的僧人故事："是时英宗年少，三杨皆其故臣，岂其不能识，而仅一吴诚识之？"大学士杨士奇、杨荣、杨溥都是建文朝旧臣，难道连皇帝都认不出来，非得找一个老太监来辨认？又如南京人顾起元说："弇州谓正统复出之说妄，直据史断之，其言良为有见。予又疑靖难师至日，搜宫捕奸，爬梳亡遗，当时谁敢指后尸诳为帝者？"又记冯时可言："由二百年后，臆决前事，亦难矣。"潘柽章也有类似的看法："余谓惠帝而不出亡则已，惠帝而出亡也，当如龙潜凤溟，惟恐不密，又肯于三十载后无故挺身，自蹈网罗，以期不可知之福哉？"

谈迁《国榷》卷十二中说："王元美最博洽，颇疑逊国事，以《致身录》《从亡随笔》二刻晚出，未及见之耳。"王世贞万历十八年（1590年）去世，没有看到这两种书的出版。《致身录》自万历末年问世，到崇祯十七年（1644年）至少已翻刻十次，大学士钱士升此时又"寻访"到了《从亡随笔》和《拊膝录》，再加上自祝允明《野记》中摘出的《黄陈冤报录》，汇刻为《逊国逸书》四种，更成为一种热销读物。所以胡适说其"大概是国变之际南方书贾的一种投机牟利的事业"（《建文逊国传说的演变》）。书商为牟利计，只要故事编得能自圆其说，情节离奇出人意表，细节丰富生动逼真，"为流俗所歆美"，即能唤起读者的阅读欲与购买欲。朱国桢曾说建文出亡，全赖程济神术护卫："文皇终以成王藉口，欲穷其往，而无奈护行之神术。自古有变事，有恨事，即有奇事。奇莫奇于程编修矣。"民国年间，孟森作《建文逊国事考》，指出：

> 阖宫自焚，以死殉国，建文之正也。后人不见正史，妄相附会，皆因心恶成祖诛夷诸忠烈之惨，而不忍建文之遽陨，故诡言刘基之秘箧、程济之幻术，以神奇其说耳。

至于是否符合历史真实，并不重要。如前文所述，从宫廷议论，到文人笔记，到来历不明的秘书、道书，再敷演为《致身录》之类的故事，其来龙去脉是相当清楚的。20世纪末以来成为出版热点的大散文、文化散文，同样不乏取此路数者。

"寻找建文帝"的误传

建文帝出亡之说真赝莫辨，寻找建文帝的故事因此得以成立。

据说明成祖对建文帝葬身火海半信半疑，所以派人从海、陆两路寻找建文帝。海路即郑和下西洋，前文已辨明其与此无关。陆路是指户部郎中胡濙"遍行天下州郡乡邑"，"隐察建文帝安在"。

《明史·胡濙传》中说：

> 惠帝之崩于火，或言遁去，诸旧臣多从者，帝疑之。五年，遣濙颁御制诸书，并访仙人张邋遢，遍行天下州郡乡邑，隐察建文帝安在。濙以故在外最久，至十四年乃还，所至亦间以民隐闻。母丧乞归，不许，擢礼部左侍郎。十七年复出巡江、浙、湖、湘诸府。二十一年还朝，驰谒帝于宣府。帝已就寝，闻濙至，急起召入。濙悉以所闻对，漏下四鼓乃出。先濙未至，传言建文帝蹈海去，帝分遣内臣郑和数辈浮海下西洋，至是疑始释。

胡濙在外访查的时间非常之久，尤其是永乐十四年（1416年）前后，胡濙母亲去世，成祖都不许他回家守孝，可见紧张的程度。有人猜测是因为这时正好发生了谷王朱橞假托建文帝谋逆的大事，其实明成祖处理此事并未大动干戈。

真正让成祖不放心的，是太子朱高炽。成祖自永乐十二年（1414年）三月率军北征，直到永乐十四年（1416年）九月才南返京师，其间由太子朱高炽监国。意图夺嫡的汉王朱高煦谣言诬告太子处理国事未能恪尽职守，致辅佐太子监国的大学士杨士奇、黄淮入狱，杨士奇不久获释，黄淮直被囚禁到朱棣去世才得出狱。深受成祖信任的胡濙此时被派往南京，其任务实是暗中考察太子。《明史·胡濙传》中说："皇太子监国南京，汉王为飞语谤太子。帝改濙官南京，因命廉之。濙至，密疏驰上监国七事，言诚敬孝，谨无他。帝悦。"此事的重要与急迫，使得成祖不许胡濙回乡守孝。

胡濙明察暗访如许年，始终不曾找到朱允炆的踪迹，尤其他还有一个明显的生理特征——"顶颅颇偏"，剃了光头便可以一望而知。永乐二十一年（1423年），已在迁都北京之后，胡濙又一次进京复命，当时成祖率军北伐，正在宣府（今宣化）行宫，胡濙飞马赶去，六十四岁的皇帝已经睡觉，听说胡濙到来，当即起身，与胡濙一直密谈到四更天。可以想见，胡濙汇报的内容一定复杂曲折。倘若朱允炆已死，那就不过是几句话的事，没什么好讨论的。

不过这都是清初人的揣测，显然受到建文帝出亡传说的影响。胡濙自己的说法完全不同。永乐二十一年七月初四胡濙在《进〈卫生易简方〉表》中，说到自己多年出使的任务，是搜求药方：

臣出自医家，生逢圣世，夙承教养，尝趋孔孟之门庭，重沐熏陶，复究轩岐之事业。过蒙拔擢，深愧凡庸。幸沐宠荣而任使，俾驰轺传以咨询。岁月无拘，江湖任适。由是名山大川，雄藩巨镇，固皆遍历无遗，绝域殊方，偏州下邑，亦各周流迨尽。惟圣主抚大同之运，故微臣罄博采之勤。访缉搜求，经十七载，讨论讲究，阅千万人。网罗南北之奇良，搜辑古今之秘要。取其省易，不特便于旅途，拔其精华，实有利于人己。收裒既广，效验亦多，夙夜欢欣，心神健羡。自朝及夕，考古验以分门，比其类而列款。网维不紊，群队无差，举册可以对证求方，疗疾更须随宜用药。

搜求到的药方，胡濙并且亲自做临床验证："臣固不专斯业，间尝窃玩方书，遇疾必投剂以救援，获效辄服，特醯鸡之见、鼹鼠之能耳。"他又说到明成祖要求搜集这些药方，旨在"无分军民商旅，普济贫病饥寒"，"伏睹比年以来，凡用军民力役，悉皆给赐衣粮，又必预为药饵，恤其饥寒，救其疾苦"，"至若命臣出使，亦赐御药俱行，使四海八方，均沾圣泽，际天极地，共沐恩波"。

胡濙的说法，得到大学士杨荣和金幼孜的证实。宣德二年（1427年）胡濙出版所编《卫生易简方》时，杨荣在《〈卫生易简方〉后序》中说：

昔我太宗文皇帝尝命礼部侍郎胡公源洁，遍游天下名山，俾以御编《性理大全》《为善阴骘》《孝顺事实》诸书，劝励士庶。而又俾其广求奇方妙药，修合良剂，以扶植疲癃，德至溥也，曷尝以为惠，道至隆也，何尝以为功。惟公克推先帝天地生物之心，周览四方，遇名医异人辄就而咨询之，所得奇方日增月益，不可胜计。

金幼孜《书〈卫生易简方〉后》说得更清楚：

公在永乐间，由给事中擢礼部侍郎，恒奉命出使四方，凡山川风物之异宜，民生习俗之异尚，莫不历览而周知其故。间以方书所载及时俗所传医药之品，施以济人，辄藉记而验察之。岁月既久，所得益多，乃复精加博采，区分类别，编集成书，为十二卷，名曰《卫生易简方》，其用心亦勤矣。永乐癸卯秋，予扈跸塞外，公适以事赴行在，且进是书。时秋半，天甚寒，上召公至幄中与语，披阅再四，极加称赏，逮夜取烛，命中贵人以玺识其上，匣而藏之，及退已二鼓矣。予窃庆公荣遇之隆，而深喜是书之遭也。

同时任大学士的王英在《书〈卫生易简方〉后》中也说："公为侍郎时，奉使命于四方，观风问俗之余，又博采古今医方，其可征验者，分类而编辑之，曰《卫生易简方》，表进于廷，太宗文皇帝嘉之。"胡濙的《墓志铭》和《神道碑铭》中，也表达了同样的意思。

杨荣和金幼孜是明成祖信用的重臣，数次随从北征，永乐癸卯即二十一年（1423年）秋，胡濙夜见明成祖，杨荣与金幼孜都在场，那一次深夜长谈的话题，其实就是胡濙所访得的药方。金幼孜说胡濙有将"山川风物之异宜，民生习俗之异尚"上达天听的任务，由谈论风物、习俗而进献医方，可谓顺理成章。试想，胡濙若真是与明成祖密谈建文帝下落，忽然拿出这本医方来，明成祖会是什么反应？多半要怀疑胡濙寻访建文帝心有旁骛而未尽全力吧。

《明史·胡濙传》中所描写的宣府（今宣化）"密谈"，就是由此演化而成。

天顺七年（1463年）胡濙去世，李贤《礼部尚书致仕赠太保谥忠安胡公濙神道碑铭》中，在叙胡濙以御制诸书劝励士庶之前，加上了这样一句话："丁亥，上察近侍中惟公忠实可托，遂命公巡游天下，以访异人为名，实察人心向背。"这里说的"异人"，系指张邋遢，即张三丰。《明史·张三丰传》载：

永乐中，成祖遣给事中胡濙偕内侍朱祥赍玺书香币往访，遍历荒徼，积数年不遇。乃命工部侍郎郭琎、隆平侯张信等，督工夫三十余万人，大营武当宫观，费以百万计。

此事史无异议。金庸武侠小说中将张三丰塑造成武当派创派祖师，亦基于此。关于张三丰时代最早的记载，可能是《双槐岁钞》卷九"东海二仙"中所言："永乐中，遣都给事中胡濙、道录任一愚、岷州卫指挥杨永吉访求，未获。天顺末，或隐或见。"

"察人心向背"，固是每个专制帝王的心结，而靖难夺位的明成祖，有着明确的对立面。到了建文逊国话题日渐松弛的正德、嘉靖年间，朝野两面便很自然地认定胡濙的寻访异人，就是寻访建文帝。最早见于记载，或即《王文恪公笔记》所言："故遣胡濙巡行天下，以访张仙为名，实为文也，终是莫知所之。"郑晓《吾学编》之《建文逊国记》中，让自称建文皇帝的寺僧扬言："胡濙名访张邋遢，实为我。"《建文逊国臣记》卷八"太监吴亮"条载：

建文君焚宫逊去，文皇疑匿于僧溥洽所，永乐乙酉以他事禁锢溥洽，命胡给事中濙以访张邋遢为名，又遣太监郑和等下西洋，遍物色，不可得。

此吴亮即《野记》所说的吴诚，后辨认建文帝情节大略相同，只是将脔肉换成了子鹅："我昔御便殿食子鹅，弃片肉于地，汝时手执壶，狗舔之。"急切之间，记得的偏是他人四十年前的丑态，可见此君亦非仁厚之辈。

此后传之者渐多，建文帝出亡的故事越编越神奇，参与创作的多是官员。相对于情节的破绽、细节的矛盾，更值得思考的是这些官员的心态。他们所效忠的皇帝，都是明成祖朱棣的后代，为什么会热衷于建文帝的故事呢？或许，在他们的心目中，皇帝始终是一种神圣的存在。每个皇帝的登台与退场都应是史家大书特书的重要内容，寿终正寝不必说，就是亡国丧身、被篡遭弑，也都应一一记载详明。建文帝的活不见人、死不见尸，对于一向以史学成就为自豪的中国，不能不说是千古奇闻，而对于一向富于史家情怀的中国士大夫，也就成了一个施展才能的绝好题目。

同样值得思考的是，这些故事流传数百年，直到当下仍有人乐此不疲，不断发现建文帝的各种新遗迹。除了旅游资源对于地方政府的诱惑力之外，起作用的可能就是某些学无根底者的功利心了。

或许正因为精通医术，胡濙活到八十九岁的高龄，历事建文、永乐、洪熙、宣德、正统、景泰六朝，任礼部尚书三十二年，累加至太子太师，天顺年间才退休。不过他后来的活动主要在北京，在南京没有留下什么痕迹。郑和就不同了，不仅有许多为人所乐道的传说故事，而且给南京留下了一系列有形的文化遗址。南京太平南路郑和府邸旧址兴建了郑和纪念馆和郑和公园。牛首山麓的郑和墓，尽管只是衣冠冢，也是一种时代与勋业的标志。又有天妃宫和静海寺，南京人见诸史册的航海活动虽始于东吴，但妈祖崇拜则肇端于下西洋。尤其是举世闻名的龙江宝船厂遗址，为下西洋制造了大量高规格的宝船。

龙江宝船厂因邻近龙江关（今下关）而得名。20世纪80年代，当地尚存多处与造船相关的地名，有七个作塘（船坞）的具体方位可以辨识，而以四、五、六作塘保存最好，其中四作塘规模最大，长约三百米，宽约七十米，水深约一米，足以建造郑和船队的大小船舶。1957年5月，六作塘出土了一根长逾十一米的巨型舵杆，安装这种舵杆的船舶，长度当在一百六十米左右，有可能是郑和下西洋时大䑸宝船的配件。

早在洪武初年，已陆续从浙江、江西、湖广、福建及南直隶（今江苏、安徽）滨江府县等造船地区征调能工巧匠四百余户到京，使南京地区的造船业迅速成长。明代南京造船业组织完善，分工明确，管理规范，形成了专业化的工匠队伍和定型化的行业规模，就船型设计、模型制造、船坞设备、滑道下水等技术而言，已达到16世纪前世界木帆船建造的顶峰。撰著《中国科学技术史》的英国学者李约瑟，曾惊叹中国的造船业当时"远远走在欧洲的前面"。

南京的江海文化传统，也由此得到弘扬与发展。

第十三章

留都南京

第一节
正德南巡故事

南巡轶话

正德十四年（1519年）十二月，明武宗南巡抵达南都，在此驻跸九个月。其间南都官员与明武宗的宠臣、提督赞画机密军务江彬斗智斗勇，留下了不少让南京文人引以为傲的故事。

明武宗是明代荒唐皇帝之一。他本已有意南巡，恰正德十四年六月宁王朱宸濠在南昌谋反，遂决意御驾亲征，自称"威武大将军"。尽管巡抚南赣都御史王守仁（号阳明子，世称阳明先生）在七月底已将朱宸濠擒获，武宗仍于八月下旬率数万边兵南下，接到王守仁捷报也压下不公布，沿途胡作非为。《明武宗实录》卷一百八十一记载，太监吴经提前到扬州，选民居壮丽者改为提督府，作为行宫。吴经又揣摩皇帝心意，到处找处女、寡妇，闹得民间惊慌，有女儿的人家或连夜嫁人，或乘夜躲藏。吴经暗中查访出寡妇及娼妓家，半夜突然打开城门，谎称皇帝驾到，令通衢燃炬，光如白日，他率兵丁闯入人家把妇女抢出，为查藏匿者甚至破墙毁屋，被他查访到的妇女没有一个幸免，满城一片哭声。吴经把妇女分送到尼寺中寄住。十二月初一明武宗到扬州府，第二天"以数骑猎于府城西，遂幸上方寺。自是数出猎"。此出猎自是猎艳无疑。在扬州浪荡近一个月，直到十二月底圣驾才渡江至南京。

《明史·江彬传》载，江彬因"督东厂、锦衣官校办事"，兼管东厂和锦衣卫这两个令人谈虎色变的特务机构，到南京后"跋扈甚，成国公朱辅为长跪，魏国公徐鹏举及公卿大臣皆侧足事之。惟参赞尚书乔宇、应天府丞寇天叙挺身与抗，彬气稍折"。朱辅时任南京守备，掌节制南京诸卫所及南京留守、防护事务，兼管南京中军都督府，是南京最高军事官员，居然在江彬面前长跪不起。

周晖《金陵琐事》卷一有"三人协力"故事，明武宗南巡时，乔宇为南京礼部尚书，寇天叙为应天府丞代理府尹，太监王伟为内守备。三人同谋协力，持正不阿，使南京免遭不测之祸。寇天叙是山西人，与乔宇同乡，身材魁伟，眼稍近视，每日戴小帽、穿便衣坐堂。除了皇帝所需的一切开销，江彬带来的边防军数万人，也需南京出钱粮供养。江彬差人来，寇天叙假装看不见。待差人到了大堂上，才起身行礼，尊称钦差，诉苦说："南京百姓穷，仓库又没钱粮，无可借办。府丞所以只穿小衣坐衙，专待拿耳。"寇天叙每天穿便服坐堂，表示随时准备因供给不周被捉拿，以此应对江彬需索。差人无可奈何，径去回话。每次如此，江彬也就不来了。

又"城门锁钥"条，记乔宇在宁王叛乱之际及时采取有力措施，明武宗南巡亦应对得当。武宗以平叛为名南巡，有旨命南京百官都穿军服进见。乔宇说，南、北两京礼仪一体，不可有异，仍穿朝服率群臣进见。当时江彬深受宠信，权倾一时，统边兵数万屯聚南京，暗怀不轨之心。乔宇以雅量令其折服。江彬初时打算构陷乔宇令其去职，可是访查不到任何借口。一日晚，江彬派人索取城门锁钥，众人惊骇无措，都督府求计于乔宇，乔宇说："都城守备以防意外，城门锁钥谁敢要？谁又敢给？就是天子下诏也不行。"都督府以这话回复江彬，江彬也只好罢休。江彬每每假传圣旨各种需索，有时一日数十起。乔宇得旨一定要当面回复皇帝，江彬之计也就行不通了。南都因此得以安然无事。

乔宇一身清白，不畏江彬势焰。南都城门锁钥例由南京守备保管，江彬索取自是越权，朱辅依律不能交，又不敢不交，幸得乔宇据理力争。乔宇又三次发动众臣劝谏武宗回京，终于将武宗送走。此事亦见于《明史·乔宇传》，且说："彬欲谮去宇，守备太监王伟者，初为帝伴读，帝信之，每从中调护，故彬谋不行。"南京守备太监是迁都北京之后，洪熙元年（1425年）始设置，为司礼监的外差，负责护卫留都，兼辖孝陵神宫监，地位在南京守备之上，可说是南都权力最大的人。时任南京守备太监王伟是武宗儿时的伴读，更得信任。有王伟暗中维护，江彬在武宗面前中伤乔宇的阴谋未能得逞。

又"比试"一条：

> 武宗在南京，江提督所领边卒，躯干顾硕，膂力拳勇，皆西北劲兵

也。白岩于南方教师中，取其最矮小精悍者百人，每日与江都督相期至教场比试。南人轻捷，跳趫行走如飞，而北人粗坌，方欲交手，被南人短小者，或撞其胁肋，或触其腰胯，北人翻身僵仆。移时，江提督大为沮丧，而所畜异谋，亦已潜折其二三矣。

江彬率领的边兵都是西北劲旅，高大强壮，乔宇以南方人的灵活折其锐气，致江彬不敢轻举妄动。

然而，这只是传为佳话的文人笔记。明武宗南巡导致的灾难，绝不是几个官员能够轻巧处之的。

旷日持久的南巡重负

《明武宗实录》卷一百八十一记正德十四年（1519年）十二月十一日，武宗打算在南京举行正月初一郊祀天地的大礼，让随行大学士议定，大学士梁储、蒋冕等因武宗离京已久，倘若再错过这个机会，"上心益无所系，而驾回不可期矣"，当即表示"臣等闻命之余，不胜惊惧，反复思维，决以为不可"，并列举一系列理由，恳请武宗尽快回北京行郊祀礼。两天后大学士杨廷和等又上奏，强调"大祀南郊乃人君敬天第一事，皇上所以仰承眷命、茂膺景福者，端在于此"，况且叛逆宁王已就擒，"正宜奏凯班师，举行大礼，告成于天"，此外尚有多项急待皇帝回京处理的事宜，已经延搁几个月，以致人心疑惑，唯恐误事。"奏上，不报"，明武宗采取完全无视的态度。此后每月都有大臣上奏，请求回京，明武宗一概以"不报"处之。

《明武宗实录》卷一百八十五，正德十五年（1520年）四月，大学士梁储、蒋冕等上奏说，朱宸濠等逆犯押解到南京已经两个多月，一直关在江边船上，现已入夏，天气炎热，不时暴风大作，关押船可能会沉没，暑湿熏蒸，逆犯也可能病死。皇上此来栉风沐雨，越江涉湖，不能将逆犯押解回京，何以祭告郊庙、诏谕臣民呢？且因讨贼南巡，不能举行元旦大祀天地的礼仪活动，不能举行太皇太后神牌升祔太庙的礼仪活动，以至科举殿试传胪、官员朝觐考察、各衙门题奏事理都被延误，窃料圣心也不能自安吧。况闻西北外敌入侵，近京盗贼时发，更是今日所当深虑啊。这是从政务方面而言的。

《明武宗实录》卷一百八十六载大学士杨廷和等五月上奏，在"今日所当亟行"的政务之外，又提出"今日所当速处"的两大难题：一是为准备皇帝北归,大运河自仪征北至张家湾,伺候人夫不下数十万,被所在官府强行扣留,耽误农时,而且因饥饿、疾疫死亡者众,诚可怜悯。陆路自清江浦(今淮安)北至河南、北直隶,以及拘扣在南京城内人夫为数亦多,都应该根据路途远近,规定限期,不致官民两误。二是官马日渐耗损,若再归迟,则死亡、损失更多。同时各府、州、县所交纳以及借于仓场的草料,所剩无多,已不足一月之用。且因附近地方去年灾伤,收获本少,经过一春一夏,有钱都没处去买。有人提议在南京郊外放牧,以解决草料困难,但郊外都是军、民恒产,田畴则种麦禾,园圃则种菜果,牧放蹂践,也不是办法。

皇帝南巡旷日持久,造成巨大负担,南都和沿途都已难以承受。武宗的态度是一概置之不理。

也就在这个五月,应天府尹胡宗道忧惧去世,"宗道朴慎,而短于才。值乘舆南狩,供亿日以万计,近幸求索倍之,悾偬不能支,数为校卒窘辱,等于传吏,竟以忧惧卒"。这才是寇天叙"小衣坐衙"而得以免祸的真实背景。

乐极生悲,六月里出意外了。《明武宗实录》卷一百八十七载:"上在南京,一日驾幸牛首山,宿焉。诸军夜惊,左右皆不知上所在,大扰,久之乃定。传者或谓江彬将为逆云。"《金陵琐事》卷一"牛首山吼"中记载一位亲历者的说法:

老僧明寿,号万延,出家弘觉寺中六十余年,曾云:"正德十五年七月初二日,车驾驻跸牛首西峰祠堂中。说者谓江彬有异谋,山灵夜吼,兹事乃讹以传讹也。当时从驾数千人,僧房家家占满,殊无措足地。师兄明智,遂露宿于塔殿台基上,梦中翻身,忽尔堕地,不觉大叫,惊动三军,一夜传呼不息。江彬扭锁住持及明智进城,欲加以惊驾之罪,赖乔司马诸公权词山吼以悚动军心,亦且解释僧罪,遂放住持与明智归山。"

江彬是否有异谋,不得而知。乔宇等人巧妙地以"山吼"以示"天意",民间谣传纷纷,引起明武宗的疑心,这才有回北京的打算。

大学士梁储、蒋冕等随行大臣,每月都有几次奏章,从为皇帝着想的角度,敦促回京。而同卷所载兵科都给事中汪玄锡等官员的奏章,几乎就是一篇直斥昏君的檄文:

陛下迩年以来,崇尚武功,巡历边徼,逾时累月,民庶烦劳。去秋又以江西告变,躬率六飞临幸南都,逾年不返,随行人马不下数万,供亿之费连及数省，陛下不及知也。使牒旁生，驿路骚然，官吏惧谴，多自引决，陛下不及知也。奸宄之徒，诈充官校，凌虐有司，索骗财物，陛下不及知也。军士在外，妻孥隔越，不谙风土，客死道旁，陛下不及知也。少女老妇，充牣离宫，苦雨凄风，多成怨魄，陛下不及知也。夫天下可恃者理也，不可恃者势也。易见者形也，难见者几也。陛下不以宫阙为重，专事逸游，欲望久安长治，宁有是理哉！

武宗居然也能处之泰然。

《明武宗实录》卷一百八十八载，同年七月大学士梁储、蒋冕奏报民间谣传纷纷，异事频出："近来数日远近惶惶，或至夜间尔我相传，以为耳目有所闻见，互相惊恐，常不自安，及行质问，又彼此推托，莫知所自"，"时有物状如猪头，堕于上前，其色绿。又拘留妇人之所，满壁皆有若人头悬挂于上，储等谓耳目有所闻见，盖指此也"。大学士杨廷和等奏章中直言不讳地说到民间的不堪重负：

地方人民贫困已极，常有死亡转徙之虞。又近日以来京畿及山东、河南等处盗贼窃发，百十成群，随扑随生，不能禁止。宣府镇巡官节报，虏贼近边割营，长阔三四十里，时遣轻骑扰我墩堡，深入之计难保必无。今日之事，岂不大可忧哉，岂不大可惧哉！此无他，盖以圣驾出京既远，历时既久，居守无人，政务废弛，其势必至于此也。

如此又过月余，直到闰八月初，武宗终于决定要回京了，临走之前，还一本正经地搞了一个"受江西俘"的表演。在护驾军队的包围圈中，被除去枷锁的朱宸濠作逃跑状，被全副武装的"威武大将军"追捕擒获，亲征大功告成。

此时距王守仁在战场上擒拿朱宸濠，已过了一年多。

北曲与南曲

武宗在扬州临幸妓院，到南都自不会错过秦淮烟花。《水浒传》中写宋徽宗交往李师师，尚且掩人耳目，明武宗则公然召妓入宫。

焦竑、汤显祖的好友梅鼎祚有诗《顿姬坐、追谈正德南巡事》，题下小注：

顿之先有顿仁弹琵琶，及角妓王宝奴俱见幸。按：宝奴号眉山，武宗驻跸金陵，选教坊司乐妓十人备供奉，宝奴为首，姿容瑰丽出众，数侍巾栉。武宗回銮，宝奴还旧籍，咸以贵人呼之。自供奉归后，宝奴闭

阁不出，叹曰："婢子获执巾天子前，安得复为人役！"遂长斋诵佛，为道人装以老。(《续本事诗》卷六)

《板桥杂记》卷下载："桃叶渡，在青溪曲处，渡头坊表，金碧焕如。每当夕照西沉，酒舫喧阗，与竞渡声相间。对岸为御河房，相传前明威武南巡，曾经驻跸。水榭外垂柳千丝，拖烟漾月，暑窗徒倚，清风徐来，不待帷展紫绡，始消尘燠也。"陈诒绂《钟南淮北区域志》载，钓鱼巷"巷侧临水有御河房，为明武宗南巡观灯船之所"。

《板桥杂记》卷上载："教坊梨园，单传法部，乃威武南巡所遗也。"卷中"何元朗妙解音律"条中所说较详，何良俊寓居南都，早年曾随文坛领袖顾东桥游宴，精于音律。明武宗曾将秦淮妓院琵琶师顿仁带到北京。顿仁返南都，带回了元人杂剧，时任南京翰林院孔目的何良俊，让家里的小婢都学会了。柳应芳有《王光禄家屏后琵琶短歌》：

十二金屏逐面遮，双鬟背倚弹琵琶。

六幺弦急齐声按，桃叶桃根旧一家。

曲罢屏开但香雾，余音空绕珊瑚树。

中年魂梦不惊飞，雒月巫云引归路。

王光禄即何良俊同时代人、光禄寺少卿王宗茂，因嘉靖三十一年（1552年）任南京监察御史时冒死弹劾严嵩而为世所重。其家小鬟献技，自不会公然出以示人，所以在屏风后演奏。

《客座赘语》卷五"歌章色"中记：教坊顿仁，曾于正德中随驾至北京，工于音律，于《中原音韵》《琼林雅韵》，终年不去手，于开口闭口与四声阴阳字皆不误。常云：南曲中如"雨歇梅花"，《吕蒙正》内"红妆艳质"，《王祥》内"夏日炎炎"，《杀狗》内"千红百翠"，此等谓之慢词，教坊不隶。琵琶、筝色，乃歌章色所肄习者，南京教坊歌章色久无人，此曲都不传矣。

周在浚《金陵古迹诗》中亦咏及此事："顿老琵琶奉武皇，流传南内北音亡。如何近日人情异，悦耳吴音学太仓（南院顿老琵琶，是威武南巡所造法曲。今太仓弦索胜而北音亡矣）。"

不过数十年间，昆曲的兴盛取代了北方杂剧。徐釚《续本事诗》卷五记载，戏曲评论家潘之恒与金陵妓杨五交好，有诗《听杨生唱昆腔曲》：

板桥南岸柳如丝，柳下谁家《杨叛儿》。

《白苎》尚能调魏谱（良辅），红牙原是按梁词（伯龙）。

雨添山翠通城染，潮没堤痕去路疑。

年少近来无此曲，旧游零落使人悲。

后注引钱谦益语："蒙叟曰：昆有魏良辅者造曲律，世所谓昆腔者自良辅始。而梁伯龙独得其传，著《浣纱》传奇，梨园子弟喜歌之。"《白苎》即梁辰鱼散曲集《江东白苎》。徐釚按语道："梁名辰鱼，亦昆山人。景升有《白下逢梁伯龙感旧》云：'一别长干已十年，填词赢得万人传。歌梁旧燕双栖处，不是乌衣亦可怜。'"潘之恒与梁辰鱼是有交往的。钱谦益《金陵杂题》有诗道：

顿老琵琶旧典刑，檀槽生涩响丁零。

南巡法曲谁人问，头白周郎掩泪听。（绍兴周锡主字禹锡，好听南院顿老琵琶，常对人曰："此咸武南巡所遗法曲也。"）

杜濬《初闻秦淮灯船歌》中也说歌妓演唱是"苏州箫管虎邱腔，太仓弦索昆山口"。

妓家乐工，侍奉武宗固是当行本色。同样以"词曲之技"上奉明武宗的徐霖，便不免遭时人微词。何良俊《四友斋丛说》卷十八载：

徐髯仙少有异才，在庠序赫然有声，南都诸公甚重之。然跅弛不羁，卒以罣误落籍。后武宗南巡，献乐府，遂得供奉。武宗数幸其家，在其晚静阁上打鱼。随驾北上，在舟中每夜常宿御榻前，与上同卧起，官以锦衣卫镇抚，赐飞鱼服，亦异数也。后武宗晏驾，几及于祸，赖诸公素知之，力为保全，遂得释放还家。

所谓"异数"，是责其有违文人品格的婉转说法。

徐霖得意之际，也有人走他的门路以图进用。《四友斋丛说》卷十五记杨循吉事，说杨循吉"少年举进士，除仪制主事，即欲上书请释放高墙建庶人子孙"，请皇帝释放建文帝的子孙，是会带来灭族之祸的事情，虽被吴宽阻止，人们都钦慕他的高义。然而他"晚年骚屑之甚，武宗南巡时，因徐髯仙进《打虎词》以希进用，竟不得志"。以武宗平叛为"打虎"，自是歌颂之意。但武宗像对待徐霖一样视他为俳优，尽管杨循吉已年过花甲，仍令他改着武士装束充当随从，他竟坚持到武宗驾崩。对于他晚年的不甘寂寞，何良俊很不以为然："此正所谓'血气既衰，戒在苟得'者耶。"

被南京人津津乐道的另一个故事，是武宗在徐霖快园钓鱼落水。《金陵琐事》卷四"武宗钓鱼快园"中说：

子仁诗才笔阵，丹青乐府，足称能品。如此园主，已自难得。况武宗幸其家，钓鱼于园池，得一金鱼，宦官高价争买之，武宗取笑而已，又失足落池中，衣服尽湿。此事古今罕闻，岂诸园之可同乎。园有宸幸堂、浴龙池，纪其实也。

徐霖字子仁，弘治年间在今小西湖一带建快园。同书"豪举"一则，记快园落成之日，锦衣卫指挥使黄美之携酒饮于园中，一友人说："此园正与长干里浮图相对，惜为城隔。若起一楼对之，夜观塔灯，最是佳境。"黄美之说此有何难，次日清晨即送来白银二百两让徐霖造楼。黄美之的叔叔是明孝宗宠信太监，连带着侄儿富贵尊荣。据说明人所作《妆盒记》传奇，就是影射黄太监的。南京人见识过明太祖、明成祖这样的皇帝，对于明武宗，不免调笑处之。

周晖《金陵琐事》卷一"天子幸布衣家"："太祖三幸陈遇家，武宗两幸徐霖家。陈参帷幄之谋，徐进词曲之技。陈、徐皆布衣。"陈遇是明洪武年间人，《明史·陈遇传》中说：

遇自开基之始，即侍帷幄。帝尝问保国安民至计，遇对："以不嗜杀人、薄敛、任贤、复先王礼乐为首务。"廷臣或有过被谴责，遇力为解，多得全释。其计画多秘不传，而宠礼之隆，勋戚大臣无与比者。数临幸其第，语必称先生，或呼为君子。命爵辄辞，终成其高。

"陈、徐皆布衣"五字堪称冷隽。"布衣"这一称谓，曾经是江南文化人的骄傲，而徐霖竟以布衣而充弄臣，岂不有愧。

第二节
利玛窦

利玛窦三度访南京

　　明代是中外交往史上的一个转折节点。随着明代前期大规模远航事业的中止，中国对外经济贸易与文化输出也告一段落。明代后期，当闭锁的国门在不情不愿中打开一条缝隙时，进入中国的西方传教士，随同天主教义一块带来的，已是令中国人耳目一新的先进科技与工业文明。与汉唐时期佛教传入引起的中外文化交融不同，这一次，中国人对天文、数学、地理、水利、钟表、火器等科技知识的兴趣，远远超过了宗教教义。

　　意大利"科学家传教士"利玛窦来华，被认为是第二次中外文明交流、融合的起始点。利玛窦在中国传教三十年，曾三次来到南京。万历二十三年（1595年）他第一次抵达南京，正值日本丰臣秀吉侵朝战争，中国派兵援朝，国内也十分警惕间谍活动。利玛窦在几位官员的帮助下参观了全城，留下美好的印象，然而他在广东结识的朋友、时任南京工部侍郎徐大任，担心接待外国人会影响仕途，竟将他驱逐出南京。

　　三年以后，利玛窦随同向皇帝祝寿的新任南京礼部尚书王忠铭去北京，途中再次经过南京，因为朝鲜战事正激烈，没人敢接待西洋人，他们只能住在船上。意外的是，因为他所绘的《山海舆地全图》，得以结识应天巡抚赵可怀。赵可怀赠给王忠铭一幅他翻印并作序的《山海舆地全图》，王忠铭说地图的原作者正在他家中，赵可怀当即邀请利玛窦，留他住了十天，同他讨论数学问题和欧洲情况，欣赏他准备进献皇帝的礼品。这幅地图的故事后面还会细说。

　　利玛窦在北京未能见到明神宗，两个月后，他乘船沿大运河南返，经镇江抵达苏州。他的中国朋友都认为南京的文化氛围更适宜其事业发展，所以他在万历二十七年（1599年）初第三次来到南京。听说利玛窦向皇帝贡献了许多珍贵器物，又有礼部尚书王忠铭引荐，加上中国教徒瞿太素的鼓吹，南京官员们纷纷向他表示友好，热情接待。此时丰臣秀吉已死，朝鲜战事结束，大家也不再顾忌交结外国人。魏国公徐弘基邀请他去公府做客，南京守备太监郝隆，提督操江、丰城侯李环，这几位当时南京最有权势的人都接待过他。《利玛窦中国札记》的中译者将这位守备太监注释为冯保，其实冯保在万历十一年（1583年）已死于南京。《明神宗实录》和《明史》中都有记载，此时的南京守备太监是郝隆。《南京通史·明代卷》中更误之为冯宝，又将徐弘基误为徐维志，徐维志死于万历二十一年（1593年）。这两人都不可能与利玛窦有交往。

利玛窦在南京生活了一年多，建立了传教会，吸收了一批天主教徒。时在南京的学者名士焦竑、李贽、叶向高、李本固、顾起元等与他有过交流、探讨，并邀请他观光祭孔大典的预演，与大报恩寺名僧三淮（弘恩，号雪浪）作哲学论辩。他还参观了北极阁上的观象台，以科学家的眼光审视了那里的天文仪器。利玛窦带来的新科学知识，开阔了中国知识分子的眼界。他在天文历算、数学、地理学等方面的学识渊博，尤其是能够通过实践进行验证，受到中国士大夫的尊重，被誉为"泰西儒士"。这使得人们也愿意接受他宣讲的宗教教义。焦竑是当时关注西学的中国学者之一，万历二十五年（1597年）担任主考官时拔擢的人才徐光启，在南京与利玛窦建立了深厚的友谊，两人后合作将《几何原本》译成中文，丰富完善了中国几何学，其点、线、角等专用几何名词沿用至今，并影响到朝鲜、日本。徐光启的译文准确而优美，梁启超在《中国近三百年学术史》中誉之为"千古不朽之作"。徐光启也成为晚明重要的科学家、中西文化交流的先驱者。

与利玛窦有直接交往的南京人中，顾起元对此有较详细的记录。《客座赘语》卷六有"利玛窦"一条：

利玛窦，西洋欧逻巴国人也，面皙，虬须，深目而睛黄如猫。通中国语，来南京居正阳门西营中。自言其国以崇奉天主为道。天主者，制匠天地万物者也。所画天主，乃一小儿，一妇人抱之，曰天母。画以铜板为帧，而涂五采于上，其貌如生，身与臂手俨然隐起帧上，脸之凹凸处，正视与生人不殊。人问画何以致此，答曰："中国画但画阳，不画阴，故看之人面躯正平，无凹凸相。吾国画兼阴与阳写之，故面有高下，而手臂皆轮圆耳。凡人之面，正迎阳，则皆明而白，若侧立，则向明一边者白，其不向明一边者，眼耳鼻口凹处皆有暗相。吾国之写像者解此法，用之，故能使画像与生人亡异也。"

顾起元简洁地勾勒出这位西洋人的形貌特点，对其带来的圣母像，他的新奇感完全不在宗教上，而在艺术上，即"凹凸相"。同书卷五又有"凹凸画"条目："欧逻巴国人利玛窦者，言画有凹凸之法，今世无解此者。"顾起元对此是不服气的，他从《建康实录》中找到根据，说南朝张僧繇就曾在一乘寺门上画过"凹凸花"，"其花乃天竺遗法，朱及青绿所成，远望眼晕如凹凸，就视则平，世咸异之，名凹凸寺。乃知古来西域自有此画法，而僧繇已先得之，故知读书不可不博也"。当时旅居南京的画家曾鲸，创造出了立足于中国画笔墨基础上的"凹凸法"，成为肖像画中开宗立派的人物，但后世普遍认为他受到利玛窦带来的西洋画法影响。

顾起元也说到利玛窦带来的西方图书及其著作：

携其国所印书册甚多，皆以白纸一面反复印之，字皆旁行，纸如今云南绵纸，厚而坚韧，板墨精甚。间有图画、人物、屋宇，细若丝发，其书装订如中国宋折式，外以漆革周护之，而其际相函，用金、银或铜为屈戍钩络之，书上、下涂以泥金，开之则叶叶如新，合之俨然一金涂版耳。

西方图书双面印刷、文字横排，插图是线条"细若丝发"的铜版画，用纸、印刷与中国线装书完全不同。今天西式装订图书虽已常见，但像这样漆皮封面、书口涂金、外加护函、以金、银为搭扣的豪华本，仍很难得。"其人所著有《天主十义》及《十论》，多新警，而独于天文、算法为尤精。郑夹漈《艺文略》载有婆罗门算法者，疑是此术。士大夫颇有传而习之者。"顾起元的兴趣是形而下的，对天主教义一语带过，而对自鸣钟之类器具观察细致："所制器有自鸣钟，以铁为之，丝绳交络，悬于簨，轮转上下，戛戛不停，应时击钟有声，器亦工甚。它具多此类"，"利玛窦后入京，进所制钟及摩尼宝石于朝。上命官给馆舍而禄之"。顾起元与后继者罗儒望也有交往，对吃到的米大加赞赏："后其徒罗儒望者来南都，其人慧黠不如利玛窦，而所挟器、画亦相埒，常留客饭，出蜜食数种，所供饭类沙谷米，洁白逾珂雪，中国之粳、糯所不如也。"

李贽在《与友人书》中，给予利西泰（即利玛窦）极高赞誉：

承公问及利西泰,西泰大西域人也,到中国十万余里,初航海至南天竺,始知有佛,已走四万余里矣。及抵广州南海,然后知我大明国土先有尧、舜,后有周、孔。住南海肇庆几二十载,凡我国书籍无不读,请先辈与订音释,请明于四书性理者解其大义,又请明于六经疏义者通其解说,今尽能言我此间之言,作此间之文字,行此间之仪礼,是一极标致人也。中极玲珑,外极朴实,数十人群聚喧杂,雠对各得,傍不得以其间斗之使乱。我所见人未有其比,非过亢则过谄,非露聪明则太闷闷瞆瞆者,皆让之矣。但不知到此何为,我已经三度相会,毕竟不知到此何干也。意其欲以所学易吾周、孔之学,则又太愚,恐非是尔。

李贽意识到利玛窦的传教士身份,但又觉得像他这样无与伦比的"极标致"人物,怎么会愚蠢到想以天主教义取代孔孟之道呢,所以就想不通其"到此何干"了。

虽与南京有因缘,但应该是在北京见到利玛窦的谢肇淛,在《五杂俎》卷四中将天主教与儒、佛相比较:

又有天主国,更在佛国之西,其人通文理,儒雅与中国无别。有琍玛窦者,自其国来,经佛国而东,四年方至广东界。其教崇奉天主,亦犹儒之孔子、释之释迦也。其书有《天主实义》,往往与儒教互相发明,而于佛、老一切虚无苦空之说,皆深诋之。是亦"逃杨"之类耳。琍玛窦常言:彼佛教者,窃吾天主之教,而加以轮回报应之说,以惑世者也。吾教一无所事,只是欲人为善而已。善则登天堂,恶则堕地狱,永无忏度,永无轮回,亦不须面壁苦行、离人出家,日用所行,莫非行善也。余甚喜其说为近于儒,而劝世较为亲切,不似释氏动以恍惚支离之语,愚骇庸俗也。其天主像,乃一女身,形状甚异,若古所谓人首龙身者。与人言,恂恂有礼,词辩扣之不竭。异域中亦可谓有人也。已后竟卒于京师。

"逃杨"典出孟子"逃墨必归于杨,逃杨必归于儒",离开杨朱一派的,就会归于儒家一派。谢肇淛强调了天主教与儒教的共同点,但他说圣母"人首龙身",不知从何处见来。

稍后的沈德符在北京时与利玛窦是邻居,对其有更深入的观察。《万历野获编》卷三十"利西泰":

利西泰发愿力,以本教诱化华人,最诽释氏,曾谓余曰:"君国有仲尼,震旦圣人也,然西狩获麟时已死矣。释迦亦葱岭圣人也,然双树背痛时亦死矣。安得尚有佛?"余不谓然,亦不以为忤。性好施,能缓急人，人亦感其诚厚，无敢负者。饮啖甚健，所造皆精好。不权子母术，而日用优渥无窘状，因疑其工炉火之术，似未必然。其徒有庞顺阳名迪义，亦同行其教，居南中，不如此君远矣。渠病时搽擦苏合油等物遍体，云其国疗病之法如是。余因悟佛经所禁香油涂身者，即此是也。彼法既以辟佛为主，何风俗又与暗合耶。利甫逾知命而卒。

利玛窦以乐善好施、济人缓急"诱化华人"，得其恩惠者不敢相负。他不做经营而财用不竭，因为背后有教会的强大财力支持，中国人却会猜想到炼金术。他以反佛来宣传天主教，也使中国文人较易接受。利玛窦万历三十八年（1610年）在北京去世，按中国人的算法活了五十九岁，并不是刚过知天命之年。

利玛窦笔下的南京城

利玛窦自万历十年（1582年）抵达澳门，在中国生活二十八年，历经了从南到北多个城市，接触到中国社会各种阶层，他对这个东方神秘国度观察之深入，影响之深刻，远超此前的任何一位西方人。生命的最后几年，他将自己在中国的亲见亲闻用意大利文记录下来，这部遗稿被称为《利玛窦札记》。万历三十八年利玛窦在北京去世，四年后，金尼阁神父将该札记携归罗马，译为拉丁文，并增添了一些有关传教史及利玛窦本人的内容，出版之后在欧洲引起巨大反响。这部著作的中译本定名为《利玛窦中国札记》（何高济、王遵仲、李申译，广西师范大学出版社，2001）。在这部近五十万字的著述中，我们可以看到这位西方人对南京、南京人以及东方文化的大量切实记述。

万历二十三年（1595年）仲夏，利玛窦第一次进入南京城，在该书的第三卷第十章，他这样描写眼中的古都：

在中国人看来，论秀丽和雄伟，这座城市超过世上所有其他的城市，而且在这方面，确实或许很少有其他城市可以与它匹敌或胜过它。它真的到处都是殿、庙、塔、桥，欧洲简直没有能超过这些的类似建筑。在某些方面，它超过我们的欧洲城市。这里气候温和，土地肥沃。百姓精神愉快，彬彬有礼，谈吐文雅。稠密的人口包括各个阶层，有黎庶，有懂文化的贵族和官吏。后一类人在人数上和尊贵上可以与北京的媲美，但因皇帝不在这里驻跸，所以当地的官员仍被认为不能与京城的相等。然而在整个中国及邻近各邦，南京被算作第一座城市。它为三重城墙所环绕。其中第一重和最里面的一重,也是最华丽的,包括皇宫。宫殿依次又由三层拱门墙所围绕,四周是壕堑,其中灌满流水。这座宫墙长约四五意大利里,至于整个建筑,且不说它的个别特征,或许世上还没有一个国王能有超过它的宫殿。第二重墙包围着包括皇宫在内的内墙,囊括了该城的大部分重要区域。它有十二座门,门包以铁皮,门内有大炮守卫。这重高墙四围差不多有十八意大利里。第三重和最外层的墙是不连贯的。有些被认为是危险的地点,他们很科学地利用了天然防御。很难确定这重墙四围的全长。当地人讲了一个故事:两个人从城的相反两方骑马相对而行,花了一整天时间才遇到一起。这座墙将可提供该城如何庞大的一些概念,同时城是圆形的,所以比其他任何形状都容有更大空间。这重墙内,有广阔的园林、山和树林,相间着湖泊,然而城中居民区仍然占有他的绝大部分。如果不是目睹,人们简直难以相信它。然而仅仅该城的警卫就有四万名士兵。该地位于经线三十二度,从数学上计算它的纬度,它几乎正在全国的中央。前面提到的扬子江沿着城的西侧流过。人们不禁要问,它的商业价值对于该城,是否比它秀美的装饰更加是一笔资财。它冲刷着城岸,有几处流入城内,形成运河,可以行驶大船。这些运河是现在的居民的祖先所开凿的,费了艰巨和长期的劳动。

当时的南京作为明王朝的南都,与北京并称"两京",保留着六部、五府,南京官员在品级上与北京相同,但实权差得多。文中所说南京城的三重墙,指的是皇城、都城和外郭这三重城垣。第二重都城墙开设十三座城门而不是十二座。意大利里或称罗马里,也就是今天所说的英里,十八英里约合二十九公里,与《明太祖实录》所记京城周长五十九里大体相符。利玛窦未必自己进行过测量,他应该是从官员口中听说了这些数据。外郭城垣是不连贯的,从地图上看大致是圆形。"经线三十二度"应是北纬三十二度的笔误。利玛窦十分重视长江的运输作用,认为这可以为南京带来很高的商业价值,很有见地。如果他知道唐代长干里人从江之尾到江之头的商贸往来,知道六朝建康与海外各国的密切交往,想必会更为自己的眼光而自豪。

万历二十七年(1599年)初春,利玛窦第三次到南京,应徐弘基之邀观光了"全城最华贵的花园"(今瞻园):

他参观花园中许多赏心悦目的事物,看到了一座色彩斑斓未经雕琢的大理石假山。假山里面开凿了一座奇异的山洞。内有接待室、大厅、台阶、鱼池、树木和许多别的胜景，很难说究竟是艺术还是奢侈占了上风。修筑这座洞天是为了在读书或娱乐时避暑之用。洞穴设计得像一座迷宫，更加增添了它的魅力。它并不是太大，尽管全部参观一遍需要好几个小时，然后从一个隐蔽的出口走出。

瞻园里的这座假山现存，可以肯定是太湖石而非大理石。这一段文字中，将瞻园景观与山洞迷宫混为一谈，"内有接待室、大厅、台阶、鱼池、树木和许多别的胜景"，"全部参观一遍需要好几个小时"的，可以肯定是瞻园，而非"并不是太大"的假山洞。不知道是金尼阁还是中译者弄混淆了。

利玛窦应邀出席了"祭孔大典"的预演。明初朱元璋尊孔，规定每年仲春和仲秋的第一个丁日祭祀孔子。祭孔虽也属偶像崇拜活动，但利玛窦强调这不是正式的祭祀仪式，只是一个了解典礼音乐的机会。更重要的是他对儒教的包容态度："他对儒教却不加以挑剔，反而赞扬他们，尤其是他们的伟大哲学家孔夫子。"这让利玛窦有机会观察南京的大祀殿（即天地坛）：

举行这种典礼的皇家庙宇是值得注意的，它不论从规模上，还是从建筑的宏伟上来说，都是真正的皇家气派。它位于京城的一端，在一片丛林或者一片松树林中，环以围墙，周长十二意大利里。庙宇的墙壁是青砖砌成的，其余的都是木结构。它分为五个区或殿，都为两排木柱所围绕。两个人伸出手臂都很难抱住一根木柱。木柱的高度和周长成正比。屋顶盛饰以浮雕，全部涂金。这座庙宇大约是在二百年以前建造的，由于皇帝不再住在南京，现在已经不再供皇帝祭典之用，尽管如此，它却丝毫没有颓损，气派不减当年。庙堂的中心有一座用美丽的大理石砌成的高台，台上有两个座位，或者说是一个双人宝座，两个都用大理石制成。一个供皇帝使用，如果他来献祭的话。另一个则虚位以待，目的是好让接受皇帝献祭的神祇使用，如果它愿意坐在那里的话。庙堂外面的回廊装饰有丰富多彩的回纹图案，窗上装有金属网以防鸟雀，同时可透过光线。所有宫殿都是这样的。庙堂的门上钉有铜片，并加金饰，点缀着铜质的鬼怪形象。在庙堂外面，他们建造了一系列涂成红色的大理石祭坛，分别祭祀太阳、月亮、星宿和中国的山岭，还有一个池代表海洋。他们说，他们庙中供奉的神乃是庙外万物的创造者，而这些东西并不是当作神祇来祭祀的。当局严禁砍伐这片树林中的树木，因此，树木长得十分高大，足以证明它们的古老。庙宇周围有许多洞穴，洞穴中过去有温泉浴池，供皇帝和庙中僧侣在参加祭祀典礼之前使用。

南京的大祀坛早已踪影全无。清初陆世仪《江宁谣》其三："天坛享殿迥成荒，牧竖樵童上下狂。拾得殿头黄瓦子，夏天权作枕头凉。"可知当时即已荒圮。我们只能在《洪武京城图志》中看到一幅平面布局示意图，朱之蕃编《金陵四十景图咏》中有一幅《天坛勒骑》，陈开虞本《康熙江宁府志》中有一幅《神乐观》，都是写意画。《洪武京城图志·坛庙》中介绍，大祀坛是朱元璋的创造，他认为"王者父天母地，无异祭之理，乃以天、地合坛而祭"，"以殿宇左右列坛，以日月星辰、岳镇海渎、风云雷雨、山川太岁、历代帝王、天下神祇及有城隍之神从祀，礼意极殷，定为万世之制。每岁率以正月中旬亲祀"。大祀坛在正阳门（今光华门）外山川坛东，今尚存天坛村地名。这一组建筑的北部，居中是大祀殿，殿北是天库，殿东北是神库、神厨，殿东南和西南外侧即日月、山川等二十座石祭坛。南部西侧是斋宫，供皇帝斋戒用，东侧是一个被称为方海的水池。利玛窦的形象描绘，使简略的文献记载变得直观可感，十分可贵。

另一个被利玛窦着力记述的是北极阁上的观象台。钦天监的官员拜访利玛窦，"当他回访他们时，发现了某些新东西，那是远远超出他所意料之外的新东西"：

城内一侧有一座高山，它的一边有一块开阔的平地，非常适合于观察星。这个区域附近有一群宏丽的房屋，就是该院人员的住宅。每晚指定一个工作人员观天和记录天象，例如天空出现彗星或者一道火光，这都要详细报告给皇帝并说明这种现象预示什么。他们在这里安装了金属铸就的天文仪器或者器械，其规模和设计的精美远远超过曾在欧洲看到和知道的任何这类东西。这些仪器虽经受了近二百五十年的雨、雪和天气变化的考验，却丝毫无损于它原有的光彩。这里有四件最大的仪器。由于它引起了读者的好奇心，而必须给以满足，所以让我们在这里插入一段有关这些仪器的令人愉快的题外话。

然后他分别介绍了浑仪、浑天象（今称天球仪）、简仪和圭表等。今天在紫金山天文台可以看到的浑仪是明代原物，天球仪是清末据原型缩半复制的，也就是说，利玛窦当年所见正德年间铸造的天球仪要大一倍，所以他说"直径有伸直了双臂那样长，用数字说约五英尺"。

值得一提的是，利玛窦在南京期间，不可能看不到为中外人士所极力称赞的大报恩寺琉璃塔，但他采取了视而不见的态度，因为那属于佛教偶像崇拜的象征。

利玛窦住在承恩寺（今三山街口承恩里）。"整个城市似乎变得比上次访问时好得多了"，这种感受很可能是由于他心境的改变。瞿太素"滔滔不绝地赞美"利玛窦"带给中国的科学知识以及他是怎样开阔了知识界的眼界的，在他到来之前他们的眼界一直是封闭的"，"这就是他为什么如此之受人欢迎，为什么大家都想见他、并愿和他在一起的原因"。正是瞿太素建议利玛窦"儒冠儒服"，便于融入中国士人的交际圈。瞿太素是利玛窦第一名受洗入教的弟子，他的侄儿瞿式耜后来也从艾儒略受洗。

王忠铭热情地邀请利玛窦到家中共度元宵节。他的同僚刑部尚书赵参鲁、侍郎王樵、户部尚书张孟男也都全副仪仗前去拜访利玛窦。其中重要的是王樵，他的儿子王肯堂后来派学生张养默来向利玛窦学习欧几里得几何学。张养默劝利玛窦不必浪费时间去反驳异教邪说，"他认为以教授数学来启迪中国人就足以达到他的目的了"。

利玛窦很看重与学人文士的交往，在第四卷第六章中有细致的记述。如状元焦竑和学者李贽：

当时，在南京城里住着一位显贵的公民，他原来得过学位中的最高级别，中国人认为这本身就是很高的荣誉。后来，他被罢官免职，闲居在家，养尊处优，但人们还是非常尊敬他。这个人素有我们已经提过的中国三教的领袖的声誉，他在教中威信很高。他家里还住着一位有名的和尚，此人放弃官职，削发为僧，由一名儒生变成一名拜偶像的僧侣，这在中国有教养的人中间是很不寻常的事情。他七十岁了，熟悉中国的事情，并且是一位著名的学者，在他所属的教派中有很多的信徒。这两位名人都十分尊重利玛窦神父，特别是那位儒家的叛道者，当人们得知他拜访外国神父后，都惊异不止。不久以前，在一次文人集会上讨论信仰基督之道时，只有他一个人始终保持沉默，因为他认为，基督之道是唯一真正的生命之道。他赠给利玛窦神父一个纸折扇，上面写有他作的两首短诗。这两首诗就放到利玛窦当时积累的资料中去，这是中国人常见的作风。

李贽也将其中的一首《赠利西泰》，收入了自己的诗集，证明他对这一段交往的看重：

> 逍遥下北溟，迤逦向南征。刹利标名姓，仙山纪水程。
>
> 回头十万里，举目九重城。观国之光未，中天日正明。

伊斯兰教进入南京远早于天主教。明太祖朱元璋下诏在繁华商市中心三山街建造净觉寺，是南京最大的清真寺。明成祖朱棣属下也有一批能攻善战的回族士兵，包括太监航海家郑和。明代后期，中国的伊斯兰教学者张少山、马真吾等应聘来南京担任净觉寺等清真寺的阿訇，开办经堂教育，此后发起汉译伊斯兰教经典的学术运动。伊斯兰教士和经师中，多有"博通四教"（儒、释、道、伊斯兰）的学者，他们努力建构中国式的伊斯兰教教义，以期振兴伊斯兰文化，形成中国伊斯兰教学术研究的第一个高潮。但是这些宗教活动，对世俗生活影响不大，更没有像天主教那样对南京士人、东方文化形成冲击力。

东西文化碰撞交流

利玛窦与三淮（弘恩，号雪浪）法师的一场辩论，参与双方都十分重视。《利玛窦中国札记》中专门用一章的篇幅叙述此事。事情的起因是两位中国官员，前御史李本固和南京工部郎中刘冠南关于厚佛薄儒的争论，李本固决定以宴请利玛窦的方式，让他与名僧三淮对话。利玛窦担心这种直接争论的副作用会影响天主教的传播，几番婉拒不得，终于前去赴宴。三淮"是一位热情的学者、哲学家、演说家和诗人，十分熟悉他所不同意的其他教派的理论"，"这位被邀请来的智者和利玛窦神父坐在一起，身穿线织的法衣，掩饰着一种目空一切的态度，装作一副要辩论的样子。利玛窦神父接受了他的挑战"，首先提出是否承认上帝创造世界的问题。三淮以"众生平等"作答："我认为，我和在座的其他人都和他是一样的，我看不出有任何理由，我们在哪方面不如他。"利玛窦列举"一些显然是由天地的创造者所创造出来的事物"，问三淮是否可以创造出来。同样基于唯心论的三淮在这里出了错，他本可以质疑上帝创造天地的证据何在，却"承认他可以创造天地"。于是利玛窦让他创造出现场的一个烤火炉。三淮"非常生气，他提高嗓门说，神父要他做这样的事是完全不合适的。利玛窦神父也提高嗓门说，硬说自己能办到自己办不到的事，也是完全不合适的"。围观的众人"也都一齐参加进来，吵作一团"，后被瞿太素劝开。

第二回合是一个认识论问题。利玛窦说：

当我们看见一个东西的时候，我们就在自己的心里形成它的影像。当我们想要谈论我们所看到的东西时，或想到它时，我们就把贮存在我们记忆中的这件东西的影像取出来。

三淮抓住这一点，认为这就是"创造了一个新太阳、一个新月亮"，"用同样的方法还可以创造出任何别的东西"。利玛窦解释，影像并不是实物本身：

人人都可以明显地看出实物和影像有多大的差别。事实上确实如此，如果一个人从来没有见过太阳或月亮，他就不可能在心里形成太阳或月亮的形象，更不要说实际上创造太阳和月亮了。如果我在一面镜子里面看见了太阳或月亮的影像，就说镜子创造了月亮或太阳，那不是太糊涂了吗？

宴会进行中，中国儒士习惯性地讨论起性善、性恶这个延续千余年的问题。利玛窦静坐旁听，他认为，"由于这些人缺乏逻辑法则，又不懂得自然的善和道德的善的区别，他们就把人性中所固有的东西和人性所获得的混淆起来了"，"直到今天，他们的哲学家们还在继续辩论人性问题，从来没能够在这个问题上得出任何明确的结论"。他的看法是：

我们必须把天地之神看作是无限的善，这是毋庸置疑的。如果人性竟是如此之脆弱，乃至我们对它本身究竟是善是恶都怀疑起来的话，如果人也和上帝一样是天地的创造者，像是三淮大师几分钟之前断言的那样，那么，我们就必须承认，神究竟是善是恶，也是值得怀疑的了。

他自以为解决了这个问题，其实只是在天主教的立场上解决了。不过，他提出的讨论方法无疑是正确的：

我们的论证必须从理性出发，决不能靠引据权威。我们双方的教义不同，谁都不承认对方经典的有效性。既然我也能从我的经典里引证任意多的例子，所以，我们的论辩现在要由我们双方共同的理性来加以解决。

遗憾的是，中国知识分子直到如今，仍然难以这样的方法来讨论人性或哲学问题，徒然纠结于对前贤的注疏诠释。利玛窦最后那一句体现"很有力量的新观念"的妙语："太阳十分明亮，以致由于它的天然固有的明亮性，它就不能不是十分明亮的。"对于缺乏逻辑学思维的中国人，究竟有多少人能领悟它的力量所在呢。

利玛窦对这次论辩的结果很满意，"宴会结束以后，只有那位僧人不肯承认失败，尽管所有的人都一致认为他失败了"，"他们终于得出结论：他们原先以为是蛮夷之道的，实际上并不如他们想象的那么野蛮"。

实际上，直到此时，许多中国人对"非我族类"的外国人，仍处于不了解也不想了解的状态。沈德符《万历野获编》卷三十"红毛夷"一条，说到万历二十九年（1601年）到三十二年（1604年）间朝廷对外夷的态度：

红毛夷自古不通中国，亦不知其何名，其地在何所。直至今上辛丑，始入粤东海中，因粤夷以求通贡，且于彭湖互市。不许。次年又至闽海，时税监高采肆毒，遂许其市易，以抚、按力遏而止。至岁甲辰，徐石楼（学聚）抚闽，忽有此夷船近海墙住泊，时漳州海商潘秀等，素商于大泥国，习与红夷贸易，且恃税监奥主，因先世于旧浯屿通贡市为辞。两院仍拒绝，遂罢议。而通番奸商，私与互市，与吕宋诸国无异。距今又十五六年矣。彼日习海道，而华人与贸易，亦若一家，恐终不能禁。说者又以广之香山屿夷盘踞为戒，似亦非通论也。

正常的通商贸易，对于朝廷都是一个无从面对的难题。

民间津津乐道的故事，还是《转运汉巧遇洞庭红》之类。即如博学的谢肇淛，在《五杂俎》卷十二也记载了两个发生在南京的胡人故事：

唐时扬州常有波斯胡店，《太平广记》往往称之，想不妄也。今时俗相传回回人善别宝，时游闽、广、金陵间。有应主簿者，持祖母绿一颗，富商以五百金购之，不售也。有回回求见之，持玩少顷，即吞入腹中。应欲讼之，既无证佐，又惧缠累，一恸而已。又有富家老妾沈氏，所戴簪头乃猫儿眼。回回窥见，遂赁屋与邻，时以酒食奉之。岁余，乃求市焉。沈感其意，只求二金。回回得之甚喜，因石稍枯，市羊脂裹之，暴烈日中。坐守稍息，瞥有饥鹰掠之而去，大为市人揶揄。归家怨恨而死。此二事皆近代金陵人言。

稍后周亮工在《书影》卷九中，则记录了西方人对中国人的另一种评价，认为西僧的说法不无道理：

莆田洪仲韦言，有西僧到秣陵，问其所历道里，云："经二十四国土，始至中国。"更问各国风气视中国何如，答云："荒远哪得如中国。但诸国不如中国会说谎耳。"此言自唐虞已来，便觉多愧，不独幻伪如今也。

后世学者更为看重的，是利玛窦所绘制的世界地图。

万历十二年（1584年）利玛窦在广东肇庆绘制出中国历史上第一幅世界地图，并且用汉文注写地名。为了让中国人更容易接受，他特地将中国画在地图的中央。《利玛窦中国札记》第四卷第五章中写道，中国人从利玛窦那里"第一次知道地球是圆的"。此前中国人"从未见过有关地球整个表面的地理说明，不管是做成地球仪的形式，还是画在一张纸地图上。他们也从未见过按子午线、纬线和度数来划分的地球表面，也一点都不知道赤道、热带、两极或者说地球分为五个地带"，"他们也看不出地球是一个圆球，或者是一个悬在空中的球体"。

这些说法并不准确。明代中期，中国人已在努力认识自己生存的环境，有过认真的思考。如《五杂俎》卷四中，谢肇淛就提出了这样的疑问：

海外之水，不知还靠天乎？还有地乎？今之高处望日，似从海中生者，盖亦远视云然。如落日之衔山，非真从山落也。所云海外诸国，如琉球、日本之类，皆海中非海外也。北方沙漠之外，不知还有海否？若果有之，则中国与北虏，亦在海中矣。水土合而成地，大段水犹多于土也。

如果他能有实地考察的机会，相信会有更多的探索成果。利玛窦所绘世界地图，中国人是欣然接受的。前面说过赵可怀的翻印，万历二十七年（1599年），南京吏部主事吴中明又命利玛窦重新修订并绘制出轮廓鲜明的新舆图，在南京工部员外郎李之藻的协助下，将巨大的《山海舆地全图》雕成十二块印版，印于绢上。吴中明赠送贵州巡抚郭子章，郭子章作《山海舆地全图序》收入其著作集《黔草》。万历三十五年（1607年）学者王圻、王思义父子出版《三才图会》，《地理一卷》的第一幅图就是《山海舆地全图》，但是这幅图应该是仿制的，图上的文字说明与利玛窦原作有些不同，如将太平洋注为"沧溟宗"。其序文也是据利玛窦序言改写，且明确说"予自太西浮海入中国"。

愚昧不接受新知识的人，当然不会没有。沈德符《万历野获编》卷三十"大西洋"记载，万历二十八年（1600年）利玛窦神父一行再次前往北京，在天津被税监马堂无故扣押半年，才得进京。带往北京进献给明神宗的《山海舆地全图》，受到严重的质疑。"礼部以所称大西洋为《会典》所不载，难比客部久贡诸夷，姑量赏遣还"，代理礼部尚书的朱国祚上疏说：《会典》止有琐里国，而无大西洋，其真伪不可知。又寄住二十年，方行进贡，则与远方慕义特来献琛者不同。"中国古代典籍所未载，即怀疑其存在。凡持异说者，即怀疑其用心。"乞量给所进行李价值，照各贡译例，给与利玛窦冠带，速令回还"，给点赏钱赶紧打发他们回国。

但是明神宗把他们留在了京城。

玛窦自云其国名欧逻巴，去中国不知几千万里。今琐里诸国，亦称西洋，与中国附近，列于职贡，而实非也。今中土士人授其学者遍宇内，而金陵尤甚。盖天主之教，自是西方一种，释氏所云旁门外道，亦自奇快动人。若以为窥伺中华，以待风尘之警，失之远矣。

沈德符不相信这些神父会是西洋派来卧底的间谍。万历三十七年（1609年）明神宗命将《山海舆地全图》仿绘八幅进呈御览，算是一种肯定。

宫崎市定《亚洲史概说》第五章中，强调这世界地图的意义：

特别值得注意的是，利玛窦绘制的《坤舆万国全图》，是最早用中文记录的世界地图，其对中国人的世界观所产生的影响之大是不可估量的。到当时为止的中华思想都是将中国置于世界的中央，认为周围是夷狄，而世界地图的出现使这一思想不得不发生根本的变化，中国人也由此开始对世界的真实面貌有所了解。与此同时，中国地图也传入西方并得到出版，这也补全了西方人的世界地图中所缺少的部分。不过，明代的地图仍然不甚准确，精密地图的出现还要等到清代。

利玛窦不但影响到中国人的世界观，同时也影响了欧洲人的中国观。《利玛窦中国札记》问世，第一次向欧洲全面介绍中国、介绍中国思想文化，成为中西交通史上划时代的著作。

宫崎市定又说：

西洋近世的科学，尤其是天文学、历学、地理学、物理学等实证性学问的传入，不能不对流于空疏的中国学问产生极大的触动。儒家的实证性学风在清代发展为考据学，并取得了一定的研究成果，这恐怕也是受到了西方思想刺激的缘故。从明代末年开始，世人变得不满足于阳明学的唯心论，试图回归宋朝的朱子学，并倾向于进一步通过注疏十三经，以训诂之学探求经典的真义。

有些学者将清人考据学的形成，归结为逃避文字狱。宫崎的说法似乎更接近于事物发展的内在规律。

《剑桥中国明代史》第九章中对利玛窦也有高度评价：

利玛窦赢得信任的才能是很出名的。他有无穷无尽的耐性和一种直接学会中国的东西的才能，他是一个理想的使节。他不但被中国受过教育的精英所接受，他实际上把他们吸引住了。尽管他获得了成功，他并没有能消除文化的壁垒。他只是在上面开了一个孔，从孔中挤了进去。

利玛窦抱怨说，上层阶级的中国人寻求自身的教化，而不是确定他们的信仰。另一方面，下层阶级又沉迷于偶像崇拜和迷信。这是不难理解的，他所描述的一分为二的情况，实际上是中国社会结构的反映，为数众多的有文化的官僚统治着无数农民，两个集团都不是深切地关心一种外国宗教的争端和教义。

中国士人将西方宗教作为一种文化，而不是信仰。他们了解它，目的是完善自己的知识与教养。这是很深刻的见解。

利玛窦后在南京正阳门内崇礼街（今光华门内尚书巷）购置住所，设立教堂。利玛窦定居北京后，郭居静、罗如望、王丰肃等传教士先后在南京主持教务，教徒发展到数百人。万历三十一年（1603年）徐光启在南京受洗入教，此后曾任南京工部员外郎的李之藻在北京受洗，曾任监察御史的杨廷筠在杭州受洗，成为中国天主教的"三大柱石"，对长三角地区的天主教传播影响尤大。王丰肃将利玛窦在南京崇礼街的旧居及小教堂扩建为规模较大的洪武冈天主堂，号称南京第一教堂，又在孝陵卫前苜蓿园买下一块菜地。教会在南京的成长越引人注目，激发的反对力量也就越强，这方菜地因邻近明孝陵，成为反教派的口实。专制政权始终将思想禁锢作为政权稳固的必要条件。皇帝默许传教士在北京居住，并不等于允许他们自由传教。卫道士们对于种种异端邪说更是时刻保持着高度警惕，驱逐传教士的运动，遂首先从南京爆发。《万历野获编》卷三十"大西洋"条载：

丙辰，南京署礼部侍郎沈㴶、给事晏文辉等，同参远夷王丰肃等，以天主教在留都煽惑愚民，信从者众，且疑其佛郎机夷种，宜行驱逐。得旨：丰肃等送广东抚、按，督令西归。其庞迪义等，晓知历法，礼部请与各官推演七政，且系向化西来，亦令归还本国。至戊午十月，迪义等奏曰："先臣利玛窦等千余人，涉海九万里，观光上国，食大官者十七载。近见要行驱逐，臣等焚修学道，尊奉天主，如有邪谋，甘堕恶业，乞圣明怜察,候风归国。若寄居海屿,愈滋猜疑,望并南京等处陪臣,一并宽假。"疏上不报。闻其尚留香山奥夷中。

万历四十四年(1616年)五月沈㴶首上《参远夷疏》,斥天主教义为异端,传教士活动为非法,以《皇明祖训》和《大明会典》中的"夷夏之防"为据,请皇帝命礼部、兵部复议处置。七月,北京礼科给事中余懋孳上疏"辟异教严海禁":

大略谓:自西洋利玛窦入贡,而中国复有天主之教。不意留都王丰肃、阳玛诺等煽惑百姓不下万人,朔望朝拜,动以千计。夫通夷有禁、左道有禁,使其处南中者,夜聚晓散,效白莲、无为之尤,则左道之诛,何可贷也。使其资往侦来,通濠镜吞夷之谋,则通蕃之戮,何可后也。故今日解散党类,严饬关津,诚防微之大计。

将天主教比作白莲、无为等邪教,并且怀疑他们是澳门夷人的间谍。防微杜渐,左道与通蕃的清除都迫不及待。但是这两封奏章都没有得到皇帝的批复。同月沈㴶上第二疏,东阁大学士方从哲未得皇帝旨意即命其逮捕传教士及部分信徒,洪武冈教堂被拆毁,首蓿园菜地也被没收,酿成"南京教案",也是天主教进入中国后的第一起教案。王丰肃、谢务禄等传教士被驱离南京,不久后王丰肃改名高一志、谢务禄改名曾德昭,潜回南京暗中继续传教。曾德昭所著《大中国志》对南京教案的前因后果有详细记述。就全国而言,天主教信徒人数仍在迅速增加。天启二年(1622年)朝廷聘请澳门耶稣会士铸造火炮,不得不放松了对传教士活动的限制。德国传教士汤若望以火器专家身份北上入京,崇祯三年(1630年)经徐天启推荐进入钦天监,七年(1634年)协同徐天启等编成《崇祯历书》,并开始督造火炮,两年内造出二十门,并指导中国官员掌握铸炮技术,得到皇帝褒奖。汤若望由明入清,顺治年间担任钦天监监正,改编《崇祯历书》为《时宪历》颁行天下,官至正一品,在华传教四十余年,康熙五年(1666年)去世,葬在利玛窦墓左侧。坚持排外的腐儒杨光先名言"宁可使中国无好历法,不可使中国有西洋人",就是针对汤若望的。

以好学闻名的清圣祖,对艺术和科学都有浓厚兴趣,宫中聚集了大量中国与西洋的艺术家,他并且向传教士学习数学,与众多传教士保持良好关系。康熙二十三年(1684年)首次南巡,在江宁召见传教士汪汝望与毕嘉。二十四年(1685年),南京产生了天主教历史上第一位由中国人担任的主教罗文藻。二十八年(1689年)二次南巡,又在江宁召见传教士毕嘉和洪若翰。洪若翰在书信中写道:"皇帝的善意使我们感到非常荣幸,因为他当着全体朝廷和邻近省官吏的面向我们表达了善意。他们受到这种影响,回到职位上后会支持我们神圣的律法和布道的教士。"(史景迁《曹寅与康熙》)康熙四十四年(1705年)第五次南巡也曾将进贡方物的传教士带入江宁行宫。鸦片战争之后,由于《中英南京条约》规定中国准许外国人自由传教,天主教在南京的发展迅速,更是利玛窦当初所无从想象的。

第三节
末世弘光

内忧外患下的王朝崩溃

明成祖征服北疆的雄心，随着他的去世消散。他所试图建立的北方防线日渐废弛，在仁宗、宣宗两朝已向长城一线收缩。正统十四年（1449年）英宗在土木堡兵败，成了瓦剌的俘虏，明王朝的边防政策彻底转变为被动防守，最终形成九边防御体系，即在东起鸭绿江、西抵嘉峪关的万里边防线上，依次设立辽东、蓟州、宣府、大同、山西（太原）、延绥（榆林）、固原（陕西）、宁夏、甘肃九镇，九镇屯兵初在六七十万人，最多时近九十万人。

九镇屯兵延续了明太祖早年"高筑墙、广积粮"的思路，边兵据要塞扎营，平时屯垦、训练，敌来迎战，初时有较高的自给自足成分，号称"养兵百万，不费一钱"。由此逐步拓展，不但能形成巩固的边防线，有效地防御外敌袭扰，而且能控扼中原与北方少数民族的交通贸易。物资相对贫乏的北方草原地区，只有臣服明王朝，才能得到与中原地区贸易交往的机会。

一个好的制度设计，未必就能顺利实施。明代中期，情况发生了变化。首先是土地兼并越来越严重，从皇室到各级官员、地主、豪绅不断兼并土地，连边兵屯垦之地都被侵占。屯垦土地不足，再加上军官贪污中饱，边兵的粮饷得不到保证。长期的边塞屯垦生活本就使边兵厌倦、渴望还乡，饥寒交迫之下，边兵逃亡情况也随之严峻。

同时，14世纪中叶开始的全球小冰期（中国称"明清小冰期"），在万历末年进入长达百年的较寒冷期，一方面导致中原农业减产、国家税收减少，以至发生饥民造反；一方面又影响到北方草原水草缺乏，游牧民族南迁的压力增大，边境冲突增加。天启七年（1627年）三月陕西澄城饥民怒杀强征暴敛的知县，拉开了明末民变的序幕。朝廷派兵镇压起义，又无力支付官兵粮饷，逃亡士兵遂加入造反队伍，形成恶性循环。仅仅十七年，李自成攻陷北京。

第三，是万历二十年（1592年）开始的日本侵略朝鲜战争，明王朝派辽东镇精兵支援朝鲜。因为丰臣秀吉的意外死亡，日本决定撤军。二十六年（1598年）露梁海战，中、朝联军大败日本海军，此后二百年日本未再向朝鲜用兵。但是这场战争不但耗费巨大，而且辽东精锐损失殆半，据说从九万人减少到四万人。东北女真各部趁机迅速崛起，确立八旗军制。《五杂俎》卷四载："女真兵满万则不可敌。今建酋是也。其众以万计不止矣。其所以未暇窥辽左者，西戎、北鞑为腹背之患，彼尚有内顾之忧也。防边诸将，诚能以夷攻夷，离间诸酋，使自相猜忌，保境之不暇，而何暇内向哉。不然，使彼合而为一，其志尚未可量也。"果然，万历四十四年（1616年）正月努尔哈赤称帝，国号金，史称后金，改元天命，两年后即以"七大恨"为号召进击明军。明王朝不得不从宣府、大同诸镇以至川、甘、浙、闽等省调兵抗击后金。崇祯九年（1636年）后金改国号清。崇祯十七年（1644年）清世祖入主北京。

内阁首辅张居正的变法，一度改善了王朝经济状况。万历十年（1582年）六月张居正病死，十二月即被清算、抄家，新法迅速被废止。被张居正严厉管教十余年的明神宗，看到一向要求皇帝勤俭节约的张居正家金银累累，遂大肆挥霍，加剧了朝廷经济失衡。朝中吏治愈加恶化，亲历其境的谢肇淛在《五杂俎》卷十三有记：

今之仕者，宁得罪于朝廷，无得罪于官长。宁得罪于小民，无得罪于巨室。得罪朝廷者，竟盗批鳞之名。得罪小民者，可施弥缝之术。惟官长、巨室，朝忤旨而夕报罢矣。欲吏治之善，安可得哉。

《剑桥中国明代史》第九章中说："王朝不是靠它的实力，而是靠它的没有竞争的地位而延续。没有有力的竞争者足以保证它继续存在。"可谓一语中的。

崇祯元年（1628年）明思宗朱由检继承大位之际，这种"没有竞争"的局面发生了根本的变化，内有烽烟四起的农民起义军，外有迅速崛起的后金政权，都在成为强有力的竞争者。即令朱由检具有朱元璋那样的雄才大略，两人所面对的局势也截然不同。朱元璋没有历史负担，只管一路冲杀,将所有阻碍他上升的力量摧毁,凭借战争胜利赢得了国土也赢得了权威,带着唯他是从的官僚系统登上了金銮殿。这一新建的专制政权完全由其所操控。朱由检首先需要面对的尚不是内忧外患,而是他走进的金銮殿,经历二百余年政争锻炼而成的官僚体系,掌握了控制皇帝的娴熟技巧,擅长以复杂繁重的管理事务迫使皇帝就范。朱由检的前辈,世宗和神宗,都曾试图与这官僚体系抗争,最终以妥协收场。尾大不掉的官僚体系,已成为王朝的痼疾,而皇帝与这官僚体系强硬对抗,很可能导致王朝的溃灭。即此而言,明王朝的崩溃之势,已不是这位被寄予"中兴"期待的青年皇帝所能挽回的了。

当此之际,南都士人也切实感受到了家国存亡之危难。

思宗果断清算宦官魏忠贤逆党,为被迫害的东林人士平反昭雪,一度让以南方为根基的东林人士兴奋。然而自钱谦益被革职肇端,幸存的东林人士陆续被排挤出内阁和朝廷要职。高踞相位近八年的温体仁,善于奉迎皇帝、排斥异己,于内忧外患则全无善策,使明王朝错失了最后的救亡时机。当时京师民谣有"崇祯皇帝遭瘟(温)了"之说。清人修的《明史》,也将温体仁列入《奸臣传》。

东林人士子弟多在南京参加乡试,幸存的东林人士亦陆续汇聚于南京,后起的复社同样活跃于南京。无论是作为陪都,还是作为江南经济文化中心,南京的影响力和辐射力都远超其他城市。北方官绅逃避战乱,同样大量涌向相对安定的江南、涌入南都。吴应箕《留都见闻录》中说,崇祯八年(1635年)后"流寇猖獗,江以北之巨富十来其九,而山东、河南、湖广之人几于望衡对宇矣。于是南中风气为之一变"。这些难民将流寇的杀掠、官军的溃败、灾民的饥馑、瘟疫的蔓延等种种传闻广为流播。以复社为代表的南都士人,无疑能够感受到那种迫在眉睫的危机,但他们的救亡之计,仍然寄望于朝堂之上的争斗。

明末复社风潮

复社成立于崇祯二年(1629年),即东林人士得以平反之后,号称"小东林",然实与东林书院意趣不同。万历后期,退休高官顾宪成、高攀龙等主持东林书院,旨在推崇程朱理学,以纠正王守仁心学的偏差,重返儒学正统,其讲学活动并无"议论朝政、品评人物"的内容,且明确将"评有司短长""议乡井曲直"等列为禁戒,"谈经论道外,凡朝廷之上、郡邑之间是非得失，一切有闻不谈、有问不答"（《东林书院志》）。魏忠贤一党指其为朋党，是为了清除异己的便利，凡不附和他们的官员，即指为东林一党。《东林点将录》《东林党人榜》都出于逆党之手。尤其《东林党人榜》以皇帝名义颁示天下，将所谓东林党人从一百零八人增至三百零九人，凡上榜之人都在逮问惩处之列，即令去世也要追究，可见株连枝蔓之猛恶。思宗清算魏忠贤逆案之际，平反复出的东林人士，是在与逆党的斗争中成为一个政治利益集团，可以说是被对手逼出的东林党。此后的朝廷政争中，东林人士及新崛起的复社，多取同一立场，相互声援。

复社本以秀才为主体，入社动机多在科举中试。陆世仪《复社纪略》卷一载，各地士人"共尊师取友，互相砥砺，多者数十人，少者数人，谓之文社。此即以文会友、以友辅仁之遗则也"，秀才们分别组织文社，切磋八股文作法，提高应试水平：

先是贵池吴次尾（应箕）与吴门徐君和（鸣时），合七郡十三子之文为匡社，行世已久。至是，共推金沙主盟，介生乃益拓而广之，上江之徽、宁、池、太及淮阳、庐、凤，与越之宁、绍、金、衢诸名士，咸以文邮致焉，因名其社为应社。与莱阳宋氏、侯城方氏、楚黄梅氏遥相应和，于是应社之名，闻于天下。

此后出现了跨地区的匡社，当时金沙（今属南通）望族周钟（字介生）八股文妙绝一时，所以众人共推周钟主盟，于天启四年（1624年）成立应社，张溥、张采、杨廷枢、吴昌时等都是应社最早成员。

张溥是太仓人，早年八股不入时，后与张采拜访周钟，受其启发，"尽弃所学，更尚经史，试乃冠军"。天启六年（1626年）苏州织工暴动，张溥积极支持，后为牺牲的织工撰写《五人墓碑记》，痛斥逆党。崇祯元年（1628年），张溥、张采在太仓发起驱逐逆党遗孽顾秉谦的斗争，檄文脍炙人口，"娄东二张"名动天下。张溥所长，即在八股文与社会运动。其最重要撰述是编刊《汉魏六朝百三家集》，居然未收枚乘、左思，可见衡文的眼光。吴江县令熊开元慕张溥名，以贵客相待。时孙淳、吴翩等人创立复社。经张溥协调，孙淳等奔走联络，复社、应社、匡社及松江几社、浙东超社、浙西庄社、中州端社、黄州质社等遂合为一大社，崇祯二年（1629年）在苏州尹山举行成立大会，共建复社，参加者多达七百人。《复社纪略》卷一记张溥拟定复社规条：

> 自世教衰，士子不通经术，但剽耳佣目，幸弋获于有司，登明堂不能致君，长郡邑不知泽民，人材日下，吏治日伦，皆由于此。溥不度德，不量力，期与四方多士，共兴复古学，将使异日者务为有用，因名为复社。

复社之复，是兴复绝学之义。

崇祯三年（1630年）正值乡试之期，复社骨干多赴南都应试，而且取得优异成绩。杨廷枢中解元，张溥、吴伟业、吴昌时、陈子龙、万寿祺、吴继善、吴克孝、郑敷教、陆坦、王重、钱位坤、许元溥、李常、吴应箕、杨廷麟、文德翼、丁此昌等都中了举人。张溥邀集中举者与黄宗羲、周亮工等未中举者三十余人，在秦淮河桃叶渡举行金陵大会，一时意气风发，歌吹宴乐。这些人多是复社各地分会的魁首，回乡之后广为宣传，同仁无不振奋。第二年北京会试，主考是内阁首辅周延儒，吴伟业高中探花，张溥、杨廷麟、吴昌时、陈子龙、钱位坤、杨以任、周之夔、刘士斗、马世奇、盛德、管正传等都得中进士，张溥授翰林院庶吉士，更使复社名声大振。崇祯五年（1632年）春，张溥告假回乡葬亲，在苏州虎丘举行复社第三次大会。《复社纪略》卷二载：

> 溥约社长为虎丘大会，先期传单四出。至日，山左、江右、晋、楚、闽、浙以舟车至者数千人，大雄宝殿不能容，生公台、千人石鳞次布席皆满，典庖司酝，辇载泽量，往来丝织，游人聚观，无不诧叹，以为三百年来未尝有也。

本为民间社团的复社，遂引起朝廷官员的重视，纷纷示好，欲拉拢以为己用。张溥等也利用机会，操纵科举考试，向考官递送推荐名单，且有公荐、转荐、独荐等名目，其重点推荐之人，往往得以中试。所以读书人多以为只要进了复社，就有中试希望。复社兴盛之际，会员达二千余人，也有人说多至三千以上。

东林子弟多在南都应试，崇祯八年（1635年）冬，魏大中次子魏学濂、黄尊素之子黄宗羲等都到了南京，准备参加次年的乡试。魏学濂在崇祯元年（1628年）两次写血书为父、兄鸣冤，控诉阮大铖诬陷魏大中，阮大铖因此被列入钦定逆案名录，罢官回家乡桐城。因农民起义军进入安徽，阮大铖和当地乡绅逃往南京避难，立群社以招揽名流，原巡抚宣府、因挪用公款被免职的马士英当时也在南京，两人成为密友，气焰相当嚣张。阮大铖又在门西饮马巷库司坊建造石巢园，据说由《园冶》作者计成设计，亭台园圃，古趣盎然。阮大铖在园中编演传奇自娱，且用以笼络官绅。

魏学濂一介孤儿，朋友们都担心他会遭到阮大铖的报复。先是举人杨良弼让魏学濂躲在他家中，冒襄知道后前去拜访，说："夫害，有避之转逼、撄之立却者。"祸害啊，你越躲避它越逼近，你敢抵抗它马上就退让了。又说："我因四方同人至，止出百余金，赁桃叶河房前后厅堂楼阁凡九，食客日百人，又在通都大市，明日往来余寓，怀宁敛迹矣。"（冒襄《同人集·往昔行跋》）冒襄与方以智、陈贞慧、侯方域并称"复社四公子"，都是名门之后，所以能一掷百金租下桃叶渡的河房，每天招待食客上百人。魏学濂成为他的座上宾，果然没人敢来找麻烦，顺利参加了乡试。崇祯九年（1636年）八月十八，魏学濂得冒襄赞助，邀集在南都的"同难兄弟"，即受魏忠贤迫害死难者的后裔，举行桃叶渡大会，与会者有缪昌期之子采室，李应升之子逊之，周顺昌之子子洁、子佩，左光斗之子子正、子直、子忠、子厚，顾大章之子玉书，周朝瑞之子长生，黄尊素之子宗羲，高攀龙之孙永清，只有杨涟之子因不在南都缺席。冒襄、陈则梁、方以智等都有长诗以记其事。

因逆案被处置的阮大铖如此活跃，是因为温体仁的政治倾向。先是内阁首辅周延儒与次辅温体仁相倾轧。虎丘大会时，温体仁之弟温育仁要求加入复社，以缓和与复社的关系，张溥断然拒绝。温育仁遂指使吴炳作《绿牡丹传奇》，讥讽假名士以影射复社，到处演出。张溥、张采亲临浙江向提学副使黎元宽告状，黎元宽下令禁书肆、毁刊本，追究作者，并捉拿温育仁家人下狱。但崇祯六年（1633年）周延儒失势辞职，温体仁成为内阁首辅。温体仁为巩固权位，竭力排挤、迫害在朝东林人士，而几度试图引荐逆案中人。阮大铖看到翻案的希望，四处扬言他将要复官，南都官员既无意附和，也不想过问他的事情。对于复社中人，阮大铖亦屡屡示好，以图取得他们的支持拥戴。然而复社骨干中有一批东林士人子弟，尤其是死难官员的后裔，家仇国恨，历历在心，对逆案中人始终抱有高度警惕，不能容忍阮大铖的"猖狂无忌"。崇祯十一年（1638年）七月，陈贞慧、沈寿民、吴应箕、沈士柱等商议，作《留都防乱公揭》，将阮大铖旧罪新恶公之于众，东林子弟以顾宪成之孙顾杲为首，天启年间受难诸家以黄宗羲为首，复社众人依次列名。这篇檄文由吴应箕起草，文中说，当国家危难之际，"乃有幸乱乐祸，图度非常，造立语言，招求党类，上以把持官府，下以摇通都耳目，如逆党阮大铖者，可骇也"。阮大铖"逃往南京，其恶愈甚，其焰愈张，歌儿舞女，充溢后庭，广厦高轩，照耀街衢，日与南北在案诸逆交通不绝，恐喝多端。而留都文武大吏半为摇惑，即有贤者，亦噤不敢发声。又假借意气，多散金钱，以至四方有才无识之士，贪其馈赠，倚其荐扬，不出门下者盖寡矣"，又揭发阮大铖借传奇以影射时事，通官府以谋取贿赂，"当事者视为死灰不燃，深虑者且谓伏鹰欲击，若不先行驱逐，早为扫除，恐种类日盛，计画渐成，其为国患必矣"。《留都防乱公揭》一出，震动南都，阮大铖的自辩无人理睬，再没有人公然与他往来。他遂在崇祯十二年（1639年）避往宜兴周延儒家中。因张溥、吴伟业等都是周延儒门生，复社未与周延儒为难。直到崇祯十四年（1641年）周延儒重任内阁首辅，阮大铖潜回南都，仍不敢进城回家，只在南郊牛首山下暂住。

周延儒得以复职，复社起了很大的作用。崇祯十年（1637年）明思宗因觉察"体仁有党"而将其罢免，以论资排辈接任的内阁首辅张至发是温体仁亲信，仍依其旧规，执政无能，徒以排斥异己为务。时任翰林院编修的吴伟业曾上疏弹劾温体仁、张至发结党营私。不到一年，张至发即因庇护贪赃枉法的亲信被罢免。继任的孔贞运、刘宇亮都非干才，两人维持了不到一年。崇祯十二年春（1639年）薛国观接任。薛国观因"素仇东林"得温体仁赏识，荐入内阁，此时大权在握，变本加厉，朝中正臣相继获罪而去。夏允彝《幸存录》品评周延儒、温体仁、薛国观："大抵周明敏而贪，温洁清而险，薛才不如两人，而傲与偏同之。敌寇之患日迫，而终无能为上建一策者。温去而薛遂败。"薛国观才具不足，对于外敌入侵和饥民造反全无良策，处理政务屡出昏着儿，因推诿职责得罪了东厂太监，又因强行向皇族借银助军饷引发众怒，皇帝已有所不满。适逢复社骨干、礼部员外郎吴昌时考选，因知薛国观对他不满，求其门人向薛国观通关节。不想薛国观并未兑现承诺，惹恼了吴昌时，决意报复，联络东厂官员举发薛国观受贿事，致其被罢官。薛国观出京时仍不知收敛，满载金银珠宝的车队招摇过市，东厂侦得实情，逮问其心腹，思宗得报大怒，将薛国观赐死。薛国观临死哀叹"吴昌时杀我"。

思宗杀一重臣不难，而得一良臣不易。当时形势，清军一再越过长城掳掠，甚至威胁北京，农民起义军席卷中原，同时灾荒频发、国库空虚、军饷缺乏，内外交困而朝乏能员，尤其是"一人之下，万人之上"

的内阁首辅。周延儒赋闲在乡，复职对他固有诱惑力，但危机他也看得很透彻，曾说过"自知再来必祸，而不敢不来"。这时在京任职礼部的复社中坚吴昌时，认为机会到了，写信给张溥，分析朝中形势，自钱谦益被革职、文震孟被罢免，"东南党狱日闻，非阳羡复出不足弭祸。今主上于用、舍多独断，然不能无中援"（吴伟业《复社纪事》），虽思宗独断专行，但复社不能朝中无人。这一出发点，说明其目的首在团体利益。吴昌时劝张溥动员阳羡（今宜兴）人周延儒复出，他在京城花重金结交东厂太监等能够影响皇帝决策之人，为此铺平道路。文震孟之子文秉《烈皇小识》卷七载：

> 先是，阁臣虽内外兼用，鲜有当圣意者。众推宜兴颇有机巧，或能仰副，而圣意亦及之。于是庶吉士张溥、礼部员外郎吴昌时为之经营，涿州冯铨、河南侯恂、桐城阮大铖等分任一股，每股银万两，共费六万两，始得再召。

周延儒虽有曾任首辅的资历，想重新进入皇帝的视野，仍系花钱运作。崇祯十四年（1641年）四月召周延儒入朝，固然是思宗做出的决定，但身边各种人物的潜移默化，肯定起了作用。

这"每股银万两"的入股者，当是六人，除了上面列名的三人外，计六奇《明季北略》卷十七记载，尚有丹阳监生贺顺："延儒既罢，丹阳监生贺顺、虞城侯氏共敛金，属太监等冀乘间得复相，至是召用。主事吴昌时之力居多，延儒德之。"估计周延儒自己应会出一股，第六人不知道是谁。侯恂即侯方域之父，东林人士，时任户部尚书。冯铨和阮大铖则是魏忠贤党羽，谋求翻案复出的逆案中人，两人也是密友，当时阮大铖住在周家，冯铨则帮助吴昌时在京活动。张溥等对冯铨、阮大铖参股是知情的，接受他们的政治献金，是自以为有把握控制周延儒。投资者所求的是回报，周延儒临上任时，阮大铖即提出复职要求，周延儒有所顾虑，不敢直接荐用阮大铖，让阮大铖另荐一人。阮大铖推荐了马士英。马士英顺利复出，任兵部右侍郎兼右佥都御史，总督庐州、凤阳等处军事。这就埋下了南明争帝位、翻逆案的伏笔。

张溥推周延儒上位，目的是让他作为复社的代言人，所以为他出谋划策，提出了挽救时务的十几条建议，周延儒也表示一定落实。由于有了充分准备，思宗初次召见，周延儒就针对时弊提出了一系列补救之策，让皇帝大为满意，认定自己选对了人，大明王朝中兴有望了。

张溥要求尽先任用的官员，周延儒也多加荐引，使得居要职。据说张溥还给了周延儒一份名单，是要杀之人，使他颇感为难。当年五月，意趣风发的张溥前往北京途中，却意外地暴死于淮安，年仅四十岁。张溥的死因，当时有几种说法，影响较大的是中毒身亡，《明季北略》卷十九则直指被吴昌时毒害：

> 昌时于是权在手，呼吸通天，为所欲为矣。昌时与张溥同为画策建功人，淮安道上，张溥破腹，昌时以一剂送入九泉，忌延儒密室有两人也。其忍心如此。

在专制独裁的社会环境中，面对权力的腐蚀，"清流"亦不能独善其身。以后吴昌时在贪赃枉法的路上越走越远，周延儒则对内外交困的局势一筹莫展，在皇帝面前的机巧终被看破，两人在崇祯十六年（1643年）底双双就死。

大明王朝最后的中兴之梦，如同回光返照，就此完结。

拥立成祸患

就是在这样的背景之下，南都官员与士人，迎来了李自成攻入北京、明思宗投缳自尽的消息。

北京失陷，作为陪都的南京，立刻成为举国关注的焦点。明王朝会不会像东晋、南宋一样，划江而治，以江南政权维系大统，关键就在于南京能不能及时建立一个稳固的、足以领导抵抗力量的政权。

思宗在崇祯十七年（1644年）三月十九日殉国，消息传到南京，已是四月中旬。各书记载时间不一，《国榷》说四月十三日，计六奇《明季南略》、彭孙贻《流寇志》说四月十四日，而以顾炎武《圣安皇帝本纪》、顾苓《金陵野钞》所记为最早。《金陵野钞》搜集官府邸报编纂排比，按日记事，纲目最为清楚。其所谓"野"，是说抄者为在野之人，而非所抄内容为野老传闻。其开篇记福王得位始末：

> 四月十二日，南京百僚集守备南京中军都督府都督、魏国公徐弘基家，议推戴、讨贼。时福王、潞王、周世孙各避贼南下，南京兵部尚书、参赞机务史可法督兵勤王至淮安。提督凤阳、兵部左侍郎、都察院金都御史马士英移书可法及南京礼、兵二部侍郎吕大器等，请以伦序奉显皇帝次子之长子福王。二十四日，南京户部尚书高弘图、礼兵二部侍郎吕大器、都察院右都御史张慎言、掌翰林院詹事府詹事兼侍读学士姜曰广、

吏科给事中李沾、河南道御史郭维经等及魏国公徐弘基、抚宁侯朱国弼、安远侯柳祚昌、提督操江、诚意伯刘孔昭、南和伯方一元、守备南京司礼监太监韩赞周集大内，议未决。沾厉声言："今日有异议者，以死殉之。"遂以福王告太庙。二十八日，弘基及御史陈良弼、朱国昌迎福王于江浦。二十九日，南京百僚迎见福王于燕子矶。

文秉《甲乙事案》卷上则说定议之处在孝陵："诸臣谒孝陵定议。刘孔昭面詈吕大器不得出言摇惑，遂定议福王。"

从四月十二日提出迎立福王，四月二十四日才得以定议，拖延十余天的原因，是王子人选有争议。黄宗羲《弘光实录钞》卷一所载较详：

兵部尚书史可法谓太子、永、定二王既陷贼中，以序则在神宗之后，而瑞、桂、惠地远，福王则七不可（谓贪、淫、酗酒、不孝、虐下、不读书、干预有司也）。唯潞王讳常涝，素有贤名，虽穆宗之后，然昭穆亦不远也。是其议者，兵部侍郎吕大器、武德道雷演祚。未定。而逆案阮大铖久住南都，线索在手，遂走诚意伯刘孔昭、凤阳总督马士英幕中密议之，必欲使事出于己，而后可以为功，乃使其私人杨文骢，持空头笺，命其不问何王，遇先至者即填写迎之。文骢至淮上，有破舟河下，中有一人，或曰福王也。文骢入见，启以士英援立之意。方出私钱买酒食共饮，而风色正盛，遂开船，两昼夜而达仪真。可法犹集文武会议，已传各镇奉驾至矣。

明光宗朱常洛二子，长子朱由校继位即熹宗，熹宗无子，由其弟朱由检继位，即思宗。此时思宗三子太子及永王、定王均下落不明，按伦序应由光宗诸弟中最长者继位，轮到福王朱常洵，但朱常洵在崇祯十四年（1641年）死于李自成起义军，所以轮到其长子朱由崧。潞王朱常涝则是光宗的堂兄弟，按伦序很难轮到他。

顾炎武《圣安皇帝本纪》上卷所载有所不同："南京诸大臣闻变，仓卒议立君，未有所属。而王与潞王以避贼至淮上，大臣意多在潞王。"但马士英提出："福王神宗之孙，序当立。"徐弘基、刘孔昭、高弘图、程注、张慎言、姜曰广、韩赞周等议于明故宫：

兵部右侍郎吕大器署礼、兵二部印，不肯下笔。吏科给事中李沾厉声言："今日有异议者死之！"时士英握兵于外，与大将靖南伯黄得功、总兵官刘泽清、刘良佐、高杰等相结。诸大将连兵驻江北，势甚张。大臣畏之，不敢违。于是以福王告庙。

给事中有类御史，只是七品官，李沾敢于厉声呵斥诸公侯大臣，而大臣也就乖乖就范，实因为其后有重兵支持。

谈迁《国榷》卷一百零一所载又不同：

> 江南新主未定，人望属潞王常淓。总兵高杰、刘泽清移巡抚路振飞书，问所奉。振飞报曰："议贤则乱，议亲则一。现在既有福王，有劝某随去南京扶立者，此时某一动，则淮阳不守，天下大事去矣。此功自让与开国元勋居之，必待南都议立。不然，吾奉王入而彼不纳，必且互争，是不待于闯贼之至，而自相残败事矣。"

当时路振飞接替史可法总督漕运、巡抚淮扬，高杰、刘泽清等将领写信问他意见。路振飞这一番话，可见其人颇正派，全以大局安危为重，显非马士英一党。其所言"议贤则乱，议亲则一"确是至理。王子的贤与不贤，即令有客观标准，一时如何能议出个结果？势必各执一词，争持不下。依照皇族血统的亲疏推定，则一目了然。时任工科给事中的李清，听说将舍福王而立潞王，在《南渡录》卷一中也有议论：

> 应立者不立，则谁不可立？万一左良玉扶楚，郑芝龙扶益，各挟天子以令诸侯，谁禁之者？且潞王即立，置福王何地？死之抑幽之耶？是动天下兵也。时草野闻立潞，非序，皆不平，及王监国，人心乃定。

可见并不像顾炎武所说"大臣意多在潞王"。在当时情势下，"社稷为重，君为轻"，政局稳定无疑是第一位的。东林与复社诸人所提出的议贤，即使全无私心，也未免失于迂腐。况且当时南京诸臣既能议定推戴，未来所组成的内阁，只要齐心协力，在政事决断上肯定会有足够的话语权，未必就被昏庸之君左右。

东林与复社人士反对拥立福王，正是担心自己会遭到报复。李清《南渡录》卷一说：

> 因江南在籍诸臣恐福王立后，或追怨妖书及梃击、移宫等案，谓潞王立则不惟释罪，且邀功。时以废籍少宗伯两入留都倡议者，钱谦益也。于是兵部侍郎吕大器主谦益议甚力，而右都御史张慎言、詹事姜曰广皆然之。

万历年间，神宗有意让爱宠郑贵妃之子福王朱常洵继位，在朝东林人士坚持立长、立嫡，即立长子朱常洛为太子，君臣争持不下，以致神宗怠工几三十年。神宗对福王的偏爱，明显过于潞王。《五杂俎》卷十五载：

今上大婚，所费十万有奇，而皇太子婚礼，遂至二十万有奇，福邸之婚，遂至三十万有奇。潞藩之建，费四十万有奇，而近日福藩，遂至六十万有奇。潞藩之出，用舟五百余，而福藩舟遂至千二百余。此皆目前至近之事，而不同若此。潞藩庄田四万顷，征租亦四万，一亩一分，皆荒田也。福藩比例四万顷，而每亩征租三分，则十二万矣。夫民之穷，日甚一日，而用之费，亦日甚一日，公私安得不困乎。

而今论立长、立嫡轮到福王朱由崧，东林一派却倡行"立贤"了。

潞王朱常淓之"贤"，其实也是值得怀疑的。《南渡录》卷五载：

初，上既失国，恨不立潞王。时太常少卿张希夏奉敕奖潞王，独语大理寺丞李清曰："中人也。未见彼善于此。"王居杭时，常命内官下郡邑广求古玩，又指甲可长六七寸，以竹筒护之，其为人可知矣。大理寺少卿沈胤培常曰："使潞王立而钱谦益相，其败坏与马士英何异？"

朱由崧在崇祯十六年（1643年）五月袭封福王，至此时还不满一年。关于他的种种劣迹，《国榷》卷一百零一载："可法以福王不忠不孝，难主天下，逡巡而未决。盖史可法先督凤阳，故其知之详且明也。""七不可"是史可法自己观察得出的结论。《南渡录》卷一则说南都诸臣不知马士英决意拥立福王："方列王不孝不弟等七款贻漕督史可法，转贻士英，为立潞王。"是南都诸臣写信告诉史可法的。

"七不可"是否言过其实，姑且不论，史可法这一封论朱由崧"七不可"的信件，却成了马士英要挟史可法的法宝。《弘光实录钞》卷一载："士英以'七不可'之书，用凤督印之成案，于是可法事事受制于士英矣。"黄宗羲在这一节记事后写有按语，说史可法受制于马士英，就在于马士英的"引而不发"。倘若史可法直接向朱由崧挑明，当初曾有过异议，现在已"君臣分明"，也就可以尽释嫌疑。黄宗羲这一想法"尝与刘宗周言之，宗周以为然。语之可法，不能用也"。作为旁观者，固可以说起来头头是道。而在当事人，就不能不权衡利害得失。

《金陵野钞》载，四月底，"南京百僚迎见福王于燕子矶"，"五月戊子朔，福王谒孝陵。王至陵，避御路，从西门入。祭告涕泣，拜懿文太子陵。入谒奉先殿，止，宿内守备府。己丑，百僚三上笺劝进，不允。庚寅，福王监国于南京"。五月初一，福王谒明孝陵，避开了正中专供皇帝行走的御路，经西边的侧路进入。初二福王谦让了一天，初三开始监国，也就是代皇帝处理国家事务。

《国榷》卷一百零一记录福王抵达南京之初情景尤详:

福王次龙江关,舟隘,诸臣登谒,勋贵先之。次尚书史可法、高弘图、程注,右都御史张慎言。余卿寺科道、部司将领,俱望拜舟次。可法等四人跪拜,王亦拜,手挟可法、弘图起之,泣曰:"家耻未雪,国仇未报。"可法等启请监国,不许,曰:"宗室多贤,未敢辱及。"又坚请曰:"天下不可一日无主,臣等不得命,终不敢起。"王暂允之。时侍卫简斥,角巾葛衣,衾枕俱敝,内竖数人,裘布履革,有困顿色。

其时福王仍是葛衣菜色的难民形象,身边只有几个衣衫褴褛的太监,乘坐的小船容纳不了几个人,福王只能坐在卧榻上,并非某些史籍所说拥十万雄兵渡江、势在必得的气势。他回拜众臣,一说家耻国仇,再说宗室多贤,谦恭之情也不像装出来的。次日五月初一:

晨登三山门,环城而东,展谒孝陵,素服角带。望东陵,知为懿文太子也。还朝阳门,入东华左门,谒奉先殿讫,出西华门,次外守备公署。诸大臣将朝,以王谦让,先语内侍曰:"今日之礼,与舟中异,宜坐受。"及入拜,王答揖之,问诸先生:"今何事为亟?"史可法曰:"防江为急。"王然之。始江南闻变,各怀危惧。至是,士民忻忻有固志。

为了防止福王过于谦让,不成朝拜之礼,众臣要预先交代内侍,但福王仍然回揖。与此形成对照的是拥立勋臣,文秉《甲乙事案》卷上记当日事:"文武百官进见,王色赧欲避。史可法言:'殿下宜正受。'刘孔昭诸勋臣人人皆有德色。"

福王自江北仪征南渡,抵南岸地点,各书不一,有说燕子矶,有说观音门,有说龙江关。观音门即在燕子矶下,龙江关则在外秦淮河入江口,按天启末年《士商类要》所记,其间水程二十里。谈迁《枣林杂俎·仁集》所载较明确:"二十九日,王舟泊燕子矶,诸公驰候。明日抵龙江关,先召见列侯,次尚书史可法、高弘图、程注、右都御史张慎言同谒舟中。"王舟南渡至燕子矶下,南都官员前往迎接。次日西行至龙江关(今下关),在船上召见勋贵众臣。后沿外秦淮河上溯,沿途经过定淮门、清凉门、石城门,都未登岸,直至三山门(今水西门)登岸,因入城东行必须经过皇宫,所以环城绕行至城东钟山南麓,先谒明孝陵。这与当年燕王朱棣先谒明孝陵再入城登极是一样的道理。此后由朝阳门(今中山门)入城,进东华左门即是宫城,当时明宫各殿破败毁圮,无从使用,众臣虽已命工修缮保存较好的武英殿,尚未完工。谒奉先殿仍然是祭告祖先的意思。随后出西华门，到内守备府接受众臣朝拜，即以此处为行宫。守备府与内守备府，共同执掌南都事务，守备例由勋贵担任，时为魏国公徐弘基，内守备由司礼监太监担任，时为韩赞周。内守备府位于皇城外西南柏川桥内。由此也可以了解当时明故宫的保存状况。

弘光党争

元代末年，义军已成燎原之势，皇族内部仍自相残杀，战乱不止，终至一败涂地。明代末年，农民起义军和清军兵临城下之际，朝廷内部朋党之争依然，终至国破君亡。南明弘光小王朝的重臣，亲眼看到北京王朝的覆灭，并不以为教训，立国之初就肆行党争。

福王于五月初三正式监国，发布的上谕中说："乃兹臣庶，敬尔来迎，谓倡义不可无主，神器不可久虚，因序谬推，连章劝进，固辞不获，勉徇舆情，于崇祯十七年五月初三日，暂受监国之号，朝见臣民于南都。"这其中还有一个插曲，《甲乙事案》卷上载："廷臣进监国宝于福王。王行告天礼。刘孔昭复请登大位。御史祁彪佳曰：'监国名甚正。'徐弘基等皆然之，乃止。"刘孔昭急于让福王登上皇位，以成拥立之功。而张慎言也积极主张当日登极，以图弥补力主拥立潞王之前事。史可法不无顾虑："太子存亡未卜，倘北将挟以来，奈何？"刘孔昭说："今日既定，谁敢更移。"史可法说："徐俟数日，似亦无妨。"《国榷》卷一百零一亦记此事，人物不同："可法密谓慎言曰：'公请正位，倘高杰拥兵挟东宫以来，奈何？'慎言曰：'大位既定，即东宫至，安能私之。'"

当天即重组内阁及六部机构。《金陵野钞》载："进南京兵部尚书史可法东阁大学士，改南京户部尚书高弘图礼部尚书兼东阁大学士，俱入阁办事。进提督凤阳、兵部左侍郎兼都察院佥都御史马士英兵部尚书、都察院右副都御史，仍提督凤阳"，"以南京都察院右都御史张慎言为吏部尚书。命兵部职方司郎中万元吉宣谕总兵官黄得功、刘泽清、高杰、刘良佐"，带着赏赐去犒劳江北四镇。初七日又"召礼部尚书王铎兼东阁大学士，以掌南京翰林院詹事姜曰广为礼部侍郎兼东阁大学士，俱入阁办事"，"以南京兵部侍郎吕大器为吏部左侍郎，太常寺卿何应瑞为工部左侍郎。召还前都察院左都御史刘宗周为都察院左都御史"。《国榷》卷一百零一载，初五日"魏国公徐弘基言五事：固民心、择首辅、选名将、议战守、严赏罚。报可"。此时能落实的头一件是择首辅。《甲乙事案》

卷上载：

> 时议相，群情推毂可法及弘图、曰广。刘孔昭攘臂欲入。可法曰："本朝无勋臣入阁例。"孔昭曰："即我不可，马士英有何不可？"诸臣默然。又议起废，众共推郑三俊、刘宗周等。孔昭特举阮大铖等。可法曰："此先帝钦定逆案，勿庸再言。"是时，士英率高杰、刘泽清等拥兵临江，号称十万，以胁制廷臣，使不敢不相云。

自永乐立内阁，没有勋爵入阁的先例，刘孔昭袭爵诚意伯，只好转推马士英。

到此为止，东林、复社一派可谓形势大好。王铎这时尚未到南京，马士英虽入阁又远任凤阳。明代制度，留都百官以兵部尚书为首，史可法自然成为内阁首辅，与高弘图、姜曰广掌控内阁，所以担任各部要职的几乎都是他们引荐的人。

到五月十五日，福王"即皇帝位，改明年为弘光元年"之际，形势开始逆转。当天，"东阁大学士史可法请督师江北，许之"。第二天，"命提督凤阳马士英入直，兼掌兵部事"，内阁首辅换了马士英。《甲乙事案》卷上称这为"邪正消长之机"：

> 马士英未尝奉召，擅率营兵，由淮赴江达南京，共舟一千二百号。王燮驻清江浦，令淮坊义士排立两岸，不许一舟停泊，一人登岸，凡三日而毕。是日朝见，命掌兵部事，仍入直办事。高杰、刘泽清致书史可法请渡江，欲其让士英也。可法乃请督师江北以避之。

马士英居然敢于擅自领兵进京，福王不但不予追究，且当天即命他入内阁掌兵部事。史可法因为有把柄在马士英手中，只得拱手让出首辅之位，退避去江北。

同在十六日，"起升田仰为右副都御史，巡抚凤、淮"。路振飞总督漕运、巡抚凤、淮，屡有功绩，而被马士英弹劾，引起当地军民不满，共同具疏为其讼冤，得以暂时留任，但不久因母亲去世回家守孝。"田仰向寓金陵，与刘孔昭善，至是，孔昭力荐之，故有是命"。田仰在崇祯年间巡抚四川，因贪污被人告发，发配戍边，因投靠刘孔昭得以复官。

《南渡录》卷一载，二十日，"吏部尚书张慎言疏荐旧辅吴甡、原任吏部尚书郑三俊。命宥甡罪，陛见，三俊不允"。又：

> 诏封疆失事各官不许起用。时刘孔昭言："臣读前诏，内罪废各官，逆案、计典、赃私，俱不得轻议，惟置封疆失事于不言。今日祸及君父，

倾颓庙社，封疆之罪，犹当追论，以明国法。而拟议诏款中仍留此一段门户之肺肝，以再误陛下，天下事尚忍言哉。"时监军佥事宋劼亦言："天下人才多坏于门户，每择一题目竖标，援人陷人，则占风望气者景附云集，致真正介特之士不得效用。宜如先臣杨士奇，以天下心官天下人，以天下官官天下才。"皆可其奏。自此门户之说滋矣。

刘孔昭口中的"罪废各官"，其代表就是阮大铖。《甲乙事案》卷上载：

> 孔昭故善阮大铖，必欲起之。因诏有"逆案不得轻议"之句，慎言秉铨持正，度难破例。置酒酌诸勋臣廷论慎言，汤国祚、之龙皆诺之。是日早朝，孔昭邀国祚、之龙合奏慎言排忽武臣，所推吴甡、郑三俊有悖成宪，真奸臣也。慎言立班不辩。高弘图奏："冢臣自有本末，何遽殿争。"上论文武官各宜和衷，毋得偏竞。孔昭袖中取出小刃，逐慎言于班。太监韩赞周叱曰："从来无此朝规。"乃止。慎言出，即引疾乞休。

虽然皇帝没有同意，但阮大铖的复出已成定局。又记六月初七事：

> 马士英特举钦定逆案间徒阮大铖，命复冠带陛见。士英奏："冒罪特举知兵之臣，以共济艰难事，举阮大铖，当赦其前罪。"即补兵部右侍郎。

> 大铖日夜谋出山，勋臣殿争，亦因大铖而发也。士英乘高弘图督粮江干，即自拟旨："阮大铖果否知兵可用，着兵部召他，暂冠带来京陛见，面问方略定夺。"是时，科道罗万象、詹兆恒、陈良弼各具疏言："逆案不可翻。大铖不可用。"皆不听。士英又辩："臣在兵言兵，但知为朝廷用人，不知其他。"上温旨慰之。皇帝下旨安慰马士英。

《南渡录》卷一载，马士英先说到阮大铖拥立福王之功："臣至浦口，与诸臣面商定策。大铖从山中致书于臣及操臣刘孔昭，戒以力扫邪谋，坚持伦序，臣甚韪之。"所谓邪谋，即指立潞王之议。又说阮大铖当年列名逆案并不正确：

> 本官天启年间曾任吏科都，同官魏大中争缺，本官虽退让，与当时诸臣嫌隙遂开，因入魏忠贤逆案。其实本官既未建祠，未称功诵德，径坐以阴行赞导。夫谓之赞导，已无实迹，且曰阴行，宁有确据？故臣谓其才可用、罪可宥也。

阮大铖本是东林骨干，列名《东林点将录》，绰号"没遮拦"。他在朝任六科给事中多年，左光斗打算荐其升任吏科都给事中，但吏部尚书赵南星、詹事府谕德缪昌期等不信任他，让新进的魏大中任吏科都给事中，"激成阮入彼党"（《归庄集》卷十），但并没有劣迹。这不禁令人想起奥威尔《一九八四》中的名言："谁控制了过去，谁就控制了未来。谁控制了现在，谁就控制了过去。"

《甲乙事案》卷一载，六月初八：

> 大铖入见，备述见枉之由。高弘图言："大铖若用，必须会议。"马士英言："会议则大铖必不得用。"弘图曰："臣非力阻大铖。旧制，京堂必会议。乃于大铖更光明耳。"士英曰："臣非徇私受贿，何所不光明也。"弘图曰："何必不受贿。一付廷议，国人皆曰贤，然后用之可也。"弘图出，即乞休。

高弘图自请退休，尚有以退为进之意。然而时隔一日，吏部尚书张慎言被罢免。十七日，吏部署部事、左侍郎吕大器被罢免。先是李沾上《勋臣愤激有因疏》，辩解前日殿上动刀的原因，重提当初拥戴之争，将双方人员一一点明：

> 当中府聚会，马士英手札移大器，迎立皇上。韩赞周、刘孔昭无不允协。黎明集议，大器缩礼、兵二印，纡回不前。臣等十九人以名帖延之，从容后至。议至日中不决，孔昭怒形于色，臣与郭维经、陈良弼、周元泰、朱国昌历阶而上，面折大器。赞周曰："快取笔来。"因得俯首就列。

史可法一再忍辱退让，希图保守的秘密，至此实际已经公开。皇帝得知这些内情，其倾向可想而知。东林、复社人士的命运不言而喻，陆续被排挤出朝廷。同书载六月二十六日事："自高、姜去后，马士英当国，上亦拱手听之，不复预闻政事矣。"至九月，"内批特授阮大铖兵部添注右侍郎"，也就是不经吏部与内阁，由皇帝直接任命。"右都御史刘宗周上疏：'大铖进退，关系江左兴亡，乞寝成命。'有旨切责。"被责备的是刘宗周。刘宗周认为阮大铖复出，就代表逆案被推翻，所以"关系江左兴亡"。但马士英也曾明确表示："逆案本不可翻也，止以怀宁一人才，不可废耳。"（《陈子龙自撰年谱·崇祯十七年六月》）

《南渡录》卷二载，同年八月初二，"时阁臣士英与曰广同诋上前，曰广曰：'皇上以宗、以序合立，何功？'士英厉声曰：'臣无功。以尔辈欲立疏藩，绝意逢迎，故成臣功耳！'"马士英同姜曰广在皇帝面前对骂，姜曰广说马士英以拥立功臣自居，其实福王以伦序当立，何功之有。马士英的回答一语中的：正是东林、复社的失策，成就了马士英的拥立之功。

刘孔昭所谓"封疆失事"，也就是某些史籍中所说的"顺案"，指崇祯末年官员，御敌无能，国破君亡，北京失陷后被俘、投降李自成，甚至接受大顺朝的任命，其中包括清流领袖人物魏学濂。李自成退出北京，清军入城，这批官员多逃往南京，所以朝廷面临对此类官员的使用问题。然而，对于拥重兵而溃败南逃的江北四镇总兵，因其既有拥立之功，又欲借其军为江南屏障，故不但不予追究，反而大加封赏。由史可法提议，晋封靖南伯黄得功为靖南侯，封总兵高杰为兴平伯、刘泽清为东平伯、刘良佐为广昌伯。此后四镇跋扈，藐君祸民，内讧争斗，面对清军则不堪一击，甚至投降。

就在张慎言被罢免的六月初十，原礼部侍郎钱谦益经李沾推荐被起用，升任礼部尚书，协理詹事府事。钱谦益身为东林党魁，本是拥立潞王的策动者，但他在高弘图家中听说已议定拥立福王，遂也"候驾龙江关，诸臣指异之"，众臣看到都很奇怪。钱谦益能长留在弘光政权之中，直到其覆灭，因为他采取了与马士英、阮大铖合作的态度。马士英登上高位后，希望营造和衷共济的局面，亦愿意有钱谦益这个东林党魁作同盟。《甲乙事案》载钱谦益十月初一上疏，论严内治、定庙算、振纪纲、惜人才四事，尤其值得注意的是第四款：

惜人才款，复分三事。一曰资干济：今天下动称乏才，非乏才也，分门户，竞爱憎，修恩怨，即其胸中了然，如暗者之不能言、颿者之不能寡，有物以限之也。今世人才，当摧残剥落之后，以真心爱惜，以公心搜访，庶可共济时艰。……伏乞敕下吏部，令廷臣各举所知，期于拯时危、济世用，不复以党论异同，徒滋藩棘，则人才日出，世道渐夷矣。二曰雪冤滞：先帝钦定逆案，所结止奄儿榅子献媚赞逆之罪状，而定案诸臣未免轩轾其心、上下其手，故出故入，往往而有。陛下既以"赞导无据"拔阮大铖而用之矣，若虞廷陛以京营建祠不画题削夺者也，杨维垣首纠崔呈秀者也，虞大复以哭奠左光斗几致重谴者也，吴孔嘉以报复父仇牵连、周昌晋以持论依傍定案者也。伏乞敕下吏部，详察本末，酌量录用。其余果有真正冤抑如六臣者，方与昭雪，许其自新，以成先帝惩瘅之志、昭国家平明之治，亦涣群破党之一端也。三曰拯流离：今燕都沦没，其间多忠臣志士、不忘故国者，所宜接济安插，择其能者官之，无使颠连琐尾，有悔来之思。

钱谦益此话与马士英等人的说法如出一辙。问题是，他说得对不对。于弘光朝廷而言，尽可能多地汇集各方人才，以御外敌，以救国难，无疑是当务之急。然而这就有违东林、复社党同伐异的原则。所以谈迁《枣林杂俎·仁集》中说，钱谦益"六月入朝，阴附贵阳，日与朱抚宁、刘诚意、赵忻城、张冢宰捷、阮司马大铖联疏讦异议者"。贵阳即马士英，抚宁侯朱国弼、诚意伯刘孔昭、忻城伯赵之龙及张捷、阮大铖等固是一党，但此话未免言过其实。谈迁在弘光年间曾任大学士高弘图记室，确实了解许多内情，而其倾向也很明显，因为钱谦益成了"异议者"，所以就要被讨伐。但是这些话，他也只是作为"异议"记于杂录中，没有写进《国榷》里去。

弘光元年（1645年）二月，"行人朱统铣疏攻江西巡按周灿，并及姜曰广、杨廷麟等"，直言"曰广诬圣德有'七不可'"（《南渡录》卷四），可见马士英已将此事散播，只是投鼠忌器，没人会公开说出来。朱统铣虽是皇族，实为一介武夫，口无遮拦。弘光皇帝以"其语无赖"而"不问"，是明智之举，倘公开追究，等于张扬自己过恶。但他心里一定会记下这本账。

外战外行

平心而论，弘光小朝廷一年的政事，确实乏善可陈。君臣对于战局形势完全不能把握，如果说初时因变起突然、南北阻隔尚可理解，在南都政权建立后，却仍不能及时派人侦探军情，对局势做出正确判断，商定应变救亡之大计。史可法献策，以督师驻扬州指挥江北四镇的布局，立足点就是保守江南。偏安江南，始终是弘光政权的基本国策，甚至在河南、山东义军纷起之际，弘光政权也没有积极策应，北进一步。此外，弘光君臣且将"报君父之仇"的希望寄托在吴三桂和清军身上，致力于"款虏灭寇"，甚至幻想"虏"（或称"建"，清军）和"寇"（大顺军）"两虎相斗"，坐收渔翁之利。

《国榷》卷一百零一载崇祯十七年（1644年）五月二十六日事：

马士英叙吴三桂功，封吴三桂蓟国公，世袭。驰赐坐蟒一，纻丝八，金二百。命户部发银五万金、米十万石，责成淮抚以沈廷扬海运至天津。其有功吏卒，俟开列升转。

第二天：

大学士马士英言："恢复有四因：曰吴三桂宜即鼓励接济，则总兵金声桓可使。因三桂款建，使为两虎之斗，主事马绍愉，当陈新甲时曾使建，昔之下策，今之上策也。曰江北诸将、淮上之师，可收山东，合吴三桂、徐寿安庆之师，可收楚、豫，合左良玉。如刘洪起、萧可训、沈万登、李际遇等，皆可联络。曰左良玉如复荆、襄，则有窥秦之势，如驻武昌，则自阳逻麻城、固始、颍、宿、徐，可与江北指顾相联。其副总兵卢光祖多筹略，乞宣谕与高、刘诸镇分信联合。曰赵光远补四川总兵，不尽其用，宜改敕印，授以招讨，经略陕西，招集边丁、属夷以塞蜀口，复汉中。此外分东、西川为两抚，择人而任。楚抚何腾蛟为川、湖、贵、郧总督，俾开白帝之路，提荆襄之衡。黔督可易而为抚也。"上是之。

看起来好像全局在胸，运筹帷幄，其实全属一厢情愿。不但西北、西南鞭长莫及，即左良玉亦不能与朝廷同心同德，直至刀兵相向。就连麾下江北四镇，史可法也调度不灵。

其实，五月初七日，清廷已封吴三桂为平西王。弘光朝廷一无所知，还以为蓟国公已经是很高的恩惠。更荒唐的是"款虏灭寇"，近人著作中改写成"借虏平寇""联清平闯"，意思并不完全相同。这个"款"字，说明是付出代价的，并非简单的联手抗敌。马士英认为崇祯年间派陈新甲暗中与清军议和固是下策，但"昔之下策，今之上策"，这就连吴三桂都不如了。吴三桂困守山海关，前有清军，后有大顺军，两面受敌，以孤军守孤地，肯定难以持久。两害相权，联清以报君父之仇，对于身为大明臣子的吴三桂而言，不失为明智选择。即令吴三桂与大顺军联手，以此后的实战结果来看，清军入关的时间或可能稍延，但其趋势已不可改。弘光朝廷既立新君以号令天下，又地处江南，拥半壁江山，且各地志士仁人义旗纷举，竟不思振作，完全寄希望于借助清军，期望吴三桂成为借回纥助唐平定安史之乱的仆固怀恩、联契丹灭后唐辅佐后晋的桑维翰。此二人借兵是付出巨大代价的，事先都订立了输币、割地的条约，尤其桑维翰割让燕云十六州，不但影响五代形势，而且导致北宋的边防困境。

早在五月初五日，多尔衮已经以摄政王的身份，发布了谕南朝官民示。《国榷》卷一百零一载有这份告示：

大清摄政王谕南朝官民人等曰："曩者我国与尔明朝和好，永享太平，屡致书不答，以至四次深入，期尔朝悔悟耳，讵意坚执不从。今被流寇所灭，事属以往，不必论也。且天下者非一人之天下，军民者非一人之军民，有德者主之。我今居此，为尔朝雪君父之仇，破釜沉舟，一贼不灭，誓不反辙。所过州县，能削发投顺，开城纳款者，即予爵禄，世守富贵。如抗违不遵，大兵一到，尽行屠戮。有志之士，干功立业之秋，如有失信，将何以复临天下乎？"

文告说得十分清楚，明代亡于流寇，大清"为尔朝雪君父之仇"，建立新朝，南朝军民只能"削发投顺，开城纳款"。清廷绝不会容忍一个与其分庭抗礼的南方政权存在。当年六月，多尔衮已决定迁都北京，十月，清世祖在北京皇极门举行入关后的登极大典。

弘光君臣至迟在六月十五日已得知这份告示。计六奇《明季南略》卷二"北事"条中载："十五辛未，马士英以清国摄政王所谕南朝官民示奏闻，请遣官赍诏北行。"在引录告示之后，马士英说：

看得房示，是不知中国已有主矣，理合速差文、武二臣颁诏北行，以安夷、汉臣民之心。从此东南又换一局。臣已遣陈新甲、向议款主事马绍愉往督辅史可法处，相机商酌。

第二天，马士英推荐陈洪范为北行使者。十九日，左懋第因母亲死于北京，欲回北京奔丧，愿同陈洪范出使。

《南渡录》卷二载六月二十九日：

命速议北使事宜。督辅史可法言："吴三桂破贼后，畿辅间必为北兵所有。但彼既能杀贼，即为我复仇。予以义名，因其顺势，先国仇之大，而特宥前辜，借兵力之强，而尽歼丑类，亦不得不然之着也。今胡马闻已南来，凶寇又将东突，未见庙堂上议定遣何官、用何敕、办何银、币、派何从人，议论徒多，光阴已过。万一北兵至河上，然后遣行，是彼有助我之心，而我反拒，彼有图我之志，而我反迎，既示我弱，益长彼骄。乞敕兵部速议。"从之。

《国榷》卷一百零二将此疏系于七月十四日，依前后事态发展看，系于六月二十九日为合理。

因《南渡录》刊行于清初，这封奏疏被做了删改，读来有些不明所以。《史忠正公集》中作《请遣北使疏》，较此为详，亦删改多处。据冯梦龙《甲申纪闻》载，原题《为款房灭寇，庙算已周，乞敕速行以雪国耻事》，全文如下：

先帝以圣明之主，遘变非常，即枭逆闯之头，不足纾宗社臣民之恨。

是目前最急者，无逾于办寇矣。然以我之全力用之寇，而从旁有牵我者，则我之力分；以寇之全力用之我，而从旁有助我者，则寇之势弱，不待智者而后知也。近辽镇吴三桂杀贼十余万，追至晋界而还，或云假虏以破贼，或云借虏以成功，音耗杳然，未审孰是。然以理筹度，此时畿辅之间必为虏有，但既能杀贼，即是为我复仇。予以义名，因其顺势，先国仇之大，而特宥前辜，借兵力之强，而尽歼丑类，亦今日不得不然之着数也。前见臣同官马士英已筹及此，事期速举，讲戒需迟。今胡马闻已南来，而凶寇又将东突，未见庙堂之下，议定遣何官、用何敕、办何银、币、派何从人？议论徒多，光阴易过。万一虏至河上，然后遣行，是虏有助我之心而我反拒之，虏有图我之志而我反迎之。所重者皇上之封疆，所轻者先帝之仇耻。既示我弱，益长虏骄，不益叹中国之无人而北伐之无望邪。伏乞敕下兵部，会集廷臣，既定应遣文、武之人，或径达虏主，或先通九酋。应用敕书，速行撰拟，应用银、币，速行置办，并随行官役若干名数，应给若干廪费，一并料理完备，定于月内起行。庶款虏不为无名、灭寇在此一举矣。

清人篡改明代文献，这是一个范例，于清人不利的文字全被改动，哪怕语意不明。不过，弘光朝廷在"音耗杳然，未审孰是"的盲目情况下，全凭揣测作此决策，则是确定的。

《国榷》卷一百零二亦载此日"趣陈洪范、左懋第北使"。此后即紧锣密鼓，七月初五日：

进左懋第南京兵部右侍郎兼右佥都御史、经理河北、联络关东军务，兵部职方郎中马绍愉进太仆寺少卿，都督同知陈洪范进太子太傅。绍愉奏："往使沈阳日，入杏山，虏解宁远围，寻至沈阳议抚赏旧例，仍减往额四十七万金。归奏先帝，命故辅周延儒具书，遣大臣偕往。延儒畏言路纷纭，伏地不应，款局遂格。"

崇祯十五年（1642年）上半年，思宗密令兵部尚书陈新甲与清军议和，出使谈判者即马绍愉，双方达成初步协议，皇帝命周延儒拟文书，周延儒担心被人唾骂，"伏地不应"。后此事泄露，群情大哗，思宗只好拿陈新甲当了替罪羊，而周延儒也因此失宠。所以马绍愉此时信心满满，自以为与清军和谈是轻车熟路，全没想到今昔形势已截然不同。《爝火录》卷五载："懋第赐一品服，弘范、绍愉赐三品服"，正使为一品大员，显示朝廷的高度重视，也就是史可法所说"遣何官"，即派哪个层级官员出使的问题。

《明季南略》卷二"北事"载：

初六辛卯，视朝毕，召廷臣及左懋第、陈洪范、马绍愉议北使，遂召面对谕之。尚书顾锡畴进恭拟《祭告陵园文》《祭告大行皇帝后文》《吴三桂封爵制书》《敕谕铁券》《黎玉田、高起潜敕命》《谕宣北京人民》《谕宣彝御书》，一一呈览。

《南渡录》卷二载："书称《大明皇帝致书北国可汗》，以银十万、段、绢各数万行。又赐陷北诸臣及吴三桂诏，谕通和意。"除携金、帛赏赐并与清廷和谈外，还有几项任务，即祭告先帝诸陵，安葬祭告明思宗及皇后，向吴三桂等颁发诰命文书，向北方人民颁示圣谕即宣传弘光皇帝登基等。但左懋第对此安排十分不满，十四日上疏说："臣此行往问先帝、后梓宫，又问东宫、二王消息，皆当衰麻往，谊不敢辞。但臣衔当议，臣同行之人不得不言。"首先，让他以"经理河北、联络关东"的头衔，去谈赔款议和之事，名不副实，"以此衔往虏所，将先往夺地而后经理乎，抑先经理而后往乎？"其次，同行的马绍愉，正是他崇祯十五年（1642年）弹劾之人："绍愉赴虏讲款，奴颜婢膝，许金十万、银一百二十万，虏送之参、貂无数，令复归。臣疏言中国宽一马绍愉，北廷添一中行说，而绍愉遂递解回籍矣。"他可以率一军北上，与山东军民合力收拾山东局面，也可以同陈洪范一起赴北京办理各项事务，但不能与马绍愉同行。"疏奏，阁部俱请止绍愉，改用原任蓟督王永吉。诏遵前旨"。皇帝想的是马绍愉有"款虏"经验，坚持原议不变。

《国榷》卷一百零二载，史可法在十七日已经知道吴三桂的立场，并上奏皇帝："丘茂华北来，称吴三桂兵次庆都，立大清顺治元年旗，迫人剃发。则三桂之无意本朝可见矣。"但左懋第、陈洪范仍依前议于二十三日"北行。赐懋第千金"。大约是对左懋第不满情绪的安慰。左懋第、陈洪范走得急，银两、绢帛由人随后运送。八月，又海运十万石粮饷给吴三桂。

《国榷》卷一百零三载，九月，北使"陈洪范、左懋第至于杨村。士人曹逊、金镰、孙正疆等见懋第，矢志报国，请从。懋第曰：'渡江来仅见尔等。'并署参谋"。庆都今称望都，属保定，杨村今属天津武清。吴三桂与清军占了庆都，而杨村仍有士人"矢志报国"。弘光朝廷的应对肯定令他们失望。九月二十六日：

督师大学士史可法奏言："各镇兵久驻江北，皆待饷不进，听胡骑南来索钱粮户口册报，后遂为胡土，我争之非易。虚延日月，贻误封疆，罪在于臣。适得北信，九陵仍设提督内臣，起罪辅冯铨，选用北人殆尽。或不忘本朝，意图南下，避匿无从，是河北土地、人民俱失矣。乞速诏求贤，遍谕北畿、河北、山东在籍各官及科甲、贡、监，但怀忠报国，及早南来，破格重用。"从之。

史可法此论，看似与清廷争夺人才，实质上是放弃河北、山东，唯恐出兵与清军争地，有碍谈判。

北行使者所遭受的屈辱，完全出于弘光君臣的想象。《明季南略》卷二"北事"载，十二月十五日，左都督陈洪范回到南都汇报，弘光君臣才第一次得知北方的真实形势：

初，礼部荐臣与吴三桂同里威谊，意清之破贼，必三桂为政，其事殊不然。九月十六日，臣至德州，清抚方大猷示以摄政王令，有"来使不必敬"语，止许百人赴京朝见。夫曰"朝见"，则目无天使矣。阁臣主议，以抗节为不辱命，但知三桂借兵于清，未知清势之骄悖也。锦衣骆养性为清抚，遣兵相迎。廿九日，至河西务，赞画王言赍臣名帖送内院，回言冯铨、谢升等词色俱薄，却帖不收。

冯铨、谢升都是崇祯朝被罢免的内阁大学士，此时成了清代的内阁大学士，自然不肯再接受弘光朝的任命。

十月十二日，奉御书入正阳门，臣随宿鸿胪寺，关防甚严，水火不通，饥寒殊苦。十四日，内院榜什刚林十余人来，夷服佩刀，直登寺堂，踞上坐，指地下毡，令臣等坐，大声责臣等江南不应更立天子（批云：责时懋第不屈，洪范降。），且曰："毋多言，我将不日下江南。"十五日，刚林来收银，将十万两一一兑讫，蟒缎、余币尚在后也。私计吴三桂不出受书，则万金可以无予，诸房踊跃抢散。明日，遣兵押行。臣等请祭告诸陵及改葬先帝，皆不许。朗诵房《檄大都□词》。廿七日促行，防守益严。十一月朔至津，后运缎绢悉押去，疑养性有私于臣，削职逮问。

弘光朝的使节被严加看管，有类囚徒，送去的财物坦然接收，连给吴三桂的银一万两、缎二千匹也都抢光，所谓和谈连过场都没走，且明确宣示"将不日下江南"，就打发他们回程。试图以十万两白银、一千两黄金让清军退回关外，不啻痴人说梦。使臣"初四日过沧州，有夷官来迫执左懋第回京，不容叙别。十六日过济宁，清兵乃还。廿一日到徐州渡河"。陈洪范说清兵旦夕必南下，万分紧急。"马士英恶之曰：'有四镇在，何虑焉。'"十二月十八日，"马士英疏言：'清兵虽屯河北，然贼势尚张，不无后虑。且强弱何常之有，赤壁三万，淝水八千，一战而江左以定。况国家全盛，兵力万倍于前，廓清底定，痛饮黄龙，愿诸臣刻励之也。'"对于北方告急，一概不应。

《国榷》卷一百零三记载了左懋第的气节：

> 南京兵部右侍郎左懋第等还至沧州十里铺。清房邀懋第及太仆寺少卿马绍愉北行，独纵陈洪范归。懋第语吏卒曰："我死无憾，若等死无益，不若尽止沧州，我入京观进止驰奏。"明日，从数骑而北。左营副总兵张友才、后营副总兵杨逢春、都指挥刘英、骑卒三百余人止沧州。懋第入京，幽之太医院，疏未及发。久之，启摄政王曰："懋第奉命北行，以礼通两国之好，今无故羁我，使士马日呼庚癸，则后之持节者，谁是冒险以图国是，必至上干天和、下戕民命，亦非贵国之利也。"摄政王令内院谕慰懋第，少俟之。已而内院大学士洪承畴过访，懋第叱曰："此鬼也。承畴统制三边，松、杏之败，身殉马革。先帝赐祭，加醮九坛，褒以锡荫。承畴死久矣，闻者安得通之，若所见者鬼也。"承畴欲前，詈加甚，乃退。越数日，内院大学士李建泰来谒，懋第曰："老贼尚在，先帝特宠饯之，敕兵剿贼，既不殉国，又失身焉。老贼何面目见我。"建泰亦退。嗣后拒朝士不见，朝士亦惮见之。

左懋第坚贞不屈，至弘光元年（1645年）闰六月被杀害。

左懋第被半途追回，软禁北京鸿胪寺中，饥寒交迫，实则另有内情。《清太祖实录》卷十一载十一月初一日事：

> 伪弘光使臣陈洪范南还，于途次具密启，请留同行左懋第、马绍愉，自愿率兵归顺，并招徕南中诸将。摄政王令学士詹霸等往谕，勉其加意筹画，成功之日，以世爵酬之。遂留懋第、绍愉。

但陈洪范独自南归，不可能不引起朝臣怀疑，《弘光实录钞》卷三载，弘光元年（1645年）正月二十八，"陈洪范回籍"。陈洪范回乡赋闲，清军南下后降清。

弘光元年（1645年）三月底，史可法上疏"请诸臣亟化朋党共图征讨大计"。《南渡录》卷五载其疏，文中说："今北使言旋，敌兵踵至，和议已断断无成矣。向以全力图寇而不足者，今复分以御敌矣。"他至此方认识到和议绝无可能，但又以"多难兴邦"自慰：

际此时艰，忧心欲绝。然历观往代衰亡，莫不因和自误。今敌之拒我，正我所以自奋，与天所以成我之时，特在人心一转耳。从来中兴大业，不外于君臣一德，内外一心。当此危急存亡之时，可无同舟共济之谊？臣尝慨唐、宋门户之祸，竟与国运相终。即使所用皆才，已废却一半。况以意气相激，化成恩仇，恩怨一生，酿成杀运，近来之事，殊堪痛心。

史可法还提出"虚心平气"推荐人才："何人实是干济之才，何人实是清修之品，无寻题目而开媒蘖之端，无捕风影而肆株连之网。务得海内真正才品，举而置之钧衡。中朝之举措咸宜，闾外之嫌疑自化。"寄望于"庙堂之同心""皇上一振厉"。倘若这几句说辞能够消弭恩仇，朝中党争又岂会病入膏肓？"门户之祸，竟与国运相终"已不可避免。

史可法督师扬州，弘光元年（1645年）四月二十四日清军开始攻城，一天不到城破，史可法兵败被俘，不屈就义，已是弘光王朝最后的亮色。清军在扬州屠城十日，更增添了史可法殉国的悲壮色彩。五月九日，清军南渡占领镇江，十日，弘光皇帝与马士英等出逃，南京守备忻城伯赵之龙与保国公朱国弼率先出降，十五日与众勋贵、重臣开城门迎候清军。为时一年的弘光朝落幕。

诚意伯勋贵干政

建都于南京的弘光王朝，是南明各政权中最具复国希望的一个，然而也是承继崇祯朝痼疾最重的一个。记述弘光朝事的南明史料，不少出于当时人以至当事人之手，如黄宗羲《弘光实录钞》、顾炎武《圣安皇帝本纪》、李清《南渡录》《三垣笔记》、顾苓《金陵野钞》《南都死难纪略》、夏允彝《幸存录》《续幸存录》、文秉《甲乙事案》、谈迁《国榷》、查继佐《罪惟录》、张岱《石匮书后集》、冯梦龙《甲申纪事》等。其中以东林、复社人士居多，他们的诗文集中关涉之作也不少，而非议东林的著作，以至持论较公允的著作，往往遭到他们的抨击。即如夏允彝抗清死难，所著《幸存录》记事客观，即被黄宗羲作《汰存录》逐条批驳。后世士人之作，如计六奇《明季南略》、抱阳生《甲申朝事小纪》、李天根《爝火录》等，直到民国年间谢国桢《南明史略》，多倾向于东林、复社，将他们誉为"清流"，而与其党争的对立面则被视为"逆党"，成了乱政失国的罪人。清初修《明史》，因复社领袖黄宗羲的得意门生万斯同、儿子黄百家及顾炎武的外甥徐元文等参与其事，万斯同且是前期的实际主持者，以黄宗羲所编《明史案》二百四十卷、《明文海》四百余卷作为重要材料来源，故祖护东林、复社的倾向明显，列传中新增三目，"流寇""土司"外即是"阉党"，由天启年间"逆案"延及弘光党争，将弘光朝迅速溃灭的原因完全推给马士英和阮大铖，将他们都列入《奸臣传》。尤其是孔尚任《桃花扇》，将历史事件戏剧化，历史人物脸谱化，简单地对立为红脸和白脸、正派和反派。戏剧的传播面远大于学术著作，而《桃花扇》又长期被当成"南都信史"宣传，所以后世对于弘光一朝史事人物的评判，颇多误解。

《南渡录》卷五载：

北兵至大校场北营城外，文武官俱迎降。吏部尚书张捷、刑部尚书高倬、左副都御史杨维垣、礼部主事黄端伯、户部主事吴嘉胤、中书龚廷祥皆死之。时刘良佐兵方肆掠城外，望北兵至，倒戈降，慑伏不敢动。文臣钱谦益、梁云构、张孙振、刘光斗、宗灏等五人，武臣赵之龙先迎降，后皆续往。

据《罪惟录》卷十八载，殉国的尚有工部尚书何应瑞、户部郎中刘成治、兵科给事中刘廷弼、中书舍人陈燧父子、钦天监博士陈于阶等。殉国的张捷、杨维垣都是阮大铖一党，迎降清军的文臣之首钱谦益则是东林党魁。可见是否忠于国家，并不以党派而分。

南奔的弘光皇帝与马士英，在茅山失散，弘光皇帝不久被捕杀。马士英辗转浙东抗清，直至顺治三年（1646年）六月被捕殉国。《清世祖实录》卷二十六载六月二十日事："浙闽总督张存仁疏报：副将张国勋等进剿太湖逆贼，擒获伪大学士马士英、长兴伯吴日生、主事倪曼青等。捷闻，令斩士英等。其有功将士，所司察叙。"蒋良骐《东华录》卷五所载较详：

浙闽总督张存仁疏报：副将张国勋等进剿太湖逆贼，长兴伯吴日生、主事倪曼青俱被获。伪大学士马士英潜遁新昌县山内，都统汉岱追至台州，士英属下总兵叶承恩等降，并报称马士英披剃为僧，即至寺拘获，并总兵赵体元，令斩之。

马士英被捕有两种说法，但殉国是肯定的。

如果不受"清流"与"逆党"执念的迷惑，便会发现，弘光朝党争的复杂与异常，除了江北四镇和左良玉等军阀乱政之外，更突出的是超越前朝的勋贵干政。正是勋贵为争权势，参与并激化党争，加速了弘光王朝的溃灭。

其中最恶劣的，就是诚意伯刘孔昭。弘光皇帝登极，他自恃拥立之功，要入内阁，被史可法以"本朝无勋臣入阁例"否定。史可法并非跟刘孔昭过不去，所说确是实情。明初朱元璋大封开国功臣，王公侯伯，成为世袭勋贵。历经洪武年间的大清洗、建文削藩、燕王靖难，开国元勋多已不存，永乐年间又有意识地限制勋贵权力，到明代中期，已经形成勋贵"位高权低"的定式，《续文献通考》卷一百九十七载："凡公、侯、伯之任，入则掌参五府、总六军，出则领将军印为大帅、督留都筦钥、辖漕纲运，独不得预九卿事。"公、侯、伯位于正一品之上，可以世袭优裕待遇，可以领军务，但不得进入内阁、干预行政。且明代军权管理，是以文臣节制武官，所以勋贵地位虽高，职权则低。

若说南都勋贵领袖，理当以南京守备、魏国公徐弘基为首，且商议拥立福王，就是在魏国公府。但徐弘基因与马士英不和，不久自请退休，南京守备由忻城伯赵之龙继任。徐弘基崇祯十七年（1644年）十二月去世，其子徐允爵次年四月才袭爵。刘孔昭与马士英上下其手，热衷于专权干政，史籍多有明载。他处处与东林、复社为敌，则是有历史渊源的。

刘孔昭得袭诚意伯，即为人非议。刘基死后，直到洪武二十三年（1390年）才由其孙刘廌袭爵，永乐年间即因刘基次子刘景反对靖难而停袭。至嘉靖年间，因武宗无子嗣，世宗以旁支入继大统，为在朝中培植自己的势力，竭力笼络人心，对勋贵亦优礼以加。《明世宗实录》卷一百二十七载，嘉靖十年（1531年）闰六月刑部主事李瑜上疏以刘基配享太庙，恢复诚意伯世袭，世宗令吏部、礼部商议。许重熙《五陵注略》卷二载：

复常遇春、李文忠、邓愈、汤和四人子孙为侯。刑部郎中李瑜奏言："臣乡人刘基翊运有功，不在姚广孝下，宜侑食高庙，世其封爵，与徐达同。"下廷臣集议。侍郎唐龙奏曰："高皇帝帷幄奇谋，庙堂大计，每每属基，厥勋懋矣。基宜配享太庙，其九世孙瑜可嗣伯爵。"诏从之。

由于其同乡的争取，刘瑜也搭上了这班车。刘瑜死后，其孙刘世延嘉靖二十八年（1549年）袭封，长住南京，因骄纵跋扈，冒用魏国公徐鹏举等名义"无端上奏"，抢夺民田、谋害田主等劣迹，两度被停袭，终因罪被捕，万历三十四年（1606年）死于狱中。明世宗希望勋贵为己所用，并未打算让其与文官体制抗衡，而当时完善的文官体制运作，尚能与皇帝分庭抗礼，故勋贵干政之举多被阻遏。

《明季北略》卷二十"刘孔昭杀叔"中说，刘世延之子早逝，嫡孙刘莱臣年幼，遂被其庶兄刘荩臣强行冒袭，时在万历三十六年（1608年）。天启三年（1633年）刘荩臣死，其子刘孔昭继续冒袭，且借机杀死叔父刘莱臣。

刘荩臣已与东林相互攻难。《明神宗实录》卷五百零二载万历四十年闰十一月大学士叶向高奏议：

> 顷见科臣张延登疏陈无党之论，而谓主张全在辅臣，其意甚平，其言甚当，故复以此请。时门户纷纭，枝蔓不已，御史周起元有《近习蔽明疏》，翟凤翀论科臣彭惟成，并及诚意伯刘荩臣从祖世学，荩臣为之伸理，且讥刺东林、丑诋御史，台省群起攻之。延登乃言此皆出于疑与护耳。

周起元是东林名宿，与高攀龙、缪昌期等并称"后七君子"，天启年间死于魏忠贤迫害。翟凤翀也是朝中正臣，所劾彭惟成曾攻击时任吏部尚书的东林孙丕扬，致其去职。

崇祯九年（1636年），钱谦益同乡友人、国子监监生许重熙刊行《五朝注略》（亦名《五陵注略》《宪章外史续编》），是嘉靖、隆庆、万历、泰昌、天启五朝的大事记。他直言无忌，提出不少敏感问题，其中即有对刘基的评价，如言诚意伯刘基并非"渡江勋旧"，嘉靖年间后裔袭封实出于同乡推戴。许重熙说：

> 开国文臣，最先幕府从渡者李善长、汪广洋、杨元杲、李梦庚、毛麒，渡江后有若陶安、宋思颜、杨宪、王恺、孙炎等。又六载下浙东，乃得宋濂、刘基、叶琛、章溢。大封时善长位上公，比萧何，而子房、孔明之称先广洋而次基。后各以嫌责死，今人所载基事不无过饰，核之当日情事，显有不类者三。

分析《故诚意伯刘公行状》等文中明显作伪的三条，一是刘基担任元浙江行省参知政事石抹宜孙幕僚，与朱元璋义军相持多年，石抹宜孙死后才投奔朱元璋，所以不可能在此前就有"圣人在淮泗间，吾当辅之"的预言。一是《行状》说刘基庚子年（1360年）投奔朱元璋，见行中书省中设小明王座，"独怒不拜，曰：'此牧竖耳，奉之何为。'圣祖悟，乃定大计"。实则直到至正二十六年（1366年），朱元璋仍奉小明王龙凤年号。一是说刘基被胡惟庸毒死。然而胡惟庸被诛后,朱元璋有《昭示奸党录》刊行天下,刘基之子刘琏名列奸党。这第三点是许重熙弄错了。许重熙总结说:"嘉靖初,越人撰《英烈传》小说,谓基功曾辞国公之爵,处州进士卢玑谓基曾塑像功臣庙,而善长、广洋寂然无颂言者。身后之誉,岂不以乡人哉!"积极主张刘基后裔袭封的李瑜、唐龙,以及作《诚意伯刘公神道碑铭》的张时彻等,都是刘基的同乡。除此之外,书中还提到刘世延"邪横,捏有司长短"等劣迹。

刘孔昭见书大怒,向国子监祭酒倪元璐告状,要求查毁书版。倪元璐为人刚直,在崇祯初年曾维护东林人士,疏请毁《三朝要典》版,他认为《五朝注略》是非分明,并不打算禁毁。刘孔昭等了一个月,不见结果,料想倪元璐是虚与应酬,顿生恨意。其时倪元璐深得思宗器重,首辅温体仁担心倪元璐入阁影响他专权,意图排挤,但自己不便出面,一时无人可以利用,正好发现刘孔昭可作打手,便以安排刘孔昭进京任军职为交换,拟好奏疏让刘孔昭出面弹劾倪元璐,理由是倪元璐原配正妻陈氏尚在,却让妾王氏冒充继配领诰封。刘孔昭又在其中增加了国子监生许重熙"书生妄议国事"的内容,将参校《五朝注略》的七十五人全部指称为东林党人。思宗命吏部审处,吏部尚书姜逢元、侍郎王业浩及倪氏家人均证明陈氏因有过错被休,王氏确为继配。温体仁本想借此兴大狱,思宗不同意,只命倪元璐"冠带闲住",即免职、保留级别回乡反省。许重熙被革去监生资格,书版销毁。刘孔昭此举引起朝中众臣包括勋贵的厌恶,温体仁无法推荐他入京为官,遂在南都增设提督操江一员,算是给刘孔昭一个补偿。

许重熙不满于当时神化刘基的荒唐,敢于秉笔直书,其所论多有史实依据。《明太祖实录》中的例证比比皆是。如卷二十载,朱元璋问刘基等如何纾民力,刘基说正在打战,民力"未可纾也",朱元璋即提出"当定赋以节用,则民力可以不困,崇本而祛末,则国计可以恒舒",刘基承认"臣愚所不及"。卷二十九载,朱元璋登基称帝,说:"念天下之广,生民之众,万几方殷,朕中夜寝不安枕,忧悬于心。"刘基说:"往者四方未定,劳烦圣虑,今四海一家,宜少纾其忧。"朱元璋说,"尧、舜圣人处无为之世,尚犹忧之","岂可顷刻而忘警畏耶"。退朝后又说到宽恤惠养以利民生息,刘基说元亡于法度纵弛、上下相蒙,新朝"非振以法令不可",朱元璋也不同意,说百姓"创残困苦之余,休养生息犹恐未苏",哪还当得起严刑苛法。刘基和陶安又提议仿元代制度让太子当中书令,朱元璋说元代任官"名不足以副实,行不足以服众,岂可取法",又说太子"年未长,学未充,更事未多",需要多学习,以李善长等兼任东宫讲官。

可见刘基之论,未必高明,且与朱元璋常不合拍。即论兵事亦如此,见于卷三十一:

上曰:"克敌在兵,而制兵在将,兵无节制则将不任,将非人则兵必败。是以两军之间,决死生成败之际,有精兵不如有良将。"基对曰:"臣荷圣上厚恩,得侍左右,每观庙算,初谓未必皆然,及至摧锋破敌,动若神明,臣由是知任将在陛下,将之胜不若主之胜也。然臣观陛下常不拘古法而胜,此所以难也。"上曰:"兵者,谋也,因敌制胜,岂必泥于古哉。朕尝亲当矢石,观战阵之事,开阖奇正,顷刻变化,犹风云之无常势,要在通其变耳,亦何暇论古法耶。"

后人常以朱元璋对刘基的评价,作为其"居功至伟"的依据,实则类似评价,并非仅刘基一人。《国初事迹》载:

太祖曰:"随我渡江文官,掌簿书及军机文字,勤劳一十余年,如李梦庚、侯元善、阮弘道、杨原杲、樊景昭,与他子孙世袭所镇抚。"

《明太祖实录》卷五十八载:

封中书右丞汪广洋为忠勤伯、御史中丞兼弘文馆学士刘基为诚意伯,皆赐诰命。广洋诰曰:"朕观往古俊杰之士,能识真主于草昧之初,效劳于多艰之际,终成功业,可谓贤知者也。汉之张子房、诸葛亮独能当之。朕提师渡江,入姑孰,中书右丞汪广洋同诸儒来谒,就职从征,剸繁治剧,屡献忠谋,驱驰多难,先见之哲,可方古人,今天下已定,尔应爵封,特加尔开国翊运守正文臣、资善大夫、护军中书右丞忠勤伯,食禄三百六十石。于乎尔尚,益坚初志,克懋忠贞,训尔子孙,以光永世。"基之诰曰:"朕观诸古俊杰之士,能识真主于草昧之初,效劳于多难之际,终成功业,可谓贤知者也。汉之张子房、诸葛亮独能当之。朕兵至括苍,前御史中丞刘基挺身来归,委质事朕,累察乾象,多效谋猷,特加尔为开国翊运守正文臣、资善大夫、护军诚意伯,食禄二百四十石。"

汪广洋位在刘基之前,不但食禄更多,而且明确"以光永世"。卷二十九载授翰林学士陶安诰:

朕初渡江时,江南之士谒于军门者,陶安实先,即以帝王事功期于始见之际，赞襄兵务，多历年所，宣号令则军民信，议礼乐则体要成，建陈之论以忠，出纳之命惟允，至于捍城御侮，寇憝成擒，为郡治民，勤劳益著……兹特授以宠章，用昭国典，尚其勤于献纳，赞我皇猷，综理人文，以臻至治，可翰林学士、嘉议大夫、知制诰兼修国史。

《明史·秦从龙传》载徐达攻镇江，朱元璋特别嘱咐他访求秦从龙，后命朱文正、李文忠携金帛去其家聘请，自己亲至龙江关迎接：

明太祖居富民家，因邀从龙与同处，朝夕访以时事。已，即元御史台为府，居从龙西华门，事无大小悉与之谋。尝以笔书漆简，问答甚密，左右皆不能知。从龙生日，太祖与世子厚有赠遗，或亲至其家燕饮。至正二十五年冬，从龙子泽死，请告归。太祖出郊，握手送之。寻病卒，年七十。太祖惊悼。时方督军至镇江，亲临哭之，厚恤其家，命有司营葬。

此处略举几例，足见所谓刘基"独得"的恩遇，并非唯一，更非第一。

洪武年间文臣得封爵位者共有五人：李善长封韩国公，陶安封姑孰侯，汪广洋封忠勤伯，刘基封诚意伯，李炎封桂林伯。刘基在后世被鼓吹成"文臣第一"，实因列名其前的李善长、胡惟庸、汪广洋等都被牵入大案。其"未卜先知"更被不断神化，竟附会出一篇《烧饼歌》，至后世成为一种迷信的偶像。人们往往以某种偶像为精神寄托，有些人甚至视偶像为自己的财富，吹之嘘之，他人若有非议，即视为对自己的侵犯。时至今日，尚有人为刘基神话被打破而气急败坏，尽管这偶像未必能给他带来利益。

然而刘孔昭不同，神化刘基使诚意伯爵位得以世袭，捍卫刘基神话又使他得到新的军职。在弘光朝混乱的政局中，他自然不会放过任何扩大权势的机会，五月自荐入阁被史可法否定，七月又出新招。《明季南略》卷二"七月甲乙总略"载，七月十六日，"抚宁侯朱国弼、诚意伯刘孔昭条陈新政：'一，吏部用人必勋臣商榷，一，各部行政必勋臣面定，一，皇上图治必勋臣召对。'"虽未得实现，但勋贵干政的气势由此可见。此后他们不断向朝廷提出各种乱政条陈，同时一边大力举荐投靠者任官升职，一边积极攻讦不合流的官员。《国榷》卷一百零三载崇祯十七年十月事：

时上高居深拱，耽声色饮宴。马士英当国，与刘孔昭、阮大铖等比，浊乱国是。内则卢九德、张执中、田成诸阉，外则张捷、李沾、杨维垣，一倡群和。兼刘泽清、高杰二镇遥制朝权,朱国弼、赵之龙侵扰吏事。边警日迫,而上不知也。

十一月,"御史游有伦言:'今日国是淆乱,不知礼义廉耻为何物。明知君子进退不苟,故以含沙之口激之使去。台省中微有规讽,则以为比党,相戒结舌。真所谓前有谗而不见,后有贼而不知也。'"同在十一月,"诚意伯刘孔昭以定策功进侯。辞。特旨奖之",终于如愿封侯,光宗耀祖。

处此局势之中,即明君亦难措手,何况不学无术、连章奏都看不周全的朱由崧。弘光小朝廷的覆灭,也就完全取决于清军的战略部署了。

第十四章

应天经济

第一节
明代的纸币与铸币

纸币前史

"大明宝钞"是明代前期"天下通行"的纸币。

纸币是中国古代又一伟大发明。这一新币种的诞生，是货币发展史上划时代的飞跃，不仅具有重要的经济意义，而且是人类社会文化进步的综合体现。其价值与影响，当不亚于任何一项科技发明，可谓当之无愧的中国古代第五大发明。

中国最早的纸币名"交子"，大约产生于10世纪末，11世纪初已有官方进行整顿的明确记载。宋仁宗天圣元年（1023年），中央政府决定成立纸币发行机构，第二年正式发行官方纸币。西方国家使用纸币是中世纪以后的事情，英国到17世纪才产生类似中国交子的金匠票据。中国古代纸币到元代趋于极盛，形成了世界上最早的纯纸币流通制度，纸币不仅在国内通行无阻，且对周边国家和地区产生广泛影响，波斯、印度、朝鲜、日本等国都曾仿效元王朝发行过纸币。而在西方，进入20世纪，纸币才完全取代金属货币。

13世纪来到中国的马可·波罗，看到人们用"大汗的纸币"购买物品，大为惊奇，视之为东方的"点金术"。他在那本著名的游记中说：

大汗令这种纸币普遍流通于他所有的各王国、各省、各地，以及他权力所及的地方。无论何人，虽然自己以为怎样权要，都不敢冒死拒绝使用。事实上，人们都乐于用它，因为一个人不论到达大汗领域内的什么地方，他都发现纸币通用，可以拿来做各种货物买卖的媒介，有如纯金的货币那样。（《马可波罗行纪》，冯承钧译，中华书局，2014）

马可·波罗的故乡威尼斯，是当时欧洲货币经济最发达的地区之一，信用货币于他仍是一种神奇。

14世纪中叶来到中国的摩洛哥人伊本·白图泰，号称中世纪最伟大的阿拉伯旅行家，毕生旅程长达十二万公里，且将这一世界纪录保持了数百年。他同样对中国纸币的神奇力量大感不解，以为不可思议。他在《伊本·白图泰游记》中写道："中国人不用金银铸成的钱币来交易……他们买卖所用的媒介，是一种大如手掌，上面印有皇帝玉玺的纸币。这种纸币二十五张称为一锭。"元代纸币发行初期以白银为准备金，明文规定纸币二贯兑白银一两，一锭二十五两合五十贯。锭遂成为一种计量单位。当时市面上行用的"至元通行宝钞"最高面值是二贯，所以伊本·白图泰会有这样的说法。他还说："如果某人拿金银到市上购买东西，人们是不会收受的。等到他把金银换成锭以后，人们才予以注意，他才买到他想要买的物品。"可见纸币已成唯一合法货币。

正是这种纸币，让西方人得以了解中国古代四大发明之一的印刷术。

中国古代纸币，历经宋、金、元、明、清五代，前后延续八百余年，在中国货币史乃至世界货币史上，留下了光辉灿烂的一页。古代纸币的管理理论与原则，也在这一进程中得以产生、发展、丰富和完善，留下许多宝贵的经验和教训。

纸币交子诞生于四川。交子可能是四川方言，"交"是交合之义，指两券相合可取钱，"子"是方言成分，一如当地曾将雕版印刷的书本称为"印子"。

纸币首先在四川问世，同北宋初年硬性规定四川行用铁钱的制度密切相关。铁钱的大弱点是钱重值轻，通常八到十枚才能抵换一枚铜钱，最高比价曾达到十四比一。而小平铁钱十贯（一万钱）重达六十五斤。据《宋史·食货志》，太宗淳化年间，买一匹罗要二万钱，即一百三十斤重的铁钱。成都地区经济发达、贸易繁荣，早在唐代就有"扬一益二"的说法，铁钱的不便严重影响商品交易的进行。国家行用铁钱的政策既不能改变，适应市场需求的新币种便应运而生。

早在约二百年前的唐宪宗元和年间，已经出现汇票性质的"飞钱"，也称"便换"，即将钱币存入某地方政府的驻京办事处（进奏院），凭得到的票券可以向该地方政府换回钱币，既解除了商贾携带大量现款远行的风险，又免去了地方政府运送经费入京的麻烦。此后在各地有连营店的商号也开办这种业务。因便换不具备转让流通功能，尚不能算纸币，但它的出现说明了社会信用关系的形成。宋代初年又派生出茶券、盐券等兑换券。《续资治通鉴》卷十八载，宋至道二年（996年），果州知州查道"微服单马数仆"深入李顺余党何彦忠军中，招抚数百人，"悉给券归农"，很可能就是一种信用券。《湘山野录》记华阳人彭乘上京考进士前，益州知州张咏送"铁缗抄二百道"给他做路费，当是铁钱的代价券。四川商贾因蜀道难行，更乐于使用便换之类，资金充足且社会信用好的大商号达到一定数量，则提供了必要的信用基础。四川的楮纸制造和雕版印刷技艺，也为纸币生产创造了条件。

据《宋朝事实》《续资治通鉴长编》等书记载，最初交子是自由发行的，发行者及发行数额、期限等都没有明确规定，只要将钱币交给交子铺，交子铺就在事先印好的交子上填写数额，加上本铺的隐秘暗记，即可作为同等数量的钱币使用。苏辙《栾城集》中记载，交子发行之初，因为便利，一贯能当钱一贯一百文，即增值百分之十。在无约束、无监督情况下，交子铺随意挪用收进的钱币进行投资，影响交子兑现，至有投资失败无法清偿的。信用一失，顿时崩坏。

金融市场风波必然影响社会安定，官府不得不出面干预，改由资金雄厚、信用可靠的十六家成都富豪，互相作保，联合主持发行交子，并在真宗大中祥符四年（1011年）设立界的制度，即规定交子行用期限为三年一界，使交子铺能不断以发行新交子兑换旧交子的方式周转，减轻兑付现金的压力。

据《宋史·食货志》，对私交子进行整顿的正是益州知州张咏，后因治蜀有功曾两知昇州（今南京）。他也被当成交子的发明人或发行交子的主持人。张咏是一位颇富传奇色彩的人物，对确立交子制度实有贡献。

仁宗天圣元年（1023年），宋王朝决定废止私交子，由官方设置益州交子务，次年正式发行第一界官交子。官交子的形制与私交子相同，但加盖了"益州观察使印"和"益州交子务印"两颗官印，面额固定为一贯至十贯十等，限额发行，准备了一定的保证金，并制定了相应的管理法规。此后交子逐渐向全国推广。徽宗崇宁四年（1105年）在大部分地区改交子为钱引。钱引以缗为单位，不置钞本，不许兑换，随意增发，因而迅速贬值。南宋官府又发行过类似的"关子"和"会子"。会子成为南宋主要通行纸币。

与宋王朝对垒的金国，在海陵王贞元二年（1154年）正式发行纸币"交钞",三年后才开始铸造铜钱。先发纸币后铸铜币,在中国古代货币史上是特例,世界货币史上也无前例。这是因为金国缺少铜资源,不能满足商品流通的货币需求,所以模仿宋王朝发行纸币。金章宗在大定二十九年(1189年)登基即废除交钞"七年厘革"的限期,令其永远通行,标志交钞成为永不兑换的信用货币,泰和七年(1207年)令交钞在全国通行,都是纸币发展史上的创举。不过金国这三项创举,并非出于金融制度探索,而是迫于经济形势的不得已。在国家发行纸币没有任何约束之后,恶性通货膨胀已不可避免。宣宗贞祐三年(1215年)交钞一贯仅值一文,还不够纸墨钱。朝廷在提高交钞面值无效后,转而采取改换纸币名称的妙招,十余年间,先后发行"贞祐宝券""贞祐通宝""兴定宝泉""元光珍货"等,到天兴二年(1233年)发行"天兴宝会",第二年金亡。

元世祖中统元年(1260年)发行"中统元宝交钞",建立相应管理制度,陆续收兑市面上的旧纸币,又限制白银流通,禁止江南行用铜钱,后收缴全国铜钱,通过一系列有力措施,使中统元宝交钞成为全国统一也是唯一的合法流通货币。这种纯纸币制度,是中国金融史上又一个世界第一。至元二十四年(1287年)发行"至元通行宝钞",与交钞并行。元惠宗至正十年(1350年),丞相脱脱改革币制,铸行铜钱"至正之宝",作为主币交钞的辅币,称为"权钞钱",钱背面分别铸明"权钞伍分""权钞壹钱""权钞壹钱伍分""权钞贰钱伍分""权钞伍钱",所标示白银重量,以白银一两兑换交钞二贯的比价,即相当于交钞一百文、二百文、三百文、五百文、一贯。此前都以金属铸币为本位,以相当若干金属币表示纸币价值。至正之宝铜钱价值以相当若干纸币来表示,第一次建立了纸币本位制度,也是中国货币史上当之无愧的世界第一。至正之宝权钞伍钱,直径达八十毫米,是中国古代流通钱币中直径最大的一种。

大明通行宝钞

中国古代纸币名目繁多,但实物多已泯灭,研究者只能根据文献资料和图谱艰难探索。不仅北宋交子举世无存,就是后来的会子、关子以及金代交钞都未见实物流传。现在能看到的只有为数甚少的印钞版片,其中有些且真伪莫辨。元代纸币印量极大,以千万计,如今也存世极罕。内蒙古钱币研究会与《中国钱币》编辑部合编的《中国古钞图辑》所收集，包括公私以至国外收藏，也只有十三个品种二十一枚，中统元宝交钞和至元通行宝钞两大系列都不能配成全套，且多已残破昏暗，漫漶模糊。现在流传较多的，是"大明通行宝钞"。虽然《中国古钞图辑》中也没能配成全套，但还时有出土，民间收藏不在少数。20世纪70年代南京夫子庙钞库街翻拆旧房，就发现一批大明通行宝钞，不少散落在附近居民和闻讯赶去的爱好者手中。钞库街即因明初钞库所在而得名。

明代立国之初，本没有行用纸币的打算。元代晚期纸币严重贬值导致社会动乱，明代开国君臣都是亲历者。元末义军领袖都曾铸钱，如韩林儿铸"龙凤通宝"、徐寿辉铸"天启通宝"、陈友谅铸"大义通宝"、张士诚铸"天佑通宝"、明玉珍铸"天统通宝"。至正二十一年（1361年），朱元璋被韩林儿封为吴国公，即在应天府设宝源局铸造"大中通宝"铜钱。大中取义于《易·大有》："柔得尊位，大中，而上下应之，曰大有。"高亨注："象大臣处于尊贵之位，守大正之道。"正符合朱元璋"缓称王"的政治策略。至正二十四年（1364年）打败陈友谅，又在江西设宝泉局，铸造小平、折二、折三、折五、当十共五等大中通宝钱，并令所辖各省分设宝泉局铸造，钱背加铸记地文字，现存京、浙、豫、福、鄂、广、桂、济、北平等九种。

洪武元年（1368年）颁布"洪武通宝"钱制，南京宝源局、各省宝泉局皆铸，亦分大小五等，并规定小平钱重一钱，折二钱重二钱，折三钱重三钱，折五钱重五钱，当十钱重一两，虽有大钱，并非虚值，倘能认真推行，应是一种成功的钱制。可是，因元代长期行用纸币，铜矿开采萎缩，铜料严重缺乏，而明初仍处于战争状态，军费开支过大。再加上民间习用纸币，认为铜钱不便，要求恢复纸币，明王朝被迫改弦更张。洪武七年（1374年）设立宝钞提举司，次年三月立钞法，发行"大明通行宝钞"，停铸铜钱。

元代行用纸币是一个积极推进的过程，曾有过规范管理的时期。相比之下，出于被动的明代用钞，从开始就处于糊涂和混乱之中。

大明通行宝钞模仿元代纸币，分壹贯、五百文、四百文、三百文、二百文、一百文六等，初时设想百文以下用铜钱。宝钞以青灰色桑皮纸印造，其形式，以壹贯钞为例，长一尺，宽六寸，是中国迄今为止票幅面积最大的纸币。票面上首楷体横书"大明通行宝钞"六字，下为龙纹花栏。花栏内上部正中横书面值"壹贯"二字，下为十串铜钱图案，图案两侧各竖书九叠篆字，右为"大明宝钞"，左为"天下通行"。下部文字为"中书省奏准印造大明宝钞，与铜钱通行使用，伪造者斩，告捕者赏银贰佰伍拾两，仍给犯人财产。洪武　年　月　日"。正面花栏上下各钤阳文朱印一方，上为"大明宝钞之印"，下为"宝钞提举司印"，背面上部钤阳文朱印"印造宝钞局印"，下部墨色印记，花栏内上部横书"壹贯"二字，下部是十串铜钱图案。面值较小的几种，票幅依次缩小，相应文字变动，钱串数量减少，花栏中的图案也有区别，如三百文的为凤纹，一百文的为缠枝花纹等。洪武十三年（1380年）废中书省，规定"造钞属户部，铸钱属工部，而改宝钞文'中书省'为'户部'，与旧钞兼行"。洪武二十二年（1389年）又发行五十文、四十文、三十文、二十文、十文五等小面额纸币，旨在取代铜钱，纯用纸币。

　　明代君臣只学会了将一张纸币印得像模像样，却没有认真研究元代钞法成功与失败的原因。他们盲目地以为元代君昏臣庸，行钞尚能维持百余年，以新朝的英明，袭用这一制度自可万世无忧。元代行钞纸币前期能严格执行一整套较为完善的管理制度，如发行纸币一定有足够的金银或丝作为"钞本"，无本不发新钞，印造有定额，以国家财政收入和用以倒换损坏旧钞所需新钞为计算基准，有发行有回收，国家征收赋税一律以纸币交纳等，有力地维护了纸币的信用。元代末年金融崩溃，是因为对外用兵和镇压国内反抗，军费开支过大，不得不饮鸩止渴，无本滥发、有发无收、不能兑现，再加上官吏从中舞弊，民间伪造私印，经济危机加剧了政治危机，终于把自己整到沙漠里去了。

　　明代开国君臣早年生活在元代钞法大坏之际，看惯了纸币连续大幅度贬值，遂误以为通货膨胀是纸币的题中应有之义。他们以元代失败之法为基点，将纸币视为点石成金的戏法，可以随心所欲、不负责任地滥印、滥发纸币充当军费。上行下效，官员们也就肆无忌惮地营私舞弊，民间的自救方法则是大造伪钞。

　　中国统治者最容易犯的一个错误，就是把经济问题混同于政治问题。政治问题皇帝有绝对权威，所以中国有个俗语叫"金口玉言"，有个成语叫"口含天宪"，还有个现代用语叫"长官意志"。然而这一套在经济问题上行不通，冥冥中那一只无形的大手比皇帝更有力量。数年之间，大明通行宝钞就有难以通行的趋势，当年嫌铜钱不便的商民，如今宁愿忍受不便而使用铜钱。统治者不考虑钞法不行的真实原因，下令禁铜钱，禁金银，出台一系列政策为宝钞保驾护航，宝钞急剧贬值仍势不可挡。行钞之初规定宝钞一贯折铜钱一千、折银一两，四贯折黄金一两，十年后一贯只折钱二百五十文，二十年后折钱一百六十文，三十年后宝钞八十贯才能折银一两，六十年后一千余贯折银一两，七十年后宝钞一贯已不值一文铜钱。就是这种几同废纸的宝钞，明王朝却坚持发行，军队发饷，官员发俸，仍以纸币支付，似乎这就足以证明它"天下通行"。再则赏赐给周边各国来华的使臣和商人，且得意扬扬宣称："大明宝钞，华夷各国莫不奉行"。其实在正统以后，纸币在市面上已不能流通，最晚的比价记载，是万历四十六年（1618年），十贯折钱一文，二百四十年间贬值到万分之一。

历史早已证明并将继续证明，政府可以用行政手段规定某一枚纸币的币面价值，却无法控制其使用价值。

有明一代发行的纸币都称大明通行宝钞，最大面额始终为一贯，这种超越前代的统一性取决于明成祖朱棣。成祖登基，户部尚书夏原吉打了个马屁报告，说宝钞提举司的印钞版年久磨损，且都是洪武年号，明年改元永乐，正好一并更换。成祖断然否决："朕所遵用皆太祖成宪，虽永用洪武可也！"此言一出，历代明君有谁敢说自己不遵"太祖成宪"。

许多地区的口语中，常将一元人民币说成"一块钱"。这个"块"最早就是用于纸币计量，一千贯为一块，也是中国古代货币的最大计量词。这自是纸币发行过滥，极度贬值的结果。至于"元"的出现，则是清末行用银元以后的事情。今人说块不说元，大约因为块是开口音，说起来更为清晰响亮。

熹宗天启年间，因财政困难，有人提议恢复行用纸币，没有得到响应。思宗崇祯十六年（1643年），明王朝朝不保夕之际，有人总结纸币"十便十妙"：

一、造之之费省；二、行之之途广；三、赍之也轻；四、藏之也简；五、无成色之好坏；六、无称兑之轻重；七、革银匠之奸偷；八、杜盗贼之窥伺；九、钱不用而用钞，其铜可铸军器；十、钞法大行，民间货买可不用银，银不用而专用钞，天下之银竟可尽实内帑。

最后两条说到了皇帝心坎上，于是龙颜大悦，当即开印纸币，其如意算盘是一年印三千万贯，每贯折银一两，五年内能用纸币将天下白银全部收归国库。这办法比王莽以精制铜币收兑黄金的成本更低。皇帝以为在兑换上给百分之三优惠,就能诱惑得百姓趋之若鹜,然而竟一张都没能兑换出去。因为皇帝的桑皮纸能当银子用,靠的是国家信用,可当时李自成已经进逼北京,连明王朝的内阁大臣都说:"百姓虽愚,谁肯以一金买一纸?"崇祯纸币的彻底失败,充分证明了一个真理:妄图愚弄百姓的人,结果只能是自己充当小丑。

中国古代纸币在元代以后未能继续发展,明、清两代反而渐趋衰落。究其原因,首先是高度集权的国家制度,财政与货币都归中央政府管辖,两者不能相互制约。政府滥发纸币以图渡过财政难关,结果往往加剧了经济恶化。旧时政治家和文人学士,往往把这种通货膨胀归咎于纸币本身,说什么"自来行钞,利少弊多"。直到今天,还有人本末倒置地说中国古代是因行用纸币导致了严重通货膨胀。其次,是中国以小农经济为经济基础,政府采取重农抑商政策,社会商品化程度不高,信用不发达。最后,古代造纸术和印刷术发展过于迟缓,不能满足纸币印刷的技术需要。纸质不坚容易破损,难以保存,印刷不精使其容易伪造,都是影响纸币发展的不利因素。

明代铸币

明代是一个多事的朝代,几乎每一朝都发生过激烈的权力斗争以至政变,皇帝们也就没有心思在钱币上卖弄才华。有明十六位皇帝中,最闲适而有逸趣的要算武宗,然而正德年间根本就没有铸造钱币。今天能够见到的"正德通宝"钱,面、背有各种花饰图案,都是后人的功劳,并非正式行用货币。除了失位又复辟的英宗,明代诸帝都只使用一个年号,其中七种年号没有铸钱,共铸有洪武、永乐、宣德、弘治、嘉靖、隆庆、万历、泰昌、天启、崇祯等十种年号钱,品类相对简单。从铸制艺术上说,明钱总体上趋于单调平实,形制整齐划一,文字也不讲究书法,远不及宋钱的丰富多彩。

明代对金融史的贡献,是"制钱"这一专用语的产生和使用。"制",意为成法、准则,泛指朝廷的法规或制度。《明史·食货志》中说,"制钱者,本朝钱也",约略相当于现代的法币。明代以皇帝在位时的年号钱为制钱,一当先帝去世、新皇登基,前朝的钱即被归入历代钱币之中,统称为"旧钱"。

强调制钱,是因为非制钱(旧钱)的存在。明代强制推行纸币,铜钱时铸时停，市面上流通的铜钱数量较少。然而纸币急剧贬值，民间抵制、拒用纸币，大宗交易用白银，小宗交易仍用铜钱。为补充制钱的数量不足，不仅前代钱币继续流通，也促使民间盗铸、私铸盛行。明代盗铸的重要特点，就是未必铸造当朝制钱，而多铸唐、宋旧钱，无须遵照当朝制钱的规范，也不必完全符合前代钱币规范，这就为盗铸提供了方便，也为反盗铸增加了难度。现在常常可以见到唐开元通宝、北宋年号钱中不规范的版别，以及洪武通宝光背小平钱版式多得出奇，或许就是私铸的结果。这一情况，明代的官员就已经发现，说这些钱"其文则旧，其器则新"。有人建议从国库中找出历代真钱，在各处市集悬挂，以提高老百姓的辨伪能力，共同抵制私铸钱。这一书生气十足的建议当即遭到反对，指出这样做的效果，不过是为私铸者提供钱样而已。

　　明王朝对于旧钱以至私铸钱的态度，是很微妙的。在禁用铜钱的时期，是连本朝的制钱也在被禁之列。允许使用铜钱的时期，又连旧钱也允许流通。因为私铸钱总是混杂在旧钱之中，难以区分，所以私铸钱也成了合法货币。官方并且明确规定出旧钱与制钱、旧钱与白银的比价，在征收赋税时也接受旧钱。这也是明王朝的有趣之处，一方面三令五申严禁私铸、盗铸，一方面又承认私铸币的价值，等于鼓励私铸。所以终明之世，私铸问题从来没有得到缓解。自始至终，明王朝未能形成一套完善的货币制度。

　　在南京广泛流传的沈万三故事，可以视为明初经济政策的一个缩影。传说朱元璋修造南京城墙时，苏州巨富沈万三主动助筑三分之一，朱元璋以一国之力与沈万三比赛，结果沈万三负责的工程先完工三天。朱元璋为他庆功，称他为白衣天子，其实很不高兴沈万三竟敢超过他。又说朱元璋修造聚宝门（今中华门）时，屡建屡塌，刘基献策说要将沈万三的聚宝盆埋在下面，于是设计从沈万三手中骗取了聚宝盆。尽管沈万三一再耗巨资于国事，出百万两银子代皇帝犒赏军队，出资助修军营，却被皇帝认为是收买军心别有图谋，几次要杀他。朱皇帝的理论是"民富侔国，实为不祥"。马皇后为沈万三做了有力辩护："国家立法，所以诛不法，非以诛不祥。民富侔国，民自不祥，与国法何与？"沈万三最后仍被朱元璋找借口发配到云南去了。

　　沈万三在元代末年以经商致富，据传还做海外贸易，代表着新兴的商业经济成分，朱皇帝所要建立的是农业帝国。从这个意义上说，沈万三获罪就不是他个人的悲剧，而是14世纪中国的悲剧。当沉重的南京城墙镇压在沈万三的"聚宝盆"上时，中国经济发展的一大良机，也就被坚决地摒弃在大明帝国的围墙之外了。但是，违背经济规律的政治压迫，是难以持久的。社会生活中滋生的经济需求，就像石块下的竹笋，一定会找到缝隙冲出地面，茁壮成长，最终掀翻压在它身上的石块。南京悠久的商业传统，更是一种肥沃的土壤。明代中期，南京又成了江南最繁盛的商业中心。

明代末年在南京铸造的最后一种钱币，是"弘光通宝"。《三藩纪事本末》记载："十月朔，命铸弘光钱。"因为弘光元年（1645年）十月弘光王朝已灭亡，所以只能是崇祯十七年（1644年）十月。

弘光通宝分小平与折二两等。小平钱文有楷书与隶书，楷书钱有光背与背星两类，版别区分甚多，形制相当精整。隶书钱背穿上有"凤"字，当系铸造地，指安徽凤阳。凤阳曾是明王朝中都，又是朱元璋父陵所在地，更重要的是，拥立福王的马士英曾任凤阳总督，所以会在凤阳铸钱。折二钱面文楷书，背穿右有记值的"贰"字，较少见。弘光小王朝存世仅一年，实际控制区域甚小，外争内讧不断，铸钱时间不过半年，弘光通宝存世数量却不算少，想必是为了满足赏赐与军费的需要，也说明当时南京的铸币水平与能力。

第二节
"城南十八坊"

明初匠户大迁移

老南京人常挂在嘴边的"城南十八坊",或称"金陵十八坊",往往被用作老城南的代词。若深究一下,"城南十八坊"的内涵到底指什么,又经历过怎样的发展与变迁,则众说纷纭,莫衷一是。准确地说,"城南十八坊"既不同于古代的居民里坊,也不能简单地说成明代的工艺作坊。

明初建都南京后,实施大规模移民,包括移出原住民和移入新居民,南京老城区居民成分发生巨大变化。这在正史中只有含糊其词的记载,但明人笔记中叙述颇为翔实。

《客座赘语》卷二"坊、厢、乡"条述明初南京因移民而设的城、乡建置:

国初徙浙、直人户填实京师,凡置之都城之内曰坊,附城郭之外者曰厢,而原额图籍编户于郊外者曰乡。坊、厢分有图,乡辖有里。

"坊、厢始末"条述苏、浙等地"填实京师"人户情况:

高皇帝定鼎金陵,驱旧民置云南,乃于洪武十三等年,起取苏、浙等处上户四万五千余家,填实京师。壮丁发各监局充匠,余为编户,置都城之内、外,名曰坊、厢,有人丁而无田赋,止供勾摄而无征派。

洪武十三年(1380年)起实施的编户管理制度,将全城居民按职业类别分为民、军、匠三等户籍,承担不同的差役,且必须按类居住。从苏、浙等地区迁移来的上户(富户),都被充作手工业匠户,壮丁由监局统一调配,其他成员作为在编人员,居住于各坊、厢,统一管理,不用交纳田赋税捐,但要随时服从征调。其目的是满足当时首都建设和皇室生活的需要。民户可以自由选择职业,可以通过科举考试进入仕途。匠户地位低于民户，且世代相袭，不得改变，不许参加科举考试，只有得到皇帝特许才可脱离匠籍。其服役期间可领取钱粮报酬，非服役期间可以自行劳作。军籍中也有部分工匠，称为军匠。

《明史·食货志》记载：

凡户三等：曰民，曰军，曰匠。民有儒，有医，有阴阳。军有校尉，有力士、弓铺兵。匠有厨役、裁缝、马船之类。濒海有盐灶。寺有僧，观有道士。毕以其业著籍。

按行业编入图籍，不得改变："凡军、匠、灶户，役皆永充。"匠户中也有服役方式的分别："匠户二等：曰住坐，曰轮班。住坐之匠，月上工十日。不赴班者，输罚班银六钱，故谓之输班。"住坐工匠每月上班十天，不能上班者要出钱由别人替班。"明初工役之繁，自营建两京宗庙、宫殿、阙门、王府、采木、陶甓，工匠造作，以万万计。所在筑城、浚陂，百役俱举。"《明史·职官志》也有类似说明："凡工匠二等：曰轮班，三岁一役，役不过三月，皆复其家。曰住坐，月役一旬。"轮班工匠，三年服役三个月，其他时间可以回家乡生活。住坐工匠每月服役十天，便难以离开京城。所以南京坊、厢中居住的，应属住坐工匠，隶属于工部将作司。

据洪武二十四年（1391年）统计，京师人口达到四十七万三千余人，其中迁入手工业匠户四万五千户，以平均每户五口人计算，就有二十余万人。此外，洪武二十四年迁富民五千三百余户充实京师，当有数万人，二十八年（1395年）征调到南京担任各项运输工作的"仓脚夫"二万多户约十万人，多是江、浙、皖等地的贫苦农民。这几部分相加已在三十万人以上，成为当时南京的基本居民成分。南京原住民中原有工匠相信不会被迁走，以当时南京手工业发达水平，人数应该不会太少。此外"有儒、有医、有阴阳"，以及小商人和下层市民。不在上述户籍统计之中的，尚有皇室、勋贵人口和城内常驻军队约二十万人，故人口总数或在七十万人左右。

明初全国手工业匠户约二十三万户，南京超过四万五千户，几占总数五分之一。匠户按官方指定地点、依行业分类居住，也就是洪武十三年（1380年）二月皇帝明令实施的"改作在京街衢及军民庐舍"（《明太祖实录》卷一百三十），使"百工各有区肆"，所居坊、厢即以所从事行业命名，完全改变了原有居民结构，破坏了自然形成的城市生态。居民中匠户比例过大，固使南京城市化程度大大提高，也使老城区变成了一个庞大的手工业作坊群。

这一次大规模移民，对南京城市文化影响尤其深刻。既往建都时期的迁入人口，主要是社会上层统治阶级，与普通市民有着阶层分隔，居住、活动空间也有一定距离。随着王朝灭亡，且有相当大一部分会离开南京，如陈朝、南唐灭亡后，帝王与官僚集团都作为俘虏被迁往北方。明初进入南京的新移民不仅有统治集团，而且有为数巨大的手工业匠户，即普通市民，其总数大大超过原住民，他们来自南北各地，又遍布全城。南京居民五方杂处、城市文化多元共生的特点，可以说在此时已经定型。

上元、江宁坊厢变化

安置新移民的坊、厢，分布在上元、江宁两县境内，以秦淮河两岸最为集中。上元、江宁都是京师的附郭县。《正德江宁县志》卷一记其疆域，只据城内西南一角，自古御街（今中华路）以东、三山街（今升州路）以北，基本上属于上元县，只有小块江宁县辖地错杂其中。江宁县城内属地虽小，但设有十五坊，多于上元县的十一坊。城墙之外以南、以西的郊区都属于江宁县，计二十一乡七十四里。包括上元县域之外的石城关厢、清凉门厢、仪凤门厢及神策门厢等，也就是聚宝、三山、石城门外的商品集散地皆属江宁。上元县城外的属地也很大，计十八乡，明初辖二百零三里，后归并为一百五十里，县衙在升平桥西，今内桥东侧。江宁县衙元代在南门外越台北，明代迁至城内集庆路口银作坊，即宋代银行街东南佳丽楼故址。

《万历上元县志》卷二"坊、厢"载，匠户因"永乐北建，太半随行"，所以坊、厢居民减少大半，从"洪武原额"一百七十六图，缩并为四十四图（实计为四十五图）：十八坊洪武原额十八图归并四图、十三坊七图并三图、十二坊八图并三图、织锦坊二十一图并六图、九坊六图并二图、伎艺坊四图并一图、贫民坊四图并一图、六坊三图并一图、木匠坊九图半并三图，东南隅三图并一图、正东隅三图并一图，太平门厢八十一图并十三图、三山门厢一图、金川门厢六图并二图、江东门厢六图并二图、石城关厢二图并一图。

据《洪武京城图志》记载，上元县境内原有织锦一坊、织锦二坊、织锦三坊，三坊合并为织锦坊，所以原辖二十一图减至六图。由此可知，十八坊减少十四图、太平门厢减少六十八图等，也是将原若干坊、厢归并为一的结果。

实施这一缩并的时间，是在正统年间。《万历上元县志》卷二"坊、厢赋役"一条载：

成祖北迁，取民匠户二万七千以行，减户口过半，而差役实稀。……正统二年，府尹邝公埜奏革乡头，并上、江坊厢为四十有四，坊有十甲，甲有十户。

永乐十九年（1421年）明成祖迁都北京"减户口过半"，此后不断抽调工匠至北京，而南京"差役实稀"，也没有那么多工作要做。再加上"人户消耗"，所以应天府在正统二年（1437年）大幅度缩并坊、厢。

《正德江宁县志》卷五"坊乡"一条中，也说到坊数的减少：

人匠一坊，在县东北（箭匠坊街西）。人匠二坊在县东北（箭匠坊街东）。人匠三坊在县西北（铁作坊内，即古鹭洲坊）。人匠四坊在县西北（皮作坊巷）。人匠五坊在县治前东南（即今银作坊。右人匠，洪武原额十八坊，因人户消耗，并为五坊）。正西旧一坊，在县西（上浮桥河北一路）。正西旧二坊在县西（上浮桥河南一路）。贫民一坊，在县东（自三山街南廊折古御街西廊，直抵聚宝门内）。贫民二坊，在县东北（全节坊南廊）。正南旧二坊，在县南（鞍辔坊接竹街一路）。正东新坊，在县东（武定桥东旧院巷口，东抵城堧）。铁猫局坊，在县南（凤凰台下，即古凤台坊，又名凤凰里）。正南旧一坊，在县东北（太平门南廊）。正西新坊，在县东南（周处街内）。正西伎艺坊，在县西。

文中作为方位标识的"县"，即位于银作坊的江宁县衙。江宁县十五坊，多在今中华路以西，但正东新坊、正西新坊在今武定桥至周处台一带，三山新厢在剪子巷内，都在中华路东，可见两县并不是简单的直线分割。

据人匠五坊后括号内注文，明确说到"洪武原额十八坊，因人户消耗，并为五坊"。人匠十八坊，原分布于两县，上元县内的十八坊、十三坊、十二坊、九坊、六坊等，当源于明初人匠十八坊。因已非人匠坊，此时坊名去掉了人匠二字。洪武年间的匠户坊，除了这"人匠十八坊"，还有若干特定行业坊，如织锦坊、银作坊、铁作坊、皮作坊、弓匠坊、鞍辔坊、毡匠坊等，显然以人匠坊为数最多。时人遂以人匠的"十八坊"，作为所有匠作坊的代称了。

"城南十八坊"的出处，或许即在于此。

匠户管理制度变革

《正德江宁县志》标出了各坊、厢的具体位置和历史承续，提供了洪武初年"驱旧民置云南"的某些信息。如鹭洲坊易名人匠三坊，凤台坊易名铁猫局坊，凤台坊和鹭洲坊位于鱼市南、北两侧，鱼市东、西两侧的东市易名颜料坊，西市易名铜作坊，这一带是宋、元时期最重要的商市中心区。又如金陵坊易名银作坊，建业坊易名杂役三坊，竹街易名杂役二坊，金陵坊与建业坊之间有鞍辔坊，鞍辔坊接竹街有正南旧二坊，据《景定建康志》记载，这一带是另一个商市区。再如易名人匠五坊的银作坊即古银行街，易名城南伎艺一厢、城南伎艺二厢的聚宝门外长干街，是南唐以至六朝以来的繁华之地。这些街、坊既更名为行业坊，原住民可能全部被驱往云南，或迁往新居所，原地才能全面规划、改建为分类居住的匠户区。由此可见迁往云南的南京旧民，主要是商人。这符合朱元璋重农轻商的经济思想，也不排除对前朝受益阶层的不信任。迁往云南这样遥远的边疆地区，明显含有发配的性质，他们的财富，即使没有被官方侵夺，也带往异乡了。南京社会经济水平因此被拉低，所以有迁富户"充实京师"的必要。

正统二年（1437年）归并坊、厢，不仅是数量上的变化，管理政策上也发生重要变化。据《万历上元县志》卷二"坊、厢赋役"一条记载，匠户从服劳役改为交纳代役银。永乐迁都之后，需要匠户承担的劳役大为减少，时有时无，匠户交纳额定的代役银，官府根据需要随时雇用工匠，确实更为合理。但因法规废弛，管理混乱，官员贪腐，加码不择手段，"正额常十三，而外缲常十七"，额外负担竟远超正额。匠户不堪重负，"于是人户流亡，更谋脱籍"，能逃的逃走了，有办法的脱离匠籍了，落到剩余匠户身上的负担就更重，形成恶性循环：

弘治以来又添拨九库、八关、五城夫役，又代工部买运光禄柴薪四十余万斤，又太常九种进鲜，重取什物银两，又各衙门行取书手工食并修理衙门。嘉靖十八年以来又骤添应付衙门八处，至于宴席、节物、花灯诸供馈，抑又不赀，而大小使客、时行火牌、征脚力口粮、迎送鼓吹，靡不应付。加之百司吏胥恐吓需索，而大柴宴席为尤甚。至是倾败相继，自经、自溺者日闻，民不堪命矣。

匠户实在承受不起，以致被迫自杀。经过匠户和儒士一再申诉抗议，嘉靖、隆庆年间几度整顿，终于在万历三年（1575年）"酌其应需因革之宜，定征坊夫丁银，岁五百四十两，具奏下部，覆奉钦依。此外锱铢不得私行科派，阴令坊夫赔贴"，才算形成较稳定的代役银制度。这对于南京手工业的发展，具有重要意义，工匠只须定期交纳代役银，不必赴各监局上班，可以自由支配时间，更多地进行商品生产。商品增加，商业也随之兴盛，所以在万历年间，南京会出现手工业和商业的繁荣局面。

经正统年间缩并，官隶匠户坊数量大幅减少，为城市正常发展提供了空间。此消彼长，民间手工业日趋繁盛。《正德江宁县志》卷五"坊乡"序言中指出："若颜料、毡匠等坊，以居肆名，非隶管官籍，别具《衢道》，兹不列。"颜料坊、毡匠坊等因商市得名，非隶属官籍的匠户作坊，所以另编在"衢道"条中。同样以坊为名，其性质已经两异。同卷"衢道"一条中，记载二十坊如下：

全节坊，在县西北，与上元接界（北廊属上元，南廊属江宁贫民二坊）。毡匠坊，在草鞋街北（北通果子行口）。颜料坊，在草鞋街东（即古西市，东接铜作坊）。铜作坊，在县治西（即古东市）。银作坊，在县治东（即古建业坊，东通古御街）。铁作坊，在铜作坊西北（即古鹭洲坊，南通新桥，北接三山街）。箭匠坊，在铁作坊东（南接丫头巷，北接望火楼巷）。弓匠坊，在铁作坊西（北通三山街，南通颜料坊）。鞍辔坊，在县治南（北通层楼巷，南通镞子巷）。皮作坊，在县西北（西通评事街，东通帽儿行）。

其中与行业技艺有关的九坊，在嘉靖《南畿志》卷四中被称为"居艺之坊"。此外在三山街西南自北向南有承贤坊、舜泽坊、建业坊、兴政坊、雅政坊、凤台坊、滨江坊、永安坊、敦教坊、崇胜坊等古坊十个。这些坊名成为南京的历史地名，直到二十世纪末城市大拆迁之前仍保持着当年的格局，只有弓匠坊与箭匠坊合称弓箭坊。又皮作坊与评事街两名并存。《南京地名大全》释评事街："古时，此地为宰牛的回民出卖牛皮等皮货摊贩市场集中地，曾名皮市街。后讹为评事街。明初，又更名皮作坊。清又复名评事街。"然而《洪武京城图志》中明确记载："皮作坊，在习艺坊西，旧评事街。"评事街得名在先，皮作坊、皮市街实为评事街东侧支巷，并未取代评事街。

《万历上元县志》卷四同样将古今各坊记录在"衢巷"条中，古坊有金华坊、翔鸾坊、康乐坊、东锦绣坊、钟山坊、石城坊等，今坊有：

大功坊，在县南，中山王徐达赐第。全节坊，在冶城晋卞忠烈公墓前，旧名忠孝坊。英灵坊，在十庙街前。建安坊，在鼎新桥北，俗呼下街口。裕民坊，在建安坊东。敦化坊，在内桥西。善政坊，在大中桥西，旧名九曲坊。善和坊，在武定桥东。

同样没有列入官属匠户坊。

街巷取代坊里

明代中期，随着匠户坊的衰退与行业坊的变化，街巷已经成为城市的主体骨干。南京老城格局正是在这一进程中形成，且直接影响到现代城市框架。

《洪武京城图志》是明代南京方志中最早的一种，其"街市"一条中，不再像《景定建康志》和《至正金陵新志》那样主要勾稽见诸典籍的古街巷名，而是收录当时实际提供交通、居住功能的街，这是一个重要变化，也是一个重要进步。

一个半世纪后，《正德江宁县志》卷五"衢道"条中记载"街十九、坊二十、巷十九"，都已明确标示起、止点，不但街、巷的内涵接近现代意义，且坊、厢也开始街、巷化。十九条街是：古御街（今中华路），三山街（今升州路东段，因西通三山门得名），草鞋街（今升州路中段，东通颜料坊、西接斗门桥路、北通毡匠坊），保宁街（今钓鱼台北段），竹街（今糖坊廊），磨盘街，沙河街（俗呼沙窝，今钓鱼台南段），马道街，周处街（今剪子巷），西关中街、西关南街、西关北街，并在三山门外，聚宝街（今雨花路），来宾街（今西街），重译街（今扫帚巷），驯象街（在来宾街西），凤台街（通凤台门），安德街（通安德门），七里街（近安德门）。此外，乌衣巷、长春巷、金沙泉巷、丫头巷、遇仙巷、鸡鹅巷、饮马巷、层楼巷、侍其巷、百花巷（古采花市）、童子巷、木鼓巷、望火楼巷、杨巷、黑窑巷、沙井巷、参佐巷、察战巷、镟子巷等十九条巷，也分别标示方位，可知其与街、坊的衔接关系。

《万历上元县志》卷四《衢巷》中列出的当代街道有二十六条：

长安街，在大中桥东，直抵西长安门。大通街，南北横过长安街，为绰楔立四面，曰四牌楼。大中街，在大中桥西南，直抵三山街。崇礼街，在正阳门西，直抵大中桥。三山街，在大中桥西南。里仁街，在大中桥西，宋程明道、张南轩书院故基。存义街，在里仁街西，宋上元学故基。时雍街，存义街西，即县旧治处。和宁街，在时雍街西。中正街，在和宁街西，直北抵花牌楼。务功街，《图志》：在善政坊，旧名青溪坊。致和街，在务公街西，旧名青平桥街。广艺街，在县治西，旧名细柳坊，一名武胜坊。大市街，在县治西，本名石城坊，一名敦化街。洪武街，在北门桥东北。洪武初开拓北城，始辟此路，故名。成贤街，在国学前。太平街，在太平门内，俗呼御史廊。北新街，在玄津桥西。习艺东街，南通三山街，一名马巷。习艺西街，与习艺东街并列，俗呼大板巷。《图志》：旧名土街。十三丈街，在习艺街西北。评事街，南通三山街，北抵笪桥。《图志》：名皮作坊，今通皮场巷。旧《志》作钦化坊。奇望街，一名针功坊，东接状元境。夫子庙街，在织锦二坊，旧名国子监巷，又名状元坊，一呼草巷，今俗称竹木行。周处街，在织锦一坊东，今俗名剪子巷。马道街，在周处街北。

上元县街名近代变化较大，而巷名延续较多，有仓巷、太仓巷、三坊巷（即关王庙巷）、卢妃巷（旧名美人巷）、木龙巷（一名泥马巷）、竹竿巷、银仓巷、泰山巷、军师巷、长乐巷、德庆巷（一名油坊巷）、官答巷等。

文中《图志》即《洪武京城图志》。上述街名多已见于《洪武京城图志》，新增的只有崇礼街、北新街、奇望街、夫子庙街等几条。夫子庙街、状元境和奇望街的出现，说明今夫子庙地区开始繁盛。长安街东北起皇城西长安门，西南至大中桥。西长安门和东长安门外，都有朝房供文武百官等候上朝，官员们每天凌晨即须从居所赶到此处，这条大街是原金陵城与皇城之间的交通要道。大通街自大中桥北至竺桥，又南延接通济门，与长安街相交。这两条街主要是皇家与五府六部官员使用，所以会在十字街口四面树立牌楼。大通街当是原金陵城东垣北段被拆除后，利用城基修建的道路，约相当于今棉鞋营、二条巷一线。大中街相当于今建康路一线。崇礼街相当于今大光路，主要仍是方便五部六府官员的出入，街名崇礼，是因为正阳门（今光华门）至通济门一带旧属崇礼乡。习艺西街即今大板巷，其北十三丈街今称绒庄街。由此可以清楚看出当时城中的交通格局。

嘉靖《南畿志》卷四将长安、大通、大中、崇礼、三山、大市、洪武、古御街八条列为"大街"。从《景定建康志》到《至正金陵新志》，列举街名时都以古御街为首,这时古御街却落到了最后。可见明代建都后城市格局改变,新的城市中轴线取代了六朝和南唐的中轴线,古御街在城内交通中的重要性已远不如前代。

八条大街有四条与大中桥相关。大中桥在南唐即位于交通干道东端,沿线商市繁华,新建皇城也需衔接这一交通枢纽。《客座赘语》卷一"风俗"条中说当时商市经营区域:

自大中桥而西,由淮清桥达于三山街、斗门桥以西,至三山门,又北自仓巷至冶城,转而东至内桥、中正街而止,京兆赤县之所弹压也,百货聚焉。其物力客多而主少,市魁驵侩,千百嘈呷其中,故其小人多攫攘而浮兢。

与此完全吻合。洪武街自北门桥东北至神策门,古御街是南出聚宝门(今中华门)通道,在城墙围合的情况下,城市主干道必然与城门紧密相关。只有大市街(今大香炉、木料市一带)是与商业中心大市相关的大街。

上述街、巷多延续到现代,许多街名都没有变,即使不了解它们的故事,也会感受到一种历史韵味。

第三节
商市与铺行

明初商市

洪武年间南京居民大置换，社会生活也随着人口结构变化而改变。对皇帝而言，"普天之下，莫非王土，率土之滨，莫非王臣"，全社会都围着他转理所当然。及至永乐迁都，没有了皇帝的南京，重建城市正常生活秩序，也不是一件易事。

如前所述，南京迁出居民以商人和富裕居民为主，迁入者以手工业匠户为主，主要为都城建设和皇室服务，即便为社会提供产品也数量有限，所以南京商业经济遭受重大挫折。看《洪武京城图志》中列出的市场，虽然有十三个，其经营商品都是日常生活的消耗性物资：

大市，在大市街，旧天界寺门外，物货所聚。大中街市，在大中桥西。三山街市，在三山门内斗门桥左右，时果所聚。新桥市，在新桥南北，鱼菜所聚。来宾街市，在聚宝门外，竹、木、柴薪等物所聚。龙江市，在金川门外，柴炭等物所聚。江东市，在江东门外，多聚客商船只、米麦货物。北门桥市，在洪武街口，多卖鸡、鹅、鱼、菜等物。长安市，在大中桥东。内桥市，在旧内府西，聚卖羊只、牲口。六畜场，在江东门外，买卖马、牛、驴、骡、猪、羊、鸡、鹅等畜。上、中、下塌坊，在清凉门外，屯卖段匹、布帛、茶、盐、纸、蜡。草鞋夹，在仪凤门外江边，屯集桅木。

皇室、驻军和大量手工业匠户的一日三餐固然需要保障，但市场供应仅限于此，层次确实不高。

大市是明代南京城内的商品集散地。旧天界寺即元文宗所建大龙翔集庆寺，洪武二十一年（1388年）毁于火灾，后在中华门外能仁里重建，所以原址称旧天界寺。近年在张府园考古曾发掘出明代大市桥遗址。由此可以清楚看出商业中心的北移：东吴大市在凤台山南麓，东晋南朝东长干在凤台山东麓，南唐鸡行、花行在新桥南，宋、元鱼市在新桥北，明代大市又北进至建邺路北，距离现当代商业中心新街口只有一箭之遥。

因为水路运输仍是性价比最高的运输方式，所以市场多傍水邻桥。外秦淮河两岸，三山门、石城门至江东门、仪凤门一线，分布着众多水陆码头和货栈，成为重要的商品集散地、城中市场的外延区。官方在此建有多处塌坊，供客商中转存放货物，也便于收税。《明太祖实录》卷二百一十一记洪武二十四年（1391年）八月事，规定客商在塌坊存放货物，税额、房钱及免牙钱（不再另收中介佣金）各取三十分之一。

自永乐北迁至明代中期南京的经济发展情况，常被引用的资料是《正德江宁县志》《万历上元县志》《南畿志》和顾起元《客座赘语》。实则《客座赘语》中的经济内容，大量引自这几部志书。

《正德江宁县志》的编纂者，一再强调江宁经济困难，如卷三"户口"条：

江宁人户视国初不能处其什一。洪武中已拨沙洲乡民隶籍江浦，永乐中又分调于北京，今坊、厢名存而实亡，乡都出安德、凤台，外城墐户者系目，皆逃亡屋也。行道莫不嗟叹弗忍云。

洪武二十四年图籍中的两万二千余户、二十二万余人，到正德十年（1515年）在籍军、民户仅四千二百余户，九千五百余人，加上畸零九百余户约一千七百余人，也就是鳏寡孤独不负担劳役者。在全国人口不断增长之际，江宁县人口只落到一万余人，是不可想象的。实际上这只是依明初坊、厢统计的人口，即承担赋役的人口。大量坊、厢人户已随永乐北迁，户口减少，而赋役不减反增。监局旧辖人匠二千五百七十五名，逃亡殆尽，而匠役事务仍不断下达，"民何以堪、官何以处"。"葍亩"条说，江宁之田，西面滨江苦于水患，东面丘陵而少塘堰，易遭旱灾。又民贫而粪不足，缺少肥料，风调雨顺也难有好收成。因为"滨江有坍塌或湖堰有消长"，田地也较明初减少七千四百余亩。"赋税"条说，江宁地狭民贫，与上元维持南都供应，力有不堪。何况"无名之求、不时之应"往往还高于正税。卷四"仓场"条说，近来粮仓空竭，草场又多被墓葬占据，粮草都没有保障。在在有诉苦哭穷之意。

正德年间，正是南京人口低谷、经济艰难时期。《万历上元县志》

"版籍""田赋"两节中说,明初定都南京,"恩诏念应天五府、州为兴王之地,民产免租,官产减租之半",当时官田占十之二三,民田占十之七八。农民需承担的徭役也少,人民尚能安居乐业。"厥后大吏创劝借之说,民田亩科二升,名曰劝米,后以供应稍繁,加征二升,名曰劝耗,延及正德则升科至七八升矣"。正德、嘉靖年间,苛税杂役越来越多,底层百姓不堪重负,许多农民只好贱价卖田。徭役就全落到剩下的农户头上,一年的收成竟不足以完税。明武宗南巡驻跸九个月更是雪上加霜。直到隆庆年间,海瑞巡抚应天,将官田、民田统一赋役,重新丈量,平均摊派,"丛弊为之一清",减轻了底层百姓的负担,"于是田价日增,民始有乐业之渐矣"。此后几任官员能够坚持廉政,减轻民间负担,"回视畴昔,嗷嗷不啻霄壤矣",简直有天壤之别。所以万历二十年(1592年)审编户籍时,户口已较前有所增加。

南京城市人户统计,除了上元、江宁两县所辖坊、厢之外,还有另一个系统,即五城兵马司管理的字铺体系。南京设东、南、西、北、中五城兵马司,五城之内常住人户不论坊、厢,不分军籍、民籍,统一划分为铺,每铺约百户,按《千字文》编序,称"某字铺"。字铺成为城市中有效管理的基层组织。据天启年间编纂的《南京都察院志》卷二十记载,万历三十八年编审五城字铺,自"天"字至"吉"字,九百六十七字中,语义不佳的字如"寒""雨""号""阙"及不宜用的字如"君""父"等不用,实际共用六百七十字,有的一字尚分两铺,如"盈字东铺""盈字西铺""因字南铺""因字北铺"等,至少有人户六万七千余户。加上无恒产的贫民和流动人口等,当时南京城市人口应不少于四十万人。

《正德江宁县志》的纂修背景,见于书前寇天叙《序》,明武宗南巡到南京,"有旨取应天府志",而应天府入明未曾修志,只好以前人《南京志草》进呈。"应天、江宁,首天下郡、县,其风土人物尤宜纪载,顾余百五十年无志,不谓之缺典否乎"。明武宗回到北京,"即令使臣四出,取天下郡县之志"。江宁县令王诰"闻命,明日即白天叙,延生员刘雨修纂,讫四十五日书成",其时是正德十五年(1520年)十二月。后又经府学生员管景等增修,在次年五月编定。时值明武宗南巡给南京造成不堪承受的财政、经济、物资供应压力,《正德江宁县志》强调经济困难,且直言"无名之求、不时之应",希望让皇帝看到,是可以理解的。《万历上元县志》修成于万历二十一年(1593年),南京经济已经再次进入繁荣期，可谓盛世修志，对于所述内容只做客观记述，不再有类似情绪化的评议。

铺行兴起

《正德江宁县志》卷五"市镇"说："市镇，致民聚货之地，今犹夫地也，而贸易寥落，去昔远甚，可以觇民之贫乏云。"下列十四市，城内仅新桥市、三山街市两处，城西仍江东市，聚宝门外除来宾街市新增三市："东口市，在县南（聚宝门外长干里东，东通重译桥）。西口市，在县南（聚宝门外长干桥南，今西街口是）。小口市，在县西南（《金陵志》：小口市在江宁县安德乡，今来宾桥西，当安德、驯象街口，即其地，一名小市口）。"此外新林市、板桥市、铜井市、朱门市、水桥市、杜桥市、路口市皆距城数十里。

《万历上元县志》卷四"镇市"载当时市场，城内有长安市、南市、北市、笪桥市、北门桥市、鸽子市、马市，新增三牌楼市和晚市，都在鼓楼以北，即明初军事区内。晚市初次见诸文献："定淮门内回龙桥侧，居民至暮方集。"稍后周晖《金陵琐事》卷四"古语"一则："古语云：'金陵市合月光里。'今饮虹桥、武定桥尚有夜市。""金陵市合月光里"，出唐人李洞诗《智新上人话旧》：

蟋蟀灯前话旧游，师经几夏我经秋。

金陵市合月光里，甘露门开峰朵头。

晴眺远帆飞入海，夜禅阴火吐当楼。

相看未得东归去，满壁寒涛泻白鸥。

唐代金陵夜市令人恋慕，李白的夜游，杜牧的夜泊，可以为证。饮虹桥即新桥，历来商市所在，武定桥是旧院烟花所在，只是定淮门内的夜市，不知因何而繁盛。

《客座赘语》卷一"市井"条中说："南都大市，为人货所集者，亦不过数处，而最伙为行口，自三山街西至斗门桥而已，其名曰果子行。它若大中桥、北门桥、三牌楼等处亦称大市集，然不过鱼肉蔬菜之类"，"城外惟上新河、龙江关二处为商帆贾舶所鳞辏，上河尤号繁衍。近年以税重，客多止于鸠兹，上河遂颇雕敝，人有不聊生者"。鸠兹港在安徽芜湖东四十里。因征税过重，使商船不愿进南京。

据此而言，明代中期南京商市，似尚不及洪武年间。不过，这些记载,并不能全面反映当时商业经济实况。出于习惯,作者们关注的仍是前代延续的古市,而忽略了从正德到万历这一个世纪中,市场经营形态在逐渐变化。

《正德江宁县志》卷三的"赋税"一节,所附录的《铺行》,即是新兴的商市形态,其名目达一百多个,日常饮食物品之外,纺织业有缎子、表绫、丝绵、布绢、纻丝、纱、罗、毡、绒线、冠带、头巾、网巾、包头、僧帽、手帕、荷包及改机、腰机、打线、染坊、颜料、裁缝等,建筑业有木匠、瓦匠、卖木、卖竹、斜木、料砖、桐油、油灰、生漆、枕顶等,金银业有倒金、销金、金箔、金线、打银、倾银等,铜锡业有卖铜、打铜、碎铜、铜丝、铜钱、卖铁、打刀、铁锅、铁锁、打锡等,医药业有医药、生药等,文化用品业有重纸、抄纸、零纸、染纸、笔、墨、经书、刷印、画、表背、纸扇、扇面、扇骨、琉璃等。

同书"物产"一节中,在谷、蔬、石、药、果、花、木、竹等农副产品之外,专列出"造作之物",即手工业产品,有:

帛之品:纻丝(俗称为段子,有花纹,有光素,有金缕、彩妆,制极精致。《禹贡》所谓织文是也)。纱(旧《志》有花纱、绢纱、四紧纱,今又有银条纱、有绉纱,其彩色妆花亦极精巧,别有土纱、包头纱)。罗(有花、有素,出京城者谓之府罗,又有刀罗、河西罗,其彩色妆花与纻丝同)。绢(有云绢、素绢、生绢、熟绢,彩色妆花亦与纱同)。

器用之品:紫毫笔(旧《志》)。灯带(有悬丝,有玉版。金陵出陶山人者绝妙一时)。铜器(出铜作坊)。皮灯(用羊皮画为花鸟、人物,施彩色,制极精致)。藤椅(制藤为之)。粉笺(金陵在齐有银光纸,南唐有澄心堂纸,今无。近有粉笺,亦颇精致)。镟作(用乌木、花梨制炉瓶座盖、香盒、小穿心盒、酒盏皆精)。扇(名箑扇,四方通行)。琴弦(用丝,水缠,唯天阴制者为佳)。乐器(筝、篥、琵琶,诸器颇精)。藤枕(治藤为之,颇精)。

颜料之品:银硃(水银、硫黄烧造,上品为水花硃,可入漆,次标硃、片硃,最下为二硃)。黄丹(炒黑铅为末,三变为丹)。韶粉(黑铅烧造。以上三品,相传葛仙公遗法)。铜青(用铜为板,入醋醅数日,割苔为之)。

饮馔之品:酒(李白诗:"堂上三千珠履客,瓮中百斛金陵春。"唐人多以春名酒,金陵春当时酒名也。宋酒名有绣春堂、留都春等。今市酤皆不佳，唯烧酒差可）。玉版鲊（用鲟鱼为之，其色莹白如玉，韩世忠尝以为献）。满殿香曲（旧《志》，出在城录事司，岁以为贡）。天香饼（木樨为之）。橙丁（用糖沁橙为之，颇有风致）。

这些手工业产品，与铺行经营商品，多相吻合。

明末清初西周生《醒世姻缘传》第八十四回《童奶奶指授方略》中，说到山东狄希陈赴四川上任时要给上司准备礼品：

像甚么洒线桌帏、坐褥、帐子、绣被、绣袍、绣裙、绣背心、敝衣、湖镜、铜炉、铜花觚、湖绸、湖绵、眉公布、松江尺绫、湖笔、徽墨、苏州金扇、徽州白铜锁、篾丝拜匣、南京绉纱，这总里开出个单子来，都到南京买。

第六十三回《智姐假手报冤仇》中说那个穷混混宋明吾：

到南京，顿了几件漆盒、台盘、铜镜、铁锁、头绳、线带、徽扇、苏壶、相思套、角先生之类，出了摊，摆在那不用房钱的城门底下。这样的南京杂货原是没有行款的东西，一倍两倍，若是撞见一个利巴，就是三倍也是不可知的。又兼他财乡兴旺的时候，不上几年，在西门里开了一座南京大店，赚得钱来，买房置地，好不兴喧。

南京不但手工艺品精致，而且四方百货萃集，声名远扬，且成为各地商贾进货的好渠道。

铺行即铺户当行，就是由军、民所开设的铺户，轮流供应官府所需物资，为期长则达一年，短则一月，在永乐年间已经出现。《正德江宁县志》卷三"铺行"后载有永乐十三年（1415年）二月二十三日户部尚书夏原吉在奉天门宣谕的圣旨：

那军家每既在街市开张铺面做买卖，官府要些物料，他怎么不肯买办。恁户部行文书去，着应天府知道，若有买办，但是开张铺面之家，不分军、民人等，一体着他买办。敢有违了的，拿来不饶。钦此。

宫廷买办货物，对商家本该是有名有利的事。铺行竟不肯供应，是因为宫廷经办人往往借机敲诈勒索，令商家苦不堪言。《客座赘语》卷二"铺行"中说明铺行承担供役的情况："铺行之役，不论军、民，但买物则当行。大者如科举之供应与接王、选妃之大礼，而各衙门所须之物，如光禄之供办，国学之祭祀，户部之草料，无不供役焉。"最初是命令各行自己将所需各物送到官府，官府按价付值，还算公平交易。然而衙门中经办人岂肯错过这发财的机会，"胥吏便视为奇货，捐抑需索，无所不有"，或者不及时付货款，或者把货价压低到连本钱都不够，商家"既有亏折之苦，又有奔迸之劳，于是人始以市物于官为厉"，视供货给政府为畏途。胥吏反而状告商家不愿为官府供役。文中举了两个例子："曾有一上司买果馅数觔，各铺家被皂隶骗银十二两，而犹未得交。一上官取松江大绫数十匹，每匹止给银一两二钱，而禁不许诉者。"皂隶的伎俩，是命商家送货，送去后说不合格，又命重送，如此折腾不已，逼得商家宁愿赔本贱售以了事。

嘉靖年间曾任南京翰林院孔目的何良俊，在《四友斋丛说》卷十二中以亲历者身份记载：

余致仕后，住南都又五年，浮沉里巷中，与乡人游处甚久，故知南京之事最详。大率两京官各有职掌，与百姓原不干涉。所用货物，皆是令家人和买，余初至时尚然。

到嘉靖三十七、三十八年（1558、1559年）以后，"时事渐不佳，各衙门官虽无事权者，亦皆出票令皂隶买物，其价但半给"，官员令衙役买货物，只给半价。

南京皂隶，俱是积年，其票上标出至本衙交纳，其头次来纳者言其不好，责十板发出。此皂隶持票沿门需索，其家计算，若往交纳，差人要钱，至衙门中，门上皂隶要钱，书办要钱，稍有不到，又受责罚，不如买免为幸，遂出二三钱银与之。

商家无奈，只好贿赂皂隶请他去别家购买。上司买一样东西，皂隶可以借机敲诈多家商铺。"一家得银，复至一家。京城中糖食铺户约有三十余家，遍历各家，而其人遂厌所欲矣"。一家送银二三钱，三十余家即得银七八两，皂隶心满意足，铺户苦不堪言。

直到隆庆年间，海瑞任应天巡抚时严查其中弊端，此后几任官员承续，"贸易者始得安枕卧"，算是可以睡个安稳觉了。万历初年实行代役银制度，是铺户的一次解放。周晖《二续金陵琐事》卷下之"不用铺户"，记万历四十三年（1615年）乡试不用铺行供应：

乙卯科，大京兆黄公提调科场。旧例，凡场中供给百事，皆上、江两县铺户备办，吏巧于需索，物易于花费。总之，铺户得半价不遭鞭挞，则大幸也。黄公祖深知其弊，尽革铺户，场中百事皆精好，于额设之银又不多用一两，水滴、石砚亦皆官备。自有科场以来，不用铺户，自黄公始。

公务需索的减少，让铺行得到更大的发展空间。

明代后期的铺行，是匠户自由制作或商家自由经营，不同于历史上商家集中于某一区域以成"市"的形式，散处于居民区之间，常采取住宅、作坊与店面合一的形式，也就是后世常说的前店后坊、前店后家。这种住宅、作坊、商铺的混合，看起来功能特征不甚明显，但方便市民的日常生活，往往兼有人际交往和社会娱乐的功能，成为更适应城市社会生活的经营形态，故而能够长期持续。

商品经济的繁荣，直接影响到南京市民的生活习尚。《客座赘语》卷七"俗侈"中说赋役减轻后民间物力反见衰减：

南都在嘉、隆间，诸苦役重累，破家倾产者不可胜纪，而闾里尚多殷实人户。自条编之法行，而杂徭之害杜，自坊厢之法罢，而应付之累止，自大马、重纸之法除，而寄养、赔贩之祸苏，自编丁之法立，而马快船、小甲之苦息。然而民间物力反日益凋瘵不自聊者，何也？尝求其故，役累重时，人家畏祸，衣饰、房屋、婚嫁、宴会务从俭约，恐一或暴露，必招扳累。今则服舍违式，婚宴无节，白屋之家，侈僭无忌，是以用度日益华靡，物力日益耗蠹。且曩时人家尚多营殖之计，如每岁赴京贩酒米、贩纱缎、贩杂货者，必得厚息而归，今则往多折阅。

在卷二"民利"中又说到万历年间市民生活趋向浮华：

迩来则又衣丝蹑缟者多，布服菲屦者少，以是薪粲而下，百物皆仰给于贸居。而诸凡出利之孔，拱手以授外土之客居者。如典当铺，在正德前皆本京人开，今与绸缎铺、盐店皆为外郡外省富民所据矣。以是生计日蹙，生殖日枯。而又俗尚日奢，妇女尤甚。家才儋石，已贸绮罗，积未锱铢，先营珠翠。每见贸易之家，发迹未几，倾覆随之，指房屋以偿逋，挈妻孥而远遁者，比比是也。

市民从不敢露富到敢于消费，消费增长又促进商品生产，就社会经济发展趋势而言，应属良性循环，不能简单地将其归结于奢侈浮华。然而基础于农业经济的中国文化传统，对"由俭入奢"总是深怀忧惧。

随着"诸苦役重累"的免除，商品生产得以发展，资本主义萌芽产生，市场竞争中，商家有兴有衰，优胜劣汰，自是题中应有之意，不能看到有人破产就否定市场经济。市场经济发达，异地贩运的利息会减少，也是客观规律。至于外地商人经营规模趋大，店铺位置占据着繁华的商业中心或大街通衢，南京本土居民反而经营不善，开设商铺难以持久，同样与市场竞争激烈有关。不过，南京居民丧失了唐、宋时期那种从商激情与能力，肯定与明初的移民置换密切相关。此时的南京居民，多为明初移民（工匠和富户）的后代，而非唐、宋商家的后人了。直到当代，南京人在商业经营上，仍多不敌外地客商。

街廊与商廊

嘉靖《南畿志》卷四"城社"中，记载上元、江宁两县的"居艺之坊"仍是毡匠、颜料、铜作、银作、铁作、箭匠、弓匠、皮作、鞍辔等九个，但新出现了"市之廊十二"，即十二个有廊棚的市场：花铺、鼓铺、扇铺、床铺、麻铺、表背、手帕、包头、香蜡、生药、纸铺、故衣。这种成为新兴市场的廊，与道路建设有关。

明代初年，南京城内道路建造规格很高。于成龙纂《康熙江宁府志》卷三十八载嘉靖进士余光《南京赋》，描绘南京城中气象：

于是宅中设以金舆，列雉联于石城，郭郭周广，匝地千坪，金汤巩于百二，京邑冠于八瀛。门通十二，列肆轰轷，直道长廊，通衢设楹，结角钩隅，周墉屯营。廊九市以开廛，经九轨以来辋。建宾馆于周坊，布阛阓而近闾。会日中以化居，贸刀布而剂平。

即说到路宽九轨，市开九廊。《五杂俎》卷三载：

金陵街道极宽广，虽九轨可容。近来生齿渐蕃，民居日密，稍稍侵官道以为廛肆，此亦必然之势也。天造草昧，兵火之后，余地自多，弈世承平，户口数倍，岂能于屋上架屋，必蚕食而充拓之。官府又何爱此无用之地，而不令百姓之熙熙攘攘也。近来一二为政者，苦欲复当时之故基，民居官署，概欲拆毁，使流离载道，瓦砾极目，不祥之兆莫大焉。

著者谢肇淛万历三十七年（1609年）任南京刑部主事，后升兵部郎中，亲眼看到居民侵占官道以为商铺的情况，且持同情态度。清人甘熙《白下琐言》卷一载：

前明都会所在，街衢洞达，洵为壮观。由东而西，则火星庙至三山门，大中桥至石城门。由南而北，则镇淮桥至内桥，评事街至明瓦廊，高井至北门桥，官街极其宽廓，可容九轨，左右皆缭以官廊，以蔽风雨。今为居民侵占者多，崇闳之地，半为湫隘之区矣。

火星庙原在白下路东端复兴巷一带，民国年间已不存，三山门即今水西门，这一条即前文说过的建康路、升州路东西干道，始于南唐。大中桥至石城门（今汉西门），即今白下路、建邺路东西干道，始于六朝。镇淮桥至内桥，是六朝已形成的南北轴线。评事街经木料市、大香炉到明瓦廊，即明代大市街一线。高井（一称三道高井）即今丰富路一线，经糖坊桥、估衣廊至北门桥，今路名尚存。

九轨，原指可容九辆车并行的道路，按东汉郑玄注《周礼·考工记》的说法，一轨合八尺，九轨七十二尺。后世泛指道路宽阔，未必拘于成数。明初官街两侧都有官廊，当初的功能是为行人遮蔽风雨，万历以降逐渐被商民侵占，成为沿街市场，显示了一个化官街为私市的过程。"廊"，也就成了南京商市的一种特定名称。

晚清陈诒绂《钟南淮北区域志》载：

自承恩寺街起，至果子行止，明时辇道所经，左右各为廊房，如书铺廊（明蔡益所书坊在此）、绸缎廊、黑廊之属，上皆覆以瓦甓，行人由之，并可以避暑雨，最为便利。今路皆塞而不通矣。

承恩寺原在三山街东，清代毁于火，其地仍名承恩里，南段后拓并入建康路。果子行在斗门桥左右。书铺廊近承恩寺，当在状元境一带。《白下琐言》卷二载：

书坊皆在状元境，比屋而居，有二十余家，大半皆江右人。虽通行坊本，然琳琅满架，亦殊可观。廿余年来，为浙人开设绸庄，书坊悉变市肆，不过一二存者，可见世之逐末者多矣。

可知绸缎廊亦在三山街口以东。当时三山街一带不仅有绸布店，而且多折扇店。黑廊自三山街西至黑廊巷口，后拓并入升州路，据说因官廊均铺黑瓦而得名，一说邻近制作黑簪的黑簪巷，成为黑簪市集所在。"逐末"，即追求商业利润，旧时"士农工商"四业，以商业为末流。

嘉靖年间十二廊，流传到现代的尚有裱画（表背）廊、红纸（纸铺）廊、估衣（故衣）廊等。裱画廊东至承恩里，西至中华路，因邻近夫子庙、奇玩街，成为裱画业的集中地。红纸廊，纸张作坊与市集，即建邺路西段，自大王府巷口至丰富路一段旧称，1930年拓并入建邺路。估衣廊，旧衣物市场。《白下琐言》卷六载：

城内有三故衣廊，一在花市之南，一在斗门桥之西，一在北门桥之南。其地多故衣铺，为旌德人裁缝聚处之所。惟北门桥尚有旧廊，余皆民居侵占矣。

花市之南近聚宝门，斗门桥之西近三山门，可见估衣的消费者，多为居住城外的贫民或农民。北门桥估衣廊，自北门桥南至今长江路，与糖坊桥相对，东通红庙及廊东街，西通廊后街（旧名廊背后），至清代南、北街口仍有拱门，路旁有长廊，现仅存地名。

今人很难理解过去人们对估衣的热情。没有能力置备新衣的人，只能买旧衣穿。所谓估衣，有的是富贵人家淘汰的，有的是别人遗落或偷盗来的，甚至是死人衣物。明人陈铎有散曲咏《故衣》：

不分旧剪与新裁，一例都收在。绿绿红红自搭派。诉明白，宽窄长短随心爱。源流好歹，吉凶货卖，减价买将来。

又咏《收荒》：

衣服儿久远，靴帽儿多年。他人专要买新鲜，别生个宛转，丝丝绺绺单图贱。家家火火都收遍，桩桩件件不降钱。谩谩的拣选。

直到20世纪中叶，旧衣物仍是旧货市场中的商品大宗，而国家发放布票一度更加剧了这种需求。90年代取消布票后，旧衣物交易才渐渐消失。

嘉靖以后出现的商廊，有珠宝廊、明瓦廊、糖坊廊、扁担廊等。珠宝廊旧称珠市，即珠宝经营市场，东自内桥、西至建邺路跑马巷口，晚明也是烟花之地。1930年拓并入白下路与建邺路。明瓦廊，北至中山南路与淮海路东西相对，南接大香炉，明清时经营明瓦的市场。在玻璃进入中国之前，人多用明瓦镶窗以透光。南京明瓦用羊角熬化制成薄片，可以添加色彩，透明度好，不脆裂，又不易着火，成为一时名产。秦淮灯船多用明瓦为灯罩。糖坊廊，位于中华路南端，自镇淮桥西沿秦淮河北岸，西至小百花巷与长乐街相接。古名竹街、篾街，居民以竹篾制品为业。清末有王、陈二姓在此兴办糖坊，遂改名糖坊廊。扁担廊，东至中华路，西至镞子巷，旧名采花市，原是鲜花市场。

除了官街旁的街廊，旧时桥上也多建有廊棚，开设商铺。《白下琐言》卷三载：

搭盖桥棚，非特毁损桥梁，侵占道路，而比屋鳞次，皆芦席、板壁，火患尤可虞。近年淮青桥、笪桥重修之后，已勒碑示禁。而长干桥、镇淮桥、新桥、大中桥、内桥、元津桥、斗门桥诸处仍然如故。若一体禁止，亦善政也。

其时南京城中多水道，桥梁是行人必经之处，也就成了商贩的好市口。

同样源于明初，作为行业聚集地命名的，还有营。

营本是军务名词。南京与军营相关的地名，如神机营、神策营、金吾营、鹰扬营（今称阴阳营）、标营、太平营等源于驻军，小营即军队的小教场。相沿至清还有蓝旗营、花旗营等。

明初匠户集中居住，有木匠营、铁匠营、棉甲营、肚带营、黑墨营等。木匠营南起马道街，北至饮虹园，西与箍桶巷平行。箍桶也是木匠活计，所以两地相近。棉甲营（今称棉鞋营），是为军队制作棉衣、棉鞋的作坊所在，位于古青溪西岸，北对头条巷，南接斛斗巷。清代匠坊星散，青溪河房水阁吸引了不少文人雅士，近现代诗人管同因寄轩、陈三立散原别墅、郑孝胥春园、吴鉴泉鉴园等均在此地，故曾被誉为"诗巷"。原靖逆侯张云翼府第、李鸿章府第亦在棉鞋营与四条巷之间，南北相衔，民国年间将二府拓建为立法院，后并入海运学校。该校内现存李家"小姐楼"遗迹，这位李小姐嫁给了张佩纶，就是张爱玲的祖母。铁匠营，在孝陵卫西，近小卫街，是明代卫军聚集铁匠铸造兵器之地。肚带营为马肚带作坊及市场，位于长江路北侧，东通网巾市，西至香铺营。另一个与军事相关的是黑墨营，在南京火车站东北，原名黑马群，是明初放养黑马的牧场，与麒麟门至观音门一带的红马群、青马群、黄马群、白马群属一类。

一些新兴的商业、服务业集中地，也以营为名，如扇骨营、厨子营、轿夫营、香铺营、闺奁营、莲子营、芦席营、破布营等。扇骨营是制作扇骨的作坊，集中在通济门九龙桥东，南邻七里村。折扇是明代南京特产，《五杂俎》卷十二载："元以前多用团扇，绢素为之，未有折者。元初东南夷使者持聚头扇，人共笑之。国朝始用折扇，出入怀袖殊便。"《白下琐言》卷二载：

> 吾乡造作，折纸扇骨素有盛名，多聚居通济门外。其面用杭连纸者，谓之本面，用京元纸者，谓之苏面，较本面良。三山街绸缎廊一带不下数十家，张氏庆云馆为最，揩磨光熟，纸料洁厚，远方来购，其价较高。惟时样短小，求旧时之老棕竹、樱桃红、湘妃竹，骨长而脚方者，不可得矣。

其作坊在扇骨营，经销则在三山街。

厨子营，原名储积营，北至下江考棚、南至信府河、西通白酒坊，因系明、清科举考生膳食地而得名。与科举相关的还有轿夫营（今教敷营），曾名堂子巷，位于三山街口东南角。因旧时到夫子庙不可乘轿骑马，轿子停放于此，轿夫也就聚集于此。《客座赘语》卷一说南京市井："履鞋则在轿夫营。"因过往停留人多，尤其轿夫承重行走费鞋，轿夫营成为履鞋集市。香铺营南至长江路与上乘庵相对，北至鸡鹅巷通进香河，是去十庙进香必经之路，故而香铺密集。现与上乘庵都被拓并入洪武北路。闺奁营，位于白下路西段北侧，清中叶尚多做嫁妆的作坊。莲子营北至乌衣巷白鹭洲公园门口，南至长乐路，据说白鹭洲莲子、水产在此成集市。芦席营位于中央路西侧，因原为金川河北支湿地，芦苇滩长达千余米，当地居民多以编织芦席为业。破布营（一名破皮营）在新街口中山东路南侧，南至正洪街，北近估衣廊，原为破布、碎皮的集散市场。

以营为地名相沿成习，如止马营、东止马营、西止马营，位于朝天宫西南，北至文津桥、东至仓巷口、西南至水西门北湾子。明代前往朝天宫路口有"文武官员军民人等在此下马"石碑，因得"止马"之名。此碑现被移至朝天宫西门前。附近的范家塘，去朝天宫官员车、马、轿即停留于塘边，相当于那个时代的停车场。避驾营，在门西饮马巷内，今六角井二十四巷。据传明初朱元璋巡城至此，百姓曾避入此巷。半边营，因街南临小运河而得名，后并入马道街。直到近现代，还出现尖角营、相府营、古钵营、吉兆营、田吉营等新地名。

简而言之，永乐北迁之后，南京城市发展确曾一度有较大落差，但有史以来丰厚的经济、文化积淀，现实中南都的政治、军事中心地位，仍然有力地吸引着各方人才和南北资源流入，推动城市前行。到了万历年间，随着国家经济政策的宽松，南京的经济、文化繁荣，再一次达到前所未有的高度。

第四节
"十六楼"

阅江楼有记无楼

中国古代向有"四大名楼"之说,唐人王勃作《滕王阁记》,崔颢作《黄鹤楼》诗,王之涣作《登鹳雀楼》诗,宋人范仲淹作《岳阳楼记》,名楼的生命力,皆得益于名诗文。南京人喜欢将阅江楼阑入其中,与滕王阁、黄鹤楼、岳阳楼并称"江南四大名楼"。阅江楼名闻遐迩,因为有明太祖朱元璋与诸重臣撰写《阅江楼记》。

明初南京,城墙宏伟壮观,皇宫金碧辉煌,大报恩寺塔瑰丽绝伦,除此而外,引人瞩目者莫过于名楼。嘉靖年间南京贡生盛时泰作《南京赋》,就一再写到楼:"雉堞千簇,睥睨飞楼","楼馆倚错,仓库丰盈","歌楼曲巷,飞声传响"。然而明初固有《阅江楼记》之文,实无阅江楼之建。这建与未建,遂成为后人热心讨论的一个话题。

南京城北的狮子山,是朱元璋情有独钟的山阜,元末他在这里与陈友谅的决战,是决定成败存亡的重要战事,所以一度打算在山头建阅江楼以为纪念。朱元璋《阅江楼记》中,抒写楼成登临之意境:

乃于洪武七年甲寅春,命工因山为台,构楼以覆山首,名曰阅江楼。此楼之兴,岂欲玩燕赵之窈窕、吴越之美人,飞舞盘旋,酣歌夜饮?实在便筹谋以安民,壮京师以镇遐迩,故造斯楼。今楼成矣,碧瓦朱槛,檐牙摩空而入雾,朱帘凤飞而霞卷,彤扉开而彩盈。正值天宇澄霁,忽闻雷声隐隐,亟倚雕栏而俯视,则有飞鸟雨云翅幕于下。斯楼之高,岂不壮哉!

宋濂《阅江楼记》中也写道:

京城之西北有狮子山,自卢龙蜿蜒而来,长江如虹贯,蟠绕其下。

上以其地雄胜，诏建楼于巅，与民同游观之乐，遂锡嘉名为"阅江"云。登览之顷，万象森列，千载之秘，一旦轩露，岂非天造地设，以俟大一统之君而开千万世之伟观者欤！当风日清美，法驾幸临，升其崇椒，凭阑遥瞩，必悠然而动遐思。

君臣两文中所描绘的登楼畅观，其实只是一种虚拟。阅江楼并没有建造。朱元璋在洪武七年（1374 年）春有意建楼，然而自二月初一开始，接连出现异常天象。《国榷》卷五记载，初一"日食"，初九"夜有赤星自轩辕流至北河没。久之，又二星自紫微东蕃流至近浊没"。十五日"太阴犯角"。十四至十八日"日中黑"。到二十一日，朱元璋接受天象示警，改变主意，写下了《又阅江楼记》。前有序言，说明作此文的原因：

朕闻昔圣君之作，必询于贤而后兴。噫！圣人之心幽哉。朕尝存之于心，虽万千之学，独不能仿。今年欲役囚者建阅江楼于狮子山，自谋将兴，朝无入谏者。抵期而上天垂象，责朕以不急。即日惶惧，乃罢其工。试令诸职事妄为《阅江楼记》，以试其人。及至以《记》来献，节奏虽有不同，大意比比皆然，终无超者。朕特假为臣言而自尊，不觉述而满章。故序云。

他让群臣写《阅江楼记》，是一种检测手段，想看看有没有人会谏止，不料全是歌功颂德之作。所以他以身作则，用臣下的口气作《又阅江楼记》：

洪武七年二月二十一日，皇帝坐东黄阁，询臣某曰："京城西北龙湾狮子山，扼险而拒势，朕欲作楼以壮之，雄伏遐迩，名曰阅江楼。虽楼未造，尔先为之记。"臣某谨拜手稽首而曰："臣闻古人之君天下，作宫室以居之，深高城隍以防之，此王公设险之当为，非有益而兴，土皆三尺，茅茨不剪，诚可信也。今皇上神谋妙算，人固弗及，乃有狮子山扼险拒势之诏，将欲命工，臣请较之而后举。且金陵之形势，岂不为华夷之魁。何以见之？昔孙吴居此而有南土，虽奸操、忠亮，卒不能擅取者，一由长江之天堑，次由权德以沾民。当是时，宇内三分，劲敌岂小小哉，犹不能侵江左，岂假阅江楼之拒势乎？今也皇上声教远被遐荒，守在四夷，道布天下，民情效顺，险已固矣，又何假阅江楼之高扼险而拒势者欤？夫宫室之广，台榭之兴，不急之务，土木之工，圣君之所不为。皇上拨乱反正，新造之国，为民父母，协和万邦，使愚夫愚妇无有谤者，实臣之愿也。臣虽违命，文不记楼，安得不拜手稽首，以歌陛下纳忠款而敛兴造，息元元于市乡。乃为歌曰：天运循环，百物祯厖。真人立命，四海咸安。臣歌圣德，齿豁发斑。亿万斯年，君寿南山。"

这当是阅江楼"有《记》无楼"的真相。成化年间，南京羽林卫千户姚福撰《青溪暇笔》，卷上有载：

洪武初，欲于南京狮子山顶作阅江楼。楼未造，太祖先令儒臣作《记》，即日文成，上览之曰："乏人矣。昔唐太宗繁工役，好战斗，宫人徐充容犹上疏曰：'地广非久安之道，人劳乃易乱之源。东成辽海，西役崑丘，诚不可也。'今所答皆顺其欲，则唐妇人过今儒者。"又曰："昔与君同游者皆和而不同，今与我游者皆同而不和。"楼竟不作，乃试作《记》者耳。

姚福没有提供这说法的来源，此语虽然刻薄，似接近真相。那一批马屁文章，都没有流传下来，只有宋濂的一篇，收入了《宋学士文集》，又被后人选入《古文观止》，据说有隐晦的劝谏之意。不过朱元璋当年肯定没有看出来。有兴趣的人可以将宋文与朱元璋第一文做个比较，不难看出，宋文就是在朱文基调上敷演而成。

朱元璋既以如此冠冕堂皇的理由自解，当然不可能再兴造阅江楼。《青溪暇笔》成书于成化九年（1473年），据姚福在百年之后所见，当时仍无阅江楼。近年有人说狮子山上确曾发现明代建筑遗迹，故又联想到阅江楼。然而有明代建筑未必定是阅江楼，顾起元《客座赘语》中说到狮子山上有卢龙观。其建造年代，当在成化后、万历前。

时隔六百年，阅江楼终于矗立在狮子山顶。

十六楼本是迎宾馆

据说朱元璋还建过一座逍遥楼。陈沂《维祯录·逍遥牢》载："太祖恶游手博弈之民，凡有不务本、逐末、博戏者，皆捕之，禁锢于所，名逍遥牢。"

《金陵琐事》卷三"逍遥楼"一条记：

太祖造逍遥楼，见人博弈者、养禽鸟者、游手游食者，拘于楼上，使之逍遥，尽皆饿死。楼在淮青桥东北临河，对洞神宫之后，今关王庙是其地基。

陈开虞本《康熙江宁府志》卷二十八《古迹志》中亦记此事，说朱元璋"恶游民嗜博者，创逍遥楼于淮青桥北，备诸博器于中，犯者闭入，数日饿毙矣"。这很可能与朱元璋"火烧功臣楼"一样，属于传说，但并非全无凭据。《客座赘语》卷十"国初榜文"一条中有载：

洪武二十二年三月二十五日奉圣旨："在京但有军官、军人学唱的，割了舌头，下棋、打双陆的，断手，蹴圆的，卸脚，作买卖的，发边远充军。"

此似属军队管理。蹴圆，即蹴鞠，原来古代帝王并不都提倡足球。但洪武二十六年（1393年）八月榜文中又有："于饮酒、宿娼、行走摇摆，该司送问罪名，本部切详。"由五城兵马司捕送礼部审处，则对民间也有类似规定。

朱元璋真正建成了的，是"十六楼"。十六楼至今为人所乐道的原因，是误以其为妓院。如同"秦淮八艳"长期成为文化热点一样，十六楼也广为世人所注目。

然而十六楼肯定不是妓院。

十六楼，初见于明初编撰的《洪武京城图志》，书中有一幅"楼馆图"，标示了十六楼（除叫佛楼外）的所在位置，楼间并绘有规模较小的客店。又有文字说明：

江东楼，在江东门，西对江东渡；鹤鸣楼，在三山门外，西关中街北；醉仙楼，在三山门外，西关中街南；集贤楼，在瓦屑坝西，乐民楼南；乐民楼，在集贤楼北；南市楼，在三山街皮作坊西；北市楼，在南乾道桥东；轻烟楼，在江东门内西关南街，与淡粉楼相对；翠柳楼，在江东门内西关北街，与梅妍楼相对；梅妍楼，在江东门内西关北街，与翠柳楼相对；淡粉楼，在江东门内西关南街，与轻烟楼相对；讴歌楼，在石城门外，与鼓腹楼并；鼓腹楼，在石城门外，与讴歌楼并；来宾楼，在聚宝门外来宾街，与重译楼相对；重译楼，在聚宝门外，与来宾楼相对；叫佛楼，在三山街北，即陈朝进奏院故址，宋改报恩光孝观，今即其地，为叫佛楼。

十六楼楼名，当以此为准。后人所记与此或稍有相差，但大体相同。十六楼被归在《楼馆》卷的"酒楼"一条之下，其功能定位很清楚。杜泽《洪武京城图志序》中，也说到"如十庙以祀忠烈，十楼以待嘉宾，此皇上之所经制也"。

《正德江宁县志》卷六"楼阁"中，只记载了十楼，但内容较为详细，先为朝廷建造楼阁正名：

楼阁、园池、亭台之类,在六朝多为游宴处,入国朝新建,则无非事者。供游宴与事事不同,故六朝不能混一,而盛明奄有万国。然则游宴者可以观矣。

明代建此楼阁,不是简单的供游宴,而是有目的,即下文所说"柔远之道"。然后作具体介绍:

来宾楼,在聚宝门外西南、驯象街北,洪武间建,即宋丰裕楼旧基。(蒋主忠诗:"层楼迢递俯遥岑,此日登临喜盍簪。钟阜云霞双阙过,石城烟树万家阴。钟声隐隐来官寺,秋色苍苍带远林。自是圣朝恩泽广,越裳臣妾尽倾心。")重译楼,在驯象街南,与来宾楼相对。(洪武初,上以天下甫定,每微行以察民隐,时至重译楼,见京师商旅萃聚,喜甚。为诗以咏之,得前二句。吟哦间,有浙商不知其为上也,即应口续成,曰:"晴日凭栏试回首,五云深处帝王家。"甚称旨。询其姓名,答曰,吾湖州人,姓某名某。又询得其侨所,明日即召入,与语,大悦,命为内翰官。)鹤鸣楼,在三山门外西关中街北。醉仙楼,在三山门外中街南。集贤楼,在瓦屑坝西,乐民楼南。乐民楼,在集贤楼北。轻烟楼,在江东门内,西关南街,与淡粉楼相对。淡粉楼,与轻烟楼相对。梅妍楼与翠柳楼相对。(自来宾楼以下十楼,皆洪武初建。楼每座皆六楹,高基重檐,栋宇宏敞,各颜以大书名扁,与街坊民居秩秩整饬。一时至京师者,靡不骇观。四方客旅以公事至者,居以驿馆,以贾贩至者,居以客店,又置诸楼,各在市阓辏集处,目为客旅游乐憩息之所。柔远之道,其备至无遗焉。)

"越裳臣妾尽倾心",就是远人宾服的意思。所记缺江东、讴歌、鼓腹、南市、北市、叫佛六楼,难得的是对这十座楼的规模、形式与功能,都作了具体的描绘。

嘉靖《南畿志》卷四之"城社"述"市之楼",列出十四楼名,缺叫佛楼、江东楼。万历年间谢肇淛《五杂俎》中则增添清江楼、石城楼,以凑足十六楼。历来诗歌中出现的"十四楼""十三楼"以至"十二楼"之说,很可能是韵律需要,不足为据。

综上所述,十六楼作为酒楼,当无疑问。最权威的证据见于《明太祖实录》卷二百三十四,其记洪武二十七年(1394年)八月二十三日事:

新建京都酒楼成。先是,上以海内太平,思欲与民偕乐,乃命工部作十楼于江东诸门之外,令民设酒肆其间,以接四方宾旅。其楼有鹤鸣、醉仙、讴歌、鼓腹、来宾、重译等名。既而又增作五楼，至是皆成，诏赐文武百官钞，命宴于醉仙楼。

确指十六楼为"京都酒楼"，且皇帝在楼成之日，给文武百官发"消费券"，命他们到醉仙楼去欢宴。当年赐宴的亲历者、应征参与《书传会选》的儒士揭轨，有《宴南市楼》二首：

帝城歌舞乐繁华，四海清平正一家。
龙虎关河环锦绣，凤凰楼阁丽烟花。
金钱赐宴恩荣异，玉殿传宣礼数加。
冠盖登临皆善赋，歌词只许仲宣夸。

诏出金钱送酒垆，绮楼胜会集文儒。
江头鱼藻新开宴，苑外莺花又赐酺。
赵女酒翻歌扇湿，燕姬香袭舞裙纡。
绣筵莫道知音少，司马能琴绝代无。

据此，公款赐宴之处至少还有南市楼，而且诗中明确指其为"酒垆"，席间虽有歌伎表演乐舞，与妓院毕竟性质不同。在严禁官员宿娼的明初，皇帝公然赐钱号令官员去妓院聚饮，绝无可能。皇帝"与民偕乐"于妓院，更属荒唐。宋徽宗与李师师的艳遇，毕竟只是小说家言。至于《明太祖实录》止言十五楼的原因，是北市楼建成即被焚毁。

万历以降，十六楼被说成了妓院。

谢肇淛《五杂俎》卷三载："太祖于金陵建十六楼，以处官伎"，"盖当时缙绅通得用官伎，如宋时事，不惟见盛时文网之疏，亦足见升平欢乐之象。今时刑法日密，吏治日操切，而粉黛歌粉之类，亦几无以自存，非复盛时景象矣"。此话未免信口开河，《大明律》严禁官员及子弟宿娼，违者"杖六十"，有性命之忧，连"撮合人"都要受重罚。顾起元《客座赘语》卷六之"十四楼"："国初，市之楼有十六，盖所以处官妓也。"但他承认这说法只是猜测："今独南市楼存，而北市在乾道桥东北，似今之猪市，疑刘辰《国初事迹》所记富乐院，即此地也。"

《国初事迹》载：

太祖立富乐院于乾道桥。男子令戴绿巾，腰系红搭膊，足穿带毛猪皮靴，不容街中走，止于道旁左右行，或令作匠穿甲。妓妇戴皂冠，身穿皂褙子，出入不许穿华丽衣服。专令礼房吏王迪管领。此人熟知音律，能作乐府。禁文武官及舍人不许入院,止容商贾出入院内。夜半忽遗漏火,延烧脱欢大夫衙,系寄收一应赃物在内。太祖大怒,将库官及院内男子、妇人处以重罪。复移武定桥等处。太祖又为各处将官妓饮生事,尽起赴京,入院居住。

顾起元是较严谨的史家,《客座赘语》的可信度远在《金陵琐事》之上。不过看他在同书所列出的南京诸志书目,应该是未见到《洪武京城图志》,所以会弄错。《洪武京城图志》的《楼馆》卷中,另有"富乐院"条目:"一在武定桥东南旧鹿苑寺基,一在聚宝门外东街。"十六楼没有一幢在此范围内。

余怀在《板桥杂记·序》中写道:

洪武初年,建十六楼以处官妓,淡粉、轻烟、重译、来宾,称一时之盛事。自时厥后,或废或存,迨至百年之久,而古迹浸湮,存者惟南市、珠市及旧院而已。南市者卑屑所居,珠市者间有殊色,若旧院则南曲名姬、上厅行首皆在焉。

因为明代末年尚存的南市楼一带成了低档妓院,他遂将十六楼都误认作妓院。其实《洪武京城图志》中所记武定桥东南的富乐院,正是余怀心心念念的旧院位置,旧院即旧富乐院的简称。珠市亦称猪市,在内桥旁,都与十六楼不相干。

从十六楼所处的位置看,只有叫佛楼和南市楼、北市楼在都城内,位于商业繁华区评事街东、西两侧,距离三山门(今水西门)仅一箭之地。城南聚宝门外有来宾楼和重译楼,位于今西街一带。来宾楼原址附近,至今尚存明初瓮堂,即当时的浴室,亦属公共服务设施。其余十一楼都位于都城西垣外秦淮河畔,三山(今水西门)、石城(今汉西门)、清凉门外,也就是由水路进出南京城的交通要道上。尤其是秦淮河出城的西水关一线,都城三山门至外郭江东门之间,已发展出西关中街、西关南街、西关北街三条街市,集中了江东、鹤鸣、醉仙、轻烟、淡粉、翠柳、梅妍七楼。这也证明它们确属"待嘉宾"的酒楼,"接四方宾旅"的旅舍。

朝廷的重要活动常安排在这一带,如永乐十年(1412年),赵王朱高燧回北京,皇太子亲送至江东门。外地官员上表朝廷或接受皇帝诏书,也都在江东门和三山门、石城门。

十六楼是明初一系列官办商业服务设施中的一项。

明初南京城市人口多达七十万人,尤其是王朝首都所在,庞大的消费群体促成了活跃的商贸经济。因首都功能而建设的通往全国各地水陆干道，同样成为商业运输路线，在永乐迁都之后更偏向于民间商用。本为通军情、运军需而设的驿站、递运所，到明代中期管理松弛，官吏受商人收买，也逐渐演变为商品运输渠道。便捷的水陆交通网络，既利于南京商人外出采购，也利于各地商人前来交易，对南京商品集散中心的发展起了重要推动作用。

与此相应，官方又在南京城内外设立了多处驿馆、客店和塌坊（货栈），以方便客商居留和货物聚散，并明文规定了税率和租费。《洪武京城图志》中绘出驿馆四处，除会同馆和乌蛮馆是接待"四方进贡使客"外，"龙江驿，在金川门外大江边，江东驿，在江东门外大江边"，用于接送、招待官员和转运物资。朝廷祭祀用的神帛和鲟鱼都由江东门入城。又有客店四处："一在长安街口，一在竹桥西，一在通济街口，一在江东门内南、北街，以待四方客旅。"并专设济州卫保护江东门和石城门。

《南都繁会景物图卷》

表现晚明南京市井繁盛的美术作品，也有一幅长卷，名《南都繁会景物图卷》，绢本设色，长三百五十厘米，高四十四厘米，原为常熟翁氏旧藏，现藏于中国国家博物馆。画卷以秦淮河作为线索，贯串两岸招幌分明的百余家店铺、身份不同的千余个人物，呈现明代中后期南京丰富、闲适的市井生活，为后世了解当时的街市繁华提供了直观形象。

画面中没有出现明确的地标，很难断定具体是哪些街市、楼台。街口牌坊上写的"南市街""北市街"不见于明代南京文献。但就画面中的繁华程度而言，无疑是同时文献所记载的新桥（或即南市街起始）、颜料坊、三山街、评事街、大市（或即北市街口）一带。画面中段出现的鳌山，无疑是灯市的中心，明代后期南京灯市中心在笪桥，即评事街北口。《白下琐言》卷二记载："笪桥灯市由来已久，正月初鱼龙杂沓，有银花火树之观，然皆剪纸为之。若彩帛灯则在评事街迤南一带，五色十光，尤为冠绝。"鳌山扎制工程浩大，所以在灯节结束后不一定就拆除。此时秦淮河中有两艘插着彩旗的龙舟，画面时节应是端午前后。

笪桥北即大市。大市东有江宁县衙，至此已可眺望皇宫。也只有在笪桥，才能以俯瞰视角画出秦淮中支、运渎（今红土桥路）和秦淮河三水相环。作为远景的山似是冶山，其时有冶山道院，为皇家祈福之所，故有敬神进香队伍迤逦入山。虽然绘画不等于写实，但那一种氛围当是可信的。对照文献记载，可以对其时南京市井风情有更准确的理解。

画面中出现的商铺、民居、茶坊、酒楼、浴堂、戏台、庙宇、官衙等，不乏两层楼的建筑，有些且是临水的河房，沿河一侧可以清楚地看到立于水中作为基础的成排木桩。这一范围内的官楼，在宋代有东南佳丽楼、层楼、南楼等，此时皆已不存，而明初十六楼只有南市楼、叫佛楼位于评事街两侧，故可以肯定这些楼房多为民间所建。万历三十七年（1609年）在南京任职的谢肇淛尚将"岂能于屋上架屋"作为讥讽，其实他肯定见到城中民居有楼，《五杂俎》卷三："城中民居，凡有小楼，东北望无不见钟山者。"这种小楼，大约相当于后人所说的阁楼，谢氏有专文释"阁"："以板为之，亦楼观之通名也。……即今房中之板阁，而后乃广其制，为天禄、凌烟等名，或以藏书，或以绘像，或以为登眺游览之所。"与画卷中"屋上架屋"的规整两层楼房尚有差别。这或可说明画卷所反映的时期不会早于万历末期。另一个值得注意的情况，是官街两侧的廊棚之下，有大量商家做买卖，说明官廊被占为商铺已是既成事实，官府不再强行拆毁。谢肇淛对此亦有记载。

《南都繁会景物图卷》所提供的最有价值信息，是百余种商铺招幌。按行业而言，纺织品类有：涌和布庄、勇申布庄发兑、布店发兑、极品官带、帽巾、网巾发客、鞋靴老店、京式靴鞋店、绸绒老店、专染纱罗、鲜明绒线发客等；金融珠宝类有：钱庄、万源号通商银铺、兑换金珠、当铺等；医药类有：兼治杂症、药材、人参发兑、鹿茸膏等；文化生活类有：内廊乐贤堂各书发兑、书铺、古今字画、裱画、画寓、官启名笺、刻字镌碑、戏台、京人耍戏、杂耍把戏、阳宅地理、卜卦命馆、相馆等；手工艺类有：木行、船行、大生号生熟漆、铜锡老店、弓箭盔缨、京式小刀、花炮、漆盒、机烛、雨伞、梳篦老店、头发老店等；食物类有：粮食豆谷老行、米店、义兴油坊、食盐、牛行、羊行、猪行、驴行、鸡鸭行等；南北货类有：东西两洋货物具全、川广杂货、福广海味发客、广炭、画脂杭粉名香官皂、西北两口皮货发售、南北果品、枣庄、素食果品、香糖、应时细点名糕、茶食、名茶发客、发兑官燕、上细官窑、名瓷等。明人陈铎《滑稽余韵》中咏各行业之作多达百余首，如《北双调折桂令·茶食铺》：

铁炉铛暮扯朝拖。妙手多方，白面重罗。糖缠玲珑，茶食细巧，酥蜜粘揽。生花叶簇盘上桌，八椒盐大馆回盒。油弄忽多，面费忽多。热要调和，冷要揉搓。

可见南京茶食细点在明代中期已负盛名。不仅本地手工匠艺发达，南北各地名产特产也纷纷进入，不仅基本生活物资有充分保障，文化生活同样丰富多彩。当时南京商贸昌盛与繁荣可见一斑。

前文介绍的《宋院本金陵图》中，完全不见店铺招幌，没有《清明上河图》那种景象，尽管经营行当一目了然，仍令人不无遗憾。不过南京街市当时是否使用店招，亦不得而知。譬如杜牧"借问酒家何处有，牧童遥指杏花村"，倘若酒旗高展，杜牧似可无须动问。

画面尾端的殿宇群自是皇宫，画家既以云雾相隔，所以与街市并不相衔接。通向皇宫的路口立有两块石碑，碑文为"大小文武官员下马"，"大小"两字颇令人生疑。南京现存两处明代下马标志，一是明孝陵下马坊，坊额是"诸司官员下马"，一是朝天宫前下马碑，碑文是"文武官员军民人等至此下马"，都没有"大小"两字。按《南都繁会景物图卷》画面多处损伤，模糊不清，南京秦淮河建设指挥部请国家博物馆技术部剪辑扫描，才成为我们现在能看到的完整清晰画面。此处碑文或亦属模糊不清之处，被修补成了这样。

其实这皇宫气象也是出于画家的虚构。与居民区的绵延赓续和更新不同，南京皇宫在永乐北迁之后，就不断衰败，曾遭火灾，也因年长日久而朽坏，而朝廷明令不许维修。《客座赘语》卷八"皇城"条目中，转引《大明会典》，成化十六年（1480年）有"南京皇城内宫殿不许重修"之例，以致"宫门任其颓敝"。这也证明，在南京城市发展史上，皇宫区同其他一切外加于城市的设施一样，是一种不稳定的建设区域，它会因建都而迅速趋于极度繁盛，也会因王朝中心转移或溃灭而同样迅速地趋于荒废。城市中真正具有持久生命力的区域，是基于市民生活需要而自然形成的功能区。这种区域当然也需要调理，但只要居民没有达到饱和状态，没有出现基于某种利益的恶性竞争或垄断，调理就不会太困难。

南京皇宫区与居民区两相分隔的特点，使市民生活区得以持续成长而不致中断，成为城市中最有生命力的成分。真正支撑着南京这座历史文化名城，使它不至于像某些古都那样在建都史结束后就走向衰落的，正是它相对独立的平民区域。而且，随着平民区域在城市内比重的增长，它会渐渐成为城市的主体。

《南都繁会景物图卷》尾署"实父仇英制",然而与仇英的画风距离颇大。即如仇英以人物画得名,此画面中人物逾千,但多为单纯的看客,除了表现场面热闹之外,作用甚微,与《宋院本金陵图》相比,其人物设置显然是失败的。且人物的描绘过于粗糙,形态单一,服饰单调,面目雷同,全然看不出仇英画作的雅淡意趣。街市格局凌乱,建筑笔墨粗放,也不像仇英的精描细染。况且仇英可能在嘉靖三十一年(1552年)去世,他能看到的南京尚是经济艰难、市面凋敝的时期,不太可能出现如此繁华的场景。所以这幅画不可能真是仇英的作品。

第十五章

明人文事

第一节

文心雅游

南都王气

永乐迁都之后,南京作为南都,保留着六部和国子监等名义上的中央机构。这一设置史无前例,引起种种议论。《客座赘语》卷二"两都"条记户部郎谢彬的议论:

说者以为京师者大众之谓,物无两大,权以一尊,故谓南吏部不与铨选,礼部不知贡举,户部无敛散之实,兵部无调遣之行,视古若为冗员。

南都六部不承担相应职能,没有必要设置。顾起元不同意这种说法:

是岂知国家之深计长虑哉!夫宫阙、陵寝所在,六军城守之事,府库图籍之所储偫,东南财赋之所辐辏,虽设六卿以分理之,犹惧不给也,可以为冗员而轻议之!

南京六部自有其不可轻忽的职责。南京的重要性,是江南经济、文化重要性的显化。无论中央政府迁到何处,其对于江南的倚重都无法改变。

"两京十三省"的行政格局,使南京不但在经济繁盛与文脉绵延上继续保持优势,而且占据着高于除北京之外其他政区的地位。南京文人士夫的王气自信、国都意识,也就得以长久维系,直到明代亡国,也没有淡化。

洪武年间对于南京形势的赞颂,仍不脱龙盘虎踞窠臼,成为金陵王气说继六朝、南宋之后的又一个高潮。如洪武二年(1369年)杨基应诏赴京,作《到京》:

郁葱王气古金陵,泰运重新感盛明。

臣庶梯航趋上国，江山龙虎卫高城。
六街尘掠秦淮过，万户钟声魏阙鸣。
白发到京期少补，敢将词赋重声名。

洪武四年（1371年）明代开科状元吴伯宗《入京五首》之一：

虎踞龙蟠十二门，王侯第宅若云屯。
百蛮入贡天威重，四海朝元国势尊。
晓日旌旄明禁路，春风箫管沸名园。
唐尧虞舜今皇是，未必江潭老屈原。

最有代表性的是洪武二十八年（1395年），奉敕纂修《洪武京城图志》的王俊华，在卷首《洪武京城图志记》中写道：

金陵控扼吴楚，天堑缭其西北，连山拱其东南，而龙蟠虎踞之势，昔人之言，盖不诬也。孙吴始创，居之六朝，南唐虽代有其地，然而疆域之广未极其盛者。意者天之所兆，有资于今日，以启一代王业之隆也欤。

虽在六朝和南唐两度兴盛，但金陵王气直到此时才算真正应验。他进一步申述，元末群雄并起，朱元璋"龙兴淮甸，天戈南指，吴越首入版图，乃默与神谋，即定都于是，辨方正位，立洪基，造丕图，而郏鄏之鼎以定。山若增而高，水若增而深，回抱环合，献奇贡异，而荣光佳气，与斗牛星纪，并丽乎太微帝车之间，何其伟耶"。"默与神谋"，也就是上应天命。朱元璋以此为基地，数年之间，横扫天下，立国建都，"而京师之壮，增饰崇丽，轮蹄交集，丝管喧竞，岁时士女填郭隘郭，其宏盛气象，度越今古，岂区区偏方、闰位之可媲拟哉"。明王朝的大一统，南京城的高规格，皆非此前定都各朝所可比拟，真正呈现了龙盘虎踞的优胜。

嘉靖十三年（1534年），闻人诠《志南畿叙》中说："都会形胜，率举金陵，然多偏安，未得所统。惟我高皇定鼎，讯逐元胡，混一区宇，洪甸万国，省别诸夏，直隶辅畿，而金陵之胜，雄越往昔。"永乐迁都，"分峙两京，南北俪壮，陋眠丰镐，劣观关洛"，明代南、北两京的形势，远胜于西安和洛阳。陈沂《南畿志序》加以阐发：

皇明天启造邦，冠履夷夏，岂望气者而后知哉。且以区域言之，昔禹敷土九州，排淮导河，注江达海。今畿土得九州之三，河入于淮，汉入于江，皆东流以至于海。其干戈徂定之功者，莫濠、颍、舒、和、徐、亳之雄武。军国之储费,莫三吴之财赋。渔、盐、湖、海之利,莫过于淮、扬。麻枲、米谷水陆之产,莫厚于上游诸郡。昔为守淮守江之议,皆无用之谈矣。

秦始皇麾下的望气者,哪里能预见到今天呢!作者以此含蓄地点出了金陵王气。

江宁进士余光嘉靖十五年(1536年)作《南京赋》,先说金陵王气的由来:"自黄河南注淮汝,内泓中甸,器车载旺,南盈巨浸,储精钟岳,效灵万方,王气丕耀金陵,岂其无因","祖龙南狩,莫能厌其胜,朱衣凿淮,莫能泄其王,徒埋金而罔庆,改秣陵而荒唐"。破坏王气都是徒劳无功,六朝偏安也是拙于人谋,直到朱元璋据金陵,才应此王气:"惟皇圣祖,臂繁奋兵,龙蟠虎踞,左据右并,亶神护而地藏,启隩区以奉迎,遂即真而定鼎,当王气之初泫。"周、秦、汉、唐都城都偏处北方,只有明初所建的南京城,正当天下之中:

睹南都之巨丽,仰钟巘而瞩盈,乃喟然叹曰:缅古帝王,遐思往迹,以今观古,度其广仄,形偏北而不中,民恒劳而不息。相惟兹今,际运丕恢,疆域极于八表,幅员遍于九埃。金陵当南北之均。气运钟玄黄之胎。西南、东北各疆七千有余,西北、东南各疆五千以上。北陆车骑,平达江壖,万艘云趋,千廪积穰,贡琛浮舫,既富斯强,万邦丕享,洞视俯仰,猗欤都哉!

明成祖迁都北京,但国家的根本仍在南都:

兹都燕以控四塞,乃建业培乎天根,方洪武之建国,西北困而民贫,漕运塞而罔通,材木远而莫轮。自非积赋而通运,何以建今日之神京。欲赋北都之宏远,合本乎南国之敷陈。

嘉靖贡生盛时泰《南京赋》中,历数前代立国,"皆由西北收东南,得河岳之灵毓焉。惟我圣祖,在淮之阴,据河之阳,曲淮泗而奠金陵,亦以此为足王也",只有明太祖是奠基东南以取西北的。今日南京气象,远胜于六朝遗迹:

俗以政移,人惟化总,昔竞四方,今成一统。人物繁盛,衣冠萃止,细民以尽力为安,君子以勤礼为纪,士气以清迈成名,土风以敦美为理,恭俭胜乎狂肆,质实显乎浮靡,旧都遗化,殊彼轻扬,地广人杰,古今之光。

万历探花顾起元有七古《金陵篇》,以南京与京洛做比较:

> 缓唱《采莲》曲,停讴《折柳》辞。
> 听我歌金陵,何如京洛时。
> 金陵此日称京洛,虎踞龙蟠势参错。
> 江水建瓴西抱城,淮流如带东萦郭。
> 云中双阙双芙蓉,天上五楼五鸱鹊。
> 西园公子旧应徐,东第将军新卫霍。

长江西抱,秦淮河东来,牛首山为双阙,宫观楼阁入云。应徐指建安七子中的应场、徐干,卫霍指汉代名将卫青、霍去病,借喻南京文武人才昌盛。

> 台城销沉只培塿,高台尽是今人有。
> 雀乳胭脂井干中,鸡啼景阳钟声后。
> 处处潘娘步底花,家家张绪风前柳。
> 直置登高几断肠,若为吊古频搔首。

以六朝台城、胭脂井、景阳钟、潘妃步步金莲、张绪清言风流等典故,衬托明都繁华。

> 一自神都莫丽雄,水光山色日冲融。
> 五城禁烟白浩浩,二陵佳气青濛濛。
> 秦城楼阁那足拟,汉主河山讵可同。
> 试向朝阳门上望,彤云长捧大明宫。

"秦城楼阁烟花里,汉主山河锦绣中"(杜甫《清明》二首之二),哪能同大明宫阙相比呢!

因首都北迁,遂有人对龙盘虎踞之说表示怀疑。曾任南京太常卿、吏部尚书的郑晓,在《今言》卷三中说:

> 南京城大抵视江流为曲折,以故广袤不相称,似非体国经野、辨方正位之意。大内又迫东城,且偏坡卑洼,太子、太孙宜皆不禄。江流去而不返,山形散而不聚,恐非帝王都也。

"辨方正位,体国经野"典出《周礼·天官》,是古代立国建都的规范,南京城因处在长江转折处,南北长而东西短,皇宫又偏处一隅,太子、太孙皆短命,好像不适合作国都吧。

南京士人强调明代远胜前朝,意在证明金陵王气的应验,否定龙盘虎踞之说,则是不可接受的。盛时泰《南京赋》中,申述南京形势不能仅限于都城,应从江南整体着眼:

赤山、长淮为东南之成皋、伊洛，大江、钟山为西北之黄河、华阜，三吴为门，荆蜀为户，闽、广、蜀、海又为之府，江、汉二水之朝宗，金、焦两山之雄峙，高辛、云阳，世代邈漠，不可得而称矣。

所以朱元璋"亦以此为足王"，择定南京为首都。这些比喻不是盛时泰的发明，源出南朝梁萧绎《金楼子·著书》之《丹阳尹传序》：

自二京板荡，五马南渡，固乃上烛天文，下应地理，尔其地势，可得而言：东以赤山为成皋，南以长淮为伊、洛，北以钟山为华阜，西以大江为黄河，既变淮海为神州，亦即丹阳为京尹。

万历秀才周晖《金陵琐事》卷一中，有"形势"一条，对郑晓的说法先扬后抑，亦作了含蓄的辩驳：

郑淡泉谓金陵形势，山形散而不聚，江流去而不回，非帝王都也，亦无状元、宰相者，因世禄之官太多，亦被他夺去风水。余极喜其论。及万历己丑、乙未，连中状元，乃知书生之言，不足深信。

世禄之官，指明初功臣封爵世袭，其后裔多在南京任职。万历十七年（1589年）焦竑中状元，二十三年（1595年）朱之蕃中状元，有力地证明了郑晓之言"不足深信"。

万历二十六年（1598年）探花顾起元《客座赘语》卷八论"金陵垣局"：

郑端简公谓："金陵形势，山形散而不聚，江流去而不留。"顾司寇公亦言："登幕府山，望大江东去，往而不反，为之太息。"考之地理家言，以峦头配天星，金陵江水直朝射入，乃紫微垣局也。

依风水学说，紫微垣是天帝居住之处，象征皇宫内院。他据风水理论解析金陵山川形势，证明郑晓、顾璘"二公之言，均之未得其真也"。同书卷二"水利"一条更以唐都长安、宋都汴梁作为对比，引刑部侍郎王宗沐之言：

唐都长安，有险可依，而无水通利。有险则天宝、贞元乘其便，无水则会昌、大中受其贫。宋都汴梁，有水通利而无险可依。有水，故景德、元祐享其全，无险，故宣和、靖康当其害。

据此论定：

唐不如宋，宋不如今之京师，而京师又不若南都。何也？京师惟有潞河与海可以挽漕耳，且河逆而海势险。南都则长江上下，皆可以方舟而至。且北有銮江、瓜洲，东有京口，而五堰之利，或由东坝以通苏、常，或由西坝以通宣、歙，所谓取之左右逢其源者也。自古都会之得水利者，宜亡如金陵，惟思所以固守其险，则可与京师并巩固于万年，而唐、宋真不及万万矣。

他提出南京与北京相互配合，相辅相成，可以保证明王朝的万世一统。

南都文人学士，抒写诗文，编撰史志，颂赞南京的历史悠远、文运璀璨、人物隽秀、经济繁盛，这些都是北京难以相比的。《客座赘语》卷七记"金陵人金陵诸志"：

陈太史沂有《南畿志》《应天府志》。徐髯仙子仁有《南京志》。刘雨有《江宁县志》。李明府登有《上元县志》《江宁县志》。焦太史竑有《京学志》。陈太史沂有《金陵世纪》《金陵图考》。焦太史竑有《金陵旧事》。周文学晖有《金陵琐事》《续金陵琐事》《二续金陵琐事》。王隐君可立有《建业风俗记》。陈中丞镐有《金陵人物志》。陈参议凤有《欣慕编》。王太守可大有《金陵名山记》。陈太史沂有《献花岩志》。金山人銮有《栖霞寺志》。盛太学时泰有《金陵泉品》《方山香茅宇志》《大城山志》《祈泽寺志》《牛首山小志》。僧海湛有《雨花台志》。

外地人编纂的《南雍志》《后湖志》《旧京词林志》《金陵玄观志》《金陵梵刹志》《太常寺志》《光禄寺志》等尚不在内。又"先贤著述"一条："金陵前辈多有著述，今类湮没，不恒遘见矣。暇常摘其尤著者记之。其嘉靖以来后裔尚有存稿，不悉赘矣。"仅他所记下的就有明代百余位作者的约三百种著作。

心学、佛学与史学

明代立国百年之后，弘治、正德年间，南京才开始出现人文昌盛的气象。

一方面，洪武、永乐时期以政治高压、思想禁锢巩固大一统政权，严重束缚了文化的发展。永乐十三年（1415年）依程、朱理学编成《四书大全》《五经大全》《性理大全》等，颁行天下，不容非议，以之作为科举考试取士的官定典籍，定学术于一尊则学术亡，思想界沦为一潭死水。顾炎武在《日知录》卷十八中指斥此书：

当日儒臣奉旨修《四书五经大全》，颁餐钱，给笔札，书成之日，赐金迁秩，所费于国家者不知凡几。将谓此书既成，可以章一代教学之功，启百世儒林之绪，而仅取已成之书抄誊一过，上欺朝廷，下诳士子。唐、宋之时有是事乎？岂非骨鲠之臣已空于建文之代？而制义初行，一时人士尽弃宋、元以来所传之实学，上下相蒙，以饕禄利，而莫之问也。呜呼！经学之废，实自此始。后之君子欲扫而更之，亦难乎其为力矣。

八股文成了升官发财的敲门砖，真正的学问无人问津。戴震在《与某书》中痛诋理学：

圣人之道，使天下无不达之情，求遂其欲，而天下治。后儒不知情之至于纤微无憾是谓理，而其所谓理者，同于酷吏所谓法。酷吏以法杀人，后儒以理杀人。

在《孟子字义疏证·理》中感慨："人死于法，犹有怜之者，死于理，其谁怜之。"凡压迫个人生存空间的"理"，都是杀人利器。

一方面，永乐北迁后，政治高压消减，南都六部五府官员多出类拔萃之士，人文环境固有利于士子求学，但人才的养成非一朝一夕之事。洪武年间的大移民，驱逐了元代以前的世家大族，新进入的贵胄多行伍出身，匠户则属于贱籍，无权参加科举。最有可能进入士绅阶层的是江浙富民，也因为原有的社会、经济关系被割断，复兴家族根基需要时间，往往通过从事商业贸易，形成一定的经济条件之后，才有余裕培养子弟读书应举，进入仕途。经商致富的概率大于务农，南京有着悠久的商业传统和良好的营商氛围，但这一家族转型的完成，仍然需要几代人。

明代中期，随着市民阶层崛起，资本主义萌芽，程、朱理学对人性的禁锢束缚了这一社会变化，以王阳明为代表的心学兴起。在心学的发展进程中，南京亦是不可忽略的环节。

心学与理学一样，是儒学的一个学派，由北宋程颢肇其端，南宋陆九渊启门径，与朱熹倡导的理学分庭抗礼。明代前期独尊理学，学术气氛沉闷僵化。成化、弘治年间，广东陈献章提出"天地我立，万化我出，宇宙在我"的心学原理，突出个人在天地万物中的存在意义，并创立"静坐中养出端倪"的心学方法，开明代心学之先河。陈献章弘治十三年（1500年）去世，此前一年即将江门学派的教事传给得意门生湛若水。湛若水为恩师守墓三年，弘治十八年（1505年）会试高中榜眼，授翰林院编修、侍读，嘉靖三年（1524年）升南京国子监祭酒，时年五十九岁，至六十八岁升南京礼部尚书，七十一岁转南京吏部尚书，七十四岁转南京兵部尚书，嘉靖十九年（1540年）以七十五岁高龄致仕，九十岁时还曾重游南京。

湛若水继承、完善陈献章学说，以"随处体认天理"为宗旨，提出"圣人之学，皆是心学""格物为体认天理""为学先须认仁，仁与天地万物为一体"等理念，认为心与物、理与气、心与理、心与性、知与行、理与欲、虚与实等都是合一不可分割的，并试图调和程、朱理学与陈、王心学。他创立甘泉学派，在南京、扬州、番禺、增城、南海等地创办书院近四十所，弟子多达数千人，促进了明代心学的发展与繁荣。

明代心学的集大成者王守仁，号阳明，其父王华是成化十七年（1481年）状元，官至南京吏部尚书。王守仁弘治十二年（1499年）中进士，正德七年（1512年）任南京太仆寺少卿，九年（1514年）升南京鸿胪寺卿，十四年（1519年）平定宁王叛乱，十六年（1521年）世宗即位后升南京兵部尚书，以平乱功封新建伯，是明代少数几位以文臣封爵者之一。

王守仁受孟子与佛教禅宗影响，继承陆九渊"心即是理"学说，批判程颢、朱熹的"格物致理"，他将《大学》的"致知"与孟子的"良知"结合起来，主张从自己内心寻找"理"，"理"全在人"心"，"理"化生宇宙天地万物，人秉其秀气，故人心自秉其精要，人只需要"发明本心"以"致良知"。他批判朱熹"先知后行"学说，提出"知行合一"的方法论，"知是行之始，行是知之成"，二者互为表里，不可分离，不行即无真知。简而言之，理学认为世间只有一个"理"，世人都应服从这个"理"。心学认为"理"需要自己去寻找，寻找的过程就是"理"，人在这个过程中认识自己，发现良知，并以此改变外在世界。这相对更为当时知识分子所欢迎。

钱穆认为王守仁把心与物、知与行统一起来，混合朱子偏于外、陆子偏于内的片面性，解决了宋儒遗留下来的问题。阳明心学成为明代中晚期的主流学说之一，也是中国思想史上的重要学说之一，并对日本及东亚其他地区产生较大影响。

王守仁和湛若水曾共同讲学，后世学者亦认为明代心学由陈献章开启，湛若水完善，王守仁集大成。但黄宗羲、屈大均等都注意到，王守仁更愿意将自己的学术源头追溯向陆九渊和孟子，从不说自己与陈、湛学说的关系。实则两人很清楚学术上的分歧，王守仁认为湛若水之学为求之于外，湛若水也认为王守仁格物之说有不可信之处。湛、王二人同样有较长时期的南京经历，南京的学术文化氛围对其学说的形成与传播都会有一定的影响。王守仁弟子满天下，其门生邹守益、王畿在南京新泉书院、江浦新江书院讲学长达三十年。此后活跃于南京的思想家李贽，也是极力推崇王守仁的人物。

明代南京，佛教的兴盛同样引人注目。

明太祖朱元璋早年曾为僧人，登基之后，多次征召天下名僧到南京讲经、作法会，太祖斋戒亲临，与高僧探讨佛法，并大量剃度僧人。洪武五年（1372年）敕令以南宋《碛砂藏》为底本校勘新藏经，三十一年（1398年）刊刻完成，经版藏聚宝门外天禧寺（大报恩寺前身），被称为《洪武南藏》。后明成祖朱棣又在大报恩寺刊刻了《永乐南藏》，较《洪武南藏》略有增删。南京高僧云集，名寺林立。洪武年间兴建灵谷寺、天界寺、天禧寺、能仁寺、鸡鸣寺等五大寺，由国家出资，规模宏大，且赏赐大量土地供养僧众，又赐额、赐田给栖霞寺。永乐年间新建静海寺、弘觉寺，天禧寺遭火灾后，又在其基址建大报恩寺，合称金陵八大寺，由南京僧录司直接管辖，统领全国佛教。太祖、成祖共赐八大寺赡僧田近五百顷，芦洲二百余顷，让寺庙按照官田最高标准向承种佃户收租，而国家免其赋税与徭役。明代南京寺庙见于明确记载的近二百所，有研究者估计可能多达六百所。

在皇帝崇佛的影响下，豪门贵胄及太监也纷纷兴造佛寺、印造佛经。郑和奏请建造静海寺和宁海寺，并刊印大量佛经流通，向多所寺庙布施佛像。民间侫佛亦成风气。文人学士多与僧人交往，谈禅论诗，注解佛经。

顾起元《客座赘语》卷一"登览"条中记"南都可登临处"，在城中有六处："曰清凉寺、曰鸡鸣寺、曰永庆寺之谢公墩、曰冶城、曰金陵寺之马鞍山、曰卢龙观之狮子山。"

在城外近郊则有十四处：

曰大报恩寺之浮屠、曰天界寺、曰高座寺之雨花台、曰方正学祠之木末亭、曰牛首之天阙、曰献花岩、曰祖堂、曰栖霞寺之摄山、曰弘济寺、曰燕子矶、曰嘉善寺之一线天、曰崇化寺之梅花水、曰幕府寺之幕府山、曰太子凹之夹萝峰。

同书卷十"寺院"条中说：

佛寺若鸡鸣寺则坐鸡笼山，永庆寺则傍谢公墩，吉祥寺则负凤凰山，清凉寺则屏四望山，金陵寺则宸马鞍山，上瓦官寺则峙凤凰台，皆备登临之美。下瓦官寺在杏花村内，林木幽深，入其门令人生尘外想。

可登临游览处几乎都有佛寺，未必是顾起元于佛寺情有独钟，而是应了那句"天下名山僧占多"。

明代万历年间，南京礼部祠祭清吏司郎中葛寅亮推行佛教改革。葛寅亮是万历二十九年（1601年）进士，亦是阳明心学的忠实信徒。阳明心学较多地吸收了禅宗成分，葛寅亮也崇信佛教，立志振兴当时日见衰微的南京佛教。他针对八大寺寺田流失、寺租难征、寺僧贫困的状况，清田定租，又考选僧官、住持，制定各项僧规条例；提倡禅宗，清拓禅堂，制定禅堂规条；创建公塾，重设寺学，振兴寺院教育；定立印经九等标准，方便藏经刊印和流传；厘定佛寺统属，加强管理。对清定后的寺田疆界、寺租数额、往来公文等皆刻石立碑，以为征信，并编纂《金陵梵刹志》五十三卷，著录南京各寺情况及改革成果，于万历三十五年（1607年）刊行，对研究明代佛教史尤其是佛寺经济有重要价值。然而，由于为寺庙清田定租，不免得罪侵占寺田的权势者，也遭到佃户的反抗，薄民厚僧，几乎得不到社会支持。万历三十六年（1608年）权贵煽动诸生攻击葛寅亮，无人为其辩护，他不得不托病辞官，所推行改革亦告失败。

在南京任职期间，葛寅亮还重建了南宋马光祖所建先贤祠，并增祀苏轼，共为四十二人。

同在万历年间，南京成功的佛教振兴，是古心律师在古林寺重振律宗。律宗在元、明之际极度衰微，法系几乎断绝。古心律师是南京溧水县人，二十岁在栖霞寺剃度出家，精研佛法，后步行三年往山西五台山朝圣。嘉靖四十五年（1566年）起，明世宗、穆宗连续三年在五台山举办龙华大会，都由古心律师主持。古心律师后回南方弘法，万历十二年（1584年）驻南京古林庵，各地信徒慕名前来，不得不陆续扩建，化庵为寺三年后规模一新，号称"中兴戒律第一祖庭"，神宗赐号慧云律师，上承隋、唐以来佛教南山律宗，又开启了明、清以至近代的中国律学研究，在佛教史上占有重要地位。今存古林公园只是古林寺局部园苑。

明代南京史学方面的成就，尤以方志等地方文献的写作为突出。

明初官修《元史》和《明太祖实录》，参与者皆一时俊彦。此后又有《大明日历》《皇明宝训》《洪武圣政记》的编写。名志则有《洪武京城图志》。

明武宗南巡驻跸南京，调看《应天府志》，回北京后又"令使臣四出，取天下郡县之志"，客观上促进了明代中后期的地方史志编修。《正德江宁县志》《正德上元县志》应运而生。编修方志虽由官府主持，实际纂修者仍是当地文人学士，也就强化了士人的地域认同与自豪感，激发了他们对地方文化的关注和书写。尤其是南京，从金陵王气、六朝烟水到明初雄都，在在令人引以为傲。生活在这一片土地上的士人，无论土著还是寄寓，都不乏书写南京的热情。

嘉靖、隆庆以降，南京产生方志为数众多，如陈沂撰《金陵古今图考》，纂修《南畿志》等。黄佐纂修《南雍志》、高栋纂修《南京刑部志》、谢彬纂修《南京户部志》、林希元纂修《南京大理寺志》、汪宗元纂修《南京太常寺志》、雷礼纂修《南京太仆寺志》、徐大任纂修《南京光禄寺志》、邵点纂修《南京詹事府志》、徐必达纂修《南京都察院志》、潘焕宿纂修《南京尚宝司志》等。又汪宗伊主持纂修《万历应天府志》，以及上元、江宁、溧水、高淳、六合等各县历次修志，不胜枚举。

同时出现大量私家撰写的地方文献。《客座赘语》卷七记"先贤著述"，列举了百余位作者的约三百种著述，成为南京文脉绵延的一种形式。如周晖《金陵琐事》卷二"二京赋"条记载：

御史余公光，号古峰，有《二京赋》，嘉靖十五年已经进呈，圣旨送入史馆，赏新钞一千贯。大城山樵盛时泰尝曰："孟坚当卯金末造，犹以《两都》擅名，太冲遭列国鼎分，尚藉《三都》振响。今圣明混一，天地再辟，列圣相承，重光累洽，文物之盛，亘古无前，奈何使竖儒专美千载也。"因为《二京赋》，期上之，惟藏笥中，竟归覆瓿矣。又长史黄琮，字元质，有《金陵赋》。

黄琮原籍抚州，随其父入籍上元，因作《金陵赋》等得文名，弘治十八年（1505年）中进士，《千顷堂书目》有记载。余光嘉靖十一年（1532年）中进士，任浙江道御史，有《古峰集》传世。盛时泰的祖、父辈都是富商，他虽然科举不利，直到万历二年（1574年）才得以贡生入国子监，但颇得时人赞誉。《客座赘语》卷七"盛仲交"条载："盛贡士时泰，在庆、历间以才名噪一时。……弇州赠诗，有'盛子来金陵，醉眼天模糊。能令陆平原，不敢赋《三都》'之句。"王世贞将他喻为写《三都赋》的左思。文徵明为其小轩题额"苍润"，因他画学倪瓒，善画水墨竹石。所以盛时泰自视甚高，看不上余光的文章，只以班固、左思为前美。《二续金陵琐事》卷下"改两京赋"条中说："盛仲交每日早起，坐苍润轩，或改《两京赋》，或完诗文之债。"然而他苦心经营的《二京赋》，竟没有机会进呈给皇帝。不过其文并未湮没，在于成龙本《康熙江宁府志·艺文志》中，可以看到余光和盛时泰两篇《南京赋》，都是洋洋洒洒数千字，咏明太祖开创之功，南京城繁华之盛。因为是打算进呈御览的文章，所以颂圣的气味很浓，即文字而言亦难论高下。

盛时泰的成就在地方文化。他隐居城东大城山中，著有《牛首山小志》《栖霞小志》《大城山志》《金陵纪胜》《金陵泉品》等，对于金陵景观，也有独特的选择。周晖《金陵琐事》卷一"十景"条说：

> 盛仲交自大城山中寄杂忆十诗，命余步韵，且约往游。题云：祈泽寺龙泉、天宁寺流水、玉皇观松林、龙泉庵石壁、云居寺古松、朝真观桧径、宫氏泉大竹、虎洞庵奇石、天印山龙池、东山寺蔷薇。此十景，皆世人所忽，仲交所独取者。

大约此时"金陵十景"之类的说法已经不少，而所取各各不同，盛时泰这十景全属山、水、木、石，可谓别具只眼。只是两人的诗都未见流传。

《雅游编》与多景图

钱谦益《列朝诗集小传·丁集》载"金陵社集诸诗人"，对弘治、正德到万历年间的南京文坛盛事，做了一个简要的梳理：

> 海宇承平，陪京佳丽，仕宦者夸为仙都，游谭者指为乐土。弘、正之间，顾华玉、王钦佩以文章立埠，陈大声、徐子仁以词曲擅场，江山妍淑，士女清华，才俊歆集，风流弘长。嘉靖中年，朱子价、何元朗为寓公，金在衡、盛仲交为地主，皇甫子循、黄淳父之流为旅人，相与授简分题，征歌选胜。秦淮一曲，烟水竞其风华；桃叶诸姬，梅柳滋其妍翠。此金陵之初盛也。万历初年，陈宁乡芹解组石城，卜居笛步，置驿邀宾，复修青溪之社。于是在衡、仲交以旧老而莅盟，幼于、百榖以胜流而至止，厥后轩车纷遝，唱和频烦，虽词章未娴大雅，而盘游无已太康。此金陵之再胜也。其后二十余年，闽人曹学佺能始回翔棘寺，游宴冶城，宾朋过从，名胜延眺。缙绅则臧晋叔、陈德远为眉目，布衣则吴非熊、吴允兆、柳陈父、盛太古为领袖。台城怀古，爰为凭吊之篇；新亭送客，亦有伤离之作。笔墨横飞，篇帙腾涌，此金陵之极盛也。

弘治、正德年间，顾璘（华玉）、王韦（钦佩）与陈沂并称"金陵三俊"，陈铎（大声）、徐霖（子仁）为"曲坛祭酒"，嘉靖中期，朱曰藩（子价)、何良俊(元朗)、金銮(在衡)、盛时泰(仲交)、皇甫汸(子循)、黄姬水(淳父)等名士或定居、或流寓,成就秦淮风云际会。万历初年,陈芹以病辞官回乡,与盛时泰、金銮结青溪社,张献翼(幼于)、王穉登(百榖)等相与唱和,是秦淮韵事的第二个高潮。万历三十年(1602年)前后,曹学佺在南京大理寺、户部任闲职七年,《续本事诗》介绍他"家有石仓园,水木清华,宾朋歙集,声伎杂进,仿佛弇州、东桥",可比王世贞、顾璘。他与南京国子监博士臧懋循(晋叔)、南京大理寺评事陈邦瞻(德远)等,邀约一时名流吴兆(非熊)、吴梦旸(允兆)、柳应芳(陈父)、盛鸣世(太古)作金陵雅集,诗酒风流,臻于极盛。此后就是钱谦益以东林党魁身份参与其中的复社南都活动,已是明末文坛的回光返照。明代南京文脉绵延,仍然是由本地文士与外来名流共同襄举,且外来者的地位尤显重要。

正德、嘉靖年间,南京士人开始崛起。此时活跃于文坛的南京本土人士,能称得上文化世家的尚不多。嘉靖十四年(1535年)上元人许榖中会元,其父许隆能诗。万历年间,南京的人文之盛,达到了开国以来的极致。万历二年(1574年)余光之子余孟麟中榜眼,十七年(1589年)焦竑中状元,是有明二百余年来南京人首中状元。仅隔一科,二十三年(1595年)朱之蕃又中状元。二十六年(1598年)顾起元中探花。余光、余孟麟父子相承,或可谓明代南京较早的书香世家,惜其家世记载殊少。与其相近的是朱应登(升之)、朱曰藩(子价)父子进士。钱谦益《列朝诗集小传·丁集》说明代前七子兴盛之际,"南方文士与相应和者,昌榖、华玉、升之三人,而升之尤为献吉所推许。子价承袭家学,深知拆洗活剥之病,于时流波靡之外,另出手眼",所以他以朱曰藩的诗"冠于金陵诸贤之首"。又说嘉靖三十七、三十八年(1558、1559年)间:

子价在南主客,何元朗在翰林,金在衡、陈九皋、黄淳甫、张幼于皆侨寓金陵,留都人士金子坤、盛仲交之徒,相与选胜征歌,命觞染翰,词藻流传,蔚然胜事。

焦竑一生博览群书,著作等身,在理学、史学、金石文字学、考据学、音韵学、文献目录学、哲学、佛学等诸多领域建树丰硕,有《焦氏笔乘》《焦氏类林》《国朝献徵录》《国史经籍志》等著作。《五杂俎》卷十三有记:"近时则焦弱侯、李本宁二太史,皆留心坟索,毕世讨论,非徒为书簏者。"其故居至20世纪末保存尚好,所在地被称为焦状元巷,可惜在旧城改造中被平毁。朱之蕃在万历三十三年（1605年）奉诏出使朝鲜，堪称中国最早的状元外交官。他为官清廉，多才艺，擅书画，受到朝鲜官民的敬慕，争相以人参、貂皮等特产换取他的书画。朱之蕃则以所得特产搜求流散在朝鲜的中国古代文物，成为中外文化交流史上的一段佳话。朱之蕃著有《使朝鲜稿》《纪胜诗》《落花诗》《南还杂著》等，其朱状元巷故居近年得以修缮，定为文保单位。顾起元历任南京国子监司业、祭酒、翰林侍读学士，著有《说略》《客座赘语》《遁园漫稿》《雪堂随笔》等。《客座赘语》十卷，记述南京方言、典章、人物、地产、风习等，多涉嘉靖、万历年间社会经济、世情民俗变化，尤为后世所重。

　　大约在万历三十年（1602年），官至南京国子监祭酒的余孟麟告老退休，"因有余闲，遇风日晴好，每寻山水佳处，以寓眺赏。有会于心，辄援笔纪之"，拉开了新一轮文人雅游的序幕。由于地方文献书写的热情，当时文士游览自然与人文景观，不满足于"游目骋怀，足以极视听之娱"，也不同于唐人的怀古之风，更重在以诗文保存南京历史文化遗迹，因而形成了以成系列景观邀集友人共作吟咏的新气象。余孟麟选择钟山、牛首山、梅花水、燕子矶、灵谷寺、凤凰台、桃叶渡、雨花台、方山、落星冈、献花岩、莫愁湖、清凉山、虎洞、长干里、东山、冶城、栖霞寺、青溪、达摩洞等二十个景点，以地名为景名，各赋五言律诗一首，诗前并有短序，介绍相关自然、人文掌故。诗成邀约友人唱和，焦竑依韵作五律二十首，顾起元作七律二十首，朱之蕃亦作七律二十首。余孟麟将四人之诗汇刻成书，"以志一时之雅游"，即名之为《雅游编》。

　　时任南京礼部右侍郎的叶向高作《雅游编序》，文中说"金陵名胜，自六朝以来甲于天下"，至明代愈盛：

　　入国朝而神圣宅中，缀旒九有。其后銮舆北指，钟簴不移，衣冠文物，声光翕赫，丰水镐京，方之犹逊，此开辟以来之一时也。山川清淑，畅为人文，毋论远者，自今上御极以来，擢巍科、登鼎甲，以文章德业照耀词林者，如余、焦、朱、顾四君子，并时而起，称极盛已。

　　京师虽然北迁，钟山并没有搬走，形势犹胜于周代的丰京和镐京。山川之秀，钟毓人物，余孟麟、焦竑、朱之蕃、顾起元四人高登科第，且皆心存淡泊，多已闲居，"佳辰美景，选胜招欢，岩壑毕搜，篇章迭奏，琳琅金石之韵，被于山川，足令三谢让徽、二陆避响"，优游山水，华章迭出，南朝诗人谢灵运、谢惠连、谢朓，西晋文士陆机、陆云都要退避三舍。

　　景观名胜是城市记忆的重要构成部分，也是城市文化认同的要素。而景观名胜的形成，往往决定于文人雅士的歌咏。对景观名胜的游赏与品评，也成为文人雅集的重要内容，其间固然会有个性差异，但基于传统人文素养的审美权衡，终究会得到大体相同的结果，并成为引领城市居民和游客的文化地标。以陈沂、盛时泰、余孟麟、焦竑、周晖、顾起元、朱之蕃等为代表的文士，正是以多种形式的游赏、品评，为南京名胜景观的确立，奠定了基础。

　　外乡文人游览金陵，于景观常另有取舍品评。如谢肇淛《五杂俎》卷三中说："金陵诸胜，如凤凰台、杏花村、雨花台，皆一抔黄土耳。惟摄山、石灰、牛首诸寺，宏丽无恙。城中之寺，莫饬于瓦棺。城外之寺，莫雄于天界。至于长干一望，丛林相续，金碧照目，梵呗聒耳。即西湖之繁华、长安之壮丽，未有以敌此者也"，"灵谷寺乃太祖改葬宝志之所，规制甚丽，中殿无梁，云犹是六朝所建也。有琵琶谷，拍手辄鸣，作琵琶声"。其最欣赏的景观颇为独特，因他曾任南京刑部主事，其地在太平门外：

　　左钟山而右玄武湖，出门太平堤逶迤二里许，春花夏鸟，秋月冬雪，四时景光，皆足娱人。缓辔徐行，晨入酉出，啸歌自足，忘其署之冷也。……故今宦者谓留都为仙吏，而留都诸曹中，司寇之属，尤为神仙。

　　留都官员闲散优游，而刑部尚书有若神仙。

　　另一位晚明流寓南京的名士吴应箕，所著《留都见闻录·山川》中说南京"山川清丽，可恣游玩者甚多"，他这一本书可以作为初来者的旅游指南，即未到南京也可作纸上游。他所记的景点是钟山、清凉山、雨花台、赤石矶、莫愁湖、乌龙潭、后湖、谢公墩、青溪、覆舟山、摄山、燕子矶、牛首山。其游钟山，"尝自太平门至摄山，又自朝阳门至龙潭，皆循山东、西行数十里，观其起伏曲折蜿蜒尽势，称之为龙，岂为虚语"像这样考察"钟山龙盘"的，似也没有第二人。其述青溪近时变化：

　　惟南岸循溪直入，有水一曲，今为官塘。十年以前，一片荒地而已，今随塘直曲皆列篱垣，而有数屋瞰水者，柳重藤蔓，大半皆清客、画师宅也。余尝赁居其间，最为清旷。

　　青溪河房营建，始于文士画师。

　　诗文之外，为人喜闻乐见的形式，是金陵多景图。现在能够看到的图画，似以嘉靖、隆庆间黄克晦作《金陵八景图》为最早，绢本设色册页，八开（今存六开，佚钟阜朝云、龙江夜雨两景），现藏江苏省美术馆。其所绘有图无文，但所选八景，源出洪武年间任应天府推官、后定居南京的诗人史谨《金陵八景》组诗，诗题分别为：钟阜朝云、石城霁雪、龙江夜雨、凤台秋月、天印樵歌、秦淮渔笛、乌衣夕照、白鹭春波，所以后世即以此为画题。寓居南京的苏州画家文伯仁隆庆六年（1572年）端午绘《金陵古今名胜》（今称《金陵十八景图》），纸本设色册页，十八开，现藏上海博物馆。所绘十八景各以地名为题，即：三山、草堂、雨花台、牛首山、长干、白鹭洲、青溪、燕子矶、莫愁湖、摄山、凤凰台、新亭、石头城、太平堤、桃叶渡、白门、方山、新林。这些多是人们所熟悉的自然山川与人文景观，较冷僻的"草堂"，指南朝齐孔稚珪《北山移文》中讥讽的隐士周颙所居草堂，在钟山中。"太平堤"即太平门外玄武湖堤，谢肇淛以为独得佳境之处。"新林"即江畔新林浦，近西善桥。册尾有明遗民郑郊康熙七年（1668年）灯节跋，说文伯仁品格本在文徵明之下，"姿禀学识皆有所限，此图独能出脱，动见雅致，生韵盎然可掬也"。乾隆年间清高宗得到此图册，爱不释手，乾隆三十年（1765年）为每图各题七绝一首，与画面成一对页。四十五年（1780年）在各画天头再题七绝一首，四十九年（1784年）又在诗页天头各题七绝一首，三次共题诗五十四首，并题引首"烟云陈迹"。文伯仁是文徵明从侄，见于著录的尚有文徵明绘《金陵十景图》，惜早已散佚。万历二十八年（1600年）春江宁画家郭存仁（一作郭仁）作《金陵八景图咏》，纸本设色长卷，现藏南京博物院。所绘即史谨所咏八景，每幅均题自作七律一首，书体各异。卷首有近代江宁藏书家邓邦述1931年篆书题名《明郭水邨金陵八景图咏》并作题记。

一时风气，南京主城外围的几个区，江宁区有"江宁八景"，溧水区有"中山八景"，高淳区有"高淳八景"，浦口区有"汤泉八景"，六合区有"六峰八景"，又有"六合十二景"，且多配有图画。

左图右史，图文并茂，是中国书籍的一个悠久传统，也成为保存南都胜景的最好形式。明代文人所作金陵图咏，规模最大的，当数朱之蕃《金陵四十景图像诗咏》。

朱之蕃晚年因母丧回乡，即称病不愿再出仕，闲居重读《雅游编》，回忆二十年前胜事，意犹未尽。他在《金陵图咏序》中写道：

宇内郡邑，有志必标景物以彰形象、存名迹。金陵自秦、汉、六朝，夙称佳丽，至圣祖开基定鼎，始符千古王气，而龙蟠虎踞之区，遂朝万邦，制六合，镐、洛、殽、函，不足言雄，孟门、湘、汉，未能争钜矣。

周、秦、汉、唐的古都，黄河及湘水、汉水，都不在话下。作为生于斯长于斯的南京人，其意旨明确，就是以人文、自然景观为依托，重构南京的"千古王气"。朱之蕃老病不能畅游，遂请画家陆寿柏四处寻访，绘出图画，自己各撰引言以述胜概，并赋七律一首，编成《金陵四十景图像诗咏》。后又得同年好友、南京太常寺卿杜士全和诗四十首，朱之蕃皆"手书以付梓人"，又重抄《雅游编》和《金陵古今图考》图说部分，并原图重行刊印，天启四年（1624年）春竣工。

文伯仁《金陵十八景图》先后次序或在乾隆年间被错乱。余孟麟《雅游编》所选二十景排列，也看不出什么规律。朱之蕃编刊"金陵四十景"，全部统一为富于诗意的四字景名，且都以两景为一组，对仗工稳，如钟阜晴云对石城霁雪、天印樵歌对秦淮渔唱、桃渡临流对杏村问酒、灵谷深松对清凉环翠，显示作者的文字功力。景点排列则以人文内涵决定前后，并不考虑空间位置关系。其诗前引言的可贵之处，在于或多或少涉及景观变迁，及其亲见的现实面貌，陆寿柏的画也与此前一些画家的艺术创作不同，倾向于写实。这就为后世读者了解明代南京风貌、社会生活提供了诸多可贵信息。

流风余韵

尽管此前已经有过金陵八景、金陵十八景，像朱之蕃这样汇成洋洋大观的四十景，且如周亮工所言"景各为图，图各为记，记各为诗"，仍然不失为一种创举。这"四十景"也就成为后世作金陵景物图咏的蓝本，城市景观共识的基础。

清初画坛金陵八家之一高岑，康熙七年（1668年）应江宁知府陈开虞所约，绘《金陵四十景图》，刊入《江宁府志》。这四十景完全承袭《金陵图咏》，只减了弘济江流，另加赤石矶，而尽改四字景名为平实的地名，如钟阜山、石城桥、牛首山、白鹭洲、凤凰台、莫愁湖，意在去除感情色彩，且将朱之蕃苦心编排的次序完全打乱，显然是为了淡化南京的旧都印记。不过，地方志毕竟是严肃的官方文献，"四十景"遂从文人游赏的自娱自乐，成为一种官方的宣示。

世居南京、时任江南江安等处督粮道布政使司的周亮工，与高岑之兄高阜是文友，正是他向陈开虞推荐高岑作画。他为《江宁府志》作序，也为《金陵四十景图》作跋，赞赏高岑"振笔泼墨，高出前代"，"金陵山水不大为吐气乎"。陆寿柏所绘图为单幅，高岑图为双幅，画面既宽，宜于铺排，笔墨确也高于陆作，但所取画面如出一辙，可见是据前图仿作。周亮工后作《金陵览古序》中也说："往修郡乘，时予属高子蔚生取前诸景，仿而拓之，弁诸卷首。每一披阅，山川胜概，不出几案，具列目前，一时观者咸称为快。"高岑在画上的题记，也多据朱之蕃原文改写，有几处说到了现实的变化，如牛首山图的右上角，特别标出含虚阁，题记有言："山有含虚阁，独据奇胜，郡守陈开虞扩而新之，勒碑阁上。"后湖图题记中说："湖中有洲，明时以贮黄册，今废矣。而长堤烟景，今观者不能舍去。"桃叶渡图题记中说："今则甃以石桥，无复渡江之楫矣。图此以存旧观。"所以图中仍作渡口，未画石桥。

同时问世的余宾硕《金陵览古》，可算景物吟咏中的一个异数。余宾硕是《板桥杂记》著者余怀的儿子。余怀借"美人尘土"寄托"盛衰感慨"，余宾硕则借"探奇揽胜"以存旧都陈迹。他在序言中回顾"金陵自六朝建都，佳丽之称，由来尚矣"，然而，他继续写道：

盛衰代有，人事何常，俯仰今昔，慨岂独余。夫陈迹汩没，近在百年，陵谷变迁，邈尔千载。今见江徙而北，沙衍而南，险易交乘，名实失据。游览之士，何从而一一指名之。余惧夫佳丽之不可复考也，岁次丙午，月穷于纪，我心不乐，驾言出游，周流山水之间，感慨兴亡之事，探奇揽胜，索隐穷幽，地各为诗，诗各为记，次第汇成，凡六十首。后有考古者按籍而稽，灿如指掌。

丙午当康熙五年（1666年），"月穷于纪"即腊月，典出《吕氏春秋·季冬纪》："是月也，日穷于次，月穷于纪，星回于天，数将几终，岁将更始。"南京腊月，寒烟衰草的肃杀之气，正宜于"感慨兴亡"。"驾言出游"，语出《诗经·卫风·竹竿》："驾言出游，以写我忧。"他举"江徙而北，沙衍而南"的自然变迁为例，似担忧"江南佳丽地"不可复考，实则"索隐穷幽"的真实目的，在"金陵帝王都"不致"陈迹汩没"。文中所说六朝，实际上是前朝的一种指代。此时距明亡二十二年，前明遗民已面临代际更迭，留下文字记载以便"后有考古者按籍而稽"，迫在眉睫。所以他对景点的选择与排列，颇费机心，始于"旧内"，朱元璋登基前所住的吴王府,终于"大本堂",明故宫中教授太子、诸王、公侯子弟之处,培养接班人是国家社稷之"大本"。余宾硕史无前例地为人们提供了一种专题游览线路,一是环城四周的景观线,由旧内出通济门,将大祀坛、灵谷寺、钟山、半山园、昭明读书台、玄武湖、幕府山、燕子矶、栖霞寺、龙潭、龙江关、石头城、莫愁湖、孙楚酒楼、白鹭洲、三山、板桥浦、新亭、牛首山、桃花涧、献花岩、姑塘、雨花台、梅冈、木末亭、大报恩寺阿育王塔、越王城、赤石矶、东山、方山、汤山温泉等都囊括在内,路线拉得过长,案头阅读颇有裨益,并不适合作为实际行走路线。一是城中景观线,由桃叶渡东出青溪、西转秦淮,至乌衣巷、长桥、周处台,西行至杏花村、瓦官寺、凤凰台,北至冶城、下将军冢、西州桥,北行至丛霄道院、虎踞关、一拂祠、清凉台,西北过马鞍山、拜梅庵登狮子山卢龙观,转东至鸡笼山观象台、鸡鸣寺、台城、华林园、景阳楼、芳乐苑、临春阁、胭脂井,东至明故宫大本堂。城内景线是可行的,不过上述景点中,即在明代也有近半并无实迹可寻觅。此前余怀在顺治初年作《咏怀古迹》二十九首,所选景观多为当时已泯灭者,余宾硕明显受到父亲影响。《金陵览古》的可贵之处,在于景观介绍引经据典,相当详细,长的达数千字,远非其他同类书籍可比,宜于作为阅读图咏类书籍的参考。书前周亮工《序》中,回溯金陵雅游的历史,然后说到余宾硕"闭户城南之竹圃,作《金陵览古》诗凡六十首,补前修之所未备,得予心之所同。然新情振起,逸态横生,展诵未终,感慨系之","令嗜古之士俯仰欷歔,增其悲怆耳"。

江宁画家胡玉昆在顺治十七年(1660年)、康熙二十五年(1686年)绘过两套《金陵胜景图》册页,后者现藏天津博物馆,所绘为灵谷、燕矶、摄山、杏村、凤台、莫愁、牛首、祖堂、凭虚、秦淮、石城等十一景,每图对开配王楫介绍胜景的小序和柳堉题诗一首。

又据刘荣喜《江栖阁集辑佚》介绍,南京博物院藏《金陵寻胜图》画卷有程邃、柳堉等跋文,述康熙二十五六年(1686年、1687年)间,安徽文人叶贲实陆续邀请寓居江宁的画家吴宏、龚贤、樊圻、陈卓、戴本孝、柳堉等作《金陵寻胜图》长卷,依次为吴宏"燕矶晓望""莫愁旷览",龚贤"摄山栖霞"、"清凉环翠"(现藏北京故宫博物院),樊圻"杏村问酒"、"青溪游舫"(现藏南京博物院),陈卓"天坛勒骑"、"冶麓幽栖"(现藏北京故宫博物院),戴本孝"龙江夜雨",柳堉"天印樵歌"(现藏上海博物馆）。此卷有仿效《金陵四十景图像诗咏》之意，故其中六图之上王楫诗都附于抄录朱之蕃同景诗之后。

《儒林外史》作者吴敬梓，在乾隆十八年（1753年），也就是去世前一年，曾写过二十三首《金陵景物图诗》，从诗前小记中可知，其诗是因王山人之图而作，这一组图绘于康熙五年（1666年），如今图和画家都已无从查考。吴敬梓诗1956年发现于长沙，其咏金陵景物至二十三处，而缺石头城，想来已非全璧。诗前小记介绍景观位置、来历变化，诗则多吟咏眼前景物，且颇有颂圣的词句。"遗民"是不能遗传的，明代的遗民，到余宾硕那一代就算终结了。此后的知识分子，没有亲历改朝换代的痛苦，也就完全不必去为前朝古人一唱三叹。

同样出现于乾隆年间的《金陵四十八景图》，恢复采用四字景名，明显是基于《金陵图咏》稍作调整，但远不及前者整齐。新增的八景中，赤石片矶已见于《康熙江宁府志》，纪念方孝孺的木末风高，已见于顾起元和余宾硕之书。珍珠浪涌、甘露佳亭、化龙丽地、楼怀孙楚、台想昭明、商飚别馆六景，都是旧有记载而实景无存。《金陵四十八景图》同样重排了景观的次序，以莫愁烟雨、祈泽池深、雨花说法、天界招提冠首，时当文字狱盛行之际，编绘者不能不懂政治。

《金陵四十景》给南京城市景观留下了难以磨灭的烙印。嘉庆二十年（1815年），马士图编撰《莫愁湖志》，第一卷名为《莫愁湖诗借》，所"借"即《金陵图咏》和《雅游编》中之诗。"金陵四十景"之一的莫愁旷览，马士图解读为"一景之内又能收八景，洵称旷览矣"，其"湖上所见远近八景"，也都在《金陵图咏》之中，即钟阜晴云、石城霁雪、清凉环翠、冶麓幽栖、秦淮渔唱、报恩灯塔、雨花闲眺、牛首烟峦，所以他将朱之蕃和杜士全两人唱和的十六首诗"借"来。为壮声势，马士图又将《雅游编》中余孟麟、焦竑、朱之蕃、顾起元咏钟山、清凉山、冶城、桃叶渡、青溪、长干里、雨花台、牛首山的三十二首诗一并"借"来，以证明莫愁湖为"金陵第一胜境"。

看花诗与名园记

余怀在康熙七年（1668年）作《味外轩集·戊申看花诗》一百首，写到当时南京大量的园林名胜和花木繁盛之地，以及文人雅士的游赏活动。《看花诗自序》道：

予以戊申二月，从吴郡返金陵，日偕二三老友，乘兴寻花。城南城北，江山佳丽，凡有花之地无不到，种花之人无不访，养花之天无不出，以及僧房野店，废圃荒村。

从诗文及前、后小注中，可知其所去山野有南冈（即赤石矶）、虎踞关、青溪栅、杏花村、凤凰台、谢公墩、乌龙潭、驯象门、白下门、台城、观象台、莫愁湖、清凉山、雨花台、石城，多见于金陵四十景中，也说明这些景点的自然生态可圈可点。青溪栅在今四象桥附近，驯象门是南京外郭西南角城门，与赛虹桥相对，白下门在大中桥西。寺观有永兴寺、吉祥寺、丛霄道院、金陵寺等。园墅有张园（张宗特园）、万竹园、胡致果书斋、汪翁家、马园（马家楼阁）、松风阁、陈原舒山居、木隐园、周豫石池亭、石家、赵家、公言庭、朱本固园、石谿精舍。石谿是清初名画家"四僧"之一，晚年定居南京祖堂山幽栖寺。万竹园原属魏国公徐家，万历年间已易主，此外多是其友好文士以至平民家的小园。

这大约也是时移世变的后果之一。明代后期，见于记载的园苑，如王世贞万历十六年（1588年）任南京兵部右侍郎，作《游金陵诸园记》，所记十六园中有十一园为徐达后裔所有。三十年后，顾起元《客座赘语》卷五《金陵诸园记》中，对王氏所记多有辨误，且各园已颇见变化：

所记诸园凡有十六，一曰东园，《记》称近聚宝门。稍远，园在武定桥东城下，西与教坊司邻，今废圮。二曰西园，在城南新桥西、骁骑仓南，《记》称凤台园，误。其隔弄者乃凤台园也。今再易主，属桐城吴中丞。三曰凤台园，《记》止称凤凰台，此中旧有一巨石，为陈廷尉载去。今废为上瓦官寺。四曰魏公南园，本徐八公子所创，后转为魏公，在府第对门。五曰魏公西园，在赐第之右，多石而伟丽，为诸园之冠。六曰锦衣东园，在东大功坊下。七曰万竹园，在城西隅，地大，皆种竹。今为王计部、张太守、许鸿胪分有之。八曰三锦衣北园，在府第东弄之东。九曰金盘李园，在卞忠贞庙西。今废圮。十曰九公子家园，在府第对门。十一曰莫愁湖园，在三山门外莫愁湖南。今圮。以上皆中山王诸邸所有也。十二曰同春园，齐王孙所创，在南门内沙窝小巷。今为它人分据。十三曰武定侯竹园，在竹桥西，汉府之后。十四曰市隐园，在武定桥油坊巷，即姚元白所创者。今南半为元白孙宪副允初拓而大之，北半为故侍御何仲雅改名足园矣。十五曰武氏园，在南门内小巷内。《记》称武宪副之第，非，乃宪副之叔名易者。今数更主。十六曰王贡士杞园，在聚宝门外小市西之弄中，其门北俯城壕，贡士官县令。

他又指出王世贞游园之际，尚有"诸园如顾司寇之息园，武宪副之宅旁园，齐王孙似碧之乌龙潭园，皆可游可纪"。

徐达后裔，长子徐弘祖一支定居南京继承魏国公爵位，除冢子袭爵魏国公外，余兄弟多在锦衣卫指挥使司任职或挂名，故王世贞文中有三锦衣、四锦衣、六锦衣等。现在能看到的，只有"赐第之右"的魏公西园即今瞻园和"东大功坊下"的锦衣东园即今白鹭洲公园。徐家富贵与有明一代相始终，入清后一败涂地。《板桥杂记·轶事》有记魏国公之弟徐青君故事，其在明代家赀巨万，性豪侈，广蓄姬妾，造园林于大功坊侧，树石亭台，胜绝一时。每当夏月，置宴河房，日选名妓四五人邀宾侑酒，木瓜、佛手，堆积如山，茉莉、芝兰，芳香似雪，夜以继日，快活似神仙。弘光年间加官中军都督府都督，成朝中重臣。入清后被籍没田产，其旧居成了兵备道衙门，遂无立锥之地，群姬雨散，穷困如乞丐，直到为人代杖，即替犯罪受杖责的人挨打，换钱糊口。一日与当刑人约定杖数，计偿若干，受杖时其数过倍，忍不住大叫："我是徐青君啊！"兵备道林公询问，有知道内情的人告诉他，这是魏国公公子徐青君，穷苦为人代杖，这大堂原是他家大厅，不觉伤心。林公怜而释之，问他抄没的家产中，有没有非皇帝所赐而是自己营造的，可以退还，以度余生。徐青君说花园是他自建。林公查还其园，徐青君得以卖花石、货柱础以为生。《续本事诗》卷十二载吴锵《送叶学山之秣陵，寄询杨校书妍》七绝三首，题下有注："妍字步仙，旧院歌姬也，能诗善书，工画丛兰竹木。兵火后寓武定桥南大功坊废囿内。"其诗之三：

萧萧两鬓已如霜，俯仰情深解断肠。

碧水红栏今在否，当年花月大功坊。

大功坊园林已成老妓寄身的废囿。

虽说文人园林萌生于六朝时期，但园林是需要人经营的，主人一去，很快就荒芜。江总降隋后南归，不过二三年间，家园已是径毁林残，仅识桐、柳了。南宋末年的青溪园，到元代了无痕迹。明代初年朱元璋严禁奢侈，约束文武官员家"不得多占隙地，妨民居住"，"又不得于宅内穿池养鱼，伤泄地气"，破坏国都的风水。《明史·舆服志·宫室制度》记载："功臣宅舍之后，留空地十丈，左右皆五丈，不许挪移军民居止，更不许于宅前后左右多占地，构亭馆，开池塘，以资游眺。"明令禁止营造园林。《金陵琐事》卷四《痴绝》中有一个故事:"魏国公子徐桐冈者,家有合抱大柳树一株,偶过邻家,见树影成荫,归家遂伐其树,曰:'我家树,乃影落邻家乎!'"当时风俗,以为"大树有神,其影照人宅辄兴旺"。徐桐冈未免小量,但树影会落到别人家院中,可见宅院不会太大。周晖《金陵琐事》卷一《非非子》说的也是徐氏故事,魏国公宅第在大功坊,后与应天府学相接,无从扩充。徐达六世孙徐天赐同应天府尹蒋某、督学赵某谋划,并贿赂生员任芳等,打算以尊经阁后民间之地,调换学宫西边空地。生员周膏得知,作了一篇《非非子》,贴在学宫照壁上,夸张地形容孔子贫厄、门人售地,影射两位高官。赵督学得知,"畏公论不容",只得放弃前议。但白鹭洲东园确是正德年间经徐天赐营建为一时园林之冠。《正德江宁县志》卷六载:

徐太傅园,在县正东新坊北,太傅讳达,开国元勋,赠中山王,谥武宁。永乐间仁孝圣后赐其家,为蔬圃。正德三年东园公子天赐遂拓其西偏为堂,曰心远,又购四方奇石于堂后,垒山凿渠,引水间山曲中,仍建亭阁环杂山上下,通以竹径,甚幽邃,为金陵池馆胜处。

又如齐王孙园,朱元璋七子朱榑封齐王,后被削藩并全家软禁,后裔至嘉靖年间才得自由,园或为朱承綵(国华)所建。《列朝诗集小传·丁集》有其传:

齐藩宗支,散居金陵,高帝子孙,于今为庶。国华独以文采风流,厚自标置,掉鞍诗坛,鼓吹骚雅。万历甲辰中秋,开大社于金陵,胥会海内名士,张幼于辈分赋授简百二十人,秦淮伎女马湘兰以下四十余人,咸相为缉文墨、理弦歌,修容拂拭,以须宴集,若举子之望走锁院焉。

这是万历三十二年(1604年)的事。皇家血统,虽为庶人,亦非同凡响。

息园主人顾璘,弘治十才子之一,与陈沂、王韦并称金陵三俊,后增朱应登称金陵四家,是其时南京文坛领袖。嘉靖二十三年(1544年)顾璘以南京刑部尚书致仕,建息园聚会文友。曾身历其境的何良俊《四友斋丛说》卷十五载:

顾东桥文誉籍甚,又处都会之地,都下后进皆来请业,与四方之慕从而至者,户外之履常满。先生喜设客,每四五日即一张燕,余时时在其坐。先生每燕必用乐,乃教坊乐工也,以筝琶佐觞。……先生每发一谈,则乐声中阕,谈竟,乐复作。议论英发,音吐如钟,每一发端,听者倾座，真可谓一代之伟人。

顾璘有此盛誉，以学问提携后进之外，更在人品正直。同书记许榖（石城）所言其与严嵩父子交恶的原因。严嵩父子请顾璘做客，许榖也在座，堂中悬一画，是吴小仙绘《月明千里故人来》。主客相见作揖，顾璘就大声说："这幅是摹本。真迹在我南京倪清溪家。此画妙甚，若觅得真迹才好。"后上席，戏剧盈庭，教坊乐工约有六七十人。顾璘说："相别数年，今日正要讲话，此辈喧聒，当尽数遣去。"命从人取银五钱赏之。严嵩父子大为沮丧。过了几天，严嵩请北京六部诸公，亦有教坊乐与戏子，诸公听命如晚辈，厚赏乐工每人二三两银。这天也请许榖在座，有意让他看到差别。没过一月，严嵩就唆使南京兵科给事中万枫潭弹劾顾璘，罢了他的官。

严嵩父子势焰如此，顾璘全不放在心上。相反对于学人文士，则相敬如宾。徐釚《续本事诗》卷四引钱谦益语：

东桥晚岁家居，文誉藉甚。构息园，治宰舍数十间，以待四方之客。客至如归，命觞染翰，流连浃岁无倦色。即寸长曲技，必与周旋款曲，意尽而后去。

所以息园能成为明代为时较早的人文活动中心。

明代末年，吴应箕《留都见闻录》有"园亭"一节，说南京"六部各有园，皆为之不足百年"，即建造都在嘉靖二十年（1541年）之后。永乐迁都北京，南京居民陡然减少，而且是若干匠户聚居区的整体迁移，今中华门西凤凰台、杏花村一带，出现了大片闲置土地，所以明代中后期，权贵士夫能够在这一带建起大小数十处私家园林。周晖《续金陵琐事》卷下之"杏村园"载顾起元记杏花村中之园："杏花村方幅一里内，山园据其什九。虽奥旷异规，小大殊趣，皆可游也。"徐家凤台园已属上瓦官寺，万竹园被张孚之、王尔祝二太守分地，张孚之死后"园日扃，无人过而问焉者矣"。王尔祝园也只剩园丁在管理。徐家西园，"汪上舍景纯易以千金，岁久不治，芜陁过半。汪殁，又将易主矣"。齐王孙园被吴孝廉孔璋"以善价得之"。"何参知公露园西北枕凤凰台，亭馆池树，参差多致，旧为哈氏所创，屡易主矣"，与顾起元遁园东、西相望。"卜太学味斋园在花麓冈西，枕上瓦官寺。地既高旷，有楼三楹，面东而峙，遍览城内外，最为登眺胜处。俯视西园，如按几案矣"，"许典客长卿园坐骁骑仓，西北为九天祠"。"李象先茂才园在古瓦官寺南、余遁园之右",旧为宁伯邻书屋。"许长卿新园在张氏佚园之北,亦万竹园地也","许无射园在萧公庙东","汤太守熙台园在杏花村口","陆文学园在许典客园南","方太学子中园在村东城下","张保御园在许无射园北,旧为王太学馆","李氏小园在汤园之东","武文学园在下瓦官东"。顾起元遁园、其二弟羽王园、三弟周南园、四弟太复园也都在杏花村中。顾璘的学生金大舆作《白下春游曲》七首,既咏凤凰台,又咏杏花村:

双飞蛱蝶恋青莎,逐队游鱼泛碧波。

共买杏花村里酒,来听桃叶渡头歌。

吴应箕《留都见闻录》,其"园亭"一节载,王世贞所记公侯十六园:

今或圮、或废、或易主,去弇州时未百年,已无多存者矣。唯西园凤台者,属之桐城吴氏,六朝松固无恙也。主人避客如仇,至令遂无谈及者。魏国园在新桥西者,亦名西园,壮丽如昔。东园邻教坊者,独广亭在耳,其池流可接青溪,使葺治之,尚为胜地。

又说到顾起元所记:

南门武宪副园、聚宝门外贡士园、顾司寇之息园,余尝迹之,而已数更主,园之存废不可问矣。即余所见诸园,十年之间主半非其旧,兴衰之际辄令人念之黯然。

吴应箕在乌龙潭畔建有小园,最喜彼处景致,其时:

余中丞世为宦族,其园有数处,在乌龙潭者为最。盖其山光水色皆几席间物,城中得此为难耳。近时又有陈中丞、金太守皆筑室潭岸,且置画舫以与余争胜。又唐长史、齐王孙等皆有宅枕流面山,虽复数楹,可以延贮清朗,即不为园,而山水之美,此其都居矣。

又说:自清凉门北至金川门,山阜相接,其为深林阔坞几数十里,得一亩之地,垣而围之,即可名园矣。余尝于春月间,由乌龙潭斜穿鼓楼冈,见人家篱落皆有桃花,觉桃源鸡犬即在舆足。

足见其文人心性。

南京山水城林自然交融的环境,为造园者提供了广阔的用武之地,也有利于促进新园林形态的生成。园林景致多以水景取胜,古树、名石、小桥、飞阁,逞奇竞雅。明代的私家园林,无论公侯贵胄之宅,还是文人学士之家,主人都乐意为文人提供雅集场所。文人诗文无疑又提升了园林的知名度,为园林主人以至家族带来社会声望。顾璘作《东园雅集诗序》,许毂作《市隐园十八咏》,朱可涅作《同春园雅集诗》,顾起元有诗咏何公露疏园、张孚之佚园、王尔祝园、吴孔璋园、李象先遂园、卜味斋园、许长卿园、许无射园、汤熙台园、张保御园、方子中园、武文学园、陆文学园等，至于文人雅士咏自家园林的诗，就更多了。一如今人只能从明人图咏中感受金陵四十景，明代园林之盛更是只存在于文字之中了。

第二节
十竹斋

兴盛的南京出版业

明代南京十竹斋，是传统雕版印刷技艺巅峰的代表，也是中国古代出版事业的重要里程碑。

中国雕版印刷技艺产生于晚唐五代，兴盛于宋。随着江南成为国家经济中心，文化地位蒸蒸日上，南京也成为重要的图书出版和集散地。《景定建康志·文籍志一》记载建康府所藏书版六十八种，多名家名著，卷帙浩繁，史部方志类如《建康实录》七百四十版、《六朝事迹》二百三十版、《乾道建康志》二百八十版、《庆元建康志》二百二十版、《景定建康志》一千七百二十八版等，集部文学类如《重编楚辞》五百七十版、《唐花间集》一百七十七版、《杜工部诗》五百二十版、《少陵先生年谱》六十八版、《和晏叔原小山乐府》二百四十六版、《金陵怀古诗》八十五版等。现存古籍标明江宁府、建康府刊印的尚有《史记集解》《后汉书注》《清真词》《渭南文集》等。

元代建康路学、集庆路学也是重要的出版与藏书机构。据《至正金陵新志·学校志》记载，集庆路学"于诸路裒集及捐学计辑刊，设职收掌，所买经、史、子、集、图志诸书，视他郡亦略全备"，所藏书版有"《十七史》书板计纸二万三千张"，又有《金陵志》四百八十、《贞观政要书》二百、《南唐书》一百八十、《集庆志》一百三十五、《宪台通纪》五百一十五等史志书版，《乐府诗集》一千三百八十、《曹文贞公诗集》一百八十五等集部书版，及杂书类《朱子读书法》一百七十、《礼部玉篇》二百七十、《农桑撮要》五十八、《救荒活民书》一百五十等十余种四千余片。

明初建都南京，诏求四方遗书，征集、利用宋、元旧书版，如将杭州西湖书院藏南宋国子监书版、元代集庆路学书版，都调运南京国子监，修补汇印出著名的南监本《二十一史》。北京燕山出版社2021年影印《南监本二十一史·出版前言》中说："南监本正史，皆是旧版翻刻递修而成"，"是宋、元、明初正史文献的集大成者，同时，南监本也为后来的藩府本、书坊本、清代武英殿本、民国百衲本等正史文献提供了纂修或影印的底本依据。其保留了重要的史料来源，也为后来整理正史提供了重要的参考资料"，于中国正史传承具有极其重要的承前启后意义。据嘉靖《南雍志》记载，南京国子监存有书版三千种约十六万片，历年出版书籍二百七十四种，如《十三经注疏》《通鉴》《通典》《通志略》等。

明皇室内府司礼监下属经厂也是出版机构，以匠户轮值，刻印《大明会典》《大明集礼》《大明一统志》《历代名臣奏议》《文献通考》《佛藏》《道藏》等书籍，通称内府本或经厂本。皇家组织编刊的还有《洪武南藏》和《永乐南藏》。此外都察院、钦天监、礼部、兵部、工部等中央机构，分封各地的藩王，以及地方府、县都有刻书。永乐迁都北京，南京并没有丧失其经济、文化中心的地位，大批知识分子聚合于此，仍直接影响江南以至全国的文化风气。南都国子监称南监，所刊典籍称南监本。

明代南京出版业，前期以官刻为主，坊刻、家刻偶然一见。正统二年（1437年）归并坊、厢，经过嘉靖、隆庆年间几度整顿，终于在万历三年（1575年）形成较稳定的代役银制度。手工业工匠包括雕版、印刷业工匠只须定期交纳代役银，不必赴各监局上班，可以自由劳作与经营。这对于南京民间出版事业的发展，具有重要意义，所以坊刻、家刻在嘉靖、隆庆年间开始兴起，至万历年间趋于鼎盛。胡应麟《少室山房笔丛·经籍会通四》说："吴会、金陵，擅名文献，刻本至多，钜帙类书咸荟萃焉。海内商贾所资，二方十七，闽中十三，燕、越弗与也。"万历年间，南京与苏州出版图书占全国十分之七，且质量之高亦居首位，《五杂俎》卷十三载：

宋时刻本，以杭州为上，蜀本次之，福建最下。今杭刻不足称矣，金陵、新安、吴兴三地，剞劂之精者，不下宋板。楚、蜀之刻皆寻常耳。闽建阳有书坊，出书最多，而板纸俱最滥恶，盖徒为射利计，非以传世也。大凡书刻，急于射利者，必不能精，盖不能捐重价故耳。

南京原本读书风气浓厚，求学人数众多。由于民间手工业与商业的兴盛，市民阶层崛起，在科举士人之外，形成了更大的阅读群体，图书需求大大增加。市民读物不同于传统经典，小说、戏曲等原本不登大雅之堂的俗文学作品，更为他们所欢迎，民间生活、民间趣味、民间语言、民间情调等要素形成新的文学艺术形式，也促进了其创作与出版。市场需求刺激，技术力量保障，南京遂成为全国最重要的出版中心，涌现众多出版家，刊行图书品种、数量位居第一。因为行业竞争激烈，南京书坊不惜重价以提高出版质量。图书的普及又便利了社会阅读，成为文教发达的重要标志，形成一种良性循环。

据张秀民《中国印刷史》统计，南京明代书坊多达九十三家，比同为出版中心的建阳多九家，其他地区望尘莫及。缪咏和《明代出版史稿》又补充了十余家。其中唐氏有富春堂、世德堂、文林阁、集贤堂、广庆堂等十六家，周氏有万卷楼、大业堂、大有堂、嘉宾堂等十三家，王氏有勤有堂、车书楼、光启堂等九家。陈大来继志斋、汪廷讷环翠堂、吴发祥萝轩、胡正言十竹斋等更是享誉一时、影响深远的名书坊，所刊不乏为人珍视的善本，且出现了许多著名藏书家

《少室山房笔丛·经籍会通四》载："凡金陵书肆多在三山街及太学前。"南京书坊集中地，一在三山街、状元境、承恩寺一带，见于古籍牌记的达数十家。一在国子监周边，如十竹斋即在国子监西侧北极阁山麓，但也有销售处在承恩寺。中国文化史上的许多重要经典，都是在南京刊刻成书。如万历二十一年（1593年）金陵胡承龙刊李时珍《本草纲目》，是此书最早刊本，2011年入选"世界记忆遗产名录"。王圻、王思义父子编纂的大型类书《三才图会》十四类一百零六卷，天文、地理、人物无所不及，有"图海"之誉，万历三十五年（1607年）由金陵槐荫草堂刊行。同年唐锦池文林阁刊印大型画谱《图会宗彝》三百余图。万历二十五年（1597年）荆山书林刊杂艺丛书《夷门广牍》一百零六种。又胡文焕文会堂辑刊《格致丛书》一百六十九种，多秘册珍函。前文说到利玛窦《山海舆地全图》刊行于南京，刊印者为天主教友周用，他还为南京教堂刻印过《交友论》《畴人十篇》等书籍。崇祯年间金陵武位中刊传教士邓玉函著《远西奇器图说》《新制诸器图说》，更具科学价值。在中西文化交流中，南京出版也占有一席之地。

《桃花扇》第二十九出《逮社》中，"金陵三山街书客蔡益所"自述：

天下书籍之富，无过俺金陵。这金陵书铺之多，无过俺三山街。这三山街书客之大，无过俺蔡益所。你看十三经、廿一史、九流三教、诸子百家、腐烂时文、新奇小说，上下充箱盈架，高低列肆连楼，不但兴南贩北，积古堆今，而且严批妙选，精刻善印。俺蔡益所既射了贸易诗书之利，又收了流传文字之功，凭他进士举人，见俺作揖拱手，好不体面。

可谓三山街书市的形象写照。蔡益所书坊且备有客房，在乡试之年租给考生，《桃花扇》第一出中就说到复社领袖"陈定生、吴次尾寓在蔡益所书坊"。

值得注意的是他所说的"新奇小说"。为适应市民阶层文化生活需要，当时小说、戏曲出版已可与经、史、诸子比肩，成为图书市场的大宗。郑振铎《明清二代的平话集》一文中说到万历年间"供给一般民众需要的'通俗书籍'"：

他们不是"居家必备"一类的家庭实用百科全书，也不是诸书法海（即后来的传家宝）、事文类聚、翰墨大全一类的平民实用的"万事须知""日用百科全书"。他们是超出于应用的目的之外的。他们乃是纯文学的产物，一点也不具有实际上应用的需要的。他们的编纂，完全是为了要适应一般民众的文学上与心灵上的需求与慰安，决不带有任何实际应用的目的。像这样的一个时代，这样的一种产物，在中国历史上社会上是很罕有的。

市民文化生活兴盛的一个重要表征，就是打破了农民娱乐活动的定期性，与节令、节气、市集等都不相联系，也不必限于宗教活动日，随时可以进行，以自己喜闻乐见的方式进行。这一趋势在宋代已经出现，而此时成为风气。

南京书坊刊印小说、戏曲多达数百种，中国四大古典小说名著之一的《西游记》、明代话本小说经典"三言"中的《警世通言》、文言小说集《绣谷春容》等的初版都是在南京问世。《忠义水浒传》《三国志演义》《喻世明言》《醒世恒言》《皇明英烈传》《三宝太监下西洋记》《大宋宣和遗事》《大宋中兴通俗演义》《包孝肃公百家公案演义》《列国志传》等小说有多家南京书坊刊印。戏曲如关汉卿《白蛇记》、汤显祖《紫箫记》《牡丹亭还魂记》、梁辰鱼《浣纱记》、王十朋《荆钗记》等一版再版，南、北《西厢记》更有十来个不同版本，《红拂记》《玉簪记》《浣纱记》《绣襦记》《琵琶记》《义侠记》等名剧也屡见刊印。南京刊印戏曲之多天下无双，仅富春堂所刻戏曲据信达百种，今存尚有约五十种。散曲作品刊印亦不少，如汪廷讷为金陵名家陈铎刊《陈大声全集》等。这与昆曲在南京广为流行，受到社会各阶层欢迎密切相关。

明代南京官员多，书香世家多，文人著作多，不少人自行刻书以保存文章学术，或赠送亲友。这种无意销售盈利的家刻本，大体可分两类，凡学者、文士尤其藏书家所刊刻，往往校对精审，雕印认真。而当时官场流行以"一书一帕"为馈赠礼品，雅称"书帕本"，则颇受学人非议。"起一个号，坐一乘轿，刻一部稿，讨一个小"成为对趋时文人的讽刺。

前述胡承龙刊《本草纲目》即属家刻本。朱之蕃《金陵四十景图像诗咏》《雅游编》和《金陵古今图考》也是值得重视的家刻本。朱之蕃还刻过几种诗文集，如《新锲名家纂定注解两汉评林》《三家咏物诗》《玉山名胜集》等。嘉靖年间，进士余光刊有《王氏家藏集》《内台集》等，进士胡汝嘉刻有《绿雨楼诗集》，贡生盛时泰刊有自撰《秣陵盛氏族谱》《游燕杂记》。万历年间，状元焦竑刊有自著《澹园集》《澹园续集》及李贽《藏书》《续藏书》、盛时泰《栖霞小志》，又《两苏经解》《坡仙集》等；探花顾起元刊有自著《客座赘语》《归鸿馆杂著》等，其弟顾起凤刊有顾起元著《说略》；举人沈朝阳刊有其父沈越《皇明嘉、隆两朝闻见纪》。晚明藏书家黄虞稷刻过《商子》等。

黄虞稷是重要的目录学家，承续其父黄居中千顷斋藏书，于明、清更替之际大力收购流散图籍，多达八万余卷，以明人著述最为齐备，后易斋名千顷堂，编成《千顷堂书目》三十二卷。以钱谦益藏书之富，编《列朝诗集》时还曾向黄氏借书。康熙十八年（1679年）清廷开明史馆，黄虞稷入馆分修《艺文志》，即以《千顷堂书目》为基础完成《明史·艺文志稿》，后王鸿绪《明史稿·艺文志》、张廷玉《明史·艺文志》都是据此纂成。私家藏书目成为一朝《艺文志》底本，可谓空前绝后。

黄虞稷在中国藏书史上的另一佳话，是顺治年间与南京藏书前辈丁雄飞共立古欢社。丁雄飞撰《古欢社约》，约定每月十三日丁雄飞到马路街千顷堂观书，二十六日黄虞稷到乌龙潭畔心太平庵观书，"尽一日之阴，探千古之秘"，"互相质证，当有发明，此天下最快心事"，并严格规定"不入他友，恐涉应酬，兼妨检阅"，"到时果核六具，茶不计"，"午后饭一荤一蔬，不及酒。逾额者，夺异书示罚"等，可见纯为学术交流。

钱谦益在《千顷斋藏书目序》中说："古人之书，以藏为命，以传为种，以用为麻缕菽粟。"道出个中真谛。《古欢社约》是第一个私人藏书互借条约，被后世藏书家视为典范。

为争夺市民阅读这个大市场，各书坊大量编撰出版小说、戏曲等通俗读物，或托古，或倡新，力求"人无我有"，同时纷纷为小说、戏曲及商书、医书、农书等配绘插图，以图文并茂之书引领市民读者的欣赏习惯。《五杂俎》卷七载：

宦官、妇女，每见人画，辄问什么故事，谈者往往笑之。不知自唐以前，名画未有无故事者。盖有故事，便须立意结构，事事考订，人物衣冠制度，宫室规模大略，城郭山川形势向背，皆不得草草下笔。非若今人任意师心，卤莽灭裂，动辄托之写意而止也。

又说："今人画以意趣为宗，不甚画故事及人物。至花鸟翎毛，则辄卑视之。至于神佛像及地狱变相等图，则百无一矣。"画家追求个人意趣，不屑于画具体事物，逐渐远离大众。大众读者的需求，在版画插图中得到了满足。郑振铎《中国版画史序》中说到"杨之炯《蓝桥玉杵记凡例》云：每出插图'以便照扮冠服'。盖戏曲脚本之插图，原具应用之意也"。戏曲插图最初有指导戏装的实际功能。

在各书坊都有插图之际，为显示"人有我好"，提升插图质量便成为新的追求。《中国版画史序》中说：

明刊剧本，几于无曲不图，其风尚殆始于刘、唐诸家也。而于版画之日趋工丽，亦有甚大之推进力。富春堂尚刊有《全相评林古今列女传》《出像增补搜神记》《三宝太监下西洋记》等，皆版画史上之巨制也。其后有文林阁、唐振吾诸肆，殆皆其宗族。周曰校之《三国志演义》、某氏之《皇明英烈传》，亦皆刊于金陵，其图型均同唐氏诸书。大抵线条较粗，动作甚复杂，人物则皆大型，表情皆甚显露，尚具民间艺术草创豪迈、大胆不羁之作风。而金陵板之通俗书渐有夺建安板之势矣。版画之成为纯艺术之作品，斯当为其先河。

如此争奇斗艳，促使版画技艺日新月异，流派纷呈，华彩璀璨，被郑振铎誉为"光芒万丈"的时代。金陵派版画在这一发展进程中有"为其先河"的历史地位。

南京出版业能取得这样的成功，一个重要原因，是善于引进人才。引进人才而非引进产品的优越，无庸多说，这也得益于南京长期以来的宽松文化环境。当时新安派、姑苏派各呈异彩，南京书坊积极引进新安等地的刻工、插图画家以至出版家。新安地处皖南山区，人多地少，本有迁徙的习惯，商人经营多在外地。新安派版刻肇源于墨模镌刻，墨模需求毕竟有限。其地时属南畿，士人科考在南京，南京兴盛的图书市场，对于新安名刻工和出版家都大有吸引力。当时最为人称道的新安派版画名工多流寓金陵，如黄镐、黄应祖、黄德宠、鲍守业等。休宁出版家汪廷讷寓居金陵，设环翠堂书肆，请徽派绘画名家汪耕、钱贡等作画，徽州名工操刀，画风富丽堂皇、纤微入妙，刀法繁简适中、婉细遒劲，冠绝一时。十竹斋主人胡正言，同是休宁人，身边聚集了众多名画家和汪楷等名刻工。他们不仅将新安派的版刻艺术直接在南京展示，而且以商业竞争的态势，有效地促成了金陵派与新安派版刻技艺的交融，推动了金陵派版刻技艺从粗豪到工细的进步。兼容并蓄，百花争艳，金陵派遂成晚明版画重要流派，特别新创出饾版、拱花技法，臻于传统水印木刻的巅峰，也是世界上最早的套版彩印技术。其标志性作品便是《萝轩变古笺谱》和《十竹斋笺谱》。

十竹斋绘印书画谱

胡正言，字次公，号曰从，约生于万历十二年（1584年），早年随父业医，当在万历晚期移居南京。崇祯十七年（1644年）李克恭《十竹斋笺谱叙》中介绍胡正言的为人：

次公家著清风，门无俗履，出尘标格，雅与竹宜。尝种翠筠十余竿于楹间，昕夕博古，对此自娱，因以十竹名斋。斋中所藏奇书错玩，种类非一。尝与先祖如真翁商六书之学，摩躏钟鼎、石鼓，旁及诸家，于是篆、隶、真、行一时独步，而兼好绘事，遇有佳者，即镂诸板，公诸同好。

胡正言曾与李克恭的祖父李如真商讨书法，两人算是世交。他多才多艺，制墨造纸，以出版为业，身边常年聚集众多书画名家和雕版、印刷名匠，切磋琢磨，相互浸染，推动金陵派版刻技艺创新。十竹斋既是书斋，也用以名其书坊。胡正言又精于篆刻，曾为南明弘光政权镌刻玉玺，官授武英殿中书舍人。

十竹斋在南京出版的第一部书，可能是《苏米谭史广》，封面标"十竹斋藏板"，书首署"宣城肩吾郭化辑／有道徐日昌阅／海阳曰从胡正言校"，辑刊苏轼、米芾轶事，《东坡谭史广》四卷，《南宫谭史广》二卷。按《四库全书·传记类二·名人之属存目》载《苏米谭史》一卷，有万历三十九年（1611年）序。《苏米谭史广》是此书的增订本，出版时间不明，当在万历末至天启初年。

十竹斋有明确时间记载的出版活动，是辑刊《十竹斋书画谱》（也称《十竹斋画谱》），万历四十七年（1619年）《书画册》刊成，天启二年（1622年）刊《竹谱》、四年（1624年）刊《墨华册》、五年（1625年）刊《石谱》、七年（1627年）刊《翎毛谱》，又刊《梅谱》《兰谱》，至崇祯六年（1633年）《果谱》问世，前后历经十五年。全书八卷十六册，每卷二十图，其中有胡正言作品，有前辈名家赵孟頫、沈周、唐寅、文徵明、陈道复、陆治等作品，更多的作品则是其友人、同时代书画家所作，如吴彬、倪瑛、魏之璜、魏之克、米万钟、文震亨、高阳、高友、凌云翰、吴士冠、释行一、谢道龄等达三十余人。图画皆饾版彩印，对开双幅，除《兰谱》外，每幅皆配有名家题句，书法亦皆佳妙。有画友且参与了编辑工作，如《兰谱·起手执笔式》署胡正言辑选，高阳、凌云翰、魏之璜、魏之克、吴士冠、胡家智、高友、释行一同校。

十竹斋在天启年间似尽全力于此谱，至崇祯年间方有《皇明诏制》《皇明表忠记》《订补简易备验方》《薛氏医案》九种、《十竹斋刊袖珍本医书》十三种、《诗谭》《精选古今诗余醉》《四六霞肆》等，皆属常销可营利之书。至崇祯十七年（1644年）夏，也即明亡之际，辑印《十竹斋笺谱》，似有集中保存历年成果之意。

《十竹斋书画谱》率先采用饾版彩印技法，印出画面几可乱真，得时人极高评价。《题十竹斋画册小引》中说：

> 新安胡曰从氏清姿博学，既精六书，尤擅众巧，所制隃糜硾茧与所镌法语名言皆出心裁，赏鉴家多宝爱之。乃竹斋多暇，复创画册，所选皆花果竹石、有关于幽人韵士之癖好者，而写形既妙，设色尤工，至于翠瓣丹柎，苞分蕊折，花之情、竹之姿与禽虫飞懦之态，奇石云烟之气，展册淋漓，宛然在目，盖淡淡浓浓，篇篇神采，疏疏密密，幅幅乱真，诚画苑之白眉、绘林之赤帜也。

这篇文章末尾的署名有两种，一是朵云轩翻刻本署"时癸酉年中秋前二日，醒天居士书于十竹斋"，癸酉当崇祯六年（1633年）。另一种是清代芥子园本等几种翻刻本，均署"时癸未年小阳上弦前二日兰渟居士书于十竹斋",癸未当崇祯十六年（1643年），小阳月是十月。各本所载此文的文字和书体均相同，区别仅在署名与时间，不知道哪一种是正确的。

饾版是彩印版画技艺中的一大飞跃，中国印刷史上的重要里程碑，也是世界上最早的套版彩印技术。早期的彩印版画如《程氏墨苑》，用的是单版彩印法，即在同一块雕版上，对不同的图案涂以不同的颜料，然后铺纸一次刷印而成。不同色彩往往相互混淆，印刷效果不理想。饾版则是为每一种颜色的图案专刻一块版，甚至每一种颜色还要分成从浅到深的若干块版，然后从淡色到深色逐次套印或迭印，这才构成真正意义上的彩色套印。《中国印刷史》中详细地介绍了这种"很细致复杂的工作"：

先勾描全画，然后依画的本身，分成几部，称为"摘套"。一幅图画往往要刻三四十块板子，先后轻重印六七十次。把一朵花或一片叶，要分出颜色的深浅，阴阳向背，看起来好似北宋人的没骨画法。这样复制出来的画，最善于保持中国绘画的本色和精神。

也正因为如此，对于绘、刻、印三者都有极高的要求，哪一方面稍弱，都会影响作品的成功。

李克恭《十竹斋笺谱叙》中说"饾版有三难"：

画须大雅，又入时眸，为此中第一义。其次则镌忌剽轻，尤嫌痴钝，易失本稿之神。又次则印拘成法，不悟心裁，恐损天然之韵。去其三疵，备乎众美，而后大巧出焉。

又说：

是谱也，创稿必追踪虎头、龙眠与夫仿佛松雪、云林之支节者，而始倩从事。至于镌手，亦必刀头具眼、指节通灵，一丝半发，全依削镂之神，得手应心，曲尽斫轮之妙，乃俾从事。至于印手，更有难言，夫杉杙棕肤，考工之所不载，胶清彩液，巧绘之所难施。而若工也，乃能重轻匠意，开生面于涛笺，变化疑神，夺仙标于宰笔，玩兹幻相，允足乱真。并前二美，合成三绝。

虽然说的是《十竹斋笺谱》，但就工艺而言，《十竹斋书画谱》亦是如此。

天启七年（1627年）杨文聪作《翎毛谱小序》说：

有胡曰从氏，巧心妙手，超越前代，以铁笔作颖生，以梨枣代绢素，而其中皴染之法与着色之轻重深浅、远近离合，无不呈妍曲致，穷巧极工。即当行作手视之,定以为写生妙品,不敢作刻画观。

程家珏《门外偶录》中说到饾版的印刷:"十指皆工具也,指肉捺有别于指甲,指尖有别于拇指也。初版尤可见日从指纹,岂不妙哉。"可见"刀头具眼、指节通灵"并非虚言,胡正言不但绘画与编辑,而且参与了雕版与印刷工作。

入清后十竹斋书坊仍在经营,出版《十竹斋印谱》四卷、《胡氏篆草》等。《十竹斋书画谱》前加插有顺治十二年(1655年)夏至前三日的反盗版告白:

近有无耻之流,见本斋传世已久,假冒本斋堂号,希图射利,殊堪可恨。今另作麟吐玉书图记,凡赐顾客商,须认金陵承恩寺头山门东首巷内,方得真正十竹斋本号,不致有误。

新增防伪图记"麟吐玉书"。直到康熙十三年(1674年)九十一岁去世,胡氏在金陵出版界的活动时间长达数十年。康熙二十四年(1685年),十竹斋书坊尚出版《杏花村志》十二卷。

《十竹斋笺谱》登峰造极

郑振铎《中国版画史序》开篇提到的第一种版画作品,就是"十竹斋所刊画谱、笺谱",盛赞其"纤妙精雅,旷古无伦,实臻彩色版画最精至美之境"。《劫中得书续记》中又有专文记述其搜求《十竹斋笺谱初集》的经历:"余收集版画书二十年,于梦寐中所不能忘者惟彩色本程君房《墨苑》,胡曰从《十竹斋笺谱》及初印本《十竹斋画谱》等三伟著耳。"后有幸访得两种,独《十竹斋笺谱》几经曲折,终是无缘。1940年秋后,传新书局主人"徐绍樵来告云:淮城一带有笺谱一部可得。余闻之狂喜!力促其设法购致"。此后几乎每天都要到传新书局打听消息,其时郑振铎"罗致版画书不下千种",而"生平患得患失之心,殆无有逾于此时者"。终于,"绍樵突抱书二束至,匆匆翻阅,笺谱乃在其中。绍樵果信人也,竟为余得之!且四册俱全,各册之篇页亦多未佚去,(惟佚去第二册之'如兰'十幅)","一灯如豆,万籁俱寂,深夜披卷,快慰无极"!

不仅如此,郑振铎还与鲁迅一起,筹划复刻《十竹斋笺谱》。鲁迅视《十竹斋笺谱》为可贵的民族文化瑰宝,高度评价"十竹斋笺样花卉最好,这种画法,今之名人就无此手腕",唯恐其销沉,不惜耗费大量精力与财力促其"复活""回生",于复刻一事"力促其成","时时以是为言"。

然因"大变迭起，百举皆废"，自1934年发端，迁延七年方才告成。第二册印成，鲁迅已不及见。

《十竹斋笺谱》的印制工艺，在饾版之外，又增加了拱花，更形成了浅浮雕式的立体彩印奇妙效果。

拱花是在木板上雕成图案纹线凹陷的"阴版"，经砑印使纸面拱起而富有立体感的技艺，不但雕工艰难，印工要求也极高。砑印之法，将宣纸拉到雕成的阴版上，覆以较薄的羊毛毡，再以木制拱花锤用力旋转挤砑，使形成的图形高出纸面。此法虽在宋代已见于记载，但工艺到此时更为成熟。成功的拱花作品，不用色彩，就能以浅浮雕的效果表现出生动的图案。

《十竹斋笺谱》四卷四册，版心框高二百一十毫米，宽一百三十五毫米，白口，四周单边。卷一含清供、花石、博古、画诗等七类六十二种，卷二含龙种、胜览、无华、雅玩等九类七十七种，卷三含孺慕、棣华、应求、尚志等九类七十二种，卷四含寿征、灵瑞、宝素、杂稿等八类七十二种，共二百八十三图。博古、雅玩等类，饾版彩印之外，多加拱花衬托，无华、宝素等类则纯用拱花，不加色彩。全谱中有拱花作品七十余幅。

彩笺画幅虽然不大，但结构谨严，匀称工整，细腻而不繁琐，明快而多变化。特别是充分运用象征手法和简明形象表达传统人文典故，如"融梨"画盘中梨果以喻孔融让梨，"周莲"画莲花以喻周敦颐之爱莲，"举案"画几案以喻孟光、梁鸿举案齐眉，均不出现人物。在刻工、印工上比《十竹斋书画谱》有进步，饾版、拱花技艺的运用更为成熟，且增加了"掸"的手法，丰富了墨色深、浅、干、湿的变化，逼近绘画效果，"持较原作，几可乱真"。郑振铎称此谱"臻往古美术图案之绝诣"，可供初学绘画者作范本临摹，且"集当世文士清玩之大成"，所以"销于大江南北，时人争购"，不计工价。

在《中国版画史序》中，郑振铎对十竹斋的版画成就给予极高评价：

天启、崇祯间朱墨本、五色本之书籍盛行，而版画之数色套印者仅胡正言之《十竹斋画谱》与《笺谱》耳。而实已跻彩色版画至高之界。所刊之花卉、蔬果，胥鲜翠欲流，晶润如生。禽鸟之羽毛，草虫之羽翼，其绒翎、网纹，亦无不曲肖，一笔不苟，有类宋之院画。而雨后柳枝，风前荷盖，滴露未晞，流转欲掷。半枯秋叶，虫啮之痕宛然，虫丝犹袅袅粘牵未断，尤穷工极巧，功媲造化。笺谱诸画，纤巧玲珑，别是一格。以没色凸板，压印花瓣脉纹、鼎彝图案，与乎桥头水波、山间云痕，尤为胡氏之创作。人物则潇洒出尘，水木则澹淡恬静，蛱蝶则花彩斑斓，欲飞欲止，博古清玩，则典雅清新，若浮出纸面。其后，《萝轩》《殷氏》诸谱，怡府之笺，皆仿此，而终不能胜之。

这里提到的《萝轩变古笺谱》，由江宁人吴发祥在天启六年（1626年）刊成于南京。以萝轩为号的吴发祥，是位博学长者，住在南京南郊牛首山下秦淮河畔，活到八十岁以上，与胡正言是同时代人。据颜继祖《笺谱小引》，笺谱的绘、刻、印，均出于吴发祥之手：

刻意标新，颇精集雅。删诗而作绘事，点缀生情，触景而摹简端，雕镂极巧。尺幅尽月露风云之态，连篇传禽虫花卉之名。大如楼阁关津，万千难穷其气象，细至盘盂剑佩，毫发倍见其精神。少许丹青，尽是匠心锦绣，若干曲折，却非依样葫芦。

所以这部笺谱"固翰苑之奇观，实文房之至宝"。

《萝轩变古笺谱》分上下二册，版心框高二百一十毫米，宽一百四十五毫米，白口，四周单栏。上册存四十九叶，计颜继祖"笺谱小引"三叶，目录一叶，画诗十叶，筠篮六叶，飞白四叶，博物四叶、折赠六叶、琱玉六叶、斗草八叶、杂稿一叶；下册存四十五叶，计目录一叶，选石六叶、遗赠四叶、仙灵四叶、代步四叶、搜奇十二叶、龙种四叶半、择栖五叶半、杂稿四叶。每叶两图，共一百七十八图。其画面取材，十分广泛，远远超越了此前笺纸的单调，而且针对旧笺"支离入俗"之弊，力求符合文人墨客的逸情雅致。吴发祥在为笺谱命名时，特别突出了"变古"："我辈无趋今而畔古，亦不必是古而非今。今所有余，雕琢期返于朴，古所不足，神明总存乎人。"他敢于在继承传统"神明"的同时，对"古所不足"有所弥补。具体而言，就是摒弃前人的"藻绘争工"，以清新淡雅的象征手法来表现内蕴丰厚的典故。如以一只装载书画的小船，暗喻米芾的酷嗜书画、行止不离。民间工艺中早有以八仙所持之物代人的"暗八仙"，吴发祥的"变古"可谓异曲同工。

然而，当年作者或乏于财力，印制不多，身居郊野，流传有限，故此书从未见于前人著录。1923年，日本学者大村西崖主持的东京图书丛刊会发现下册残本并付诸复刻，因未见序跋等资料，误认为康熙年间钱塘翁嵩年所制。直到1963年在嘉兴发现上、下两册全本，才知道是吴发祥天启六年（1626年）刊本，早于《十竹斋笺谱》的成书时间。

有研究者据此断定饾版、拱花技艺为吴发祥所开创。其实事情不是这么简单。《十竹斋笺谱》成书虽晚，但胡正言开始绘刻印造彩笺并不晚。《十竹斋笺谱叙》载，"自十竹斋之笺，后先迭出，四方赏鉴，轻舟重马，笱运邮传，不独江南纸贵而已"，"笺之流布久且多矣，然未作谱也。间作小谱数册，花鸟竹石，各以类分，靡非佳胜，然未有全谱也。近始作全谱"。《十竹斋书画谱》中王三德《胡曰从书画谱引》中介绍胡正言的艺术活动经历：

其天性颖异，多巧思，所为事无不精绝，他人模仿极力不能至。始为墨，继避墨而为印、为笺、为绘刻，墨多双脊龙样，印得松雪、子行遗法。笺如云蓝、麦光，尽左伯乌丝栏之妙，近更广绘刻而为书画谱，绘刻精而奇，谱则巧而该矣。

胡正言制笺尚在制《书画谱》之前，并且刊行过分类笺谱。而《十竹斋书画谱》中最早的一种，《书画册》在万历四十七年（1619年）已经刊成，此后续作《竹谱》《墨华册》《石谱》等，均早于《萝轩变古笺谱》。与吴发祥的类乎创作自娱不同，十竹斋作为书坊，有了新产品会及时推向市场。客观地说，万历、天启年间，南京书坊采用饾版、拱花技艺的，很可能不止这两家，李克恭《十竹斋笺谱叙》中即说："盖拱花、饾版之兴，五色缤纷，非不烂然夺目，然一味浓装，求其为浓中之淡、淡中之浓，绝不可得。"有了饾版之技，艳自不难，艳中求雅则非易事。吴发祥、胡正言正是其中佼佼者。而《十竹斋笺谱》对后世的影响，也非《萝轩变古笺谱》所可比拟。

渡海越洋传花笺

笺谱既装订成册，显然是为了便于保存而非使用。胡正言的本意，或许因为国破世乱，前途未卜，他才会在崇祯十七年（1644年）仲夏来做这样的总结积累工作，以保存笺纸制作的精湛工艺。但笺纸从书写的载体转而成为收藏的对象，很可能就是兴起于此时。

笺的本意，是狭而小的竹片。在纸张出现之前，人们以竹简作为书写载体，遇到需要表识的地方，就用小竹笺系在简策上，以后被借指一种精美的小幅纸张，供文人墨客写信或题诗之用，俗称信笺、诗笺。由于笺纸多印制精美，又有花笺、彩笺、锦笺之美誉。

花笺与南京,有着特别的因缘。作为花笺巅峰之作的两部集大成笺谱都产生于南京,而花笺的使用很可能肇始于南朝宫廷。

到唐代,花笺已在诗人墨客中流行。女诗人薛涛请工匠制作"深红小彩笺","裁书共吟,献酬贤杰",人称"薛涛笺",后世仿制不断。宋人米芾《评纸帖》中,赞扬"纸细无如川纸"。与米芾同时代的苏轼、黄庭坚、梅尧臣、陈师道等人诗集中,多有向人索纸、谢人赠笺之作,足见讲究诗笺成为文人时尚。元人费著且专门写了一部《蜀笺谱》,说到蜀中的笺纸名目,"有玉板,有贡余,有经屑,有表光",所用原料各各不同。直到明代中叶,笺纸还是比较朴素的。万历年间谢肇淛《五杂俎》卷十二中,颇感慨"今世苦无佳纸"。

李克恭《十竹斋笺谱叙》中,对花笺的发展有一个简要的概括:

昭代自嘉、隆以前,笺制朴拙。至万历中年,稍尚鲜华,然未盛也,至中、晚而称盛矣。历天、崇而愈盛矣。十竹诸笺,汇古今之名迹,集艺苑之大成,化旧翻新,穷工极变,毋乃太盛乎。

清人缪荃孙《云自在龛随笔》中引明末孙燕贻的话,说万历二十九、三十年(1601、1602年)间:

多新安人贸易于白门,遂名笺简,加以藻绘。始而打蜡,继而揩花,再而五彩,此家欲穷工极妍,他户即争奇竞巧,互相角胜,则花卉鸟兽,又进而山水人物,甚至天文、象纬、服物、彩章,以及鼎彝珍玩,穷极荒唐幽怪,无不搜剔殆尽,以为新奇,月异而岁不同,无非炫耳目以求售。

正是新安出版商在南京开打的这一场"花笺市场争夺战",促成了天启、崇祯年间的花笺"愈盛"局面。南京汇集大批官僚商绅,笺简应酬多,市场需求大。江南士子科场应试,人文荟萃,诗咏唱和亦不可少。社会需求推动生产发展,市场竞争促使出版商重视提高花笺质量。此外,利玛窦等西方传教士带来的西洋印刷品,又引起了南京出版界在艺术和技术上的思考。《五杂俎》卷七载:

高丽、日本,画皆精绝,不类中国。余从番舶购得倭画数幅,多画人物,形状丑怪如夜叉,然长短大小不一,亦不知其何名也。画无皴法,但以笔细画萦回环绕,细如毫发。四周皆番字,不可识。又有春意便面一折,其衣冠制度,甚为殊诡,设色亦不类中国也。

如果说《程氏墨苑》中雕印了四种西洋宗教画,只是一种简单的移植。在南京，西洋的绘画技艺则引起了文人的重视与讨论，如前述顾起元之议。虽然没有直接证据说明吴发祥、胡正言受到西洋画"凹凸相"的启发，但时势世风所在，这种影响是可能存在的。

中外文化交流是双向的。日本"不类中国"的绘画引起明人的好奇，南京的优秀版画作品同样也漂洋过海，影响日本绘画的风格变化。法国学者马尔凯在《17世纪中国画谱在日本被接受的经过》一文中，说到当时大量中国印刷品进入日本的情况，京都、江户、大阪且有专营中国图书的"唐本屋"。南京出版的《十竹斋书画谱》和《芥子园画谱》在其中占有重要地位，并多次被翻刻。他写道：

《历代名公画谱》还是墨印，而在《十竹斋书画谱》最好的版本中则可见彩色雕版的异常优秀的品质。画谱的编纂者胡正言创造了饾版，将一幅图中的每个图案都用小雕版刻成，使得色彩的层次感得以表现出来。……何弼（Francois Reubi）这位《十竹斋书画谱》的法文版出版者，解释说《十竹斋书画谱》的编纂者周围有许多高水平的合作者，画家、诗人、书法家和刻工。胡正言的目的就是将古画或是当时的画以及用书法撰写的诗歌，用雕版制作出来，专门给文人和爱好此道的人看的。……潘纳（Robert Paine）根据初版上的印章，成功地辨认出了其中的四十五位不同的画家。大部分被收录画作的艺术家活跃在1450至1600年间，并且大都属于文人画派。何弼认为，这种艺术审美以前还从未用套色雕版的形式表现出来。胡正言不仅填补了这项空白，而且他能抓住文人画的精髓，远胜于他之后的所有那些套色印刷画。除作为初学入门的《兰谱》之外，每一幅图的对开页上，都有各式的题咏（共有一百四十首之多），均出自不同的诗人之手。这种特色表明该作品首先是出自对于文学和玄想的喜好。……最近一项研究表明，从宝历九年（1759年）至安政六年（1859年）这一个世纪之中，中国商人共向日本进口（作者注：应为出口）了九十八套《十竹斋书画谱》，从侧面证明日本对于这样一种价格昂贵、通常针对富有阶层的书籍也还是有一定的需求的。

日本出版商菱屋孙兵卫1760年即向官府申请翻刻《十竹斋书画谱》，现在能看到的最早日本刻本有1827年翻刻的二册及1831年翻刻的十四册。流传较多的是1878年年据嘉庆二十二年（1817年）芥子园刊本翻刻的全谱。19世纪末又相继出版了三个翻刻本。"从中可见在日本人们对于这部中国彩色雕版杰作的喜爱和对文人画的一贯偏好"。买不到刻本的书画爱好者则设法临摹其中的部分作品以为范本。

马尔凯说：

这些花高价从中国大陆进口的画谱，除了使得绘画爱好者获得中国画的基本知识之外，在它们为了扩大传播而被重刻或是改编出版之前，对于日本文人画的形成具有特殊的重要性。

《芥子园画谱》《十竹斋书画谱》《佩文斋书画谱》"相寻而至，于是人或得见王、黄、倪、吴以下清人风格。百川、南海首倡之，芜村、大雅相继而兴，世人始知有南、北宗至"，从王蒙、黄公望、倪瓒、吴镇等大家作品得以了解中国画坛的南宗、北宗。

这些中国经典版画作品，对日本浮世绘的技艺和题材都产生重要影响。常书鸿在《日本绘画史》中谈及18世纪中期日本出版家和艺术家"寻求一条用木版印刷彩色图画的方法"，"可能他们学到了中国套色印刷专门书写用纸（特别是那些装潢华丽的纸张）的法子"，"一种颜色有一块木板来印"，"经过一个世纪之久的进展后，日本终于在技术及美术方面得到完美的多彩印刷"。在此期间，中国人所熟悉的名家喜多川歌麿又采用了"空押"即"不涂油墨的印刷"，也就是"拱花"。常书鸿提到的华丽"书写用纸"，正是熟练采用饾版、拱花技艺的《十竹斋笺谱》和《萝轩变古笺谱》。另一位"适合中国一般人的眼光"（鲁迅语）的名家葛饰北斋，曾从《芥子园画谱》中汲取营养。与他同时代的歌川芳国，甚至绘出了整套《水浒》一百零八将的人物肖像，一度在日本引发《水浒》热。当代日本学者也说：

浮世绘艺术魅力的关键，是被称为锦绘的多色摺手法，但给日本画家以启示的，却是先出的《芥子园画传》那样的清代绘本的色摺插图。对中国江南地区流行的年画的色摺版画的手法和画题，浮世绘也多有借鉴。（辻惟雄《中国美术在日本》）

自称"关于美术我全是外行"的周作人，在《谈日本文化书》一文中同样说到了日本浮世绘与中国版画作品之间的关系：

古时或者难说，现今北平纸店的信笺无论怎样有人恭维，总不能说可以赶得上他们。我真觉得奇怪，线画与木刻本来都是中国的东西，何以自己弄不好。《十竹斋笺谱》里的蠡湖、洙泗等画原也很好，但与一立斋广重的木板风景画相比较，便不免有后来居上之感。

由此可以理解，为什么鲁迅和郑振铎会以那样的热情辑印《北平笺谱》、重刻《十竹斋笺谱》。这两谱的制作，对于中国雕版印刷尤其是饾版、拱花技艺的传承具有存亡续绝的意义。《朵云》杂志第二集刊载徐庆儒口述《独特的木版水印技艺》一文："我在一九三三年到北平荣宝斋当学徒，我的师傅叫崔毓生。这之前，荣宝斋只能印一些八行纸、单色诗笺等。在我学徒时适逢鲁迅和郑振铎组织印制《北平笺谱》，我有幸参加了这项工作。鲁迅和郑振铎对中国的绘画和版刻印刷发展情况都深有研究，有过不少精辟论述，他们眼看这种技艺将要濒临绝境，决心要保存中华民族这个传统，于是亲自组织印制笺谱"，"他们后来还搞了《十竹斋笺谱》"。《十竹斋笺谱》一部四册，在鲁迅生前仅复刻成第一册，直到1941年6月全部竣工，编入《中国版画史图录》。徐庆儒说："《十竹斋笺谱》完成后，郑振铎看了大叫：'绝妙'，又说：'鲁迅在世也一定有所同感。'……荣宝斋在解放前印制的东西也就数这两部笺谱为最大型了。"值得注意的是，《北平笺谱》是由北京多家笺纸店以原有旧版印成，所以称"组织印制"。郑振铎也说道，《十竹斋笺谱》"复印之工，至为繁重，荣宝斋主人杨君，初有难色，强之而后可"。只有在复刻《十竹斋笺谱》的过程中，学徒们才能够掌握饾版、拱花技艺。由此培养的人才与传承的技艺，使荣宝斋成为中国同类店号中的白眉。

朵云轩"从解放前直到解放初只能印制一些少量的诗笺、信笺、信封之类用品，出售一些宣纸、毛笔等来维持业务"。1958年，政府决定从荣宝斋调徐庆儒等六人（勾描、刻版各一人，水印四人）到朵云轩"充实力量"，"在我们大家相互配合和共同努力之下，技术水平有了很大的提高，并且复制了不少有名的作品"。如1980年复刻《萝轩变古笺谱》，1985年重刻《十竹斋书画谱》，都让朵云轩得享盛誉。

南京文投集团和十竹斋画院自2016年开始复刻《十竹斋笺谱》，以国家图书馆藏郑振铎捐赠的明代初版珍本《十竹斋笺谱》为底本，正本清源，以明代的工艺、明式的工具、明式的材料，历时五年，活化现已成绝艺的饾版、拱花技艺。这是四百年来《十竹斋笺谱》的第三次完整复刻，也是首次真实可靠、准确、完整地重现《十竹斋笺谱》明代原貌，再现中国雕版印刷史与世界文化艺术史上的奇观。

第三节
长板桥·桃花扇

长板桥烟花胜景

《金陵四十景图像诗咏》中,首次出现作为景观的长板桥,景名"长桥艳赏",位列四十景之尾。朱之蕃诗前小引写道:

在府治东南二里,武定、文德二桥之间。国初置伎馆以娱商旅。桥踞城隅鹫峰寺侧积水之上,胜时游乐欢宴,达旦不休。今歌台舞榭,强半鞠为茂草,而桥则屡经修治,渐就狭小。惟故迹犹传,足征佳丽之一端云尔。

其诗云:
宴游端属五陵豪,选妓征歌肯惮劳。
佳丽况逢名胜地,妖娆更许列仙曹。
红桥翠柳风初暖,玉管金樽月正高。
乐事偏饶征盛世,花香深处醉葡萄。

杜士全的和诗道:
翩翩裘马若为豪,清夜遨游乐此劳。
百尺虹桥邀促坐,几行玉貌各分曹。
歌狂不放云飞去,漏滴犹怜月正高。
为有佳人兼好景,便倾琥珀与葡萄。

余怀《板桥杂记》卷上《雅游》中,对这座长板桥也有具体描写:

长板桥在院墙外数十步,旷远芊绵,水烟凝碧。回光、鹫峰两寺夹之,中山东花园亘其前,秦淮朱雀桁绕其后,洵可娱目赏心,漱涤尘襟。每当夜凉人定,风清月朗,名士倾城,簪花约鬓,携手闲行,凭栏徙倚。忽遇彼姝,笑言宴宴,此吹洞箫,彼度妙曲。万籁俱寂,游鱼出听,洵太平盛事也。

这里说的"院",即教坊司富乐院,也就是朱之蕃说的伎馆。但余怀所言"旧院,人称曲中"的概念,已不仅限于当年的富乐院,且包括其周围的新兴妓院。得名"曲中",大约因为其中妓女,多能唱曲,如郑燮所言"千家养女先教曲"。而金陵几处曲中,旧院位置最南,故亦称"南曲"。

清初寄寓金陵的诗人彭椅有长诗《旧院行》,明确说到旧院的位置:

记得城南淮水旁,善和坊对大功坊。文德桥头对南巷,鹫峰寺侧转西厢。西厢南巷皆香陌,踏成满路胭脂迹。青楼到处可停车,朱户谁家不留客。

曲中的空间范围,据三人所说地标,对照陆寿柏所绘之图,大致可以梳理出来。东北角的鹫峰寺现存,东南角回光寺不存,原在今莲子营东,两寺之间的东花园(今白鹭洲公园)即是其东边界。西侧的武定桥、文德桥现存,两桥之间,临河南岸道路即钞库街、大石坝街,河北岸道路即贡院街。晚清陈作霖《东城志略》所附《东城山水街道图》中,钞库街以东、大夫第(今长乐路秦状元府门前道路旧称大夫第)以北尚有地名院门口,《同治上江两县志》卷五载:"院门口,旧院门口也。长桥烟水,清沘湾环,碧杨红药,参差映带,最为歌舞胜处。今废。"由此可知当年的旧院区,约略相当于今大石坝街以东、小石坝街以南、西石坝街以西的区域,其间"妓家鳞次,比屋而居,屋宇精洁,花木萧疏,迥非尘境"。院门口至回光寺的街道,即文德桥所对南巷,相当于清代的乌衣巷,在长桥艳赏图上标为旧院长街。明代乌衣巷近今剪子巷,在武定桥东南。《金陵览古》中"长桥"说:"西南抵武定桥,东折入旧院,近回光寺,长板桥盖在曲中矣。凡金陵曲中,有和宁院,有猪市,有南市楼,而旧院为最。"长板桥的位置,即今大石坝街。

长板桥化身为石坝街,是清康熙年间的事。六朝时秦淮河由赤石矶北浩浩荡荡进入城区,南唐建城时设东水关加以约束,至宋、元枯水时水面渐小,但周围仍有湿地沼泽,白鹭湖与秦淮河、青溪之水尚能贯通,长板桥就架设在这一片沼泽上。明代后期沼泽不断缩小,所以朱之蕃说长板桥"屡经修治,渐就狭小"。清初周在浚有诗"风流南曲已烟销,剩得西风长板桥",王士禛有诗"十里清淮水蔚蓝,板桥斜日柳毵毵",他们都还见过这桥。到康熙后期,才将板桥改为石坝,即沿途铺设若干石墩以便行走，石墩之间又可通水。此后道路完全硬化，便成了大、小、东、西石坝街。

余怀接着说："旧院与贡院遥对，仅隔一河，原为才子佳人而设。"旧院与贡院隔河相望，固是晚明的事实，但朱元璋移富乐院至武定桥时，此地尚无贡院。直到景泰五年（1454年）才在现址修造应天府贡院，七年（1456年）首次在此举行乡试。入清后称江南贡院，现为中国科举博物馆馆址。

余怀极力描绘旧院的绮丽：

逢秋风桂子之年，四方应试者毕集，结驷连骑，选色征歌，转车子之喉，按阳阿之舞。院本之笙歌合奏，回舟之一水皆香，或邀旬日之欢，或订百年之约。蒲桃架下，戏掷金钱，芍药栏边，闲抛玉马，此平康之盛事，乃文战之外篇。

转车子之喉，典出《文选》繁休伯《与魏文帝笺》："时都尉薛访车子年始十四，能喉啭引声，与箛同音。"薛访车子擅于歌唱。按阳阿之舞，典出《淮南子·俶真训》："足蹀阳阿之舞，而手会《绿水》之趋。"阳阿是善舞之倡。士子曲中选色征歌，已经成了南都应试不可或缺的内容。

朱之蕃所说"胜时游乐欢宴，达旦不休。今歌台舞榭，强半鞠为茂草"。他亲历的是万历年间景象，所言"胜时"，张潮在《板桥杂记小引》中指为隆庆、万历之际。顾起元《客座赘语》卷七之"女肆"所说详明：

余犹及闻教坊司中，在万历十年前房屋盛丽，连街接弄，几无隙地。长桥烟水，清泚湾环，碧杨红药，参差映带，最为歌舞胜处。时南院尚有十余家，西院亦有三四家，倚门待客。其后不十年，南、西二院，遂鞠为茂草，旧院房屋，半行拆毁。近闻自葛祠部将回光寺改置后，益非其故矣。歌楼舞馆，化为废井荒池，俯仰不过二十余年间耳。淫房衰止，此是维风者所深幸，然亦可为民间财力虚羸之一验也。

葛寅亮《金陵梵刹志》卷二十二"回光寺"条中说到，因回光寺与妓院杂处，他在万历三十五年（1607年）将回光寺迁移至妓院区外。新址的位置是："东至徐府园，西至官街，南至纸匠营，北至官街。"即上引各书所标回光寺位置。徐府园即今白鹭洲公园。寺院会给周边区域带来人气，回光寺之迁离，使旧院更显冷清。

余怀亲历的是崇祯后期。《板桥杂记》卷中《丽品》开篇即说："余生万历末年，其与四方宾客交游，及入范大司马莲花幕中，为平安书记者，乃在崇祯庚、辛以后。"余怀生于万历四十四年（1616年），到崇祯庚辰、辛巳年（1640、1641年）二十五六岁，虽一介布衣，而声名鹊起，得预复社虎丘大会，又被南京兵部尚书范景文邀入幕府，可谓春风得意，其心情与朱之蕃自是大不相同。然而，"乐事偏饶征盛世"，当此明王朝内外交困、国事不堪收拾之际，南京的繁荣昌盛怎么会反超越了万历年间？

其实，朱之蕃、顾起元眼中衰败的，是教坊司富乐院，而令余怀们流连忘返的，是新兴的是私营妓馆。一方面是出于习惯，一方面是毗邻贡院的区位优势，私妓选择的经营地点主要仍在旧时富乐院一带，虽然统称为旧院，当得上旧院之称的应只是富乐院，所以又有曲中的别称。

隶属于教坊司的富乐院是官办妓院，所辖官妓最初来源，一是元代官兵的妻女，直到晚明尚有顿小文、脱十娘等后裔。清初王士禛《秦淮杂诗》之九：

旧院风流数顿、杨，梨园往事泪沾裳。

樽前白发谈天宝，零落人间脱十娘。

一是罪臣的妻女，如建文朝臣黄子澄、齐泰、铁铉、卓敬的妻女。张鹏翀《忠烈祠黄公夫人血影石》之二：

诏旨初颁配象奴，断碑遗恨血模糊。

于今片石重昭揭，莫误青溪祀小姑。（初隐其名为小姑祠）

同时《大明律》有明文，官员宿娼"杖六十"，官员子弟亦同此例，连拉皮条的"撮合人"也要受重罚。所以官员对妓院不免敬而远之，不会费心经营。

万历年间，随着匠户解放，民营手工业和商业繁荣，百业兴盛，歌妓也不例外。《板桥杂记》中将官、私两类分得很清楚："乐户统于教坊司，司有一官以主之，有衙署，有公座，有人役、刑杖、签牌之类，有冠有带，见客则不敢拱揖耳。"如此排场，大概也只合应付官差了。又记：

妓家分别门户，争妍献媚，斗胜夸奇。凌晨则卯酒淫淫，兰汤滟滟，衣香一园。亭午乃兰花茉莉，沉水甲煎，馨闻数里。入夜而撒笛搊筝，梨园搬演，声彻九霄。

此类争妍献媚的妓家一兴起，很容易就将官营乐户淘汰出局，其衰败也就不可避免。

余怀以为曲中女郎的经纪人多是亲生之母：

故怜惜倍至。遇有佳客，任其留连，不计钱钞。其伦父大贾，拒绝弗与通，亦不怒也。从良落籍，属于祠部，亲母则所费不多，假母则勒索高价。谚所谓"娘儿爱俏，鸨儿爱钞"者，盖为假母言之也。

诸如侯方域与李香君、顾媚与龚鼎孳、董小宛与冒襄、卞玉京与吴伟业、方芷与杨文骢、葛嫩与孙克咸，皆因此而成佳话。然而清初彭椅《旧院行》中，却说破了妓家的运作方式：

当时红板桥边路，络绎香舆织烟雾。
只听日日弄银筝，尽说家家拥钱树。
钱树移来金穴边，豪华巨贾与少年。
多邀狎客费杯斝，又买新姬教管弦。

养成名妓作为摇钱树，换得豪门巨贾的重金，娼家又买少女作新人。

南京这一座长板桥能够载入史籍，流传后世，也正得益于余怀的《板桥杂记》。长桥艳赏，所赏之艳，就是歌妓。乾隆年间的金陵四十八景中，此景索性就定名为"长桥选妓"了。

秦淮名妓应运而生

秦淮河畔出现妓家，当然不是到晚明才开始。章学诚《文史通义》卷五"妇学"中说：

盖自唐、宋以迄前明，国制不废女乐。公卿入值，则有翠袖薰炉，官司供张，每见红裙侑酒。梧桐金井，驿亭有秋感之缘，兰麝天香，曲江有春明之誓。见于记载，盖亦详矣。又前朝虐政，凡缙绅籍没，波及妻孥，以致诗礼大家，多沦北里。其有妙兼色艺，慧擅声诗，都士大夫，从而酬唱，大抵情绵春草，思远秋枫。投赠类于交游，殷勤通于燕婉，诗情阔达，不复嫌疑。闺阁之篇，鼓钟闻外。其道固当然耳。

唐、宋姑不论，即明代而言，章学诚未免将洪武、永乐的株连瓜蔓理想化了。沦为乐户的罪臣妻女，曾与"都士大夫"酬唱，我所见只有梅鼎祚《青泥莲花记》中"铁氏二女"一条：

二女入司数月，终不受辱。有铉同官至，二女各献以诗，长女诗曰："教坊脂粉洗铅华，一片闲心对落花。旧曲听来犹有恨，故园归去已无家。云鬟半挽临妆镜，雨泪空流湿绛纱。今日相逢白司马，樽前重与诉琵琶。"次女诗曰："骨肉凋残产业荒，一身何忍去归倡。泪垂玉箸辞官舍，步敛金莲入教坊。揽镜幸无倾国色，向人休学倚门妆。春来雨露深如海，嫁得刘郎胜阮郎。"同官以诗上达，文皇曰："彼终不屈乎？"乃赦出之，各适士人以终老焉。

晚明陆人龙《型世言》第一回"烈士不背君，贞女不辱父"，更确指此二诗是献给锦衣卫指挥使纪纲，二女经纪纲营救同嫁了一位高秀才。然而钱谦益《列朝诗集小传·闰集》中考证出长女诗"乃吴人范昌期《题老妓卷》作也"，又说："建文流落西南诸诗，皆好事者伪作，则铁女之诗可知。革除间事，野史所载，大半诡谬，此亦其一端也。"

王世贞《南京法司所记》中，留下了这样的记载：

铁铉妻杨氏年三十五，送教坊。茅大方妻张氏年五十六，送教坊司。张氏旋故，教坊司安政于奉天门奏。奉圣旨：分付上元县抬出门去，著狗吃了。钦此。

永乐十一年正月十一日，教坊司于右顺门口奏：齐泰姊及外甥媳妇又黄子澄妹四个妇人，每一日夜二十余条汉子看守，著年少都有身孕，除生子令做小龟子，又有三岁女子，奏请圣旨。奉钦依：由他。不的到长大，便是个淫贱材儿。又奉黄子澄妻生一小厮，如今十岁也。奉钦依：都由他。

铁铉的两个女儿为什么能得天独厚？令人无法相信梅鼎祚、陆人龙的小说家言。至于崇祯年间那些多才多艺的名妓，好像并没有出身于"书香大家"的。

《青泥莲花记》中述成化年间名妓秋香故事，说她后来从良，有旧相识求见，她以扇画柳，题诗婉拒：

昔日章台舞细腰，任君攀折嫩枝条。

如今写入丹青里，不许东风再动摇。

这或是明代最早的秦淮佳话。生活于成化、弘治年间的金陵散曲名家陈铎，有"乐王"之誉，写了大量描写妓女生活的作品，无非"鱼水和同，云雨情浓"。他且专作了四首《北中吕朝天子·嘲人言南京妓女好》：

北京的寡情，南京的有情，南与北同心性。一般都是陷人坑，跌倒的难扎挣。假意温存，虚脾钦敬，无钱时冰也似冷。有情的鬼精，寡情的本等，暗送了条儿命。

陪钱儿过从，输身儿挫捧，呆汉子贪心动。风流谜里暗包笼，识破了成何用。三死三活，七擒七纵，大故来都是哄。圈套儿放松，痴迷人不懂，往后去越着重。

黑沉沉奈何，花朴朴业锁，挽捣着生灾祸。来的不少去的多，睁看眼识不破。一壁里汤波，一壁厢放火，这家风须问我。正盏儿劝着，傍盏儿怎躲，浪差发当不过。

情浓时便休，兴阑时快走，染重了难搭救。黄金散尽买风流，至底干生受。爱富嫌贫，怜新弃旧，这欢娱不耐久。转一转念头，看一看后手，再攒积不能勾。

还有一组《南中吕驻马听·嘲风月》，其二道："满腹才学，风月场中用不著。人来客往，暮送朝迎，米长柴高。聪明子弟莫闲嘲，常言难使无钱俏。锦绣窝巢，李郎不到张郎到。"如此这般重财寡情，与《板桥杂记》里众佳丽真有天壤之别。《板桥杂记》中誉为"有豪侠气"的李贞丽，即《桃花扇》中李香君的鸨母，周亮工"移家白下，驻节青溪，桃叶烟波，莫愁佳丽，闲访殆遍"（《续本事诗》卷九），在《书影》卷二中就揭其"毒"：

予在秣陵，见佛手柑初至，一老年客市数枚，疾驰供李姬贞丽。姬领之，命婢取去。少顷入李室，则宣盘中层叠数十，鲜妍硕大，愈客赠者十倍。客乃不胜消沮。座中言此姬之毒，更倍冯姬。

秦淮妓人并非都以文采见长。万历初年游历南京的徐渭，有《观金陵妓人走解》诗：

人似明珠马似盘，超腾隐现不离鞍。
各弯镫底罗鞋窄，都在空中翠袖寒。
合掌几回投地去，同心双蝶隔花攒。
莫嫌岁岁频来往，家住金陵自不难。

这场多人表演的精彩马术，竟让徐渭产生了居留南京的愿望。万历中与曹学佺、臧懋循唱和的吴兆，作长诗《秦淮女儿斗草篇》，先说采草：

困娇丽日长安道，相戏相邀斗芳草。芳草匝初齐，茸茸没马蹄。芳草远如幕，望望迷人步。将绿将黄不辨名，和烟和雾哪知数。凤凰台上旧时基，燕雀湖边当日路。结伴踏春春可怜，花气衣烟浑作烟。

后写斗草：

兰皋藉作争横地，蕙畹翻为角敌场。分行花队逐，对垒叶旗张。花花非一色，叶叶两相当。君有麻与枲，妾有葛与藟。君有萧与艾，妾有兰与芷。君有合欢枝，妾有相思子。君有拔心生，妾有断肠死。赢归若个中，输落阿谁里。相向无言转自愁，芳垧过客忽疑秋。别本辞柯何倚托，倾青委绿满郊丘。

真是"别有一番滋味在心头"了。清初彭椅《旧燕行》中，讲到与"秦淮四美人"同时的名妓之技巧：

象管鸾筝歌夜夜，燕钗凤帔舞时时。
便房曲馆常迷恋，技巧兼呈心目眩。
或能挝鼓声如雷，或能投壶光若电。
或能弹棋拂手巾，或能操琴听游麟。
或能霹雳自控矢，或能蹴鞠不动尘。
更有吴门薛素素，弹丸走马翻身顾。
于中绝技何者无，尤竞新诗吟柳絮。
诗能柳絮画能兰，湿雾轻烟墨沉残。
黄金买赋犹为易，红叶留题始信难。

柳絮，用谢道韫"未若柳絮因风起"典故。能诗擅画，此时已成最为人所重的"绝技"。

晚明秦淮名妓群的出现，就其自身机制而言，是私营取代了官办。但"妙兼色艺"，自是青楼本色，"慧擅声诗"，则非妓家所必需。这就与贡院隔河相望的大环境有关系了。

景泰五年（1454年）始在秦淮河北岸建应天府贡院，作为南直隶（今江苏、安徽、上海等省市）乡试考场，每届应考士人常多达两万人，加上随员仆从，以及来赶科场生意的商人，一时聚集不下四五万人。乡试三年一度，八月举行，称"秋闱"，但古代交通不便，外地考生多在春节后即前来南京，往往须逗留数月，甚至提前一年即到南京复习备考。在南京，一则可以看到金陵书坊出版的大量应试读本，二则可以拜访名师求教，三则可以通过考生间的交流切磋提高应试能力。数以万计的外来应试人群，长期居留，衣食住行，游学交际，方方面面的生活需要，促成了以贡院为中心的一条龙"科举服务行业"。南京经济中心的地位，商业和手工业发达带来的城市繁荣、生活奢侈，也具有强烈的吸引力。贡院周边河房、园墅、商铺鳞次栉比,图书、文玩的兴盛,茶社、酒馆的密集,画舫、灯船的繁华,船菜、茶点的精致,以至秦淮名妓的才艺,在在显示出从业者的文化素养,所以吴敬梓用一句富于诗意的语言概括:"真乃菜佣酒保,都有六朝烟水气。"

明代后期是中国社会发生深刻变化的时代,市民阶层的崛起推动了社会生活方式的变化,个性意识的觉醒与纵欲主义的滋长相交织,促进了文士与名妓交游之风的盛行,使其成为一种社会现象。

秦淮名妓群的产生,亦属中国传统文化的一大特色。与西方嫖客纯粹寻求性交对象不同,明末文人骚客光顾妓院,往往将妓院作为文化交际的一种场所,会旧友,结新知,开诗会,甚至将娼妓也作为艺术交流的对象。名士教妓女作文赋诗,抬高妓女的身价,同时也通过妓女沟通信息,联络同好,直到利用名妓效应抬高自己的声望,有如当下的演员明星时不时要爆出一点绯闻,"美人名士,相得益彰",道理是一样的。《儒林外史》中写一个书呆子,作了诗想方设法去求取某名妓的褒奖,后人以为这是吴敬梓的幽默,其实在当时不足为奇。

悠久人文传统和乡试考场所在,使南京成为当之无愧的江南文化中心。永乐迁都之后,南京保留完整的五府六部系统,官员多属闲职,有足够的时间着意于文事,流连于烟花。万历年间在南京任太常寺博士的汤显祖,有《遥和诸郎夜过桃叶渡》长诗,先说"诸郎纷纷去何所,隔岸荧荧高烛举。若非去挟秦家妹,定是将偷邛市女",后面说到自己的变化:

当时我亦俊人群,情如秋水气如云。
有酒谁家惜酣畅,饶花是处怯离分。
如今两鬓笼纱帽,轻烟淡粉何曾到。
眼看诸公淹夜游,心知此事从谁道。
衙斋独宿清汉斜,灯影笼窗半落花。
拚不风流长睡去,却持残梦到他家。

诗题后自注"有本事",可知所咏实有其事。

在明清更替之际那十数年间,这一种"名妓效应"最为突出。其时的南京秦淮河畔,有如日本江户时期的吉原,是都市最重要的文化交际场所。值得注意的是,文士、名妓交游,既有以士人为中心的诗文雅集,也有以名妓为中心的风流聚会。名妓们为此争相提高文化素养,歌舞弹唱、琴棋书画已不足为奇,吟诗作赋也能不让须眉。这种"才貌双绝"名妓的养成,肯定需要时间。万历年间始见兴起,经过一两代人的传承熏陶,至崇祯后期,也即《板桥杂记》所反映的时代,正好臻于极盛,遂令一时文人雅士,纷纷沉湎于这"妖冶之奇境,温柔之妙乡"。其时的文坛领袖钱谦益,也被奉为秦淮河畔的"风流教主"。

与名妓的深情厚谊,必然会影响文士们的思想情感,他们歌咏名妓,与名妓相唱和,其创作在有意无意间发生变化,而才华横溢的女性创作大量涌现,并且得到上层文士的随时品评,也就形成了那一时代的独特文风。

及至明代末年,内忧外患纷起,作为明王朝的南都,复社名士置身旖旎河房之中,品说时政,商讨国事,那一种扭曲的情境,更成为极具戏剧性的场景。陆世仪《秦淮鼓吹》感慨:

妙舞清歌尽日忙,画船无处不红妆。

江南江北愁如许,不道都人乐未央。

妓院区内供应的茶酒果肴、出售的器具玩物,都堪称精雅,价格奇高。妓女赠送客人的小信物也决不俗气。钱谦益的族人钱陆灿清初作《秦淮竹枝词》:

满城秋意桂花开,卖遍河房不用栽。

五百舍人今不见,拣花打饼阿谁来?

其自注:"前朝桂花开时,有拣花舍人五百名。"河房妓家争买桂花,是为了制作茶点。而拣花人多达五百,即有夸张,也可见需求之大。民国年间,夏仁虎在《秦淮志》中介绍秦淮商市,尚专列出"考市"一目:

东牌楼沿秦淮东岸,北抵学宫、贡院,南达下江考棚,大比之年,商贩云集。凡考试所需,图书而外,各县著名文玩物产,若歙之笔墨,宣之纸,歙之砚,宜兴之竹刻、陶器,金陵之刻瓷,乃至常之梳篦,苏之糖食,扬之香粉,可以归贻细君者,鲜弗备。名之曰考市。

不但保障考生在外日用,连带回家送妻子的礼品都考虑到了。当年商家的精明,由此可见一斑。

改朝换代多年之后,残明一代的兴亡故事,仍令文人墨客"中心藏之,何日忘之",各自寻找自己的倾诉方式。于是,亲历者余怀写出了《板桥杂记》,"征江左之风流,存六朝之金粉",极尽渲染之能事,使得此前此后的名妓都失去了光辉和神采。后继者孔尚任写出了《桃花扇》,自矜为"南都信史",被戏剧界认为可与洪昇《长生殿》齐名,赢得"南洪北孔"之盛誉。就像日本人用浮世绘将艺伎转化为美与诱惑的象征,明末清初的文人用文字将秦淮妓女塑造成一种文化意象。

《板桥杂记》亦成为青楼文化史的经典体例,后世仿作不断。直接与其挂钩的,有清乾隆四十九年(1784年)珠泉居士著《续板桥杂记》、清末金嗣芬辑《板桥杂记补》。此外可以列出一串长长的"板桥系列",仅关于南京的,就有《秦淮画舫录》《画舫余谭》《三十六春小谱》《青溪风雨录》《秦淮闻见录》《秦淮八仙小谱》《白门新柳记》并《补记》《白门衰柳附记》《秦淮艳品》《秦淮感旧集》等,扫叶山房辑之为《秦淮香艳丛书》,至1912年缪荃孙辑《秦淮广纪》,可谓集此大成,但缪荃孙似未见《板桥杂记补》。

四美人与十二钗

余怀遗憾未能亲见的曲中名妓,在《丽品》开篇举出了三位:朱斗儿,徐翩翩,马湘兰。《列朝诗集小传·闰集》载:"朱斗儿,号素娥。画山水小景,陈鲁南授以笔法。与鲁南联诗,有'芙蓉明玉沼,杨柳暗银堤'之句。鲁南入史馆,素娥聚平日往还手迹,封题还之。"陈鲁南即与顾璘、王韦并称"金陵三俊"的陈沂,正德十二年(1517年)进士,官翰林院编修,与文徵明为同僚友好,嘉靖年间以行太仆寺卿致仕,工诗、曲、书画。但周亮工《书影》卷八中另有说法:

金陵妓朱斗儿,嘉靖间与陈鲁南联诗,曲中有才情者也。有《送所欢》一绝云:"扬子江头送玉郎,离丝牵挽柳丝长。柳丝挽得吾郎住,再向江头种几行。"人争传诵。予偶阅元诗,黄君瑞《送别》:"云锦江边送玉郎,江边折柳柳丝长。柳丝若挽情人住,更向东风种几行。"乃窃抄者。鲁南辈不察也。

情人眼里出西施,"不察"或察而不言,都是可能的。周亮工欣赏的是赵燕如诗作:"《寄谢友人送吴笺诗》云:'感君寄吴笺,笺上双飞鹊。但效鹊双飞,不效吴笺薄。'一时名士,皆与之狎。"其中就有徐渭的老师陈鹤。《板桥杂记补》卷上《记人》,第一位就是赵燕如。

《板桥杂记补》又引《静志居诗话》说徐翩翩:"字惊鸿,年十六时,名未起,学琴不能操缦,学曲不能按板,因舍而学诗。谢少连于众中见之,曰:'此陈思王所谓翩若惊鸿者也。'由是人咸以惊鸿目之。"谢少连为徽籍书商。徐翩翩不但能诗,且能画墨兰。后蒙戏曲家、诗人汪道昆欣赏,得与当世名流诸如潘之恒、周天球、张献翼、梅鼎祚、屠隆、周晖等交往。她有《江阴送顾太学》诗:

一日发江口,五日下长洲。

可惜送君泪,不随江水流。

顾太学即曾入太学的昆山人顾懋弘。

马湘兰生于嘉靖二十七年(1548年),万历三十二年(1604年)去世,擅名曲中当在隆庆、万历年间。钱谦益《列朝诗集小传》中,为马湘兰作了一篇约七百字的传记,大大超过了许多知名诗人,可见偏爱之情。马湘兰"善画兰,故湘兰之名独著",据说连暹罗国使者也购求她的画收藏。她相貌平常,但性格开朗,嗓音婉丽,又善于察言观色,易让人视她为红颜知己。她喜欢和年轻男子交往,不时挥金以赠少年,据说她五十岁时,还有二十出头的少年郎想娶她回家。苏州文坛巨子王穉登曾为其解厄,"伯穀七十初度,湘兰自金陵往,置酒为寿,燕饮累月,歌舞达旦,为金阊数十年盛事。归未几而病,燃灯礼佛,沐浴更衣,端坐而逝"。马湘兰有诗二卷,王穉登为之作序,道"有美一人,风流绝代",又赋挽诗十二绝句,誉其"歌舞当年第一流,姓名赢得满青楼"。周亮工《书影》中录马湘兰小诗:"自君之出矣,不共举琼卮。酒是消愁物,能消几个时?"楚楚有致,"宜其名冠一时"。

与马湘兰同时、诗名不相上下的,尚有赵今燕、朱无瑕、郑妥娘,如皋诗人冒伯麟集四人诗作,编为《秦淮四美人选稿》。侨寓南京的戏曲理论家潘之恒曾与朱无瑕、郑妥娘"征歌度曲"。四人中郑妥娘肯定是活到清初的,被孔尚任在《桃花扇》中讥为"老妥"。可见美人白头,未必是幸事。

钱谦益《列朝诗集小传》郑如英传:

字无美,妥,小名,十二,行也。金陵旧院妓,首推郑氏。妥晚出,韶丽惊人,亲铅椠之业,与期莲生者目成。生寄《长相思》曲,用十二字为目,酬和成帙。冒伯麟集妥与马湘兰、赵今燕、朱泰玉之作,为《秦淮四美人选稿》。伯麟称妥"手不去书,朝夕焚香持课,居然有出世之想"。有《述怀》诗寄伯麟云:"浪说掌书仙,尘心谪九天。皈依元凤愿,陌上亦前缘。"良可念也。

又《金陵杂题》诗道:

旧曲新诗压教坊，缕衣垂白感湖湘。

闲开闰集教孙女，身是前朝郑妥娘。

其自注：郑如英小名妥，诗载《列朝闰集》中，今年七十二矣。

《列朝诗集小传》朱无瑕传：

字泰玉，桃叶渡边女子。幼学歌舞，举止谈笑，风流蕴藉。长而淹通文史，工诗善书。万历己酉，秦淮有社会，集天下名士。泰玉诗出，人皆自废。有《绣佛斋集》，时人以方马湘兰云。

又说她工楷书、能画兰。《续本事诗》卷七载林云凤《鞋杯行》，诗题下有注：

余薄游秦淮，偶与一二胜友过朱校书樱宁馆，酒间出双锦鞋贮杯以进，曰："所谓鞋杯也。自杨铁史而后，再见于何孔目元朗，才情正堪鼎足两公。"余闻之喜甚，不意风尘中人博综雅诸有如此者。

杨维桢"金莲杯"故事出陶宗仪《南村辍耕录》，何良俊故事出沈德符《敝帚斋余谈》，朱无瑕"淹通"及此，也是当行本色。

朱无瑕的朋友圈中，还有一位重要的戏曲、小说作家凌濛初。凌濛初之父凌迪知与曾任南京督学御史的耿定向是同年进士，与时任南京国子监司业的朱国桢是好友，凌濛初在万历三十四年（1606年）来南京，住在珍珠桥。他的曲作由表舅吴允兆撰序，史著《后汉书纂》得王穉登作序，并在南京周氏书坊刊行，与汤显祖有文字交往，还在珍珠桥寓所接待过来访的袁中道。万历三十七年（1609年）他与潘之恒、钟惺、林古度等在秦淮河畔与朱无瑕交游。天启七年（1627年）凌濛初开始编纂《拍案惊奇》，次年秋由苏州尚友堂刊行，后继续编纂《二刻拍案惊奇》，崇祯五年（1632年）付刊。《拍案惊奇》卷十五《卫朝奉狠心盘贵产，陈秀才巧计赚原房》，所述即南京故事：

金陵建都之地，鱼龙变化之乡。那金陵城傍着石山筑起，故名石头城，有那秦淮十里楼台之盛。那湖是昔年秦始皇开掘的，故名秦淮湖，水通着扬子江。早晚两潮，那大江中百般物件每每随潮势流将进来。湖里有画舫名妓，笙歌嘹亮，仕女喧哗。两岸柳阴夹道，隔湖画阁争辉。花栏竹架，常凭韵客联吟，绣户珠市，时露娇娥半面。酒馆十三四处，茶坊六七八家，端的是繁华胜地，富贵名邦。

可见秦淮冶游经历于他创作影响之一斑。

《列朝诗集小传》赵今燕传：

赵彩姬，字今燕，南曲中与马湘君齐名。张幼于中秋赋诗，有"试从天上看河汉，今夜应无织女星"之句。诗句流传，脍炙人口，今燕亦用是名冠北里。

张幼于，即与兄凤翼、弟燕翼并称"三张"的苏州名士张献翼。赵今燕有《青楼集》一卷。《静志居诗话》亦称其"名冠北里。时曲中有刘、董、罗、葛、段、赵、何、蒋、王、杨、马、褚，先后齐名，所称十二钗也。晚居琵琶巷口，曰'闭门赵四'。其诗境颇胜诸人。"马湘兰的入幕之宾王穉登也说，南京旧院中"诸姬著名者，前则刘、董、罗、葛、段、赵，后则何、蒋、王、杨、马、褚，青楼所称十二钗也"。缪荃孙《秦淮广纪》卷三亦引录一条：

万历年间，有"十二钗""女校书录"。十二钗可考，为刘□□、董桂、罗桂林、葛余芳、段□□、赵连城、何□□、蒋翘如、王小奕、杨美、马守真、褚茜英。杨美即流波君。又有"名姬分名谱"，又有"华林七柱"，首出者为宇嫩，最稚者为范金英。楼子杨家、重楼董家，今人已不能悉数。至顾夫人之媚楼、李香君之媚香楼，则至今啧啧人口也。郑妥娘、赵今燕至国初尚在，均已七十余矣。

赵连城即赵今燕。盛时泰有《张玄超自海上寄书问连城生消息》诗，题下自注"连成生即赵今燕"。此条应是清人语气，惜缪荃孙未标明来源。"金陵十二钗"的最初出处，似乎就在这里。曹雪芹早年生活于南京，即使不曾听说这段掌故，也应该是能读到这一些文字的。

"金陵十二钗"中人，多已难考。然而未能入列的同时才妓尚有不少，如崔重文，《明诗综》收录其绝句《别黄玄龙》：

枫落鸦翻秋水明，长桥衰柳古今情。

寻常歌板银罂地，从此伤离不忍行。

这一组原有八首，徐釚《续本事诗》卷五载录，并有介绍："崔重文小字媚儿，艳之者目曰嫣然。室中有幻景阁，驹隙所容，凡庭柳扶疏，归禽颉颃，呈态壁间，不遗毫末。"她的诗都不错，尤可喜的是这一首：

九月江南似小春，偷春花鸟嬝归人。

妆楼直对长干道，愁见行车起暮尘。

《板桥杂记》中写到马湘兰的养女马二娘，名晁采，活跃于明末清初。钱谦益《金陵杂题》中写到她："一夜红笺许定情，十年南部早知名。"她原与刘基后裔有婚约，又被阮大铖看中，阮大铖当了弘光朝兵部尚书，马遂弃刘而从阮。时陈煌图有竹枝词讥嘲："旧院名姬马二娘，当筵一曲断人肠。岂知帅府抛红豆，别却刘郎嫁阮郎。"清初黄虞稷写《秦淮竹枝词》时，"旧院门前春草齐，马湘兰屋作招提。朱楼画阁征歌地，半是瓜畦半菜畦"，一代名姬的香闺已成佛寺，风流艳歌之地化为菜圃。画《芥子园画谱》的王概《秦淮竹枝词》中也惋叹："脂粉堆边人种菜，可怜春老菜花开。"

《五杂俎》卷三中说："王百穀送王元美诗云：'最是伤心桃叶渡，春来闻说雀堪罗。'语虽不典，然实关于国家兴衰之兆，非浪语也。"旧院的兴衰，可以视为社会兴衰的征兆。又说：

金陵秦淮一带，夹岸楼阁，中流箫鼓，日夜不绝。盖其繁华佳丽，自六朝以来已然矣。杜牧诗云："商女不知亡国恨，隔江犹唱后庭花。"夫国之兴亡，岂关于游人歌妓哉。六朝以盘乐亡，而东汉以节义、宋人以理学，亦卒归于亡耳。但使国家承平，管弦之声不绝，亦足妆点太平，良胜悲苦呻吟之声也。

中国文化的特色之一，每当政事弄到不可收拾，总能发现"误君祸国"的女人，自妲己以降，几无代无之。谢肇淛不附和杜牧的立意，明言国家兴亡的责任，不能推到歌妓头上，颇有见地。

秦淮八艳是与非

说秦淮名妓，绕不过"秦淮八艳"。

秦淮八艳这名目，出现甚晚，始于清光绪年间进士叶衍兰所撰《秦淮八艳图咏》，其序文中称"缅想秦淮，摸题八艳"，又说：

因思前明末造，南中才士，多以文章、气节相高下，至桃叶、柳枝，皆有盛名绝艺，或以明慧著，或以节烈彰，或以豪侠倾动一时，或以禅悦忏修晚境。

所咏八艳，每人一图一词："风流侠骨"马湘兰，"晕妆娴雅"卞玉京，"婀娜风姿"李香君，"儒士风流"柳如是，"仙眷凌波"董小宛，"芙蓉丽伴"顾横波（顾媚，字眉生），"豪气侯门"寇白门，"朱邸藏娇"陈圆圆。

这一名单，与余怀所见颇有差异，遗漏了《板桥杂记》重点描述的尹春、李十娘、葛嫩、顿小文、王微波诸人。尤其王微波，曾在崇祯年间秦淮花榜评选中名列第一。余怀笔墨不及陈圆圆、柳如是，因为陈圆圆沦落风尘、选送北都，皆在姑苏，柳如是流连秦淮河畔在嫁钱谦益之后，已是尚书夫人身份。二人实与秦淮艳事全不相干。

秦淮八艳名妓集群产生于南京，而不见于其他地区，包括"苏帮"和"扬帮"的旧乡，与南京在明代的特殊地位紧密相关。晚明国事日非之际，江南文人党社已有力量直接干预上层统治集团的决策。秦淮八艳所交往、所托身的，正是这样的人物。马湘兰和王穉登时代较早不论，柳如是所嫁钱谦益是东林党魁、明末清初文坛祭酒，卞玉京相好的吴伟业是复社骨干，顾媚所嫁的龚鼎孳与钱、吴并称"江左三大家"。董小宛所嫁的冒襄，李香君所嫁的侯方域，名列明末四公子。寇白门嫁保国公朱国弼，更是皇室贵胄，据陈维崧《妇人集》说其娶亲时，"令甲士五千，俱执绛纱灯，照耀如白昼"。陈圆圆先与冒辟疆交好，后被买去献给明思宗，皇帝不受，嫁与重臣吴三桂，又被李自成所掠。就妓女而言，如此归宿即足引人注目，何况汇成群体。

最为大众熟悉的是李香君。这与从戏剧到电影又到电视的《桃花扇》分不开。孔尚任自谓《桃花扇》"借离合之情，写兴亡之感，实事实人，有凭有据"。除了专治明史者，中国人对明亡清兴史事，特别是短命的弘光小朝廷，或多或少会受到《桃花扇》的影响。于是李香君遂被视为秦淮八艳中领袖群伦的人物。直到今天，秦淮河畔还开放着一座托名的李香君媚香楼。

与余怀身为明遗民不同，孔尚任是孔子第六十四代孙，康熙年间在御前讲经，受到清圣祖褒奖，破格授任国子监博士。他立意以侯方域（字朝宗）和李香君的悲欢离合为主线，表现东林、复社党人与马士英、阮大铖之间的斗争，揭示弘光小朝廷的政治腐败和溃亡之因。孔尚任利用在淮扬任职机会，寻访南明旧地，结交前朝遗民，包括娶了董小宛的冒襄、亲历弘光朝事的杜濬、《板桥杂记》作者余怀。康熙二十八年（1689年）七月，他专程前往南京，乘画舫游秦淮河，过明故宫，拜明孝陵，游青溪，上虎踞关访明遗民画家龚贤，上栖霞山白云庵访前锦衣卫千户、道士张怡，即剧中老道张瑶星，搜集了丰富的创作素材。《桃花扇》在康熙三十八年（1699年）完稿，即广为传抄，据说曾得清圣祖赞赏，四十七年（1708年）刊印出版，此后屡有翻印。《桃花扇》在晚清被革命义士借以颂扬民族气节，激励反清精神，抗日战争时期又被改编以讽刺汉奸汪精卫之流，激励抵御侵略的民族精神，都说明其成功更在于政治意义。

或许正因为"南都信史"的声名太盛，启蒙思想家、史学家梁启超才从历史辨诬的角度批注《桃花扇》，严谨辨析剧本中人事的真伪，不时提醒读者"此并无本事可考""勿作真实观"，有时忍不住拍案而起："既作历史剧，此种与历史事实太违反之记载，终不可为训。"对于《桃花扇》中诬杨文骢为马、阮走狗，后"弃官逃走"，讹史可法南逃"沉江"等，梁启超都坚决否定。在他之前和之后，都不曾有人对一部历史剧进行如此详尽的史事注释。后人固可以说梁启超所作的，既不能算戏剧研究，也不能算历史研究，但也可以说，能像梁启超这样既有历史学家底蕴，又有戏剧家才华的学者，太少了。

孔尚任于秦淮八艳里选中李香君作为戏剧主角，不是没有原因的。秦淮八艳的经历，都不乏戏剧性，李香君在其中并不突出。论波折跌宕，首推陈圆圆；论柔情侠骨，首推董小宛；论才情色艺，首推顾媚；论气节学识，首推柳如是。但是要写这些人，在艺术上特别是政治上，都有其不易处理的地方。写陈圆圆，必然涉及清军入关史事，涉及对吴三桂的评价，而此时吴三桂已由开国功臣沦为"三藩之乱"首恶。写柳如是和顾媚，必然牵扯到钱谦益和龚鼎孳这两位降清重臣，无法回避清王朝对他们的微妙态度，且钱、龚二人于政坛、文坛皆举足轻重，难以做较大的虚构。写董小宛更麻烦，当时已有董小宛即董鄂妃及顺治出家的流言，为清廷所深深忌讳。这些都是身在清王朝统治下的孔尚任无法解决的困难。

只有李香君最为合适。首先，她与侯方域们的对立面，是南明小朝廷的权奸，是南明政局的腐败，其冲突斗争不管表现得多么慷慨激昂，都与清王朝完全无碍，在某种意义上恰证明了明王朝灭亡的必然性和清王朝得天下的合理性。其次，侯方域在明代虽是世家子弟，入清后地位卑微，中了一个举人还是副榜，尽可以随意改变他的人生轨迹。作陪衬的杨文骢，被孔尚任写成小丑，在剧中受尽奚落。其实杨文骢在清军南下之际转战江南坚持抗战，兵败后与夫人方芷双双以身殉国。据说李香君听到此事，大为感慨，请侯方域为方芷作传，侯方域竟没有答应。

《桃花扇》与《板桥杂记》几乎同时问世，可以为解读《板桥杂记》提供一个有效的参照。《桃花扇》真正的价值所在，恰恰是让读者可以看出，在余怀、孔尚任生活的清代康熙年间，文人学士眼中已在变形的南明史，以及归顺新朝的汉族知识分子的某种心态。事实上，在清圣祖平定三藩之乱后，所谓的"前明遗老"已失去政治上的意义，他们对于"遗民"身份有意无意的标榜，对于明末史事不能忘情的絮絮叨叨，至多只能算挽歌一曲罢了。"桃花扇底送南朝"，使遗老和贰臣们得以在酒旗歌扇之间，对于自己真实的和伪装的心理重负，从此都有了一个交代。它在当时大受欢迎也就不奇怪了。这应该就是《桃花扇》和《板桥杂记》在问世之际最大的现实意义。

第十六章

江南风流

第一节
承平两百年

建置变化与城市建设

明王朝代蒙古人建立的元王朝而兴起，最终又被继蒙古而兴盛的清王朝取代。建立清王朝的满族人，是与金人一脉相承的女真民族。清太祖努尔哈赤统一女真民族后建立的政权，国号大金（史称后金），有其历史渊源，也利于唤起女真各部落的民族意识。二十年后，清太宗天聪十年（1636年）改国号为大清，同样出于政治策略。为了推翻明王朝，他需要更多汉人的支持，而金这个国号容易引起汉人对既往金国侵宋的历史记忆。综观宋代以来的千年中国史，不能只以汉民族为中心，更不宜只以朝代兴替为分割，无视其间错综复杂的民族关系。先后兴起的少数民族，同样有自己的"自古以来"。同时，每一个民族都不是孤立的存在，不可避免地受到其他民族的影响。中华民族的发展兴盛过程，就是多民族交汇融合的过程。

顺治二年（1645年）五月，清军南下，渡过长江，南明弘光帝逃走，钱谦益、赵之龙率文武官员开城门投降，南京算是"和平解放"，在改朝换代中没有受到大损失。闰六月，清廷改应天府为江宁府，隶属江南省，仍下辖上元、江宁、句容、溧水、高淳、溧阳、六合、江浦八县（雍正八年后溧阳县改属镇江府），以原南京城为府城，上元、江宁两县附郭，同城而治。顺治四年（1647年），置江南、江西、河南三省总督，驻江宁，可见对江宁府的高度重视。顺治六年（1649年）河南并入直隶，三省总督改称江南、江西总督，也就是后世常说的两江总督，全称是"总督江南、江西等处地方，提督军务、粮饷、操江，统辖南河事务，兵部尚书兼都察院右都御史"，从一品大员，"养廉银一万八千两"，仍驻江宁。顺治十八年（1661年），江南省划域分治，江宁府隶江南右布政使，其治所移苏州，江南左布政使领安庆、徽州等府，却寄治于江宁。康熙六年（1667年）江南省分为江苏、安徽二省，江宁属江苏省，省治在苏州，安徽布政使司仍设在江宁，成为一种怪现象。康熙二十一年（1682年）起，两江总督即长驻江宁。乾隆二十五年（1760年）安徽布政使司始移治安庆府。后江苏省增设江宁布政使，驻江宁。布政使司为清代省级行政机构，江苏一省却有两布政使司，也可见江宁地位之特殊。

清初征战之际，两江总督主要掌管军务、粮饷，后兼及经济。在漕粮的征收、监兑、运输等方面，都有重要责任，时两江所征漕粮占漕粮总数一半以上。清王朝财政收入和各种物资供应，主要也是依靠江南地区。道光十一年（1831年）起，两江总督兼管两淮盐政，盐税又是清政府的重要税源之一。清代四川盆地得到大规模开发，长江上游竹、茶、木、丝等商品顺流而下，上、下游区域商品交换日益发达，南京作为长江重要口岸，被喻为"数省之咽喉"，交通枢纽地位更促进经济繁荣，成为江南财富重镇。有清一代，江宁府始终是江南首府，东南地区的政治、军事、科举、文化中心。

嘉庆十六年（1811年）吕燕昭《嘉庆新修江宁府志》卷十二《建置》中所述上元、江宁两县分界，出现了很大变化：

城内上元县倚北，自内桥与江宁中分，西至铁窗棂，东由四象桥至大通街，以北皆上元界也。城内江宁县倚南，自内桥中分，西至铁窗棂，东至大通街，以南皆江宁界也。

江宁县城内辖区扩大了一倍。自南唐建金陵城，上元、江宁两县同城而治，即以御街（今中华路）为东、西分界，明代江宁县城中区域甚小，清初延续明制未变。这里说"自内桥中分，西至铁窗棂"，内桥西经上元县衙南、珠宝廊、羊市桥、红纸廊、朝天宫街、堂子大街抵铁窗棂，相当于今建邺路、朝天宫西街、堂子街抵涵洞口。"东由四象桥至大通街"，大通街在大中桥东，此即中正街（今白下路）一线。这一条东西轴线，自六朝开始形成，南唐已经稳定，此时正式成为城市的南、北分界线。今人所说"老城南"至此全部归属江宁县。按乾隆十三年（1748年）刊袁枚主修《江宁新志》中，两县分界仍如旧制，这一改变应发生在此后半个世纪。

自顺治开国至道光约两百年间，南京大体处于和平发展之中。陈开虞《康熙江宁府志》卷七记载,江宁府最初只是修桥造庙,顺治三年(1646年)九月"内院洪承畴、操院陈锦、守道林天擎、知府李正茂重修上方桥,于八年二月桥成",前后历时近五年,可见精工细作。上方桥即七桥瓮,至今保存完好,为全国重点文物保护单位。同在顺治三年(1646年)"知府李正茂造木桥于桃叶渡,名利涉桥"。这是桃叶渡有桥之始,四年(1647年)"重修都城隍庙",八年(1651年)"报恩寺造万佛楼",十七年(1660年)"重造报恩寺大殿"。康熙三年(1664年)重修聚宝桥(今长干桥)、赛工桥(今赛虹桥),四年(1665年)"倡修中和桥","重修都城隍庙大殿、后殿、堂庑、门墙,期年功成"。五年(1666年)"倡修报恩寺藏经殿","倡修镇淮桥"。六年(1667年)重修三山桥、下浮桥、金川门外通江桥。

顺治八年(1651年)国子监改江宁府学,康熙六年(1667年)"重修府学,议改学大门,周缭围墙,添建启圣、乡贤、名宦祠",又"修程明道书院"。上元、江宁两县县学则在明应天府学,即今夫子庙。明应天府贡院改称江南贡院,作为江南省科举乡试考场,今江苏、上海、安徽的秀才都来此处应考,是仅次于北京顺天贡院的全国第二考场,现营造为中国科举博物馆。

清廷在南京的第一项重大工程项目,是将明故宫改造成八旗武装的驻地。顺治六年(1649年)清军"始造满城",也称八旗驻防城。满人为保持血统纯正,与汉人不通婚,亦不混居。所有八旗官兵家属也都住在驻防城内。"顺治十七年二月重造满城,起太平门东,至通济门东,止长九百三十丈,连女墙高二丈五尺五寸"。驻防八旗由江宁将军统辖,将军府就设在满城的西南角。满城的范畴,比明皇城还要大一些。《嘉庆新修江宁府志》卷三《江宁府城图》中可以看出,驻防城东墙和南墙利用了明都城城墙。西墙北端以皇城西北角为顶端,将皇城西墙南延,至通济门东侧与都城城墙相接,又将皇城北墙东延,与都城东墙相接,形成一个大致的正方形。驻防城四面城门,东即原朝阳门,南即原正阳门,又于近通济门处开一小门,西即原西安门,北即原北安门,改称后门。明故宫内原有地面建筑完全改变,只保留了城垣格局。驻防城不允许百姓进入,城中平民仍像明代一样,必须从太平门或通济门出城绕行,才能到达东城外。

两江总督署亦于清初建于沐府东门(今汉府街口),即今总统府所在地，但当时范围大得多。江宁织造署初建于两江总督署南面，当时地名利济巷大街，因康熙皇帝南巡曾驻跸织造署，乾隆十六年（1751年）改建行宫，即今大行宫、利济巷一带。织造署后迁至淮青桥东北，顾璘息园旧址重建。江宁布政使司署在大功坊徐达府第旧址，即今瞻园路太平天国纪念馆所在地。江宁提刑按察司署建于奇望街针工坊口，即今秦淮区一中心小学校址，后按察司迁苏州，司署改作江南盐法道署。江安督粮道也在大功坊徐达府第旧址，布政使司署的东面。江宁府署沿用了明应天府署，在今府西街。北捕厅在北门桥。上元、江宁两县署也都沿用明代之旧，分别在今白下路昇平桥和长乐路三坊巷。乾隆二十二年（1757年），另在栖霞山中建行宫，今犹存遗痕。

清代官署的选址，多依明代之旧，或以明代权贵府第园林改建，既可以显示政权的延续性，也无须大兴土木，是很明智的办法。陆世仪《江宁谣》其一感慨：

王侯第宅旧威仪，开国功高道路知。

今日门庐尚如昔，上头扁额是三司。

明代古迹中被完全毁弃的，是前朝已被废置的朱元璋旧王府。《嘉庆新修江宁府志》卷九载：

国初阙门犹存一额，曰"旧内之门"。岁久居民稠密，中、左二门为市肆、民居所蔽，然犹有断垣可见。乾隆庚午，吏取垣砖为甃甓用，遗迹荡然矣。今址为艺植之圃，每春夏凝望菜花弥漫，饶有野趣。

旧王府本在城南居民稠密之处，一旦失去皇权保护，即遭商铺、民居侵蚀。府城墙砖拆去砌了井壁，失去最后的屏障，土地很快被开垦为花圃、菜园。

江宁府城墙没有大变化，只对局部城墙、城楼等进行过修葺，但城门的开、闭时有不同。明代后期封闭了仪凤、钟阜、金川三门，清初又封闭神策门和清凉门。顺治十六年（1659年）郑成功兵临城下，守城的吴淞总兵梁化凤开神策、仪凤门出袭获胜，这两座城门遂不再封闭，且将神策门改名得胜门。据陈开虞《康熙江宁府志》卷七记载，此后封闭城门是钟阜、定淮、清凉三门。其时外郭十八门已多圮坏。

河湖湮塞水患频发

据陈开虞《康熙江宁府志》，清初城内街市延续明代，变化不多，但河湖淤塞情况严重。其卷六摘引明南京工部尚书丁宾《题准开浚河道疏》，说："考自万历四十三年十一月内允公请开浚，于次年五月疏浚告成，计支官费四千六百有奇。以故明季水道安澜，人文蔚起。"明代后期南京已水患频发，顾起元《客座赘语》卷一之"水灾"有记：

> 万历十四年丙戌五月初三日大雨，至十七日，城中水高数尺，儒学前石栏皆没，江东门至三山门亦行舟。三十六年戊申五月，江涛大溢，城中水泛滥。儒学棂星门亦淹没。余所居最高，门前水亦几至尺许。

夫子庙南临秦淮河，地势低洼，顾起元遁园在凤台山麓，亦见积水，所以后有开浚之举。然而到康熙初不过五十年：

> 正河浅狭极矣，支河壅塞更不可问。如康熙二年八月间河水泛滥，弥漫阛阓，睹湍流而追往昔，能忘前事之师乎。但今昔时移世异，昔有存留经费，今则饷用为亟，不能为无米之炊。昔有都水专官，今则裁汰不复，亦谁为任劳之人。然经费固不可支，而令各户以门面计浚河之工，都水虽无专官，而以街道兼水利之政事，尚可行。伏惟加意，地方幸甚。

"令各户以门面计浚河"的方案，见同书卷三十四《丁灏拟浚省城河道议》：

> 秦淮两岸，居人稠杂，多有侵越水道以为亭榭者，量行拆毁，以拓水面，仍如往禁，居民毋得壅土积秽，擅抛瓦砾。江南原有都水司及水利厅，既裁汰未设，应疏请责成街道厅兼管水利事务，使勤劳岁月者不致委顿一朝，其在斯乎。更有议者，方今钱粮告绌，司农仰屋，欲支官钱以倡民力又势之不可者。不若就沿河居民，分别轮纳，或令各户以门面计修河工。

治水经费与职能官员均缺失，工程无从实施，这种"各人自扫门前雪"的妙法，效果可想而知。陆世仪《江宁谣》其六也写到贡院龙门街被淹。道光年间，江南贡院几度因积水而不得不延迟乡试：

> 一霎云雷风雨过，三场巨浸竟成河。
> 龙门未必尽烧尾，赢得双双浸碧波。

嘉庆十六年（1811年）吕燕昭《新修江宁府志》中，反映了清初承平一百七十年间城市情况，卷七中详述当时城内河道流域，与此前史籍记载比较，可以看出水系与桥道变化。其叙秦淮河："淮水自通济门入东水关，与杨吴旧城壕合，又西至淮青桥，与青溪合。淮水又西南过武定桥，经镇淮，西北过新桥，又西北至斗门桥，与运渎合，又西北出西水关，与城外壕水合，遂沿石头城以达于江。"此前史志中常弄不清河流的流向，此书能正确标示，是其优点。

同书所记城内桥梁，比明代有较多增加，尤其是城市北部，如杨吴北城壕上增加了浮桥和通贤桥（近成贤街口）。跨进香河的进香桥、石桥、西仓桥、红板桥、仙鹤桥、莲花桥等六桥皆新建。珍珠河上有一座浴沂桥（后被误为浴贤桥、浴河桥），位于今鸡鸣寺路口，是跨珍珠河北端第一桥。因此地原在明代国子监内，"浴乎沂"源出《论语》，是孔子所赞赏的生活方式。此外，跨金川河的有狮子桥（据说因与狮子山相望而得名）、斜桥、草桥、金川门桥。定淮门内有回龙桥。新街口北有塘坊桥（今糖坊桥），南有漾米桥。城南增加了古青溪支流上的董家桥、五老桥、寿星桥、钱厂桥、六水桥、栏杆桥等。可见城北地区在这一阶段得到了较大的发展。

清初以来的河流湮塞问题，始终没有得到解决。姚鼐侄孙姚莹在道光末年亲历南京大水灾，作《江宁府城水灾记》，统计自蜀汉延熙十四年（251年）至康熙二年（1663年）间见于记载的水患达八十五次，其中大水灾十七次。此后南京仍水患频发，仅道光三十年间即发生八次，其中二十八、二十九年（1848、1849年）尤为大患：

道光二十八年七月霖雨，……江宁被水尤甚。明年四月，莹至江宁，见城中门扉水迹三四尺不等，咸相告曰，某某市中以船行也。未几，闰四月，久雨不已，五月复大水，阛阓深六七尺，城内自山阜外鲜不乘船者。官署民舍胥在水中，舟行刺篙于人屋脊。野外田庐更不可问矣。人被淹且饥，死者无数，或夫妇相携投水中，或男女老稚相结同死破屋。浮尸沿江而下，以诸省复被水且胜于前年也。

张剑《华裘之蚤》中，利用上海图书馆所藏《何汝霖日记》稿本中"最详细、最有过程感的史料"，对这两年的大水灾作了全方位的研究。何汝霖是江宁上元人，官至兵部尚书、军机大臣上行走，道光二十七年（1847年）五月丁母忧回乡守制，二十九年八月服阕，正好亲历这两年大水，他当过都水司郎中，于水利是内行，所以留下了这份"详尽珍贵的气象学、水利学、灾害学数据"，比姚莹所述更为切实。

何府位于松涛巷（今淮海路东段），前后五进，侧开大门朝西对延龄巷、小松涛巷，北临党公巷（今游府西街东段），东临吉祥大街（今太平南路），南即松涛巷，近花牌楼大街（今杨公井），即今金陵刻经处东，在南京不算低洼。道光二十八年（1848年）七月初三，他去淮青桥东的江宁织造署，"所过东、西井巷及文思巷，皆冒险行水中，至织造门外，水深三四尺，轿不能入，投刺而回"，让仆人涉水送了张名片过去。十七日记：

闻昨早所过之寿星桥、四条巷一带，水皆二三尺，不能行。而各处报水长者纷纷皆云较廿一年不相上下，合计城内大小街巷被淹者三分之二，危及虑及。

二十日记：

是日江水又长尺余，较廿一年更大矣。闻数次水患，党公巷皆未上水，正深欣慰，本日对大门之松涛、延龄二巷水皆满道，而本巷口外之花牌楼大街，跟巷口仅留三四十步，则前次所未有也。焦灼之至。

尽管政府采取了沿江开坝泄洪措施，此后仍每日水长数寸，八月初一"门外及听事阶下俱有水矣"。初三午后又开始下雨，"夜，水入厅院门外，已过甬路，即将上厅。……大约城内大街小巷被淹者十居八九焉"。一夜密雨，次日"大门外路皆漫水，门内厅前、两院约尺许，听事四五寸，木器皆架起，厅后两层院内已积二三寸"。初五"闻巷口外花牌楼大街已有澡盆及小湖撇船以运物济人，太平街则水已过胸，轿夫断不敢走"。时晴时雨，至初八日记："大约日来统计，城中十淹其九，较廿一年更高二尺余，四面街道全然不通，朋友断绝往来已六七日矣。"十一日午后"赴白衣庵捐局，出门即入深水，二郎庙数十步无水，一入土街口至新街口，则二里余直如长河一道。唯明瓦廊、大香炉无之"。白衣庵在内桥西南，何汝霖的路线当是沿今淮海路或游府西街西行，过土街口（今洪武路）、新街口进入明瓦廊、大香炉、木料市、绒庄街，即可达白衣庵。廿一日，"厅事院中积至一尺二寸，厅堂八寸，上屋二院六七寸"。此后水渐退，至十月初八"大路可通"，前后持续约四个月。

道光二十九年（1849年）洪水来势更猛，闰四月初五："彻夜雨，一日未住，上屋院中已成河矣。闻太平街门楼桥、四相桥俱如去年光景，可怕可虑"。门楼桥（今门帘桥）、四相桥（今四象桥）都在今太平南路南段。五月连日大雨，一边江水倒灌秦淮河，一边是城中积水无从外泄，官府防水不得其法，十二日已是"城内通衢处处皆深一二尺及三四尺"，比上年早了两个月。十五日"吉祥街、土、新街各口及笪桥市、南门大街，水自一二尺至四五尺不等"。十七日：

早起，水已入明间二三寸，赶忙料理。巳正，先令定保母子前赴九儿巷暂住，缓再出城，惟绕道数里。如土街口、新街口及笪桥市，用数人帮轿，大约至浅者水已二三尺。满道湖㭉小船及水盆如织，轿中慄慄如临深渊，遍体汗下如雨。

何家不得不移家平安处，妻儿暂住的九儿巷，当是大中桥西南今东九儿园，地势较高。何汝霖与三弟等出城至雨花台永宁庵，"此地高与城楼相垺，似不虑洪波再至矣"。当夜又下了一夜雨，"党公巷上屋内水已及尺，幸昨避之速也。与隆法僧登山，遥见城外圩田一片汪洋，城内水已及十之八九，真可悯也"。隔日为避难民，复进城，向仙鹤街张家租屋居住。仙鹤街地近凤台山，地势高亢。廿一日记：

城中大街皆断，浅者四五尺，满地皆船，而日见其长，几无生人之趣，竟不敢下一转语，言之泪下矣。……城内多哭声，死者日闻数起，真可惨也。闻廿二年避夷难尚不至此，岂真沧桑之变耶。

道光二十二年（1842年）鸦片战争波及南京，水患之惨，过于战乱。廿二日记：

贡院号舍，只露屋顶，可怕可惨。遗李升、饶升及轿夫四人赴党公巷，取回衣箱十二只、软包箱四个，并各项要物，雇漆板船四只由陆路运来寄内。院中水已灭顶，堆箱上屋则深及腰以上，大门头仅留尺半。其太平街、门楼桥及贡院学宫、东牌楼则深至七八尺及一丈矣。真千古罕有之灾。

江南贡院濒临秦淮河，地势较低，受灾更重。二十七日记："闻五台山下堆尸甚多，不忍代想矣。"何汝霖接济亲友，家人救援难民，又参与赈济施粥，做了不少善事。六月间水退然甚缓，一天只数寸，六月二十七日记："闻水又退二三寸，一月以来共尺五矣，而深处通身者仍有六七尺，未识何时全涸也。"七月初十地势较高的九儿巷水方退净。

南京城中水患如此之重，有多方面的原因。一是长江上游毁林开荒，中下游围垦江滩造田，导致长江连年洪水泛滥。长江水位过高，沿秦淮河倒灌，又导致城中积水无法排出。二是城中河流湮塞严重，雨量大时排水不畅，形成严重内涝。三是玄武湖面积缩小，容受水量减少，失去缓冲功能。所以单靠南京关闭东、西水关，于事无补，而且秦淮河实际上是城中污水排放重要通道，水流不畅，必然造成严重污染。张剑在本节的注文中，说到水关的开、塞问题，引录道光十四年（1834年）汪正鋆为金潨《金陵水利论》所作跋文：

> 洎道光之初，上游雨水过多，江潮泛滥，江宁始有水患。昧昧者不谓江潮之为患，而独归咎于秦淮，至十一年水灾，遂有堵塞东关之议。不揣其本而齐其末。抑何愚谬之甚乎。讵知堵塞之后，城内尽成死水，沿河居民不下万余家，日倾污秽之物，荡涤无从，壅遏愈甚。次年壬辰春夏之交，满河之水变成绿色，腥臭四闻，时疫大作，死者不可胜计。此诚人事之过。

其后只得又打开东水关，只在上游山洪暴发之际关闭闸门。

承前启后的街巷网络

《嘉庆新修江宁府志》卷十二《建置》中，记载了城内的街道情况，虽较简略，仍勾勒出了其串连贯通的轮廓，恰好成为明代街巷与现代街巷之间的一个衔接。

东西向大街，自北向南，有洪武街、西华门大街、中正街、水西门大街、贡院前街、钞库街。南北向大街有内桥大街、评事街、卢妃巷街、北门桥街、高井大街、花牌楼街。

值得注意的，是清代新出现的东西向干道西华门大街，"在督院前，东入驻防城，西过行宫为土街，又西至双石鼓，至罗汉寺转湾南折，又西达旱西门"。西华门是明宫城西门，位于西安门东，西安门遗址现存。西华门大街在两江总督署前，东段相当于今中山东路稍偏南，其中大行宫至洪武路口一段旧称土街。双石鼓在新街口西，东自管家桥西至慈悲社，罗汉寺转湾（今螺丝转弯）民国年间修汉中路时被分割为南、北两段，北段即今慈悲社南段。由螺丝转弯南行，西转入石鼓路，石鼓路西口正对旱西门（今汉西门）。民国年间修中山东路，就是在西华门大街基础上向东延伸，剖开了明皇宫，直达朝阳门（今中山门）。

因为西华门大街的出现，产生了新街口这个地名。《南京地名大全》中说新街口产生于明代：

> 清工部《明代南京城图》载有此名。始建于明初，其方位在今丰富路北端，折东至中山南路的一小段街巷，名新街口。一九二八年，为迎接孙中山灵柩入葬中山陵，在明新街口稍北，以糖坊廊与丰富路衔接处为中心，新辟中山路、中山东路、中山南路和汉中路，以地居四条新街交会处，沿用新街口名。

这份《明代南京城图》甚可疑。清工部为什么要绘制"明代南京城图",已经令人匪夷所思,即使绘制,也决不会用这个图名,应为常识。即使用这个图名,也不能证明新街口地名始于明初。后文明说中山南路新辟于1928年,从现有古地图看,明代中山南路一线并无道路,则"新街口"东至何处?况且中山南路初名中正路,与丰富路衔接的应是糖坊桥而非糖坊廊。

最早出现新街口地名的文献,是明天启元年(1621年)所修《南京都察院志》卷二十一《中城职掌·舆地》:"正北司后左,北门桥宝字铺,新街口璧字铺,糖坊桥尺字铺。"依《千字文》"尺璧非宝"次序,新街口似在北门桥与糖坊桥之间。书中除此地名外,未见有其他相关记载。至清乾隆年间刘湘煃《城内沟渠考略》中介绍高井大街(今丰富路)、明瓦廊一带水系,并明确说:"新街口南之水,至破布营东与之相会。"可知此时的新街口即位于今新街口广场范围内。

"新"街口当与"旧"街口相对而得名,这个旧街口,就是土街口(今洪武路口)。洪武路是南唐宫城北部道路,宫城被毁后,南接古御街(今中华路),北通明初所开进香河,成为一条南北向干道。自西安门西来的土街与洪武路形成一个十字街口,旧称土街口。清代驻防城西有两江总督署、江宁织造署等,交通需求高于明代,新出现的西华门大街,实际上是对旧有道路的一种整合与延伸。由土街继续向西,与南北干道高井大街(今丰富路)相交处形成一个新的十字街口,便被叫成"新"街口了。清圣祖、清高宗南巡返程时,也都曾由旱西门(今汉西门)外登船,走的就是从大行宫过新街口,经双石鼓、罗寺转弯、石鼓路这一条东西干道。《康熙南巡图》中清晰地描绘了旱西门(今汉西门)内外的繁华气象。

南北干道高井大街"在上元治西南,南达下街口,北抵北门桥"。下街口即今鼎新桥一带。高井大街(今丰富路)南接评事街,北过新街口到北门桥,今糖坊桥、估衣廊,初时都在高井大街内。这是南京城里一条重要的南北干道。过北门桥到唱经楼,由唱经楼西街又可沿黄泥冈直达鼓楼,通往城北地区。这条南北干道有一个明显的弯折,是因为南唐建城以后,北行出城只能经由北门。明代虽然拆除了南唐北城垣,但没有形成足以取代高井大街的新路。民国年间修中山大道,从新街口到鼓楼取直线,即今中山路。北门桥一带遂渐衰落,仅剩下菜市场。

现存最早出现新街口地名的地图,或是咸丰六年(1856年)袁青绶刊行《江宁省城图》，现藏大英图书馆。图名标在右上角，图序中说："自癸丑、甲寅久罹浩劫，冀之资考核、寓凭吊者，行且荡为瓦砾矣。爰就家藏金陵省会城垣街巷旧图重付剞劂，贻我乡人，庶几为好古之一助。"款署"咸丰六年丙辰兴化袁绶青谨识于楚南浏阳官舍"。其所据底本"金陵省会城垣街巷旧图"，既称"金陵省会"而不称"江南省会""江苏省会"，刊印时间或不早于乾隆二十五年（1760年）设江宁布政使司。

我所见最早出现新街口地名的地图，是清同治年间刊印的《江宁省城图》，注明"板存金陵聚宝门内武定桥西大街，姑苏张凤荣纸铺监制"，亦说明是按照旧藏金陵省会城垣街巷图重刻的。图中新街口方位明确，由土街口到双石鼓的西华门大街，与糖坊桥的交叉点正在今新街口广场内。此图被收入南京出版社出版的《老地图·南京旧影》，查找很方便。此外尚有款署"秣陵邓启贤谨识"未标图名的一种、无署款的《金陵省城古迹全图》一种，都应是晚清据同一底本翻刻的。

清代城市道路格局的新变化，首先是从城南向城北大幅度延展，新街口成为新的南、北分界点，正是市民生活区向北推进的结果。新街口以北区域的街巷密度，已不亚于老城南。其次是城南街巷的延长与增加，路网较明代为密集贯通性也更强。街巷是因建筑物的排列延伸而形成，发展到一定程度才会得到命名，由此可知当地居民与建筑，在清代都较明代有相当数量的增加。这些道路的走向大多延续到现当代，虽然多经过扩建、改建，许多地名对于今人都不算陌生。民国年间南京的交通网络正是在此基础上发展而成的。

这些路网所包围的地块，自然成为当时城区的繁华地段。"要想富，先修路"，在古代就是真理。吴敬梓小说《儒林外史》以南京为背景，说南京"城里几十条大街，几百条小巷，都是人烟凑集，金粉楼台"，书中多次出现水西门、汉西门、聚宝门（今中华门）、三山街、评事街等地名。

随着街巷增多，里坊数量大为减少。《嘉庆新修江宁府志》所载，上元县境内只剩下六坊，江宁县境内也只剩下八坊，都是明代旧坊。旧里坊多已经转变为街巷，就是保留着坊名，实际也已街巷化了。

《南京城镇建设综合开发志》记载，明、清时期，"南京有房屋面积约二百五十八万平方米"，因为商业和手工业人口所占比例甚大，"民宅形式多为家连店、店连家单门独户的私人住宅"，也可以视为南京普通商店和手工作坊的建筑形式。官绅富豪人家的宅院规模要大得多：

今保留的几处明、清民宅中，常见的有三、四、五进，最多达七进、八进穿堂式高墙深院。宅间以青石板铺路，室内嵌砌方砖地面，门周饰砖石雕刻的人物、花卉、禽兽等精美图案，院墙饰有青砖磨砌成的圆形、方形等花窗。有的民宅为两层建筑，楼上格门窗棂，复道悬廊曲折回绕、婉转相通。

民间将明、清建筑形式特色归纳为"青砖小瓦马头墙，回廊挂落花格窗"，是有一定道理的。

清初二百年承平时期，作为江南省首府的江宁府，城市建设、市民生活均得以平稳发展。直到道光二十二年（1842年），鸦片战争的炮火打破了人们的平静生活。

第二节
芥子园

芥子园精刊书画谱

读余怀的《板桥杂记》和李渔的《闲情偶记》，会让人以为李渔比余怀小一辈。其实李渔与余怀是同辈好友，他生于明万历三十九年（1611年），比余怀还大五岁。当余怀流连于秦淮河畔选色征歌之际，李渔正蹭蹬于考场，间在故乡金华做幕僚，不同的平台导致了两人截然不同的人生际遇，所以他不会像余怀那样恋恋于前朝。

有趣的是，李渔后来也选择了南京，作为他的安身立命之地，而且与余怀成为知交。

顺治八年（1651年），年逾不惑的李渔移家杭州"卖赋糊口"，以刊印、销售自己的文学作品为业，是他人生的转折点。从"学成文武艺，货与帝王家"的传统文人，到营销文化产品的商人，随着角色身份的转变，他很快意识到，南京的文化氛围和市场环境更适宜事业发展，遂决计迁居南京，次年开设翼圣堂书肆。现上海图书馆藏有顺治十六年（1659年）翼圣堂刊《唐诗类苑选》，因此李渔迁居南京不会晚于顺治十五年（1658年）。

南京没有辜负李渔。此后二十年，是李渔一生中最为辉煌的时期。他安居南京，写小说、作传奇、开书坊、造园林、演昆曲、编画谱、论颐养、寄闲情，以文会友，以戏会友，在中国文化史上留下了浓墨重彩的一笔。乾隆年间，李渔的作品已流传至日本，被多次翻刻、转译并选编入书，其后又被介绍到欧洲，还曾译成拉丁文。中国文化史上，像李渔这样在小说创作、昆曲编演、美学研究、绘画教学、编辑出版、园林建筑等多方面均取得卓越成就的文人，罕有其匹。放眼世界，能作为他之前辈的，好像也只有达·芬奇。

初到南京，李渔暂居桃叶渡附近金陵闸，距江南贡院仅一箭之地，于出版营销十分便利。李渔在杭州时，已经刊印过自著拟话本小说《无声戏》一、二集和《十二楼》，以及传奇作品《怜香伴》《风筝误》《意中缘》《蜃中楼》《奈何天》《玉搔头》等，因广受读者欢迎，屡被盗印，引起争端，这也是他决定移居南京的原因之一。他在南京经营翼圣堂（亦称翼圣斋）和芥子园书肆，除继续刊印自著小说、戏曲及《资治新书》《笠翁一家言全集》《闲情偶寄》等各类著作，并精镌精印《四大奇书第一种》（即《李笠翁批阅三国志》）《李卓吾评忠义水浒传》《绣像西游真铨》《新刻绣像批评金瓶梅》（以上合称四大奇书）及《唐诗类苑选》《情史类略》《今古奇观》《东周列国志》《禅真逸史》《绘图第七才子书》等经典名著，《本草纲目》《笠翁诗韵》《笠翁对韵》《四六初征》《尺牍初征》《古今史略》等实用工具书。"四大奇书"是中国小说史上的重要里程碑，分别代表着历史演义小说、英雄传奇小说、神魔小说、世情小说的巅峰，也即宋人话本中讲史、说铁骑儿、说经、小说四家的承续。清代加入《红楼梦》，成为五大名著。后因《金瓶梅》遭禁，才定型为今天的四大名著。

芥子园刻书不计工本，纸墨佳良，尤其是均配有精雅的版画插图，故历来被珍视为善本。黄人《小说小话》卷四中说：

> 曾见芥子园四大奇书原刻本，纸墨精良，尚其余事，卷首每回作一图，人物如生，细入毫发，远出近时点石斋石印画报上，而服饰器具，尚见汉家制度，可作博古图观。（《小说林》1907年第二期）

郑振铎《中国古代木刻画史略》中介绍《清代早期的木刻画》，也提到书名《四大奇书第一种》的"三国人物图刻得最有精神"，"每一个人物，连衣褶都仔细考究，刻得灵动异常，不肯苟简一笔"。周心慧《中国古小说版画史略》中说："《李笠翁批阅三国志》，亦有图二百四十幅，绘刻精缜，较之李卓吾评本，似犹有过之。刀笔灵动活脱，尤其描绘战争的场面，气势恢宏，颇为可观。"并称其为"清初刊《三国志》诸本版画中绘、镌俱精的代表作"。《中国古代戏曲版画考略》中又称许《笠翁十种曲》"除《慎鸾交》外，皆为月光型版图，多出自苏州著名木刻家王思佐、蔡思璜之手，镌刻极为精雅"。

芥子园印行大量精彩版画插图的小说、戏曲，版画成为芥子园出版图书的重要特色，而奠定芥子园书肆在中国出版史和中国绘画史地位的，则是《芥子园画传》（亦名《芥子园画谱》）。

　　李渔在《芥子园画传序》中，说到编纂此书的源起。他"生平爱山水，但能观人画，而不能自为画。间尝舟车所至，不乏摩诘、长康之流，降心问道，多蹙额曰：'此道可以意会，难以形传。'"李渔同女婿沈心友说起自己的困惑："人物、翎毛、花卉诸品，皆有写生佳谱，至山水一途，独泯泯无传，岂画山水之法，洵可意会，不可形传耶？抑画家自秘其传，不以公世耶？"沈心友想必知道泰山大人的心结，三年前已经在做准备工作，将家藏明末画家李流芳课徒山水画稿四十三页，请画家王概整理并增编为一百三十三页，"若为分枝，若为点叶，若为峦头，若为水口，与夫坡石桥道，宫室舟车，琐细要法，无不毕具"，对山水画各种技法做了条分缕析的介绍，且附有深入浅出的简要说明。又临摹历代名画四十幅以为初学范本，"其间用墨先后，渲染浓淡，配合远近诸法，莫不较若列眉。依其法以成画，则向之全贮目中者，今可出之腕下矣"，眼前的真山水，可以化为笔下的画山水，以供没有机会身临其境者"卧游"。这是康熙十八年（1679年）的事情，李渔视此为"不可磨灭之奇书"，"急命付梓"，以红、棕、蓝、绿、黄五色套印出版，并在夏至时节作了这篇序文。次年正月李渔逝世，所以实际主持《芥子园画传》出版工作的是沈心友。正是他继承、弘扬了李渔开创的芥子园事业。

　　担负编绘工作的王概，是龚贤的得意门生。清代初年，明遗民龚贤隐居南京，他的山水画别具一格，被西方中国美术史学者高居翰称为"中国晚期画史中最为特立独行的画家"。明遗民画家是一个特别的群体，高居翰认为他们在政治和思想上的选择意识，也体现在绘画风格与技法的自主选择上。这是一个有意思的说法，值得文学艺术家思考。

　　龚贤或许是那一代画家中走得最远的。晚明时期他生活在南京，得以观摩、研究历代名作，对古代绘画有广博的认识，但不一味追摹古人，自觉以造物（自然）为师，注重写生，作品多取材于南京一带自然景观。他概括山水画技法为笔法、墨气、丘壑、气韵四方面，尤强调丘壑的奇而安，达到实境与幻境的统一："位置宜安，然必奇而安，不奇无贵于安。安而不奇，庸手也，奇而不安，生手也。"高居翰认为龚贤画作的明暗处理，受到版画艺术的影响，不无道理，甚至认为他在构图和技法上的一些创新，是接触到传教士带来的西方绘画。有兴趣的读者，可以参阅高居翰的《气势撼人：十七世纪中国绘画中的自然与风格》。

同在南京为龚贤所推重的画家，有程正揆和髡残。髡残出家为僧，抗清失败浪迹天涯，晚年定居祖堂山幽栖寺，号石溪，能得巨然、米芾、元四家神韵。程正揆曾迁居青溪，自号青溪道人，画得董其昌指导，承元四家传统。龚贤认为金陵画家逸品首推"二溪"。程正揆评价龚贤能兼通宋人之简与元人之繁。与龚贤同时活跃于南京画坛的樊圻、高岑、邹喆、吴宏、叶欣、胡慥、谢荪等遗民画家，隐居山林，以书画相酬唱，史称金陵八家、金陵画派。也有论者将陈卓、蔡霖沧、李又李、武丹、邹典、施霖、盛丹、王概等列入金陵八家，足见当时金陵画坛之盛。龚贤为金陵八家之首。王概得龚贤真传，画风雄放苍健，气势过人。其兄王蓍、弟王臬也都能画。王概在绘画史上的最大贡献，就是编绘《芥子园画传》。

不久，沈心友又请画家诸升编绘竹谱和兰谱，王质编画梅谱、菊谱及草虫花卉谱，由王蓍、王概、王臬三兄弟依前例斟酌增删，历时十余年，在康熙四十年（1701年）作为《芥子园画传》续编出版，分上、下二册，有青出于蓝之誉。此书既广受欢迎，书商遂多方翻印，且将兰竹梅菊谱改称《芥子园画传》二集，草虫花卉谱易名花卉翎毛，作为《芥子园画传》三集。这部五色套印本《芥子园画传》，在绘、刻、印三方面都较前代画谱有大提高，达到了新境界，因而也最为美术史家所重视。郑振铎《中国版画史序》中说："李渔婿沈心友所纂芥子园诸谱，能于十竹斋外，别出一手眼，其山水画拖蓝带紫，颇具阔大之气象。其花卉翎毛，亦粗豪有力。"

因沈心友说过打算续编《写真秘传》，而未能实现，遂有书商将康熙年间画家丁皋所作肖像画技法专著《写真秘诀》与乾隆年间画家上官周编绘《晚笑堂画传》拼凑成一书，冒充《芥子园画传》四集，于嘉庆二十三年（1818年）刊行。至清光绪年间，画家巢勋临摹《芥子园画传》以付石印出版时，不满意原第四集，遂重行编辑，较旧本有价值，所以后世再翻印时，第四集多采用巢勋临本。

《芥子园画谱》第一集篇首的《青在堂画学浅说》，综述画理、画法，指引学画者循序渐进之路，并强调重品、去俗，即提升道德品格与人文素养，是编纂全书的指导思想。书中又有多种言简意赅的口诀，于初学者大为便利，因而流传最广，成为清代以来影响最大、版本最多、印量最巨的中国画教材，为学习国画者所必备。俞剑华誉其为"吾国空前绝后之画学教科书"(《中国绘画史》)。

《芥子园画传》问世后很快流传到日本，乾隆十三年（1748年）日本已出现第一个翻刻本，此后不断刊印、翻译和改编。马尔凯《17世纪中国画谱在日本被接受的经过》一文中写道："画家祇园南海（1677—1751）在长崎作短暂停留时发现了一本《芥子园画传》，这真是一个重大的发现。祇园南海得到此书时大喜过望，由于知道此为画道所在。之后他又传于池大雅（1733—1776），后者因此领悟了南宗艺术的不传之秘，得以继承其衣钵"，"这些中国画在日本文人画的诞生中起到了举足轻重的作用，特别是对于那些无法到中国，无法轻易看到中国图画原作的日本艺术家而言"。有些日本画家甚至整幅临摹书中的画面作为自己的作品。日本画家编刊画谱时，同样也借鉴了《芥子园画传》的形式及绘画理论。

芥子园书肆翻刻过同样诞生于南京的《十竹斋书画谱》，也承续《十竹斋笺谱》的传统，从事花笺创作。在《闲情偶寄·器玩部》中，李渔专写了"笺简"一节，提出花笺图案以能符合书信本义者为最妙，如鱼书、雁帛、竹刺、书本、卷册、便面、蕉叶等，并说到《芥子园名笺》已制成题石、题轴、书卷、剖竹、雪蕉等韵事笺八种。而织锦笺十种，笺印锦纹，留下空白处供写信，写满后就像一篇织锦回文。"海内名贤欲得者，倩人向金陵购之"，"贸此以去，如偕笠翁而归"。并借机为书肆做宣传："售笺之地即售书之地，凡予生平著作，皆萃于此。"并附小注说明："金陵书铺廊坊间，有'芥子园名笺'五字者，即其处也。"李渔对当时书坊的盗版和抄袭行径，大为恼怒，声称他精心设计的这些笺帖形式"不许他人翻梓"，并说"翻刻湖上笠翁之书者，六合以内，不知凡几。我耕彼食，情何以堪？誓当决一死战"。由此也可以看出当时南京图书、花笺市场的兴盛与竞争。

李渔、沈心友身后，芥子园书肆屡经易手，仍能保持精刊图书的传统，前后延续两百余年而声名不坠，也是南京一个难得的"百年老字号"。

清代南京出版承续明代遗风，极为昌盛，仍聚集于三山街、状元境一带。康熙初年熊赐履《下学堂书目题词》中说：

京师坊间书少，且价值特贵，以故十余年间才积得二万余卷。丙辰秋被放，买舟载归，时楚中多事，留寓金陵。金陵藏书甲天下，多人所未见者，予遂极力购求，七年之中，积有八万余卷。

丙辰当康熙十五年（1676年），他以亲身经历比较了北京与南京的图书市场。

叶德辉《书林清话》卷九引康熙年间王士祯（谥文简）《居易录》卷十四："近则金陵、苏、杭书坊刻板盛行，建本不复过岭。蜀更兵燹，城郭丘墟，都无刊书之事。京师亦鲜佳手。"并作按语：

文简时，金陵、苏、杭刻书之风，已远过闽、蜀。乾、嘉时，如卢文弨、鲍廷博、孙星衍、黄丕烈、张敦仁、秦恩复、顾广圻、阮元诸家校刻之书，多出金陵刘文奎、文楷兄弟。咸丰赭寇之乱，市肆荡然无存。迨乎中兴，曾文正首先于江宁设金陵书局……天下书板之善，仍推金陵、苏、杭。

李渔的昆曲创作与巡演

明代初年，对于戏曲作品的出版与演出，都有严格的控制。《客座赘语》卷十之"国初榜文"载：

永乐九年七月初一日，该刑科署都给事中曹润等奏："乞敕下法司，今后人民倡优装扮杂剧，除依律神仙道扮、义夫节妇、孝子顺孙、劝人为善及欢乐太平者不禁外，但有亵渎帝王圣贤之词曲、驾头杂剧，非律所该载者，敢有收藏、传诵、印卖，一时拿送法司究治。"奉旨："但这等词曲，出榜后，限他五日，都要干净将赴官烧毁了。敢有收藏的，全家杀了。"

任二北编《优语集》，成化以前完全不见优语材料。他在《弁言》中写道："明开国一百年，此事亦同西汉之阒然，应非无故，疑与政情动宕、刑戮无常有关。"

永乐迁都后，南京的戏曲创作突破此前歌功颂德的陈腐桎梏，别开生面。被誉为"乐王"的陈铎，南、北曲兼擅，散曲集《滑稽余韵》以百余首小令描绘金陵各行业、艺匠的人情世态，有如一轴风俗画长卷。陈铎散曲的艺术成就也得到时人高度评价，改良昆山腔的"曲圣"魏良辅，在《南词引正》中说到昆山腔的范本："将《伯喈》与《秋碧乐府》从头至尾熟玩，一字不可放过。《伯喈》乃高则诚所作。秋碧，姓陈氏。"《伯喈》即高则诚所作《琵琶记》，魏良辅《曲律》中尊之为"曲祖"。陈铎号秋碧，《秋碧乐府》是他的散曲集，可见其在昆曲发展中的地位之高。时称"曲坛祭酒"的徐霖，作有《绣襦记》等传奇多种。"金陵三俊"顾璘、陈沂、王韦都有佳作。侨寓金陵的潘之恒著《亘史》《鸾啸小品》，在戏曲批评史上有重要地位。剧作家汤显祖万历十二年（1584年）任南京太常寺博士，前后九年，常与南京戏曲家切磋唱和，并开始写戏曲处女作《紫箫记》，后在此基础上完成的《紫钗记》，即其代表作"临川四梦"的第一梦。可以说，汤显祖正是在南京、在南京的戏曲氛围中，开始了他"梦"的历程。《续本事诗》卷六记吴梦旸轶事："梦旸知音律，善度曲，晚游金陵，征歌顾曲，齿龋牙落，犹呜呜按拍，好事者至今传之。"可见爱好之深。明末清初，阮大铖《石巢传奇四种》、吴伟业《秣陵春》、尤侗《钧天乐》等亦为戏曲界所重。

王士禛《秦淮杂诗》之八：

新歌细字写冰纨，小部君王带笑看。

千载秦淮呜咽水，不应仍恨孔都官。

其自注："弘光时阮司马以吴绫作朱丝栏，书《燕子笺》诸剧进宫中。"弘光皇帝酷好昆曲，宫中蓄养歌伎，内廷演戏夜以继日，为观剧可以不上朝。吴伟业《鹿樵纪闻》卷上载清军兵临城下，弘光皇帝于逃窜之日"午刻，集梨园演剧，福王与诸内官杂坐酣饮。三鼓，同后官宦竖跨马出聚宝门，奔太平投黄得功"。阮大铖逢君之恶，被比喻为陈后主的佞臣孔范。

清康熙年间，李渔来到南京，将戏剧创作、表演与理论研究都推向了一个高峰。

李渔在《闲情偶寄·居室部》中宣称自己"生平有两绝技"：

一则辨审音乐，一则置造园亭。性嗜填词，每多撰著，海内共见之矣。设处得为之地，自选优伶，使歌自撰之词曲，口授而躬试之，无论新裁之曲，可使迥异时腔。即旧日传奇，一概删其腐习而益以新格，为往时作者别开生面，此一技也。一则创造园亭，因地制宜，不拘成见，一榱一桷，必全出自己裁，使经其地入其室者，如读湖上笠翁之书，虽乏高才，颇饶别致。

"传奇"一名，旧指唐人小说，明代后期转而专指以昆腔写成的长篇戏曲剧本。李渔在《闲情偶寄·词曲部》中说自己的体会："古人呼剧本为传奇者，因其事甚奇特，未经人见而传之，是以得名，可见非奇不传。"

他在这里只说剧本，完全没有提到拟话本小说创作。实则李渔写小说在传奇之前，顺治十一年（1654年）已经刊印过《无声戏》一集十二回、二集六回（现共存十六回），此后至移居南京之前，在创作六种传奇的同时，又创作了小说集《十二楼》。《笠翁一家言全集·笠翁文集》卷二中的《秦淮健儿传》，颇有唐人小说意趣，应是在南京所作。李渔小说多以男女情爱为题材，情节奇特而主线鲜明，波澜迭起而结构严密，语言通俗而涉笔成趣，在当时就受到很高的评价，以为不亚于冯梦龙、凌濛初纂辑的"三言二拍"。《十二楼》又名《觉世明言第一种》，不但有与《喻世明言》《警世通言》《醒世恒言》比肩的意思，甚或有超而越之的计划。就文学创作而言，小说与戏曲在艺术规律与表现方法上多有相通之处。李渔将其小说集命名为《无声戏》，即以小说为无声之戏曲。戏曲则为有声之小说，他的传奇近半是由小说改编，如《比目鱼》《奈何天》《凰求凤》都改编自《无声戏》，《巧团圆》改编自《十二楼·生我楼》。因此不妨说他作戏曲的绝技，是将小说也涵括其中的。

李渔在南京继续传奇创作，又有《比目鱼》《凰求凤》《巧团圆》《慎鸾交》等佳作问世，翼圣堂书肆合刻为《笠翁传奇十种曲》。他在《闲情偶寄·词曲部》中说有"已经行世之前后八种及已填未刻之内外八种"，多达十六种，但有几种未见流传。当时与李渔并称"江南三大曲家"的吴伟业和尤侗，对李渔的传奇作品都有高度评价。《怜香伴》据说是中国第一部描写女同性恋的文学作品。当代"四大名旦"中的梅兰芳和尚小云，都曾改编演出《风筝误》，梅兰芳的传世之作《凤还巢》基本情节即取自《风筝误》。吴梅推许李渔的剧作为有清一代第一人。日本学者青木正儿在《中国近代戏剧史》中评介李渔在日本的影响：

> 李渔之作，以平易入于俗。故《十种曲》之书，遍行坊间，即流入日本者亦多。德川时代之人，苟言及中国戏曲，无不举湖上笠翁者。明和八年（1771年）八文舍自笑所编《新刻役者》《纲目》中，载其《蜃中楼》第五《结蜃》、第六《双订》二出，施以训点，而以工巧之翻译出之。

《笠翁传奇十种曲》多为喜剧，李渔可谓中国第一位专写喜剧的剧作家，他有《传奇》一诗阐明意旨：

> 传奇原为消愁设，费尽枝头歌一阕。何事将钱买哭声，反令变喜成悲咽。唯我填词不卖愁，一夫不笑是吾忧。举世尽成弥勒佛，度人秃笔始堪投。

《闲情偶寄·凡例》中明说："近日人情，喜读闲书，畏听庄论。"他对文化市场的需求有清醒认识，写作目的明确，就是要让观众看得开心，所以无论印成图书还是登台演出，都大受欢迎。

李渔不但是杰出的剧作家，而且是一位开创性的戏剧理论家。《闲情偶寄》中最为人所重的便是《词曲部》和《演习部》，首次创立了较为完善的戏剧理论体系，李渔因之被誉为"中国戏剧理论始祖"。

《词曲部》开篇，李渔说戏曲创作"但有前书堪读，并无成法可宗，暗室无灯，有眼皆如瞽目，无怪乎觅途不得，问津无人"，"尝怪天地之间有一种文字，即有一种文字之法脉准绳，载之于书者，不异耳提面命，独于填词制曲之事，非但略而未详，亦且置之不道"。他分析其原因，一则为此理甚难，"非可言传，只堪意会"，二则为此理"变幻无常，言当如是，又有不当如是者"，三则为有心得者"务求自秘，谓此法无人授我，我岂独可传人"，担心后人超越自己。李渔的胸襟不同："文章者，天下之公器，非我之所能私。是非者，千古之定评，岂人之所能倒。不若出我所有，公之于人，收天下后世之名贤悉为同调。"遂以"生平底里，和盘托出"，"知我、罪我、怜我、杀我，悉听世人"。

李渔从六个方面阐述其戏剧理论：结构、词采、音律、宾白、科诨、格局。他论结构以建筑为喻：

工师之建宅亦然，基址初平，间架未立，先筹何处建厅，何方开户，栋须何木，梁用何材，必俟成局了然，始可挥斤运斧。

倘先无定局，而由顶及踵，逐段滋生，则人之一身，当有无数断续之痕，而血气为之中阻矣。

故作传奇者，不宜卒急拈毫，袖手于前，始能疾书于后。有奇事，方有奇文。未有命题不佳而能出其锦心、扬为绣口者也。

西泠十子之冠陆圻对他的"此等妙喻"大为赞赏："惟心花、笔花合而为一，开成并蒂莲者能之。他人即具此锦心，亦不能为此绣口。"而结构的要义，他又提出七点："戒讽刺"，论作者的修养情操。"立主脑"，明确主要人物和中心情节。"脱窠臼"，须自出新、奇，不落旧套。"密针线"，编戏如缝衣，素材须先剪碎、再缀合，全在针线紧密。"减头绪"，殳除旁生枝节，力求主线分明。"戒荒唐"，应合人情物理，不可胡编乱造。"审虚实"，可写实，可虚构，不可虚实混淆。王概的父亲王之辅评语称其"金针度人"，"修身作文，同是一理"。

李渔在"密针线"一节中说:"传奇一事也,其中义理分为三项:曲也,白也,穿插联络之关目也。元人所长止居其一,曲是也,白与关目皆其所短。"所以《词曲部》中专列"宾白"一节,指出元人多作北曲,轻忽宾白。明代诸多剧作家远离舞台,更将传奇写成案头品读之作。而李渔通过舞台演出实践,认识到宾白对于营造舞台效果的重要作用,将宾白与曲文的关系比作"栋梁之于榱桷""肢体之于血脉":"常有因得一句好白,而引起无限曲情,又有因填一首好词,而生出无穷话柄者,是文与文自相触发,我止乐观厥成。"此前传奇创作中重曲轻剧、重填词轻宾白的倾向,由此得以改变。李渔是中国戏曲史上第一个重视宾白的作家,也是宾白创作成就最高的作家。同样因为重视传奇的演出效果,他在"词采"一节中,强调语言的通俗化:"传奇不比文章,文章作与读书人看,故不怪其深。戏文作与读书人与不读书人同看,又与不读书之妇人、小儿同看,故贵浅不贵深。"作者应考虑到观众的接受能力,"能于浅处见才,方是文章高手"。清人说他"能吐人不能吐之句,用人不敢用之字,摹人欲摹而摹不出之情,绘人欲绘而绘不工之态状",且"结想撰词,段段出人意表,又语语在人意中",确非虚誉。

李渔认为传奇的价值在于演出,所以卷二之中,又专设《演习部》,从挑选剧本、变创新调、传授曲调、教习宾白、扫除陋习五个方面系统阐述了导演艺术,卷三《声容部》中,也有挑选角色、培养演员等内容。他提出"以闺秀自命者,书、画、琴、棋四艺均不可少",这是中国文化史上首次将抚琴、弈棋、书法、绘画四种活动并称为"四艺",也是后世"文人四艺"之滥觞。

李渔身体力行,组织家庭戏班,自编自导,让自己的得意之作登上舞台。当时南京文化名流多观赏过李家班的表演,同时他还带领戏班去全国各地巡回演出。对昆曲的发展与传播,李渔起了不容忽视的作用。

当然,李家班的这种演出,不是纯粹的艺术活动,而是"卖艺",属于商业性演出,观众是需要付代价的。这是李渔文化产业中,在经营书坊之外的重要构成部分,也是维持全家数十口生计的收入来源之一。有缘观赏的,多是文人雅士、达官显贵。尤侗说他"携女乐一部,自度梨园法曲,红弦翠袖,烛影参差,望者以为神仙中人","北里、南曲中,无不知有李十郎者",可见影响之大。《续本事诗》卷十一收余怀《李笠翁招饮,出家姬演新剧,即席分赋》七绝八首,其二:

曲子相公今信李,记歌娘子又逢张。
江南红豆花开后,一串珍珠压酒肠。

其三:

红红好好又真真,不数思王赋洛神。
锦瑟玉笙供奉曲,果然燕赵有佳人。

咏编剧李渔和来自北方的演员乔、王两姬。又载有尤侗的和诗八首,其二道:

侍儿垂手歌三叠,坐客缠头纸半张。
喜极翻成《懊恼曲》,相看白地断人肠。

观剧的客人随时打赏,得了缠头的歌姬开心,又唱一首感人的《懊恼曲》。

李渔带领家班去外地演出,都是应当地官员邀约。他有诗道:"但苦民间寥落甚,非官不送酒钱来。"只能从官员那里谋求资助。李渔在纪念两位演员的《乔复生、王再来合传》中,说到他在康熙五年(1666年)从北京去陕西、甘肃,是"赴贾大中丞胶侯、刘大中丞耀薇、张大中丞飞熊三君子之招",陕西巡抚贾汉复、甘肃巡抚刘斗、提督张勇共邀。贾汉复重视文治,任中组织重修《陕西通志》、补刻《孟子》石经、修缮关中书院,他是李渔的旧交,李渔在北京曾为他规划过私家园林半亩园。刘斗精通满、汉文,曾教习诸王世子、任国史院学士。张勇虽是武将,而能"宾礼贤士"。李渔此行所受待遇甚优,不仅筹集到了营建芥子园的资金,而且得到了两个好演员。途经平阳(今临汾)时,太守程质夫买下十三岁的乔女送给他。在西安逗留四个月后去兰州,兰州已经准备好了送他的几个女孩子,其中最出色的是王女。经过李渔的培养,乔、王两位从未接触过昆曲的西北女子,竟成了其家班的主角。"岁时伏腊,月夕花晨",家班都会表演,亲友时相观赏,"如金陵之方邵村御史、何省齐太史、周栎园副宪,武林之顾且庵直指、沈乔瞻文学",都是行家里手,对她们的表演大加赞赏。她们不但表演李渔的作品,而且演出李渔改编的前代名作,"人皆谓旷代奇观"。此后几年李渔不断出游,康熙七年(1668年)春游粤东、西,九年(1670年)刘斗升任福建总督,邀他游闽,十一年(1672年)游九江、武汉,十二年(1673年)再上北京。他在给友人的信中说,"二十年来负笈四方,三分天下几遍其二"。

李渔因此被某些正人君子看不起。衣食丰足的正派文人切齿痛恨他不能安贫自守,"游荡江湖,人以俳优目之",甚至破口大骂:"李生渔者,性龌龊善逢迎,常挟山妓三四人,遇贵游子弟便令隔帘度曲,或使之拜觞行酒,并纵谈房中术,诱赚重币。其道甚秽,真士林所不齿者!"实则此辈何尝不奉迎,其所作颂圣文字,以及对李渔之类"异端"的讨伐,不过是另一种形式的奉迎和龌龊而已。

放下对李渔卖艺的道德评判,可以看到,正是这广阔天地的长期游历,让他得以观览天下万物,领悟世故人情,积累大量素材,提升艺术情趣,也才能够收获如此丰富的文化成就。

《闲情偶寄》集大成

李渔在南京完成的《闲情偶寄》,是其美学思想与人生感悟的结晶,也是中国传统美学的经典。全书包括《词曲部》《演习部》《声容部》《居室部》《器玩部》《饮馔部》《种植部》《颐养部》八部分,广涉戏曲创作、演出与理论、园林营造与陈设、服饰、修容、器玩、美食、花木、养生等,也可以说是一部文化休闲生活的百科全书。此书在康熙十年(1671年)以《笠翁秘书第一种》为名,由翼圣堂首次刊印,原编十六卷。收入《笠翁一家言全集》时易名《笠翁偶集》,并为六卷。现在通行的《闲情偶寄》即依《笠翁偶集》整理。

余怀在《闲情偶寄序》中写道:"今李子《偶寄》一书,事在耳目之内,思出风云之表,前人所欲发而未竟发者,李子尽发之,今人所欲言而不能言者,李子尽言之。其言近,其旨远,其取情多而用物闳",是"天下雅人韵士家弦户诵之书"。余怀及吴伟业、尤侗、杜濬、何采、曹尔堪、王之辅、陆圻、王概、赵时揖、王蓍等文友的批语,也作为随文夹注印出,使我们可以看到同代人对这部著作的品评。

《闲情偶寄》的主体部分,就是阐述李渔的"生平两绝技","辨审音乐"之外,即"置造园亭"。营造园林不同于创作剧本,须有相当资金,所以迁延多年未能实行。他在给龚鼎孳的信中说,"渔终年托钵,所遇皆穷,唯西秦一游,差强人意"。正是西北之行收获较丰,李渔才能在康熙七年(1668年)买地一丘,着手营造芥子园。

因为芥子园在清代中期即已湮灭,其具体位置久为人争执不休。陈诒绂《金陵园墅志》记载简略:"芥子园,在赤石矶。金华李笠翁渔居金陵拓之。园门自题联云:'孙楚楼边觞月地,孝侯台畔读书人。'"孙楚酒楼在西水关附近，周处读书台在门东赤石矶上，两处相隔数里之遥。幸而李渔《芥子园杂联·小序》所说较明确："孙楚酒楼，为白门古迹，家太白舣月于此。周处读书台旧址，与余居址相邻。"李渔攀附李白为本家前辈，所以上联只是虚指，下联才落到实地。其《寄纪伯紫》诗前小序说："伯紫旧居去予芥子园不数武，俱在孝侯台前。"进一步证明了芥子园位于赤石矶北麓。他又有《大宗伯龚芝麓先生书来，有将购市隐园与予结邻之约，喜成四绝奉寄，以速其成》诗，自荐为龚鼎孳设计此处园林。市隐园是明代姚元白旧园，位于油坊巷。由此可见，芥子园当在赤石矶与油坊巷之间，约当今剪子巷一带。近年择址重建的芥子园，虽不能确定为芥子园旧址，相去当亦不远。

芥子园是李渔一生中居住最久的地方，也是他从事艺术活动的主要场所，自然会悉心经营。李渔生性巧慧，胸有丘壑，周游全国时留心考察各地名园建筑，积累了满肚子的泉石经纶。他又注重实践，早年在家乡兰溪自建伊山别业，在北京为贾汉复营造过半亩园。所以芥子园地虽不及三亩，而能以小见大、以小喻大。"芥子纳须弥"，正是文人造园精义。

中国传统建筑中，从皇宫至官衙、民居、寺庙，都是规范的中轴线对称格局，园林是打破这一格局的特例。园林营造，使建园者得以展示独特个性与追求，而且是一种综合性空间艺术，集山水、叠石、建筑、陈设、雕塑、彩饰、园艺、匾联等多种技艺于一体，也就为匠心独运、因借比兴、别开生面提供了更多可能。《闲情偶寄》的《居室部》中，不厌其烦地举出芥子园中实例，以证明李渔独到的园林美学精髓。如"山石"一节中，他首先指出园林之雅俗，不在工匠，而在主人，盖工匠"以主人之去取为去取，主人雅而喜工，则工且雅者至矣，主人俗而容拙，则拙而俗者来矣。有费累万金钱，而使山不成山、石不成石者"。又具体说到垒假山"小者易工，大者难好"，以文章之道相比拟：

结构全体难，敷陈零段易。唐宋八大家之文，全以气魄胜人，不必句栉字篦，一望而知为名作，以其先有成局，而后修饰词华，故粗览细观，同一致也。

又举书画为例：

名流墨迹，悬在中堂，隔寻丈而观之，不知何者为山，何者为水，何处是亭台树木，即字之笔画渺不能辨，而只览全幅规模，便足令人称许，何也？气魄胜人，而全体章法之不谬也。

如何能得"唐宋诸大家复出，以八斗才人，变为五丁力士"，来垒此假山？李渔自有"以土代石之法"："垒高广之山，全用碎石，则如百衲僧衣，求一无缝处而不得，此其所以不耐观也。以土间之，则可泯然无迹，且便于种树。"堆土相较垒石，"既减人工，又省物力，且有天然委曲之妙"。"土多则是土山带石，石多则是石山带土"。"混假山于真山之中，使人不能辨"，如此妙法，一经说破，便觉平平无奇，然而点石成金，谈何容易。

又如"窗栏"一节，重点说"取景在借"："开窗莫妙于借景，而借景之法，予能得其三昧。"他以西湖游船为例，两侧开便面（即扇形）窗，"坐于其中，则两岸湖光山色，寺观浮屠，云烟竹树，以及往来之樵人牧竖，醉翁游女，连人带马，尽入便面之中，作我天然图画"。芥子园中"置此窗于楼头，以窥钟山气色"。又有"无心画""尺幅窗"，将窗制成画轴式，而画心处镂空，即以窗外风景为画心。即居室房舍，李渔也自有标准，称"土木之事，最忌奢靡"：

盖居室之制贵精不贵丽，贵新奇大雅，不贵纤巧烂漫。凡人止好富丽者，非好富丽，因其不能创异标新，舍富丽无所见长，只得以此塞责。

周亮工于此处有批语："撒漫使钱，是世间第一省力事，无怪其然。"

芥子园体现的文化情趣也得到李渔友人的认可。尤侗曾说："入芥子园者，见所未见。读《闲情偶寄》者，闻所未闻。"芥子园成，众文友纷纷撰题匾额，锦上添花。在《居室部·联匾》一节中可以看到，龚鼎孳为题"芥子园"三字碑文额，周亮工为题"天半朱霞"手卷额，何采为题"一房山"册页匾，程邃为题"浮白轩"虚白匾，方亨咸为题"栖云谷"石光匾，延初为题"来山阁"秋叶匾等。

有"见所未见"的佳景可观，有"锦心绣口"的昆曲可赏，芥子园遂成李渔与文人雅士诗酒风流之地，也是清初继龚贤扫叶楼之后的又一个文化地标。较之晚明文人聚合于秦淮烟花境，或可说是一种进步。但清初严禁文人结社立会的大环境，也迫使文人退回私家宅园。这样的文化地标，南京尚有曹寅的楝亭和袁枚的随园，对于城市文化发展的意义，不容忽视。

出入芥子园的各界名流，仅今天有据可考的，多达数百人，而以南京、杭州士人最为集中。以李渔的个性，交友不拘朝野，不论贵贱，既有当朝大学士、封疆大吏，也有布衣秀士、九流三教，最多的是学人文士，如吴伟业、钱谦益、龚鼎孳、杜濬、余怀、周亮工、尤侗、王士禛、曹尔堪、宋琬、施闰章等，都是一时俊彦。据说李渔为江宁织造曹玺写过对联，与曹寅是忘年之交。曹寅建楝亭，或许亦有芥子园的影子。

芥子园建成后，也被用作书肆之名，可能与翼圣堂书肆是一肆两名。因为《芥子园画传》的流行，翼圣堂之名号渐被淡忘，而芥子园在园林实体毁圮之后，也更多地被认作一个出版机构。这使得芥子园的价值远被低估。芥子园不仅是一个书肆，也不仅是一座园林。李渔这样的人物能够出现于南京，成功于南京，无论对于李渔还是南京，都有着值得深入探讨的文化史意义。

第三节

云锦·红楼

云锦技艺与织造产业

元、明以来，南京的手工业匠艺，对后世影响极为深远的，雕版印刷之外，还有云锦织造。

南京云锦织造堪称中国传统织锦工艺的巅峰。云锦是一种高档提花丝织锦缎，因其锦面图案精美、纹彩华丽、美若云霞而得名，位列中国"四大名锦"之首。它以五光十色的真丝线和金银线为原料，以传统妆花环形大花楼木织机为工具，由专业机工锦心妙手织成。用料考究、工艺复杂、设计精美、独具特色的南京云锦，被誉为中国织锦工艺的活化石，在2006年被列入首批国家级非物质文化遗产名录，2009年9月成功入选联合国《人类非物质文化遗产代表作名录》。

"秣陵之民善织""秦淮之水宜染"，南京丝织工艺的源头，可以远溯春秋。伍子胥奔吴传说、董永七仙女传说中，都涉及丝织。晋王嘉《拾遗记·吴》记孙权赵夫人善织："吴主赵夫人，丞相达之妹，善画，巧妙无双，能于指间以彩丝织云霞龙蛇之锦，大则盈尺，小则方寸，宫中谓之'机绝'。"随着中原居民南迁，江南发展蚕桑业的优越自然条件得以充分利用，丝织技术也不断提高。东晋义熙十三年（417年）刘裕破长安灭后秦，迁其宫廷百工至建康，设立专门管理机构斗场锦署，南、北丝织技艺传承交融，使建康丝织水平进入一个崭新的阶段。

云锦生产肇始于元，成熟于明，昌盛于清。元代云锦织造技艺日趋成熟，生产规模渐大。元世祖至元十七年（1280年）在南京设东、西织染局。《至正金陵新志》卷六载：

东织染局，至元十七年，于城东南隅前宋贡院立局，有印。设局使二员，局副一员，管人匠三千六户，机一百五十四张，额造段匹四千五百二十七段，荒丝一万一千五百二斤八两。隶资政院管理。西织染局，至元十七年，于旧侍卫马军司立局，设官与东织染局同。

　　由此可见元代金陵织锦规模。资政院属皇后管领，两织染局织锦统归宫中，成为皇家御用贡品，不仅用于帝王后妃制作龙袍凤服，且经常作为礼品馈赠外国君主与使者。宋贡院在今江南贡院左近，宋侍卫马军司在城西门内天庆观(今朝天宫)西侧。孔齐《至正直记》载："集庆官纱，诸处所无，虽杭人多慧，犹不能效之。但阔处三尺，大数以上，杂色皆作。近又作一色素净者，尤妙，暑月之雅服也。"同样高度评价南京纺织技艺。

　　《明史》卷八十二"食货六"记载："明制，两京织染，内、外皆置局。内局以应上供，外局以备公用。南京有神帛堂、供应机房。苏、杭等亦各有织染局，岁造有定数。"南京及苏州、杭州成为云锦织造中心，每年各有规定的生产指标。内织染局与设在北京的外织染局相对，亦称南局，位于玄武湖，有织机三百余张，军民人匠三千余人，负责生产、织造上用缎匹，包括文武官员诰敕及龙衣等，永乐北迁后，仍是供应宫廷贡品与官方物品的重要来源。神帛堂在皇城厚载门（今后宰门）内，属司礼监管辖，有织机四十张，人匠一千二百人，每年料造神帛一千三百六十九段。供应机房亦承担织造上用匹料与各色花样袍服，其位置在汉王府旧址（今汉府街北），近竺桥。内织染局与神帛堂所用都是住坐工匠。供应机房最初作为辅助机构，以备不时之需，所用为轮值匠户和雇募工匠，明中期起随着朝廷不断加派织物，织造规模也相当可观，嘉靖年间一年织造各色缎匹一千六百匹，崇祯年间织造纻丝纱罗一度达三万四千余匹。由于生产规模的不断扩大，供应机房常常由户部从漕粮中筹措织造钱粮。

　　官办织造局如火如荼，民间的织锦业也日渐发展。万历年间改行代役银制度后，官办织造局更难满足庞大的宫廷需求，又逢朝廷不断加添织额，不得不多方借助民间力量，雇用民间工匠或交由机户领织，以代加工的形式，弥补官办织造供应之不足。这就促使民间机户的数量迅速增加，技艺也不断提高。

　　云锦织造技术要求高，工作非常繁重，机匠十分劳苦。明代散曲家陈铎《滑稽余韵》中有一首《北双调雁儿落带过得胜令·机匠》写出了机匠的艰辛：

> 双臀坐不安，两脚登不办。半身入地牢，闾口唻荤饭。逢节暂松闲，折耗要陪还。络纬常通夜，抛梭直到晚。耩一样花板，出一阵馊酸汗。熬一盏油干，闭一回磕睡眼。

清军南渡，南京未经战事，百业如常，云锦织造在顺治二年（1645年）即沿用明织造机房恢复正常生产。时值清王朝开国之际，皇室、朝廷所需服饰、陈设及赏赐等，锦缎需求极大，初由江宁织局一力承担。苏州、杭州织局在明天启七年（1627年）停工，至顺治四年（1647年）建房招工亦相继恢复。"江南三织造"的格局由此形成。织局管理初循明制，仍由宫内派遣织造太监掌管，顺治三年（1646年）以工部侍郎总理织务，罢织造太监，江宁织造由总督洪承畴兼管。十年（1653年）设内十三衙门，以织染局掌织造，复由太监管理。顺治十八年（1661年）二月清圣祖继位，遵遗诏废内十三衙门，自康熙二年（1663年）开始，即由内务府官员掌管江宁织造。《嘉庆新修江宁府志》卷十九载江宁织造署官员设置：

> 督理织造一员，无常品（例以内务官员为之），驻江宁。司库一员正七品，笔帖式二员七品，库使二员正八品，乌林大一员未入流，督理龙江西新关务（织造兼管），驻江宁。

乌林大是满语，汉译即司库，未入流是从九品以下的职官。

江宁织造署初设两江总督署南，东至今利济巷，南至今吉祥街，西至今碑亭巷，占地约二万二千平方米。署内分三条轴线，东部前后六进，是处理公务的衙署。中部五进，是织造官员居所。西部是休憩游赏之地，有园林、射圃、戏台、亭阁。曹寅即以园中楝亭为号。现南京九中校园中有两株树龄约四百年的香樟树，应是当年织造园中故物。曹雪芹小时候，或在树下玩耍也未可知。清圣祖六次南巡，五次住江宁织造署，巡视织造机房并赋诗，乾隆年间将其改造为行宫，以志纪念。织造署迁至淮青桥。从《南巡盛典名胜图录》的《行宫》图中，可以看出其规模格局。惜在太平天国时期被拆毁，现仅地名犹存。

织造机房是云锦生产场所，除承续明代汉府供应机房外，后又增设倭缎机房于常府街、长白街口的细柳巷。此外尚有诰帛机房，似属供应机房内的专业分工。机房运作方式，也改变了晚明由民间机户领织的代加工方式，转为"买丝招匠，按式织造"，加强了集中管理。

御用贡品的严格要求与官局织造的优越条件，促进织锦技艺迅速提高，织锦工艺日臻完善，不断有发展和创新。南京云锦主要包括库缎、库锦和妆花三大类，锦、缎、绒、罗、绸、纱、绢等品种十余个，逐花异色，雍容华彩，有寸锦寸金之誉。最富特色的是织金和妆花。织金提升元代"纳石失"织金锦工艺，大面积应用各种金银线交织于彩锦中，金彩辉映、典雅高贵，有艳而不俗、对比强烈而不刺激的效果。妆花是明代南京丝织工匠的创造，也是云锦织造核心工艺之一，用绕有各种不同颜色的丝绒纬管对织料上的图案花纹一部分一部分地"挖花妆彩"，使其配色自由，变化丰富。一件妆花织物，花纹配色可多达二三十种，色彩绚丽，精美绝伦。云锦织造工艺复杂，每一道工序都相当于一次再创作。云锦艺人通过长期实践总结出设计口诀："量题定格，依材取势；行枝趋叶，生动得体；宾主呼应，层次分明；花清地白，锦空匀齐。"

北京明十三陵定陵考古出土的陪葬品中，就有妆花纱龙袍，精美令人叹为观止。定陵中还出土了许多织出产地、工匠的整卷锦缎织料，多为南京供应机房织造，如"南京供应机房织造上用纱柘黄织金彩妆缠枝莲花托捌吉祥一匹，宽贰尺，长肆丈。应天府江宁县织匠赵绪，染匠倪全，隆庆陆年拾月"。吴伟业有《望江南》词赞美南京云锦：

江南好，机杼夺天工。孔雀妆花云锦烂，冰蚕吐凤雾绡空，新样小团龙。

为满足云锦织金工艺的需要，南京金箔行业创新了金线制作技艺。将金箔裱到特殊的纸张上，用雨花玛瑙砑光后，切成零点五毫米左右的窄条，然后捻成可供纺织的金线，又有十二道工艺。制作龙袍的金线，另有特殊要求，须将金线与蚕丝缠绕，更为复杂。金线技艺的基础是金箔打制。南京栖霞、龙潭一带，是中国金箔生产的发源地。金箔锻制技艺的产生，与六朝佛教盛行有密切关系。"南朝四百八十寺"，作为江南佛教中心的南京，众多寺庙中的佛像装成金身，需要消耗大量黄金，贴用薄如蝉翼的金箔，可以使装饰佛像的用金量降到最低，且同样达到金光灿灿的效果。

嘉庆、道光年间甘熙《白下琐言》卷七载：

织工推吾乡为最，入贡之品出汉府，民间所产皆在聚宝门内东、西偏，业此者不下千数百家，故江绸贡缎之名甲天下。剪绒则在孝陵卫，其盛与绸缎埒。交易之所在府署之西，地名绒庄。日中为市，负担而来者，踵相接也。

民间产品也为民间喜用。光绪年间"燕山逸叟编辑，珠湖居士校定"《南朝金粉录》第十回《名妓知人解衣推食》中写妓女白莼秋为洪一鹗准备的衣服：

> 那妇人便将衣服拿出，却是玉色素棉绸短袄，二蓝摹本二毛洋皮袍，天青宁绸二毛羊皮大袷马褂，酱色宁绸草狐背心，品蓝素缎棉套裤，元色湖绉束腰，元色素缎扣花棉鞋，另外一顶时式平顶棉小帽，以及小衣、袜子均皆齐全，洪一鹗从头到脚换了个簇新。

其中天青宁绸、酱色宁绸、品蓝素缎、玄色素缎、玄色湖绉等，都属"江绸贡缎"之类。

《白下琐言》卷四载："骁骑营一带小街曲巷，往往有迷路出难之况，盖地近凤台，山势高低非如平坦，且机户最多，三五成邻，与官街大道不同。"骁骑营地近凤台山，地势高爽干燥，织物不易受潮，山麓凤游寺西临城墙一段旧称十间房，就是云锦机房转化为地名。莫愁路南端西侧韩家苑，旧名也叫十间房。门东边营东端原有八间房，1950年分归入转龙巷、三条营、双塘园。丝市口是丝市集中地，民国年间附近仍多云锦机房，1930年拓为集庆路东段。集庆路东至新桥口，新桥北颜料坊即染料作坊与市场。这一带也是云锦等丝织品生产、销售中心，云锦行业公会云章公所即在颜料坊附近。此外太平南路北段东侧的红花地，系染丝用颜料红花种植园地。云锦丝线染色不用化工颜料，全采用矿物、植物颜料。武定门外节制闸南侧红花村，旧名也叫红花地，同是红花种植园地。

《同治上江两县志》记载，"乾、嘉间机以三万余计，其后稍稍零落，然犹万七八千"。徐仲杰《南京云锦史》则说：

> 至道光年间，单缎机（包括花、素缎，主要是素缎）即发展至三万多台。纱、绸、绒、绫等机尚不在内。总计城厢内外各类丝织机总数已达五万多台。机杼之声，比户相闻。

据此估算，当时直接、间接的丝织从业者不下十万人，据此为生者至少二三十万人。兴盛时云锦销售地区遍及全国，年产值高达白银二百余万两，是南京的与科举服务行业并重的又一支柱产业。南京丝织业也以云锦的璀璨登峰造极。

《红楼梦》中看云锦

明、清南京经济、文化繁荣离不开云锦，南京云锦孕育出的最高文化成果，无疑是《红楼梦》。

《红楼梦》作者曹雪芹，是江宁织造曹家的后裔。

自康熙二年（1663年）曹玺任江宁织造，江宁织造遂成曹家世袭职务。曹玺之妻孙氏当过清圣祖玄烨的乳母，其子曹寅少年时被选为玄烨的伴读，曹寅的女儿又嫁给亲王，所以终康熙之世，曹家"烈火烹油、鲜花着锦"之盛无人能敌。曹玺、曹寅、曹颙、曹頫三代四人前后任江宁织造约六十年，几占清代江宁织造历史四分之一。曹寅在任期间，苏州织造李煦是他的内兄，杭州织造孙文成是他母亲的亲属，成为以曹寅为中心的"三处一体"，可以说是《红楼梦》中"护官符"四大家族的现实依据。康熙四十二年（1703年）命曹寅、李煦两人轮管两淮盐务，次年又命曹寅兼任巡盐御史，以便其以盐务收入弥补织造经费。此外，《红楼梦》中写到大观园里多种稀奇的西洋物品，第十六回中凤姐说："那时我爷爷专管各国进贡朝贺的事，凡有外国人来，都是我们家养活。粤、闽、滇、浙所有的洋船货物都是我们家的。"曹寅很可能还兼管外国使臣接待和外贸事宜。

曹寅不但管经济，而且管文化，成为皇帝笼络江南文化人的重要代表。江宁织造署西园的楝亭，成为江南的文化活动中心，前朝遗老、名门望族、江南才子，都是曹家的座上宾。康熙四十四年（1705年）曹寅奉旨在扬州天宁寺开诗局刊印《全唐诗》《佩文韵府》等，也都得到清圣祖的褒奖。曹寅以《楝亭图》遍征名家题咏，一时俊彦几乎网罗以尽。

曹雪芹是曹頫之子，也有人说是曹颙的遗腹子过继给了曹頫，出生于江宁织造署内，并在此度过"锦衣纨绔之时，饫甘餍肥之日"的童年和少年时代。《红楼梦》中的重要人物多有一身锦缎行头。第三回《荣国府收养林黛玉》，黛玉出场一节，凤姐穿的"缕金百蝶穿花大红洋缎窄褃袄，外罩五彩刻丝石青银鼠褂"，宝玉穿的"二色金百蝶穿花大红箭袖"，"外罩石青起花八团倭缎排穗褂"，第八回《薛宝钗小恙梨香院》中，宝钗穿的"玫瑰紫二色金银鼠比肩褂，葱黄绫绵裙"，第十五回《王熙凤弄权铁槛寺》，宝玉见北静王世荣"穿着江牙海水五爪坐龙白蟒袍"，江牙海水，亦作江涯海水，即龙袍、蟒袍下端的水波纹图案，第四十九回《琉璃世界白雪红梅》，写众姊妹防寒避雪装束，特别让史湘云展示"里头打扮的"，是"靠色三镶领袖、秋香色盘金五色绣龙窄褃小袖掩襟银鼠短袄，里面短短的一件水红妆缎狐嵌褙子"，诸如此类，用料无不是江宁织造的云锦、倭缎、织金、妆花。也只有曹雪芹这样的织造世家子弟，才弄得清如许名目。

书中描写贾府的室内装饰、朝廷赏赐、往来礼品，亦多用云锦。如第三回黛玉进王夫人耳房，看见"临窗大炕上铺着猩红洋罽，正面设着大红金钱蟒靠背，石青金钱蟒引枕，秋香色金钱蟒大条褥"。第二十八回《薛宝钗羞笼红麝串》中，凤姐让宝玉写单子："大红妆缎四十匹，上用纱各色一百匹。"第四十回《史太君两宴大观园》中，贾母让凤姐为黛玉换窗纱，说起软烟罗只有四样颜色：雨过天青、秋香色、松绿、银红又叫霞影纱。第五十六回《敏探春兴利除宿弊》中写甄家送贾家的礼物，有"上用的妆缎、蟒缎十二匹，上用杂色缎十二匹，上用各色纱十二匹，上用宫绸十二匹，官用各色缎、纱、绸、绫二十四匹"。所谓上用，即御用，本应是供应皇宫中的，贾家多年间一直在私用。一些重要情节以云锦为要素，如第五十二回《勇晴雯病补雀金裘》，晴雯所补的"雀金裘"，是"孔雀金线的"，书中为强调稀罕，说是俄罗斯国拿孔雀毛捻线织的，其实是典型的云锦织金工艺。这当然是作者自小生活于云锦环境中，耳濡目染所致。简而言之，没有南京云锦就没有江宁织造曹家，也就不会有曹雪芹这样伟大的作家。南京云锦对中国文化的影响，远不止于技术和艺术、丝织与服饰。

《红楼梦》正是南京故事

曹雪芹的家世和《红楼梦》的价值，论著已汗牛充栋，无须赘言。从南京人文史的角度，需要明确的是，小说中的城市背景，究竟是不是南京？

首先看作者的认定。第二回《冷子兴演说荣国府》中，贾雨村说宁、荣二府所在地："去岁我到金陵地界，因欲游览六朝遗迹，那日进了石头城，从他老宅门前经过，街东是宁国府，街西是荣国府。二宅相连，竟将大半条街占了。"又说："长子贾代善袭了官，娶的金陵世勋史侯家的小姐为妻。"又说到甄家："不用远说，只金陵城内，钦差金陵省体仁院总裁甄家，你可知么？""子兴道：'谁人不知，这甄府和贾府就是老亲，又系世交，两家来往极其亲热的。便在下也和他家往来非止一日了。'雨村笑道：'去岁我在金陵，也曾有人荐我到甄府处馆。'"作者将宁、荣二府的位置，设计在石头城，颇见机心，说起来是金陵，但又不在"金陵城中"，为此后的情节发展，空间转换，提供了大方便。

第四回《葫芦僧乱判葫芦案》中，贾雨村到金陵省应天府上任，就面临薛蟠打死人命的案子。应天府门子对贾雨村说："老爷既荣任到这一省，难道就没抄一张护官符来不成？"这一省自是金陵省。那护官符上写的"皆是本地大族名宦之家的谚俗口碑"："贾不假，白玉为堂金作马。阿房宫，三百里，住不下金陵一个史。丰年好大雪，珍珠如土金如铁。东海缺少白玉床，龙王来请金陵王。"门子又说薛蟠"原是早已择定日子上京去的……既打了冯公子，夺了丫头，他便没事人一般，只管带了家眷走他的路"。薛姨妈带着儿女"合家进京"，住进了荣国府。

前文说宁、荣二府在金陵石头城，此处又说在京城，并无矛盾。曹雪芹虽为清代人，小说设定的时代背景则是明代。前文明确说到金陵城中的应天府，即是明代行政建置，南直隶首府，也就是留都南京，清代改称江宁府，隶属江南省。文中不说南直隶也不说江南省，而说金陵省，自是小说家机便之处。亦如书中官职，古今错杂，且有作者杜撰，都是为了避免过于落实。

第五回《贾宝玉神游太虚境》，在太虚幻境的薄命司中，见有十数个大橱，皆用封条封着，"看那封条上，皆有各省字样。宝玉一心只拣自己的家乡封条看"，见一个大橱封条上大书"金陵十二钗正册"，警幻解释"即贵省中十二冠首女子之册"，并介绍还有"副册"与"又副册"。这三十六位女子都是金陵人，也是宝玉家乡人。

第四十三回《不了情暂撮土为香》，宝玉与焙茗去祭奠金钏儿，"宝玉道：'这条路是往哪里去的？'焙茗道：'这是出北门的大道，出去了，冷清清，没有可顽的。'"第四十七回《呆霸王调情遭苦打》："湘莲道：'既如此，我在北门外头桥上等你。'"柳湘莲"跨马直出北门桥上等候薛蟠"，两人过了北门桥，"湘莲见前面人烟已稀，且有一带苇塘，便下马，将马拴在树下"，痛打薛蟠一顿。后贾蓉带人来寻，"直找出北门，下桥二里多路，忽见苇坑旁边薛蟠的马拴在那里"。这里说到的北门、北门桥，南京人都很熟悉，不是下关江边的挹江门，就在今珠江路西口，原南唐金陵城北门，时为南、北交通干道重要节点。北门桥外，北上鼓楼坡一线渐渐形成居民商市区，西向干河沿、乌龙潭一线，仍然清冷荒僻。同时代袁枚有诗："北门桥转水田西，路少行人鸟渐啼。"出北门桥向西即是大片水田，虽有道路而行人稀少。

据此而言，《红楼梦》作者认定小说的背景城市就是金陵石头城。固然，"一百个人眼中，有一百个林妹妹"，曹雪芹笔下的南京，只是作家眼中的南京。小说中的南京与真实的南京未必也无须完全吻合。作家创造小说的典型环境，他认定这个环境是南京，读者固然可以分析文学南京与真实南京的差异，但没有理由否定它是南京。

小说中具体的自然环境、风俗习性描绘，固有南北相同的，但也有一些属南方所特有，可证荣国府大观园应属江南园林。第十八回《皇恩重元妃省父母》，元春进了大观园：

忽又见太监跪请登舟。贾妃下舆登舟，只见清流一带，势若游龙，两边石栏上皆系水晶玻璃各色风灯，点的如银光雪浪，上面柳、杏诸树，虽无花叶，却用各色绸绫纸绢及通草为花，粘于枝上，每一株悬灯万盏，更兼池中荷荇凫鹭之属，亦皆系螺蚌羽毛做就的诸灯，上下争辉，真是琉璃世界，珠宝乾坤。船上又有各种盆景灯，珠帘绣幙，桂楫兰桡，自不必说，已而入一石港。

元妃省亲是正月十五元宵节的晚上，江南河面难得结冰。若在北京，河流封冻，上可跑马，行船看景，却是万难。论定大观园在北京者，往往忽略这一条。

文中"水晶玻璃"，其实就是玻璃，因当时少见，故被视同水晶。但曹雪芹时代南京确有玻璃应用，如袁枚随园中建筑多有玻璃，"水精域"得名于窗上镶的白玻璃，"蔚蓝天"得名于窗上镶的蓝玻璃，窗镶五色玻璃处干脆就叫"玻璃世界"，"一时咏者甚多"。他自己也有诗：

朱藤花压读书堂，分得桐荫半亩凉。

新制玻璃窗六扇，关窗依旧月如霜。

第二十七回《滴翠亭宝钗戏彩蝶》中写芒种风俗：

尚古风俗，凡交芒种节的这日，都要设摆各式礼物，祭饯花神，言芒种一过，便是夏日了，众花皆谢，花神退位，须要饯行。闺中更兴这件风俗，所以大观园中之人，都早起来了。那些小孩子们，或用花瓣柳枝，编成轿马，或用绫锦纱罗，叠成干旄旌幢的，都用彩线系了。每一棵树、每一枝花上都系了这些物事，满园里绣带飘飘，花枝招展。

这是从不见于北方的事情。南京人对花神情有独钟,城南还专门建了一座花神庙。周边花农,皆以种花为生。"物事"一词,也是江南方言。

第三十七回《蘅芜院夜拟菊花题》,宝钗为湘云筹划诗会做东,又要有面子又要省钱,决定设螃蟹宴:

我们当铺里有一个伙计,他家田里出的好螃蟹,前儿送了几个来。现在这里的人,从老太太起,连上屋里的人,有多一半都是爱吃螃蟹的。……我和我哥哥说,要他几篓极肥极大的螃蟹来,再往铺子里取上几坛好酒来,再备四五桌果碟,岂不又省事又大家热闹了。

下一回写吃螃蟹的地点在藕香榭:"那山坡下,两棵桂花开得又好,河里水又碧清,坐在河当中亭子上,岂不敞亮,看着水眼也清亮。"吃蟹时"凤姐吩咐螃蟹不可多拿来,仍旧放在蒸笼里,拿十个来,吃了再拿","又命小丫头们去取菊花叶儿、桂花蕊薰的绿豆面子,预备洗手"。稻田养蟹当时是江南种稻区的习俗,现在还有专门养殖稻田蟹的。北方城里人对此未免难以想象。从螃蟹大量出自稻田,到普遍的吃蟹爱好、吃法与除腥法等,都显示江南风俗。桂花也属亚热带植物,江南人看着寻常,而淮北便难开花。第三十七回中还写到宝玉剪桂花插瓶送给贾母和王夫人。又写袭人代宝玉准备点心送给湘云:"端过两小撮丝盒子来,先揭开一个,里面装的是红菱、鸡头两样鲜果。又揭那一个,是一碟子桂花糖蒸的新栗粉糕。又说道,这都是今年咱们这园里新结的果子。"这几样又是典型的江南果点。即那撮丝盒子,系以细竹丝编成,也是江南工艺。

第四十九回《琉璃世界白雪红梅》中,说宝玉"顺着山脚刚转过去,已闻得一股寒香扑鼻。回头一看,却是妙玉那边栊翠庵中,有十数株红梅,如胭脂一般,映着雪色,分外显得精神,好不有趣"。次回又写宝玉去栊翠庵讨回一枝梅花让李纨插瓶:

大家看梅花,原来这一枝梅花,只有二尺来高,旁有一枝,纵横而出,约有二三尺长,其间小枝分歧,或如蟠螭,或如僵蚓,或孤削如笔,或密聚如林,真乃花吐胭脂,香欺兰蕙,各各称赏。

这几回中的季节安排,不无错讹,冬天里开花的是蜡梅,皆黄花,红梅则是春梅。此类问题,不止一处。《香艳丛书》十九集卷三载清人涂瀛《红楼梦存疑》,列出"脱漏纰缪"十余条,多有道理。关键是梅花处自然环境中,到淮北即不开花。曹雪芹特意以偌大篇幅描写白雪红梅的情致,正是为了显示江南风物。至如潇湘馆的竹、稻香村的稻,不能说北京没有，但毕竟北方稻田不多、翠竹不盛。

红楼人物与南京方言

《红楼梦》的语言特别是人物对话中，使用了大量南京方言。第三回中黛玉初见王熙凤，贾母介绍道："你不认得他，他是我们这里有名的一个泼皮破落户，南省俗谓辣子，你只叫他凤辣子就是。"因黛玉是苏州人，所以贾母要说明是"南京话"。看王熙凤行事，一副大喇喇作派却不失风流，好逞能、好揽事也确实能干，生怕被人说没手段，操作过甚不免遭人抱怨，正应了南京俗话"吃力不讨好"。她爱贪小便宜，拿着公家的月钱去放高利贷，又时有扶危解困、怜弱救贫之举，亦出于真心而决非矫情。表面上精明过甚的凤辣子，也有大不精明处，即如平儿在她身边，要貌有貌，要才有才，更兼口齿极伶俐，她却全不提防，直到将平儿给贾琏作妾。无非是平儿会做人，处处显着是为凤姐打算，而最中凤姐心意的，正是时时表示对凤姐"吃力不讨好"的理解。

"金陵十二钗"中，头一个像南京人的，要数史湘云，"二""爱"不分的"咬舌子"，正符合南京方言的发音特征。第二十回中写道："黛玉笑道：'偏你咬舌子爱说话，连个二哥哥也叫不上来，只是爱哥哥爱哥哥的。回来赶围棋儿，又该你闹幺爱三了。'宝玉笑道：'你学惯了，明儿连你还咬起来呢。'""湘云笑道：'这一辈子，我自然比不上你。我只保佑明儿得一个咬舌儿林姐夫，时时刻刻你可听爱呀厄的去。阿弥陀佛，那时才现在我眼里了。'"史湘云热心豪迈爽直，性子急，爱说话爱笑闹，却又有着一份顾惜人的仔细。即如给大观园的姐妹们送绛纹石戒指，小姐们的让下人送了去，丫鬟们的则由她自己带了来，听她说那一番道理，确是懂得世事、进退得宜。说她糊涂的林黛玉，在这些地方才真是糊涂着。湘云身处黛玉、宝钗之列，而能独树一帜，全仗着大观园内外难得一见的一腔豪爽气。

回到方言问题。脂砚斋的批语中，不止一次指出《红楼梦》语言的"南北相兼""南北互用"。如第三十九回《村姥姥是信口开河》中，两个小厮"赶着平儿叫姑娘"，脂砚斋批语道："此书中千人说话语气，及动用器物饮食诸类，皆东西南北互相兼用。此姑娘之称，亦南北相兼而用者，无疑矣。"即以此三十九回为例，凤姐让平儿来讨螃蟹，送盒子回来时装的是"方才舅太太那里送来的菱粉糕和鸡油卷儿"，两样都是江南名点。刘姥姥对平儿说："姑娘们天天山珍海味也吃腻了，吃个野菜儿，也算我们的穷心。"又对贾母说："这是野意儿，不过吃的新鲜。"爱吃时鲜野菜，正是南京人的习惯。李纨等留平儿喝酒，说"偏要你坐"，"偏不许你去"，议论鸳鸯"偏老太太只听他一个人的话"，南京话里将"偏偏"省略为"偏"，有加强语气之意。凤姐说刘姥姥"难为他扛了些东西来"，"难为他"即"多亏他"，有感谢之意。贾母问刘姥姥身体可好，刘姥姥说"就是今年左边的槽牙活动了"，南京人称臼齿为槽牙。刘姥姥编故事，说"原来是一个十七八岁极标致的小姑娘儿"在抽柴火。"标致"是南京方言，形容人身材苗条、相貌姣好。"柴火"一词也是南京俗语。其他各回中，也可以看到不少江南独有的生活习俗和用具，如冬天烧炭取暖的手炉、脚炉，灌热水暖被窝的铜壶称汤婆子，床前防寒凉的木垫板叫脚踏，早晨将头天的剩饭煮食名泡饭。

道光年间太平闲人张新之《石头记读法》中说："书中多用俗谚巧话，皆道地北语京语，不杂他处方言。"现当代红学家也多有认定《红楼梦》以北京官话写成，甚至以为可作学习北京话的理想教科书。这就未免过于武断。

讨论这方言问题，有两个前提必须弄清楚。

首先对南京方言应有正确认识，清初的南京方言不是吴方言，而是江淮官话。南京在东晋之前属吴语区，自东晋以来多次大移民，大量中原移民进入，而且是作为统治阶层、社会主流，使南京方言逐渐脱离吴语区。到明代，南京话已经成江淮官话的代表，明代的官方语言，就是江淮官话，也就是南京话。南京话中固然有吴语成分的保存，但占比已很低。通观《红楼梦》全书，也只有苏州人黛玉的一篇《葬花吟》有明显的吴语特征。某些研究者以《红楼梦》中吴方言出现甚少，断定其所用为北京方言，是不成立的。概言之，凡以吴方言作为南京方言来讨论《红楼梦》的语言问题，都是没有意义的。

其次，北京方言的形成，曾经受到南京话的重大影响。永乐迁都北京，始建北京城。作为统治阶级的主流语言，就是南京话。同时从南京迁往北京的军队、工匠等多达四十万人，超过原有北京人口，因此在社会生活中，南京方言的影响也会超过原北京方言。此后南京话与北方（不止于北京）方言逐渐融合发展，形成新北京方言。清雍正年间才以北京话为标准语向全国推行。因此，仅以今天的北京话与南京话来分析《红楼梦》的语言归属，同样很难得到严谨结论。

明白这两点，才能正确认识曹雪芹个人的方言形成与变化。孩子牙牙学语，主要受语言环境的影响。曹雪芹出生时，曹家定居南京已经三代超过五十年，他所处的语言环境，无论家庭小环境还是社会大环境，就是南京话环境。儿童在十三岁左右口音定型，通常伴随终身，"乡音未改鬓毛衰"。曹雪芹在南京度过少年时期，至少十三四岁才随家迁去北京，到北京后，曹家百余人的大家族，仍然会形成一个南京方言的小环境。所以曹雪芹的方言口音是南京话，应无疑问。《红楼梦》中常常看到的儿化音：今儿、明儿、后儿、昨儿、前儿、锅儿、碗儿、盘儿、碟儿、筷儿、门槛儿、椅子背儿、蠓虫儿，显然源自南京话。护官符里以雪与薛押韵，薛蟠唱曲儿以戳与乐押韵，都是南方语音。此外，一是会受书面语言影响，主要体现在语法结构方面，一是会受新的语言环境影响，主要体现在词汇方面。北京人读《红楼梦》，觉得满纸多是北京话，南京人读《红楼梦》，觉得没几句不是南京话，就是这个道理。今天我们已经很难区分北京话中哪些成分源自南京话，但可以肯定，在曹雪芹生活的时代，北京话中与南京话同源的成分，主要是北京话受南京话的影响，而不是相反。也就可以说，曹雪芹学得这些方言主要是在南京，而不是北京。当然，经过曹雪芹的锤炼，这些语言又得以升华，这是另外一个问题了。

即使我们不考虑这些同源部分，仍然可以从《红楼梦》这部作品中，梳理出为数甚多的南京方言。除了上面已经举出的例子，再如逗引说"怄"，戏弄说"玩"，对付说"缠"，瓜葛说"首尾"，理由说"由头"，无赖说"恶赖"，刚才说"才刚"，平时说"素日"，随后说"落后"，结束说"了手"，利落说"剪断"，午觉说"中觉"，照壁说"影壁"，假山石说"山子石"，凳子说"杌子"，鞭炮说"炮仗"，纽扣说"纽子"，跳蚤说"虼蚤"，腋下说"胳肢窝"，记性说"耳性"，发烧说"发热"，眼红说"眼热"，喝茶说"吃茶"，笨人说"木头"，反正说"横竖"，粗蠢说"狼犺"，久睡说"挺尸"。又如这会子、一会子、命根子、心眼子、耳刮子、嘴巴子、下巴脖子、风炉子等。动词也多，如靸、捶、捱、厌、嚼、搪、搪搪、唠叨、絮聒、攀谈、考较、搬配、受用、担待、消停、冷落、忌讳，即北方亦有此词，其用法也不相同。最多的是形容词，如猴、兴、促狭、尴尬、作践、下作、轻狂、怕惧、懒怠、生分、好歹、褒贬、富胎、素净、安生、搓绵扯絮、爬高上梯、撒村捣怪、成精鼓捣、上不得台盘、打箩柜筛面、揭了你的皮。结构助词"的、地、得",统写为"的",是南京话的一个明显特征。就连记得、认得、晓得、舍得中的"得",也都读"的",没有也说成"没的"。只要严肃讨论方言问题,这些都是确定无疑的。

袁枚与曹雪芹

关于《红楼梦》的最后一个话题,是曹雪芹的同时代人袁枚,在《随园诗话》卷二中有这样的记载:

康熙间,曹练亭为江宁织造。每出,拥八骑必携书一本,观玩不缀。人问:"公何好学?"曰:"非也。我非地方官,而百姓见我必起立,我心不安,故藉此遮目耳。"素与江宁太守陈鹏年不相中,及陈获罪,乃密疏荐陈,人以此重之。其子雪芹撰《红楼梦》一部,备记风月繁华之盛,明我斋读而美之。当时红楼中有某校书尤艳,我斋题云:"病容憔悴胜桃花,午汗潮回热转加。犹恐意中人看出,强言今日较差些。""威仪棣棣若山河,应把风流夺绮罗。不似小家拘束态,笑时偏少默时多。"

《随园诗话》的题旨,是品评诗歌,兼述诗家本事。这一条的立意是介绍明我斋题《红楼梦》人物的两首诗。顺便提到《红楼梦》的作者家世。我斋是富察·明义的号,其所撰《绿烟琐窗集》中有《题红楼梦》七绝二十首,袁枚所选为咏黛玉的第十四首、咏凤姐的第十五首。诗题下原有小序:

曹子雪芹出所撰《红楼梦》一部,备记风月繁华之盛。盖其先人为江宁织府。其所谓大观园者,即今随园故址。惜其书未传,世鲜知者,余见其钞本焉。

这两条记载,是所见最早关乎曹雪芹撰《红楼梦》的文献,也是明确提到袁枚随园与大观园同址的文献。

富察·明义并非某些论者所说"养马的小官员",他是满洲镶黄旗人,清高宗孝贤纯皇后的侄儿。孝贤纯皇后的兄弟傅清、傅恒、富文都是乾隆朝重臣。明义即傅清之子,货真价实的皇亲国戚,乾隆年间长期担任上驷院侍卫。上驷院是内务府所属三院之一,掌管宫内所用马匹,设于紫禁城内,上驷院侍卫负责随侍皇帝、试骑御马,品高位崇。其兄明仁,堂兄明琳、明瑞都与曹雪芹有交往,其堂姊夫墨香(爱新觉罗·额尔赫宜)是永忠的堂兄弟,又是敦敏、敦诚的叔父。永忠、敦敏、敦诚都是宗室子弟。永忠《延芬室稿》中有诗《因墨香得观〈红楼梦〉小说，吊雪芹三绝句，姓曹》。敦敏有诗《芹圃曹君沾别来已载余矣，偶过明君琳养石轩，隔院闻高谈声，疑是曹君，急就相访，惊喜意外，因呼酒话旧事，感成长句》。敦诚《四松堂集》中《寄怀曹雪芹霑》一诗，中有夹注："雪芹曾随其先祖寅织造之任"。

《绿烟琐窗集》中，明义与尹继善的三子庆玉（两峰）、五子庆霖（晴村）、六子庆兰（似村）都有诗歌唱和。庆兰随父久居江宁，正是袁枚的密友。郑幸《袁枚年谱新编》记乾隆十九年（1754年）二月事："应尹继善之招，赴清江浦。时于署中交尹六公子庆兰，一见倾心。"次年九月，"尹继善诸公子过随园"。二十六年（1761年）元宵"招尹继善诸公子宴于随园，时张灯四百余盏"。《随园诗话》卷七中说到"安于隐退"之人："近今吾见二人焉：一为尹文端公之六公子似村，一为傅文忠公从子我斋。"《随园尺牍》卷五，乾隆四十六年（1781年）袁枚有《答明我斋参领》一信，开篇即说"秋间似村世兄处寄到和诗二章"，可见正是尹庆兰促成了明义与袁枚的友谊。信中追念明义之父傅清早年对他的恩情，又说"近年来又以白下程、朱二友假馆华堂，得与执事时通芳讯"，袁枚好友程晋芳在乾隆三十八年（1773年）参修四库全书，安徽学政朱筠亦于同年授翰林院编修，他们进京也加强了袁枚与明义间的联系。

了解明义的亲友圈，可以知道，这些人皆非泛泛之辈，在当时有着很高的社会地位，远非《红楼梦》的转抄者和出版者们可比。他们无须借助曹雪芹和《红楼梦》抬高身价或谋取利益。曹雪芹能进入这个朋友圈，不是因为他写了《红楼梦》，而是因为他属内务府正白旗包衣世家、"先人为江宁织府"。这些人以当时人叙当时事，而且形成了较完整的证据链，理应比后人自作聪明的摸索、揣测为可信。

今天许多研究者的一个大误会，是以为《红楼梦》在乾隆年间已经被公认为伟大作品。其实直到清代中期，小说仍是不登大雅之堂的玩意儿。同治八年（1869年）愿为明镜室主人江顺怡刻印《读红楼梦杂记》，开篇即说："《红楼梦》，小说也，正人君子所弗屑道。"这已是"开谈不说《红楼梦》，读尽诗书也枉然"的时期了。

袁枚对于《红楼梦》的态度即是如此。他对此书完全不了解、不关心，更不打算读，"风月繁华之盛"让他想到的是妓院，所以将书中女主角认作"女校书"即妓女。明义说"曹子雪芹"，他就轻率地简化为"其子雪芹"，把曹雪芹误为曹寅的儿子。《随园诗话》卷十六中的另一条记载，更可以看出袁枚对曹雪芹的无知：

丁未八月，余答客之便，见秦淮壁上题云：“一溪烟水露华凝，别院笙歌转玉绳。为待夜凉新月上，曲栏深处撤银灯。”"飞盏香含豆蔻梢，冰桃雪藕绿荷包。榜人能唱湘江浪，画桨临风当板敲。”"早潮退后晚潮催，潮去潮来日几回？潮去不能将妾去，潮来可肯送郎来？”三首深得《竹枝》风趣。尾署"翠云道人”。访之，乃织造成公之子啸崖所作，名延福。有才如此，可与雪芹公子前后辉映。雪芹者，曹练亭织造之嗣君也。相隔已百年矣。

丁未是乾隆五十二年（1787年），距他选明义之诗又过去了几年，他认为写民歌的成延福可以与曹雪芹"前后辉映”。大约因为二人都是江宁织造之子，所写都是男女之情，袁枚便将二人归为一类。他对《红楼梦》的评价，也就相当于《竹枝》词。

后世有人认为袁枚有意"攀附"曹雪芹是"脸厚"，真是误会了袁枚。以袁枚当时的社会地位，以"性灵说"在诗坛独树一帜，与纪昀并称"南袁北纪"，又与赵翼、蒋士铨并称"乾嘉三大家"。历任两江总督尹继善、高晋等都是他的好友。乾隆二十二年（1757年）二月九日，清高宗二次南巡抵扬州，袁枚随江宁官员赴扬州迎驾。三月清高宗到江宁，随扈大员多赴随园游观。随园的声名同样盛极一时，凡有文人雅士、高官贵胄到江宁，无不前往观光。郑幸《袁枚年谱新编》载，乾隆二十年（1755年）六月十四日："尹继善过访，欲以随园作接驾之行宫。子才作长书却之。"《小仓山房文集外集》卷四《上尹制府书》列出不敢接驾的原因八条。乾隆四十九年（1784年）闰三月初六，"高宗六次南巡，驾抵江宁，并于三日后召试江苏、安徽两省士子。时和珅随驾来江宁，慕随园之景，遣人来画《随园图》"。又引《小仓山房诗集》卷三十六《八十自寿》十首之三："上公误听园林好，来画卢鸿旧草堂。"下有注云："甲辰春，圣驾南巡，和致斋相公遣人来画《随园图》。"和珅回京奉旨所造园林，在咸丰年间成为恭王府，也就是某些红学家认为的"大观园原型"，安知其原型正是随园。曹雪芹让宝钗在《大观园题咏》中所吟"芳园筑向帝城西"，成为某些红学家认定大观园方位的铁证。姑不论随园的位置恰正在南京城的西部，和珅奉旨建园之际，曹雪芹已去世二十余年，如何能将这园子写进小说？

就是这次南巡，随扈前来的还有明义。《小仓山房诗集》卷三十有诗《明我斋参领扈跸南来，见访不值，将园中松、竹、梅、兰分题四诗而去。余归后钦迟不已，寄五言一章》，诗中写道："我与我斋公，相知廿载宽。南北虽乖分，吟笺常往还。"据诗中提供的信息，明义与袁枚结交，不会晚于乾隆二十八年（1763年），正是袁枚与尹继善诸子过从甚密之际。明义是亲眼见过随园景观的，但这已是他写《题红楼梦》多年之后了。他所说"所谓大观园者，即今随园故址"，应也是得之于尹继善诸子。先后担任江苏巡抚、南河总督、两江总督，居江南三十余年的尹继善，了解曹园、隋园、随园的变迁史，自不奇怪。

袁枚并未说过随园是大观园故址，在《随园记》《随园诗话》等文中，只说他买下的是已荒芜的"隋园""隋织造园"。袁起《随园图说》中亦说"昔为织造隋公别墅"。雍正年间曹家被抄家，抄出房屋近五百间、田地约二千亩，后被赐给继任江宁织造隋赫德。隋赫德五年后因受贿被发配，隋园荒废，后被袁枚买下。豫亲王多铎五世孙爱新觉罗·裕瑞《枣窗闲笔·后红楼梦书后》中，明确说到这一点："闻袁简斋家随园，前属隋家者，隋家之前即曹家故址也，约在康熙年间。书（即《红楼梦》）中所称大观园者，盖假托此园耳。"袁枚只提隋园而不及曹园，充分证明他无意"攀附"《红楼梦》。

明义和朋友们所言只是陈述一个事实，即随园与大观园的空间承续关系。随园是生活真实，直到随园被毁殆尽之后，《同治上江两县志》卷二十四中还说："随园擅山林亭台之胜，乾、嘉间称名园者，辄首举之。"大观园是艺术真实，其中或有江宁织造署和小仓山曹园的影子，但小说允许虚构，大观园是曹雪芹集所见园林特色后进行的再创造，它必须符合生活真实，但并不等于作家的真实生活。同样，《红楼梦》中的人物与情节，亦同此理。

第四节
儒林外史

沈琼枝映出众生相

《儒林外史》是与南京人文密切相关的又一部古典文学名著。南京人引以为自豪的"菜佣酒保都有六朝烟水气"便出自该书,书中许多人物、故事,都已脍炙人口。

读《儒林外史》,有一个"神龙见首不见尾"的人物,让人看了很不过瘾,就是那位被骗到扬州盐商家做妾的沈琼枝。她既能挂招牌卖诗,"只一双手指却像讲究勾、搬、冲的",可谓文武双全,大可以编出一个"车中女子同那红线一流"的精彩故事,却被吴敬梓轻轻放过,不免可惜。然而吴敬梓的本意,未必是要塑造一个"新女性"形象,而是借沈琼枝做个引子,刻画杜少卿和江宁知县等几个人物。

第四十一回《庄濯江话旧秦淮河,沈琼枝押解江都县》,四月底武书过生日,杜少卿邀他游秦淮河,在小凉篷船上喝酒,下午荡到利涉桥上岸:

见马头上贴着一个招牌,上写道:"毗陵女士沈琼枝,精工顾绣,写扇作诗,寓王府塘手帕巷内,赐顾者幸认毗陵沈招牌便是。"武书看了,大笑道:"杜先生,你看南京城里偏有许多奇事!这些地方,都是开私门的女人住。这女人眼见的也是私门了,却挂起一个招牌来,岂不可笑。"杜少卿道:"这样的事,我们管他怎的?且到船上去煨茶吃。"

手帕巷,即钓鱼巷,地近东关头,确是妓家聚集处。转眼到了七月底,庄非熊到杜少卿家说新闻:"这沈琼枝在王府塘,有恶少们去说混话,他就要怒骂起来。此人来路甚奇,少卿兄何不去看看?"杜少卿的说法却与上回截然不同了:"我也听见这话,此时多失意之人,安知其不因避难而来此地？我正要去问他。"武书日前指沈琼枝为暗娼，且笑其公然挂出招牌来，杜少卿并未见疑。想来这三个月间，他"听见这话"已不止一次，才会改了主意。也就是说，他身边不乏关注沈琼枝故事的人。

当晚又请了迟衡山和武书来他住的河房"看新月"。"庄非熊见了，说些闲话，又讲起王府塘沈琼枝卖诗文的事"。杜少卿的说法又一变："无论他是怎样，果真能做诗文，这也就难得了。"无论沈琼枝是暗娼还是避难，只要"能做诗文"就值得一观。迟衡山古板，说："南京城里何等地方，四方的名士还数不清，还哪个去求妇女们的诗文？这个明明借此勾引人。他能做不能做，不必管他。"武书却不提开私门的话了，换了口吻附和杜少卿：

这个却奇，一个少年妇女，独自在外，又无同伴，靠卖诗文过日子，恐怕世上断无此理，只恐其中有甚么情由。他既会做诗，我们便邀了他来做做看。

于是两人约定次日同去。

次日到了王府塘，正遇沈琼枝同人吵闹。"沈琼枝看见两人气概不同，连忙接着，拜了万福。坐定，彼此谈了几句闲话。武书道：'这杜少卿先生是此间诗坛祭酒，昨日因有人说起佳作可观，所以来请教。'"昨日说起"佳作可观"的人，想必是庄非熊了，庄非熊莫非竟已"请教"过沈琼枝的佳作？沈琼枝的一番话也有趣："我在南京半年多，凡到我这里来的，不是把我当作倚门之娼，就是疑我为江湖之盗，两样人皆不足与言。"先把丑话撂在前头。"今见二位先生，既无狎玩我的意思，又无疑猜我的心肠。"二位即便有此意思，也不好开口了。后面陡然一转："我平日听见家父说：'南京名士甚多，只有杜少卿先生是个豪杰。'这句话不错了。但不知先生是客居在此，还是和夫人也同在南京？"这前半句自属虚誉，她父亲是常州贡生，把她嫁去扬州，没来由怎么会说到南京的杜少卿？后半句才是正题：杜少卿若有轻薄之心，必不肯说起夫人。杜少卿坦然回答："拙荆也同寄居在河房内。"这就让沈琼枝可以放心，便说："既如此，我就到府拜谒夫人，好将心事细说。"你们无非想打听我的底细，我可以向夫人说。一番话绵里藏针，层层递进，显示出沈琼枝的厉害，所以她这样尴尬身份能够在南京安居半年多。

待到沈琼枝道明来龙去脉，杜少卿刚说出"你这祸事不远，却也无甚大害"，江宁县的差人已经进门了。杜少卿背着沈琼枝又是一番说法：

"此刻却在我家。我家与他拿了去,就像是我家指使的。传到扬州去,又像我家藏留他。他逃走不逃走都不要紧,这个倒有些不妥帖。"他首先想到的不是沈琼枝的安危,而是如何不让自己受到牵连。于是先花钱打发差人到王府塘沈宅去等,再向沈琼枝说破实情。沈琼枝倒有"一人做事一人担"的豪杰气,直说:"这个不妨。差人在哪里,我便同他一路去。"杜少卿放下心来,留她吃了便饭,"检了自己刻的一本诗集",武书也做了一首诗,"又称了四两银子,封做程仪,叫小厮交与娘子,送与沈琼枝收了"。一举一动,做得滴水不漏。沈琼枝既被捉拿,这诗集、银子,免不了会被衙门里翻检出来,若说是他相赠,不免有私情的嫌疑,夫人所赠,就不怕人说了。也不能不送,若让沈琼枝空手出门,那"只有杜少卿先生是个豪杰"的话,便不会再有人信。但他这个"豪杰"只是民间传闻,没法直接向衙门里去周旋,只能用这一本诗集,显示沈琼枝同地方名流有交往。

江宁知县又是一种作为。"知县看他容貌不差,问道:'既是女流,为什么不守闺范,私自逃出,又偷窃了宋家的银两,潜踪在本县地方做什么?'"沈琼枝据理而言,他却毫无兴趣,说道:"你这些事,自有江都县问你,我也不管。你既会文墨,可能当面作诗一首?"沈琼枝是江都县要缉捕的犯人,江宁知县固可不问案情。但她容貌如何,能不能作诗,与此案无关系,与江宁县更无关系。这就未免与杜少卿们同病相怜了。沈琼枝依其命题:

(她)不慌不忙,吟出一首七言八句来,又快又好。知县看了赏鉴,随叫两个原差到他下处取了行李来,当堂查点。翻到他头面盒子里,一包碎散银子,一个封袋上写着程仪,一本书,一个诗卷。知县看了,知道他也和本地名士倡和,签了一张批,备了一角关文,吩咐原差道:"你们押送沈琼枝到江都县,一路须要小心,不许多事。领了回批来缴。"那知县与江都县同年相好,就密密的写了一封书子,装入关文内,托他开释此女,断还伊父,另行择婿。

据此而言,江宁知县对女诗人既见其美,又赏其才,且敢于担当,实意相帮,明知她"私逃"与"偷窃",仍写信托江都知县开释,不怕落了把柄在人家手里,又吩咐差人路上"不许多事"。但在沈琼枝面前他未做任何表示。吴敬梓的本意,是写出杜少卿处事审慎周密,然而相比之下,实不及江宁知县的率真自然。

袁枚与吴敬梓

《儒林外史》里，浓墨重彩、精雕细琢的人物不下数十。即论女性形象，最为研究者所重的是被逼活活饿死的王玉辉女儿。这里单挑出连名字都没有的江宁知县来评说，是因为学界共识，书中人物皆有真实原型，"绝无凿空而谈者"。金和《儒林外史·跋》中说"书中杜少卿乃先生自况"，"沈琼枝即随园老人所称扬州女子"。而这位江宁知县，正是吴敬梓同时代的诗人、随园老人袁枚。

沈琼枝的原型，是松江女子张宛玉。袁枚相逢张宛玉的故事，被他写进了《随园诗话》卷四：

> 余宰江宁时，有松江女张氏二人，寓居尼庵，自言文敏公族也。姊名宛玉，嫁淮北程家，与夫不协，私行脱逃。山阳令行文关提。余点解时，宛玉堂上献诗云："五湖深处素馨花，误入淮西估客家。得遇江州白司马，敢将幽怨诉琵琶。"余疑倩人作，女请面试。予指庭前枯树为题，女曰："明府既许婢子吟诗，诗人无跪礼。请假纸笔立吟，可乎？"余许之，乃倚几疾书曰："独立空庭久，朝朝向太阳。何人能手植，移作后庭芳。"未几，山阳冯令来，予问："张女事做何办？"曰："此事不应断离。然才女嫁俗商不称，故释其背逃之罪，且放归矣。"问："何以知其才？"曰："渠献诗云：'泣请神明宰，容奴返故乡。他时化蜀鸟，衔结到君旁。'冯故四川人也。"

《随园诗话》是因诗涉事，虽没有明说袁枚对张宛玉的欣赏，但引录其诗三首，已是一种态度。从他问"张女事做何办"，想来必与山阳（今淮安）冯县令就此通过讯息，促成张宛玉的"放归"，而他此时全无居功之意。

武书说杜少卿是"此间诗坛祭酒"。平心而论，当年南京能担得起"诗坛祭酒"名号的，恐怕该是袁枚。有趣的是，这两位"诗坛祭酒"同处南京长达十余年，却从无交往。

雍正十一年（1733年），三十三岁的吴敬梓移居南京，至乾隆十九年（1754年）去世，前后二十余年。金和《儒林外史·跋》中说："是时先生家虽中落，犹尚好宾客，四方文酒之士走金陵者，胥推先生为盟主。"在文坛交往甚广。

袁枚小吴敬梓十五岁，翰林散馆，在乾隆七年（1742年）秋到任江宁知县，遍游金陵之际，就结交朱卉，同访板桥遗迹。后任溧水知县两月，冬改江浦知县。又官沭阳知县年余，乾隆九年（1744年）七月担任江南乡试同考官，次年改官江宁知县，乾隆十二年（1747年）设志馆修《江宁新志》，南京文士多有参与。程廷祚、朱卉（即《儒林外史》中庄尚志、牛布衣的原型）等时为袁枚座上宾，又为吴敬梓所敬重，两人遇合的机会一定不少。乾隆十三年（1748年）六月，袁枚以三百金购得隋氏废园，易名随园，九月辞官，年底归隐随园。这一年，袁枚也是三十三岁。从上述张宛玉故事看，吴敬梓是注意到袁枚的。然而《随园诗话》中选诗、论诗广涉三教九流，竟没有一句提到吴敬梓。两人之间完全没有留下交往的记录。

就袁枚的一贯立场而言，这并不奇怪，再次证明了他对小说和小说家的态度。友人赋诗谈及大观园与随园的关系，他都无意翻一翻《红楼梦》，对于《儒林外史》，自然更不会有阅读的兴趣。有人猜测袁、吴两人之间发生过什么矛盾纠葛，其实未必。在袁枚的心目中，是没有小说家地位的。

《儒林外史》中表为"上上人物"的虞有德，杜少卿所交好的庄尚志、迟均、马静、武书、牛布衣，所讥讽的范进、匡超人，所不屑的严贡生、牛浦等，固属儒林。袁枚的朋友圈，蒋士铨、赵翼、王文治、沈德潜、孙星衍、孙原湘、秦大士以至旗籍进士尹继善，同样也是儒林中人物。此一儒林与彼一儒林，像两个相切的圆，叠合少而背离多。闲斋老人《儒林外史·序》中说：

夫曰"外史"，原不自居正史之列也，曰"儒林"，迥异玄虚荒渺之谈也。其书以功名富贵为一篇之骨：有心艳功名富贵而媚人下人者，有依仗功名富贵而骄人傲人者，有假托无意功名富贵自以为高、被人看破耻笑者，终乃以辞却功名富贵、品地最上一层为中流砥柱。

通观《儒林外史》中人物，实以科举失意者为主体，而袁枚的友人则多为科举的得意者。吴敬梓与袁枚的关系似乎可以作为这两种群体关系的一种象征。

科举失意者，并不等于无意于科举。倘若无意，便不会有失意。即如吴敬梓，他二十三岁成秀才，有了参加乡试的资格，移居南京前即多次赴江南贡院应考，屡试不第。《儒林外史》中那些脍炙人口的场景，范进应乡试，周进哭考场，自是他以目睹耳闻，加上自己的心路历程而创作。《桃花扇》中蔡益所所言"严批妙选，精刻善印"的"腐烂时文"，也即马二先生们所编的"墨卷"，他肯定也购读过。

乾隆元年（1736年）重开博学鸿词科，经江宁县学训导唐时琳，上、江督学郑江和安徽巡抚赵国麟力荐，吴敬梓也通过了三级预试，但是到了赴京廷试之际，他因病不能成行，错失良机。唐时琳在《文木山房集·序》中说："将论荐焉，而敏轩病不能就道。两月后病愈至余斋，……余察其容憔悴，非托为病辞者。"程廷祚《文木山房集·序》中也说："曾与荐鸿博，以病未赴，论者惜之。"他预试所作《拟献朝会赋》编在《文木山房集》的第一篇，其堂兄吴檠与程廷祚也都曾应荐赴试，所以没有根据说他是装病不参试。乾隆十八年（1753年），即吴敬梓去世前一年所作《金陵景物图诗》，首页题"乾隆丙辰荐举博学鸿词、癸酉敕封文林郎内阁中书、秦淮寓客吴敬梓撰"，可见他毕生引这次荐举为荣。文林郎则是因其长子吴烺中举任官而得到的封号，也可以说明他对科举的真实态度。

《儒林外史》中浓墨重彩描绘的一场文坛盛典，是第三十七回中的泰伯祠大祭。此事亦有背景，即金和《儒林外史·跋》中所说："先生又鸠同志诸君，筑先贤祠于雨花山之麓，祀泰伯以下名贤二百三十余人，宇宦极闳丽，工费甚巨。先生售所居屋以成之。"吴敬梓如此热衷此事，是因为吴氏奉泰伯之弟仲雍为先祖。《移家赋》中说："我之宗周贵裔，久发轫于东浙。"自注："按族谱，高祖为仲雍九十九世孙。"据此推算他是仲雍一百零三世孙。如此看重门第，也可见其思想之一斑。

吴敬梓假托明代应天府故事，约在乾隆十四年（1749年）完成了长篇小说《儒林外史》的创作。正因为身历其境，不能忘情，观察既多，反思亦深，吴敬梓以生动形象的人物、洗炼犀利的语言，揭露假儒士的虚伪，批判科举制的弊端，一针见血，入木三分，常令读者忍俊不禁。《儒林外史》是中国古典讽刺文学的奠基之作，也是巅峰之作，甫一问世，即被转抄流传，有研究者一再批点品评，后多次雕版印行，现存最早刊本是嘉庆八年（1803年）卧闲草堂本。现在已被翻译成英、法、德、俄、日等多种文字，成为世界名著。

中国古代文学的最高成就，简单地说，可以"唐诗、宋词、元曲、明清小说"为标志，文学价值之外，且有重要的历史研究价值。前文已经说到，六朝诗歌的创作实践与理论探索，为唐诗兴盛奠定了基础；南唐开"词之正宗",文体、意境对宋词兴盛产生了深刻影响;明代南京对昆曲的形成与传播发挥了重要作用。在明清小说的作者成长与创作、出版中,南京同样不失为重镇。这充分证明了南京在中华文脉传承中不可或缺的地位。

科举制度面面观

《儒林外史》作为文学作品,后世得到越来越高的评价。不过,它毕竟只是虚构的小说,不能视为科举制度的客观写照,更不可据此对科举制度作全面评判。

兴起于隋、唐的科举制度,改变了国家人才选拔的方法,即以朝廷考试的成绩代替地方官员的推荐,也改变了人才选拔的标准,即以才能优先取代德行优先,打破了贵族门阀对官场的垄断。这是专制极权制度下所能采取的最为公平的人才选拔形式。对政府而言,可以吸收社会中下层的优秀人才,得到更多具有真才实学的官员。对平民而言,少部分人因此得到了提升自身地位的机会,更多的人则是看到了改变命运的希望。阶层流动渠道的存在,对于社会稳定和发展具有重要意义。严重的阶层固化就只有通过暴力革命来打破了。历经宋、元,由明入清,科举制度已经相当完善,并且与教育制度相结合,形成相应的人才培养机制。

科举制度的积极成分,即以严密的考试程式保证公平竞争,被引入当代文官制度。西方在工业革命时期,即仿效中国考试取士办法,充实以丰富而科学的考试内容,并在笔试外增加口试和面试方式,在录取后增加实习和试用阶段,使其成为符合民主、人权要求的完善制度。

明、清时期科举制度包含着教育制度。童生在学校教育阶段通过县试、府试、院试,成为县学的生员,即在县学中学习的资格,所以又称进学,也就是民间常说的秀才。

秀才不仅取得了参加科举考试的资格,而且已经享有不少特权,其服饰相当于九品官,可以与官员交往、充当幕僚,可以免徭役,不经教官允许官府不得逮捕秀才,考试成绩优秀可以升为廪膳生,得到一定学费补贴,也可能进入府学。能选入国子监学习即为监生,通过拔贡、岁贡等途径成为贡生,经廷试可以直接派任知县或教官。

为了弥补官学的不足,官办和民办的书院也得以兴起。嘉靖年间督学御史耿定向在清凉山东冈建崇正书院,从江南十四郡选拔优秀士人入学，遂成精英文化中心。耿定向自任导师讲学，其得意门生焦竑担任山长。焦竑能中状元，即得益于崇正书院的深造。其时始建于南宋的明道书院得以恢复，在南都任职的学者湛若水先后创办了新泉精舍、新江书院、观光堂等。清代南京书院多达近三十所，首推钟山书院。雍正元年（1723年）两江总督查弼纳倡建钟山书院，后订定为省城书院。乾隆四十六年（1781年）院长钱大昕定书院条约，师长由两江总督及巡抚、学政延聘，生徒由道员稽查、州县择选、布政使等再加考验，方准入学肄业，选择十分严格。乾隆年间钟山书院生徒已达数百人。主持院事的多为著名学者，如卢文弨、钱大昕、姚鼐、朱珔、胡培翚、李联琇、梁鼎芬、缪荃孙等，清末改为江南高等学堂。钟山书院藏书丰富，历任山长对书院藏书尤多贡献，而书院藏书也成为他们著书立说的便利条件。清代影响深远的文学流派桐城派，主要领袖人物方苞、姚鼐都长期居留南京。姚鼐主持钟山书院二十年，其得意门生管同、梅曾亮、方东树、姚莹"各以所得，传授徒友"，皆成名家，梅曾亮更成为桐城文派的中流砥柱。

三年一届的乡试是秀才博取功名的机会，中试者成为举人，即有任官资格。举人得到的社会礼遇更高，中举后即可得到官府发给的牌坊银二十两，供其在家门前建造牌坊，另有置办举人服饰的衣帽银等。乡试次年，举人有资格赴京城参加会试，通过会试和殿试成为进士。

南京江南贡院就是乡试的考场。江南贡院是清代的名称，承续的是明代应天府贡院。应天府贡院始建于明景泰五年（1454年），用的是永乐年间锦衣卫指挥使纪纲的旧宅基。纪纲受明成祖宠信，势焰熏天，后被人举报谋逆，凌迟处死。天顺元年（1457年）十一月所立《奏奉旨意劄付事理》碑记载：

> 本府儒学东，有前锦衣卫指挥同知纪纲抄没遗下品官房屋一所，前后房屋四座，前二座系怀来卫指挥陈斌家人陈通等住，坐后系忠勇伯家人侯清等居住。彼因房屋数多，家人数少，俱各空闲，见赁与镇江等府农民掘坑盛粪，日渐损坏。

后报朝廷批准以其地建造贡院。明人陆粲《庚巳编》卷一《贡院》载：

> 南京贡院，锦衣指挥使纪纲宅也。纲有宠文皇帝朝，后坐不法伏诛，阖门受歼于是（或云生瘗其下）。至今每乡试时，举子入院，辄有声自地中起，历诸号房上，如万马腾踏云。

据说纪纲家人都被活埋在宅院中，这是江南贡院掌故中最为惨酷的记录。

建造贡院同时，兴建了一系列配套设施，如供安徽考生居住的上江考棚、供江苏考生居住的下江考棚，与夫子庙形成一个规模宏大的建筑群。此后不断增建扩建，《客座赘语》卷八载："府学明德堂后，旧是一高阜，土隆隆坟起。嘉靖初，都御史陈凤梧夷其阜，建尊经阁于上。"万历十三、十四年（1585、1586年）间，应天府尹周继因南京科举人才日减，重理府学风水，在府学后建造同于尊经阁的青云楼，夫子庙门前树巨大木坊，即今"天下文枢"坊，与府学前"泮宫"坊并峙，庙前广场造聚星亭，泮池（即夫子庙前秦淮河段）下手建文德桥。果然，万历十七年（1589年）焦竑高中魁首，是明代立国二百多年来第一个南京状元，算是"破天荒"。接着，二十三年（1595年）朱之蕃中状元，二十六年（1598年）顾起元中探花，成为应天府贡院的第一个辉煌时期。应天府贡院规模已经很大，晚明陆世仪在此应试，有《闱中作》诗记事：

一万英髦试棘闱，人人意气欲骞飞。

功名自尔丈夫志，富贵不淫谁与归。

清初改应天府为江宁府，隶属江南省，江南贡院由此得名。江南贡院屡经扩建，最终拥有号舍两万多间，占地面积近三十万平方米，规模之大居全国各省贡院之首。江南贡院的科举成绩也居全国之首。有清一代百余名状元，江南贡院举人进京会试登第的超过一半。其中有三位是南京人，即康熙三十三年（1694年）状元胡任舆，乾隆十七年（1752年）状元秦大士，光绪六年（1880年）状元黄思永。

科举制度的最大败笔是明代中叶开始以八股文取士。八股文格式僵化，禁锢思想，也很难反映考生的真实学术水平和行政能力。最初的制度设计是为国家培养人才、发现人才，渐渐变成以获取功名为唯一目标。《五杂俎》卷十三载：

今人之教子读书，不过取科第耳。其于立身行己，不问也。故子弟往往有登庞仕而贪虐恣睢者。彼其心以为幼之受苦楚，政为今日耳。志得意满，不快其欲不止也。噫，非独今也。韩文公有道之士也，训子之诗，有"一为公与相，潭潭府中居"之句。而俗诗之劝世者，又有"书中自有黄金屋"等语，语愈俚而见愈陋矣。

读书人只看见功名利禄，忘记了"立身行己"，更谈不上"治国平天下"，弊端丛生也就不奇怪了。

科举制度中，容易被人看到的只是成功者。就像今天的彩票市场，只有大奖、特奖会被广为宣传。即以江南贡院两万考生应试计，中举人数不到百分之一，大量落第者只能默默无闻地继续挣扎，甚至为此虚耗一生。《儒林外史》中的人物多半是科举失意者，正是吴敬梓为他们发声，让后世可以看到自觉不自觉被科举制度碾压的人群。

科举服务产业

吴敬梓移居南京后，住在夫子庙秦淮河畔。《移家赋》中述其新居位置："诛茅江令之宅，穿径谢公之墩，乌衣巷口，燕子飘零，白板桥边，鱼舟暖乃。"此处白板桥不是余怀的长板桥，因吴敬梓《金陵景物图诗·桃叶渡》首句"花霏白板桥"，诗序中明说是桃叶渡的利涉桥。按文中所述四个地标，江令宅即南朝陈江总故宅，江总入隋后还乡时已无踪迹可寻，其地约在淮青桥东青溪畔，最后的相关信息是明代顾璘在其址建息园，乾隆年间迁江宁织造署于此。谢公墩远在五台山永庆寺，自是虚指无疑。清代乌衣巷在文德桥南。文中不说淮青桥也不说文德桥，而独提出利涉桥，可见其宅当在利涉桥附近。吴敬梓有《洞仙歌·题朱草衣白门偕隐图》，词中写道："我亦有，闲庭两三间，在笛步青溪，板桥西畔。"更明确在利涉桥西畔。其子吴烺有《感旧》诗：

小亭卜筑板桥西，一桁春山与屋齐。

可爱阑干临水面，数株垂柳绿云低（余家自癸丑春半，移寓秦淮上）。

此亦证明是在利涉桥西，贡院街东头近姚家巷的河房。所谓"秦淮水亭"，并非息园中顾璘所建见远亭，而是吴家"阑干临水面"的河亭，俗称水阁，是河房的标配。《儒林外史》中写到杜少卿住进河房，"房主人家荐了一个卖花堂客叫做姚奶奶来见"，有意无意间带出一个"姚"家来。

科举考试对于南京，另有一重特别的意义，就是对于南京的文脉绵延、经济发展，都有重要影响。如前所述，围绕着江南贡院数以万计考生长期居留、游学交际、衣食住行等方方面面需要，形成了系统性的"科举服务行业"，是当时与云锦织造业相当的南京支柱产业。《儒林外史》堪称乾隆时期的《金陵图》《南都繁会图》，对此亦有翔实生动的反映。

这一行业中，直接服务于考生的，莫过于"精选程墨"的编辑出版。《儒林外史》第二十八回写季恬逸流落在状元境，"每日里拿着八个钱，买四个吊桶底作两顿吃，晚里在刻字店一个案板上睡觉"，又没有盘缠回乡，"终日吃了饼，坐在刻字店里出神。那一日早上，连饼也没得吃"，可谓穷极无聊，偏巧诸葛天申找上门来问："请问先生，这里可有选文章的名士么？"季恬逸绝处逢生，忙搬出南京的选家阵势：

季恬逸道："多的狠！卫体善、陆莘庵、马纯上、蘧駪夫、匡超人，我都认的。还有前日同我在这里的季苇萧，这都是大名士。你要哪一个？"那人道："不拘哪一位。我小弟有二三百两银子，要选一部文章。烦先生替我寻一位来，我同他好合选。"

这书印出来是卖给应试考生读的，选评文章的自然就成了名人。然而也正因为是考生读，倘若文理不通便会落下个骂名，所以诸葛天申虽有银子本钱，还得寻一位有学问本钱的"合选"。季恬逸一时无处找人，"又想到：不必管他，我如今只望着水西门一路大街走，遇着哪个就捉了来，且混他些东西吃吃再处"。士子往来，自水西门进城，过三山街到夫子庙，这是必经之路，果然让他碰到了刚进城的萧金铉，便拉住了说："如今有一桩大生意作成你，你却不可忘了我。"原来选文章，说白了也就是生意。三人"到三山街一个大酒楼上"吃饭，"季恬逸点了一卖肘子，一卖板鸭，一卖醉白鱼。先把鱼和板鸭拿来吃酒，留着肘子，再做三分银子汤，带饭上来。"此时的下酒菜仍是板鸭，还没有盐水鸭的名目。"季恬逸尽力吃了一饱"，以衬近日之饿。这是饭店里的吃法。后面写到名士杜慎卿在家中宴客：

杜慎卿道："我今日把这些俗品都捐了，只是江南鲥鱼、樱、笋下酒之物，与先生们挥麈清谈。"当下摆上来，果然是清清疏疏的几个盘子，买的是永宁坊上好的橘酒。……取点心来，便是猪油饺饵、鸭子肉包的烧卖、鹅油酥、软香糕。

此后进入选家的操作方式。三人酒足饭饱，到南门外大报恩寺租房子，最后租在了三藏寺里。"季恬逸这三人在寺门口聚升楼起了一个经折，每日赊米买菜和酒吃，一日要吃四五钱银子"。这个是饭店的经营方式，立折赊账，定期结算。一钱银子折七八十文钱，想想日前八个钱吊桶底大饼糊一天，季恬逸算是享了半年口福。"文章已经选定，叫了七八个刻字匠来到，又赊了百十捆纸来，准备刷印。到四五个月后，诸葛天申那二百多两银子所剩也有限了。每日仍旧在店里赊着吃。"季恬逸是初次入行，担心诸葛天申的钱快花光了，还欠着饭钱、纸账："将来这个书不知行与不行？这事怎处？"指望印出的墨卷畅销可以回本，至少也须弥补亏空。萧金铉大约是做惯了的，只说："这原是他情愿的事，又没有哪个强他。他用完了银子，他自然家去再讨，管他怎的！"他既怀着这样的心思，那书的水平也就不言而喻了。

当年这选书生意十分兴盛。杜少卿和迟衡山去秦淮河边租河房，"走到状元境，只见书店里贴了多少新封面，内有一个写道：《历科程墨持运》，处州马纯上、嘉兴蘧駪夫同选"。这二位是一时选家中的白眉。马纯上就是祭泰伯祠时的"三献"、《幽榜》上排名二甲第三的马静，极受众人推崇。书中实写马静选书活动的情节，是第十三回中，其时他在嘉兴文海楼选书，与蘧駪夫大谈选书的"理法"、各朝的举业，以及他敬业的精神，"时常一个批语要做半夜，不肯苟且下笔。要那读文章的读了这一篇，就悟想出十几篇的道理，才为有益"。只是他自己"补廪二十四年"，至少已经八回乡试，回回名落孙山。吴敬梓极力赞赏他的古道热肠、仗义疏财，对其学问，未见讨论。但在第十四回中认真写他因"西湖山光水色，颇可以添文思"，遂去游西湖，一路只是"走""走走""跑""乱跑"，看见的只是一船一船乡下妇女、成群逐队富家女客。在南屏吃茶，"橘饼、芝麻糖、粽子、烧饼、处片、黑枣、煮栗子"各式茶点，他"每样买了几个钱的，不论好歹吃了一饱"。最后又被两个假神仙给骗了。生活中如此全无判别、鉴赏能力的一个人，文章上的见识，也就可想而知。热销数百年、兴旺了南京出版行业的"程墨"品选，至多可算一种"文化产业"。

"性情之外本无诗"

《儒林外史》中褒贬人物的标准主要是道德人品，即其所推崇的"高贤""真儒"事迹，也不过祭泰伯祠、祭节孝祠的迂腐之举，谈不上有什么学术成就，更遑论思想见解。当然作品人物的思想不能等同于作者的思想，但作者的思想高度一定限制着人物的思想高度。所以《儒林外史》中堪为经典的文学形象都是被讽刺的人物，而被推崇的正人君子很难给人留下印象。

吴敬梓的思想意识始终未能挣脱儒家正统思想的桎梏。

这不能完全说是时代的限制，他的前辈与同辈知识分子中，闪烁先进思想辉光的不乏其人。即与他同时代而"老死不相往来"的袁枚，就算得上一个离经叛道的人物。

袁枚少年得志,三十三岁辞官归隐,在南京小仓山建三百亩随园,生活近五十年。无论随园是不是建在大观园的遗址上,袁枚都有几分像曹雪芹笔下的贾宝玉。他对女性的爱出于真心,不像杜慎卿一边忙着纳妾一边宣称"和妇人隔着三间屋就闻见他的臭气"。他得到心爱的女性喜不自胜,敢于公开宣示,甚至刻一枚"花里神仙"朱文印公然使用。身边的女性去世,他都有情真意切的诗文以志纪念。袁枚因此被视为异端,现今家喻户晓的"宰相刘罗锅",在江宁做官时,就"闻其荡佚,将访而按之",打算调查属实后予以处置。幸而有朋友从中劝解,袁枚才得以逃过一劫。

袁枚敢于与世俗唱反调,还表现在反对小脚崇拜。他在《牍外余言》中明确地说:"女子足小有何佳处,而举世趋之若狂。吾以为戕贼儿女之手足以取妍媚,犹之火化父母之骸骨以求福利,悲夫!"这一比喻,在当时是相当严厉的呵斥。他的《子不语》中,有一个李后主因倡扬裹足而遭报应的故事,李后主欣赏窅娘的缠足舞,"一时偶戏,不料相沿成风,世上争为弓鞋小脚,将父母遗体矫揉穿凿,以致量大校小,婆怒其媳,夫憎其妇,男女相贻,恣为淫亵。不但小女儿受无量苦,且有妇人为此事悬梁服卤者","上帝恶后主作俑,故令其生前受宋太宗牵机药之毒,足欲前,头欲后,比女子缠足更苦,苦尽方薨",死后又忏悔了近七百年才得赎其罪。

袁枚积极鼓励女性作诗,《随园诗话》中说:

俗称女子不宜为诗,陋哉言乎。圣人以《关雎》《葛覃》《卷耳》冠三百篇之首,皆女子之诗。第恐针黹之余,不暇弄笔墨,而又无人唱和而表章之,则淹没而不宣者多矣。

这与他所受的家庭影响分不开。他的母亲"不持斋,不佞佛,不信阴阳祈祷之事,针黹之余,手唐诗一卷,吟哦自娱"。他的姑母、姨母都能读书,姐姐也爱诗,三个妹妹都能作诗,袁枚曾为她们刻印《袁家三妹合稿》,收堂妹袁棠的《绣余吟稿》和《盈书阁遗稿》、四妹袁杼的《楼居小草》、三妹袁机的《素文女子遗稿》,编入《随园三十种》。袁枚从小就教女儿们识字读书,据说阿良"五岁解讽咏",阿珍十岁时就"又读诗书又绣花",鹏姑"才似女相如",能"替爷数典替抄书"。所以袁枚决意在全社会来做这唱和与表彰的工作,《随园诗话》十之五六记载女诗人吟咏故事。虽然清代各家诗话多曾论及女诗人之作,但比例如此之高的,只有袁枚。

从谢道韫咏雪、大周后制曲、李清照咏史、秦淮四美人诗、大观园诗会、沈琼枝卖文,到袁枚弟子女诗人群体,与常见的咏女性不同,女性歌咏成为南京文脉中的华彩乐章。

章学诚因此攻击袁枚为"无耻妄人",在《文史通义》内篇卷五中专门写了一则"妇学",宣扬妇人的"正学"应该是所谓"妇言、妇德、妇容、妇功","文章虽曰公器,而男女实千古大防"。"古之妇学,必由礼以通诗。今之妇学,反以诗而败礼。礼防决,而人心风俗,不可复言矣。夫固由无行之文人,倡邪说以陷之"。又不点名地指袁枚《随园诗话》是"假藉以品题(或誉过其实,或改饰其文),不过怜其色也",名为对女性作品的欣赏,实为对女性容色的贪慕,"其心不可问也"。他警告当世才女,当她们以为在炫耀自己的才能时,男人"且以为色而怜之","不知其故而趋之,愚矣",倘若明知而故犯,那就更是愚不可及了。此文虽被广为翻刻流布,然而并未能阻止清代妇女文学创作的大潮。

章学诚说袁枚"大江以南名门大家闺阁多为所诱"。其实袁枚对于收女弟子,态度相当严肃,《喜老七首》之第三首中写道:

我亦大耋年,传经到女士。
班昭苏若兰,纷纷来执贽。
或捧灵寿杖,或进上尊酒。
入谒必严妆,惜别常握手。
虽然享重名,不老可能否。

一个"严妆",一个"握手",应该就是交往中双方所守的界限,而前提则是袁枚已经到了"大耋年"。他的女弟子不少是名门闺秀,她们的父兄或丈夫多是袁枚的朋友,倘若真有"引诱"情节,早就不能为世所容。

袁枚晚年热心倡导女性参加文学活动,所收女弟子达五十多人,并大力加以表彰,编辑出版她们的诗选集。随园之中,亦时有女弟子过访,吟咏唱和不绝。

袁枚六十岁编成《小仓山房诗文集》,武进诗人钱维乔写信代侄女孟钿向袁枚求书,并请收其为女弟子。这大约是袁枚在家族之外收女弟子的肇端。孟钿之父钱维城是乾隆十年(1745年)状元,尚有此求,可见袁枚当时名声之盛。钱孟钿既得家传，复受名师调理，诗有大家气息，洪亮吉赞其诗"如沙弥升座，灵警异常"。清代女性文学兴盛，不少名家诗集后附刻其妻妾作品，而钱孟钿之夫崔龙见的作品，则附刻在她的《浣青集》后，"夫以妇传"，也是一段佳话。她的三个儿子也都有文名。

京口（今镇江）骆绮兰曾亲赴随园向袁枚求教，有两诗为记：

柴门一径入疏筠，为访先生到水滨。

绝代才华甘小隐，名山自古属诗人。

闺阁闻名二十秋，今朝才得识荆州。

匆匆问字书窗下，权把新诗当束修。

袁枚八十岁后去京口，也曾两次寓居骆绮兰的听秋阁中。

袁枚去城南万竹园观竹，陈淑兰求见，说她读袁枚诗曾以为是古人所作，"今幸同时，愿为女弟子"。陈淑兰善绣，曾以素绫绣两绝句呈袁枚，求袁枚作序，袁枚为她作了七百字的骈体长序。她后去随园游览，见到自己所绣的诗绫，被袁枚裁作门帘，其时袁枚适外出游历，陈淑兰遂"奉怀四诗，书于壁上"，其中有句："自惭绣得簪花格，犹领春风护绛纱"。三百亩随园从无围墙，房屋墙壁上容人任意题诗，可见其开放心态。

袁枚还多次组织女诗人聚会，影响最大的当数两次西湖诗会。他七十七岁那年游杭州，住西湖宝石山庄，"一时吴、会之弟子，各以诗来受业"。袁枚请尤诏、汪恭二人绘成《随园十三女弟子湖楼请业图》，有湖楼主人孙令宜二女云凤、云鹤，孙原湘妻席佩兰，徐文穆孙女裕馨，汪又新女缵祖，汪秋御女妽，李宁人外孙女严蕊珠，廖古檀女云锦，金瑚妻张玉珍，虞山屈宛仙，蒋戟门孙女心宝，陈竹士妻金纤纤，鲍雅堂妹之蕙，袁枚侄媳戴兰英也得与盛会。孙云凤作《湖楼请业图序》和《湖楼送别序》。席佩兰有诗为记，并题于图上：

宝石山庄靠镜湖，人间清绝一方壶。

十年枉作西泠梦，早已全身入画图。

先生端坐彩毫挥，争捧瑶笺问绛帷。

中有弹琴人似我，数来刚好十三徽。

选刻新诗眆玉台，卷中人各手亲裁。
白家老媪康成婢，未许窥觇入坐来。

老寿翁须过百龄，果然位业是真灵。
愿同伏胜传经例，一个门生授一经。

后来居上亦何嫌，廿六人终取格严。
恰比十三行玉版，谁家副本又新添。

袁枚对席佩兰诗激赏不已，每得新作，朝夕讽诵，选《随园女弟子诗》，也以席佩兰为第一。袁枚离杭时，与会的十三位闺秀均有送行诗，汇为一册。

八十岁时，袁枚再到杭州，重开湖楼诗会，时徐裕馨、金纤纤已逝，幸又增加三位新弟子曹次卿、骆绮兰、钱琳，袁枚遂请崔某补绘《后三女弟子图》，又请三人题诗。没有参加湖楼诗会的女弟子，如吴琼英，袁枚曾专程上门，请她补题诗三首。时人评图中前后十七人诗，以为孙云鹤、严蕊珠、金纤纤、戴兰英"诗笔最清"。在此前后，袁枚还曾在苏州召集女弟子聚会。其《八十自寿》七律十首，第四首有"倭国都来购诗稿，佳人相约拜先生"一联，正是真实写照。

袁枚所倡导的女性诗歌活动规模，比大观园中的诗会，有过之而无不及。他所教诲培养的女弟子，大约可算中国历史上规模最大的女性诗歌创作群。编入《随园三十种》的《随园女弟子诗》共六卷，内收席佩兰、孙云凤、金逸、骆绮兰、张玉珍、廖云锦、孙云鹤、陈长生、严蕊珠、钱琳、王玉如、陈淑兰、王碧珠、朱意珠、鲍之蕙、王倩、张绚霄、毕智珠、卢元素、戴兰英、屈秉筠、许德馨、归懋仪、吴琼仙、袁淑芳、王蕙卿、汪玉轸、鲍尊古等二十八位女诗人作品。袁枚并为各人撰写小传。

从这一意义上说，随园在文化史上的价值未必亚于大观园。

难得的是，袁枚且形成了自己独树一帜的诗歌创作理论：性灵说。性灵二字，源出《文心雕龙·原道》："惟人参之，性灵所钟，是谓三才，为五行之秀，实天地之心。心生而言立，言立而文明。""与天地并生"的人，不同于自然界的无意识，是有灵性的，文章是人的灵性外化。钟嵘《诗品》中强调诗歌"吟咏情性"的特点，品评阮籍诗足以"陶性灵，发幽思"。崇尚思想自由的袁枚由此得到启示,其《仿元遗山论诗》有句:"抄到钟嵘诗品日,该他知道性灵时。"晚明李贽作《童心说》,明确反对儒家道德的"伪情",主张抒写未受理学熏染的"赤子之心"。他的朋友焦竑在《雅娱阁集序》中提出"诗非他,人之性灵之所寄也"。《儒林外史》中也能看到对理学虚伪道德的批判,但是仅止于批判。袁枚不仅将南宋以来理学垄断思想界的"道统"说批驳得体无完肤,而且一反"文以载道"传统,提出文学可以脱离德行范畴,自有其独立价值。《随园诗话》重新评价艳体诗,注重收录女性诗作,成为清代中叶摆脱旧诗教理论趋向的代表,于乾、嘉考据风之外,开拓出独具一格的文学批评新路径。他强调诗歌要表现真性情,"性情之外本无诗"(《寄怀钱玙沙方伯予告归里》),而性情出自真我的个性流露,此外还须诗才以表达,诗风自然清新。袁枚《续诗品·振采》中说:"诗宜朴不宜巧,然必须大巧之朴。诗宜淡不宜浓,然必须浓而后淡。"推动清代诗歌的健康发展,在清诗史上有重要意义。

袁枚以"不失其赤子之心者也"为诗人,身体力行,自二十一岁作诗,到八十二岁病危止,六十余年吟咏不绝,写下四千余首诗,其间确有为人诟病的应酬之作,但也绝非徒负盛名,其"如了悟小儿,天口成语"的"浪漫天真,自然可爱",充分体现了性灵说的创作观。前人对他的七律评价尤高,以为是杜甫、李商隐、陆游之后的又一个新阶段。乾嘉间诗人舒铁云撰《乾嘉诗坛点将录》,以袁枚比附"及时雨","其雨及时,不择地而施",虽属游戏,亦可见袁枚在当时诗坛的地位。

性灵说风靡大江南北,尤其受女性诗人的推崇。如苏州金纤纤,被吴门闺秀推为"诗坛祭酒",尤好袁枚诗,投书请收为弟子。后袁枚到苏州去拜访她,她扶病出拜,得以了此心愿,并有诗呈袁枚:

格律何如主性灵,早闻持论剧清新。
惟公能独开生面,此席愁难有替人。
比佛慈悲容世侫,得仙居处与花邻。
古来著作传多少,那似袁安见及身。

相较于同时代王士禛所主张的神韵说、沈德潜所主张的格调说、翁方纲所主张的肌理说,性灵说大大减少了作诗的束缚,是一种大解放,难怪女诗人们愿意拜在袁枚门下。

吴江女弟子吴琼仙有《自君之出矣》诗一首,堪称性灵派的佳作典范：

> 自君之出矣，不复对菱花。
> 思君如春草，一路到天涯。

十七岁的严蕊珠，为袁枚主动索观其诗，赋诗致谢：

> 到处浑同说项斯，品题直欲到蛾眉。
> 怜侬学绾灵蛇髻，尚少风前咏絮诗。

第二年，严蕊珠典环簪为束修，拜于袁枚门下。袁枚问她是不是读过《小仓山房诗集》，她说："不读不来受业也。"并指出袁枚虽专主"性灵"，但"运化成语，驱使百家"，十分自然，如盐在水中，有味无迹。其领会之深，连袁枚都感到惊奇。

近百年来小说地位如日中天，诗歌渐渐退为文学边缘。著作等身的袁枚，能被世人记住的似只剩一部《随园食单》。如同妄言袁枚意图攀附曹雪芹一样，对袁枚与吴敬梓的关系也时有高论。这恐怕不能说是袁枚的悲哀了。

第五节
桨声灯影

秦淮景致与名物

《儒林外史》主要以南京为环境背景，山川名胜，风俗人情，市井百态，信手拈来，俯拾皆是，不乏生动切实的描写。常被引用的是第二十四回的一节：

这南京乃是太祖皇帝建都的所在，里城门十三，外城门十八，穿城四十里，沿城一转足有一百二十多里。城里几十条大街，几百条小巷，都是人烟凑集，金粉楼台。城里一道河，东水关到西水关，足有十里，便是秦淮河。水满的时候，画船箫鼓，昼夜不绝。城里城外，琳宫梵宇，碧瓦朱甍，在六朝时是四百八十寺，到如今，何止四千八百寺。大街小巷，合共起来，大小酒楼有六七百座，茶社有一千余处。不论你走到哪一个僻巷里面，总有一个地方悬着灯笼卖茶，插着时鲜花朵，烹着上好的雨水，茶社里坐满了吃茶的人。到晚来，两边酒楼上明角灯，每条街上足有数千盏，照耀如同白日，走路人并不带灯笼。那秦淮，到了有月色的时候，越是夜色已深，更有那细吹细唱的船来，凄清委婉，动人心魄。两边河房里住家的女郎，一齐卷起湘帘，凭栏静听。

若说这一节是十里秦淮的写意画，那么第四十一回开头一节，便是工笔画了：

话说南京城里，每年四月半后，秦淮景致渐渐好了。那外江的船，都下掉了楼子，换上凉篷，撑了进来。船舱中间放一张小方金漆桌子，桌上摆着宜兴砂壶，极细的成窑、宣窑的杯子，烹的上好的雨水毛尖茶。那游船的备了酒和肴馔及果碟到这河里来游。就是走路的人，也买几个钱的毛尖茶，在船上煨了吃，慢慢而行。到天色晚了，每船两盏明角灯，一来一往,映着河里,上下明亮。自文德桥至利涉桥、东水关,夜夜笙歌不绝。又有那些游人买了水老鼠花在河内放,那水花直站在河里,放出来就和一树梨花一般,每夜直到四更时才歇。

这两百多字,从字面上看平平无奇,细细推敲,几乎每一句都影着掌故。为什么秦淮景致到四月半才"渐渐好"?因为冬季枯水,秦淮河水位过低,游船即能通航,游人看到的也只有支撑河亭的木桩,水阁地板成了游人头顶的"天花板"。就像吴应箕《留都见闻录》中所说:"冬间水落河干,则一望河亭,惟有木橛猬列耳,令人意尽。"游船都出了西水关,泊在外秦淮河以至长江边,或有交通运输的业务可揽。为防寒冷,船上都装了舱楼板。待到春天桃花水下来,水位渐高,又恢复了游船与河房相映成趣的景致。游船卸了舱板,装上四面通透、便于观景的凉篷,"撑"进十里秦淮。河水过深,便须用楫、橹,如《桃叶歌》中所咏,水浅时宜用竹篙撑船。吴敬梓说"四月半"是自然时令,实则游人、倡家,往往迫不及待。王士禛《秦淮杂诗》有道:"三月秦淮新涨迟,千株杨柳尽垂丝。"杜濬《秦淮灯船鼓吹歌》中更说:"水嬉不待二月半,炫服新装桃叶渡。"

船舱里的陈设都有讲究。金漆桌子曾经是富贵人家的标志,金漆即金色油漆,较"十里红妆"的红漆更高一档。《水浒传》第二十一回中叙阎婆惜房里陈设,就有"一张金漆桌子上放个锡灯台"。清初曹去晶《姑妄言》说晚明故事,第二卷中写"端阳佳节,秦淮河游船如蚁",几位相公"抬着食盒,都游船去了"。铁家的小厮"用眼瞅他船上,正中放着张桌子,铺着猩红绒毡。一个大宣窑花瓶插着莲花,香炉、棋子之类,摆得好生富丽。面前一张金漆方桌,五个人围坐着,鲜果、美肴堆了一桌子"。这金漆桌竟似秦淮游船的标配。万历年间范濂《云间据目钞》卷二讲松江家常"细木家伙"的变化,早先"民间只用银杏金漆方桌",即银杏木髹金漆。但隆庆、万历以降,红木家具之风由宫廷传至民间,皂隶、捕快家中也争用花梨、瘿木、乌木等贵重木料精制家具。乾隆年间《红楼梦》里写贾府的陈设,已多是花梨、紫檀等红木细工家具和雕漆工艺家具了。《儒林外史》伪托明代故事,所以这张小方金漆桌子尚属时兴家什。

叙茶具首列宜兴砂壶,宜兴紫砂壶在明万历年间成为文人雅玩,足以与成化、宣德年间的名瓷相媲美,同样说明用具的考究。"上好的雨水毛尖茶",不是雨水时节的茶叶,而是以雨水冲泡毛尖茶。当时人认为雨水、雪水泡茶最佳,《红楼梦》第四十一回中,妙玉请贾母喝茶,用的是"成窑五彩小盖钟",贾母问是什么水,"妙玉笑回:'是旧年蠲的雨水。'"后来请宝钗、黛玉等喝体己茶,用的是五年前在梅花上收的雪水。游船照例只供应茶水,酒肴可由客人自备。所以前面说相公们"抬着食盒"上游船。

"走路的人"不是在岸上行走的人,而是以船代步的人。南京城中水网贯通,船是重要的交通工具。《儒林外史》第三十四回,杜少卿从仓巷回秦淮河房,"当下小厮在下浮桥雇了一只凉篷,杜少卿坐了来家",就属于"走路的人"。

秦淮灯船,桨声灯影,自然离不开灯。各类灯船上所悬挂的灯,是南京特产,名为"羊角灯""明角灯",系用羊角熬成胶,调和彩色,冷凝过程中压为薄片,连缀成灯,透光遮风,且不脆裂。因南京不产蚌、蛎,且蚌壳磨制工艺成本较高,所以灯船大量采用低成本的羊角灯。乌正阿《秦淮竹枝词》写彩灯:

楼巷珠帘舫卸篷,晚来光景不相同。

彩灯万颗齐烧烛,人在琉璃世界中。

据说清代皇宫中也用此灯。到清末玻璃多了,方改用玻璃。这种羊角胶片也被用来做房屋的天窗,俗称"明瓦"。南京现在还有明瓦廊的地名,就是当年制售明瓦之处。南京烟花制作的精巧,在《红楼梦》第五十三回中也可以看到。

历史上的"桨声灯影秦淮河",并不等同于东水关至西水关的"十里秦淮",特指秦淮画舫往来航行之处,自聚宝门至东水关,即今人所说秦淮河东五华里,其间最繁华处,是由武定桥东北行,即北岸东牌楼、贡院街与南岸钞库街、大石坝街之间的河段,老南京俗话说的"夫子庙秦淮河"。珠泉居士《续板桥杂记·雅游》中说:"由文德桥而西,为武定桥。迤西至新桥,亦有河楼,地处西偏,游踪暂至,故卜居者少。"当年东关头与钓鱼巷之间有水道连接青溪,画舫可以由秦淮河直接进入青溪,经过大中桥,北抵复成桥。东水关外水面开阔,适宜喜清静的游客:

青溪一曲,消夏最宜,而游目骋怀,春秋亦多佳日。至于冬令,朔风如刀,招招者绝迹矣。然促坐围炉,浅斟低唱,作消寒会,正不减罗浮梦中。

周在浚《秦淮竹枝词》：

水关地阔好停桡，来往游人待晚潮。

时近深秋惊戍客，暮笳声里杂笙箫。

晚清、民国年间形成的灯船游览线路，主要是从夫子庙前登船，或过文德桥沿秦淮河西南行，至长乐渡、镇淮桥，或过桃叶渡、大中桥作青溪游，"舟放东关岸更宽，十分佳境此中看"。俞平伯、朱自清同游秦淮，就是泊在大中桥与复成桥之间的青溪一曲。后因钓鱼巷、东关头间水道被阻塞，东行只能到桃叶渡了。2022 年 1 月，被阻多年的东水关附近北行水道重新开通。在《桨声灯影的秦淮河》问世百年之际，秦淮游船又可以沿着朱自清、俞平伯当年的游赏路线，过大中桥直抵复成桥。

"十里秦淮"的发展，是从秦淮河入江口一带开始的，自六朝长干里到唐代白鹭洲，前文已有介绍。宋、元以降，长干里因南唐建城隔断，地名消失，成为一种文学意象。清初朱廷铉作《长干竹枝词》：

去年扬子渡头别，今日浔阳江上回。

免得愁风更愁水，龙王庙里炷香来。

比他稍晚的姚范也有相类之作：

杨柳春风拂小楼，楼前终日看行舟。

悠悠一道秦淮水，送尽离人到白头。

这类抒写"长干里"离愁别绪的作品，多是借此以浇自家之块垒。他们不明白长干里是作为一个繁华商贸经济区赢得唐人歌咏，而执着于那一片土地甚或那一个地名，无视城中新商业经济区的兴盛。《景定建康志》《至正金陵新志》所记载饮虹桥（今新桥）周边的繁华坊、市和东南佳丽楼、层楼、南楼等胜观，正是长干里的延续与拓展。《宋院本金陵图》和《南都繁会景物图卷》中，都绘出了秦淮河西五华里沿线的繁华图景。

秦淮河西五华里的繁华，是属于商业与手工业的繁华。一个成熟的商业街区，虽然也会有休闲设施与娱乐功能，但人们来此主要是满足物质需求。行驶河中的大小船只，承担的主要也是交通运输功能。

休闲娱乐区则不同，区内固然会有相应的商业服务，但主要功能是满足人们的精神需求，也可以说是一种更高层面的需求。这就是十里秦淮东五华里区别于西五华里之处。以秦淮画舫为标志，形成"桨声灯影"的休闲娱乐区，首先就是所服务的对象人群，不同于商人与普通市民，而以游客尤其是庞大的应试考生群体为主。这些人来南京目的是求名而非牟利,没有直接的生产或贸易任务,而且有闲暇、有闲钱、有闲情。正是因这样一种消费对象的需求,环绕贡院形成了系统的科举服务行业。

所以夫子庙秦淮河兴起的时期,是在明代景泰年间贡院迁入之后。明遗民杜濬《初闻灯船鼓吹歌》回溯万历初年情事:"尔时秦淮一条水,伐鼓吹笙犹未盛。"自张居正变法,社会经济渐趋富强,"太平久远知者稀,万历年间闻而知。九州富庶舞筵疁,扬州之域尤希奇","旧都冠盖例无事,朝与花朝暮酒暮",南京的商业与服务业蓬勃兴旺,秦淮灯船也渐入繁华。至晚明以名士萃集、名妓纷呈而趋于极盛,前后绵延三四百年,除太平天国时期一度中断外,始终是南京城里声名最盛的游览胜地。

灯船鼓吹

《姑妄言》第二卷写铁氏女眷端午节游秦淮:

大家清早吃了些饭,坐轿子到船上来,撑开游赏,真是热闹。看别的游船中,有清唱的,有丝管的,有挟妓的,有带着梨园子弟的,还有吹打十番的。那两岸河房,全是来玩赏的男妇。虽然耳中眼底有趣,但似此五月上旬,天气正长。一轮火伞当空,四面日光透入蒸着,已是热气难当,又且是口中发渴。

然而船上没有方便之处,不敢喝水。故此秦淮画舫游,夜游尤胜于日游。夜色朦胧,清风徐来,荡桨有声,彩灯幻影。桨声灯影,遂被作为秦淮画舫游以至秦淮风情的代词。《板桥杂记·轶事》载:"嘉兴姚壮若,用十二楼船于秦淮,招集四方应试知名之士百余人,每船邀名妓四人侑酒,梨园一部,灯火笙歌,为一时之盛事。"周永年诗《秦淮社集同冒辟疆诸君子夜泛》,让我们可以看到当年文人雅集情景:

画船十只任分携,隔舫传笺互索题。
人聚同心头半白,酒收中户量难齐。
清歌一起微喧静,粉本初成黛色低。
正复不劳明月照,晚凉烟景满青溪。

余怀《板桥杂记》中,尤其念兹在兹地写到秦淮灯船:"薄暮须臾,灯船毕集,火龙蜿蜒,光耀天地,扬枹击鼓,蹋顿波心。自聚宝门水关至通济门水关,喧阗达旦。桃叶渡口,争渡者喧声不绝。"而名姬所在的"两岸河房,雕栏画槛,绮窗丝障,十里珠帘"。天启五年(1625年)卓发之有《秦淮竹枝，乙丑五月集范姬文镜阁赋此词》：

楚歌湘曲未须哀，遥见灯船趁月开。

长笛叫云箫咽水，百千神女弄珠来。

《续板桥杂记·雅游》中也有介绍：

秦淮河船，上用篷厂，悬以角灯，下设回栏，中施几榻。盘盂尊罍，色色皆精。船左右不设窗寮，以便眺望。每当放船落日，双桨平分，扑鼻风荷，沁心雪藕，聆清歌之一曲，望彼美兮盈盈，真乃缥缈欲仙，尘襟胥涤矣。

这才是"灯船之盛，甲于天下"的本意，文酒诗会尚在其次。

画舫灯船装饰十分华丽。清初周在延诗《午日秦淮泛舟》描述可见一斑：

河下增新舫，明灯十二连。

幕俱编素锦，杆亦饰花钿。

乐按宫声奏，舟依泮水旋。

六朝风未息，岁岁玩云烟。

据夏仁虎《秦淮志》记载，时至晚清，灯船仍很讲究，分为多种规格，承担不同功能。最高等级的是楼船，船头有供仆从用的门舱，内舱分设客厅、餐室、书房，并有密室安卧榻、供洗濯，船尾舵楼可以登高眺远。船舱两侧留有便道，侍者可不从舱中穿行，以免影响客人，古时名"走舱"，俗称"大边港"。这类楼船有十几艘，因舵楼高过古桥桥孔，无法穿行，多驻留河岸，相当于活动的水阁。今天还能在江南一些旅游点看到这种泊岸楼船，作为茶室、餐厅。次一等的"小边港"，稍窄小，无舵楼，故可以穿桥洞而过。再次即"漆板"，也就是俞平伯、朱自清两文中的"七板子"，系由旧时"藤绷"改进，舱中惟藤椅二、茶几一，可供友人清谈、情侣密会。等而下的有歌船、局船（旧称招妓为"叫局"）、摸黑船，顾名可以思义。灯船照例只供应茶水，故又有提供服务的伙食船、私烟船、卖唱船、小卖船、围棋船等。令朱自清、俞平伯两位尴尬的就是卖唱船。

时人可乘画舫游玩，也可借画舫宴客。《南朝金粉录》第十一回《设盛筵良朋修祖饯》，写洪一鹗与夫人商议，雇船为友人上京应试饯行，"比家内稍觉疏畅，就是他们亦可适意些"，"随即择了二月初六，又写了五封'两饭候光'的请帖，着人往各家去送，又招呼酒馆内备了一桌盛楚，一桌精细饭菜，两桌下席，又去雇了一只头号大船"。这里说到秦淮画舫设宴，与太湖船菜不同，菜肴并不是在船上烹饪，而是由岸上菜馆做好送上船：

> 到了初六，洪一鹗又令将船放在桃叶渡码头，他便预先在船拱候。日将停午，纷纷的都已上船，大家同声道谢，道："今日如此破费，使小弟等何以克当。"洪一鹗道："水酒一杯，聊壮行色。诸君高中，当以十倍偿之可也。"说着，喝令开船。水手答应一声，便慢慢开去，开到韩小六子家河厅口，船便靠下来，大家上去坐了一会，下船吃饭。

饭后又开到王喜凤家河厅口，直玩到晚：

> 此时已是夕阳西坠，各歌妓就先唱起曲子来。停了一刻，船上皆点了灯，果然是光耀通明，照得水面上如同白昼，中舱里酒席已摆得齐齐整整，有家人上来请他们入席。

> 只见珍肴毕集，水陆并陈，各人又道了谢。洪一鹗就先点了一出《饯别》，真是金樽檀板，说不尽那胜概豪情。大家痛饮了一回。然后各歌妓又互相劝了酒，猜了一会子拳，又合唱了一枝《赐宴》。末后洪一鹗又叫花静芬唱了一枝《荣归》，这才各散。

种种过节，亲历者方能道其详。

日本诗人小林爱雄在光绪三十四年（1908年）岁暮到南京，接受了两江总督端方在秦淮画舫的宴请，是完全不同的作派：

> 为了菜品保温，在类似西欧点心盘的陶器中盛满热水，再在上面摆上菜盘。每上一道菜，主人、客人便挥动长长的银筷，把菜夹到自己面前的小碟子里。吃上一两筷，跑堂便会换上新菜。如果是汤，则用汤匙。如果需要用叉的菜，则用两根齿的肉叉。这比只用筷子的日本热闹多了。特别是将菜送入口时，在船上响起的那银铃般的轻柔乐声，感觉似乎可以悦及江底。不到四五分钟，菜品又会更新，源源不断。燕窝、鹌鹑蛋、长江鳜鱼、苏州莼菜、鸭掌……应有尽有。接着又上来一道羹，由动物下水和骨头炖上一两夜烹制而成，香气扑鼻，确是名副其实的山珍海味。（转引自《他者之镜——中国当代文学中的日本》，刘舸著，湖南大学出版社，2012）

如此山珍海味，同样不是在船上做的。

端午画舫秦淮游的声名远播，光绪年间，被聘为江南陆师学堂总教习的德国人罗伯特·骆博凯，也有此经历。他在1896年6月16日从南京写给母亲的信中说：

从下午二时半起，我们和无数游船一同在河里时而并驾齐驱，时而各奔东西，划来划去，川流不息。站在两岸的无数群众瞪大眼睛呆呆地看着。如同平日那样，游船里的"洋鬼子"总会激起人们的极大兴趣，使我们这艘游船由于我的存在受到最多民众的欢呼。

他描绘所见的龙舟：

在我们之间有三艘龙舟，船头上装饰着一个纸做的色彩鲜艳的巨大龙头。这些船上的划船人穿了漂亮的红衣服，头上戴着一顶红色的大礼帽，绷着小牛皮的大鼓擂得两岸一片喧哗，欢呼声不断。尽管我明显地跟不上这种高涨的节日欢庆情绪，但我已下定决心今后要尽可能多参加这种民间节庆活动。（引自《金陵物语》，卢海鸣/邓攀 编，南京出版社，2014）

《秦淮感旧集》中说："龙舟竞渡，自昔称盛。每逢五月五日，士女倾城出游。一河两岸，万头攒动，龙舟一到，欢呼喝彩声与鼓吹声、爆竹声相应答也。前年午节，文德桥栏杆下塌，落水伤命者廿余人。大吏乃严禁龙舟，此风遂绝。"这是光绪三十年（1904年）的事，此后南京流传一句歇后语："文德桥的栏杆——靠不住。"

前人描写灯船的诗文，多提及鼓吹。顺治四年（1647年），明遗民诗人杜濬在"秦淮舟中"作《秦淮灯船鼓吹歌》，在有史以来咏秦淮之诗中篇幅最长，于深痛反思历史的同时，也生动描绘出晚明秦淮灯船擂鼓巡游的画面：

一声著人如梦中，双槌再下耳乍聋。
三下四下管弦沸，灯船鼓声天上至。
居然列坐倚船舷，惊指遥看相诧异。
鼓声渐逼船渐近，亦解回环左右戏。
急攒冷点槌犹涩，春雷坎坎初惊蛰。
吹弹节鼓鼓倔强，中有闲声阑不入。
吁嗟此时听鼓止听鸣，谁能打揎声里情，
谁能眼底求精妙，乍许胸中见太平。
…………
当前置鼓大如筐，黄金定铰来淮阳。

此声一欢众声集，不独火中闻霹雳。

诗人回忆他在崇祯十二、十三年（1639、1640年）端午观赏的热闹情景：

石榴花发照溪津，友生置酒我作宾。

下船少迟渡口塞，踏人肩背人怒嗔。

灯光鼓吹河沙遍，衔尾盘旋成一串。

蔽亏果觉星河覆，演弄早使鱼龙颤。

灯船鼓吹，不仅娱乐船上、岸上的游观客，更是一种信号，引出河中无数游船与妓船，更引出两岸河房中香艳女郎：

高楼夹水对排窗，卷起珠帘人面素。

腾腾便有鼓音来，灯船到处游船开。

烛龙但恨天难夜，赤凤从教昼不回。

…………

东船西舫更交加，下视何由睹寸澜。

偶然闪倏透水处，如金在镕风掣电。

楼楼堂客船船妓，近不闻声远察面（白下称内人为堂客）。

吴敬梓在《儒林外史》中描绘：

两边河房里住家的女郎，穿了轻纱衣服，头上簪了茉莉花，一齐卷起湘帘，凭栏静听。所以灯船鼓声一响，两边帘卷窗开，河房里焚的龙涎、沉速，香雾一齐喷出来，和河里的月色、烟光合成一片，望着如阆苑仙人，瑶宫仙女。

入清之后，汪楫亦作《秦淮灯船鼓吹歌》，抒写鼓吹场面：

钟山十里晚烟浓，忽然一声飞霹雳。

依稀望见八尺鼓，倒置船稍形最武。

只槌不知几许长，一客操持猛如虎。

更有三尺铁绰板，坐中一客双手绾。

岂无玉笛与瑶笙，几客同吹不肯简。

康熙年间，周在浚《秦淮古迹诗》中有咏：

龙笛新裁二尺长，中悬画鼓大如筐。

万人喝彩灯船过，百盏琉璃赛月光（秦淮灯船所奏皆宫中乐。乐半吹茄喝彩，其声如雷。闻宫中元夕奏乐亦然。前朝盛时，灯船多至五七十只）。

此情此景，汪懋麟《秦淮灯船歌》亦有细腻描绘。《续板桥杂记·雅游》中说：

当春夏之交，潮汐盛至，十里盈盈，足恣游赏，迨秋季水落，舟楫不通。故泛舟者始于初夏，讫于仲秋。当夫序届天中，日逢竹醉（五月十三日，倾城出游，较端午尤盛），游船数百，震荡波心。清曲南词，十番锣鼓，腾腾如沸，各奏尔能。薄暮须臾，烛龙炫耀，帘幕毕钩，倩妆倚栏，声光缭乱，虽无昔日灯船之盛，而良辰美景，乐事赏心，洵升平气象也。

清初秦淮灯船、烟花风月或不及晚明之极盛，但这一行业并未衰败。可为实证的是陈维崧《妇人集》所载寇白门故事：

寇白门，南院教坊中女也。朱保国公娶姬时，令甲士五千，俱执绛纱灯，照耀如白昼。国初籍没诸勋卫，朱尽室入燕都，次第卖歌姬自给。寇度亦在所遣中，一日谓朱曰："若卖妾，计所得不过数百金，徒令妾落沙咤利之手。且妾尚未暇即死，尚能持我公阴事。不若使妾南归，一月之间，当得万金。"公度无可奈何，纵之归。越一月，果得万金。

吴梅村《赠寇白门》七绝四首，有"南内无人吹洞箫，莫愁湖畔马蹄骄"，"重点卢家薄薄妆，夜深羞过大功坊"等语，可证她是回了南京。即以她前朝名妓、保国公宠姬的声名，一月能得万金，也足见其时秦淮烟花场的兴盛。

明末清初的变化，是妓院中心区由原旧院周边转入秦淮河房以及桃叶渡以东钓鱼巷、东关头一带。如汪懋麟康熙十四年（1675年）所作《秦淮灯船歌》，明确写出了这方位：

青溪之南桃叶东，院里名娼好梳掠。
一笑真欲三年留，倒心回肠爱眉角。
珠玉如泥买歌笑，酒肉成山委溪壑。
流传直到南渡时，万事荒淫付杯杓。

……………

天心杀运不可回，三十年来莽萧索。

自顺治二年（1645年）清军南渡到他作诗之时恰三十年。此时又正值吴三桂等"三藩之乱"，"今年来游恍梦寐，烽火暗天浑不觉。纷纷荡子登酒船，岸岸河房动芳酌"，扰动半个中国的战争烽火，都没有影响到秦淮的烟花兴盛。

嘉庆年间的南京人车持谦，别名捧花生，其《三十六春小谱》中，明确记载了当时名妓的居住地点。贡院东头有李小如、吴秋月、涂翠云，贡院迤东，姚家巷有陆爱龄、王瑞云，东关头有章玉霞、章朝霞、陆莲宝、曹五福，钓鱼巷（含手帕巷）有胡四喜、胡宝龄、史喜龄、王喜龄、吴凤玲、吴凤珠，八府塘有张福芩、张寿芩，白塔巷有方双喜、王双龄，金陵闸口有杨黛香，东花园有冯月莺、冯藕香。贡院西头有高翠莺，迤西钞库街（含沉香街）有王宝琴、张双凤、金爱龄、唐福珍、陈喜林、蒋素云，琵琶巷有严凤翎。旧院区的石坝街（含贡院前）只有文凤香、王筱玉二人。可见东关头、钓鱼巷一带确已成为妓家聚集中心。一些诗人借咏叹旧院区的没落发怀古之思，并不等于娼妓业的实际衰落。

画舫河房相辉映

清初的秦淮灯船之咏，多涉及两岸河房。周亮工有诗云"画船人过湘帘缓，翠幔歌轻纨扇低"，顾梦游有句"不知芗泽自谁边，楼上舟中互流视"，王士禛有句"年来肠断秣陵舟，梦绕秦淮水上楼"，方式济有句"锦缆几行天上度，珠楼两岸镜中排"，袁树有句"两岸红灯射碧波，一枝兰桨荡银河"，延福有句"晚凉争买木兰舟，尽向河房开处游"。灯船与河房水阁、商肆园墅互为景观，成就了秦淮灯船游的极度兴盛。

历史上的南京，秦淮河及其支流密如蛛网，居民区濒水而建，街巷与河道平行，随河道曲折。秦淮河房自宋、元时期出现，至明、清已为临河人家普遍采用，尤为官绅士人所喜爱。如明初信国公汤和建府第于桐树湾，地名遂称信府河，英国公张辅建府第于镇淮桥东，地名大英府街（今大膺福街），万历探花顾起元遁园在新桥北，纂辑《武备志》的茅元仪宅在武定桥西，明遗民诗人方文宅在桃叶渡，画家诗人程正揆"筑室青溪上"，清初诗坛领袖王士禛寓"秦淮之侧"，吴敬梓有秦淮水亭之居，藏书家朱绪曾开有益斋在金陵闸西。张岱《陶庵梦忆》中说："秦淮河河房，便寓、便交际、便淫冶，房值甚贵，而寓之者无虚日。"

《续板桥杂记·雅游》说到河房主人的变化："前明河房，为文人宴游之所。妓家则鳞次旧院，在钞库街南，与贡院隔河遥对。今自利涉桥至武定桥，两岸河房，丽姝栉比。"《续板桥杂记·轶事》载：

闻之金陵父老云："秦淮河房，向虽妓者所居，屈指不过几家，开宴延宾，亦不恒有。自十余年来，户户皆花，家家是玉，冶游遂无虚日。

丙申、丁酉夏间尤甚,由南门桥迄东水关,灯火游船,衔尾蟠旋,不睹寸澜。河亭上下,照耀如昼。诸名姬家广筵长席,日午至丙夜,座客常满,樽酒不空。大约一日之间,千金糜费,真风流之薮泽,烟月之作坊也。"

丙申、丁酉当为乾隆四十一、四十二年(1776、1777 年)。

为吸引文人游宴,河房中的陈设不尚奢华,附庸风雅。《板桥杂记·丽品》举"时人推为南曲第一"的顾媚眉楼为例:

家有眉楼,绮窗绣帘,牙签玉轴,堆列几案,瑶琴锦瑟,陈设左右,香烟缭绕,檐马丁当。余常戏之曰:"此非眉楼,乃迷楼也。"人遂以迷楼称之。当是时,江南侈靡,文酒之宴,红妆与乌巾紫裘相间,座无眉娘不乐,而尤艳顾家厨食品,差拟郇公李太尉,以故设筵眉楼者无虚日。

顾家厨不是特例,妓家于饮食都十分讲究。《板桥杂记·雅游》记晚明时事:

曲中市肆,精洁殊常。香囊云舄,名酒佳茶,饧糖小菜,箫管瑟琴,并皆上品。外间人买者,不惜贵价,女郎赠遗,都无俗物,正李仙源《十六楼集句》诗中所云"市声春浩浩,树色晓苍苍,饮伴更相送,归轩锦绣香"也。

《续板桥杂记·雅游》记清初景况:

茶寮酒肆,东则桃叶渡口,西至武定桥头,张幕挑帘,食物俱备。而诸名姬又家有厨娘,水陆珍奇,充盈庖室。仓猝客来,呲嗟立办。燕饮之便,莫过于斯。

宴饮之际,有歌伎演唱作乐:

河亭设宴,向止小童歌唱,佐以弦索笙箫。年来教习女优,凡十岁以上,十五以下,声容并美者,派以生、旦,各擅所长,妆束登场,神移四座,缠头之费,十倍梨园。

名妓虽皆擅弹唱,但自高身份,轻易不肯出场。"非知音密席,不肯轻啭歌喉",只招待自家的入幕之宾。甚至妓女的服饰,也并非后人想当然的花枝招展。《板桥杂记·雅游》说:"南曲衣裳妆束,四方取以为式。大约以淡雅朴素为主,不以鲜华绮丽为工也。"妓家能以淡雅朴素引领服饰新潮,与当下的服装模特全然异趣。

吴应箕《留都见闻录》有"河房"一目,记晚明河房最详:"自水西门水关达内河,两岸荒陋。"下浮桥汪姓河亭、南门桥住家河房、翔鸾坊有蔡弁河房,不过寥寥几处:

武定桥以上河房，渐有可观，北岸有王氏、梅氏，但称壮固耳。其匾联多贵官题。

文德桥下有徐府河房，甚壮丽；

过学宫，则两岸河房鳞次相竞。其房遇科举年则益为涂饰，以取举子厚赁。最著者有瓜州余家河房，不过亭台宽敞耳；

过贡院，南岸有齐王孙河房，垂柳成荫，最宜消夏；

桃叶渡河房皆旧家物，近为山东王户部所买；

过淮青桥，南岸有河房广轩巍阁，可谓宏丽；

钓鱼巷河房数所皆内监王孙物。己卯岁，归德侯朝宗偶寓于此，狎一妓；

近水关有丁郎中河房。丁为余贵池人，以南京河房不过以轩阑竞丽耳，特出新意，于堂外设屏，竖石数片而栽竹其前，亦修然有致。过水关有黄户部河房，此故为徐府亭园也，而黄益拓之，沿河几半里皆甓石为址，琢砖为垣；

大中桥上有南和伯河房，内窘于路而外逼于河，仅横列亭榭耳，然结构不俗。复成桥以至珍珠河房零星矣。

他深有感慨地写到南京好河房有三变：

二十年前皆本京富贵家所有，四方人士置者十之一也。十年以来为本京有者，十无二三。数年以来，非任子税差官所买，十无一二而已。

《板桥杂记》中写到秦淮水阁、丁家水阁、周氏水阁、熊氏河房、潘家河房等。《续板桥杂记·雅游》载：

贡院与学宫毗连，院墙外为街，街以南皆河房。每值宾兴之岁，多士云集，豪华者挟重赀，择丽姝侨寓焉。寒素之士，时亦挈伴闲游，寻莲访藕。好风引梦，仙路迷人，求其独清独醒，殆什无二三也。

正如《桃花扇》中李贞丽所言：

梨花似雪草如烟，春在秦淮两岸边。

一带妆楼临水盖，家家分影照婵娟。

河房主人多成了名妓，财大气粗的考生租住河房，是连名妓房主一块包租的。《板桥杂记》中说钱谦益、龚鼎孳常住在丁家水阁，也就是《桃花扇》中的丁字帘前。周在浚《金陵古迹诗》亦咏及此：

桃根桃叶画楼多，秋水秋山唤奈何。

几曲小阑明月底，有人曾此别横波。

其自注："桃叶渡头丁老河亭，钱虞山、龚合肥常主于其家。"如此豪举，连杜少卿也难以望其项背。

《儒林外史》第三十三回，写杜少卿打算迁居南京，与迟衡山出了状元境书铺去找河房：

当下走过淮清桥，迟衡山路熟，找着房牙子，一路看了几处河房，多不中意，一直看到东水关。这年是乡试年，河房最贵，这房子每月要八两银子的租钱。杜少卿道："这也罢了，先租了住着，再买他的。"南京的风俗，是要付一个进房，一个押月。

乡试年河房租金"最贵"，可知考生是河房的重要客源。"进房"即预付一个月房租，先付租金后入住，另须付一个月租金为"押月"，以防租客毁约或损坏房内设施，房主无法索赔。

杜少卿乔迁请客，"到上昼时分，客已到齐，将河房窗子打开了，众客散坐，或凭栏看水，或啜茗闲谈，或据案观书，或箕踞自适，各随其便。"后文又说他和金东崖"摆了桌子在河房里看"书。这里说的河房，实指延伸到水面上的水阁。施闰章《秦淮阁夜》有句：

阁浮杨柳岸，风接芰荷香。

渔火平临槛，虫声暗逼床。

水阁不拘大小，讲究的是布置清雅，盆花茗碗，处处怡人。尤其夏夜月下，湘帘高卷，姬人凭槛乘凉，成为秦淮河上的别样风光。

能够租得起河房的科举考生毕竟是极少数。安徽、江苏两省考生多会住在上江考棚和下江考棚。当然也可以在城中另租较便宜的旅舍，为数众多的寺院亦不失为一种选择，还可以住进本地的同乡会馆。

以同乡为主体的工商业会馆，由流寓南京的各地客商分别建造，以保护同乡工商业者利益为主旨，多具有资金互助、救死扶伤、赈济贫困的功能，同时也可以通过会馆力量抵抗市场中不公平、不合理的现象。士子到南京参加乡试，是家乡的光荣，倘能中举更可成为商户的依靠，所以会馆乐意为他们提供帮助。随着明代中期江南资本主义萌芽的出现，商贸经济的繁荣，南京工商业会馆也趋于兴盛，至清代中期达到顶峰，经太平天国战乱，在同治、光绪年间又有一个复兴的过程。现在可以查考到的南京明清会馆尚有近四十处，都分布在城内十里秦淮两岸及外秦淮河沿线，与繁华商业区高度叠合。安徽商人势力最大，所建会馆多达十余所，如安徽会馆、太平会馆、旌德会馆、旌阳会馆等，经营木材、粮食、典当等行业。

光绪年间《南朝金粉录》第七回《开盛筵招饮一枝园》中，描写秦淮园苑河厅景象甚细：

原来这一枝园在秦淮河对过，若由利涉桥去，就要绕些路了，故此在河这边人要往一枝园，皆是雇船就近，一刻工夫船已靠岸。本来这个园子有所河厅，临河砌著石头码头，以便游人上下。对面一带河房皆是教坊。夏秋之间凡那公子王孙，多半假此宴客，因为这园内房廊宽敞，陈设精工，即招妓侑酒，亦颇顺便。吉庆和走出船头，望上一看，只见一排玻璃窗槅内，拉著水墨梅花白绫窗挡，外面一带朱红漆亚字栏干上，横着一块小小沉香木深刻的横匾，填着云蓝色"停艇听笛"四字。吉庆和看罢便道："好一所河厅！"说著下船来，同赵鼎锐上得码头，走了十几层坡台，复向东转了个湾，便是这园子后门。进了后门，是窄窄的一条曲径，两旁皆种著修竹，穿过曲径，又是一道围墙，从围墙西首夹道绕至前面，中间开了个月亮门，上写着"梅花深处"。刚到门首，有个园丁走上前来说道："李老爷在镜水轩呢。"说着便在前领道。进了月亮门，吉庆和四面一望，只见奇峰叠岫，皆是玲珑石堆就的假山，山上种著百十株老梅，疏疏落落开了几枝花。转入假山，迎面一座六角亭，亭之周围皆装著碧油栏干。打从左侧过去，是小小的一个鱼池，池上一道卍字小桥。靠着右首围墙，又是一座玲珑石峰，山峰顶上也栽了七八株梅树，半腰里嵌着一块磨砖匾额，写着"小香岩"三字。由卍字桥过去，临池三间楠木客厅，便是镜水轩。那园丁走进廊檐，掀起大红夹毡软帘，说了声："客到。"大家都站起来迎接。

这虽出于小说家虚构，但不无实景的影子。"停艇听笛"，是晚清薛时雨为贡院街东段杨氏水阁所题匾，典出东晋邀笛步故事，四字生动表现出王徽之停艇听桓伊吹笛的景象，且音近而切四声，令人叫绝。薛时雨并题一联，所用皆秦淮故典：

六朝金粉，十里笙歌，裙屐昔年游，最难忘北海豪情，西园雅集；
九曲晴波，一帘梦影，楼台依旧好，且消受东山丝竹，南部烟花。

官绅名士的河房、府第，交相错杂，且多利用自然山形水势建造园林，喜招文人雅士宴集，亦可借给他人聚会，"主人既好客，客亦乐假以开宴"。徐博《秦淮竹枝词》写仕女游春景象：

红妆结队斗铅华，高髻盘云堕鬓鸦。

相与踏青联袂去，旧王府里看桃花。

夏仁虎的伯父夏家钧，得太守杨竹荪所赠牛市河厅，便成为一时文会之所。辛亥革命后河厅多沦落，或为酒肆，或为旅舍。科举既废，龙门街、贡院街改建成商业街，茶楼酒馆比邻而立，命名多出于文人雅士，如贡院街的"问柳近淮"，桃叶渡的"问渠唤渡"，文德桥口的"得月台"，各家都有自己的拿手菜肴、特色茶点，愈出愈精。

花市、灯市与灯会

河厅水阁、茶楼酒肆皆有临河码头，可以随处停歇，秦淮灯船也就没有一定的游览线路。如伍瑞朝《秦淮竹枝词》所咏：

夜雨新添几尺潮，画船平傍画栏摇。

榜人似解游人意，闻得花香便住桡。

水位高了，画舫与水阁基本平齐，游客登岸进房、妓女离岸上船都很方便，店家也可以随时供应。"闻得花香便住桡"，说到了与秦淮金粉相关的另一个行业，鲜花业。《板桥杂记·雅游》记载妓家"亭午乃兰花、茉莉、沉水、甲煎，馨闻数里"。《续板桥杂记·雅游》所述较详：

日初过午，卖花声便盈街市。茉莉、珠兰，提篮挈榼，不异曼翁前记所云。近更缀以铜丝，幻成鱼篮飞鸟，可以悬诸帐中。比及昏黄，则雪花齐放矣。酒醒梦回，芳馨横溢，和以气肌芗泽，如游众香国中。

有卖花为业的女性专门为河房送花，如《续板桥杂记·轶事》所记："有卖花马妪者，苏州人，住洞神宫前黑廊下，年四十余而寡，日于河房中送花为业。"前文说过杜少卿住进河房，房主人就推荐了卖花的姚奶奶。今中华路南段，北自下江考棚，南至煤灰堆，旧称花市大街，其西有小巷名采花市（今扁担廊），即因鲜花集散而得名。鲜花生产地在雨花台南花神庙（今花神庙社区），全村以种花为业，旧有乾隆年间所建花神庙，每年二月十二百花生日都要祭拜花神。

南京女性随身佩花、室内供花成为习惯，尤其是炎热夏季，香气浓郁的花可掩汗味。这一传统可上溯到东晋，《晋书》卷三十二载："三吴女子相与簪白花，望之如素柰。"这是首见于正史的社会性簪花活动。南朝梁萧纲有《和人渡水》诗：

婉婉新上头，湔裙出乐游。

带前结香草，鬓边插石榴。

吟咏的也是当时佩花、戴花风情。石榴花艳红似火，后世直白的说法就是"戴花要戴大红花"。

"望之如素奈"的小白花，就是茉莉花，奈是北方的叫法。南京人爱戴的栀子花、玳玳花等也都是白花，所以《续板桥杂记》中说"雪花齐放"。顺治进士李天馥有一首《江上竹枝词》：

不爱缕金双凤钿，不爱珠珥直数千。

门外朝朝茉莉过，愿郎常给买花钱。

张爱玲说："能够爱一个人爱到问他拿零用钱的程度，那是严格的试验。"道理一样，诗意可差多了。

与秦淮繁盛相关的另一个重要行业，是灯市。

秦淮纸扎花灯是我国传统灯彩艺术的重要流派，也是南京最具代表性的民间艺术之一。据说三国东吴就曾在岁时节庆中张挂彩灯，东晋诗人习凿齿有诗《咏笼灯》：

煌煌闲夜灯，修修树间亮。

灯随风炜耀，风与灯升降。

南朝梁简文帝萧纲作《正月八日燃灯应令》：

藕树立无极，花云衣数重。

织竹能为象，缚荻巧成龙。

落灰然蕊盛，垂油湿画峰。

天宫倘若见，灯王愿可逢。

织竹、缚荻二句，准确地写出了扎制材料和花灯形象。隋代以来，元宵节张灯、赏灯，渐成为重要的节俗活动，唐代且将元宵观灯延展到三天。从南唐画家董源的画作，可以看到节日气氛中的巨型灯笼。此后观灯日陆续增加到五天、六天。

明太祖朱元璋定都南京，借灯会"与民同乐"，也有助于经济发展，据《续文献通考》记载，洪武五年（1372年）元宵朱元璋曾命"近臣于秦淮河燃水灯万枝"，从十四日午后放到十五日午夜。《明太宗实录》卷八十七载永乐七年（1409年）正月事：

元宵节近，上谕礼部臣曰："我太祖高皇帝君天下，四十余年，法度明备，朕恪遵成宪，令四方无虞，民物康阜，思与臣民同乐。自正月十一为始，其赐元宵节假十日，百官朝参不奏事。有急务写本封进处分。听军民张灯饮酒为乐，五城兵马司驰夜禁，著为令。"

《明成祖本纪》载:"永乐七年(1409年)春一月十日,赐百官上元节假日十天,成文以为法令。"以成文法令的形式将元宵节假定为十天,此后逐渐形成南京民间"初八上灯、十八落灯"的习俗。《皇明通纪》卷七记载,永乐十年(1412年),朱棣命巧匠在宫门外扎制鳌山"万岁灯",以示歌舞升平。《正德江宁县志》卷二《风俗》载:

上元作灯市(灯有楮练、纱帛、鱼鲀、羊皮、料丝诸品。又有街途串游者,曰滚灯,曰椠灯,商谜者曰弹壁灯),架松棚于通衢(棚中奏乐,上下四旁缀以华灯,灿若白昼),箫鼓声闻,灯火迷望,士女以类夜行(谚云"走百病")。自十三至十八日为止(十三日谓之试灯,十八日谓之落灯),数日多会客(谚云节酒,又谓之赏灯)。

陈铎《滑稽余韵》中有《北中吕朝天子·灯市》:

画屏灯浅色,绣球灯杂彩。缀细巧悬丝带。金银宫阙锦楼台,妆点出真堪爱。算日无多,撺行赶快。雨和风晴意歹,价钱又不抬,人心又懒买。须守到来年卖。

张岱《夜航船》中说到南京赵士元制灯为人珍重收藏。谈迁《枣林杂俎》记载:"南郊灯杆高十二丈有奇,灯笼大丈余,容四人剪烛。郊之夕,洪武门、皇城各灯如之。"虽然说的是明初南郊祀天所用之灯,但能制作如此大灯,足见工艺水准之高。

《红楼梦》第五十三回《荣国府元宵开夜宴》,写贾母在花厅看戏:

两边大梁上挂着联三聚五玻璃彩穗灯,每席前竖着倒垂荷叶一柄,柄上有彩烛插着。这荷叶乃是洋鏨珐琅活信,可以扭转向外,将灯影逼住,照着看戏,分外真切。窗槅门户,一齐摘下,全挂彩穗各种宫灯。廊檐内外及两边游廊罩棚,将羊角、玻璃、戳纱、料丝、或绣、或画、或绢、或纸诸灯挂满。

此处极写其富丽堂皇的大家气派。《南朝金粉录》第十一回《观灯景豪杰护娇娃》中描写秦淮河畔元宵活动,就生动多了:

这日正是元宵佳节,六街三市齐放花灯。钓鱼巷十数家勾栏,也各家凑了些钱,扎了许多灯彩,遍请狎客前去观灯,故此杜海秋、李亦仙就约了周梦梅并赵氏弟兄、吉庆和等人,一起到那里吃酒。大家到了韩小六子家,见他厅上果然扎得好灯,光怪陆离,惟妙惟肖。正看之间,那楚芷香、陆月舫、王韵秋、金佩兰、朱素琴一班歌妓也到了厅上,各人就认着各人客,拉到自己房内。赵鼎铭也去到王喜凤家,将林小四子叫了来，坐在那里谈笑了一会，便有男班子来请赴席。大家又回到厅上开怀畅饮，只吃到二鼓将尽方才席散。出得门来，只见皓月当空，灯光匝地，真是银花火树，照耀通衢。大家便信步闲游，赏看灯月。刚走到夫子庙，只见庙前牌楼上扎就一座鳌山，高耸天半，上堆着人物花木、走兽飞禽，各种灯彩玲珑精致，巧夺天工。那些来看的亦复人山人海，拥挤异常。

文字记载之外，还有一幅近年出现的绢本设色《上元灯彩图》长卷，经徐邦达、杨新等专家鉴定，确认是明代中叶作品，所绘正是南京秦淮河畔繁华商市元宵赏灯的盛况。图中楼台商铺星罗棋布，千门万户各悬彩灯，街上游人摩肩接踵，赏灯购物不亦乐乎。画卷中心矗立着巨大的鳌山彩灯，上点缀各色人物。沿街舞动的龙灯，由多节灯笼组成长长的龙身，游走自如。从这两米多的长卷中可以看到丰富多彩的花灯造型，大到麒麟、猛狮、舞象、骏马，小到松鼠、螃蟹、蛤蟆、鱼虾，珍禽有凤凰、仙鹤，异卉有荷花、菊花……流光溢彩，赏心悦目。其间还有各种游艺表演，引人围观。这一轴长卷，不但为研究秦淮灯彩提供了生动的实证资料，也为今人了解明代南京市井风情增添了可贵材料。

《上元灯彩图》展现的地域，有人认为是在三山街至内桥一带。但内桥是单拱石构桥，画面中出现的则是三孔砖桥。2000年考古发现明代大市桥遗迹，正是砖桥，桥身以青灰色砖平砌而成。明代大市桥即南唐宫城西虹桥，是内桥北侧大路（今建邺路）跨越宫城西城壕的东西向桥梁，位于羊市桥附近，鸽子桥北约五十米。桥西即明代大市、笪桥市、木料市、羊市、鸽子市等繁华商市区，正与画中景况相吻合。

明、清南京张灯、赏灯、买灯、卖灯的地点，并不在三山街、夫子庙一带。因为元宵时节正是秦淮河房与画舫游的淡季。《续板桥杂记·轶事》中写到放灯活动，只有中元节："中元节为盂兰集福会，诸名姬家皆礼忏设斋，虔修佛事。好事者则于河流施放水灯，随波荧荧，颇堪寓目。"而笪桥灯市见于记载颇多。南京民间有传说，朱元璋曾到七家湾观灯，因不满灯上的马皇后画像而屠街，七家湾正在笪桥之西。《白下琐言》卷二记载：

笪桥灯市由来已久，正月初鱼龙杂沓，有银花火树之观，然皆剪纸为之。若彩帛灯则在评事街迤南一带，五色十光，尤为冠绝。

笪桥、评事街正是明清灯市所在，也是彩扎作坊所在。评事街西侧登隆巷，原名灯笼巷。民国年间这一带仍多亭彩店，扎制彩灯，出租仪仗。

晚清废科举后，政府将龙门街、贡院街开发为商业街，元宵灯会亦被迁往夫子庙地区。新进入的灯彩市场，为夫子庙地区增添了绚丽的色泽，发展成至今名重天下的秦淮灯会，是一种非常难得的传统振兴。

秦淮花灯品类繁多，无奇不有。花灯上又布置有字谜、画谜，猜灯谜更为元宵赏灯增添一分雅趣。清代南京花灯品种发展到三百余种，形成了秦淮花灯色彩瑰丽明快、造型简约夸张、趣味大俗大雅的特点。南京制作的夹纱灯、羊角灯等，还曾销往安徽、浙江等地区。秦淮灯彩制作，全凭心灵手巧，前后数十道工序，汲取了绘画、书法、剪纸、皮影、刺绣、雕塑等多种艺术之长。其中有些是南京独创的，如扎制材料不用铅丝、篾条，以纸捻为绳索的纸扎工艺。灯彩匠人一代代薪火相传，各有绝技，绵延不断，营造出五彩缤纷的花灯世界，也使以秦淮灯彩为主体的元宵灯会，成为南京民俗文化活动的重要品牌。

第十七章

"凤凰涅槃"

第一节
经世学派与《海国图志》

因缘际会

清代肇始于顺治、极盛于乾隆，长达一百四十年的大兴文字狱，残酷迫害异己，以加强思想、文化控制。无所适从的文人学士遂逃避现实，专事考据，形成乾、嘉学派，亦称汉学、朴学。清初大儒如顾炎武、黄宗羲、王夫之等反对明代空疏学风，倡导从古代经典中探求学术真谛以经世致用，谋求民族复兴，开考据学之先河。乾隆、嘉庆年间的考据学派"不以人蔽己，不以己自蔽"，以客观、开明的态度、扎实的研究和朴实的文笔，对丰富的文化遗产作了重新评估和阐释整理，在学术史上自有贡献，但他们为治学而治学，放弃了经世致用的社会责任，无视愈演愈烈的政治腐败，则为后世所诟病。道光五年（1825年）底，客居昆山的龚自珍作七律《咏史》，深为知识分子屈从思想禁锢的文化生态而痛心：

金粉东南十五州，万重恩怨属名流。

牢盆狎客操全算，团扇才人踞上游。

避席畏谈文字狱，著书都为稻粱谋。

田横五百人安在，难道归来尽列侯。

相较而言，南京的文化环境较为宽松，未见出现文字狱大案。嘉庆年间，文化高压渐弛，讲求义理经济的经世学派开始兴起，主张经世致用，将学术研究与解决现实问题相联系。道光年间，经世学派核心人物因缘际会于南京，其最重要的文化与时政成就亦诞生于南京。

经世学派的领袖是陶澍，他不但奠定了其学理精神，而且是经世学派在政坛的代表人物，此后湖南人才辈出亦多因他引领。

陶澍是湖南安化人，嘉庆七年（1802年）进士，先后任职多省，号称能臣。道光五年（1825年）五月，陶澍调任江苏巡抚，时因洪泽湖决口，漕运受阻，他至上海主持漕粮海运，雇沙船一千五百艘运漕粮一百六十余万石至天津，为清代大规模海运漕粮之始。次年又两次北运漕粮一百六十余万石。这是经世学派取得的重要实务成绩。

同在道光五年（1825年），陶澍委托江苏布政史贺长龄与幕僚魏源编纂《皇朝经世文编》，次年成书一百二十卷，系统整理、总结清代前期的经世学说，供有志于此者取资借鉴，有力地推进了当时的学风转变。光绪十四年（1888年），俞樾为葛士浚《皇朝经世文续编》所作序文中说："《皇朝经世文编》数十年来风行海内，凡讲求经济者无不奉此书为矩矱，几于家有其书。"

贺长龄，字耦耕，嘉庆十三年（1808年）进士，道光四年（1824年）任江苏按察使，五年（1825年）升江苏布政使，七年（1827年）调江宁布政使，也是经世学派骨干人物。魏源遇合陶澍、贺长龄，后助陶澍办理漕运、水利等事务，对其思想、学识与事业成就有重要影响。

道光十年（1830年）陶澍升任两江总督，任中倡办海运，整顿淮盐积弊，兴修水利，整肃吏治，兴办教育，改善民风。十二年（1832年）与江苏巡抚林则徐治理水患。十五年（1825年）宣宗赐御书"印心石屋"匾。十九年（1839年）病逝于两江总督署，谥文毅。陶澍在南京龙蟠里盋山创建惜阴书院，一时人文荟萃，魏源亦定居龙蟠里建小卷阿。"印心石屋"匾即安放于惜阴书院中。光绪年间两江总督端方委托缪荃孙创办江南图书馆，即惜阴书院旧址，藏书楼后命名为陶风楼。

林则徐与陶澍志同道合，早在嘉庆二十四年（1819年），林则徐在翰林院时，就与龚自珍、魏源等参与陶澍宣南诗社雅集，常一同探讨经世致用之说。两人共治江苏六年，督、抚和睦举朝罕见。两人对鸦片泛滥、白银外流之患亦有共识。陶澍临终遗折举荐林则徐"才长心细，识力十倍于臣"，宣宗遂命林则徐接任两江总督，但林则徐时在广东禁烟，未能到任。林则徐作挽陶澍联："大度领江淮，宠辱胥忘，美谥终凭公论定；前型重山斗，步趋靡及，遗章惭负昔人期。"奉陶澍如泰山北斗。

光绪五年（1879年）张佩纶《涧于日记》中品评：

道光以来人才，当以陶文毅为第一。其源约分三派：讲求吏事，考订掌故，得之在上者则贺耦耕，在下则魏默深诸子，而曾文正总其成。综核名实，坚卓不回，得之者林文忠、蒋砺堂相国，而琦善窃其绪以自矜。以天下为己任，包罗万象，则胡、曾、左直凑单微。而陶实黄河之昆仑、大江之岷也。

晚清重臣曾国藩、左宗棠、胡林翼等皆出陶澍经世学派一脉。胡林翼是陶澍的女婿，左宗棠与陶澍是儿女亲家，曾国藩在学问上亦受陶澍之熏陶。孟森曾说，嘉庆、道光年间留心时事之士大夫以湖南为最，而陶澍为"湖南政治家之巨擘"。没有陶澍的倡导引领，晚清"唯楚有才"的局面是难以想象的。

陶澍是中国从古代走向近代、由闭关锁国转向放眼世界之际的杰出政治家，也是传统儒家学派转向近代洋务派承前启后的人物。魏源则是陶澍最重要的继承者。

《南京条约》与《海国图志》

清代立国前二百年，在三藩之乱后没有发生大规模战争，长期和平发展，带来了人口的大幅增长。乾隆六年（1741年）人口稽查全国人口约在一点五亿，19世纪中叶猛增到四亿以上，是中国有史以来的人口最高值。而社会经济仍维持着农业与家庭手工业为主的自给自足模式，耕地面积增幅不足百分之五十，远低于人口增幅，加上吏治腐败、土地兼并严重，失地农民不得不四处流徙，南方有大量贫民"下南洋"，向海外谋生。社会矛盾与冲突日益激化，危机四伏。

与此同时，西方资本主义国家迅速发展，英国18世纪60年代开始工业革命，到19世纪初，大机器工业逐渐取代工场手工业，商品产量猛增，急于寻找新的资源与销售市场。这种力量，已完全不同于16世纪传教士进入带来的文化刺激。而清廷仍视通商贸易为一种朝贡，清高宗给英王乔治三世的敕书中明确宣称："天朝无所不有，然从不贵奇巧，并无更需尔国制办物件。"朝廷允许通商是对洋人的恩典，并且随时可以取消这种恩典，官方不与外商接触，受托经办商行依仗官势肆意勒索外商。两方面的认知差距，注定了冲突的不可避免。

康熙二十四年（1685年），在收复台湾两年后，朝廷解除了海禁，在广州、漳州、宁波、云台山（今连云港）开设贸易口岸，但清廷顾忌洋人北上，以在宁波等地实施高税率等手段，迫使外商交易集中于广州。康熙三十八年（1699年）英国在广州开设了第一家商馆，并很快发展成最重要的贸易国，主要由英国东印度公司垄断。中国出口英国的货物有茶叶、生丝、瓷器、漆器、大黄和肉桂等，英国向中国出口毛纺织品、铅、锡、铁、铜、毛皮、亚麻等。中国出口印度的有南京土布、明矾、樟脑、瓷器等，从印度进口原棉、象牙、檀香木、银和鸦片。但英国的毛纺织品不受中国市场欢迎，而随着饮茶成为国民风气，英国对中国茶叶的需求与日俱增，19 世纪初已达二千六百万磅，是其他各国进口茶叶总量的两倍。英国商船抵达中国时，所装载的往往百分之八九十是金银，只有百分之十货物。中国从对英国出口茶叶中获取高额贸易顺差，直到 19 世纪 20 年代初，每年净流入白银达二三百万两。

英国为谋求改善通商条件，在乾隆五十八年（1793 年）派马戛尔尼使团赴北京，以祝贺清高宗八十寿辰的名义，满载琳琅满目的奇巧礼品，试图直接与清廷达成一项商务条约。清高宗将这视为一种朝贡，有诗道："博都雅昔修职贡，英吉利今效荩诚。"（弘历《红毛英吉利国王差使臣马戛尔尼等奉表贡至，诗以志事》）过去有葡萄牙进贡，现在英国也来效忠。在接受礼品、款待使臣后，便打发使团离开北京，并发敕书给英王乔治三世，拒绝了派驻使节和通商事务等各项请求。就外交与商务谈判而言，马戛尔尼无功而返，但他看到了清廷内部的真相：科学贫乏、兵器落后、吏治腐败与运转不灵，也就是骨子里的虚弱。东印度公司的要员认为这足以补偿使团所花费的八万英镑。而清王朝君臣对英国的主权国家观念、自由贸易思想一无所知。

嘉庆年间，英国东印度公司开始向中国走私鸦片。鸦片交易致使白银大量外流，据研究者估算，19 世纪 30 年代每年用于购买鸦片的白银高达二千万两到三千万两，中国迅速由外贸出超转为入超，每年净流出的白银高达四五百万两，对国家财政造成严重威胁。虽然清廷屡颁禁令，但官员受贿、民间走私使禁令成为一纸空文，因走私鸦片而形成的民间社团三合会等与禁烟官军不断发生武装冲突。鸦片的大量涌入使其价格降低，普通民众也能够承受，遂形成社会性的吸食风气，毒瘾摧残人民身心健康，导致的倾家荡产成为严重的社会问题。大量钱财用于吸食鸦片，又导致其他商品的需求停滞，市场萎缩。朝廷经过激烈的弛、禁之争，决定派林则徐为钦差大臣赴广东查禁鸦片。英国以虎门销烟为借口，发动"通商战争"，即第一次鸦片战争。

尽管鸦片交易随处可见，道光二十年（1840 年）六月鸦片战争爆发时，南京官民仍感觉是一件遥远的事情。谁都没有想到，第二年八月，船坚炮利的英军舰队竟已兵临南京城下，城中守军完全没有做好有效抵御的准备。英军以攻取南京、切断大运河漕运等为威胁，迫使清廷订立《江宁条约》（今称《南京条约》）以换取战争的结束。

钦差大臣耆英等与英国代表璞鼎查在江宁静海寺议约四次，道光二十二年七月二十四日（1842年8月29日）在英军旗舰康丽华号上签署《江宁条约》，全部接受英方提出的议和条款。揭开中国近代史的第一页，便是永远摆脱不了的丧权辱国之痛。中国被迫与西方列强建立外交关系，以这样的方式迈出了进入国际社会漫长历程的第一步。

谈判期间，清廷代表曾假大报恩寺设筵款待英方使节，并请游寺登塔。明人张岱曾自豪地说："永乐间，海外蛮夷重译至者，百有余国，见报恩寺塔必顶礼赞叹而去，谓四大部洲所无也。"此时"蛮夷"或亦有"顶礼赞叹"，但心情是大不相同的了。割地赔款，开放口岸，丧权辱国条约的命名形式，定格为南京的城市标签，其实是一个民族的苦难。

鸦片战争的失败在中国有识之士中引起强烈反思，促使国人睁开眼睛去看世界，看"化外蛮邦"究竟为什么能打败"天朝上国"。与西洋物质产品一同涌进中国的精神文化产品，更吸引他们的热切关注。

经世学派的重要思想家魏源，当鸦片战争进行之际，已经在从东方和西方寻找强国富民之路。从思想史的意义而言，这应该更适宜作为中国近代史的开篇。

魏源是林则徐的挚友，也是禁烟派的主要代表人物，他痛切地指出鸦片的严重危害，怒斥反对禁烟的权臣。道光二十一年（1841年）魏源入两江总督裕谦幕府，亲赴浙东参与抗英斗争，并根据审讯英军战俘得到的材料，整理成《英吉利小记》。就在《南京条约》签订之际，他完成了《圣武记》的写作，以史为鉴，试图为人们提供反侵略的思想和方法。魏源在《圣武记》中提出"师夷长技以制夷"的主张，成为此后洋务运动的主要思想武器。他提出"变古愈尽，便民愈甚"的主张，断言"小变则小革，大变则大革；小革则小治，大革则大治"，至今仍有借鉴意义。稍后，他又写出《夷艘寇海记》（《夷舶入寇记》）及《道光洋艘征抚记》，是中国人所作最早的鸦片战争史，热情歌颂了林则徐、邓廷桢、关天培、葛云飞、陈化成及广大军民的抗英功绩。

林则徐在广州禁烟期间，意识到国人对西方、对世界的了解太过贫乏，无以应对新时势、新变局，遂努力收集各国资料，编译成近九万字的《四洲志》书稿。他在被贬戍新疆途经镇江时，将此稿托付给魏源，希望编撰一部全面、详尽的世界地理著作。魏源不负重托，在道光二十二年（1842年）十二月编成《海国图志》五十卷，后披阅十载，几番增补，在咸丰二年（1852年）完成了百卷本八十八万字的《海国图志》，比较全面、准确地介绍了世界各国的政治、经济、历史、地理、文化、习俗概况，以及大量西方科学技术知识，堪称当时的世界百科全书，为关心时务的知识分子所必读。魏源在《海国图志·叙》中明确宣示编撰目的是："为以夷攻夷而作，为以夷款夷而作，为师夷长技以制夷而作。"故以十二卷的篇幅介绍西洋火轮船、洋炮、炸弹、炮台、水雷等军事知识，并附有船、炮器物图八十余幅。尤为难得的是，《海国图志》中不但介绍了西方的先进科技，而且介绍了民主思想和议会制度，尤其是美国的政治制度。他说："大道之行，天下为公。公则中外一家，不公则南北瓦裂。"又说："墨利加（今译美利坚）北洲之以部落代君长，其章程可垂奕世而无弊。"时美国二十七州各有政府：

> 公举一大酋总摄之，匪惟不世及，且不四载即受代，一变古今官家之局，而人心翕然，可不谓公乎？议事听讼，选官举贤，皆自下始。众可可之，众否否之，众好好之，众恶恶之。三占从二，舍独洵同。即在下预议之人，亦先由公举，可不谓周乎？

作者对西方民主制度的赞美，和"使东海之民犹西海之民"的期望，堪谓难能可贵。在一个半世纪前的黑暗时代，能有这样的见识与胸怀，完全无愧于他"使中国人睁开眼睛看世界"先行者的历史地位。

《海国图志》对中国的洋务运动、维新变法以至辛亥革命都产生了重要影响。康有为自述深受《海国图志》影响。梁启超称魏源为治域外地理的先驱，"中国士大夫之稍有世界地理知识，实自昆始"，并认为魏源倡导的"以夷攻夷，以夷款夷，师夷长技以制夷"，"实支配百年来之人心"。

《海国图志》传入日本之初曾被江户幕府列为禁书。安政元年（1854年）日本开放口岸，《海国图志》受到有识之士的欢迎，当年进口十五部，朝廷留用七部，余被允许出售。此后四五年间，日本翻刻本即达二十多种。梁启超和日本学者井上清都说到，《海国图志》对日本明治维新起了积极的推动作用。

第二节
"小天堂"

太平天国席卷中国南方

清代道光年间，肇始于中国南方的两场战争，鸦片战争和太平天国战争，都将南京推向了举世瞩目的舞台中心，也都是在南京宣告结束，使南京成为中国近代史上最重要的城市。如果说第一个不平等条约的签订将南京与丧权辱国相联系，是一种精神创痛，太平天国战争给这座城市留下的实质性创伤，影响更加深远，永志难忘。

太平天国起义爆发，清廷本以为官军打不过船坚炮利的洋鬼子，镇压国民不在话下。岂料清军应对内乱，显露出与应对外患同样的无能。不过两年，太平军即从广西偏僻的桂平县金田村打到了富庶的江南。咸丰三年（1853年）二月，太平军攻占江宁，旋即改江宁为天京，作为太平天国的都城，直到同治三年（1864年）六月湘军收复江宁告终。

中国的农民起义，无论有否达成改朝换代的结局，都被当代史家视为推动历史前进的力量。前后历时十四年、席卷大半个中国的太平天国战争，是中国历史上规模最大的一场农民起义，太平天国研究也就有着一支庞大的队伍，足以与《红楼梦》研究会相媲美。作为天国十一年都城的南京，在明代瞻园中辟建太平天国历史博物馆，清同治年间复建的两江总督署（后为民国总统府）也以"太平天国天王府遗址"名义列为全国文物保护单位，实则这一建筑群中并无太平天国建筑遗存。与太平天国相关的历史文献几乎都有整理出版，研究著作更是汗牛充栋。某些细节的分歧、不同观点的商榷当然会有，但农民起义这个基点始终一致。尽管太平天国起义的早期领袖中只有萧朝贵是贫苦农民出身，并不影响起义的性质。因为从陈胜、吴广到李自成，中国农民起义领袖很少有真正的农民,而多是市民、士人甚至贵族。

洪秀全创立拜上帝会,用以号召信徒的不是"闯王来了不纳粮"那样的直接经济利益,而是"上天堂"的缥缈理想。这是太平天国起义与此前农民起义的一个重要区别。参加金田起义老团营的,必须舍弃田地产业,或先行变卖后全部献出,以充公用。北王韦昌辉是富甲一方的金田村大族,年收租稻谷达两万余担,田地之多可想而知,韦家弟兄三房男女老少全体从军,倾其所有以充军用。翼王石达开一族是贵县巨富,也是倾家举族从军,贡献达十余万金,仅次于韦氏。豫王胡以晃弟兄四人是平南县首富,年收租谷十余万担,胡以晃和弟弟以暲从军,所献资财可能是家产的一半。单凭拜上帝会的教义,就能让人们不惜卖光田地财产、抛弃家园、挈妇将雏加入团营,随之冲锋陷阵奔赴"天堂",诚令人难以置信。自利玛窦以来两百多年间传教士在中国的活动证明,圣经在中国从未有过如此大的魅惑力。

马克思1858年9月写下的《鸦片贸易史》(《马克思恩格斯全集》第十二卷)中,提到鸦片战争的后果之一是导致了太平天国起义,这应该是将太平天国起义视为鸦片战争直接结果的最早论断:

中国政府在1837年、1838年和1839年采取了非常措施,这些措施的顶点是钦差大臣林则徐到达广州和按照他的命令没收、焚毁走私的鸦片。这成了第一次英中战争的起因,这次战争又使中国发生起义,使帝国国库完全空虚,使俄国能够顺利地由北方入侵,使鸦片贸易在南方得到极大的发展。

张德坚《贼情汇纂》卷十一记载:

广、潮、嘉应人业烟土者,素往来浔、梧及湖南边界,本系违禁之物,土豪、地棍藉名抢夺,节节阻滞,千百人结帮而行,犹恐不免,每致失货丧资,必邀接帮、送帮之人,重其酬谢,名曰保标。无赖恶少,遂成群结党,专事其事,亦必雄健有力、横行敢死者始克为之。洪、杨等数剧贼皆由广东迁居浔属,素以此为业。

《剑桥中国晚清史》第六章中讨论太平天国起义的社会背景:"19世纪40年代充斥于广西的社会混乱,部分地肇端于与外国接触所产生的破坏性后果。"当鸦片走私兴盛之际,"中国南方的社会下层又竞相从事更有利可图的鸦片销售业",以前的海盗和秘密会社三合会(即天地会)都被裹挟其中,形成一种"无法无天"的势力:

鸦片战争后的十年间，邻省广东出现了新的社会失调。由于上海的开放使广州北上的传统贸易路线改了道，因此数以千计的人丧失了生计。被雇来与英国作战的乡勇突然被遣散，许多人只得落草为寇。最后，一帮帮冥顽不灵的海盗迫于英国海军势力而由沿海地区流窜到内地。到了四十年代中期，这几种来源的非法之徒中的许多人，在三合会领导下设法西进至广西。他们在广西的河网上建立了新住所。

"形形色色的武装集团在农村到处出现"，成为一种"愈来愈有爆炸性"的社会环境。拜上帝会主要在当地处于少数的客家人中募集信徒，以共同抵御土著势力的欺压，并有部分三合会成员加入。

宫崎市定《中国的历史思想》中《关于太平天国的性质》一篇，具体分析了鸦片战争前从事走私的"庞大的秘密组织"及其走私路线：

道光十八年，漕运总督周天爵在奏章中称："两湖江西乃烟土出入之门户，其大伙烟贩动辄百十成群，犹如私枭（盐贩）出没，器械森然，人皆视死如归，皆为会匪。"……鸦片一旦到达长江流域，就会过江卖到更远的北方。

鸦片战争后贸易路线转向新开埠的上海：

随着广东鸦片贸易的衰退，首先承受打击的就是从事鸦片登陆事业的人员。他们曾经具备高性能的快艇，雇用壮丁，带着武器装备，应顾客之需趁夜把鸦片从英国船艇上运到海岸，冒着生命危险获得相应的报酬。

这种走私快艇全副武装，由六七十个水手划桨，速度快得惊人。每天有一两百艘快艇穿梭在广州周围海域。马克思1858年9月所作《鸦片贸易史》(《马克思恩格斯全集》第十二卷)中指出：

中国政府向外国商人提出严重抗议，同时也惩办了一些与外国商人同谋共犯的行商，大力查办了本国的鸦片吸食者，并且在本国海关内采取了更严厉的措施。所有这一切努力的最终结果，正像1794年一样，只是使鸦片堆栈由不可靠的地点移到更适合于经营鸦片贸易的地点。鸦片堆栈从澳门和黄埔转到了珠江口附近的伶仃岛，在那里，具有全副武装设备的、配备有很多水手的船只，成了固定的鸦片栈。同样地，当中国政府得以暂时禁止广州原有的窑口营业时，鸦片贸易只是转了一道手，转到比较小的商人手里，他们不惜冒着一切危险和采用任何手段来进行这种贸易。在这些更有利于鸦片贸易的新条件下，鸦片贸易在1824年到

1834 年的十年当中，就由 12639 箱增加到 21785 箱。

每箱鸦片约重六十五公斤。也就是从八百多吨剧增到一千四百多吨。宫崎市定说：

> 道光二十九、三十年左右，（广西）盗匪的活动突然猖獗起来（详见谢兴尧《太平天国前后广西的反清运动》），这必然是因为他们收容了逃入广西的海贼，其中之一就是三合会的罗大纲。罗大纲原本在广东洋面的伶仃洋上从事鸦片贩运，之后成为海盗漂流在海上，道光三十年左右潜入广西，与张钊、田芳等人靠劫掠商船为生，最后参加太平军，成为重要的部将。

他又引潘颐福《咸丰朝东华录》，道光三十年（1850 年）、咸丰元年（1851 年）上谕多次提到广西"盗匪充斥""盗风日炽"：

> 可见，盗贼如雨后春笋般出现在各地，政府似乎完全失去了统治的能力。这样的无政府状态在叛乱繁多的中国历史上都是空前的，至少也是极为罕见的。因此，这些叛乱的起因也必定非同小可，既不是天灾，也不是单纯的人祸。原因就是历史本身，它是鸦片战争、《南京条约》的延续，而且这种总爆发与引发其爆发的原因之间相隔了十年。

《建天京于金陵论》

太平天国起义之初并没有明确的军事目标，先是在广西兜兜转转，洪秀全在大黄江称太平王，在永安（今蒙山）建太平天国，自称天王，分封东、南、西、北、翼五王。他在《新遗诏圣书·马太传》中释"天国"之义：

> 天国是总天上地下而言，天上有天国，地下有天国，天上地下，同是神父天国，勿误认单指天上天国。故天兄颁诏云："天国迩来。"盖天国来，在凡间，今日天父天兄下凡，创开天国是也。

地下天国并没有一个确指之处，"天父天兄"创开之地即天国。永安就是洪秀全安享半年多的天国。直至咸丰二年（1852 年）二月清军围攻，不得不血战突围。此后北上围攻桂林一月，不能破城，遂弃桂林东向湖南。四月湘江蓑衣渡一仗，太平军精锐尽失，南王冯云山阵亡，后弃舟转陆路攻占道州，而人心涣散，多想重回熟悉的广西"天国"。张德坚《贼情汇纂》卷十一载：

> 群贼怀土重迁，欲由灌阳而归，仍扰广西。秀清独谓非计，曰："已

骑虎背，岂容复有顾恋？今日上策，莫如舍粤不顾，直前冲击，循江而东，略城堡，舍要害，专意金陵，据为根本。然后遣将四出，分扰南北，即不成事，黄河以南，我可有已。"洪逆等深然之。

灌阳位于广西东北，与湖南道州相邻。

正是杨秀清的这一决策改变了太平天国的命运，也改变了南京的命运。尤其是"略城堡，舍要害，专意金陵"的战略，正是当年朱棣靖难之役的取胜之道。

杨秀清出身烧炭工，据说不识字，但胸怀谋略，在太平军中都首屈一指。早在道光二十八年（1848年），因拜上帝会创始人之一冯云山被捕，遣送广东原籍，洪秀全也赶回广东，一时广西信徒群龙无首，趋于瓦解。杨秀清借鉴广西山区流行的降童巫术，伪托天父下凡附体，稳定了人心，而他也取得了"代天父（耶和华）传旨"的特殊身份，一跃为拜上帝会的核心人物。此后其好友萧朝贵如法炮制，"代天兄（基督）传旨"。洪秀全道光二十九年（1849年）夏天返回广西，投鼠忌器，不能揭破真相，只好确认二人的特权。萧朝贵在围攻长沙时战死，杨秀清成为无人能够抗衡的实际军事领袖。

咸丰二年（1852年）十二月，太平军攻占武昌，洪秀全有意进军河南，石达开提出西进四川，杨秀清坚持东取金陵。于是全军顺流而下，咸丰三年（1853年）二月，太平军合围江宁城。

尽管太平军突出广西之际已震动朝野，但直到此时，作为江南重镇的江宁完全没有做好防卫准备，城中清军仅五千人，半数为驻防旗兵。太平军在南门外大报恩寺塔架炮轰击南城。同时自城北静海寺挖地道，二月初十以地雷炸塌仪凤门附近城墙，突入数百人，直冲至小营，杀两江总督陆建瀛，后被清骑兵击败，仍退出仪凤门。但南门、清凉门、旱西门、水西门守军听说北城已破，总督战死，遂溃散逃走，当晚太平军已从西、南两面入城。次日太平军大队入城，清军退守驻防城，双方在中正街一带激战，上元县衙被毁。汪坤《盾鼻随闻录》卷三记载：

十二日，贼扑满城。将军祥厚、副都统霍隆武闭城拒守，男妇悉上城助战，志在必死。晡时城陷，将军、都统以下参领、协领、佐领、章京、笔帖式等三十余员均殉难。男妇六万余人（抄本作四万余人）杀戮无遗，只留未成年幼童四千余人（抄本作三千），悉行阉割，连肾囊剜下，登时身死者十居其九。妇女年轻者六千余人，押入贡院，每一号派一广西大脚婆看管,日给米四两。

城内满人至少四万人,绝大多数为无抵抗能力的旗兵眷属,大部被杀。阉割幼童大约是想制造太监,而不得其法,遂致死命。这是南京有史以来罕见的惨烈屠城。

太平天国改江宁为天京,定都于此。

洪秀全有诏:"天下万国,朕无二,京亦无二。天京之外,皆不得僭称京。"杨秀清遂发动投靠太平天国的文人,写出四十一篇《建天京于金陵论》,刊印成书。列名第一的何震川时已封恩赏丞相,其文中写道:

盖闻欲创非常之业,必得非常之人,欲立永久之基,必得至当之地,斯能历久而不易,亘古而常尊者也。溯自天父上帝自造有天地以来,其间窃号流传,未尝不代有其人,而究之人非天命之人,国非天命之国,所以弑夺频仍,纷更不一,以至于今。惟我天王,亲承帝命,永宁山河。金田起义,用肇方刚之旅,金陵定鼎,平成永固之基,京曰天京,一一悉准乎天命,国为天国,在在悉简乎帝心。迄今建都既成,天下大定。……宜乎永奠千百代无疆之福,肇基亿万年有道之长。

排位第二的吴容宽写道:

金陵一大天京之福所也。我天父上主皇上帝当初六日造成天地山海人物,所造者虽不独一金陵,而金陵固于六合之大,九州之广,为甲乎天下者也,为福地于天下者也,即为天下之少贰寡双者也。何言之,金陵之城郭则坚且厚,金陵之仓库则实且充,金陵之形势则虎踞而龙蟠,金陵之风俗则温文而淳厚。于以知昔日天父上主皇上帝之造金陵时也,久已著意如此,以为金陵乃王气所钟,诚足以为后日建天京之所。故我天主既奉天诛妖,体天立极,上为上帝诛瞒天之妖,下为凡人脱魔鬼之缠,即建都于此,名之曰天京,即奉天、体天之意也。

袁名杰写道:"金陵为天下一大都会,虽地势稍下,而紫金山高凌云表,城内各山,亦不平衍,此天父预设,所以待我天王来登大宝也。"宋溶生写道:"斯固金城汤池,万方之所悦服,亿众之所向往者也。乃知皇上帝造天地之时,盖以预储此地以俟太平真主,树万年不朽之基,而建万世无疆之业也夫。"众口一词,说上帝创世纪时,就预先造好了这一座金陵城,以等待太平天国建都。

这已是"金陵王气"说最后的回光返照。太平天国后期大封两千七百多王,金陵果有"王气",只怕也消耗殆尽了。

太平天国官制文武不分，政权实质上是军政府，一切服从军事需要，中心工作始终是攻伐战守，天京全城也随之成为一座大军营。各王府之外的大批衙署，大致可分为三类。

首先是军政衙署，多隶属诸王，机构臃肿，叠床架屋，政出多门，难以尽述。

其次是供给衙署。天京城内全面实行供给制，王府、军队不必说，普通居民也在供给体制内。洪秀全宣称："天京乃定鼎之地，安能妄作生理，潜通商贾！"禁止民间商贸，取消商店。百姓不准用钱，人藏钱十枚以上就犯死罪，"要钱不要命"，与清初的"留发不留头"如出一辙。故此须有一系列掌握公共财物、分配生活物资的专职衙署。一是天朝圣库，设于水西门内灯笼巷（今登隆巷），将逐户搜刮来的财物、粮食，及商店货物、资本，全部存于圣库。李秀成在被捕后的《自述》中也承认："贼不能如官兵大处，官兵掳掠者诛，贼专以掳掠为生，失民心矣。"劫掠所得并不由参与劫掠的兵士掌握，须一律上交圣库，按不同职位、身份另行分配。天王、东王三令五申，凡有私藏金银者，一律处死。传说圣库所藏金银曾多达一千八百万两。二是圣粮馆，太平天国明令宣布，"百姓之田，皆系天王之田，每年所得米粮，全行归于天王收去"，设圣粮馆主管粮食收储与分发，粮库分布城中各处。

第三是生产管理衙署。城内手工业者按行业编入诸匠营和百工衙，实行军事化管理，只发口粮，不付工钱，实即无偿劳役。资金和生产资料由官方调拨，产品供各王府和天朝官兵使用，不得进入市场。据记载诸匠营有：瓦匠营，设北门桥干河沿（今广州路口南侧），木营，设高井大街（今丰富路），主要兴建王府官衙。织营，中心在内桥附近，共分五营，生产绸缎供应王府和军用。金匠营，专门打造金银器皿，为王府服务，诸王吃饭的碗筷都是金器，甚至洗脚盆都是金的。绣锦营，设土街口（今中山东路、洪武路口），专事绘画和刺绣。天国在绘画上也有严格规定，各王府、衙署的壁画、旗帜、彩衣等都不得随意绘制。

百工衙与诸匠营稍有区别，除生产外，兼管收纳、分发事务。据记载有四十余种，如制造兵器的典炮衙、铜炮衙、铅码衙、典硝衙、红粉衙、典铁衙、金龙船衙、战船衙、弓箭衙、旗帜衙等，生产食品的油盐衙、宰夫（肉类）衙、春人衙、豆腐衙、酱人（酱菜）衙、醋人衙、茶心（茶食点心）衙、天茶衙等，制造服饰的典织衙、染匠衙、缝衣衙、国帽衙、金靴衙等，生产日用杂品的铜匠衙、锡匠衙、洋遮（雨伞）衙、梳篦衙、灯笼衙、结彩衙、金匠衙、玉器衙、钟表衙、风琴衙等，建筑器具业有典木衙、典竹衙、典石衙、油漆衙，以及制造舆轿的整舆衙和铸造钱币的铸钱衙等。出版印刷业有镌刻衙、刷书衙等，负责镌造印玺、刻印诏旨公文及图书等。太平天国实行极端文化专制，除天国印行书籍，其他书籍都被斥为"妖书"，严禁阅读，江宁府学被改作宰夫衙。后因人数增多，改称镌刻营，设复成仓大街（今复成桥一带）。

天京城中，最重要也最早开始的建设工程，即在原两江总督署旧址建造天朝宫殿，俗称天王府。大兴土木所用兵士、工匠数以万计，都是无偿劳役。建筑材料则是拆明故宫和官宅、民房而来。《同治上江两县志》卷十一载：

堕明西华门一面城，自西长安门至北安门，南北十余里，穷砖石筑宫垣九重。毁祠庙、坏衙署、夷坛壝、攫仓库、圮桥梁、斫竹木，堙洼峻高，拆上下数百里宫室陵墓、坊表柱础，作伪宫殿范围。余建伪王府宫廨，大小百余。如是者十三年，工作弗息。

张德坚《贼情汇纂》载：

天王洪秀全改两江总督署为伪天朝宫殿，毁行宫及寺观，取其砖石木植，自督署直至西华门一带，所坏官廨民居，不可胜记，以广基址。日驱男、妇万人，并力兴筑，半载方成，穷极壮丽。以金陵文弱之人，逼令挑砖运土，稍不遂意，则鞭捶立下，妇孺惨遭凌虐……

因为建天朝宫殿需要建筑材料，拆毁了明宫城西墙和明故宫遗存各殿、清乾隆行宫，以及周围官署、民居、陵墓、祀庙等无数建筑，驱使数以万计的平民百姓，自四月动工，历时半年建成，就被一把火烧掉了。第二年正月"复兴土木，于原址重建伪宫，曰宫禁，城周围十余里，墙高数丈，内外两重，外曰太阳城，内曰金龙城，殿曰金龙殿，苑曰后林苑，雕琢精巧，金碧辉煌"。天朝宫殿中万宝堆积。

当时身陷天京城中的涤浮道人撰《金陵杂记》，对天朝宫殿形式、制度做了详细的描述：

首逆洪秀全入城后，即深藏督署，周围加砌高墙，据称有二丈高、四尺宽，墙头嵌砌碎瓷瓦锋，墙外令掠得城中妇女挑挖壕沟。东边黄家塘以至利济巷，西首由箭道绕至北首，外围墙民房全行拆毁，平地又挖成沟渠。南首民房由卫巷等处拆至大行宫长街。去秋又于督院照壁外，另起高大门楼一座，约九号门面宽，中开一门，门系双扇以通出入。门上雕刻双凤，遍贴泥金，贼称之为凤门。门外东、西新盖平房二所，每处约房五六间，其式外墙内厅，中悬灯彩，贼谓之东、西朝房。

涤浮道人写道，凤门前十余丈有石构五龙桥：

桥前又起高望楼一座，洪逆谓之天台，并以为每于洪逆生日即同杨秀清等登台礼拜天父之处。台前又筑一坛，约数尺高、宽，云系礼拜时焚烧贼衣并牲品之所。桥之南又数十丈旧基，将至大行宫街处，砌一照壁，其高、宽倍于小营之大影壁，壁上绘双龙双凤，每于洪逆发伪官黄榜时，其榜即钉于此壁。榜用黄绫书写，上印龙凤花边。照壁两旁又竖立左右两牌坊，上书左旁门、右旁门字样……其凤门以内，皆系贼妇在内，以供洪逆役使。

英国领事富里赐在《天京游记》中，对"天王宫"也有类似的描写，他并且明确指出拜上帝教与基督教完全不是一回事："我不是传教士，对于天王只可下一句素人的很有根据的评语，即：天王之基督教不是什么东西，只是一个狂人对神圣的最大亵渎而已。而他的部下之宗教，简直是大笑话和滑稽剧。天王是一个最为顽固不能匡正的异端之徒"，"天主教教皇如有权治他，早就把他烧死了"。

东王杨秀清先据大功坊布政使司署、驻防城江宁将军署，后占汉西门黄泥巷（今朝天宫西街黄鹂巷）前山东盐运使何其兴住宅改建东王府，将黄泥巷至罗廊巷一带民居都夷为平地，截汉西门大街连虎贲仓为一体，拆取明城墙砖砌筑围墙，周围六七里。东王属官数千人，也在附近建府居住。西王萧朝贵死于进攻长沙之役，其子萧有和袭位称幼西王，王府据大功坊布政使司署扩建。幼南王冯炳文府据针工坊按察司署扩建。韦昌辉北王府先在西辕门李氏宅，后据中正街前湖北巡抚李长华新宅扩建。石达开翼王府先在青溪里熊氏宅，后移大中桥靖逆侯张勇府第，最后据朝天宫东侧王府巷原上江考棚建造。秦日纲燕王府据中正街昇平桥董姓、胡姓两宅扩建，后又圈入前湖北宜昌知府程氏宅。胡以晃豫王府据江宁府署扩建。

建造诸王府的同时，太平天国为加强天京防御能力，曾对南京都城城墙进行加固，其措施，一是缩小城门，砌堵到只能容一人出入。二是加高加固城墙。三是在城内外挖掘大量城壕，上置虎刺荆棘，下埋密钉竹签，控制交通。此外还在城内建立大量望楼，以随时把握军情，在城外构筑大量营垒,"以营护城,复以城护营",交相呼应。

"小天堂"

太平天国称天京为"小天堂",使缥缈的天堂有了一个现实的范式。城中原有的人间生活秩序完全被破坏。"小天堂"新秩序,首先是城内一切房屋皆属天朝所有,清官府衙署及富豪大宅均被诸王、高级首领占为府第,并改建增修,既是办公处所,也是生活住地。中下级头目则占住民宅、商肆,名之曰"打馆"。其次是天下商贾资本皆属天父所有,全部解归圣库,其中粮食、药材、军械、布帛等军需用品,由圣库经手,按不同职位身份另行分配。金银、钱币由圣库收存,珍宝、古董、字画等贵重物品则多半进了天朝宫殿和东王府。

太平天国奉行"天堂子女,男有男行,女有女行,不得混杂"的"天条",将天京居民家庭全数拆散,男性入男馆,女性入女馆,由男、女太平军将士分别管理,严禁男女接触,合法夫妻也不许共同生活。男性多被充作苦役,五十岁以下十六岁以上者更被征入军队。女馆多设置在城中原有的深宅大院,以广西、湖南等地早期参加太平军的"老姊妹"为基层管理人员,春官又正丞相蒙得恩奉派"总理女营事务",是女馆事务最高主管。"新姊妹"也作军事编制,实行供给制,除江宁十余万名妇女,且有从扬州、镇江等地解来"登天堂"的数万妇女,最初每人每日给米一升,后改为给谷半升,到太平天国四年(1854年)夏,天京粮食更为紧张,竟减为每人每日给米六两至三两(旧制十六两合一斤)不等,只能吃稀粥。供给制不是白吃的午餐,入馆妇女须承担沉重的劳务,少数善女红者被分入锦绣营刺绣、织锦,其余被派背米、担煤、抬砖、运土、开壕沟、削竹签、割麦、割稻等,且各有计量标准。马寿龄《金陵癸甲新乐府》有《削竹签》一首:

南北山深多竹子,女馆往还三十里。
钝刀斫断两人扛,举步蹒跚颇有沘。
归来乞人锯成段,五夜篝灯忙十指。
侵晨各送八十斤,插地森森密如齿。
上拥尘沙下泥滓,雨淋日炙脆无比。

每日自城郊砍竹运回,连夜赶工也要完成八十斤。又有《掘壕沟》:

鸦啼一声天尚昧,有衣无裳已成队(女人不许着裙)。

城内驱之至城外，母女相失呼大妹。

一锹一鉏，一担一箕，一捧一手污，一步一泪垂。

壕沟之深深几许，掘了一处复一处。

老羸瘦死女馆中，周身曾无二尺土。

"老姊妹"在后督工，不满意就挥鞭抽打。

还有一首《禁缠足》，写出了太平天国严令"禁缠足"给缠足妇女带来的痛苦：

出令戒缠足，违者遇之恚。

轻则施以鞭，重且系以械。

迁怒小过摘，报怨苦差派。

鞋帮束脚松，鞋底触石坏。

十指抵地行，奇痛胜蜂虿。

趑趄又倾跌，此形实狼狈。

臃肿又皲瘃，此病非癣疥。

不敢怨今日，性命原草芥。

只是恨当年，阿娘贻我害。

缠小之足，解缠已不能变大，失去缠布支撑，行动更为困难。被迫解缠的妇女痛苦不堪，怨声冲天，以至忍受不了而自杀。

女馆制度源于金田起义之际，信徒变卖田地家产，举家投入太平军团营，为保证军队的战斗力，遂分别建立男营和女营。尽管天国领袖也承认"省视父母，探看妻子"是"人情之常"，"原属在所不禁"，但又严格规定只许"在门首问答，相离数武之地，声音务要响亮，不得迳进姊妹营中，男女混杂"，如此"方得成为天堂子女"。有违此令，即遭屠杀。此法在军事上不言而喻的好处是女营中的亲属实际成为一种人质，前方将士倘败逃或被俘，其亲属将受惩处，所以无不奋勇上阵。为减少将士不满，洪秀全们曾许诺，攻进"小天堂"就允许家人团聚。然而占领江宁后，高层各王大造王府、广纳美女，女营制度则更扩展为女馆制度，从军内推向民间，限制更为严厉，惩罚更为残酷。为防将士怨望、军心动摇，东王杨秀清亲自出面重做承诺，答应在打到"天堂"北京后定让军民家人团聚。

分男馆、女馆的理论依据是"禁奸淫"。禁奸淫并非太平天国的创造，不但中国文化传统、基督教义，就连土匪帮规中都会有这一条。然而只有太平天国极端到禁绝正当夫妻生活。洪秀全《原道救世歌》中说"第一不正淫为首,人变为妖天最嗔","淫"则变"妖",太平天国对"妖"的处罚极为严厉。洪秀全后又仿摩西《十诫》,制定十款《天条》,第七天条即"不好奸邪淫乱",将奸淫作为"最大犯天条","邪淫最是恶之魁"。《天父诗》中强调"那样犯倒或得赦,单单条七罪滔天",《天命诏旨书》中明确规定"如有犯第七条者,一经查出,立即严拿,斩首示众,法无宽赦",在《禁律》五十九条之中,也有数条关涉犯禁处置办法,如"凡犯第七天条,如系老弟兄,定点天灯,新弟兄斩首示众",甚至"凡夫妻私犯天条者男女皆斩",将正当的男女性关系也归入"淫"的范畴,以屠杀手段禁绝男女性关系包括婚内性关系,令人发指。

杨秀清在《劝告天京人民诰谕》中,以其特色逻辑,解释天京民众被"荡我家资,离我骨肉,财物为之一空,妻孥忽然尽散"的合理性,即太平军攻占江宁城时,没有屠城。他以为"往古来今更换朝代"是"无不斩杀殆尽"的,太平军进江宁,虽然满族老幼四万余人被屠尽,汉族男女十万余人被"自杀",确实没有斩尽杀绝,故而幸存者都要"认实天父天兄生养之恩",以太平天国为重生父母,哪还能计较财产损失、奢望正常的人间生活。

太平军将士因此怨恨日甚一日,由"天父"在此事上的言而无信疑及其他,至有高级将领叛逃。杨秀清不得不改变方针,两年以后允许解散女馆,准许老兄弟、姊妹夫妻团圆,对未成家将士配给"妻子"。天京城中设置官媒,将女馆中十五至五十岁女子分配给功臣、将士,按其职位,或得十余人,或得数人,或得一人。由官媒抽签指婚,发给"龙凤合挥"(即结婚证书)并举行"结婚"仪式。据说职位较高者有机会挑选姿容佳美的女性,士兵只能听天由命,结果有老兵配少女的,也有小兵配老妇的,女馆为之一空。现存两张太平天国"合挥",正是太平军士兵与当地妇女"结婚"的证书。至于这些女性是否愿意"配"给"革命功臣",自无人会问。太平天国有"凡天下婚姻不论财"的口号,实则从买卖式婚姻退向了掳掠式婚姻。掳掠对象甚至包括支持太平天国的外籍女子,如坚决支持太平天国的英国人呤唎,其未婚妻玛丽在苏州就为赞王蒙得恩世子蒙时雍所垂涎,"尝两次欲强掳之",呤唎不得不带着她避往杭州,"冀免惹祸"。

男馆、女馆解散后,居民仍无法恢复正常生活,因城中禁止经商,基本生活资料都无来源。后因供给制难以维持，才允许在天国指定的城外六处"买卖街"进行商贸交易：都城太平门、聚宝门、神策门外，外郭驯象门、江东门、栅栏门外。因网点太少，路途过远，货物缺乏，仍极为不便。太平军遂令老兵出城购物，在北门桥设市，转卖给城内居民。居民有愿从商的，可向官方领取执照和资本，开设专业小店，称"天朝某店"，"本利皆归天王，不许百姓使用"，更不得擅自经营。致城中居民极端贫困，无以为生。

南京传统手工业多因此而衰亡，最典型的是城市经济支柱产业云锦织造。据《南京云锦史》载，道光年间，"城厢内外各类丝织机台总数已达五万多台。机杼之声，比户相闻，是为南京丝织生产发展的鼎盛时期，也是南京丝织生产有史以来的最高峰"。太平军入城，"殷实机户大多流寓外地，躲避战火"，加上战乱毁坏大量织机，云锦业"元气挫伤，生产规模大不如前"，到光绪六年（1880年），即恢复十六年后，仅得织机六百台，年产值三十余万两，不及战前十分之一。

张继庚和同志们

太平天国在天京的倒行逆施激起了城中工匠和学人文士的强烈反抗。其中影响最大的，是江宁廪生张继庚谋为内应一事，李滨《中兴别记》中对此事有详细记述。太平军在上新河设买卖街后，清军常派间谍混入侦探敌情。张继庚与邻居回民宛正龙及友人金树本、高鸣鹤辗转传递情报达三十六次。清军江南大营主帅向荣嘱他暗为内应。宛正龙住水西门，动员机、木、瓦三匠营参与，又策反水西门守门官广西钱某加入。张继庚送密信和地图给向荣，请求发给免死牌和功牌。江南大营时在孝陵卫一带，向荣以为水西门过远，必须西、北水陆两路并进。张继庚与混入机匠营任总制的江宁监生吴长松合谋，策反了太平门守将广东人陈桂堂总制，陈桂堂联络道旁一营兵，又伪托东王令召集玄武湖渔船以备渡军。北路由吴长松负责，西路由宛正龙负责，计划官军伪装商人进入上新河买卖街一千人，沙洲圩农舍中隐藏二千人，以柴草船混入西水关五百人，在高家巷架浮桥由莫愁湖进军二千人。水西门守将钱某则以水湿火药、盐塞炮眼，破坏防御。从咸丰三年（1853年）五月筹谋到十月，约定十月十五日里应外合。不料清军竟未行动。张继庚再与之通信息，改约十一月初一，清军又失约。

张继庚冒险潜入江南大营与向荣面商，改约十四日夜间。向荣提出最好能打开朝阳门，恰逢陈桂堂调守朝阳门，机会万分难得，陈桂堂又邀约了湖南张沛泽。张继庚再赴江南大营与向荣定策，哪知十四日夜间大雨无法行动。接着陈桂堂调迁，朝阳门守将易人，而张沛泽谋事不秘，消息泄露，竟向杨秀清举报主谋叶知发，即张继庚的化名。杨秀清搜捕未获。张继庚继续招募壮士组织敢死队，计划强夺神策门接应清军。他听说门东周某手下有武士二百人，咸丰四年（1854年）二月十三前往劝说其参与起义，周某感动应约。意外的是他夜归时路遇张沛泽，被捕入天牢。

同谋何师孟急赴江南大营，商定二十二日行动，清将田玉梅等八人混入城中支援。当夜刘隆舒、李克勤、张士义等率五十七壮士谋夺神策门，不料太平军当天加强了防御，在门内增设木栅，环以巨链，刀砍不断，火烧不及。尽管清军在城外发起进攻，最终未能破门，只得退走。太平军严搜内应，被捕杀者一百三十九人，刘隆舒、朱硕龄被剖腹挖心，但没有一个人供出主谋张继庚。

张继庚受酷刑十九次，不吐一言。韦昌辉命降清的庐州知府胡元炜审讯。张继庚故意说："今欣遇大公祖推问，敢不吐实。内应，危事也，江南人脆弱，大公祖所知者，谁肯为之？我知为者皆粤中老兄弟，我固一死，累之何为。"胡元炜大喜，追问人名，张继庚"默记悍首，历数三十有五人，伪掌书立案侧，执简备录。继庚曰，尚不止此，容忆及，再尽言。韦贼立报杨贼，掩捕骈诛，继悟被诳，遂不再问"。杨秀清意识到上当，三月初六杀张继庚于小教场，时年三十六岁。

据王东培说，张继庚家在汉西门柏果树。20世纪50年代尚存的两棵高大白果树，就是张家房后的。

参与张继庚之谋的文士，见于文献的，有监生朱硕龄、陈大绅、金敦复，廪生谢学元、周葆濂、萧保安，附生金和、贾钟麟、何师孟、李钧祥、柳之麒、李克勤、侯敦诗，秀才孙文川、夏家铣，文童王琮璧，以及往来传递消息、信物的胡恩燮等，不乏金陵文坛的佼佼者。张继庚被捕后，以工匠为主体的敢死队仍坚持行动，不惜性命相搏，慨然就死，可见其感召力。近世江南民风绵弱，江南文人更被视为温良恭顺的典范，可是面对太平天国的统治，他们却纷起铤而走险，这未必是张继庚"妖言惑众"所能奏效的。

活下来的人中，金和不容忽视。他与张继庚一样，是这一事件的主谋。一则张继庚是他妻子的堂弟，二人先各有所为，后以至亲而合谋。二则张继庚在城中组织民众，金和则伺机出城与清军联络，并以自身为人质，求取清军信任，可谓责任均等。他自咸丰三年（1853年）五月初九出城，急赴清军大营求见大员，然而不被信任，痛苦无处言说，尽付以诗。在《自十六日至十九日历谒钦差大臣向荣、抚部许乃钊、提督和春诸营，退而感赋四首》中，他一再申说，"巧迟拙速关全局，不但南民望眼穿"，"腹真不负恒遗矢，胆若能飞早去身"，面对清军一再失约只能哀叹：

> 此行夺命出危城，敢谓书生解用兵。
> 只觉戴天难忍痛，况知撼海尽虚声。
> 解悬但愿家全活，借箸休疑事近名。
> 舌敝唇焦无是处，酒悲赢得泪纵横。

《清史稿·张继庚传》中说夺神策门一役，金和是城中领头人。

张继庚事败被捕，历尽酷刑被杀，后得清廷表彰，赐恤建祠。金和从不以此自炫。他的《江宁死事诗十四首》，最后一首写的就是"诸生张君继庚"，诗前有近五百字的序，详细记载了张继庚谋为内应的经过。城外清军迟疑观望，一再失约。身在清营中的金和失望之余，设计救出困在城中的母亲后避难他乡，并劝张继庚暂缓行动。诗序中完全没有提到自己的作为。谭献因早听说"金陵义士翻城之盟"，在光绪初年向金和问起，金和也是"戁额不欲尽其辞"。金和的外曾祖父是吴敬梓的堂兄，他曾为《儒林外史》作跋，其诗作的讽刺风格当亦受此书启发。梁启超读金和诗集，大为欣赏：

> 觉其格律无一不轨于古，而意境气象魄力，求诸有清一代，未睹其偶，比诸远古，不名一家，而亦非一家之境界所能域也。呜呼，得此而清之诗史为不寥寂也已。

陈作霖《金陵通传》中，记上元秀才孙文川在太平军进城后，先设计把母亲送出城外，"复与张继庚谋翻城、应外兵"。孙文川扮成乞丐，脚穿草鞋，手提破筐，时值寒冬，顶风冒雪，奔走在城郊太平军防地附近，侦察到军事情报，就设法报告清军，使清军得了不少便宜。孙文川《读雪斋诗集》中有《张烈士行》，是记述张继庚事迹的重要作品，诗前小序道：

粤寇犯金陵，张炳垣茂才继庚陷贼中，上书大帅向公，请为内应。事泄，乃引贼党中之最黠最悍者数十名，诬以同谋，贼尽杀之。炳垣亦被害。时咸丰四年三月六日也。

他与金和惺惺相惜，时有唱和。孙文川诗中多记录百姓苦难：
生前久已非人境，死后还应胜活时。
三尺锦绷成故鬼，半扉白板送新尸。

烽烟遍江介，十家九分离。
多少娇养儿，白骨横沙泥。

黄旗一竿来贼伙，搜粟摸金橐囊裹。
临行一炬村为墟，焦土红干黑煤堕。

野菜不生草根死，儿涕女泣同啾啾。
凄凉辗转向沟壑，掘得山泥细堪嚼。
呼泥作粉强自欢，云是观音救人活。

又有"兵戈扰攘天旱乾，盎盎余粮贼搜去"。用他自己的诗形容，可谓"一字一奇态，无诗无哭声"。后孙文川为曾国藩、李鸿章等处理对外交涉事宜，颇有成绩。20世纪以来，对于太平天国的评价，几乎完全一边倒。然而"兼听则明，偏听则暗"，读一读金和、孙文川等人的诗，也就可以明白，当时天京文化人对太平天国的同仇敌忾，不能说没有道理。

还有一位胡恩燮。太平军破城之际，胡家有十一口人殉节死难。他先混入钓鱼台旗帜馆，暗中侦探情报，后伺机出城投奔江南大营，任职抚恤局。因其是吴长松旧交，作为清军联络人，潜入上新河买卖街设点接应情报，同时设法将陷身城中的母亲救出城外。神策门激战，他随清军在城外亲历了夺门的失败。太平天国败亡，胡恩燮因功保举知府，曾主持徐州开发利国煤矿，光绪年间在门西建愚园，今人仍呼为胡家花园。

天京事变

天朝宫殿中因无太监可用，一切服役都用女性，女官及女性工役多达数千人，也都是天王的性奴隶。得"恩承雨露"并特邀宠爱者可以成为"上帝媳"，都称为"娘娘"，天王皆称其为"妻"，都要举行正式的结婚仪式，以表示未违犯"不好奸邪淫乱"的"第七天条"。

天朝后宫管理极其严格。早在从武昌进军南京途中，洪秀全就有《严别男女整肃后宫诏》，"后宫面永不准臣下见"，"臣下有敢起眼窥看后宫面者，斩不赦也。后宫声永不准臣下传，臣下、女官有敢传后宫言语出外者，斩不赦也"。以杀无赦来保证洪秀全对于后宫女性的绝对占有。

据罗尔纲考证，天王有妃子八十八个。因为洪秀全自称在天堂有一位"正月宫"，所以他的原配夫人、幼天王洪天贵福的生母赖氏，只能屈居"又正月宫"，但在后宫中地位最高，其下是"副月宫"和"两十宫"，再下就是一般的"娘娘"了。"天下多女子，尽是姊妹之群"，娘娘们互为"姊妹"，身份同样高贵，地位平等，然而也一样会争风吃醋，嫉妒争斗。

对于娘娘们的管束教导，费了洪秀全不少心思。咸丰七年（1857您）作为太平天国正式文件颁行的《天父诗》（亦名《天父圣旨》）五百首中，自第十一首以后，都是假托"天父"以训诫宫中妇女的，十分之九是洪秀全的创作。从国母赖氏到众娘娘到执事女官，尽在受训诫之列。为使文化程度不高的女性能够领会，"天父"的诗句鄙俗浅白，可谓循循善诱。

洪秀全生性暴躁，动辄发怒，对众娘娘责骂打踢，横加鞭笞，贬入冷宫，都是常事。贵为娘娘者竟有受不了洪秀全虐待而逃跑的。杨秀清不止一次假托天父下凡予以劝诫。《天父诗》第二十四首："一眼看见心花开，大福娘娘天上来。一眼看见心火起，薄福娘娘该打死。大福薄福自家求，各人放醒落力修。"娘娘们的"大福"与"薄福"，完全取决于洪秀全的个人感受。《天父诗》第十七、十八首，即所谓"十该打"：

服事不虔诚，一该打；硬颈不听教，二该打；起眼看丈夫，三该打；问王不虔诚，四该打；躁气不纯静，五该打；讲话极大声，六该打；有唤不应声，七该打；面情不欢喜，八该打；眼左望右望，九该打；讲话不悠然，十该打。

第三百八十七首又说："只有媳错无爷错，只有婶错无哥错，只有人错无天错，只有臣错无主错。"在《幼学诗》中也有专论"妻道"的："妻道在三从，无违尔夫主。牝鸡若司晨，自求家道苦。"依然是儒家礼教"三从"。主张太平天国"尊重妇女"的专家，都应该认真学习这些货真价实的太平天国文献。

胆敢违犯教诲者，《天父诗》中明确宣示处置手段："手不顾主该斩手，头不顾主该斩头。些不顾主些变妖，周身顾主福已求"，"喙邪变妖喙该割，不割妖喙凡不脱。割去妖喙得升天，永居高天无饥渴"，"心邪变妖心该刲，不刲妖心发大麻。刲去妖心得升天，心净有福见爷妈"。此外还有"眼该挖""耳该切""手该断""脚该斩"之类，直到五马分尸。凡此种种，都是为了保证洪秀全的"安乐"，《天父诗》第二百六十六首说得直白：

这个又冲，那个又冲，尔主那得安乐在宫中？这个不然，那个不然，尔主那得安乐在高天？这个又赦，那个又赦，尔主那得安乐管天下？这个又饶，那个又饶，尔主那得安乐坐天朝？

某些专家喜谈太平天国主张"男女平等"、推行"妇女解放"，甚至断言"这样广大彻底的妇女解放运动"，"是人类史上最先进的妇女解放运动"（罗尔纲《太平天国史事考》）。然而，单靠一个虚构出来的女状元傅善祥，显然是支撑不起这一论断的。

洪秀全的绝对权威，在后宫中毋庸置疑。然而在天国朝廷上遇到了对手。仗着天父附体下凡特权，东王杨秀清屡屡让洪秀全跪伏在他面前听受诫惩。洪秀全呕心沥血于后宫秩序之际，杨秀清指挥太平军先后打破了清军江北、江南大营，解除了天京近在肘腋的围城之患。然而一场断送天国前途的危机已在酝酿之中。

《李秀成自述》中记载：

东王自己威风张扬，不知自忌，一朝之大，是首一人。……东、北、翼三人不和，北、翼二人同心，一怒于东，后被北王将东王杀害。原是北王与翼王密议，独杀东王一人，……杀其兄弟三人，原清、辅清而已，除此之外，俱不得多杀。后北王杀东王之后，尽将东王统下亲戚、属员、文武、大小男妇尽行杀净，是以翼王怒之。

东王府被北王韦昌辉纵火焚毁，建筑大部化为灰烬，仅残留少量属官衙署。后翼王回京，北王又欲杀翼王，翼王得信逃出天京。"北王将翼王全家杀了"。为防翼王以大报恩寺琉璃塔作为攻城的制高点，韦昌辉命人用火药将塔炸毁。"北王在朝，不分清白，乱杀文武大小男女，势逼太甚，各众内外，并合朝同心将北王杀之，人心乃定"。翼王回京辅政，又遭天王猜忌，"专用安、福两王"，即洪秀全的两个哥哥洪仁发、洪仁达。"主用二人，朝中之人甚有不说之心。此人又无才情，又无算计，一味古执，认实天情，与我天王一样之意见不差，押制翼王"，终于将石达开逼得远走四川。

"太平时，王杀王。"天京事变是南京历史上又一次惨烈的大屠杀，使太平天国失去了全部重要的政治领袖。以如此极端手段清除共同举义的"老兄弟"，充分暴露了这一组织的本质。在某种意义上说，太平天国正是随着大报恩寺塔的轰然坍塌而走向崩溃。

天京事变之后，洪秀全大权独揽，一度停止封王。咸丰九年（1859年）三月，其族弟洪仁玕到天京，即封为干王，据江宁县署扩建为干王府。此举引起征战多年的部属不满，洪秀全遂大肆封王，到天朝末期竟封出二千七百多王。各王纷纷建造王府，以至天京城内触目皆王府。为建王府，滥拆城内各种建筑，民不聊生，而历代文物古迹亦破坏殆尽。

《李秀成自述》中说，他在同治二年（1863年）十一月回天京，"京城穷家男妇俱向我求，我亦无法"，报告洪秀全，洪秀全让全城人食"甜露"为生。"天王在其宫中阔地自寻，将百草之类，制作一团，送出宫来，要阖朝依行毋违，降照饬众遵行"，"城中穷家男女数万余人，缠我救其命"。因在当年七八月间，李秀成手中还掌握有银钱和粮食，可以救济城中穷苦官兵与百姓，"开造册者有七万余，穷苦人家各发洋钱廿元，粟米二担"。后李秀成也无粮可放，"不得已，即已强行密令，城中寒家男妇，准出城外逃生"，几个月内，"各门分出足有十三四万之数。不意巡各城门要隘，是洪姓用广东之人，将男妇出城之人，将各所带金银取尽，而害此穷人"；"城内贼盗蜂张，逢夜城内炮声不绝，抢劫杀人，全家杀尽，抢去家内钱财"。民不聊生之状，惨不忍睹。及至湘军破城，城内居民已不到二万人。

传说太平天国在天京城里积聚了大量财富，清廷君臣曾指望能以之弥补国库亏空，结果大失所望，遂有谣言说是被湘军掠走，甚至说曾国藩因此才急于遣散湘军。其实连年征战，大量购买西方军火，早已令太平天国入不敷出。《李秀成自述》中说，同治二年（1863年）七月苏、杭告急，时在天京的李秀成要领军出援，"我主及朝臣要我助饷银十万，方准我行。后不得已，将合家首饰以及银钱交十万"，已经到了勒索出征将领的程度，可见财源枯竭。

天国溃灭之际，"各王殿府馆自焚者十之三，被焚者十之七"。数日之后，城内火光方灭，几成一片瓦砾。第二年来南京代理两江总督的李鸿章慨叹"一座空城,四周荒田","无屋、无人、无钱,管、葛居此亦当束手",管仲、诸葛亮也当束手无策,"似须百年方冀复旧"。太平天国定都南京,对于太平天国固是一件大事,给南京带来的则是一场千年不遇的空前浩劫,六朝建都以来一千六百年文化遗存,明初建城以来五百年和平发展的成就,毁于一旦。

马克思的著作中多次提及太平天国起义,最初曾寄予改变中国的期望。随着对太平天国真相的了解,1862年,马克思在《中国记事》(《马克思恩格斯全集》第十五卷)中对太平天国作了最后的评判:

除了改朝换代以外,没有给自己提出任何任务。他们没有任何口号,给予民众的惊惶比给予旧统治者的惊惶还要厉害。他们的全部使命,好像仅仅是用丑恶万状的破坏来与停滞腐朽对立。这种破坏没有一点建设工作的苗头……显然,太平军就是中国人的幻想所描绘的那个魔鬼的化身。但是,只有在中国才能有这类魔鬼。这类魔鬼是停滞的社会生活的产物。

中国民主革命的先行者孙中山对太平天国也有一个认识变化过程。2005年4月5日《光明日报》刊载金实秋《孙中山和毛泽东论太平天国》一文,说到孙中山在晚清托刘成禺撰《太平天国战史》,作为"吾党宣传排满的好资料",对革命起了一定的推动作用:

1905年以后,孙对太平天国的评价在赞扬的同时,也尖锐地指出其不足。他认为,太平天国"只以驱除鞑虏自任,此外无所转移"(《孙中山选集》上,第65页。以下简称《选集》)。1912年4月,孙于辞去临时大总统之职后在同盟会会员饯别会上又说:"太平天国即纯为民族革命的代表,但只是民族革命,革命后仍不免为专制,此等革命,不能算成功。"(《选集》上,第84页)此时,袁世凯已为临时大总统,北洋军阀专制统治正在实施,孙于此时断言太平天国之革命"不能算成功",是哀其古人,亦痛辛亥革命后"仍不免为专制"之今也。1924年,孙在阐扬三民主义理论时,对太平天国的失败教训又一次进行了认真的总结。他认为,太平天国"不懂外交""不北伐""读书人不赞成""大家想做皇帝",是太平天国失败的重要原因,"他们一班人到了南京之后就互争皇帝、闭起城来自相残杀",则是失败的"最大的原因"(《孙中山全集》第九卷第269页)。

他深刻地指出:"太平天国就是我们的前车之鉴。"

孙中山在《民报》发表《哀太平天国》一文中明确指出："洪氏之覆亡，知有民族而不知有民权，知有君主而不知有民主。此曾国藩诸人所以得奏满清中兴之绩也。"

第三节

中兴与更新

浴火重生

　　从清王朝的意义上讨论"同治中兴",是一个复杂的命题,不但评价褒贬不一,连厘清这个概念的内涵都有一定难度。不过,就南京而言,可以清楚地看到,同治、光绪年间的城市浴火重生,不仅以文化与经济的振兴引领中国南方的恢复,在为清王朝续命中发挥了重要的支撑作用,更像是凤凰涅槃,在本土洋务运动和开埠外资引进的双重推动下,千年古都迅速向近现代城市演化,为未来中国的新都,奠定了物质与思想的坚实基础。这一阶段虽然不足五十年,实为清代南京城市发展中最为重要的一个阶段,也是两千五百年南京历史中最为重要的阶段之一。

　　南京又一次显示了顽强的生命力或者说再生能力。在中华文明史上,南京一再显示这一特质,政治地位虽有起伏,但古都遗址犹存,经济特别是文化脉络从未断绝。更值得注意的是,南京的每一次复兴,其意义远不止于一座城市的复兴,而且为中华民族、中华文明的复兴,提供一个坚实的基地。

　　引领这一变革的,正是经世学派"总其成"的后期领袖、消灭太平天国的领军人物曾国藩及其部属李鸿章、左宗棠、刘坤一、沈葆桢、曾国荃,以及后起的张之洞、端方等历任两江总督。曾国藩、李鸿章、左宗棠、张之洞并称"中兴四大名臣",而南京,正是他们崛起的重要舞台。

　　同治三年(1864年)六月十五,曾国藩指挥湘军收复江宁。清廷即行褒功,加曾国藩太子太傅,封一等毅勇侯,赏双眼花翎。自清代立国以来,文臣封侯,这是破天荒。曾国藩进入江宁城后,便下令攻占江宁的曾国荃属下湘军精锐二万五千人退役还乡,随后又宣布其所统领湘军十二万人分期退役,以显示没有政治野心。清廷对汉族官员的信任、倚重由此大增。封疆大吏之中,两江总督职位尤其重要,自曾国藩之后直至清末,实任者几乎全是汉人,且多属洋务派骨干,南京的洋务定策得以持续不变,成为最成功的洋务运动实验场。

咸丰十年(1860年)曾国藩出任两江总督,即承魏源"师夷长技以制夷"主张,提出"师夷智以造炮制船"。他认为与西方合作的良法不是雇用外国军队,而是学习西方技术创办自己的兵工厂。同在这一年,曾师从林则徐、入李鸿章幕府多年的冯桂芬完成《校邠庐抗议》,率先提出"自强"主张,得到曾国藩和李鸿章的欣赏。他指出国人既往所知的世界与当下面临的世界相差甚远,必须如魏源所说"师夷长技以制夷",学习西方科学技术,改革科举制度,在通商口岸开设船坞和兵工厂,自造坚船利炮。他敏锐地指出,第二次鸦片战争后列强与清廷新立和约,稳定的清朝政权有利于他们享受条约特权,中国应该抓住这个时机奋起自强,错失良机将后悔莫及。中国近代的自强运动由此肇端。

咸丰十一年(1861年)曾国荃收复天京上游战略要地安庆,曾国藩在安庆设两江总督署,同治元年(1862年)即在安庆创设内军械所,委徐寿、华蘅芳等试造轮船,三年(1864年)秋安庆内军械所随两江总督署迁江宁,扩建为金陵内军械所,五年(1866年)中国第一艘蒸汽机轮船黄鹄号在江宁正式下水,成功试航。这是曾国藩最初的洋务试水。

江宁收复,在当时人口严重流失、城市严重破坏、资金严重短缺情况下,经济恢复势必是一个艰难而漫长的过程。当年适逢乡试之期,曾国藩决定正常举行江南乡试。太平天国破城之后,咸丰五年(1855年)江南乡试即无从进行,后在咸丰九年(1859年)借浙江贡院补行,咸丰八年(1858年)、十一年江南乡试均未进行。幸而江南贡院破坏不是太严重,明远楼、衡鉴堂、公堂及考棚一万六千多间尚存,考官阅卷场所遭毁,遂即抢修贡院。曾国藩亲自主持重开上新河木市,以保证建设所需木料供应。历时三月,贡院修复竣工,报请朝廷派主考官南来,在十一月开考,且将咸丰八年乡试在当年合并进行,即名额增加一倍。虽然战乱尚未完全平息,前来应考士子达一万三千余人,取中正榜二百七十三人,副榜四十八人。

江南乡试正常举行,一则是对太平天国覆亡、江南社会秩序恢复的一种昭示,一则使广大读书人看到前途与希望,安定天下人心,一则数以万计士人齐聚江宁，自是极好的商机，吸引各地商贾云集，也大大促进了市场经济的繁荣。南京两大支柱产业，云锦业一蹶不振，科举服务行业则得以迅速恢复。原成贤街江宁府学因被太平天国作为宰夫衙，血腥污秽，遂改在朝天宫东侧新建江宁府学，上元、江宁两县学在旧址重建，钟山书院、凤池书院、惜阴书院、尊经书院亦相继恢复。同治十年（1871年）在龙蟠里惜阴书院设劝学官书局，是南京最早的学生图书馆。

太平天国推行严格的文化禁制，将诸子百家之书尽贬为妖书，读者、藏者皆死罪，南京出版业遭灭顶之灾。马寿龄《金陵癸甲新乐府》中有《禁妖书》：

尔本不读书，书于尔何辜。尔本不识孔与孟，孔孟于尔亦何病？搜得藏书论担挑，行过厕溷随手抛。抛之不及以火烧，烧之不及以水浇。读者斩，收者斩，买者卖者一同斩。书苟满家法必犯，昔用撑肠今破胆。

江南文物典籍损毁殆尽。为尽快改变读书人无书可读的局面，以重建被摧毁的儒学正统与价值观，曾国藩在安庆已开办书局，刊印《王船山遗书》。据韦力《寻访官书局·金陵书局》考证，此书局亦随两江总督署迁至江宁，初设铁作坊太平天国慕王府址，同治五年（1866年）冶山东麓新建江宁府学落成，次年春书局迁冶山飞霞阁，刊印《十三经》等儒学经典，同时也刊印《几何原本》《重学》《圆曲线说》等科学著作，主持校刊者皆饱学之士。同治四年（1865年）四月，曾国藩调直隶总督，李鸿章续任，所刊《周易本义》牌记标示"同治四年金陵书局开雕"，大约是金陵书局得名之始。书局人员薪水一直是曾国藩、李鸿章私人支付。同治七年（1868年）七月，曾国藩再调任直隶总督，交代继任马新贻的信中提到书局"此后视为一件官事"，马新贻任命了书局提调，拨银五千两作为书局经费，此后金陵书局才成为"官书局"。金陵书局的形式很快被各省仿效，而它规模影响之大、出版质量之高，无疑是官书局系统中的第一品牌。同治九年（1870年）八月，马新贻被张汶祥刺杀，曾国藩再回两江总督任，组织了金陵书局最大的一项刻书工程，与浙江官书局、江苏官书局、湖北官书局、淮南书局合刻《二十四史》，金陵书局独力承担了其中的前十四史，可见实力之强。据统计，金陵书局前后刊印书籍近八十种。

他们也意识到，单凭旧学不足以维持王朝统治。同治十年（1871年）秋，曾国藩与李鸿章联名会奏《拟选子弟出洋学艺折》，建议派遣少年留学生出国留学。次年春曾国藩又领衔上奏，促请此事，并提议在美国设立中国留学生事务所，推荐陈兰彬、容闳为正、副委员常驻美国管理留学生事宜。在上海设立幼童出洋肄业局，荐举刘翰清总理沪局选送事宜。这可算曾国藩生前办成的最后一件洋务大事。同治十一年（1872年）二月初四，曾国藩午后在两江总督署西花园散步，突发脚麻，其子曾纪泽扶他回书房，静坐片时即逝世。灵柩后运回长沙安葬。

洋务运动的实验场

江宁城中社会秩序逐渐恢复，同治年间，各级官署先后在原址重建，并修葺明孝陵，设江宁府属七县招垦局，垦种无主荒田，保障粮食供给。同时募工填平太平军在城内、外所挖壕沟，修补城墙，连年多次疏浚秦淮河及城内各水道，重建要道桥梁，修筑南北道路，疏通各街道水沟。光绪三年（1877年），以工代赈，疏浚玄武湖，修筑沿湖堤坝，提升蓄水功能。

战乱期间逃亡人口陆续回归故里，重建家园。据统计，战前南京人口曾达到九十万，安定后仅有二十七万人。城内建筑多遭兵火之劫，所幸空间格局未变，街巷尺度有迹可循。居民沿街或沿河重建居宅，数年之间，大致恢复了旧时城市肌理和街区面貌，道路也多沿用原名。

《同治上江两县志》卷五载，战乱后"图牒散佚，乡制仅存，坊、厢诸名，浸就湮没。今之甲，古之坊也"，此前的坊、厢、图编制已无从查考，遂改编为保甲制，十户为一牌，十牌为一甲，十甲为一保。居民区仍限于原金陵城范围，划为东北、西北、东南、西南四区，可视为现代城市分区的滥觞。东北十八甲，西北二十九甲，东南二十六甲，西南四十九甲，仍如战前南密北疏、西密东疏格局。驻防城内不列甲。城外通济门厢、石城门厢不列甲，聚宝门厢九甲，三山门厢七甲，仪凤门厢八甲。

这样的复兴过程，在每一个劫后重生的城市都可能出现。延续两千年的旧套路，完全可以被当作一种客观规律。然而，南京这一次大劫难后的大恢复没有局限于简单的老城重建，而是在恢复社会基本生活秩序的同时，走出了一条新路，在引进新兴工业、实施新式教育、建设新型城市等方面，都能得风气之先，现代工业、铁路、电力、邮电、学校、博览会、图书馆等相继在南京出现，城市发展进入了一个崭新阶段。

这源于中国近代史上一度面目模糊的洋务运动。

肇始于道光年间的洋务运动，是中国近代谋求自强、改革开放的尝试，因太平天国战乱一度中断。太平天国虽告灭亡，内忧外患交逼的形势依然严峻，有识之士清醒看到中华民族正面临"数千年来未有之大变局"（李鸿章语），不能不探索新路以应对。

同治四年（1865年）四月，李鸿章以江苏巡抚接任两江总督，将他在苏州创设的洋炮局连同技术、管理人员都带到江宁，扩建为金陵制造局，是南京第一座现代兵工厂。当年八月建造厂房，次年竣工投产。该厂年经费白银十万两，"购机器于外洋，募洋匠为师，督诸匠制造炮位、门火、车轮盘架、药弹箱具、开花炮弹、洋枪、抬枪、铜帽等项"，厂房"皆仿外洋之式营造"。同治九年（1870年）添造铁炉房、汽炉房，十一年（1872年）后又添造翻砂车间、枪子机器厂、水雷局等。十三年（1874年）夏日军侵略台湾事件发生，福建船政大臣沈葆桢率军入台，迫使日军退出台湾。清廷为应对战事，在江宁乌龙山新建机器局生产军火，后并入金陵制造局。光绪七年（1881年）在金陵制造局内建江南官电局，下辖两江总督署分局、下关分局等，是南京最早的发电厂。同年在通济门外七里街附近建金陵制造洋火药局，以补上海江南制造局之不足，十年（1884年）竣工，进口英国全套机器，年产量一千磅，次年即扩建，年产量增至三千五百磅，并疏浚附近河道以利运输。十三年（1887年）金陵制造局造出有轮可移动后膛钢炮一尊，还试制过马克沁机关枪，都是当时的新式武器。历经扩充，金陵制造局成为全国四大兵工厂之一。

同治五年（1866年）清廷加授两江总督李鸿章为南洋通商大臣，是直隶于皇帝的钦差大臣，兼管五口通商事务，除负责外交、通商外，还主办练兵、防务、工业、交通、教育等新政，统称洋务，被视为当时国家最重要的事务。此后两江总督皆授南洋通商大臣，与北洋大臣相比肩，集军政、监督、财经、贸易、外交大权于一身的两江总督，相当于掌控着清廷的半壁江山。同年设两江洋务局于江宁土街口（今中山东路、洪武路），设洋务分局于下关，负责与通商各国往来及交涉事件。十三年（1874年）又设江宁洋务局于碑亭巷。

李鸿章在同治元年（1862年）担任江苏巡抚，就面临与在上海西方人的交涉问题。主持外交事务的恭亲王奕䜣委托海关总税务司李泰国代清廷购买军舰，时在英国休假的李泰国买下七艘军舰，擅自与英国皇家海军舰长阿思本签订合同,任命阿思本为舰队总司令,且只听命于李泰国一人,以图掌握中国海军兵权。同治二年(1863年)春舰队抵达上海,恭亲王告知李泰国,其官职是统带舰队中外国人的副管带,须听命于舰队活动地区的总督与巡抚。李泰国拒不接受,暗示他可以把军舰卖给太平军作为要挟。时上海在数十万太平军包围之中,美国人白齐文指挥的常胜军也与李泰国相呼应,形势十分微妙。两江总督曾国藩认为这样一支难以控制的洋人舰队对中国并无好处,李鸿章知孙文川熟悉中外通商事宜,在李泰国去北京催恭亲王批准李阿合同之前,派孙文川抢先进京,说明李泰国的图谋和时局利害。清廷得以先发制人,付酬解聘阿思本,解散英国舰队,后照会英国公使,免去李泰国总税务司的职务,使这场危机得到妥善解决。

同治六年(1867年),清廷因与西方各国"十年修约"之期已近,让各通商口岸大员提供意见。曾国藩再次派孙文川入都,汇报他所掌握的英方弱点,使英国人在修订条约之事上没有捞到更多好处。孙文川以功保举知县,升同知。后来他被两江总督沈葆桢延入幕府,在处理中法教案上,既保护了中国民众,又平息了一场外交纠纷,被保荐为知府。孙文川以母亲年老,不愿外出为官,仍在家乡做幕僚,"但祝诸公画麟阁,我归甘作旧书生"。

光绪年间,南京现代交通、通讯及民用工业都有开创局面。光绪八年(1882年),津沪电报总局设江宁电报局供民用。同年,南京第一座轮船码头在下关江边建成,轮船直接停泊江岸,乘客可以安全上下。此前轮船只能近岸停泊,用小木船将乘客转驳上岸。因转驳船不慎翻沉,赴江南贡院乡试考生淹死多人,当地士绅数十人联名上书两江总督左宗棠,要求建造码头。十六年(1890年)南京首家客运马车修造行贤泰公司成立,位于保泰街东,后在糖坊桥、浮桥、延龄巷、丹凤街和丰富巷等处也出现新修造行,至清末南京已有车行十八家、四十余辆马车为乘客提供服务。

光绪二十年(1894年)南京首家民营工厂胜昌机器厂在下关建成开业,主营修理船舶和动力机械。此后泰记和茂工厂、金陵机器火砖厂、咸阳火柴厂、亨耀电灯厂、杨永兴机器厂等如雨后春笋,规模虽不算大,但是最早一批具有资本主义性质的企业。其时南京已有产业工人一千多人。

光绪二十一年（1895年），张之洞提出修筑沪宁铁路设想，以铁路为国家"气脉"，对农、工、商业发展都有利。次年得清廷批准，因资金困难，采取分段筹筑办法，清廷拨款白银五十万两，向德国借款二百五十万两，先筑吴淞至上海一段。

西方列强看到中国铁路建设的巨大商机，争相以获取铁路贷款权为手段，以债权人、受托人身份修建和经营中国铁路。英国与清政府签订沪宁铁路借款合同，光绪三十一年（1905年）全线开工，三十四年（1908年）竣工通车。向英、德两国借款修建的津浦铁路于宣统三年（1911年）接轨，北来火车自天津直达浦口，可分节乘轮渡抵达下关，转上沪宁线。长江航运重要港口的下关，又成为铁路南北交通的转运站、中国最重要的交通枢纽之一。

光绪二十六年（1900年），江南官电局设立德律风总汇处，即电话交换所，所址设城南润德里。最初十六个电话用户都是清廷衙署，五年后对商、民开放。二十九年（1903年），为满足大规模建设过程中资金需求和流通、汇划需要，江宁布政使筹办的裕宁官银钱局在评事街开局，后南京钱业公所设于绒庄街。三十年（1904年）设江南商务局于复成桥。宣统元年（1909年），大清银行江宁分行正式开业，行址设珠宝廊卢妃巷口（今白下路、洪武路口）。建邺路、白下路一带成为当时南京商务金融中心。宣统二年（1910年）金陵电灯官厂发电成功，开始供电，该厂选址西华门外，以便就近向江宁将军署和两江总督署供电。

南京的现代开发建设呈现全方位发展之势。

下关开埠

与此同时，西方列强迫使江宁开埠，使城市命运又增加一重变数。

第二次鸦片战争期间，咸丰八年（1858年）六月，俄、美、英、法四国迫使清政府签订《天津条约》，始增开南京为通商口岸。当年冬，英国全权代表额尔金率英舰五艘自上海沿江上溯近千公里，勘察长江沿线贸易口岸，经镇江、江宁、安庆、九江直达汉口。英舰在下关遭太平军误击，惩罚号上一死两伤，额尔金下令反击。洪秀全得知后，将开炮军士斩首，派人追赶英舰到芜湖向英军道歉，称英军入境是"兄弟团圆"，并以他惯用的顺口溜风格写成《赐英使额尔金诏》，说什么"西洋番弟听朕诏，同顶爷哥灭臭虫"，"西洋番弟把心开，替天出力该又该，替爷替哥杀妖魔，报爷生养战胜回"。后双方约定英舰经过前事先告知，免生误会，商船并可进港交易。太平军与英、法的军火交易一直维持到天国后期，购买枪支数以万计。与外商交易尤其购买军火，必须付出真金白银，这当是太平天国财富消耗的一个重要去处。

同治四年（1865年）春，英、法官员来江宁勘察开埠地点，见城内一片废墟，居民流失，通商意义不大，大致指划"狮子山城、河之间"为备用地。随着下关成为新的交通枢纽，往来中外商船日增，同治六年（1867年）两江洋务局在下关设洋务分局，就近处理涉外事务。次年美国旗昌轮船公司率先在下关兴建简易码头一座，时称"洋棚"。为便于管理，清政府于同治十年（1871年）在下关筹建轮船招商局，后买下旗昌轮船洋棚独力经营，改称棚厂（简易码头），是下关最早的招商局码头，并添置大型渡江轮船，开办客运业务。光绪二十一年（1895年）又修建一座公用轮船码头，称接官厅码头，供过往官船及外国轮船停泊，以图抵制英国在下关自建码头的要求。此时年客运量已达十万人。但西方列强仍纷纷在下关沿江私设码头，强占地盘，开办洋行，并排斥中国商人。下关惠民桥一带，英商怡和洋行、太古洋行、日本邮船会社、德商美最时洋行等相继开业，皆自建码头。

太平天国时期离开的各国传教士也纷纷返回南京，建教堂，开医院，办学校，蔚为风气。同治九年（1870年），法国传教士在新街口附近石鼓路建成圣母无染原罪始胎堂，是南京现存时代最早教堂。光绪八年（1882年），北美长老会美国传教士李满在水西门内莫愁路中段租地建成小基督教堂。同年，美国基督教美以美会传教士哈佛格在汉西门内黄泥巷（今黄鹂巷）兴建金陵医院，又名斯密斯纪念医院，次年开业，由传教士比毕主持。这是西方传教士在南京建造的第一所现代医院，医士、护士仅十余人，但持续三十年，至清末累计接诊人数达五十余万人。光绪十年（1884年），基督教北美长老会在汉西门内四根杆子（今莫愁路、石鼓路口）创办明德书院，是南京第一所女子学校。水西门一带原是南京最繁华地区之一，石鼓路是东西交通干道，居民稠密，商铺云集，太平天国时被改建东王府，东王府被烧后成为一片废墟，因而有空间容纳新建筑，是西方传教士早期活动较为集中的地区。

光绪十四年（1888年），美国基督教美以美会传教士傅罗创设汇文书院，十七年（1891年）在鼓楼西南创办基督书院，二十年（1894年），美国圣公会将户部街的一所全日制学校发展为益智书院。光绪三十二年（1906年），益智书院并入基督书院，改称宏育书院，宣统二年（1910年），汇文书院与宏育书院合并为金陵大学堂，校址在汇文书院（今金陵中学）校园内。原汇文书院的中学堂改称金陵大学附属中学，迁设宏育书院原址。1915年金陵大学堂改名金陵大学校，次年迁入干河沿北岸新校址（今南京大学校址），金陵中学仍回汇文书院原址。

光绪十八年（1892年），美国基督教会创办基督医院于鼓楼，次年建成，开始收治病人。因院长是加拿大人马林，俗称马林医院。同年创办贵格医院于汉西门内罗寺转弯（今螺丝转弯）。

光绪二十四年（1898年），法国人盖拉蒂绘制出南京最早的坐标地图《江宁府城图》，准确标示城郭、山川、道路和重要建筑位置，为今人了解清末南京城市面貌，提供了一种可靠的依据。

光绪二十五年（1899年），清廷批准西方列强提出的《修改长江通商章程》，再次将南京列入通商口岸，金陵关宣布开关，南京港正式开放，列强可以在下关永远租借土地，建造码头、行栈，甚至停泊军舰。当时南京出口商品主要是绸缎、天鹅绒、药材、皮革、羊毛、鸭绒及小麦、芝麻，进口商品为棉布、棉线、石油、砂糖以至鸦片，长期处于出超状态。

下关地区原系江滩湿地，低洼潮湿，缺少正规街路，各国领事要求暂在城内租屋居住，商民依约在江岸通商。但在清廷同意后，西方商民也随之进入城内。光绪三十年（1904年），两江总督周馥担心洋人与国民混处，难免发生矛盾，引发外交纠纷，与各国领事明确划定南京口岸界址，将惠民河以西沿长江岸长五里、宽一里左右地带，作为开放口岸，供外国商人开设洋行、建造码头与货栈。同时奏请清廷允准拨款白银十万余两，改善下关居住与交通条件，以便西方商民定居下关。

光绪三十二年（1906年），两江总督组织以工代赈，疏通下关惠民河与三汊河，建造惠民桥，平整地面，修筑、拓宽多条马路，如太古码头到金陵关的沿江马路，金陵关到惠民桥马路，怡和码头入城马路等，自惠民桥通往今中山北路约一里长的街道，因下关商埠局所在被叫成商埠街，沿街并设置了煤油路灯，市政设施大为改善。清末《秦淮感旧集》中写到城南、城北的变化，颇有趣味："士大夫游宴之所，以秦淮之画舫、妓院之河房为最，番菜馆则有贡院前之金陵春与金陵邮，利涉桥之海国春，中正街之悦宾楼。戏园则有大东桥之升平府，东街之庆升，歌舞楼台，金樽檀板，洵足乐也。迩来下关新开商埠，鼓楼甫设公园，日斜风定，裙屐少年，携三五妖姬，驾言出游，绿杨阴里，宝马香车，常络绎不绝。美景良辰，赏心行乐，前代所不及也。"

光绪三十四年（1908年），为满足交通运输需要，在神策门和金川门之间新辟小北门，俗称四扇门，又在城西外秦淮河沿岸定淮门和清凉门之间开辟草场门。下关地区的城市建设从开始就是一个较高的规格，但下关并非租界，中国商人同样可以进入经营。

南京幸而成为通商口岸中未蒙租界之耻的城市。作为南京对外开放的前沿，下关地区迅速崛起为现代工业、交通与商贸中心，使城市人口增加约十万人。其与城南繁华地区的联系，也就提上了城市建设的日程。

当时鼓楼以北城区仍相当荒凉，道路崎岖难行，时有盗匪出没。光绪二十一年（1895年）修建第一条联系南北的近代道路——江宁马路，以两江总督署为中心，西北穿过碑亭巷、成贤街，经鸡笼山南麓西行过鼓楼冈，循旧年石路出仪凤门至下关，东南经长白街至通济门驻防城边。江宁马路参照上海租界马路技术结构标准修筑，路幅六米至九米，个别路段是木块路面，大部分是砂石路面，能通行马车和黄包车。日本汉学家内藤湖南光绪二十五年（1899年）冬行经江宁马路，有这样的描写：

此马路平整，细柳夹道，树间仅距二三尺，树皆在离根部约三尺处生出树杈。此时已值孟冬，枝叶难免萧疏。不禁想到，若为初春，草木萌生，朦朦嫩绿定会让行人车马意气风发。若巡路者用心修理清扫，持之以恒，单是此处可比拟上海，甚至强过我国帝都了。

宣统二年（1901年）六月，随赴清实业观光团到南京参观南洋劝业会的永井久一郎，经过浓荫夹道的江宁马路，"途上口占一绝：'驱车先占嫩荫凉，得得进城忘路长。远客长怀香帅德，两行官柳抵甘棠。'"（转引自《他者之镜》）将张之洞种植的官柳喻为纪念召伯的甘棠。

下关开埠后城市交通量大增，又将江宁马路扩建，沿途开筑多条支线，分别向贡院、内桥、汉西门等处延伸，路幅略窄于主干道。南京城区的交通状况因此得以改善。

光绪三十三年（1907年），南京仿照杭州办法修筑城中铁路，费白银四十万两，建成宁省铁路约十二公里，宣统元年（1909年）初全线通车，起自下关江边，设江口、下关、三牌楼、无量庵（后改鼓楼）、督署

（后改国府路）、万寿宫（后改中正街、白下路）等六车站。因其线路短、站距近、设施简单，车速较慢，俗称小火车。宣统二年（1901年）南洋劝业会期间增设劝业会站（后改丁家桥站）。宁省铁路线，自金川门入城后，位于江宁马路东侧，两线近者相距一二丈，远者相距五六丈。至鼓楼东转后，仍依江宁马路，时南时北，近珍珠桥才与江宁马路分途。

南京城市建设的总体格局由此发生巨变。自明初建都城五百余年，大规模的城市建设第一次越出城墙之外，迈开了沿江开发的第一步，下关地区作为最早进入现代城市的区域，促进了城北地区的开发与繁荣，也使南京的城市空间成倍增长，经济实力迅速上升，思想文化日趋开放。

杨仁山

晚清五十年间，无数志士仁人，以自己的方式，探索救亡图存、富民强国之路。与同治中兴、变法维新相始终、对晚清思想界产生大影响的南京文化人，首推杨文会。他从大乘佛教中看到了进取精神和救世精神，以刻印、流通经典为基础，进而研究佛教义理和培养人才，以这样的方法，影响佛教界，影响文化界，影响社会民众，实现弘法利生的理想。

杨文会，字仁山，生于道光十七年（1837年），安徽石埭（今属黄山市黄山区）人，出身官宦世家，熟谙经史，自述"幼时喜读奇书，凡道家、兵家以及诸子莫不购置"，且习骑射武术。他精音韵、历算、天文、舆地，对传入中国的西方科学知识、工程技术等也大有兴趣。太平天国乱起，其父杨摛藻领全家数十口辗转避难于安徽、江西、江苏、浙江，屡濒于危，曾组织民团护卫家园，青年杨仁山襄理其事。杨摛藻与曾国藩为同榜进士，咸丰十年（1860年）携子赴祁门入曾国藩幕府，受命督办江西军粮事务。同治二年（1863年）七月杨摛藻去世，次年杨仁山回乡葬父，返安庆时染病，养息中得读《大乘起信论》，深受启迪，从此到处访求佛经，一心向佛。同治四年（1865年）被委"董江宁工程之役"，负责南京重建工作中的廨宇工程。他业务娴熟，经办工程皆坚固省费，人不能及，曾国藩、李鸿章以国士视之。

曾国藩在重振儒学同时，也注意复兴佛教、道教文化，杨仁山公务之余，与友人魏源之子魏耆及同僚王荫福、赵烈文、刘翰清、张守恩、曹耀湘等切磋佛理。其时江南一经难求，佛教徒中认真研读佛经的也不多。杨仁山在王荫福家见到魏源所辑《净土四经》（即《无量寿经》《观无量寿佛经》《阿弥陀经》《普贤行愿品》各一卷），喜出望外，当即募资重刻，是为金陵刻经处印经以弘法、弘法以利生事业之始。魏源虽于咸丰七年（1857年）辞世，其思想仍在影响着南京学界。杨仁山作《重刊净土四经跋》中写道："魏公经世之学，人所共知，而不知其本源心地，净业圆成，乃由体以起用也。"将佛学视为其思想之基础。同治七年（1868年）中秋，杨仁山与杨长年、余治、魏耆、赵烈文等十五位居士发起人公议，在南京北极阁创立金陵刻经处，杨仁山手订《募刻全藏章程》与《金陵刻经处章程》。金陵刻经处融雕版、印刷、流通及佛学研究、佛学教育于一体，是中国近现代佛教文化事业全面复兴的转折点。更重要的是，金陵刻经处汇聚一时文化精英，在中国近代思想史上占有重要地位。

杨仁山得曾国藩赏识，又得其子曾纪泽信用。光绪四年（1878年）他随曾纪泽出使欧洲，历时四年，其间悉心考察英、法政事、教育、军工、银行、印刷及民生各业，研究天文、显微等学科，制作天球、地球图及舆图尺等仪器，以备将来测绘工作之需。归国时他带回了大量科学仪器和图纸。

光绪十一年（1885年）六月，刘瑞芬（芝田）任出使英、俄钦差大臣，接替曾纪泽，力邀杨仁山同行。杨仁山与刘瑞芬同为曾国藩幕僚，情不可却，次年三月再赴英伦。交接过程中，曾纪泽与杨仁山多次长谈。在英国三四年，杨仁山继续考察西方政治、经济、教育、宗教、科学、文化等，深刻认识到列强立国之本，在《等不等观杂录》的多篇文章中都有所阐述。他指出：

斯世竞争，无非学问。欧洲各国政教工商，莫不有学。吾国仿效西法，不从切实处入手，乃徒袭其皮毛。方今上下相蒙，人各自私自利，欲兴国，其可得乎？

刘芝田亦定居南京，其故居在今殷高巷十四号，现为江苏省文物保护单位。

光绪十年（1884年）秋，基督教新教传教士李提摩太到金陵刻经处拜访杨仁山。李提摩太重视了解中国文化传统与风俗习惯，意图用中国人喜闻乐见的方式传教。他与曾国藩、李鸿章、曾纪泽等都有交往，对杨仁山从儒学弟子转为虔诚佛教信徒深感兴趣，希望从中找到某种途径，让更多中国人从儒、佛转向基督。他与杨仁山讨论的重点，便是杨仁山的信仰转变。杨仁山指出儒学对于某些人生重大命题采取回避态度，而佛学解答了这些问题。他坦承《大乘起信论》对他的影响，向李提摩太推荐这部经典，李提摩太在金陵刻经处选购了十几种经书。光绪十七年（1891年），李提摩太与杨仁山在上海再次相遇，约定合译《大乘起信论》为英文，至二十年（1894年）完成。但双方对这个译本都不满意。李提摩太认为《大乘起信论》中某些理念有助于彰显基督教的教义，译为英文，是现代佛教与基督教的一种对话。杨仁山认为李提摩太在翻译中穿凿附会，不无"援佛入耶"之嫌。

光绪二十二年（1896年）六月，谭嗣同以江苏候补知府来南京。时值甲午战败之后，三十年的自强运动并未能使国家强盛，作为维新派的谭嗣同意识到必须进行更深层次的变革，而一时看不到出路，心中苦闷，从杨仁山研究佛学，两人建立深厚友谊。谭嗣同曾写信告诉老师欧阳中鹄："幸有流寓杨文会者，佛学西学，海内有名，时相往还，差足自慰。"

杨仁山于西学亦有造诣，从欧洲带回了大量仪器图纸，"机器图及各种格致之图、各种货物图（兼有农学器具图），约计不下千数百张"，购回天文仪、天文镜、地球仪、地上望远镜、经纬仪等大批仪器。其长子杨自新擅长工程建设，次子杨自超精于仪器制造。谭嗣同对科学仪器也有研究，两人志同道合，决定发起成立金陵测量会。次年二月，两人联络郑孝胥、蒯礼卿、徐乃昌、缪荃孙、刘世珩、茅谦等人，正式组织金陵测量会，会址设杨仁山家中，谭嗣同起草了《金陵测量会章程》。中国近代第一个测量学会由此诞生。《章程》明确规定"此会既为学问起见，尤不应有迎送寒暄种种虚文应酬，方为实事求是"，提倡俭朴求实学风。测量会召集会员观看杨仁山收藏的测量仪器。谭嗣同也为湖南时务学堂订购杨仁山从欧洲带回的教学仪器、机器图纸以及杨氏父子自制的天球、地球仪。杨仁山专门撰写《天球图说》《地球图说》两文，作为相关仪器的使用说明。

金陵测量会不仅积极传播西方自然科学知识，且成为团结维新人士的纽带。如汪康年、梁启超、唐才常等人，虽未直接参加学会，也为学会购买或销售图纸、仪器多方出力。出售仪器收入补充刻经处经费之不足。光绪二十四年（1898年）正月谭嗣同返回湖南家乡前，推荐杨自超赴湖南时务学堂任职。时务学堂正是湖南维新活动的重要阵地，当时的中文总教习就是梁启超。

谭嗣同尊杨仁山为学佛导师。梁启超称谭嗣同为晚清思想界"一彗星",在《清代学术概论》中述其学术思想变化过程：

> 自交梁启超后，其学一变。自从杨文会闻佛法，其学又一变。……其所谓新学之著作，则有《仁学》，亦题曰"台湾人所著书"，盖中多讥切清廷，假台人抒愤也。

在《谭嗣同传》中又说到谭嗣同：

> 做官金陵之一年，日夜冥搜孔、佛之书。金陵有居士杨文会者，博览教乘，熟于佛故，以流通经典为己任，君时时与之游，因得遍窥三藏，所得日益精深。其学术宗旨，大端见于《仁学》一书。

谭嗣同的《仁学》即在南京期间写成。写作过程中，他不时与梁启超见面，共同探讨某些观点。谭嗣同把康有为当作自己的精神导师，两人都借助儒家"仁"的思想，做自己激进的阐释。谭嗣同在《仁学自叙》中大声疾呼：

> 吾将哀号流涕，强聒不舍，以速其冲决网罗。冲决利禄之网罗，冲决俗学若考据若词章之网罗，冲决全球群学群教之网罗。……然既可冲决，自无网罗；真无网罗，乃可言冲决。

梁启超认为，谭嗣同的"冲决网罗"，相当于西人的"打破偶像"：

> 《仁学》之作，欲将科学、哲学、宗教冶为一炉，而更使适于人生之用，真可谓极大胆极辽远之一种计划。此计划，吾不敢谓终于成立之望，然以现在全世界学术进步之大势观之，则以为尚早，况在嗣同当时之中国耶！

他分析谭嗣同的思想基础即是佛教：

> 嗣同幼治算学，颇深造，亦尝尽读所谓格致类之译书，将当时民能有之科学知识，尽量应用。又治佛教之唯识宗、华严宗，用以为思想之基础，而通之以科学，又用今文学家太平、大同之义，以为世法之极轨，而通之于佛教。嗣同之书，盖取资于此三部分，而组织以立己之意见，其驳杂幼稚之论甚多，固无庸讳，其尽脱旧思想之束缚，戛戛独造，则前清一代，未有其比也。

他对谭嗣同的被害极为惋惜：

> 嗣同遇害。年仅三十三。使假以年，则其学将不能测其所至。仅留此一卷，吐万丈光芒，一瞥而逝，而扫荡廓清之力莫与京焉。

谭嗣同在《仁学》中，说到日本明治维新的经验，认为"日本变法之易，亦惟佛教隐为助力，使变动不居，以无胶固执著之见存也"，"善学佛者，未有不震动奋厉而雄强刚猛者也"。大乘佛教积极入世、无我度生的精神为他提供了强大的精神动力。诚如梁启超所指出：

> 语一时代学术之兴替，实不必问其研究之种类，而惟当问其研究之精神。研究精神不谬者，则施诸此种类而可成就，施诸他种类而亦可以成就也。

《仁学》最初由梁启超在日本印行，问世后轰动一时，流传极广。太虚法师在进入祇洹精舍学习前即已读到《仁学》等新学著作，他在《我的宗教经验》中说到，自己"对于谭嗣同的《仁学》，尤极为钦佩。由此转变生起了以佛法救世救人救国救民的悲愿心"。

戊戌变法失败后，谭嗣同、杨锐等戊戌六君子遇害，杨仁山也受到牵连，家中遭到官兵搜查。因杨仁山预先得到消息，有所准备，官兵没有搜到违禁物品，不了了之。其时在清政府上层，亦不乏同情戊戌六君子者。如两江总督张之洞，甲午战争期间，他与得意门生杨锐同游鸡鸣寺，深忧国事。杨锐反复吟诵杜甫《八哀诗·赠秘书监江夏李公邕》中的名句："君臣尚论兵，将帅接燕蓟。朗咏六公篇，忧来豁蒙蔽"。四年后杨锐遇难，光绪二十八年（1902年）张之洞复任两江总督，怀念旧人，提议在鸡鸣寺涵虚阁墟址上建楼，"伐尽丛木，以览江湖"。两年后楼成，张之洞亲题"豁蒙楼"匾并作长跋。梁启超也曾为此楼作楹联："江山重叠争供眼，风雨纵横乱入楼。"

梁启超虽与杨仁山没有直接交往，但来自间接的影响不少。除了谭嗣同，夏曾佑也是一位。夏曾佑光绪二十二年（1896年）与汪康年、梁启超在上海创办《时务报》，宣传变法图存，年底又与严复等在天津办《国闻报》，鼓吹变法维新，往来密切。梁启超曾说："启超屡游京师，渐交当世士大夫，而其讲学最契之友，曰夏曾佑、谭嗣同。……而启超之学，受夏、谭影响亦至巨。"夏曾佑是杨仁山的学佛弟子，至迟在光绪二十六年（1900年）与杨仁山已有书信往来。夏曾佑对佛学亦有精深研究。祇洹精舍聘苏曼殊教授英文，时夏曾佑任两江总督署文案，光绪三十四年（1908年）九月曾去金陵刻经处拜访苏曼殊，讲论佛学，苏曼殊对他深表佩服。宣统二年（1910年）十月成立佛学研究会时，夏曾佑也是发起人之一。

章炳麟《太炎先生自订年谱》中说到他青年时期受夏曾佑、宋恕影响购读佛经，宋恕与杨仁山也有交往。他初时"不甚好"，后"偶得《大乘起信论》，一见心悟，常讽诵之"，其心路历程居然与杨仁山不谋而合。光绪三十四年（1908年），章炳麟与苏曼殊联名发表《儆告十方佛弟子启》及《告宰官白衣启》，剖析佛门败坏之因，强调应加强佛学教育。所以苏曼殊欣然应杨仁山之邀，前往祇洹精舍任教，不辞劳累，致得唾血之疾。同年底苏曼殊去日本养病，与时在日本办《民报》的章炳麟过从甚密。章炳麟原与杨仁山弟子欧阳渐、桂伯华、孙毓筠、蒯寿枢等有交往，而其旧友、同盟会员余同伯正在金陵刻经处随杨仁山学佛。次年春章炳麟写信给余同伯，就学习梵文一事希望得到杨仁山的帮助。杨仁山复信章炳麟，说明祇洹精舍没有适合派往日本习梵文的学员，经费也相当困难。五月里两人又有两次通信，虽因佛学观点不同，未能合作，章炳麟仍视杨仁山为佛学前辈。宣统三年（1911年）杨仁山去世，一个月后，章炳麟与日本佛教界友人南条文雄等共同发起举行了追悼会。

与杨仁山时相往来、研讨佛法的学者名家，尚有沈曾植、陈三立、汪康年等人。光绪三十三年（1907年）春，他得陈三立、沈曾植等学佛同仁襄赞，在金陵刻经处创立僧学堂祇洹精舍。当时陈三立正督办南浔铁路，将所得薪金捐给金陵刻经处，成为办学经费的主要来源。沈曾植、蒯光典、梅光羲、魏允恭、狄楚青等人都曾为办学出资。杨仁山聘谛闲法师任学监并讲天台教观，请李瑞清制定章程。他先后聘苏曼殊、邓秉钧教授英文，李晓暾教授汉文，自任佛学教学，以期培养学兼中西的僧学人才。与其他公、私学校不同的是，祇洹精舍"教习各尽义务，不送修金；虚礼浮文，一概不用"，人人自觉学习，师生平等，不分主客，各尽其心。为借鉴日本举办僧教育的成功经验，杨仁山还通过南条文雄搜集日本佛教各宗大小学校种种章程。

宣统二年（1910年）四月，南洋劝业会在南京举办，海内外商家、游客云集南京，杨仁山设佛经流通所于展馆，又代表宗教界到会发表演说。各界人士有志于佛学者，纷纷赴金陵刻经处交流切磋。梅光羲借机发起成立佛学研究会，成员多为学界名流，如欧阳渐、狄楚青、沈曾植、夏曾佑、陈三立、张尔田、李翊灼等，公推杨仁山为会长，并以佛学研究会作为护持金陵刻经处的组织。杨仁山作《佛学研究会小引》，阐明宗旨。佛学研究会与祇洹精舍一脉相承，不同之处在于，祇洹精舍学员多为僧人，佛学研究会成员则是具有社会影响力的高素质居士，因而带动了全社会的佛学研究风气。

梁启超认为佛学是晚清思想界的"伏流",是对清代沉溺于文字、音韵、训诂之汉学的反动,所以对杨仁山在晚清思想史上的地位给予高度评价,称他为承前启后的代表性人物。在《清代学术概论》中,他分析晚清佛教对新学的影响:

> 清初王夫之颇治相宗,然非其专好。至乾隆时,则有彭绍升、罗有高,笃志信仰。绍升尝与戴震往复辩难(《东原集》)。其后龚自珍受佛学于绍升(《定庵文集》有《知归子赞》。知归子即绍升),晚受菩萨戒。魏源亦然,晚受菩萨戒,易名承贯,著《无量寿经会译》等书。龚、魏为今文学家所推奖,故今文学家多兼治佛学。石埭杨文会,少曾佐曾国藩幕府,复随曾纪泽使英,凤栖心内典,学问博而道行高,晚年息影金陵,专以刻经弘法为事。至宣统三年武汉革命前一日圆寂。文会深通法相、华严两宗,而以净土教学者,学者渐敬信之。谭嗣同从之游一年,本其所得以著《仁学》,尤常鞭策其友梁启超。启超不能深造,顾亦好焉,其所著论,往往推挹佛教。康有为本好言宗教,往往以己意进退佛说。章炳麟亦好法相宗,有著述。故晚清所谓新学家者,殆无一不与佛学有关系,而凡有真信仰者率皈依文会。

杨仁山逝世时,欧阳渐留下了一份《金陵师友录》手稿,列名其门下的有:

> 谭嗣同、桂念祖、黎养正、欧阳渐、李翊灼、梅光羲、蒯寿枢、孙毓筠、章炳麟、梅光远、陈樨庵、陈宜甫、濮伯欣、李世由、狄楚青、欧阳柱、廖世臧、邱晞明、梁启超、太虚、普光、惠敏、仁山。

其中只有后四位是僧人,而不乏名重一时的风云人物。从梁启超时代的"新学家",到辛亥革命时代的革命者,都与金陵刻经处大有因缘。

新文化与新风尚

近现代西风东渐,与传统文化碰撞激荡,南京在经济实业迅速发展的同时,又一次达到文化兴盛的高峰。

光绪十一年(1885年),清廷为发展海军,设立海军衙门。十六年(1890年),两江总督曾国荃经海军衙门批准,在南京创立江南水师学堂,设驾驶、管轮两科,以培养海军人才。校址近挹江门,即今南京中山北路三百四十六号。甲午(1894年)战争中国战败,维新派认识到"风气未开,人才未备,一切新政自无以实行",鼓吹变法要从"振兴教育、培养人才、启迪民智"入手,积极设学会、办学校、开报馆,开办面向社会的公共图书馆。光绪二十二年(1896年),原金陵同文馆改为江南储才学堂,以培养实政人才为目的,校址设仪凤门三牌楼。次年开学,后改为江南高等学堂,为南京第一所高等学堂。同年,张之洞奏准设立江南陆师学堂,以培养军事将领人才,其附设矿路学堂,为铁路、采矿事业培养人才,校址在今中山北路二百八十三号。

这两所学校最有名的学生是鲁迅,他在光绪二十四年(1898年)考入江南水师学堂管轮科就读,因不满该校风气,当年退学考入矿路学堂。学习期间曾赴南京青龙山煤矿实习十余天。光绪二十七年(1901年)以一等第三名毕业,同年由江南督练公所公派赴日本留学。其弟周作人于光绪二十九年(1903年)考入江南水师学堂,毕业时也考取了官费留学日本。南京可以说是他们接受新教育、新文化的起点,也是他们留学日本、走向世界的起点。

庚子(1900年)事变后,清廷在内外交困、民心尽失的局面下,不得不决定变革旧法、推行新政,次年初即两次谕令各省督、抚、学政献计献策。在事变中采取"东南互保"的督抚,尤其是作为核心人物的张之洞、刘坤一积极响应。光绪二十七年(1901年)五月底、六月初,两江总督刘坤一、湖广总督张之洞联名连上三道奏折,史称"江、楚会奏变法三折",第一折论兴学育才,明确提出:"非育才不能图治,非兴学不能育才,非变通文、武两科不能兴学,非游学不能助兴学之不足。"并大致勾勒出小学、中学、大学循序渐进的现代教育雏形,提出兴办师范学堂以解决新式教育所遭遇的师资匮乏瓶颈。同年,刘坤一、张之洞联手创设江楚编译局,聘著名学者刘世珩、缪荃孙、陈作霖、柳诒徵及罗振玉、王国维等翻译、编纂新学教科书,局设江宁白下路祁门会馆。二十八年(1902年)底,张之洞再署两江总督,时仅四个半月,仍以造就人才为当务之急,筹设三江师范学堂,以培养江苏、安徽、江西三省的中小学教师。校址经张之洞选定,在北极阁前原明代国子监旧址。建筑设计参考日本东京帝国大学的蓝图而定,校内建有洋楼五座,有五百四十室的大校舍。三十年(1904年)七月,三江师范学堂正式在进香河畔校舍招生开学,成为华东地区培养师资的重镇。三十一年(1905年)八月,清廷正式宣布废除科举考试。次年六月,三江师范学堂改称两江优级师范学堂,也就是民国中央大学的前身,今天南京大学、东南大学、南京师范大学等多所名校的源头。

稍后，南京文化人在两江总督端方支持下，由著名学者、藏书家缪荃孙主持，在龙蟠里惜阴书院的基础上筹建江南图书馆，以七万余元购下号称晚清四大藏书家之一的钱塘丁氏八千卷楼全部藏书，又用三万多两白银建造起四十四间具有民族风格的藏书楼，光绪三十四年（1908年）奏朝廷获准定名，宣统二年（1910年）八月十八日正式开馆接待读者。江南图书馆是我国最早建馆的现代公共图书馆之一，而规模和影响则是当时最大的。该馆后又购得武昌范氏木樨香馆藏书及宋教仁遗书等，到民国初年藏书已超过十万册。

江南陆师学堂光绪二十七年（1901年）成绩全校第一的毕业生陈琪，能通德、英、日等六门外语，任职两江时受总督刘坤一委派赴日本考察野战演习。后调湖南任武备学堂监督，三十年（1904年）随中国团参加美国圣路易万国博览会，得以游历美、英、法、德、俄、意等十余国，历时一年，回国后著游历记三种。三十一年（1905年）冬，清廷派载泽、戴鸿慈、端方、尚其亨、李盛铎五大臣率团出使西方，考察宪政。深受端方器重的陈琪作为参赞随员，有机会深入考察日、美、英、法、德、奥、丹麦、瑞典、挪威等十国宪政，同时参观了比利时黎业斯博览会、意大利米兰世界博览会等，对世界博览会的作用有较深认识。次年六月归国，九月端方任两江总督，调陈琪总办两江督练公署教练处、江南公园办事处，兼任军事编辑社社长，创办《南洋兵事杂志》，是中国早期军事杂志之一。陈琪积极倡议举办南洋劝业会，端方大力支持，并联络张之洞、袁世凯等。三十四年（1908年）底，端方奏请在江宁开办南洋劝业会。次年清廷允准，派员筹办，并通令各省大商埠成立出品协会事务所。上海设董事会事务所，江宁设坐办事务所，以陈琪为坐办，所址在花牌楼（今太平南路杨公井）。南洋大臣所属各府、州成立物产出品所，各地并成立协赞会进行赞助。南洋群岛的泗水、三宝垄、爪哇、巴达维亚、新加坡等地也纷纷成立出品协会征集展览品。端方调职后，继任张人骏同样给与积极支持，亲任会长，上海巨商虞洽卿任副会长。宣统二年（1910年）四月，南洋劝业会在江宁开幕，堪称中国举办的第一次国际博览会。《申报》曾这样介绍南洋劝业会："若日之东京、大坂，美之圣路易，意之米廊，皆以地方为名，而实含内国与世界性质，本会虽名南洋劝业会，实与全国博览会无殊。"

南洋劝业会主会场设在下关与鼓楼之间，金川河流域的丁家桥、三牌楼一带，面积四十多公顷，二十多座馆舍分门别类，有中式，有西式，有如园林，有如殿宇，异彩纷呈，是南京第一个经过详细规划设计的大型现代建筑群。会场内外附设有马戏场、动物园、植物园、剧场等游艺场所。城内的小火车也因此新增劝业会站，以运输物品，便利交通。会场外另铺设轻便轨道，每小时发小火车绕场一周。各地送来的展品达一百万件。展览持续六个月，吸引中外商旅游客数十万人。时在绍兴府中学堂任教的鲁迅，带领全校二百多学生前来南京参观，使学生得以亲身感受现代科学技术成就。叶圣陶、茅盾、郑逸梅等也都曾随学校前来参观，留下深刻印象。除了常规展览，劝业会还经常邀请各界名人举行演讲。劝业会设立五等奖项，评出五千多件获奖品，出展商品总成交额达数千万银元。南京韩复兴鸭店生产的板鸭获得了一等奖和金质奖章。

为给参会客商和观众提供一个环境优美的游览休憩场所，建造展馆的同时，又在附近城墙开辟丰润门（今玄武门）以通玄武湖。这是玄武湖成为现代公园的肇端。此前曾国藩修建了湖神庙、湖心亭、观音阁、赏荷亭等，左宗棠修筑了连接梁洲的长堤，张人骏扩大绿地面积并修筑翠虹堤，湖中园林楼阁渐多。宣统三年（1911年）玄武湖正式向游人开放，很可能是中国人自己建造的第一个公园。同年秋还利用南洋劝业会会场举办了第一届全国学界运动会，虽然只有一百四十名运动员参赛，但参观者每天都超过四万人。中华民国成立后追认此次运动会为全国第一届运动会。

南洋劝业会的举办，也拉开了下关新城区与城南老城区之间，今湖南路、丁家桥到三牌楼一带城市开发的序幕。

光绪三十一年（1905年）日本在日俄战争中获胜，让中国朝野看到了政体变革的成效，引起中国的立宪运动风潮。慈禧太后在激进革命和君主立宪中选择了后者，派五大臣出洋考察，并于三十四年（1908年）八月颁布《钦定宪法大纲》，以"预备立宪"安抚民心。此前，三十三年十二月（1908年1月），上元、江宁两县已先行试办地方自治，于评事街附近七家湾设江南自治局，以培养人民参政能力，为实行君主立宪做准备，并筹办江宁谘议局。宣统元年（1909年）初命各省成立咨议局，十月江宁咨议局正式成立，作为议会的基层组织，后发展为江苏咨议局。咨议局在丁家桥（今湖南路十号）购地，江苏议会临时议长张謇派其得意门生孙支厦主持设计建造公署。宣统元年（1909年）夏江苏咨议局大厦落成，它类似西方的议会建筑，以中央部位的会议大厅为主，周边围绕两层办公用房，呈内院回廊式。

这幢大厦最终没能成为君主立宪的讲坛，却成了推翻帝制的会场。

清廷对立宪敷衍拖延，炮制"皇室内阁"排斥汉人，将各省立宪派也推向了革命派。1911年10月10日，辛亥革命爆发，11日湖北军政府成立，推新军第二十一混成旅协统黎元洪为都督。28日，黄兴由上海赶到武汉，任革命军战时总司令，鼓舞革命军坚守武汉，与北洋军相持二十余日，为各省起义、宣告独立赢得了时间。11月15日独立各省代表在上海开会，决议推武昌政府为中央军政府，并定于30日在汉口开会，制定《中华民国临时政府组织大纲》。其时革命党人中寄望于袁世凯者不在少数。12月3日通过《中华民国临时政府组织大纲》，并决定如袁世凯反正，当推其为临时大总统。

因汉口时在南北对峙第一线，而南京已于12月2日光复，各省代表遂改赴南京，在江苏咨议局大厦继续开会。18日南方议和代表伍廷芳、北方议和代表唐绍仪在上海英租界举行首次会议。20日孙中山从欧洲回国抵香港，胡汉民、廖仲恺等乘军舰到港迎接。25日孙中山到达上海，受到热烈欢迎，他在答记者问时宣布："革命之目的不达，无和议之可言"。

12月29日，各省都督府代表联合会在南京投票选举临时大总统，时孙中山、黎元洪、黄兴三人有候选资格，孙中山得十六票，黄兴得一票。选举结果揭晓，在场各界人士齐呼"中华共和万岁"。孙中山在上海得知消息，当即复电表示接受。电文中说：

惟念北方未靖，民国初基，宏济艰难，凡我国民，具有责任。诸公不计功能，加文重大之服务，文敢不黾勉从国民之后，当克日赴宁就职。

清王朝的寿终正寝，就是在南京决定的。

临时大总统

1912年1月1日，孙中山从上海乘沪宁铁路专车到南京赴任。各省代表、文武官员与学生等四五万人在南京下关火车站欢迎。下午五时许，孙中山专车抵达，各炮台、军舰均放礼炮二十一响。驻南京各国领事亦到场欢迎。孙中山换乘市内小火车直达原两江总督署。当晚十一时，临时大总统就职典礼在原两江总督署大堂西暖阁举行，各省代表、各军将领、各界人士、各国领事肃立两侧，孙中山身穿大总统礼服站立中央，军乐队奏乐后，山西代表景耀月代表各省报告临时大总统选举经过，他说：

今日之举，为五千年历史所未有。我国民所希望者，在共和政府之成立及推倒满洲专制政府，使人民得享自由幸福。孙先生为近代革命创始者，富有政治学识，各省公民选定后，今日任职。愿孙先生始终爱护国民自由，毋忘国民期望。

孙中山宣读就职誓词：

倾覆满洲专制政府，巩固中华民国，图谋民生幸福，此国民之公意。文实遵之，以忠于国，为众服务。至专制政府既倒，国内无变乱，民国卓立于世界，为列邦公认，斯时文当解临时大总统之职。谨以此誓于国民。中华民国元年元旦，孙文。

景耀月致送"中华民国临时大总统印"。孙中山启印钤发《临时大总统就职宣言书》，由胡汉民代为宣读。各界代表三呼"中华共和国万岁"，军乐队奏乐，仪式完成。南京北极阁、狮子山炮台各鸣礼炮二十一响，下关港停泊军舰拉响汽笛。中国历史上第一个共和国正式诞生。

一个让人们对新生活充满期盼的时代，由此开启。

从武昌起义打响第一枪，到中华民国正式建国，时仅八十三天。民主革命胜利得如此迅速，在全世界都难有其匹。无独有偶，袁世凯背信弃义，在1916年建立洪宪王朝，从称帝登基到在众叛亲离中取消帝制，同样也只有八十三天。可见20世纪初的中国，帝制已完全不得人心。

在南京成立的中华民国临时政府是中华民国第一个中央政府机构，又称南京临时政府。1月2日，临时大总统颁布《改历改元通电》，以1912年为中华民国元年，采用世界通行的公历，以1月1日为元旦。传统的夏历元旦改称春节，以便区别。这是新政权最早的与国际接轨举措。孙中山颁布中华民国临时政府第一号公告，提出临时政府的任务是"尽扫专制之流毒，确定共和，以达革命宗旨，完国民之志愿"，并明确对内、对外国策，对内是实现民族统一、领导统一、军政统一、内治统一、财政统一，对外坚持和平，睦邻友邦，"将使中国见重于国际社会，且将使世界趋于大同"。

南京临时政府废江宁府及所属上元、江宁两县，改置南京府，作为中华民国首都。南京本有面向世界、包容开放的江海文化传统，历史名都与近世政治文化副中心的地位又便于在全国造成影响，优越的地理位置利于经济建设，现代工业、交通、商贸、金融各项事业的发展，教育、文化事业的兴盛，政治体制的改良，多方面交相推进，相辅相成，千年古城逐渐向现代城市演化。正是因为有了物质与精神两方面的基础，中华民国定都南京才成为可能。

临时大总统办公室设在两江总督署煦园西花厅。

孙中山选择此地，不仅因为它曾是南京最高行政机构，更因为它是现代化程度最高的衙署。两江总督署有小火车直达下关，衔接津浦线、沪宁线及长江码头，有供电保障，有电报、电话专线，连建筑也有法国文艺复兴风格的花厅，有着圆拱形装饰的长廊、西方古典式立柱和花纹点缀，花厅前还有一组几何图案布局的西式小花园。

南京临时政府面临的首要问题是推翻清王朝。在当时局势下，寄望于袁世凯促使清皇室退位以实现共和、南北和平统一成为主流思潮。早在 11 月 9 日，黄兴即以战时总司令身份写信给袁世凯说：

兴思人才原有高下之分，起义断无先后之别，明公之才能，高出兴等万万，以拿破仑、华盛顿之资格，出而建拿破仑、华盛顿之事功，直捣黄龙，灭此而朝食，非但湘、鄂人民戴明公为拿破仑、华盛顿，即南北各省当亦无有不拱手听命者。苍生霖雨，群仰明公，千载一时，祈勿坐失。

12 月 3 日各省都督府代表联合会议定，如袁世凯反正，当推其为临时大总统。南京光复后，黄兴于 12 月 9 日复电汪精卫又说：

项城雄才大略，素负全国重望，能顾全大局，与民军为一致之行动，迅速推倒满清政府，令全国大势早定，外人早日承认，此全国人人所仰望。中华民国大统领一位，断推项城无疑。

孙中山当选临时大总统后，亦于 12 月 31 日和 1 月 2 日两次致电袁世凯，表示他只是"暂时承乏"，只要袁世凯拥护共和，他一定让位。

其时袁世凯被视为清廷中开明汉臣的代表，是因为他在光绪末年作为积极推行新政的中坚，支持立宪，主张成立责任内阁，废科举兴新学，内政、外交多有成就。宣统年间他遭排斥深得社会同情。辛亥革命爆发，清廷不得不起用袁世凯。袁世凯趁机要挟，迫使清廷任命他为内阁总理，执掌王朝军政大权。

同时，孙中山提出的三民主义并未能为广大民众以至革命军所理解，民众所熟悉的只是"驱逐鞑虏，恢复中华"的排满口号，袁世凯既是汉人，又有迅速推翻清廷、实现排满目标的能力，自易得到普遍拥护。此外，西方列强视袁世凯为合适的代理人，拒不承认南京临时政府，并截夺中国海关全部税款，使南京临时政府从一开始就面临严重的财政危机，难以组织有效的北伐行动。列强武装干涉的可能对南京临时政府也是一种威胁。多种因素决定了共和国不得不接受袁世凯。

袁世凯深知清王朝大势已去，只有顺应时势才有可能剽取最高权力，遂与南京临时政府联络，表示如让他出任大总统，他将促使清廷退位。在得到保证后，袁世凯开始向清王室施加压力，威逼利诱，1月16日在养心殿东暖阁向隆裕太后讲述法国大革命中皇室遭屠杀的历史，提出与其玉石俱焚，不如以体面退位换取优待条件。隆裕太后连续三天召开三次御前会议，19日满洲与蒙古王公中的死硬分子以君主立宪维持会（亦称宗社党）名义坚持反对共和。20日，南京临时政府正式向袁世凯提交了清帝退位的优待条件。清廷仍议而不决。

22日，孙中山公开发表声明，如果袁世凯促成清廷退位，他将自行辞职，让位于袁世凯。为防袁世凯出尔反尔，南京临时政府通过新闻传媒规定了政权转接程式：将清帝退位消息通知外国公使、领事，袁世凯公开声明拥护共和，孙中山在确信清廷退位后主动辞职，国会选举袁世凯为临时大总统，袁世凯保证遵守国会即将通过的《临时约法》，在此之前他不能享有军权。同日，英、法、德、日公使声明赞成清室退位。26日，袁世凯授意段祺瑞率北洋将领四十七人联名致电内阁，表示无力抵抗革命军，强硬要求实行共和政体。同日，宗社党领袖良弼被革命党人彭家珍炸死，一时亲贵王公如鸟兽散。

2月12日，孙中山警告，如清帝两天内不退位，便将取消优待条款。同日，袁世凯公布内阁全体阁员签署的清室退位诏书，并宣布拥护共和，说：

共和为最良国体，世界之所公认，今由帝政一跃而跻及之，实诸公累年之心血，亦民国无疆之幸福。大清皇帝既明诏辞位，业经世凯署名，则宣布之日，为帝政之终局，即民国之始基。从此努力进行，务令达圆满地位，永不使君主政体再行于中国。

2月13日，孙中山宣布辞去临时大总统职务，推荐袁世凯担任，但提出三项要求：一，都城仍设在南京。二，袁世凯赴南京就职。三，袁世凯遵守即将由临时参议会通过的《临时约法》。次日，临时政府参议会选举袁世凯为临时大总统，虽有人警告袁世凯玩弄权术，但缺乏政治经验的革命党人多相信共和国体已定，议会与宪法能够有效约束总统。现实几乎立刻就打破了他们的善良愿望。南京临时政府派员前往北京迎接袁世凯南下就职。袁世凯假意应承，暗中指使部下在北京制造骚乱，以证明他必须留在北京。木已成舟之际，3月10日，袁世凯在北京就任临时大总统。

3月11日，南京临时政府参议会颁布了具有资产阶级民主色彩的《临时约法》。《临时约法》是中国的第一部宪法，全文五十六条。其总纲以简洁文字将国家要素作原则性阐述，对人民权利义务的保障有详尽规定，并设有法律保留条款。按照三权分立原则，《临时约法》规定法院由临时大总统及司法总长分别任命的法官组织，法官独立审判，不受上级官厅之干涉。

《临时约法》在政治上宣告了清王朝专制统治的终结，以根本法的形式废除了中国延续两千多年的君主专制制度，确立资产阶级民主共和国的政治体制。在对外关系上，强调中国是一个领土完整、主权独立、统一的多民族国家，反对帝国主义侵略。在思想上，使民主共和的精神深入人心，树立帝制非法、民主共和合法的观念。在经济上，确认资本主义生产关系为合法，有利于民族资本主义的发展和社会生产力水平的提高。在文化上，《临时约法》规定集会、结社、言论、出版自由。当时有识之士纷纷组织党团和创办报刊，大量介绍西方思想文化，为新文化运动的蓬勃开展创造了条件，为促进人民思想解放、探索中华民族复兴打开了新的境界。

4月1日，孙中山正式辞去临时大总统职务。任职期间，孙中山颁布了一系列具有划时代意义的政策、法令、措施，废除专制和陋习，减轻人民负担，促进经济发展和社会进步，使民主共和意识深入人心。

为了早日实现共和，和平统一，避免生灵涂炭的国内战争，孙中山不恋权位，也不认为天下事非他不成，展示了政治家的高风亮节。对于他而言，国家最高领袖的地位与千万百姓的生命相比，是最小的代价。

在历史的转折关头，孙中山做出了他所能做的最好选择。

中华民国不但是中华大地上第一个民主共和国，也是亚洲第一个资产阶级民主共和国。《临时约法》是20世纪初亚洲各国中一部最民主、最有影响的资产阶级民权宪章。所以,民国建都,绝不是在南京历代建都史上再加上一个简单的量,而是展示了一种全新的社会图景。

孙中山高度评价南京的城市地位,也非常看重南京于现代中国的象征意义,对这座革命之城抱有始终不渝的感情。他在临终前对宋庆龄、汪精卫等人说:

吾死之后,可葬于南京紫金山麓,因南京为临时政府成立之地,所以不可忘辛亥革命也。

紫金山麓的中山陵,融入了中山先生毕生追求的信念:博爱与天下为公。

博爱与天下为公,也成为南京人文精神永远的底色。

2022 年 10 月 24 日初稿
2023 年 3 月 6 日二稿
2024 年 1 月 24 日改定

▼《洪武京城图志》中的《街市桥梁图》

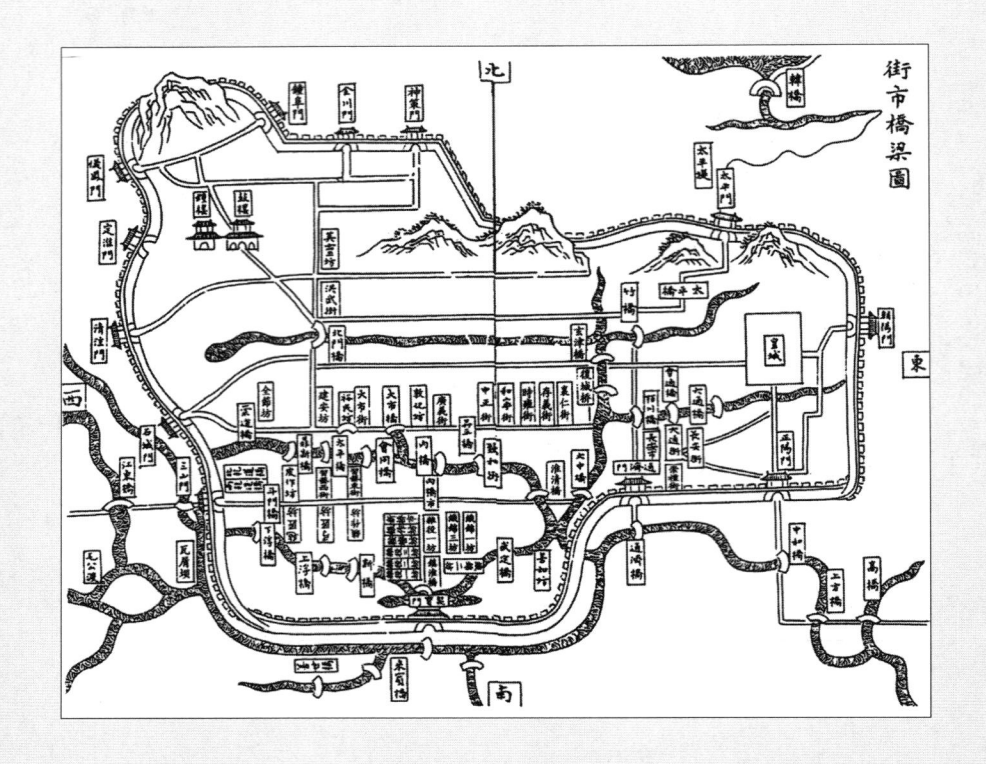

该图为一种示意图,可以看出明初南京城市格局,街、巷、商市、作坊等集中于城市南部,让我们对"城南十八坊"内涵与方位有具体的了解。城内外水系尤其桥梁分布,反映出水陆交通状况。街、坊名称多已改变,而桥名大都沿用至今。

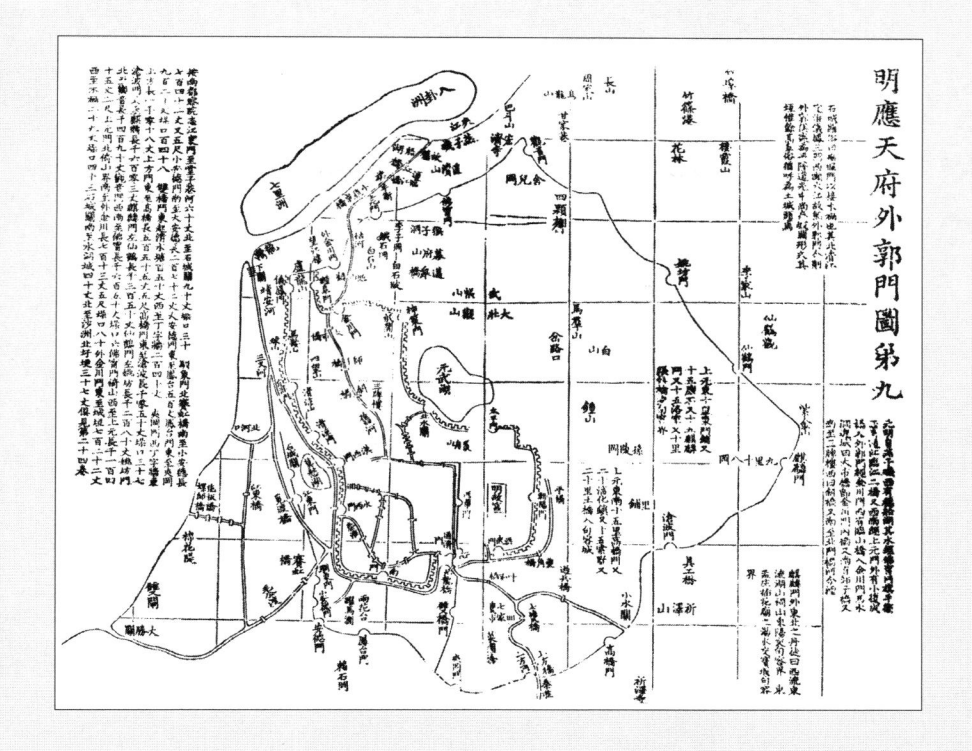

▼《同治上江两县志》中的《明应天府外郭门图》

本图采用"计里画方"形式，图中都城城垣及城门、外郭轮廓与城门的方位接近现代地图，内外秦淮河水系完整呈现，让我们能够比较准确地看到晚清时期南京城市格局，对发生于其中的历史事件与人物活动，也就可以有更贴切的理解。

▼ 金陵省城古迹全图

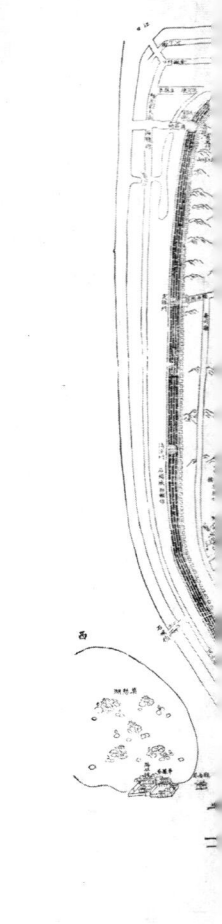

清咸丰六年（1856年）袁青绶刊《江宁省城图》现藏大英图书馆，同治、光绪年间有多种翻刻本，本图即其一，虽比例不够准确，但街巷分布状况相当接近现当代地图，两相对比，可以清晰地梳理出南京街道百余年间的发展与变化。

金陵省城古蹟今

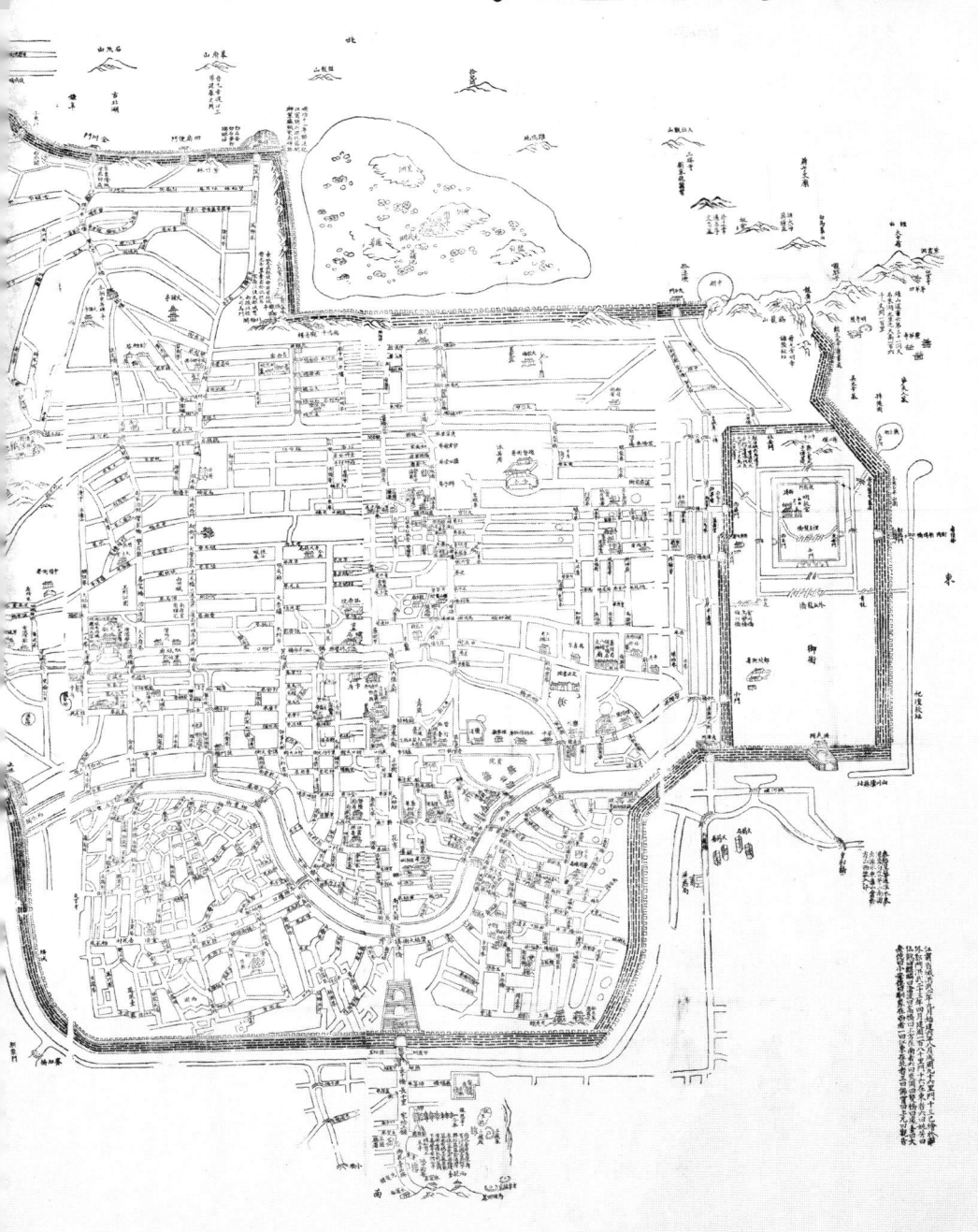

图书在版编目（CIP）数据

烟水气与帝王州：南京人文史 / 薛冰著. -- 北京：九州出版社, 2024.5

ISBN 978-7-5225-2607-2

Ⅰ.①烟… Ⅱ.①薛… Ⅲ.①文化史－南京 Ⅳ.①K295.31

中国国家版本馆CIP数据核字(2024)第038754号

烟水气与帝王州：南京人文史

作　　者	薛　冰著
责任编辑	张皖莉
出版发行	九州出版社
地　　址	北京市西城区阜外大街甲35号（100037）
发行电话	（010）68992190/3/5/6
网　　址	www.jiuzhoupress.com
印　　刷	河北中科印刷科技发展有限公司
开　　本	655毫米×1000毫米　16开
印　　张	58
字　　数	700千字
版　　次	2024年5月第1版
印　　次	2024年5月第1次印刷
书　　号	ISBN 978-7-5225-2607-2
定　　价	218.00元

★ 版权所有　侵权必究 ★